Jules Michelet

BILDER AUS DER FRANZÖSISCHEN REVOLUTION

Aus dem Französischen
von Richard Kühn und Friedrich M. Kircheisen,
ausgewählt und überarbeitet
von Melanie Walz

List Verlag

Umschlaggestaltung: Bernd und Christel Kaselow, München,
unter Verwendung eines Plakats aus dem Jahr 1792.

ISBN 3-471-78180-3

 Printed in Germany
Satz: Compusatz GmbH, München
Druck und Bindung: Mohndruck Gütersloh

Inhalt

Anhang

Egregiae animae quae sanguine nobis
Hanc Patriam peperere suo

Unter den Kapitelüberschriften ist im folgenden jeweils angegeben, welchem Kapitel aus welchem Buch der französischen Ausgabe das Kapitel entspricht; die römische Ziffer bezeichnet das Buch, die arabische das Kapitel.

Die Wahlen von 1789
I,1

Das ganze Volk wird aufgefordert, die Wahlmänner zu wählen, seine Klagen und Forderungen niederzuschreiben. Man rechnet auf die Unfähigkeit des Volkes. Sicherheit des Volksinstinktes; Beharrlichkeit des Volkes, seine Einmütigkeit. Man verzögert die Einberufung der Stände und die Wahlen in Paris. Erster Beweis der Nationalsouveränität. Die Wahlmänner durch den Aufruhr beunruhigt. Der Fall Réveillon. Die Wahlen gehen zu Ende. (Januar – April 1789).

Die Einberufung der Generalstände von 1789 ist die wahre Stunde der Geburt des Volkes. Sie rief das ganze Volk zur Ausübung seiner Rechte.

Wenigstens konnte es seine Klagen, seine Wünsche niederschreiben, seine Wahlmänner wählen.

Man hatte erlebt, daß kleine republikanische Gesellschaften alle ihre Glieder an den politischen Rechten teilhaben ließen, nicht jedoch ein großes Königtum, ein Reich, wie Frankreich es war. Das war neu, nicht nur in unseren Annalen, sondern in denen der Welt.

Als man nun zum erstenmal das Wort vernahm: *Alle* werden sich zur Wahl versammeln*, *alle* werden ihre Beschwerden aufschreiben, da war die Bewegung ungeheuer und tief wie ein Erdbeben; es ging ein Zittern durch die Massen bis zu den dunklen, stummen Regionen, wo man am wenigsten Leben vermutet hätte.

Alle Städte wählten, nicht nur die »guten Städte« wie in den früheren Ständen; und nicht nur sie wählten, sondern auch *die Landgemeinden*.

Man versichert, daß fünf Millionen Menschen an der Wahl teilnahmen.[1]

Großes, sonderbares, erstaunliches Schauspiel – ein ganzes Volk mit einem Male aus dem Nichts zum Sein erwachen zu sehen, das, bis dahin stumm, plötzlich eine Stimme fand!

Der gleiche Ruf nach Gleichheit wandte sich an Bevölkerungsklassen, die nicht allein ihrer Stellung nach, sondern auch in Kultur, Moral und Ideen höchst ungleich waren. Wie würde dieses Volk antworten? Das war

* Man vergleiche die Urkunden im ersten Bande des *Moniteur*.[2] Die *Steuerzahler über fünfundzwanzig Jahre* sollten die Wahlmänner wählen, aus deren engerer Wahl die Abgeordneten hervorgingen, und an der Abfassung der Beschwerdehefte mitwirken. Da jedermann steuerpflichtig war, zumindest durch die Kopfsteuer, richtete sich der Aufruf an die ganze Bevölkerung, ausgenommen das Gesinde.

eine gewichtige Frage. Der Fiskus zum einen, das Lehnswesen* zum anderen schienen darin zu wetteifern, es unter der Last der Übelstände zu begraben.[3] Das Königtum hatte ihm das Gemeindeleben genommen, die Erziehung, die ihm die Gemeindeangelegenheiten gaben. Die Geistlichkeit, sein eigentlicher Lehrer, unterrichtete es schon lange nicht mehr. Man schien alles getan zu haben, um es unfähig zu machen, stumm, wort- und gedankenarm, und dann sagte man ihm: »Steh jetzt auf, gehe, rede.«

Man hatte sehr, allzusehr auf diese Unfähigkeit gerechnet; sonst hätte man es nie gewagt, den großen Schritt zu tun. Die ersten, die den Namen »Generalstände« aussprachen, die Parlamentsgerichtshöfe, die sie forderten, die Minister, die sie versprachen, Necker, der sie einberief, alle wähnten das Volk außerstande, ernstlich etwas zu bewirken. Sie trachteten lediglich, durch diese feierliche Berufung an eine große, träge Masse den Privilegierten Furcht einzujagen. Der Hof, der selbst das höchste Privileg, der schlimmste aller Mißstände war, beabsichtigte keineswegs, ihnen den Krieg zu erklären. Er hoffte nur, mit den von Klerus und Adel erzwungenen Beiträgen die Staatskasse zu füllen, die er als die seinige betrachtete.

Was wollte die Königin? Spielball der Emporkömmlinge, vom Adel mit Spottliedern bedacht, zunehmend verachtet und allein, wollte sie ein wenig Rache an den Spöttern nehmen, sie einschüchtern, sie dazu bringen, sich eng um den König zu scharen. Sie sah, wie ihr Bruder Joseph in den Niederlanden versuchte, die kleinen Städte in Gegensatz zu bringen zu den großen, zu den Prälaten, den Herren**. Dieses Beispiel minderte zweifellos ihre Abneigung gegen die Pläne Neckers; sie willigte darin ein, dem dritten Stand ebenso viele Abgeordnete zu geben, wie Adel und Geistlichkeit zusammen hatten.

Und was wollte Necker? Zwei Dinge auf einmal: viel vorweisen und wenig tun.

Als Schaustück, um des Ruhmes willen, um von den Salons und vom

* Das Wort ist nicht unangemessen. Im Jahr 1789 war das Lehnswesen sehr hart, forderte mehr Abgaben denn je, da es ausschließlich in der Hand der Verwalter, königlichen Beamten usw. lag. Die Namen, die Formen waren neue, sonst nichts.

** Über die von den unseren so verschiedene Revolution Brabants vergleiche man die von Gachard (1834) und Gérard (1842) gesammelten Dokumente, ferner die Darstellungen von Groß-Hoffinger (1837), Borgnet (1844) und Ramshorn (1845). Diese Revolution der Äbte, unter denen die Kapuziner die Terroristen waren, täuschte hier alle Welt, den Hof wie die Jakobiner. Dumouriez allein begriff und sprach aus, daß sie ursprünglich das Werk der mächtigen Äbte in den Niederlanden war. Der österreichische Gesandte, Mercy d'Argenteau, glaubte anfangs – und machte es zweifellos auch Marie-Antoinette glauben –, daß in Frankreich wie in Belgien die Gefahr von der Aristokratie her drohte. Daher tat man mehrere falsche Schritte.

großen Publikum gefeiert und gepriesen zu werden, mußte man großzügig die Abgeordnetenzahl des dritten Standes verdoppeln.

In Wirklichkeit wollte man mit wenig Kosten großzügig sein.*

Der dritte Stand, gleichgültig, wie zahlreich, würde nur einer von drei Ständen bleiben, nur eine Stimme gegen zwei besitzen; Necker gedachte, die Abstimmung nach Ständen beizubehalten, welche die früheren Generalstände so oft gelähmt hatte.

Der dritte Stand war zudem zu allen Zeiten sehr bescheiden, sehr respektvoll gewesen, zu wohlerzogen, um von Männern aus dem dritten Stand vertreten sein zu wollen. Er wählte oft Adlige zu Abgeordneten, am häufigsten Geadelte, Parlamentsmitglieder und andere, die ihren Ehrgeiz darein setzten, mit dem Adel zu stimmen, gegen die Interessen des dritten Standes, der sie gewählt hatte.

Daß man keine ernsthaften Absichten hatte, sondern nur durch dieses große Blendwerk den Egoismus der Privilegierten brechen und ihre Börse öffnen wollte, beweist der befremdliche Umstand, daß man übereinkam, ihnen in diesen Generalständen, die man gegen sie einberufen hatte, einen beherrschenden Einfluß zu sichern.** Die Volksversammlungen mußten *durch Namensaufruf* wählen. Man vermutete nicht, daß die kleinen Leute bei einem solchen Wahlverfahren, in Gegenwart der Adligen und Notabeln, genug Festigkeit besäßen, um ihnen die Stirn zu bieten, genug Entschiedenheit, andere Namen zu nennen als die, die ihnen diktiert würden.

Indem Necker die Land- und Dorfbevölkerung zur Wahl aufrief, glaubte er zweifellos, sehr listig zu handeln; sosehr der demokratische Geist in den Städten erwacht war, sosehr wurde das Land von den Adligen und dem Klerus beherrscht, die zwei Drittel des Bodens besaßen.[4] Millionen Leute kamen so zur Wahl, die von den Privilegierten abhängig waren, wie Pächter, Meier usw., oder die von ihren Agenten, Intendanten, Verwaltern, Sachwaltern indirekt beeinflußt und eingeschüchtert wurden. Nek-

* Zu all dem muß man die merkwürdigen Geständnisse Neckers lesen, sein Plädoyer für den dritten Stand (*Œuvrers* VI, 419, 443 usw.). Man merkt hier wie in allen seinen Arbeiten immer den Ausländer, der in Frankreich nicht Wurzel gefaßt hat, den Unterwürfigen, der immer unterwürfig bleibt, der vor dem Adel beim Sprechen den Hut zieht, den Protestanten, der Gnade finden möchte vor den Augen des Klerus. Um die Privilegierten über den armen dritten Stand zu beruhigen, schildert er ihn schwach, furchtsam, demütig; außerdem läßt er durchblicken, daß sein Klient gutmütig ist, daß man ihn immer hinters Licht führen kann.

** Die privilegierten Stände waren doppelt begünstigt: 1. sie waren nicht den beiden Stufen der Wahl unterworfen, sie wählten ihre Abgeordneten direkt; 2. die Adligen waren *alle* Wahlmänner, nicht nur die *Adligen, die ein Lehen besaßen* wie in den früheren Ständen; das Privilegium war um so abscheulicher, als es auf den ganzen adligen Pöbel ausgedehnt war, die Ansprüche waren um so lächerlicher.

ker wußte aus seinen Erfahrungen in der Schweiz und in den kleinen Kantonen, daß das allgemeine Wahlrecht unter gewissen Bedingungen eine Stütze der Aristokratie sein kann. Die Notabeln, mit denen er sich beriet, fanden diesen Gedanken so vortrefflich, daß sie sogar die Bedienten wählen lassen wollten. Necker war hierzu nicht bereit, da die Wahl dann ganz in den Händen der Vermögenden gewesen wäre.

Der Ausgang machte jede Berechnung zuschanden.* Das so wenig vorbereitete Volk zeigte einen sehr sicheren Instinkt. Als man es zur Wahl berief und über sein Recht belehrte, erwies sich, daß man es wenig zu lehren hatte. In dieser gewaltigen Bewegung von fünf oder sechs Millionen Menschen wurde hier und da gezögert, aus Unkenntnis der Formen und besonders, weil die meisten nicht schreiben konnten. Aber sie konnten sprechen; sie konnten in Gegenwart der Standesherren, ohne von ihren respektvollen Gewohnheiten abzuweichen oder ihre demütige Haltung aufzugeben, würdige Wahlmänner ernennen, die sichere und standhafte Abgeordnete wählten.

Die Zulassung der Landgemeinden zur Wahl hatte das unerwartete Ergebnis, daß selbst unter den Abgeordneten der privilegierten Stände zahlreiche Demokraten ihren Platz fanden, an die man nicht gedacht hatte, mehr als zweihundert Pfarrer, die ihren Bischöfen sehr feindlich gesinnt waren. In der Bretagne und im Süden wählte der Bauer gern seinen Pfarrer, der, da er als einziger schreiben konnte, die Stimmen in Empfang nahm und die ganze Wahl leitete.**

Die städtische Bevölkerung, die etwas besser vorbereitet und durch die Philosophie des Jahrhunderts ein wenig aufgeklärt war, bewies einen bewundernswerten Eifer und ein lebhaftes Bewußtstein ihres Rechtes. Man sah das bei den Wahlen an der Schnelligkeit und Sicherheit, mit der die unerfahrenen Massen diesen ersten politischen Schritt taten. Man sah es an der Gleichförmigkeit der Beschwerdehefte, in denen sie ihre Klagen verzeichneten – unvermutete, eindrucksvolle Übereinstimmung, die dem öffentlichen Verlangen eine unwiderstehliche Kraft verlieh. Wie lange schon hatten diese Klagen in den Herzen gelebt!... Es kostete kaum Mühe, sie niederzuschreiben. Ein solches Heft aus einem unserer Distrikte, das beinahe ein Gesetzbuch war, wurde um Mitternacht begonnen und war um drei Uhr fertig.***

Eine so weitreichende, so abwechslungsreiche, so wenig vorbereitete

* Sehr unzuverlässige Berechnungen. Der König gibt beim Wahlaufruf von Paris zu, daß er die Einwohnerzahl der bekanntesten Stadt des Königreichs durchaus nicht weiß, daß er keine Vermutung hat über die Zahl der Wähler usw.

** Indessen stellte man in mehreren Gemeinden vereidigte Schreiber an, um die Stimmen aufzuschreiben. (Duchatellier: *La révolution en Bretagne*, Bd. 1, S. 281.)

*** *Mémoires de Bailly*, Bd. I. S. 12.

und dennoch einmütige Bewegung! Das ist ein Bewunderung heischendes Phänomen. Alle nahmen teil daran und alle (mit nur wenigen Ausnahmen) wollten dasselbe.*

Einmütig! Die Eintracht war vollständig, ohne Vorbehalt, die Lage war völlig klar: auf der einen Seite die Nation, auf der anderen Seite das Privilegium. Und innerhalb der Nation war damals kein Unterschied zwischen Volk und Bürgertum.** Nur einen Unterschied gab es, den zwischen Gebildeten und Ungebildeten; die Gebildeten allein sprachen und schrieben, aber sie schrieben, was alle dachten. Sie formulierten die gemeinsamen Forderungen, und diese Forderungen waren ebenso sehr die der stummen Massen wie die ihren, ja mehr sogar.

Ach! Wer wäre nicht gerührt von der Erinnerung an diesen einzigartigen Augenblick, der unser Anfang war? Er währte nicht lange, aber er bleibt für uns das Ideal, dem wir zustreben, die Hoffnung der Zukunft! Erhabene Eintracht, in der sich die beginnenden Freiheiten der Klassen, die später einander fremd wurden, zärtlich umarmten wie Brüder in der Wiege, werden wir deine Wiederkunft auf dieser Erde nicht mehr erleben?

Diese Einigkeit der verschiedenen Klassen, das große Schauspiel des Volkes in seiner furchtbaren Eintracht, erschreckte den Hof, der sich verzweifelt bemühte, den König zu bestimmen, sein Wort zu brechen. Der Kreis der Polignacs war auf den Einfall geraten, ihn von zwei Seiten her in Furcht zu setzen, indem man einen verwegenen Brief schrieb und von den Fürsten unterzeichnen ließ, worin sie dem König drohten, sich als die Häupter der Privilegierten gebärdeten, von Steuerverweigerung, Spaltung, beinahe vom Bürgerkrieg sprachen.

Aber wie hätte der König die Generalstände umgehen sollen? Vom Steuergerichtshof angekündigt, von den Parlamenten und den Notabeln gefordert, von Brienne versprochen und von Necker versprochen, sollten sie endlich am 27. April eröffnet werden. Man vertagte sie noch bis zum 4. Mai... Ein gefährlicher Aufschub! Zu den vielen Stimmen, die laut wurden, hatte sich, ach!, eine letzte gesellt, die man oft hörte im achtzehnten Jahrhundert, die Stimme der Erde... Die wüste, unfruchtbare Erde verweigerte den Menschen das Leben!... Der Winter war furchtbar gewesen, der Sommer war trocken und erzeugte nichts, die Hungersnot begann.[6] Die beunruhigten Bäcker, die sich vor der aufgewiegelten

* Dasselbe in allen wesentlichen Punkten. Dem fügte jede Körperschaft, jede Stadt etwas Besonderes hinzu.

** Es ist ein Grundirrtum der Verfasser der *Histoire parlementaire*[5], diesen Unterschied zu behaupten für den schönen Augenblick, wo keiner ihn machte. Es wird nur zu früh eintreten, warten wir es ab. Solchermaßen die wahre Abfolge der Ereignisse zu verkennen, sie mit Gewalt vorzeitig herbeizuführen durch eine Art systematischer Voraussicht, das ist genau das Gegenteil von Geschichte.

und ausgehungerten Menge fürchteten, zeigten von sich aus Gesellschaften an, die Kornwucher betrieben. Nur eins hielt das Volk im Zaum, ließ es geduldig fasten und abwarten: die Hoffnung auf die Generalstände. Eine unsichere Hoffnung, aber sie hielt es aufrecht; die bevorstehende Versammlung war ein Messias; sie brauchte nur zu sprechen, und die Steine würden sich in Brot verwandeln.

Die sosehr verzögerten Wahlen wurden in Paris noch weiter verzögert. Sie wurden erst für den Vorabend des Zusammentritts der Stände angeordnet. Man hoffte, daß die Abgeordneten den ersten Sitzungen nicht beiwohnen würden und daß man vor ihrer Ankunft die Trennung der drei Stände, die den Privilegierten die Majorität gab, bewirkt haben würde.

Ein anderer, ernsterer Grund zur Unzufriedenheit bestand in Paris. In dieser Stadt, der aufgeklärtesten des Königreichs, war die Wahl strengeren Bedingungen unterworfen. Eine besondere Verordnung, die nach der Einberufung erlassen worden war, bestimmte zu Urwählern nicht alle Steuerpflichtigen, sondern nur die, welche mindestens sechs Francs zahlten.[7]

Paris wurde mit Truppen gefüllt, die Straßen mit Patrouillen, alle Wahllokale wurden von Soldaten umstellt. Die Waffen wurden vor der Menge auf der Straße geladen.

Angesichts dieser fruchtlosen Kundgebungen blieben die Wähler sehr standhaft. Kaum versammelt, setzten sie die Präsidenten ab, die der König ihnen gegeben hatte. Von sechzig Bezirken billigten nur drei den vom König ernannten Präsidenten, indem sie ihn erklären ließen, daß er als Gewählter den Vorsitz führte.[8] Eine schwerwiegende Maßnahme, der erste Beweis der Nationalsouveränität. Sie galt es in der Tat zu erobern, sie war das Recht, das begründet werden mußte. Die Geld- und Reformfragen standen erst an zweiter Stelle.

Die von diesen Bezirksversammlungen gewählten Wahlmänner handelten ganz genauso. Sie wählten den Advokaten Target als Präsidenten, zum Stellvertreter Camus, den Advokaten des Klerus, zu Sekretären den Akademiker Bailly und den Doktor Guillotin, einen philanthropischen Arzt.*

Der Hof war erstaunt über die Entschiedenheit, die Festigkeit, die Folgerichtigkeit, mit der fünfundzwanzigtausend im politischen Leben so neue Urwähler vorgingen. Keine Unordnung entstand. Sie versammelten sich in den Kirchen, in der feierlichen Empfindung ob der großen, heiligen

* Diese Versammlung, die in ihren ersten Schritten so fest war, setzte sich gleichwohl aus Notabeln, Beamten, Kaufleuten und Advokaten zusammen. Diese letzteren leiteten die Versammlung; es waren Camus, Target, Treilhard, Advokat der Generalfinanzpacht; Lacretelle der Ältere, Desèze. Die Akademiker kamen als zweite: Bailly, Thouin und Cadet, Gaillard, Suard, Marmontel. Dann die Bankiers wie Lecouteulx, Drucker, Buchhändler, Papierhändler: Panckoucke, Baudouin, Réveillon usw.

Handlung, die sie erfüllten. Die kühnste Maßnahme, die Absetzung der vom König ernannten Präsidenten, ging ohne Aufhebens vor sich, ohne Lärm, mit der energischen Selbstverständlichkeit, die das Bewußtsein des Rechts verleiht.

Die Wahlmänner tagten unter einem Vorsitzenden ihrer Wahl im erzbischöflichen Palast und machten sich daran, die Beschwerdehefte der Distrikte zu einer gemeinsamen Schrift zusammenzufassen; sie waren schon einig über einen Punkt, zu dem Sieyès geraten hatte: an den Anfang eine Erklärung der Menschenrechte zu setzen. Mitten in dieser schwierigen metaphysischen Arbeit unterbrach sie ein furchtbarer Lärm. Eine zerlumpte Menge verlangte den Kopf eines ihrer Kollegen, eines Wahlmannes, Réveillon, Papierfabrikant im Faubourg Saint-Antoine. Réveillon wurde versteckt; aber die Bewegung blieb gefährlich. Man schrieb schon den 28. April; es bestand die Gefahr, daß die Generalstände, die für den 27. versprochen und dann auf den 4. Mai verschoben worden waren, abermals vertagt würden, wenn die Bewegung andauerte.

Sie hatte am 27. April begonnen, und es war nur zu leicht, sie in der hungernden Bevölkerung zu schüren, fortzusetzen, zu vergrößern. Man hatte im Faubourg Saint-Antoine verbreitet, der Papierhändler Réveillon, ein reich gewordener früherer Arbeiter, habe die harte Äußerung getan, man müsse den Taglohn auf fünfzehn Sous senken;[9] es wurde hinzugefügt, daß er mit dem Ordensband des Michaelordens ausgezeichnet werden solle. Dieses Gerücht verursachte große Aufregung. Vor der Tür Réveillons hängt eine Bande sein mit dem Orden geschmücktes Bild auf, schleppt es dann auf den Grèveplatz und verbrennt es feierlich unter den Fenstern des Rathauses, vor den Augen der städtischen Behörde, die das nicht kümmert. Diese Behörde und die anderen, die eben noch so wach waren, scheinen zu schlafen. Der Polizeichef, der Vorsteher der Kaufmannschaft, Flesselles, der Intendant Bertier, alle diese Beamten des Hofes, die unlängst erst Soldaten für die Wahlen aufboten, verharren untätig.

Die Meute hat lautstark kundgetan, daß sie Réveillon am nächsten Tage ein Strafgericht bereiten will. Sie hält Wort. Die solchermaßen gewarnte Polizei trifft keine Vorsichtsmaßregel. Der Oberst der Französischen Garde schickt von sich aus dreißig Mann: eine lächerliche Hilfe; gegen eine Masse von tausend oder zweitausend Plünderern und hunderttausend Neugierigen wollen und können die Soldaten nichts ausrichten. Das Haus wird gestürmt, man zerbricht, zerschlägt und verbrennt alles. Nichts wurde erbeutet bis auf fünfhundert Louisdor.* Viele machten es sich in

* Nach Réveillons eigener Aussage: *Exposé justificatif*, S. 422 (in der Fortsetzung zu Ferrières gedruckt). Die *Histoire parlementaire* ist auch hier ungenau. Sie macht ohne

den Kellern bequem, tranken den Wein und die Farben aus der Fabrik, die sie für Wein hielten.

Unglaublich ist, daß diese häßliche Szene den ganzen Tag dauerte. Man bedenke, daß sie sich am Eingang des Faubourg zutrug, unter dem Geschütz der Bastille, vor dem Tor der Festung. Réveillon, der dort versteckt war, sah von den Türmen aus alles mit an. Von Zeit zu Zeit schickte man Kompanien Französischer Garde, die zuerst nur mit Pulver schossen, dann scharf. Die Plünderer achteten nicht darauf, obgleich sie nur mit Steinen werfen konnten. Spät, sehr spät, schickte der Kommandant Besenval Schweizer; die Plünderer leisteten noch immer Widerstand, töteten einige Mann; die Soldaten antworteten mit mörderischen Salven, die zahlreiche Verwundete und Tote auf dem Platz zurückließen. Viele dieser zerlumpten Toten hatten Geld in den Taschen.

Wenn in diesen beiden langen Tagen, in denen die Behörden schliefen und Besenval davon absah, Truppen zu schicken, der Faubourg Saint-Antoine sich hätte verleiten lassen, sich der Bande, die Réveillon ausplünderte, anzuschließen, wenn fünfzigtausend arbeitslose und brotlose Arbeiter sich nach diesem Beispiel daran gemacht hätten, die Häuser der Reichen zu plündern, dann hätte alles anders ausgesehen; der Hof hätte einen ausgezeichneten Grund gehabt, ein Heer auf Paris und auf Versailles zusammenzuziehen, einen Vorwand, um die Generalstände zu vertagen. Aber die große Masse des Faubourg blieb ehrbar und tat nichts dergleichen; sie sah zu, ohne sich zu rühren. Der Aufruhr, der so auf ein paar hundert Betrunkene und Diebe beschränkt blieb, wurde zur Schande für die Obrigkeit, die ihn zuließ. Besenval fand schließlich seine Rolle allzu lächerlich, er handelte und machte dem Ganzen ein rasches Ende. Der Hof wußte ihm schlechten Dank dafür; er wagte nicht, ihn zu tadeln, aber er gönnte ihm kein Wort.**

den geringsten Beweis aus dieser Sache einen Krieg des Volkes gegen das Bürgertum. Sie übertreibt das Ausmaß der Bewegung, die Zahl der Toten usw. Dagegen stellt Bailly sie ebenso zu Unrecht als unbedeutend hin: »Ich wüßte nicht, daß jemand dabei umgekommen wäre.« (*Mémoires*, S. 28.) – Ein sehr gewichtiges Zeugnis zur Affäre Réveillon ist das des berühmten Chirurgen Desault, der im Hôtel-Dieu mehrere Verwundete aufnahm: »Sie sahen aus wie geschlagene Missetäter, wogegen die Verwundeten der Bastille usw.« (vgl. *L'Œuvre des sept jours,* S. 411). – Ein Beweis, daß das Volk die Plünderung des Hauses Réveillon nicht als eine patriotische Tat ansah, ist, daß es am 16. Juli beinahe einen Menschen gehängt hätte, den es für den Abbé Roy hielt, *der beschuldigt wurde, diesen Aufruhr angestiftet* und später dem Hof einen Weg angeboten zu haben, Paris zu vernichten. (Bailly, Bd.II.S. 51. – *Protokoll der Wahlmänner,* Bd.II, S. 46)

** Memoiren Besenvals, Bd. II, S. 347. – Madame de Genlis und andere Freunde des Ancien régime behaupten, daß diese für sie so belastenden Memoiren vom Vicomte de

Der Parlamentsgerichtshof konnte nicht umhin, eine Untersuchung einzuleiten, und dabei blieb es. Man hat – ohne stichhaltige Beweise – behauptet, daß ihm im Namen des Königs verboten worden sei, weiterzuforschen.

Wer waren die Anstifter gewesen? Vielleicht niemand. In solch stürmischen Augenblicken bricht das Feuer leicht von selbst aus. Man versäumte es nicht, die »revolutionäre Partei« anzuklagen. Wer war diese Partei? Eine wirksame Vereinigung gab es noch nicht.

Man behauptete, daß der Herzog von Orléans Geld gegeben habe. Warum? Was hätte er damals dabei gewinnen können? Die beginnende große Bewegung bot seinem Ehrgeiz zu viele legale Möglichkeiten, als daß er zu dieser Zeit zum Aufruhr hätte greifen müssen. Gewiß wurde er von Intriganten gelenkt, die zu allem bereit waren; doch ihr Planen richtete sich damals gänzlich auf die Generalstände; als der einzige populäre unter den Prinzen würde ihr Herzog, dessen wähnten sie sich sicher, dort die erste Rolle spielen. Jedes Ereignis, das die Generalstände verzögern konnte, erschien ihnen als Unglück.

Wer wünschte sie zu verzögern? Wem kam es zupaß, die Wähler zu erschrecken? Wem nützte der Aufruhr?

Dem Hof allein, daß muß man gestehen. Die Affäre kam ihm so gelegen, daß man ihn für ihren Urheber halten könnte. Gleichwohl ist es wahrscheinlicher, daß er sie nicht anzettelte, sie jedoch mit Vergnügen sah, nichts tat, um sie zu verhindern, und bedauerte, daß sie ein Ende fand. Der Faubourg Saint-Antoine hatte damals noch nicht seinen furchtbaren Ruf; der Aufruhr vor den Geschützen der Bastille schien nicht gefährlich.

Der Adel der Bretagne hatte das Beispiel gegeben, wie man die gesetzliche Arbeit der Provinzialversammlungen stören konnte; er hatte die Bauern aufgewiegelt und den mit Lakaien untermischten Pöbel gegen das Volk gehetzt. In Paris selbst schien es ein Blatt, *L'Ami du roi*, wenige Tage vor der Affäre Réveillon mit den gleichen Mitteln versuchen zu wollen. »Welchen Wert haben diese Wahlen«, schrieb es heuchlerisch, »der Arme wird immer arm bleiben; das Schicksal des wichtigsten Teiles des Königreiches ist vergessen worden, usw.« Als wenn nicht die ersten Ergebnisse der Revolution, welche diese Wahlen einleiteten – die Abschaffung des Zehnten, der Warensteuer, der wohlfeile Verkauf der Hälfte

Ségur verfaßt worden seien. Das mag sein; er wird nach den Notizen und Erinnerungen Besenvals geschrieben haben. Die Memoiren sind dennoch die Besenvals. Ich weiß, daß Besenval des Schreibens kaum mächtig war; aber ohne seine vertraulichen Mitteilungen hätte der liebenswerte Liederdichter niemals dieses so eindringliche, in seiner leichten Form so streng historische Buch verfassen können; die Wahrheit strahlt darin, leuchtet oft mit blendendem Licht; es bleibt nichts übrig, als den Blick zu senken.

der Ländereien des Königreichs –, die schnellste Verbesserung des Schicksals des Armen gebracht hätten, die ein Volk je erlebt hatte!

Am 29. April morgens war alles wieder ruhig. Die Wahlmännerversammlung konnte ihre Arbeit wieder friedlich aufnehmen. Sie dauerte bis zum 20. Mai, und der Hof erlangte den Vorteil, den er sich durch die verspätete Einberufung hatte verschaffen wollen: die Abgeordneten von Paris daran zu hindern, an den ersten Sitzungen der Generalstände teilzunehmen. Der Letztgewählte in Paris und ganz Frankreich war der Mann, der in der öffentlichen Meinung der erste war, der im vorhinein der Revolution einen so geraden und einfachen Weg vorgezeichnet, die ersten Schritte, einen nach dem anderen, festgelegt hatte.[10] Alles ging vor nach Sieyès' Plan, in majestätischer Bewegung, friedfertig und sicher wie das Gesetz.

Das Gesetz allein sollte herrschen; nach so langen Jahrhunderten der Willkür und der Launen kam nun die Zeit, wo niemand recht behalten sollte gegen das Recht.

So mögen sie sich denn versammeln und eröffnet werden, die gefürchteten Generalstände! Jene, die sie einberufen haben und nun wünschen, daß es nie geschehen wäre, können nichts dagegen tun. Ein Ozean schwillt an; unendliche, unauslotbare Ursachen wirken aus der Tiefe der Jahrhunderte und türmen die brausenden Fluten auf... Haltet ihm alle Heere dieser Welt entgegen oder den Finger eines Kindes, es macht für ihn keinen Unterschied... Gott ist seine Triebkraft, die versäumte Gerechtigkeit, die Sühne für die Vergangenheit, das Wohl der Zukunft.

Die Eröffnung der Generalstände
I,2

Feierlicher Umzug der Generalstände. Die Eröffnung am 5. Mai. Neckers Rede. Frage der Trennung der Stände. Der dritte Stand ruft zur Vereinigung auf. Untätigkeit der Versammlung. Fallen, die man ihr stellt.
(4. Mai bis 9. Juni 1789.)

Am Vorabend der Eröffnung der Generalstände las man in Versailles die feierliche Messe des Heiligen Geistes. Das war der Tag, an dem man zu Recht die prophetische Hymne singen konnte: »Du wirst Völker erschaffen, und das Antlitz der Erde wird sich erneuern.«

Dieser große Tag war der 4. Mai. Die zwölfhundert Abgeordneten, der König, die Königin, der ganze Hof hörten in der Kirche Notre-Dame[1] das *Veni Creator*. Dann begab sich die gewaltige Prozession durch die ganze Stadt nach Saint-Louis. Die breiten Straßen von Versailles, die von Französischen Garden und Schweizergarden gesäumt waren und mit königlichen Wandteppichen geschmückt, konnten die Menge nicht fassen.

Ganz Paris war gekommen. Die Fenster und sogar die Dächer waren von Menschen überfüllt. Die Balkone waren mit kostbaren Stoffen ausgeschlagen, besetzt von bezaubernden Frauen in den koketten und eigenartigen Toiletten, wie man sie damals trug, mit Federn und Blumen geschmückt. All diese Menschen waren bewegt, gerührt, voller Aufregung und Hoffnung.*

Etwas Großes nahm seinen Anfang; was würden die Fortsetzung, der Ausgang, die Ergebnisse sein, wer konnte es sagen?... Der Glanz eines so abwechslungsreichen, majestätischen Schauspiels, die Musik, die hie und da zu vernehmen war, brachten jeden anderen Gedanken zum Verstummen.

Schöner Tag, letzter Tag des Friedens, erster Tag einer unermeßlichen Zukunft!...

Die Leidenschaften waren lebhaft, unterschiedlicher, fraglos gegensätzlicher Natur, aber sie waren nicht erbittert, wie sie es bald wurden. Selbst jene, welche diese neue Epoche am wenigsten gewünscht hatten, konnten nicht umhin, die allgemeine Empfindung zu teilen. Ein Abgeordneter des Adels gesteht, daß er vor Freude weinte: »Ich sah dieses Frankreich, mein Vaterland, auf die Religion gestützt, zu uns sprechen: Begrabt euren Hader!... Tränen entströmten meinen Augen. Mein Gott, mein Vaterland, meine Mitbürger waren ich geworden.«

An der Spitze der Prozession erschien zuerst eine große Menge schwarzgekleideter Männer, die mächtige, ernste Schar der fünfhundertfünfzig Abgeordneten des dritten Standes; unter ihnen verkörperten mehr als dreihundert Rechtsgelehrte, Advokaten oder Beamte eindrucksvoll die Ankunft des Gesetzes. In bescheidener Kleidung, mit sicherem Schritt und Blick gingen sie, noch ohne Unterschied der Partei, alle glücklich über diesen großen Tag, der ihr Werk und ihr Sieg war.

Die prächtige kleine Schar der Abgeordneten des Adels folgte, mit ihren Federhüten, ihren Spitzen, ihren Goldaufschlägen. Der Beifall, der den dritten Stand empfangen hatte, verstummte plötzlich. Von diesen Adligen schienen indes etwa vierzig ebenso warme Freunde des Volkes zu sein wie die Männer des dritten Standes.

* Man vergleiche die Berichte der Augenzeugen: Ferrières, Staël usw.

Dasselbe Schweigen empfing die Geistlichkeit. Bei diesem Stand unterschied man sehr deutlich zwei Stände: einen Adel und einen dritten Stand: etwa dreißig Prälaten in Chorröcken und violetten Roben und, gesondert und durch eine Musikkapelle von ihnen getrennt, die demütige Schar der zweihundert Pfarrer in ihren schwarzen Priesterroben.[2]

Beim Anblick dieser beeindruckenden Menge von zwölfhundert Männern, die eine große Leidenschaft bewegte, mußte dem aufmerksamen Beobachter eines auffallen. Sie wies wenig Persönlichkeiten auf – viele ehrenwerte Männer von geachtetem Talent, gewiß, doch niemanden, der kraft der Überlegenheit an Genie und Charakter das Recht hätte, die Menge mitzureißen, keinen großen Erfinder, keinen Helden.

Die gewaltigen Neuerer, die dem Jahrhundert die Wege geebnet hatten, waren damals nicht mehr. Ihr Gedanke blieb, um die Nationen zu führen. Große Redner traten auf, um ihn auszudrücken, ihn anzuwenden, aber sie fügten nichts Neues hinzu. Der Ruhm der Revolution in dieser ersten Zeit, aber auch ihre Gefahr, das, was ihren Schritt unsicher machen konnte, war der Verzicht auf große Männer, das Fortschreiten aus sich selbst heraus im Schwung der Ideen, im Glauben an die reine Vernunft, ohne Götzenbild und ohne falschen Gott.

Der Adelsstand, der sich als Bewahrer und Hüter unseres militärischen Ruhmes betrachtete, besaß keinen berühmten General.

»Erlauchte Unbekannte waren alle Grandseigneurs Frankreichs.« Ein einziger mochte Interesse wecken, jener, der als erster gegen den Willen des Hofes am amerikanischen Krieg teilgenommen hatte: der junge, blonde La Fayette. Niemand ahnte die zu große Rolle, die das Schicksal ihm zuteilen sollte.

Der dritte Stand in seiner dunklen Masse barg schon den Konvent. Aber wer hätte das erkennen sollen? Wer hätte in dieser Menge von Advokaten die steife Gestalt und das bleiche Gesicht jenes Advokaten aus Arras bemerken sollen?

Zwei Dinge wurden bemerkt: die Abwesenheit Sieyès' und die Anwesenheit Mirabeaus.

Sieyès war noch nicht dabei; in dieser großen Bewegung suchte man vergeblich den, dessen erstaunlicher Scharfsinn sie vorausgesehen, beschrieben und berechnet hatte.

Mirabeau war zugegen, und er lenkte alle Blicke auf sich. Sein mächtiger Haarschopf, sein Löwenkopf von eindrucksvoller Häßlichkeit weckten Staunen und beinahe Schrecken; man konnte den Blick nicht losreißen. Dies war sichtlich ein Mann, und die anderen waren Schatten; unglücklicherweise ein Mann seiner Zeit und seiner Klasse, lasterhaft wie die vornehme Gesellschaft der Zeit, überdies anstößig, lärmend und frech im Laster: Das hatte ihn ruiniert. Alle Welt redete von seinen Abenteuern, seinen Gefangenschaften, seinen Leidenschaften. Denn er hatte Leidenschaften gehabt, heftige, wütende Leidenschaften... Wer hätte sich mit ihm messen wollen? Und die Tyrannei dieser heftigen und verzehrenden Leidenschaften hatte ihn oft tief sinken lassen... Arm durch die Hartherzigkeit seiner Familie, kannte er außer den Lastern des Reichen auch die Laster des Armen, das seelische Elend. Tyrannei der Familie, Tyrannei des Staates, Tyrannei der Moral, des inneren Zustandes, der Leidenschaft; Ach! Wer konnte die Morgenröte der Freiheit feuriger begrüßen als er? Er glaubte die Freiheit und die Erneuerung des Herzens zu finden, und er sprach sich zu seinen Freunden darüber aus.* Er würde mit Frankreich wieder jung werden, seinen alten, befleckten Mantel abwerfen... Nur mußte er am Leben bleiben; auf der Schwelle dieses neuen Lebens war er, der starke, feurige, leidenschaftliche Mann, schwer leidend; seine Gesichtsfarbe war kränklich, seine Wangen wurden schlaff... Was kümmerte es ihn! Er trug seinen mächtigen Kopf aufrecht, sein Blick war voll Kühnheit. Jedermann spürte in ihm Frankreichs laute Stimme.

Der dritte Stand wurde gemeinhin mit Beifall begrüßt, unter dem Adel dann einzig der Herzog von Orléans und schließlich der König, dem man so dafür dankte, daß er die Generalstände einberufen hatte. Das war die Gerechtigkeit des Volkes.

Als die Königin kam, entstand ein Raunen, Frauen riefen: »Es lebe der Herzog von Orléans!« Sie glaubten, sie mit dem Namen ihres Feindes besonders zu verletzen... Es machte starken Eindruck auf sie; sie meinte, ohnmächtig zu werden, man stützte sie;** aber sie erholte sich schnell, warf ihren hochmütigen, noch immer schönen Kopf zurück. Von da an bemühte sie sich, dem öffentlichen Haß mit festem, verächtlichen Blick zu begegnen... Trauriges Bemühen, das nicht schöner macht. Auf dem ernsten Porträt von 1788, das uns ihre Malerin, Madame Lebrun, hinterlassen hat, die sie liebte und mit dem Glanz dieser Liebe schmückte, spürt man jedoch bereits etwas Abweisendes, Geringschätziges, Verhärtetes.***

So verriet dieses schöne Fest des Friedens und der Einigung den künftigen Krieg. Man gab Frankreich einen Tag, um sich zu vereinigen und sich in einem gemeinsamen Gedanken zu finden, und gleichzeitig tat

* E. Dumont: *Souvenirs*, S. 27

** Campan, Bd. II, S. 37

*** Man vergleiche die drei Porträts in Versailles. Auf dem ersten (in weißem Atlas) ist sie kokett, noch sanft; sie fühlt, daß sie geliebt wird. Auf dem zweiten (in rotem Samt und Pelzwerk) ist sie von ihren Kindern umgeben; ihre Tochter schmiegt sich sacht an sie, doch vergeblich, die Frostigkeit der Mutter ist ungemildert, der Blick ist starr, ausdruckslos, sonderbar unfreundlich (1787). Auf dem dritten (in blauem Samt, 1788) ist sie allein, mit einem Buch in der Hand, ganz Königin, aber traurig und hart.

man alles, um es zu spalten. Wenn man allein die Verschiedenheit der Tracht sah, die den Abgeordneten befohlen war, erkannte man die Wahrheit von Sieyès' hartem Wort: »Drei Stände? Nein, drei Nationen.«

Der Hof hatte die alten Bücher durchsuchen lassen, um die abscheulichen Einzelheiten eines mittelalterlichen Zeremoniells herauszufinden, diese Gegensätze der Klassen, diese Zeichen des Unterschieds und des sozialen Hasses, die man besser hätte verbergen sollen; Wappen, Bilder, Symbole *nach* Voltaire, *nach* dem *Figaro*! So spät! Gewiß war es weniger die Freude am alten Zopf, die den Hof geleitet hatte, sondern eher die heimliche Freude daran, diese kleinen Leute, die bei den Wahlen die Könige dargestellt hatten, zu kränken, zu erniedrigen und an ihre niedere Herkunft zu erinnern... Die Schwäche gab sich dem gefährlichen Vergnügen hin, die Starken ein letztes Mal zu demütigen.

Ab dem 3. Mai, dem Tage vor der Messe des Heiligen Geistes, wurden die Abgeordneten in Versailles vorgestellt, und in diesem Augenblick der Herzlichkeit und des Wohlwollens brüskierte der König die Abgeordneten, die ihm fast alle günstig gesonnen gekommen waren. Anstatt sie nach Provinzen zu empfangen, ließ er sie nach Ständen vor; den Klerus und den Adel zuerst... dann, nach einer Pause, den dritten Stand.[3]

Man hätte diese kleinen Unverschämtheiten gern den Hofbeamten, den Dienerseelen zugeschrieben; aber Ludwig XVI. bewies nur zu deutlich, daß er selbst am alten Zeremoniell festhielt. Als in der Sitzung vom 5. Mai der König den Kopf bedeckt hatte und der Adel nach ihm, wollte es der dritte Stand ebenso tun; der König aber, um ihn daran zu hindern, sich so dem Adel gleichzustellen, zog es vor, sein Haupt zu entblößen.

Wer vermöchte zu glauben, daß dieser Hof in seinem Wahnwitz den absurden Brauch herbeiwünschte, beklagte, den dritten Stand auf den Knien sprechen zu lassen? Da man ihn nicht ausdrücklich davon befreien wollte, beschloß man lieber, daß der Vorsitzende des dritten Standes keine Ansprache halten solle. Dies hieß, daß der König sein Volk nach zweihundert Jahren der Trennung und des Schweigens zurückwies und ihm das Wort verbot.

Am 5. Mai wurde die Versammlung eröffnet, nicht im königlichen Schloß, sondern in der Avenue de Paris, in der Salle des Menus. Dieser Saal, der bedauerlicherweise nicht mehr besteht, war riesengroß: Er konnte außer den zwölfhundert Abgeordneten viertausend Zuhörer fassen.

Eine Augenzeugin, Madame de Staël, die Tochter Neckers, die hingekommen war, um den Beifall für ihren Vater zu hören, berichtet uns, daß der Beifall tatsächlich erfolgte und daß man, als Mirabeau seinen Platz einnehmen wollte, Murren hörte. Murren gegen den unmoralischen Menschen? Diese prunkvolle Gesellschaft, die an ihren Lastern zugrunde ging und zu ihrem letzten Fest gekommen war, hatte kein Recht zur Strenge.*

Die Versammlung hatte drei Reden anzuhören: die des Königs, des Großsiegelbewahrers und Neckers, alle über dasselbe Thema, alle unwürdig des großen Anlasses. Endlich stand der König der Nation gegenüber, und er hatte kein väterliches Wort für sie, kein Wort, das aus dem Herzen kam und zu Herzen ging. Der Anfang war ein unbeholfenes, ängstliches, verstecktes Schelten über den Geist der Neuerung. Er gab seinem Wohlwollen Ausdruck... für die beiden ersten Stände, »die sich geneigt zeigten, auf ihre pekuniären Privilegien zu verzichten«. Das Geld beherrschte die drei Reden; wenig oder nichts hörte man über die Frage des Rechts, die alle Herzen erfüllte und erregte, die des Rechts auf Gleichheit. Der König und seine beiden Minister sprechen ungeschickt, wobei die Schwülstigkeit mit Gemeinplätzen abwechselt, und scheinen überzeugt, daß es sich lediglich um Steuern, Geld, Unterhalt, um den Bauch handelt. Sie glauben, wenn die Privilegierten dem dritten Stand die Gleichheit der Steuerpflicht wie ein Almosen zugestünden, werde sich alles andere wie von selbst ordnen.** So sind die drei Reden drei Lobreden auf das Opfer der ersten Stände, die bereit sind, auf ihre Steuerbefreiung zu verzichten. Das Lob schwillt im Crescendo bis zu Necker, der in der Geschichte keinen vergleichbaren Heroismus kennt.

Die Lobsprüche, die eher wie eine Aufforderung wirken, zeigen nur zu deutlich, daß dieses bewundernswerte und so hoch gelobte Opfer noch nicht erfolgt ist. Es möge also möglichst rasch geschehen! Das ist der einzige Wunsch des Königs und der Minister, die den dritten Stand als Popanz hergerufen haben und ihn gern wieder heimschicken würden. Was das große Opfer anlangt, so haben sie nur halbe, zweifelhafte Zusagen; einige Herren haben es angeboten, aber die anderen haben sich über sie mokiert. Mehrere Mitglieder des Klerus haben gegen die bekannte Ansicht der Klerikerversammlung die gleiche Hoffnung geweckt. Die beiden Stände haben keine Eile, sich darüber zu erklären; das entscheidende Wort will nicht aus ihrem Munde, es bleibt im Halse stecken. Zwei Monate

* »Als der König inmitten dieser Versammlung auf dem Thron Platz nahm, empfand ich zum erstenmal etwas wie Furcht. Zuerst bemerkte ich, daß die Königin sehr erregt war; sie kam später als zur festgesetzten Stunde, und sie sah schlecht aus.« (Staël: *Considérations*, Bd. I. Kap. XVI.)

** Um zunächst nur vom Geld zu sprechen, von dem, was man Steuer nannte: Diese machte nur einen kleinen Teil der Gesamtsteuer aus, dessen, was man unter verschiedenen Bezeichnungen an den Klerus und den Adel bezahlte wie Zehnten und Lehensabgaben. Und es ging nicht allein um das Geld. Für das Volk handelte es sich nicht darum, die paar Sous aufzulesen, die man ihm hinwarf, sondern sein Recht zu bekommen, nicht mehr und nicht weniger.

sind erforderlich und die schwersten, außerordentlichsten Umstände, sagen wir es offen: der Sieg des dritten Standes, damit der Klerus sich endlich, am 26. Juni, besiegt gibt und verzichtet, und selbst da will der Adel nur *versprechen*, zu verzichten.

Necker sprach drei Stunden lang über Finanzen und über Moral. »Nichts«, sagte er, »kann ohne öffentliche Moral geschehen, ohne private Moral.« Seine Rede war jedoch die unmoralische Aufzählung der Mittel, die der König besaß, um sich der Generalstände zu entledigen und in der Willkür fortzufahren. Demnach waren die Generalstände ein reines Geschenk, eine verliehene und widerrufliche Gunst.

Er gestand unklugerweise, daß der König *besorgt sei*... Er sprach den Wunsch aus, daß die beiden ersten Stände, allein und frei in ihrem Entschluß, ihre Opfer darbrächten, unbeschadet der Vereinigung mit dem dritten Stand, um später über Fragen von gemeinsamem Interesse zu verhandeln. Gefährlicher Wink! Wenn es dem Minister erst freistand, an den reichen Quellen der großen Vermögen seine Steuer zu schöpfen, hätte er nicht weiter auf der Vereinigung der Stände beharrt. Die Privilegierten hätten ihre falsche Majorität behalten; zwei Stände gegen einen im Bunde hätten die Reformen verhindert. Und wenn schon! War der Bankrott vermieden, die Teuerung beendet, hatte die öffentliche Meinung sich beruhigt, dann konnten die Fragen des Rechts und seiner Zusicherung vertagt, die Ungleichheit und die Willkür bekräftigt werden, konnte Necker oder vielmehr der Hof regieren, der, war er einmal außer Gefahr, den empfindsamen Bankier nach Genf zurückgeschickt hätte.

Am 6. Mai nehmen die Abgeordneten des dritten Standes den großen Saal in Besitz; die ungeduldige Menge, welche die Türen belagert, drängt ihnen nach.

Der Adel und der Klerus tagen, jeder für sich, in ihren Räumen und beschließen unverzüglich, daß die Vollmachten innerhalb jedes Standes durch diesen selbst geprüft werden sollen. Der Beschluß findet eine große Mehrheit beim Adel, eine kleine beim Klerus; viele Pfarrer wollen sich dem dritten Stand anschließen.

Der dritte Stand erklärt kraft seiner großen Zahl und als Herr des großen Saales, *daß er die beiden anderen Stände erwarte*. Die Leere des riesigen Raumes war wie eine Anklage: Der Saal selbst sprach.

Die Frage der Vereinigung der Stände enthielt alle übrigen. Der dritte Stand, der schon die doppelte Mitgliederzahl besaß, konnte mit den Stimmen von ungefähr fünfzig Adligen und etwa hundert Pfarrern rechnen, um die beiden anderen Stände mit überwältigender Mehrheit zu beherrschen und in allem ihr Richter zu sein. Das Privilegium, gerichtet von jenen, gegen die es eingerichtet worden war! Es war leicht, das Urteil vorauszusehen.

Der dritte Stand erwartete also den Klerus und den Adel; er wartete geduldig, im Bewußtsein seiner Kraft, wie alles Ewige. Die Privilegierten wurden unruhig; sie wandten sich – zu spät – dem großen Privilegierten, dem König, ihrem natürlichen Mittelpunkt, wieder zu, dessen Stellung sie selbst erschüttert hatten. So ordneten sich in dieser Zeit des Wartens, die einen Monat und länger dauerte, die Dinge nach ihrer Zusammengehörigkeit: Die Privilegierten hielten es mit dem König, die Versammlung mit dem Volk.

Sie lebte mit ihm, redete mit ihm bei weitgeöffneten Türen; noch bestand keine trennende Schranke. Paris tagte in Versailles mitten unter den Abgeordneten. Eine ständige Verbindung war auf dem ganzen Weg eingerichtet. Die Wahlmännerversammlung in Paris, die ungeordnete, stürmische Versammlung der Menge im Palais-Royal verlangte jeden Augenblick Nachricht von den Abgeordneten; man fragte begierig jeden aus, der von Versailles kam. Der dritte Stand, der wahrnahm, daß der Hof immer gereizter wurde und sich mit Soldaten umgab, war sich nur eines Schutzes gewiß: der Menge, die ihm zuhörte, der Presse, die ihm im ganzen Königreich Gehör verschaffte. Am Tage der Eröffnung der Generalstände selbst versuchte der Hof, die Presse mundtot zu machen; ein Beschluß des Kronrats unterdrückte und verurteilte das *Journal des Etats généraux*, das Mirabeau herausgab; ein anderer Beschluß verbot das Erscheinen jedwedes Periodikums ohne besondere Erlaubnis. So wurde die Zensur, die seit Monaten untätig und wie aufgehoben war, angesichts der versammelten Nation wieder eingeführt für die notwendigen, unentbehrlichen Verbindungen der Abgeordneten mit ihren Wählern. Mirabeau kehrte sich nicht daran und schrieb weiter unter dem Titel *Lettres à mes commettants*. Die Wahlmännerversammlung in Paris unterbrach ihre Arbeit an den Beschwerdeheften (7. Mai), um einstimmig gegen den Beschluß des Kronrats Widerspruch zu erheben. Das war die erste Einmischung aus Paris in die allgemeinen Angelegenheiten. Das große und wichtige Anliegen der Pressefreiheit wurde mit einem Schlag durchgesetzt. Nun mochte der Hof Kanonen und Armeen versammeln; eine mächtigere Artillerie, die der Presse, donnerte hinfort an das Ohr des Volkes, das ganze Königreich hörte sie.

Am 7. Mai erlaubte der dritte Stand auf den Antrag Malouets und Mouniers hin einigen seiner Mitglieder, den Klerus und den Adel zur Sitzung einzuladen. Der Adel ging darüber hinweg und konstituierte sich als Versammlung. Der Klerus, uneinig und ängstlicher, wollte den Gang der Dinge abwarten; überdies glaubten die Prälaten, mit der Zeit Stimmen unter den Pfarrern zu gewinnen.

Sechs Tage gingen verloren. Am 12. Mai schlug Rabaut-Saint-Etienne, protestantischer Abgeordneter aus Nîmes, der Sohn des alten Cevennenmärtyrers, eine Konferenz vor, um die Vereinigung herbeizuführen. Der Bretone Le Chapelier verlangte an ihrer Statt »eine *Erklärung* über die Verwunderung des dritten Standes angesichts der Abwesenheit der anderen Stände, über die Unmöglichkeit, anders als gemeinsam zu beraten, über das berechtigte Interesse jedes Abgeordneten daran, die Gültigkeit eines jeden Mandats zu prüfen; nach Eröffnung der Generalstände gibt es keinen Standes- oder Provinzabgeordneten mehr, sondern Vertreter der Nation; die privilegierten Abgeordneten gewinnen dabei, ihre Befugnisse werden größer«.

Der Vorschlag Rabauts setzte sich durch als der gemäßigtere. Es fanden Konferenzen statt, die alles nur verschlimmerten. Am 24. Mai trug Mirabeau erneut einen Vorschlag vor, man solle versuchen, den Klerus vom Adel loszulösen und ihn »im Namen des Gottes des Friedens« zur Vereinigung auffordern. Dieser Vorschlag war äußerst geschickt; zahlreiche Pfarrer warteten ungeduldig auf die Gelegenheit zur Vereinigung. Die neue Aufforderung hätte beinahe den ganzen Stand mitgerissen. Mit Mühe erreichten die Prälaten einen Aufschub. Am Abend eilten sie ins Schloß zu den Polignacs und ihrem Anhang.[4] Mit Hilfe der Königin erlangte man vom König einen Brief, worin er erklärte, »er wünsche, daß die Konferenzen in Gegenwart des Siegelbewahrers und einer königlichen Kommission wieder aufgenommen würden«.* Der König verhinderte so die Vereinigung des Klerus mit dem dritten Stand und machte sich vor aller Augen zum Werkzeug der Privilegierten.

Dieser eines Königs wenig würdige Brief war eine Falle. Wenn der dritte Stand zustimmte, wäre der König Schiedsrichter der Konferenzen, könnte die Forderungen durch einen Beschluß des Kronrats unterbinden, und die Stände blieben getrennt. Wenn der dritte Stand allein ablehnte, während die anderen zustimmten, so trüge er allein das Odium der gemeinsamen Untätigkeit; er allein wäre es, der in diesem Augenblick der Not und des Hungers keinen Schritt täte, um der Nation zu helfen. Mirabeau zeigte die Falle und riet der Versammlung, als die Geprellten zu erscheinen, den Konferenzen zuzustimmen und gleichzeitig mit einer Denkschrift zu protestieren.

Eine neue Falle: Auf den Konferenzen appellierte Necker an das Gefühl, an die Großmut, an das Vertrauen. Er gab den Rat, jeder Stand solle dem anderen die Prüfung seiner Legitimationen anvertrauen; bei Meinungsverschiedenheiten *solle der König entscheiden*. Der Klerus stimmte ohne Bedenken zu. Hätte der Adel sich angeschlossen, wäre der

* Droz, Bd. II, S. 189. Droz' Zeugnis hat oft das Gewicht einer zeitgenössischen Autorität; oft überliefert er uns die Mitteilungen und mündlichen Enthüllungen Malouets und anderer wichtiger Teilnehmer der Revolution.

dritte Stand allein gegen zwei gewesen. Wer rettete ihn vor dieser Gefahr? Der Adel selbst, der wie toll in sein Verderben rannte. Der Kreis der Polignacs wollte von einem von seinem Feind vorgeschlagenen Ausweg nichts wissen. Der Adel hatte, schon bevor er den Brief des Königs kannte, jeden Weg zur Versöhnung sperren wollen und beschlossen, daß die Beratung nach Ständen und das *Veto* jedes Standes gegen die Beschlüsse der anderen Grundprinzipien der Monarchie seien. Der Plan Neckers lockte viele gemäßigte Adlige; zwei sehr talentierte, aber hitzige und nicht sehr intelligente Geadelte, Cazalès und d'Eprémesnil, stifteten soviel Verwirrung, daß es ihnen gelang, das letzte Rettungsmittel zu vernichten, die Planke fortzustoßen, die der König ihnen in ihrem Schiffbruch hinstreckte (6. Juni).

Ein Monat Verzögerung – nach den Verzögerungen des dreimaligen Aufschiebens der Einberufung! Man beachte, daß die Reichen sich in dieser Zeit der großen Erwartung ganz ruhig hielten, jede Ausgabe vertagten. Die Arbeit hatte aufgehört. Wer nur seine Arme und die tägliche Arbeit hatte, um die tägliche Nahrung zu beschaffen, der suchte Arbeit, fand keine, bettelte, bekam nichts, stahl... Ausgehungerte Banden durchstreiften das Land; wo sie Widerstand fanden, wüteten sie, mordeten und sengten... Weithin verbreitete sich der Schrecken; der Verkehr stockte, die Teuerung wuchs. Tausend aberwitzige Gerüchte gingen um. Es hieß, die Räuber seien vom Hof bezahlt. Und der Hof machte den Herzog von Orléans für sie verantwortlich.[5]

Die Lage der Versammlung war schwierig. Sie mußte untätig bleiben, während alles, was zu erhoffen war, nur von ihrem Handeln ausgehen konnte. Sie mußte gewissermaßen dem Schmerzensschrei Frankreichs ihr Ohr verschließen, um Frankreich zu retten und seine Freiheit zu begründen!...

Der Klerus verschärfte diese grausame Lage und bediente sich eines wahrhaft pharisäischen Einfalls gegen den dritten Stand. Ein Prälat erschien in der Versammlung, bejammerte das arme Volk, das Elend auf dem Lande. Vor den viertausend Personen, die der Sitzung beiwohnten, zog er ein abscheuliches Stück Schwarzbrot aus der Tasche und sagte: »Das ist das Brot des Bauern.« Der Klerus schlug vor zu handeln, eine Kommission zu bilden, um gemeinsam über die Lebensmittelfrage und über das Elend der Armen zu beraten.

Eine gefährliche Falle. Entweder gab die Versammlung nach, begann ihre Tätigkeit und erkannte damit die Trennung der Stände an, oder sie zeigte sich herzlos gegenüber dem öffentlichen Unglück. Die Verantwortung für die überall keimenden Unruhen fiele dann unweigerlich ihr zu. Die, welche bisher das Wort geführt hatten, schwiegen sich zu dieser heiklen Frage aus. Aber unbekannte Abgeordnete, die Herren Populus und Robespierre*, gaben dem allgemeinen Empfinden energisch und klug Ausdruck. Man forderte den Klerus auf, *im gemeinsamen Saal* über die öffentlichen Mißstände zu beraten, die die Versammlung nicht minder bewegten als ihn.

Diese Antwort verringerte die Gefahr nicht. Wie leicht mußte es dem Hofe, den Adligen, den Priestern nun fallen, das Volk zu beeinflussen! Was käme ihnen gelegener als eine hochmütige, ehrgeizige Versammlung von Advokaten, die versprochen hatte, Frankreich zu retten, und es lieber im Elend umkommen ließ, als von ihren unberechtigten Forderungen auch nur einen Deut abzurücken!

Der Hof ergriff begierig diese Waffe und glaubte, die Versammlung vernichten zu können. Der König erklärte dem Vorsitzenden des Klerus, der ihm den barmherzigen Vorschlag seines Standes über die Lebensmittelangelegenheit unterbreitete, »er würde es mit Freude sehen, wenn sich eine Kommission aus den Generalständen bildete, die ihn mit ihrem Rat unterstützen könnte«.

So sorgte sich also der Klerus um das Volk und der König ebenfalls; nichts hinderte den Adel, dieselben Worte zu sprechen. Und dann würde der dritte Stand allein bleiben. Man würde feststellen, daß alle das Wohl des Volkes wollten und daß allein der dritte Stand es nicht wollte.

Die Nationalversammlung
I,3

Letzte Aufforderung des dritten Standes am 10. Juni. Er nimmt den Namen »die Gemeinen« an. Die Gemeinen nehmen am 17. Juni den Titel »Nationalversammlung« an. Sie bemächtigen sich des Steuerbewilligungsrechts. Der König läßt den Saal schließen. Die Versammlung im Ballhaus am 20. Juni 1789.

Als Sieyès am 10. Juni die Versammlung betrat, erklärte er: »Kappen wir das Tau, es ist Zeit.« Von diesem Tag an segelt das Schiff der Revolution, trotz Stürmen und trotz Windstillen, manchmal aufgehalten, niemals stillstehend, der Zukunft entgegen.

Dieser große Theoretiker, der so klug vorausberechnet hatte, bewies

* Robespierre erhob geschickte Gegenvorwürfe. Er sagte sehr zutreffend: »Die alten Satzungen ermächtigten sogar, die geweihten Gefäße zu verkaufen, um dem Armen Erleichterung zu verschaffen.« – Der *Moniteur*, wie so oft unvollständig und ungenau, muß hier durch Etienne Dumont, *Souvenirs*, S. 60, ergänzt werden.

sich hier als wahrhafter Staatsmann; er hatte gesagt, was zu tun sei, und tat es augenblicklich.

Für alles gibt es nur einen Augenblick. Hier war es der 10. Juni, nicht früher und nicht später. Vorher war die Nation von der Verstocktheit der Privilegierten nicht genügend überzeugt gewesen; sie brauchten einen Monat, um ihre Böswilligkeit zu beweisen. Später waren zwei Dinge zu befürchten: Entweder ließ das Volk, zum äußersten getrieben, die Freiheit für ein Stück Brot fahren, und die Privilegierten machten durch ihren Verzicht auf Steuerbefreiung allem ein Ende; oder der Adel verband sich mit dem Klerus und bildete (wie man es ihnen riet) eine Erste Kammer. Eine solche Kammer, die heutzutage nur ein dem Königtum bequemes Werkzeug bildet, wäre im Jahre 1789 eine Macht gewesen: Sie hätte diejenigen in sich vereinigt, die damals die Hälfte oder zwei Drittel vom Boden des Königreichs besaßen, die durch ihre Verwalter, ihre Pächter, ihre zahllose Dienerschaft so viele Mittel des Einflusses auf die ländlichen Bezirke hatten. Man hatte gerade erst in den Niederlanden[1] die Frucht der furchtbaren Eintracht dieser beiden Stände erlebt, die das Volk mitgerissen, die Österreicher verjagt und den Kaiser entmachtet hatte.

Am Mittwoch, dem 10. Juni 1789, beantragte Sieyès, den Klerus und den Adel zum letztenmal aufzufordern, sie davon zu benachrichtigen, daß der Aufruf *in einer Stunde* erfolgen und daß das *Nichterscheinen zu Protokoll genommen* werden würde.

Diese Aufforderung in juristischer Form war ein unerwarteter Schachzug. Die Abgeordneten der Gemeinen[2] nahmen gegenüber jenen, die ihnen die Gleichheit abstritten, eine überlegene Stellung ein, gewissermaßen die von Richtern.

Das war klug, denn das Abwarten war gefährlich, aber es war auch verwegen. Man hat oft gesagt, daß die, die ein ganzes Volk hinter sich wußten und eine Stadt wie Paris, nichts zu fürchten hatten, daß sie die Starken waren, daß sie gefahrlos handeln konnten... Im nachhinein und nachdem alles erreicht wurde, mag diese These zutreffen. Zweifellos waren sich diejenigen, die diesen Schritt wagten, einer großen Macht bewußt, doch diese Macht war keineswegs geordnet; das Volk war nicht kriegstüchtig, was es später wurde. Ein Heer lagerte um Versailles, zum Teil aus Deutschen und Schweizern bestehend (wenigstens neun Regimenter von fünfzehn); eine Batterie Kanonen stand vor dem Gebäude der Versammlung... Es war die Größe des großen Logikers, der den nationalen Gedanken formulierte, die Größe der Versammlung, die die Formulierung übernahm, daß sie all das nicht beachteten, auf die Logik vertrauten und handelten.

Der Hof war völlig unschlüssig und wußte nichts zu tun, als sich in verächtliches Schweigen zu hüllen. Zweimal vermied der König, den Vorsitzenden der Gemeinen zu empfangen; er sei auf der Jagd, hieß es oder auch, er sei zu betrübt durch den kürzlich erfolgten Tod des Dauphin. Dabei wußte man, daß er alle Tage die Prälaten, die Adligen, die Parlamentsmitglieder empfing. Diese begannen, ängstlich zu werden, und kamen, um sich dem König anzubieten. Der Hof hörte sie an, verhandelte mit ihnen, spekulierte mit ihrer Furcht. Gleichwohl war es offenkundig, daß der König, von ihnen bedrängt und in gewisser Beziehung ihr Gefangener, in allem zu ihnen halten und sich mehr und mehr als das erweisen würde, was er war: ein Privilegierter an der Spitze der Privilegierten. Die Lage wurde klar und übersichtlich; nur zwei Dinge blieben: das Privilegium auf der einen Seite und das Recht auf der anderen.

Die Versammlung hatte deutlich gesprochen. Sie erwartete von ihrem Schritt den Anschluß eines Teils des Klerus. Die Pfarrer fühlten sich als Volk und wollten ihren wahren Platz neben dem Volk einnehmen. Aber die Gepflogenheiten geistlicher Unterordnung, die Ränke der Prälaten, ihre Autorität, ihre drohende Stimme und daneben der Hof und die Königin hielten sie noch auf ihren Bänken fest. Nur drei unternahmen das Wagnis, dann sieben, schließlich achtzehn im ganzen. Großes Gespött bei Hof über die schöne Eroberung, die der dritte Stand machte.

Die Versammlung mußte auf Tod oder Leben einen zweiten Schritt tun. Sie mußte die klare, furchtbare Situation, die ich vorhin zeigte, das Recht gegenüber dem Privileg, das in der Versammlung verkörperte Recht der Nation, kühn ins Auge fassen... Und es genügte nicht, dies zu erkennen, man mußte es sichtbar machen, feierlich verkünden, der Versammlung ihren wahren Namen geben: *Nationalversammlung.*

In seiner berühmten Schrift, die jedermann auswendig wußte, hatte Sieyès das gewichtige Wort gesagt, das nicht vergebens fiel: »Der dritte Stand allein, so wird man sagen, kann nicht die Generalstände bilden... Nun! Um so besser, dann wird er eine *Nationalversammlung* sein.«

Diesen Namen annehmen, sich als die Nation bezeichnen, das von Sieyès aufgestellte revolutionäre Dogma – *Der dritte Stand ist alles* – verwirklichen, das war ein zu verwegener Schritt, um ihn gleich ganz zu wagen. Man mußte die Geister darauf vorbereiten, allmählich und stufenweise zu diesem Ziel gelangen.

Das Wort *Nationalversammlung* wurde zuerst durchaus nicht in der Versammlung ausgesprochen, sondern in Paris bei den Wahlmännern, die Sieyès gewählt hatten und sich nicht fürchteten, seine Sprache zu sprechen.

Am 15. Mai sprach Boissy d'Anglas, damals unbekannt und ohne Einfluß, das Wort aus, aber um es hinauszuschieben, zu vertagen, indem er der Kammer riet, sie solle sich vor jeder Übereilung hüten, sich von dem leisesten Vorwurf der *Leichtfertigkeit* befreien... Bevor die Bewegung begann, wollte er schon bremsen.

Die Versammlung blieb also bei dem Namen *Communes*, die Gemeinen, der sie trotz seiner bescheidenen und wenig klaren Bedeutung des kleinen, eigentümlichen, ungenauen Namens *dritter Stand* entledigte. Lebhafte Einsprüche seitens des Adels folgten.

Am 15. Juni forderte Sieyès vorsichtig und kühn für die Gemeinen den Titel: »Versammlung der anerkannten und beglaubigten Vertreter *der französischen Nation.*« Er schien nur eine unbestreitbare Tatsache auszusprechen, denn die Abgeordneten der Gemeinen hatten ihre Vollmachten einer öffentlichen Prüfung unterworfen, die feierlich im offenen, großen Saal und vor der Menge vor sich gegangen war. Die beiden anderen Stände hatten unter sich bei verschlossenen Türen geprüft. Das einfache Wort *beglaubigte* Abgeordnete setzte die anderen zu *mutmaßlichen* Abgeordneten herab; konnten diese letzteren die anderen am Handeln hindern? Konnten die Abwesenden die *Anwesenden* lähmen? Sieyès erinnerte daran, daß diese *bereits* (mindestens) *sechsundneunzig Hundertstel der Nation vertraten.*

Man kannte Sieyès zu gut, um daran zu zweifeln, daß dieser Vorschlag nur eine Stufe war, die zu einem anderen, verwegeneren, entscheidenderen führte. Mirabeau machte ihm sogleich den Vorwurf, »er bringe die Versammlung auf eine Bahn, ohne ihr das Ziel zu zeigen, an das er sie führen wolle«.

Und am zweiten Tag der Schlacht lichteten sich alle Zweifel. Zwei Abgeordnete dienten Sieyès als Vorboten. Monsieur Legrand beantragte, daß die Versammlung sich als *allgemeine* Versammlung konstituiere, daß sie sich durch nichts an dem hindern lasse, was aus der *Unteilbarkeit einer Nationalversammlung* hervorgehen würde. Monsieur Galand forderte, da der Klerus und der Adel lediglich zwei Körperschaften seien, die Nation hingegen eins und unteilbar sei, müsse die Versammlung sich als rechtmäßige und aktive Versammlung *der Vertreter der französischen Nation* erklären. Da gab Sieyès die Zurückhaltung auf, ließ die Umschweife und beantragte den Titel *Nationalversammlung*.

Seit der Sitzung von 10. sah Mirabeau Sieyès einen unterirdischen Weg gehen, und er erschrak. Dieser Weg führte geradlinig zu einem Punkt, wo er gegen das Königtum und die Aristokratie stoßen mußte. Würde er innehalten aus Ehrfurcht vor einem wurmstichigen Götzenbild? Es hatte nicht den Anschein. Trotz der harten Zucht, durch welche die Tyrannei Mirabeau für die Freiheit eingenommen hatte, muß gesagt werden, daß der berühmte Tribun Aristokrat war in Geschmack und Sitten, Royalist aus Neigung; er war es der Herkunft und dem Blute nach, wenn man so will. Zwei andere Dinge, das eine groß, das andere niedrig, bestimmten ihn ebenfalls. Er war von gierigen Frauen umgeben und benötigte Geld; und die Monarchie erschien ihm als die offene, freigebige Hand, die Geld und Gunst verschwendete. Das Königtum war hart, grausam zu ihm gewesen; aber gerade das nahm ihn jetzt für es ein: Er hätte es schön gefunden, einen König zu retten, der siebzehnmal den Haftbefehl gegen ihn unterzeichnet hatte. So hochherzig und edel war dieser arme große Mann, daß man gern die Schuld an seinen Lastern auf seine erbärmliche Umgebung, auf die Barbarei des Vaters schieben würde, die ihn von der Familie absonderte. Sein Vater verfolgte ihn sein ganzes Leben lang, und sterbend bat der Sohn, man möge ihn neben seinem Vater bestatten.*

Als Sieyès am 10. beantragte, die Abwesenheit der Nichterschienenen *zu Protokoll zu nehmen*, unterstützte Mirabeau dieses harte Wort und sprach stark und fest. Abends jedoch, als er die Gefahr sah, gewann er es über sich, seinen Feind Necker aufzusuchen**; er wollte ihn über die Lage aufklären, dem Königtum den Beistand seines mächtigen Wortes anbieten.

Ungnädig empfangen und darüber empört, unternahm er es gleichwohl, Sieyès den Weg zu versperren; er, der Tribun, der gestern erst durch die Revolution wieder zu Ansehen gekommen war und nur aus ihr seine Stärke hatte, er wollte sich ihr entgegenstemmen und gedachte, sie aufzuhalten.

Jeden anderen hätte dies sogleich zu Fall gebracht, ohne daß er sich jemals wieder hätte erheben können. Daß dieser Mann mehr als einmal unpopulär werden und immer wieder hochkommen konnte, das gibt uns einen sehr guten Begriff von der Macht der Beredsamkeit über diese vor allen anderen für das Genie des Wortes empfängliche Nation.

Was wäre schwieriger gewesen als dic These Mirabeaus! Vor der erregten und erhitzten Menge, vor einem Volk, das durch die Größe der Krisis über sich selbst hinausgewachsen war, wagte er die Behauptung, »daß das Volk keinen Anteil nehme an solchen Diskussionen, daß es lediglich verlange, nur so viel zu bezahlen, wie es könne, und friedlich sein Elend zu ertragen«.

Nach solch unwürdigen, betrübenden, entmutigenden, obendrein weitgehend unwahren Worten wagte er, die Grundsatzfrage zu stellen: »Wer hat euch einberufen? Der König... Ermächtigen euch eure Mandate und eure Hefte, euch zur Versammlung der einzig anerkannten und beglaubigten Vertreter zu erklären?... Und wenn der König euch seine Bestätigung verweigert?... Die Folgen liegen auf der Hand. Ihr werdet Plünderungen

* *Mémoires de Mirabeau*, herausgegeben von Lucas de Montigny, Bd. XIII, Buch X.

** Man vergleiche die verschiedenen, doch vereinbaren Versionen E. Dumonts und Droz' (der dem mündlichen Zeugnis Malouets folgt).

und Metzeleien bekommen, aber nicht einmal die verabscheuungswürdige Ehre eines Bürgerkrieges.«

Welchen Titel sollte man also annehmen?

Mounier und die Nachahmer der englischen Regierungsform schlugen vor: »Vertreter des *größten Teiles* der Nation in Abwesenheit des kleineren Teiles.« Das schied die Nation in zwei Teile und mußte zur Einrichtung von zwei Kammern führen.

Mirabeau befürwortete die Formulierung: »Vertreter des französischen *Volkes*.« Dieses Wort, erklärte er, sei dehnbar und könne wenig oder viel bedeuten.

Und eben diesen Vorwurf machten ihm zwei angesehene Rechtsgelehrte, Target (aus Paris) und Thouret (aus Rouen). Sie fragten ihn, ob Volk *plebs* bedeute oder *populus*. Der Doppelsinn war aufgedeckt. Der König, der Klerus, der Adel hätten zweifellos *Volk* im Sinne von *plebs*, von niederem Volk, von einem bloßen *Teil* der Nation ausgelegt.

Viele hatten den Doppelsinn nicht bemerkt, ebenso nicht, wieviel die Versammlung dabei verlieren mußte. Alle verstanden ihn, als Malouet, Neckers Freund, dem Wort *Volk* zustimmte.[3]

Die Furcht vor dem königlichen *Veto*, die Mirabeau zu wecken versuchte, konnte nur empören. Der Jansenist Camus, eine der entschiedensten Persönlichkeiten der Versammlung, antwortete mit den festen Worten: »Wir sind, was wir sind. Kann das *Veto* verhindern, daß die Wahrheit eins und unwandelbar ist? Kann die königliche Bestätigung die Ordnung der Dinge ändern und ihr Wesen entstellen?«

Mirabeau, durch den Widerspruch gereizt und alle Vorsicht fallenlassend, verstieg sich zu der Erklärung: »Ich halte das *Veto* des Königs für so notwendig, daß ich lieber in Konstantinopel als in Frankreich leben wollte, wenn er es nicht besäße... Ja, ich erkläre, ich wüßte nichts Furchtbareres als die souveräne Aristokratie von sechshundert Personen, die sich morgen unabsetzbar, übermorgen erblich machten und schließlich, wie die Aristokratien aller Länder der Welt, alles an sich reißen würden.«

So zog Mirabeau von zwei Übeln, deren eines möglich, deren anderes gegenwärtig war, das gegenwärtige und gewisse vor. Unter der Hypothese, daß die Versammlung sich eines Tages könne verewigen und erblicher Tyrann werden wollen, bewaffnete er diesen unverbesserlichen Hof, den es zu reformieren galt, mit der tyrannischen Befugnis, jede Reform zu verhindern... *Der König! Der König!* Warum immer Mißbrauch treiben mit dieser alten Religion? Wer wußte nicht, daß es seit Ludwig XIV. keinen König mehr gab? Es gab den Krieg zwischen zwei Republiken; die eine, die in der Versammlung ihren Sitz hatte, das waren die großen Geister der Zeit, die besten Bürger, das war Frankreich selbst; die andere, die Republik der Mißbräuche, hielt ihre geheimen Zusammenkünfte bei Diane von Polignac, in den alten Kabinetten der Dubois', der Pompadour und Du Barry.

Die Rede Mirabeaus wurde mit einem Sturm der Entrüstung, mit einem Hagel von Verwünschungen und Flüchen aufgenommen. Die beredte Rhetorik, mit der er widerlegte, was niemand gesagt hatte (daß das Wort *Volk* häßlich sei), hatte niemanden getäuscht.

Es war neun Uhr abends. Man schloß die Debatte, um zur Abstimmung zu schreiten. Die erstaunliche Klarheit, mit welcher die Frage des Königtums sich gestellt hatte, ließ befürchten, daß der Hof das einzige tun werde, was er tun konnte, um das Volk daran zu hindern, morgen selbst König zu sein; er besaß die Macht der Gewalt, eine Armee um Versailles; er konnte sie einsetzen, die wichtigsten Abgeordneten ergreifen, die Generalstände auflösen und, wenn Paris sich erhob, Paris aushungern... Dieses verwegene Verbrechen war sein letzter Trumpf; man glaubte, daß er ihn ausspielen werde. Dem wollte man zuvorkommen und die Versammlung noch in derselben Nacht konstituieren. Das war die Ansicht von mehr als vierhundert Abgeordneten; höchstens etwa hundert waren dagegen. Diese kleine Minderheit verhinderte die ganze Nacht durch Geschrei und gewaltsames Gebaren, daß man den Namensaufruf vornehmen konnte. Aber das schmachvolle Schauspiel einer tyrannisierten Mehrheit, der durch die Verzögerung gefährdeten Versammlung, die Vorstellung, daß das Werk der Freiheit, das Heil der Zukunft auf dem Spiel standen, all das erregte die Menge, welche die Tribünen füllte, bis zum Wahnsinn; ein Mann stürzte in den Saal und packte Malouet, den Hauptführer der hartnäckigen Schreier, am Kragen.* Der Mann entwischte. Das Geschrei ging weiter. Angesichts des Tumults, berichtet Bailly, der den Vorsitz führte, blieb die Versammlung fest und würdig; ebenso geduldig wie stark wartete sie schweigend, bis die lärmende Bande vom eigenen Geschrei erschöpft wäre. Eine Stunde nach Mitternacht waren die Abgeordneten weniger zahlreich, und man verschob die Abstimmung auf den Morgen.

Am Morgen, im Augenblick der Abstimmung, meldete man dem Vorsitzenden, er sei in die Kanzlei entboten, um einen Brief des Königs in Empfang zu nehmen. Dieser Brief, worin der König daran erinnerte, daß man ohne die Mitwirkung der drei Stände nichts vermöchte, hätte den hundert Opponenten einen willkommenen Vorwand geliefert, zu langen Reden Anlaß gegeben und viele schwache Gemüter beunruhigt und beeinflußt. Die Versammlung vertagte mit königlicher Würde den Brief

* Unser Hauptzeuge, Bailly, erwähnt diesen Vorfall nicht, den nur Droz berichtet, zweifellos nach Malouet.

des Königs und verbot ihrem Vorsitzenden, vor Beendigung der Sitzung den Saal zu verlassen. Sie wollte abstimmen, und sie stimmte ab.

Die verschiedenen Anträge konnten auf drei oder vielmehr auf zwei beschränkt werden:

1. Den von Sieyès: *National*versammlung.
2. Den von Mounier: Versammlung der Vertreter des *größeren* Teiles der Nation, in Abwesenheit des *kleineren Teiles*. Die doppeldeutige Formulierung Mirabeaus ging in die Mouniers ein, da das Wort *Volk* in eingeschränktem Sinne als der *größere Teil der Nation* verstanden werden konnte.

Mouniers Antrag hatte den scheinbaren Vorzug einer strengen Wörtlichkeit, einer arithmetischen Genauigkeit, die letztlich der Gerechtigkeit widersprach. Sie stellte zwei unermeßlich verschiedene Werte einander gegenüber, als seien sie gleich zu veranschlagen. Die Versammlung vertrat die Nation mit Ausnahme der Privilegierten, das heißt sechsundneunzig oder achtundneunzig Hundertstel gegen vier Hundertstel (nach Sieyès) oder zwei Hundertstel (nach Necker). Warum sollte man diesen zwei oder vier Hundertsteln eine so ungeheure Wichtigkeit beimessen? Gewiß nicht, weil sie moralisches Ansehen besaßen – das hatten sie nicht mehr –, sondern weil in Wirklichkeit der ganze Grundbesitz des Königreichs, zwei Drittel des Bodens, in ihren Händen war. Mounier war der Anwalt des Eigentums gegen die Bevölkerung, des Bodens gegen den Menschen. Ein feudalistischer, englischer und materialistischer Standpunkt; Sieyès hatte die wahre französische Formulierung aufgestellt.

Mit Mouniers Arithmetik und seiner ungerechten Genauigkeit, mit Mirabeaus Doppeldeutigkeit blieb die Nation *eine Klasse*, und der Grundbesitz, der Boden, bildete ebenfalls *eine Klasse* der Nation gegenüber. Wir hätten in der alten Ungerechtigkeit verharrt; das Mittelalter hätte das barbarische System fortgesetzt, nach dem die Scholle mehr galt als der Mensch, der Boden, der Misthaufen, die Asche die Oberlehnsherren des Geistes waren.

Der Antrag Sieyès', über den zuerst abgestimmt wurde, erhielt ungefähr fünfhundert Stimmen, und nicht hundert waren dagegen.*

So wurde die Versammlung als *Nationalversammlung* proklamiert. Viele riefen: »Es lebe der König!«

Noch zwei Unterbrechungen gab es, wie um die Versammlung aufzuhalten, die eine vom Adel, der unter einem Vorwand eine Botschaft sandte,

* Vierhunderteinundneunzig Stimmen gegen neunzig. Mirabeau wagte weder dafür noch dagegen zu stimmen und blieb zu Hause.

die andere von gewissen Abgeordneten, die wünschten, daß man zuallererst einen Präsidenten wählte und ein Amt einrichtete. Die Versammlung setzte sich darüber hinweg und schritt zum feierlichen Eid. In Gegenwart der bewegten Menge von viertausend Zuhörern hörten die sechshundert Abgeordneten stehend, die Hand erhoben, in tiefem Schweigen, den Blick auf das ernste und ehrliche Gesicht ihres Präsidenten geheftet, die Verlesung der Eidesformel an und riefen: »Wir schwören es!« Ein ehrfürchtiges und religiöses Gefühl erfüllte alle Herzen.

Die Versammlung war begründet, sie lebte; doch fehlte ihr die Kraft, die Gewißheit, zu leben. Diese verschaffte sie sich, indem sie das Steuerrecht an sich nahm. Sie erklärte, daß die Steuer, *die bis dahin ungesetzlich gewesen sei*, *provisorisch* erhoben werden würde, »bis die gegenwärtige Versammlung auseinanderginge«. Das hieß mit einem Schlag die ganze Vergangenheit verdammen, sich der Zukunft bemächtigen.

Stolz machte sie die Ehrenfrage, die Staatsschuld, zu der ihrigen und übernahm die Bürgschaft dafür.

Und all diese königlichen Taten geschahen in der Sprache des Königs, in den Worten, die bis dahin dem König allein zugestanden hatten: »Die Versammlung *beschließt und verordnet*...«

Schließlich machte ihr die öffentliche Verpflegung Sorge. Da die Verwaltung wie alle anderen Gewalten versagt hatte, war die gesetzgebende Versammlung als einzige damals geachtete Autorität gezwungen, einzuschreiten. Auch forderte sie für ihren Verpflegungsausschuß nur das, was der König der Abordnung des Klerus angeboten hatte, die Übermittlung der Auskünfte, die über die Angelegenheit Klarheit schaffen konnten. Aber was er damals anbot, wollte er heute nicht mehr gewähren.

Am meisten überrascht war Necker; er lebte in dem naiven Glauben, die Welt zu lenken, und die Welt bewegte sich ohne ihn. Er hatte die junge Versammlung immer als sein Kind, seinen Augapfel betrachtet; er hatte dem König erklärt, sie würde gelehrig und brav sein; und nun stand sie plötzlich, ohne ihren Vormund zu fragen, auf eigenen Füßen, schritt voran, überstieg die alten Schranken, ohne einen Blick auf sie zu werfen... In seinem starren Erstaunen erhielt Necker zwei Ratschläge, von einem Royalisten und einem Republikaner, und beide kamen auf eins heraus. Der Royalist war der Intendant Bertrand de Molleville, ein Intendant des Ancien régime, beschränkt und voller Heftigkeit; der Republikaner war Durovray, einer jener Demokraten, die der König 1782 aus Genf verjagt hatte.

Wer war dieser Ausländer, der sich in dieser schweren Krisis so sehr für Frankreich interessierte und sich erkühnte, Ratschläge zu erteilen? Durovray, der sich in England niederließ, eine Pension von den Engländern bekam, aus Neigung und in seinen Grundsätzen Engländer geworden war, wurde wenige Zeit später ein Wortführer der Emigranten. Bis dahin gehörte er einem kleinen Genfer Zirkel an, der zu unserem Unglück Mirabeau umgarnte. England schien das wichtigste Werkzeug der französischen Freiheit in seinen Schlingen zu fangen.* Der große Mann, der den Engländern bis dahin wenig günstig gesinnt war, hatte sich von diesen Exrepublikanern, diesen sogenannten Märtyrern der Freiheit einfangen lassen. Die Durovrays, Dumonts und andere mittelmäßige und unermüdliche Ränkeschmiede waren immer bei der Hand, um seine Trägheit zu unterstützen. Er war schon krank und tat alles, um es immer mehr zu werden. Seine Nächte töteten seine Tage; morgens fielen ihm die Versammlung und die Geschäfte ein, und er suchte nach seinen Gedanken; der von den Genfern formulierte englische Gedanke kam ihm gerade recht; er griff ihn mit geschlossenen Augen auf und fügte sein Talent hinzu. So groß war seine Leichtfertigkeit und Unvorsicht, daß seine bewundernswerte Redegewalt auf der Tribüne bisweilen nur eine Übersetzung der Notizen war, welche ihm diese Genfer jeden Augenblick zukommen ließen.

Durovray, der keinerlei Beziehungen zu Necker unterhielt, warf sich in dieser gefährlichen Lage zu seinem gefälligen Ratgeber auf.

Er wollte wie Bertrand de Molleville, daß der König den Beschluß der Versammlung *für ungültig erkläre*, ihr den Namen *Nationalversammlung* untersage, die Vereinigung der drei Stände befehle, sich zum *provisorischen Gesetzgeber* Frankreichs erkläre und *kraft der königlichen Autorität tue*, was die Gemeinen ohne sie getan hatten. Bertrand glaubte zu Recht, daß nach diesem Schlag nur die Auflösung blieb. Durovray behauptete, daß die Versammlung, wenn sie erst durch das königliche Vorrecht gesprengt und gedemütigt wäre, ihre kleine Rolle als Gesetzgebungsmaschine annehmen würde.**

Am 17. Juni abends waren die Oberhäupter des Klerus, der Kardinal de La Rochefoucauld und der Erzbischof von Paris, nach Marly geeilt und

* Diese Genfer waren nicht wirklich Agenten Englands. Aber die Pensionen, die sie von dort bezogen, das Geschenk von mehr als einer Million, das England ihnen machte, um in Irland ein Genf zu gründen (das auf dem Papier blieb), all das verpflichtete sie dazu, den Engländern zu dienen. Im übrigen spalteten sie sich. Yvernois wurde Engländer und unser grausamster Feind. Clavière allein wurde Franzose. – Was soll man zu Etienne Dumont sagen, der behauptet, daß diese Leute mit ihrer schwerfälligen Feder alle Reden für Mirabeau geschrieben hätten? Seine Erinnerungen bezeugen einen starken Undank gegen den großen Mann, der ihn mit seiner Freundschaft ehrte.

** Man vergleiche die beiden Pläne in den Memoiren Bertrands und in den Erinnerungen Dumonts. Dieser gesteht, daß die Genfer sich wohl gehütet hatten, ihren schönen Plan Mirabeau anzuvertrauen; er wurde hinterher davon unterrichtet und sagte sehr vernünftig: »So bringt man die Könige aufs Schafott.«

hatten den König und die Königin um Hilfe angefleht. Am 19. fruchtlose Debatten in der Adelskammer: Orléans schlägt vor, sich mit dem dritten Stand zu vereinigen, Montesquiou, sich mit dem Klerus zu vereinigen. Am gleichen Tag hatten die Pfarrer die Mehrzahl ihres Standes zum Anschluß an den dritten Stand bewogen und den Stand gespalten. Der Kardinal und der Erzbischof gehen am gleichen Abend noch einmal nach Marly und werfen sich dem König zu Füßen: »Um die Religion ist es geschehen.« Dann kommen die Parlamentsmitglieder: »Die Monarchie ist verloren, wenn man die Generalstände nicht auflöst.«

Ein gefährlicher Ausweg, den zu wählen bereits unmöglich war. Die Flut stieg von Stunde zu Stunde. In Versailles, in Paris brauste es... Necker hatte zwei, drei Ministern und dem König eingeredet, daß sein Plan das einzige Rettungsmittel sei. Man hatte diesen Plan in einem letzten, entscheidenden Staatsrat am Freitag, dem 19. abends, erneut erwogen; alles war beendet und beschlossen: »Schon wurden die Portefeuilles geschlossen«, berichtet Necker, »als man einen diensthabenden Beamten eintreten sah; er sprach leise mit dem König, Seine Majestät erhob sich auf der Stelle und befahl den Ministern zu bleiben. Monsieur de Montmorin, der neben mir saß, sagte zu mir: ›Es ist nichts von Bedeutung; niemand als die Königin allein kann sich erlaubt haben, den Staatsrat zu unterbrechen; die Prinzen haben sich offenbar hinter sie gesteckt.‹«

Alles wurde abgebrochen: das war vorherzusehen; zweifellos hatte man darum den König nach Marly gebracht, weit weg von Versailles und vom Volk, mit der Königin allein und im gemeinsamen Schmerz um den Tod ihres Kindes um so zärtlicher und schwächer ihr gegenüber... Eine treffliche Gelegenheit, ein günstiger Augenblick für die Einflüsterungen der Priester. War der Tod des Dauphins nicht eine strenge Mahnung der Vorsehung, weil der König den gefährlichen Neuerungen eines protestantischen Ministers sein Ohr lieh?

Da der König noch schwankte, obschon er beinahe besiegt war, begnügte er sich damit, zu verhindern, daß der Klerus sich dem dritten Stand anschloß, indem er befahl, der Saal solle am folgenden Tag (Samstag, den 20. Juni) geschlossen bleiben; als Vorwand dienten die Vorbereitungen für eine königliche Sitzung, die am Montag stattfinden sollte.

All dies wird in der Nacht beschlossen und um sechs Uhr morgens in Versailles öffentlich angeschlagen. Der Vorsitzende der Nationalversammlung erfährt durch Zufall, daß sie sich nicht versammeln kann. Nach sieben Uhr empfängt er einen Brief, nicht vom König (wie es natürlich gewesen wäre, der König richtete auch Handschreiben an den Präsidenten des Parlaments), sondern lediglich eine Mitteilung des jungen Brézé, des Zeremonienmeisters. Eine solche Mitteilung hätte nicht dem Vorsitzenden Bailly in seiner Wohnung gemacht werden sollen, sondern der Versammlung selbst. Bailly hatte keine Vollmacht, an ihrer Statt zu handeln. Zu der am Vortage für die Sitzung anberaumten Stunde, um acht Uhr, begibt er sich mit vielen anderen Abgeordneten an die Tür des Saales. Vom Wachtposten aufgehalten, protestiert er gegen die Behinderung und erklärt die Sitzung für eröffnet. Mehrere junge Abgeordnete machten Anstalt, die Tür zu sprengen; der Offizier ließ blankziehen und zeigte, daß seine Weisungen keine Rücksicht auf die Unverletzlichkeit nahmen.

Da stehen nun unsere neuen Könige wie widerspenstige Schüler vor der Tür. Da schweifen sie im Regen auf der Avenue de Paris unter dem Volk umher. Alle sind sich über die Notwendigkeit einig, die Sitzung abzuhalten und sich zu versammeln. Die einen rufen: »Zum Exerzierplatz!«, andere: »Nach Marly!«, einer: »Nach Paris!« Dieser Vorschlag war gefährlich, er hätte Feuer an das Pulverfaß legen können...

Der Abgeordnete Guillotin gab den weniger gefährlichen Rat, sich nach Vieux-Versailles zu begeben und im Ballhaus zu tagen... Ein trauriger, häßlicher, kahler, ärmlicher Ort... Um so besser! Die Versammlung war dort selbst ärmlich und vertrat an diesem Tag um so mehr das Volk. Sie mußte den ganzen Tag stehen, es gab nicht einmal eine Holzbank... Dies war die Krippe der neuen Religion, ihr Stall von Bethlehem.

Einer der mutigen Pfarrer, die den Anschluß des Klerus erreicht hatten, der wackere Grégoire, besuchte lange Zeit später, als das Kaiserreich seine Mutter, die Revolution, so grausam ausgelöscht hatte, häufig die Ruinen von Port-Royal in der Nähe von Versailles; eines Tages (zweifellos auf dem Rückweg) betrat er das Ballhaus...*

Das eine in Trümmern, das andere verlassen... Tränen entströmten den Augen des starken Mannes, der niemals weich geworden war... Zwei Religionen zu beweinen, das war zuviel für ein Menschenherz!

Auch wir haben ihn 1846 besucht, den Zeugen der Freiheit, den Ort, dessen Echo ihre ersten Worte wiederholte, der ihren denkwürdigen Eid empfing und bis heute bewahrt... Doch was konnten wir ihm sagen? Welche Nachrichten ihm geben von der Welt, die er zeugte?... Ach! Die Zeit ist kaum vorangeschritten, die Generationen sind einander gefolgt, das Werk hat wenig Fortschritt gemacht... Als wir den Fuß auf die ehrwürdigen Steinplatten setzten, stieg uns die Scham ins Herz über das, was wir sind, das wenige, was wir taten. Wir fühlten uns unwürdig und verließen den heiligen Ort.[4]

* Memoiren Grégoires, Bd. I, S. 380.

Der Ballhauseid
I,4

Der Ballhauseid, 20. Juni 1789. Die Versammlung ist obdachlos. Staatsstreich; Plan Neckers; Erklärung des Königs, 23. Juni 1789; Weigerung der Versammlung, sich zu trennen. Der König bittet Necker zu bleiben, aber er widerruft seine Erklärung nicht.

Nun sind sie im Ballhaus gegen den Willen des Königs versammelt. Aber was werden sie tun?

Vergessen wir nicht, daß die Versammlung zu dieser Zeit zur Gänze royalistisch ist, kein Mitglied ausgenommen.*

Vergessen wir nicht, daß sie »Es lebe der König!« rief, als sie sich am 17. Nationalversammlung nannte. Und als sie sich das Steuerbewilligungsrecht zuschrieb und die bis dahin erhobene Steuer für ungesetzlich erklärte, da hatten die Gegner den Saal verlassen, weil sie durch ihre Anwesenheit eine solche Verletzung der Autorität des Königs nicht billigen wollten.**

Der König, dieser alte Schatten, dieser Aberglaube von ehedem, der im Saal der Generalstände so mächtig war, verblaßt im Ballhaus. Der erbärmliche Raum, ganz modern, kahl, ohne Möbel, besitzt keinen einzigen Schlupfwinkel, in dem sich die Träume der Vergangenheit einnisten könnten. Mögen hier also der reine Geist herrschen, die Vernunft, die Gerechtigkeit, dieser König der Zukunft!

An diesem Tag gab es keinen Einspruch***; die Versammlung war eines Geistes und eines Herzens. Es war ein Gemäßigter, Mounier aus Grenoble, welcher der Versammlung die berühmte Erklärung vorschlug: daß, an welchem Ort auch immer sie gezwungen würde, zusammenzutreten, sie dort die Nationalversammlung sein solle, *daß nichts sie daran hindern könne*, ihre Beratungen fortzusetzen; *daß sie den Eid leiste, sich niemals zu trennen*, bis die Verfassung geschaffen und befestigt wäre.

Bailly tat den Schwur als erster und sprach den Eid so deutlich, so laut, daß die ganze Volksmenge, die sich draußen drängte, ihn hören konnte und trunken vor Begeisterung Beifall rief... Rufe: »Es lebe der König!«

* Vergleiche unter dem 22. Juli eine auf Robespierre bezügliche Anmerkung.[1]

** Das scheint sich mir aus der Anzahl der Stimmen zu ergeben. Die Ungesetzlichkeit der nicht bewilligten Steuern usw. wurde *einstimmig* von den vierhundertsechsundzwanzig Abgeordneten verabschiedet, die im Saal blieben. (Archiv des Königreichs: *Procès-verbaux manuscrits de l'Assemblée nationale*.)

*** Einen einzigen gab es. Die neunzig Gegner vom 17. Juni schlossen sich der Mehrheit an.[2]

wurden in der Versammlung und im Volk laut... Es war mitten in der lebhaften Erregung der Ruf des alten Frankreich, und er mischte sich in den Eid des Widerstands.*

Im Jahre 1792 fragt sich Mounier, der nun als Emigrant und allein im fremden Land weilt, ob sein Antrag vom 20. Juni im Recht begründet war, ob seine Königstreue und seine Bürgerpflicht übereingestimmt haben... Und selbst da, als Emigrierter, unter all den Vorurteilen des Hasses und der Verbannung, gibt er sich die Antwort: »Ja!«

»Ja«, sagt er, »der Eid war gerecht; man bezweckte die Auflösung, ohne den Eid wäre sie geschehen; der Hof, einmal von den Generalständen befreit, hätte sie nie wieder einberufen; man hätte davon absehen müssen, die Verfassung zu begründen, die einstimmig in den schriftlich niedergelegten Wünschen Frankreichs verlangt wurde.« Das ist die Meinung eines Royalisten, des Gemäßigtesten unter den Gemäßigten, eines Juristen, der es gewohnt war, moralische Entscheidungen in nüchternen Themen aufzuspüren, über die Gründungstat unserer Revolution.

Was geschah inzwischen in Marly? Am Samstag und am Sonntag zankte sich Necker mit den Parlamentsmitgliedern, denen der König ihn ausgeliefert hatte und die mit der Kaltblütigkeit, wie sie Tolle bisweilen haben, seinen Plan umwarfen und das, was ihn hätte durchbringen können, verdarben, indem sie ihm sein Zwitterwesen nahmen, um ihn in einen simplen, brutalen Staatsstreich nach der Art Ludwigs XV. zu verwandeln, in einen bloßen Großen Gerichtstag, wie ihn das Parlament so oft erlebt hatte. Die Besprechungen wurden weit in den Abend fortgesetzt. Erst um Mitternacht erfuhr der Präsident im Bett, daß die Thronsitzung am Morgen nicht stattfinden konnte, daß sie auf Dienstag verschoben war.

Der Adel war am Sonntag nach Marly gekommen, zahlreich und lärmend. Er hatte dem König in einer Adresse vorgestellt, daß es sich jetzt weit mehr um ihn als um den Adel handelte. Der Hof war neubelebt in ritterlichem Mut; die Männer des Degens schienen nur auf ein Signal gegen die Männer der Feder zu warten. Der Graf von Artois wurde inmitten dieser Großmäuligkeit trunken vor Unverschämtheit, und er ging so weit, daß er im Ballhaus sagen ließ, er wolle am nächsten Tag dort spielen.

Die Versammlung findet sich also am Montag morgen auf dem Pflaster von Versailles obdachlos. Ein würdiger Scherz für den Hof! Der Vorsteher des Saals hat Angst und fürchtet die Prinzen. Nicht besser ergeht es der

* Die Versammlung ging nicht weiter. Sie lehnte den energischen und richtigen Antrag Chapeliers ab, der so unvorsichtig war, deutlich zu sagen, was alle dachten. Er schlug eine Botschaft vor, »um Seine Majestät zu unterrichten, daß die Feinde des Vaterlandes den Thron umgeben und daß ihre Ratschläge dahin zielen, *den Monarchen an die Spitze einer Partei zu stellen*«.

Versammlung am Tor des Recolletenklosters, wo sie anklopft; die Mönche wagen nicht, sich zu kompromittieren... Wer sind diese Vagabunden, diese gefährliche Bande, vor der sich alle Türen schließen? ... Niemand anders als die Nation selbst.

Und warum nicht unter freiem Himmel tagen? Welcher Versammlungsort wäre würdiger? ... Aber gerade an diesem Tag will die Mehrheit des Klerus mit den Gemeinen vereint Sitzung halten. Wo soll man sie empfangen? Glücklicherweise hatten sich die hundertvierunddreißig Pfarrer mit einigen Prälaten an ihrer Spitze schon am Morgen in die Kirche Saint-Louis begeben. Die Versammlung wurde in das Schiff der Kirche geführt, und die Geistlichen, die zuerst im Chor gesessen hatten, kamen und nahmen in ihrem Schoß Platz. – Schöner Augenblick voll aufrichtiger Freude! »Der Tempel der Religion«, sagte ein Redner bewegt, »wurde der Tempel des Vaterlandes.«

Am selben Tage, Montag, den 22., kämpfte Necker noch immer vergebens. Sein Plan, der der Freiheit verderblich war, weil er einen Schatten von Mäßigung bewahrte, machte einem anderen, ehrlicheren Platz, der geeigneter war, die Dinge ins rechte Licht zu rücken. Necker war nur mehr ein schuldiger Vermittler zwischen dem Guten und dem Bösen, der den Schein eines Gleichgewichts zwischen gerecht und ungerecht wahrte, ein Höfling des Volkes und der Feinde des Volkes im gleichen Maße. Beim letzten Staatsrat, der am Montag in Versailles stattfand, erwiesen die Prinzen, die daran teilnahmen, der Freiheit den unschätzbaren Dienst, daß sie diesen zweideutigen Vermittler unschädlich machten, der Vernunft und Unvernunft daran hinderte, sich von Angesicht zu Angesicht gegenüberzustehen.

Bevor die Sitzung beginnt, will ich die beiden Pläne betrachten, den Neckers und den des Hofes. Was den ersten anlangt, so will ich nur Neckers eigenen Worten glauben.

Der Plan Neckers

In seinem Buch von 1796, das mitten in der Reaktionszeit geschrieben wurde, gesteht uns Necker im Vertrauen, wie sein Plan aussah; er zeigt, daß dieser Plan *verwegen, sehr verwegen* war ... zugunsten der Privilegierten. Dieses Geständnis kostet ihn ein wenig Mühe, aber er macht sich die Mühe. »Der Fehler meines Planes ist seine allzugroße Gewagtheit; ich setzte alles aufs Spiel, was ich aufs Spiel setzen konnte.« – Erklären Sie sich. – »Das werde ich tun, das muß ich. Geruhen Sie, mich anzuhören.«*

Zu den Emigranten spricht er, an sie richtet er diese Rechtfertigung.

* Necker: *Œuvres*, Bd. VI, S. 191.

Zweckloses Beginnen! Wie sollten sie ihm jemals verzeihen, daß er das Volk zum politischen Leben aufgerufen hat, daß er fünf Millionen Wähler schuf?

1. Die notwendigen, unumgänglichen Reformen, die der Hof so lange verweigert hatte und in die er nur notgedrungen einwilligte, ließ Necker durch den König öffentlich bekanntgeben. Er, der zum eigenen Schaden erfahren hatte, daß der König ein Spielball der Königin und des Hofes war, ein bloßes Aushängeschild, nichts weiter, er gab sich dazu her, diese traurige Komödie fortzusetzen.

Aus der Freiheit, dem heiligen Recht, das aus sich selbst heraus besteht, machte er ein Geschenk des Königs, ein *verliehenes Staatsgrundgesetz*, wie es das Staatsgrundgesetz der Invasion von 1814 war... Aber ein dreißigjähriger Krieg war nötig, und ganz Europa mußte in Paris sein, damit Frankreich diese Lügenverfassung annahm.

2. Keine einheitliche Gesetzgebung, *zwei Kammern* wenigstens. Es klang wie ein ängstlicher Rat an Frankreich, es England nachzutun; dies hatte in der Tat zwei Vorteile: die Privilegierten – Priester und Adlige –, die hinfort in einer Ersten Kammer vereint wären, zu stärken; ferner dem König zu erleichtern, das Volk an der Nase herumzuführen, durch die Erste Kammer zu hemmen, statt selbst der Hemmschuh zu sein, zwei Vetos statt nur eines zu haben (wie wir heute sehen).

3. Der König erlaubte den drei Ständen, gemeinsam über die *allgemeinen* Angelegenheiten zu beraten; was jedoch die Privilegien persönlicher Auszeichnung und der Ehre betraf, was die *mit den Lehen verbundenen Rechte* betraf, darüber war keine gemeinsame Debatte vorgesehen... Und gerade das betrachtete Frankreich als die im wahrsten Sinne *allgemeine* Angelegenheit. Wer konnte es wagen, in der Ehrenfrage eine spezielle Angelegenheit zu sehen?

4. Diese hinkenden, hier vereinigten, da in drei Stände getrennten, hier tätigen, da durch ihre dreifache Bewegung unbeweglichen Generalstände hält Necker obendrein in der Schwebe, hemmt sie und macht sie unwirksam durch *Provinzialstände*, indem er die Spaltung vergrößert, während Frankreich sich nach der Einigung sehnt.

5. Das also gewährt er, und sobald er es gewährt hat, zieht er es augenblicklich zurück... Diese schöne Gesetzgebungsmaschine wird niemand in Betrieb sehen, er neidet uns das Schauspiel, sie arbeitet hinter verschlossenen Türen: *keine öffentlichen Sitzungen*. So soll das Gesetz fern vom Licht des Tages im Dunkeln entstehen wie eine Verschwörung gegen das Gesetz.

6. Das Gesetz! Was bedeutet dieses Wort ohne persönliche Freiheit? Wer kann frei handeln, wählen, abstimmen, wenn niemand sicher ist, nicht einmal zu Hause? Diese erste Bedingung des sozialen Lebens, unentbehr-

liche Voraussetzung aller politischen Tätigkeit, garantierte Necker noch nicht. Der König wird die Versammlung auffordern, nach *Mitteln zu suchen*, welche die Abschaffung der königlichen Geheimhaftbefehle *erlauben könnten*... Unterdessen behält er sie bei, die willkürlichen Verhaftungen, die Staatsgefängnisse, die Bastille.

So sieht das äußerste Zugeständnis aus, das das alte Königtum in seinem besten Augenblick macht, von einem volksnahen Minister gedrängt. Und nicht einmal dazu findet es sich bereit. Der nominelle König verspricht; der wahre König, der Hof, spottet über das Versprechen... Mögen sie in ihren Sünden dahinfahren!

Erklärung des Königs (23. Juni 1789)

Der Plan des Hofes ist besser als der Zwitter Neckers. Wenigstens sieht man durch ihn klarer. Alles, was bei Necker schlecht ist, wird sorgsam beibehalten, aber fleißig gesteigert.

Dieses Dokument, das man das Testament des Despotismus nennen kann, besteht aus zwei Teilen:
1. der Versagung der Garantien unter dem Titel: Erklärung, betreffend die *gegenwärtige* Haltung der Generalstände; 2. zu den Reformen, den sogenannten Wohltaten*: Erklärung über die *Absichten* des Königs, seine Forderungen, seine Wünsche für die bedingte Zukunft. Das Schlechte ist gewiß, das Gute ist möglich. Nun die Einzelheiten:

1. Der König bricht den Willen von fünf Millionen Wählern und erklärt, daß ihre Forderungen nur Auskünfte sind.

Der König hebt die Beschlüsse der Abgeordneten des dritten Standes auf, erklärt sie für »nichtig, ungesetzlich, verfassungswidrig«.

Der König will, daß die Stände getrennt bleiben, daß ein einzelner die anderen hemmen kann (daß zwei Hundertstel der Nation ebenso viel gelten wie die ganze Nation).

Wenn sie sich vereinigen *wollen*, so erlaubt er es, *doch nur für dies eine Mal* – und nur für die *allgemeinen* Angelegenheiten –; unter diese allgemeinen Angelegenheiten *gehören weder* die besonderen Rechte der drei Stände *noch* die Konstituierung der nächsten Generalstände *noch* das feudale und grundherrliche Eigentum *noch* die Geld- oder Ehrenprivilegien... Das ganze Ancien régime ist also ausgenommen.

Das sind die Vorstellungen des Hofes. Der nächste Paragraph stammt

* Die Form ist auf der Höhe des Inhalts; zuweilen schwülstig, dann abgeschmackt, immer prahlerisch: »Niemals hat ein König soviel getan!...« Am Schluß eine durch ihre Unvorsichtigkeit und Dummheit bemerkenswerte Phrase (auch Necker nimmt sie für sich in Anspruch: Bd. IX, S. 196): »Bedenken Sie, meine Herren, daß keiner Ihrer Pläne Gesetzeskraft erlangen kann ohne meine besondere Zustimmung.«

offenbar vom König – ein Paragraph, der ihm besonders am Herzen lag, den er selbst geschrieben haben wird: Der Klerus soll (gegen den Adel und den dritten Stand) ein besonderes Veto haben für alles, was die Religion, die Unterweisung, die Verwaltung der Welt- und *Ordens*geistlichkeit angeht. – Es würde also keinen Mönch weniger geben, keine Reform einzuführen sein. Die Klöster, die täglich verhaßter und nutzloser wurden, die man nicht mehr füllen konnte, wollte der Klerus alle bestehen lassen... Der Adel war wütend. Er verlor seine schönste Hoffnung; er hatte durchaus damit gerechnet, daß ihm diese Beute eines schönen Tages zufiele; zumindest hatte er gehofft, wenn der König und das Volk ihn allzusehr drängten, ein Opfer darzubringen, dann großzügig den Klerus als Opfer anbieten zu können.

Veto über Veto... Wozu? Ein Übermaß an Vorsichtsmaßregeln, die zuverlässig jedes Resultat unmöglich machen mußten. Bei den gemeinsamen Beschlüssen der drei Stände genügte es, daß *zwei Drittel eines einzigen Standes* gegen den Beschluß Einspruch erhoben, damit die Entscheidung dem König zufiel. Mehr noch, wenn der Beschluß gefaßt war, *genügte der Einspruch von hundert Mitgliedern*, ihn ungültig zu machen... Das heißt, daß die Worte »Versammlung«, »Beschluß«, »Entscheidung« nur eine Vorspiegelung, eine Posse sind... Wer sollte sie spielen, ohne zu lachen?

2. Dann kommen die *Wohltaten*: Veröffentlichung des Finanzberichts, Steuerbewilligungsrecht, Festsetzung der Ausgaben, *für welche die Generalstände die Mittel finden werden* und welche Seine Majestät gutheißen wird, »*wenn sie sich mit der königlichen Würde* und der schnellen Abwicklung des öffentlichen Dienstes *vereinbaren lassen*«.

Zweite Wohltat: Der König wird der fiskalischen Gleichheit seine Zustimmung geben, *wenn der Klerus und der Adel auf ihre finanziellen Privilegien verzichten wollen.*

Dritte Wohltat: Das Eigentum soll geachtet werden, *besonders die Zehnten, die Feudalrechte und -lasten.*

Vierte Wohltat: Freiheit des einzelnen? Nein. Der König fordert die Generalstände auf, Mittel zu *suchen* und ihm *vorzuschlagen*, um die Abschaffung der *geheimen Siegelbriefe* mit den Sicherheitsmaßnahmen *in Einklang zu bringen*, die, sei es zum Schutz der Familienehre, sei es zur Niederwerfung beginnender Aufstände usw., *notwendig sind.*

Fünfte Wohltat: Freiheit der Presse? Nein. Die Stände sollen ein Mittel suchen, die Freiheit der Presse mit der *der Religion*, den Sitten und der Ehre der Bürger *geschuldeten Ehrfurcht in Einklang zu bringen.*

Sechste Wohltat: Zulassung aller zu allen Ämtern? Nein. Sie wird *für die Armee ausdrücklich* verweigert. Der König erklärt *mit größtem Nachdruck*, daß er die *bestehende Einrichtung der Armee* ohne die geringste Veränderung *erhalten* will. Das heißt, daß der Bürgerliche niemals zu militärischem Rang gelangen wird, usw. So treibt der einfältige Gesetzgeber die Dinge der Gewalt, der Gewalttat, dem Schwert zu. Und das in dem gleichen Augenblick, wo er das seinige zerbricht... Nun mag er Soldaten rufen, mag er die Versammlung damit umzingeln, mag er sie auf Paris marschieren lassen: Es sind Verteidiger, die er der Revolution gibt.

Am Vorabend des großen Tages, um Mitternacht, benachrichtigten drei adlige Abgeordnete, d'Aiguillon, de Menou, de Montmorency, den Präsidenten von den Ergebnissen des letzten Staatsrates, der am gleichen Abend in Versailles stattgefunden hatte: »Necker wird ein seinem Plan entgegengesetztes Projekt nicht durch seine Gegenwart unterstützen, er wird nicht in die Sitzung kommen; ohne Zweifel wird er abreisen.« Die Sitzung wurde um zehn Uhr eröffnet; Bailly konnte den Abgeordneten – und diese vielen anderen Leute – das große Geheimnis des Tages verraten. Die öffentliche Meinung hätte sich teilen, sich täuschen lassen können, wenn man den volkstümlichen Minister zur Seite des Königs hätte sitzen sehen; war er abwesend, so blieb der König ohne Deckung, von der öffentlichen Meinung verlassen. Der Hof hoffte, seinen Streich unter Neckers Schutz und auf dessen Kosten zu führen; er hat ihm niemals verziehen, daß er sich nicht durch ihn mißbrauchen und entehren ließ.

Ein Beweis, daß alles bekannt war, ist, daß, als der König das Schloß verließ, die Menge in düsterem Schweigen verharrte.* Der Anschlag war entdeckt, die große, wohlvorbereitete Szene hatte keine Wirkung mehr.

Der elende, kleinliche Geist der Unverschämtheit, der den Hof leitete, war auf den Einfall geraten, die beiden ersten Stände durch die große Vordertür den Saal betreten zu lassen, die Gemeinen dagegen durch den hinteren Eingang, sie in einem Schuppen stehenzulassen, halb im Regen.

Der solchermaßen gedemütigte, beschmutzte und durchnäßte dritte Stand sollte gesenkten Hauptes eintreten, um sich zurechtweisen zu lassen.

Niemand da zum Geleit, die Tür geschlossen, die Wache drinnen. – Mirabeau zum Präsidenten: »Mein Herr, führen Sie die Nation vor den König!« Der Präsident klopft an die Tür; die Leibgarde von drinnen: »Sofort!« Der Präsident: »Meine Herren, wo ist denn der Zeremonienmeister?« Die Leibgarde: »Das wissen wir nicht.« Die Abgeordneten: »Nun, dann wollen wir weggehen!« Schließlich gelingt es dem Präsidenten, den Hauptmann der Wache kommen zu lassen, der Brézé suchen geht.

Die Abgeordneten treten hintereinander ein und finden den Klerus und den Adel im Saal, die schon auf ihren Plätzen tagen und sie wie Richter zu erwarten scheinen... Ansonsten ist der Saal leer. Ein trauriger Anblick, dieser ungeheure Saal, aus dem das Volk verbannt ist.

Der König verlas mit seiner gewohnten Schlichtheit die Ansprache, die

* Dumont (Augenzeuge), S. 91.

man für ihn verfertigt hatte, diese despotischen Worte, die so fremd in seinem Munde klangen. Er merkte kaum deren herausfordernde Heftigkeit, denn er zeigte sich überrascht von dem Anblick, den die Versammlung bot. Als die Adligen die Stelle, welche die Feudalrechte bestätigte, mit Beifall aufnahmen, ertönten laute und deutliche Stimmen: »Ruhig da!«

Nach einem Augenblick des Schweigens und des Staunens sagte der König schließlich ein gewichtiges, unduldsames Wort, mit dem er der Versammlung den Fehdehandschuh hinwarf und den Krieg erklärte: »Wenn Sie mich bei einem so großen Unternehmen im Stich lassen, dann werde ich allein für das Wohl meines Volkes sorgen, *ich allein werde mich als sein wahrer Vertreter betrachten.*«

Und schließlich: »*Ich befehle Ihnen, meine Herren, sich augenblicklich zu trennen* und sich morgen früh in die Ihrem Stande angewiesenen Räume zu begeben, um dort Ihre Sitzungen wieder aufzunehmen.«

Der König verließ den Saal, Adel und Klerus folgten. Die Gemeinen blieben ruhig und schweigend sitzen.*

Nun tritt der Zeremonienmeister ein und sagt mit leiser Stimme zum Präsidenten: »Mein Herr, Sie haben den Befehl des Königs gehört?« – Der antwortet: »Die Versammlung hat sich nach der königlichen Sitzung vertagt; ich kann sie nicht entlassen, bevor sie darüber beraten hat.« Dann wendet er sich zu seinen nächstsitzenden Kollegen: »Mir scheint, daß die versammelte Nation keinen Befehl entgegennehmen kann.«

Dies Wort wurde in bewundernswerter Weise von Mirabeau aufgegriffen und von ihm an den Zeremonienmeister gerichtet; mit seiner starken, wuchtigen Stimme und mit furchterregender Würde rief er ihm die Worte zu: »Wir haben die Absichten gehört, die man dem König eingeflüstert hat; und Sie, mein Herr, der Sie nicht in der Lage sind, sein Werkzeug bei der Nationalversammlung zu sein, Sie, der Sie hier weder Sitz noch Stimme, noch das Recht zu reden haben, Sie haben uns nicht an seine Rede zu erinnern... Sagen Sie denen, die Sie schicken, daß wir hier sind durch den Willen des Volkes und daß nur die Gewalt der Bajonette uns von hier vertreiben wird.«**

Brézé war verwirrt, fassungslos; er spürte das neue Königtum und

* Es gab weder Zaudern noch Bestürzung, was Dumont auch sagen mag, der nicht dabei war. Die Hitzigen, wie Grégoire (*Mémoires*, Bd. I, S. 381), und die Gemäßigten, wie Malouet, waren völlig einig. Der letztere sagt darüber die schönen, einfachen Worte: »Wir konnten keinen anderen Entschluß fassen... Wir schuldeten Frankreich eine Verfassung.« (Malouet: *Compte rendu à ses commettants.*)

** Diese Version ist die einzig wahrscheinliche. Mirabeau war Royalist; er hätte weder jemals gesagt: »Sagen Sie Ihrem Herrn« noch die anderen Worte, die man hinzugefügt hat.

erwies ihm die Ehre, die die Etikette für das alte vorschrieb: Er ging rückwärts hinaus, wie man es vor dem König tat.*

Der Hof hatte ein anderes Mittel ersonnen, um die Gemeinen nach Hause zu schicken, ein brutales Mittel, das man bei früheren Generalständen mit Erfolg angewandt hatte: einfach den Saal ausräumen, die Sitzreihen und die Königsloge abbrechen zu lassen. Tatsächlich treten Arbeiter ein, aber auf ein Wort des Präsidenten halten sie inne, legen ihre Werkzeuge beiseite, sehen mit Bewunderung die ruhige Majestät der Versammlung und werden aufmerksame und respektvolle Zuhörer.

Ein Abgeordneter schlug vor, am folgenden Tag die Resolutionen des Königs zu verhandeln. Er fand kein Gehör. Camus legte nachdrücklich dar und ließ erklären, »daß die königliche Sitzung nur ein ministerieller Akt gewesen sei und daß die Versammlung auf ihren Beschlüssen beharre«.

Der junge Barnave aus der Dauphiné: »Ihr habt erklärt, was ihr seid: Ihr braucht keine Bestätigung.«

Und der Bretone Glezen: »Was denn? Der Fürst spricht als Herr, wo er um Rat bitten sollte.«

Pétion, Buzot, Garat, Grégoire sprachen ebenso energisch. Und Sieyès sagte schlicht: »Meine Herren, Sie sind heute dasselbe, was Sie gestern waren.«

Dann erklärte die Versammlung auf den Antrag Mirabeaus, daß ihre Mitglieder unverletzlich seien, daß jeder, der Hand an einen Abgeordneten legte, ein Verräter sei, ehrlos und des Todes schuldig.

Diese Erklärung war nicht nutzlos. Die Leibgarde hatte sich in Reih und Glied vor dem Saal aufgestellt. Man glaubte, daß sechzig Abgeordnete in der Nacht gefangengenommen werden sollten.

Der Adel begab sich unverzüglich mit seinem Präsidenten an der Spitze zu seinem Retter, dem Grafen von Artois, um ihm seinen Dank abzustatten, dann zu Monsieur, der indessen vorsichtig war und sich hütete, zu Hause zu sein. Viele suchten die triumphierende und freudestrahlende Königin auf, die ihre Tochter an der Hand nahm und, den Dauphin auf dem Arm, zu ihnen sagte: »Ich vertraue ihn dem Adel an.«

Der König teilte diese Freude keineswegs. Das Schweigen des Volkes, das ihm so neu war, hatte ihn bedrückt gemacht. Als Brézé ihm berichtete, daß die Abgeordneten des dritten Standes ihre Sitzung fortsetzten, und ihn um seine Befehle bat, ging er einige Minuten auf und ab und sagte schließlich mit verdrießlicher Stimme: »Nun gut! Man lasse sie in Ruhe.«[3]

Das war klug vom König. Er hatte alles zu befürchten. Noch ein Schritt

* Von Frochot, einem Augenzeugen, an Mirabeaus Sohn berichtet. (*Mémoires*, Bd. VI, S. 39.) Die Familie Brézé hat es sich vierundvierzig Jahre nach dem Geschehen einfallen lassen, einige Einzelheiten dieser wohlbekannten Szene zu bestreiten.

weiter, und Paris marschierte auf Versailles. Schon war Versailles im Aufruhr. Fünf-, sechstausend Menschen zogen zum Schloß hinauf. Die Königin sieht mit Schrecken diesen sonderbaren, ganz neuen Hof, der im Handumdrehen die Gärten, die Terrassen und schon die Gemächer erfüllte. Sie bittet und fleht den König an, wiedergutzumachen, was sie getan hat, Necker zurückzurufen... Er war nicht weit weg, er war ganz in der Nähe und bereit, wie gewöhnlich davon überzeugt, daß ohne ihn nichts gehen würde. Ludwig XVI. sagte gutmütig zu ihm: »Ich für mein Teil lege überhaupt keinen Wert auf diese Erklärung.«

Necker gab sich damit zufrieden und stellte keine Bedingungen. Seine befriedigte Eitelkeit, die Freude, »Necker!« schreien zu hören, raubten ihm jeden anderen Gedanken. Er trat, vor Freude aufgebläht, in den großen Hof des Schlosses und durchschritt ihn ganz, um die Menge zu beruhigen... Dort warfen sich Narren auf die Knie und küßten ihm die Hände... Er wurde unruhig und sagte: »Ja, meine Kinder, ja, meine Kinder, ich bleibe, beruhigt euch.« Und dann ging er in sein Arbeitszimmer und gab sich den Tränen hin.

Armes Werkzeug des Hofes! Er blieb, ohne eine Forderung zu tun, er blieb, um die Ränke mit seinem Namen zu decken, um dem Hof als Aushängeschild zu dienen und ihn gegen das Volk zu sichern; er flößte diesen Tapferen neuen Mut ein und verschaffte ihnen Zeit, noch mehr Truppen herbeizurufen.[4]

Erstürmung der Bastille, 14. Juli 1789
I,7

Schwierigkeit, die Bastille zu nehmen. Die Idee des Angriffs gehört dem Volk. Haß des Volks gegen die Bastille. Die Welt jubelt, als sie die Einnahme der Bastille erfährt. Das Volk verschafft sich Gewehre im Invalidenhaus. Die Bastille war im Verteidigungszustand. Thuriot fordert die Bastille zur Übergabe auf. Die Wahlmänner entsenden unnützerweise mehrere Abordnungen. Der letzte Angriff; Elie, Hulin. Gefährliche Verzögerung. Das Volk glaubt sich verraten, bedroht den Vorsteher, die Wahlmänner. Die Sieger im Hôtel de Ville. Wie die Bastille sich übergab. Tod des Gouverneurs. Gefangene werden getötet, andere begnadigt. Milde des Volks.

In Versailles mit einer organisierten Regierung, einem König, Ministern, einem General und einer Armee herrschte nur Zaudern, Zweifel, Unsicherheit, völlige moralische Anarchie.

Paris, aufgewühlt, von jeder gesetzlichen Autorität im Stich gelassen, in augenscheinlicher Unordnung, erreichte am 14. Juli den höchsten Grad moralischer Ordnung: die Einmütigkeit der Geister.

Am 13. Juli dachte Paris nur an Verteidigung. Am 14. griff es an.[1]

Am 13. abends gab es noch Zweifel, am nächsten Morgen waren sie verschwunden. Der Abend war voll Wirrnis, voll unmäßiger Wut. Der Morgen war strahlend und von furchtbarer Heiterkeit.

Ein Gedanke erhob sich über Paris mit dem anbrechenden Tag, und alle sahen dasselbe Licht. *Eine* Erleuchtung der Geister und in jedem Herzen *eine* Stimme: »Geh hin, und du wirst die Bastille nehmen!«

Das war unmöglich, unsinnig, ein befremdlicher Gedanke... Und doch glaubten es alle. Und es geschah.

Die Bastille war zwar eine alte Festung, aber um nichts weniger uneinnehmbar, wollte man nicht mehrere Tage daran wenden und viel Artillerie. Das Volk hatte in dieser Krise weder Zeit noch Mittel, eine regelrechte Belagerung zu beginnen. Wäre das geschehen, hätte die Bastille nichts zu fürchten gehabt, da sie genug Lebensmittel besaß, um die nahe Hilfe abwarten zu können, und ungeheure Mengen an Kriegsmunition. Ihre an den Turmzinnen zehn Fuß und an der Basis dreißig bis vierzig Fuß dicken Mauern konnten lange aller Kugeln spotten; und ihre Batterien, deren Feuer über Paris reichte, hätten inzwischen das ganze Marais, den ganzen Faubourg Saint-Antoine zerstören können. Ihre Türme, die von doppelt und dreifach vergitterten engen Fenstern und Schießscharten durchbrochen waren, erlaubten der Besatzung, in sicherer Deckung ein furchtbares Gemetzel unter den Stürmenden anzurichten.

Der Angriff auf die Bastille war keineswegs klug. Er war eine Tat des Glaubens.[2]

Niemand machte den Vorschlag. Aber alle glaubten und alle handelten. Auf den Straßen, den Quais, den Brücken, den Boulevards rief die Menge der Menge zu: »Zur Bastille! Zur Bastille!« Und aus dem Läuten der Sturmglocke hörten alle: »Zur Bastille!«

Niemand, ich wiederhole es, gab den Anstoß. Die Redner des Palais-Royal vertrieben sich die Zeit damit, eine Liste der zu Ächtenden aufzustellen, die Königin, die Polignacs, Artois, den Vorsteher der Kaufmannschaft Flesselles und noch andere zum Tode zu verurteilen. Unter den Namen der Sieger der Bastille befindet sich keiner derer, die Anträge zu stellen pflegten; das Palais-Royal war nicht der Ausgangspunkt, und ebensowenig brachten die Sieger ihre Beute und die Gefangenen zum Palais-Royal.

Noch weniger stammt die Idee des Angriffs von den Wahlmännern, die im Rathaus tagten. Weit entfernt davon gingen sie sogar, um das Blutbad, das die Bastille so bequem anrichten konnte, zu verhindern und ihm zuvorzukommen, soweit, daß sie dem Gouverneur versprachen, man würde ihn nicht angreifen, wenn er seine Kanonen zurückzöge. Die Wahlmänner übten nicht etwa Verrat, wie es ihnen vorgeworfen wurde, aber sie hatten keinen Glauben.

Wer hatte ihn? Der, der auch den Opfermut hatte und die Kraft, seinen Glauben zu erfüllen. Wer? Das Volk, jedermann.

Die Greise, die das Glück und das Unglück hatten, alles zu erleben, was in diesem unvergleichlichen halben Jahrhundert geschehen ist, das so viele Jahrhunderte zu enthalten scheint, behaupten, daß alles Große, Nationale, was in der Republik und im Kaiserreich erfolgte, dennoch etwas Partikuläres, nichts Einstimmiges hatte und daß nur der 14. Juli der Tag des ganzen Volkes gewesen sei. Möge dieser große Tag darum auf ewig ein Festtag des Menschengeschlechts bleiben – nicht nur weil er der erste Tag der Befreiung war, sondern weil er der Tag der größten Eintracht war!

Was begab sich in dieser kurzen Nacht, in der niemand schlief, daß am Morgen alle Zwistigkeiten, alle Ungewißheit mit den Schatten der Nacht verschwunden waren und alle denselben Gedanken hatten?

Man weiß, was im Palais-Royal, im Hôtel de Ville geschah; man wüßte jedoch gern, was am heimischen Herd des Volkes vor sich ging.

Dort – das errät man sehr wohl aus dem, was folgte –, dort hielt ein jeder in seinem Herzen das Jüngste Gericht über die Vergangenheit ab, verurteilte sie ein jeder für allezeit... In dieser Nacht kehrte im Rachegefühl des Volkes die Geschichte zurück, eine lange Geschichte der Leiden. Die Seele der Väter, die so viele Jahrhunderte hindurch schweigend litten und starben, kehrte in die Söhne zurück und sprach.

Starke Männer, geduldige Männer, die ihr bisher so friedfertig wart, die ihr an diesem Tag den schweren Schlag des Schicksals führen solltet – der Anblick eurer Familien, die keine Hilfe hatten als euch, besänftigte eure Herzen nicht. Im Gegenteil, als ihr auf eure schlafenden Kinder blicktet, diese Kinder, über deren Schicksal der Tag entscheiden würde, weitete sich eure Seele und begrüßte die freien Generationen, die aus ihrer Wiege stiegen, und sie ahnte den Kampf um die Zukunft, den dieser Tag bedeutete!...

Die Zukunft und die Vergangenheit gaben beide dieselbe Antwort; beide sagten: »Geh!«...

Und das, was außerhalb der Zeit ist, außerhalb der Zukunft und der Vergangenheit, das unveränderliche Recht sagte es ebenfalls. Das unsterbliche Gefühl für die Gerechtigkeit ward dem zitternden Herzen des Menschen eine eherne Stütze und sagte zu ihm: »Geh in Frieden, was sorgst du dich? Was immer geschehen mag, ob du fällst oder siegst, ich bin mit dir!«

Und was war die Bastille diesem Volk? Die Leute aus dem Volk kamen fast niemals hinein... Aber die Gerechtigkeit sprach zu ihnen und eine Stimme, die noch stärker zum Herzen spricht, die Stimme der Menschlichkeit und des Erbarmens; diese sanfte Stimme, die so schwach scheint und doch Türme stürzt, brachte schon seit zehn Jahren die Bastille zum Wanken.

Sagen wir es: Wenn jemand auf den Ruhm Anspruch hat, sie gestürzt zu haben, dann die unerschrockene Frau, die so lange gegen alle Mächte der Welt für die Befreiung Latudes wirkte. Das Königtum verweigerte die Gnade, die Nation entriß sie ihm; diese Frau, diese Heldin, wurde in öffentlicher Feier gekrönt. Jene krönen, die in gewissem Sinne die Staatsgefängnisse erstürmt hatte, das hieß die Gefängnisse brandmarken, sie dem öffentlichen Abscheu preisgeben, sie im Herzen und in den Wünschen der Menschen zerstören... Diese Frau hatte die Bastille genommen.[3]

Seit jener Zeit ließ das Volk aus der Stadt und dem Faubourg, das wieder und wieder an diesem belebten Ort den Schatten der Bastille kreuzen mußte*, nicht ab, diese zu verwünschen. Sie verdiente diesen Haß fraglos. Es gab viele andere Gefängnisse, aber die Bastille war das der launischen Willkür, des eigenwilligen Despotismus, der kirchlichen und bürokratischen Inquisition. Der Hof, so wenig religiös er war in diesem Jahrhundert, hatte aus der Bastille den Wohnsitz der freien Geister, das Gefängnis des Denkens gemacht. Unter Ludwig XVI. war sie weniger gefüllt gewesen, aber strenger (der Spaziergang wurde den Gefangenen vorenthalten), strenger und nicht weniger ungerecht: Man errötet für Frankreich, wenn man sagen muß, daß das Vergehen eines Gefangenen eine Mitteilung gewesen war, die unserer Marine nützlich war! Es war befürchtet worden, er könne sie anderen verraten.

Die ganze Welt kannte und haßte die Bastille. Bastille und Tyrannei – das waren in allen Sprachen zwei gleichbedeutende Wörter. Alle Nationen glaubten sich befreit, als sie die Nachricht von ihrer Zerstörung vernahmen.

In Rußland, diesem Reich der Geheimnisse und des Schweigens, dieser monströsen Bastille zwischen Europa und Asien, langte die Nachricht kaum an, als man Leute aller Nationen auf den Plätzen schreien und weinen sehen konnte; sie sanken einander in die Arme und erzählten sich

* Sie erdrückte die Rue Saint-Antoine, sagt Linguet sehr treffend (S. 147). Die bekanntesten Sieger der Bastille sind aus dem Faubourg oder aus dem Quartier Saint-Paul, aus der Culture-Sainte-Catherine.

die Kunde: »Wie soll man nicht vor Freude weinen? *Die Bastille ist genommen!*«*

Am Morgen des großen Tages hatte das Volk noch keine Waffen.

Das Pulver, das es sich am Vorabend im Arsenal verschafft und zum Hôtel de Ville gebracht hatte, wurde während der Nacht von nur drei Männern langsam verteilt. Als die Verteilung gegen zwei Uhr einen Augenblick stockte, schlug die verzweifelte Menge mit Hämmern die Türen des Magazins ein; bei jedem Schlag sprang Feuer von den Nägeln.

Keine Gewehre! Man mußte sie mit Gewalt aus dem Invalidenhaus holen. Das war sehr gewagt. Gewiß liegt das Invalidenhaus völlig offen. Aber der Gouverneur Sombreuil, ein alter, tapferer Offizier, hatte eine starke Abteilung Artillerie und Kanonen erhalten, ohne die zu rechnen, welche er schon hatte. Wenn auch die Kanonen wenig nutzten, so konnten die Regimenter Besenvals in der Militärschule der Menge leicht in die Flanke fallen und sie zerstreuen.

Hätten die fremden Regimenter den Gehorsam verweigert? Was auch Besenval sagen mag, man kann daran zweifeln. Viel offenbarer ist, daß er selbst, da man ihn ohne Order ließ, zögerte und wie gelähmt war. Am Morgen, um fünf Uhr, hatte er einen merkwürdigen Besuch gehabt. Ein bleicher Mann tritt ein, mit flammenden Augen, mit schneller, knapper Rede, mit verwegener Haltung... Der alte Geck, der frivolste Offizier des Ancien régime, doch tapfer und kaltblütig, sieht den Mann an und findet ihn schön. »Herr Baron«, sagt der Mann, »wir müssen Sie warnen, Widerstand zu versuchen. Die Schlagbäume werden heute niedergebrannt;** ich weiß es, kann es aber nicht ändern, und Sie ebensowenig. Versuchen Sie nicht, es zu verhindern.«

Besenval hatte keine Angst. Aber er spürte dennoch den Schlag und empfand die moralische Wirkung. »Ich fand ihn«, sagt er, »auf eine Art beredt, die mich verblüffte... Ich hätte ihn festnehmen lassen sollen, und ich tat nichts.« Hier hatten sich Ancien régime und Revolution Auge in Auge gegenübergestanden, und jenes blieb in sprachlosem Staunen zurück.

* Dies wird von einem unverdächtigen Zeugen berichtet, dem Gesandten in Rußland, Graf Ségur, der diese Begeisterung keineswegs teilte: »Diese Tollheit, die zu glauben mich jetzt noch, wo ich sie berichte, Mühe kostet, usw.« (Ségur: *Mémoires*, Bd. III, S. 508.)

** Man sieht hieraus, daß um fünf Uhr noch kein bestimmter Plan vorhanden war. Der betreffende Mann, der nicht zum Volk gehörte, wiederholte allem Anschein nach die Gerüchte aus dem Palais-Royal. – Die Utopisten erörterten seit langem schon, daß es von Vorteil wäre, die Bastille zu zerstören, schmiedeten Pläne usw. Aber der heroische, wahnsinnige Gedanke, sie an einem Tag zu nehmen, konnte nur dem Volk selbst kommen.

Noch vor neun Uhr standen dreißigtausend Menschen vor dem Invalidenhaus. An der Spitze sah man den Prokurator der Stadt; der Wahlmännerausschuß hatte nicht gewagt, ihm die Teilnahme zu verweigern. Ferner sah man ein paar Kompanien Französischer Garde, die aus ihrer Kaserne entlaufen waren. In der Mitte bemerkte man die Mitglieder der Basoche in ihrem alten, roten Gewand und den Pfarrer von Saint-Etienne-du-Mont, der als Vorsitzender der in seiner Kirche tagenden Versammlung das gefährliche Amt, die bewaffnete Truppe zu führen, nicht ausschlug.

Der alte Sombreuil handelte sehr geschickt. Er kam zum Gittertor und sagte, er habe tatsächlich Gewehre, aber es sei im anvertrautes Gut, das er als Offizier und Edelmann nicht preisgeben könne. Diese unerwartete Darlegung brachte die Menge zum Stillstand; bewundernswerte Arglosigkeit des Volkes in dieser ersten Zeit der Revolution! – Sombreuil fügte hinzu, er habe einen Kurier nach Versailles geschickt, er warte auf Antwort – und das alles mit Bekräftigungen seiner Anhänglichkeit und Freundschaft für das Hôtel de Ville und die Stadt im allgemeinen.

Die meisten wollten warten. Glücklicherweise war ein weniger gewissenhafter Mann dabei*, der verhinderte, daß die Menge sich narren ließ. Es war keine Zeit zu verlieren; und wem gehörten die Waffen, wenn nicht der Nation?... Man sprang in die Gräben und drang in das Gebäude ein; achtundzwanzigtausend Gewehre wurden in den Kellern gefunden und mitgenommen, außerdem zwanzig Geschütze.

Dies geschah zwischen neun und elf. Aber eilen wir zur Bastille.

Der Kommandant de Launay stand schon am 13. von zwei Uhr nachts an unter Waffen. Er hatte keine Vorsichtsmaßnahme versäumt. Außer den Geschützen auf den Türmen hatte er weitere aus dem Arsenal kommen lassen, die er im Hof aufstellte und mit Kartätschen lud. Auf die Türme ließ er sechs Wagenladungen Pflastersteine, Kugeln und Eisenstükke bringen, um die Stürmenden zu zerschmettern.** In den unteren Schießscharten hatte er zwölf grobe Wallbüchsen angebracht, von denen jede anderthalb Pfund Kugeln verschießen konnte. Unten standen die verläßlichsten Soldaten, zweiunddreißig Schweizer, die keinerlei Bedenken trugen, auf die Franzosen zu schießen. Die Mehrzahl seiner zweiundachtzig Invaliden war weit weg von den Toren auf den Türmen verteilt. Er hatte die Vorwerke geräumt, die den Fuß der Festung deckten.

Am 13. geschah nichts, von Verwünschungen abgesehen, die von den Passanten gegen die Bastille geschleudert wurden.

* Ein einziger unter den versammelten Bürgern. *(Procès-verbal des électeurs*, Bd. I, S. 300.)

** *Biographie Michaud*, Artikel über de Launay, der nach Auskünften seiner Freunde redigiert ist.

Gegen Mitternacht werden sieben Schüsse auf die Turmwachen abgefeuert. Alarm! Der Kommandant steigt mit dem Regimentsstab hinauf, bleibt eine halbe Stunde, horcht auf die fernen Geräusche der Stadt und steigt wieder hinab, als er nichts mehr hört.

Am Morgen des 14. sammelt sich viel Volk, jeden Augenblick strömen junge Leute hinzu (aus dem Palais-Royal? oder andere?) und rufen, man müsse ihnen Waffen geben. Sie werden nicht beachtet. Gegen zehn Uhr wird die Friedensabordnung aus dem Hôtel de Ville hereingelassen; diese bittet den Kommandanten, seine Kanonen zurückzuziehen, und verspricht, daß man ihn nicht angreifen werde, wenn er nicht schieße. Das nimmt er gern an, da er keinen Befehl hat zu schießen, und voller Freude lädt er die Abgesandten zum Frühstück ein.

Als sie fortgehen, kommt ein Mann, der eine ganz andere Tonart anschlägt.

Ein gewaltiger, verwegener Mann, ohne Respekt vor Menschen, ohne Furcht und Mitleid, der kein Hindernis und keinen Aufschub kennt und in sich den zornigen Geist der Revolution trägt... Er kommt, um die Bastille zur Übergabe aufzufordern.

Mit ihm tritt der Schrecken ein. Die Bastille bekommt Angst; der Kommandant weiß nicht, weshalb, aber er gerät in Verwirrung, er stammelt.

Dieser Mann war Thuriot, eine wahre Bulldogge von der Art Dantons; wir finden in zweimal, am Anfang und am Ende; sein Wort ist beide Male tödlich: Er stürzt die Bastille*, er tötet Robespierre.

Er soll die Brücke nicht überschreiten, der Kommandant verbietet es, und er überschreitet sie doch. Vom ersten Hof geht er in den zweiten; neues Verbot; er geht weiter; er geht auf der Zugbrücke über den zweiten Graben. Und da steht er vor dem ungeheuren Gitter, das den dritten Hof schließt. Er schien weniger ein Hof als eine riesige Wolfsgrube, deren Wände die acht unter sich verbundenen Türme bildeten. Diese schauerlichen Riesen blickten nicht auf die Hofseite, hier hatten sie kein einziges Fenster. An ihrem Fuße, in ihrem Schatten war der einzige Spazierweg des Gefangenen; auf dem Boden des Abgrunds verloren, erdrückt von den riesigen Massen, hatte er nur den Ausblick auf die unerbittliche Nacktheit der Mauern. An einer Seite nur hatte man eine Uhr aufgestellt zwischen zwei Figuren von Gefangenen in Ketten, wie um die Zeit selbst in Ketten zu legen und die langsame Folge der Stunden schwerer lasten zu machen.

* Zweifach stürzt er sie. Er bringt den Zwiespalt hinein, die Demoralisierung; und nach ihrer Einnahme ist er es, der den Vorschlag macht, sie zu zerstören. Er tötet Robespierre am 9. Thermidor, indem er ihm das Wort verweigert; Thuriot war damals Präsident des Konvents.

Da waren die geladenen Geschütze, die Garnison, der Regimentsstab.

Nichts davon schüchterte Thuriot ein: »Mein Herr«, sagte er zum Kommandanten, »im Namen des Volkes, im Namen der Ehre und des Vaterlandes fordere ich Sie auf, Ihre Geschütze zurückzuziehen und die Bastille zu übergeben.« Dann wandte er sich zur Garnison und wiederholte seine Worte.

Wenn Monsieur de Launay ein wahrer Soldat gewesen wäre, dann hätte er den Unterhändler nicht bis in das Herz seiner Stellung gelangen lassen; noch weniger hätte er die Ansprache an die Besatzung zugelassen. Aber man muß bedenken, daß die Offiziere der Bastille in der Mehrzahl Offiziere von des Polizeipräfekten Gnade waren; selbst die, die niemals gedient hatten, trugen das Kreuz des Saint-Louis-Ordens. Alle, vom Kommandanten bis zum Küchenjungen, hatten ihre Stellen gekauft und zogen ihren Vorteil daraus. Der Kommandant verstand es, seine sechzigtausend Livres Besoldung im Jahr durch Erpressungen um die gleiche Summe zu erhöhen. Er unterhielt sein Haus auf Kosten der Gefangenen; er hatte die Heizung eingeschränkt, verdiente an ihrem Wein,* an ihrer jämmerlichen Einrichtung. Er war so ruchlos und grausam, den kleinen Garten der Bastille, der auf einer Bastion lag, an einen Gärtner zu vermieten und um des schalen Verdienstes willen den Gefangenen diesen Spaziergang zu nehmen, ebenso wie den auf den Türmen, das heißt Luft und Licht.

Noch aus einem anderen Grund sank dieser niedrigen, gierigen Seele der Mut: Er wußte, daß man ihn kannte; die grausigen Memoiren Linguets hatten de Launay in Europa berühmt gemacht. Die Bastille war verhaßt, aber der Kommandant war persönlich verhaßt. Die wütenden Rufe des Volkes, die er hörte, bezog er auf sich; er war voller Verwirrung und Furcht.

Die Worte Thuriots wirkten verschieden auf die Schweizer und auf die Franzosen. Die Schweizer verstanden sie nicht; ihr Hauptmann, de Flue, war entschlossen, standzuhalten. Aber der Regimentsstab und die Invaliden schwankten; diese alten Soldaten, die in ständiger Verbindung mit der Bevölkerung des Faubourg standen, hatten keine Lust, auf sie zu schießen. Die Garnison war also uneins; was werden die beiden Parteien tun? Werden sie aufeinander schießen, wenn sie nicht einig werden können?

Der betrübte Kommandant berichtete in rechtfertigendem Ton von dem Übereinkommen mit der Stadt. Er schwor und ließ die Besatzung schwören, daß sie nicht beginnen würden, wenn man sie nicht angriffe.

Thuriot war das nicht genug. Er will die Türme besteigen und sich davon

* Der Kommandant hatte das Recht, hundert Fässer Wein steuerfrei einführen zu lassen. Er verkaufte dieses Recht an eine Schenke, aus der er Weinessig für die Gefangenen bezog. (Linguet, S. 86.) Man vergleiche in *La Bastille dévoilée* die Geschichte eines reichen Gefangenen, den de Launay nachts zu einem Mädchen führte, das er, de Launay, ausgehalten hatte, aber nicht mehr bezahlen wollte.

überzeugen, ob die Geschütze zurückgezogen wurden. De Launay, der sehr bereute, daß er ihn schon so weit hatte kommen lassen, verweigert es; aber seine Offiziere drängen ihn, und so steigt er mit Thuriot hinauf.

Die Kanonen waren zurückgeschoben und verdeckt, doch immer noch gerichtet. Die Aussicht von dieser Höhe von hundertvierzig Fuß war überwältigend, erschreckend; die Straßen, die Plätze mit Volk überfüllt; der ganze Garten des Arsenals schwarz von bewaffneten Männern. Und von der anderen Seite rückt eine dunkle Masse heran... Das ist der Faubourg Saint-Antoine.

Der Kommandant erbleicht. Er faßt Thuriot am Arm: »Was haben Sie getan? Sie haben das Amt des Unterhändlers mißbraucht! Sie haben mich verraten!«

Beide standen am Rand, und de Launay hatte eine Wache auf dem Turm. Jedermann in der Bastille hatte dem Kommandanten den Eid geleistet; in seiner Festung war er König und Gesetz. Noch konnte er sich rächen...

Aber das Gegenteil geschah, Thuriot jagte *ihm* Furcht ein: »Mein Herr«, erklärte er, »noch ein Wort, und ich schwöre Ihnen, daß einer von uns beiden in den Graben stürzen wird.«*

Im selben Augenblick näherte sich die Wache, ebenso verstört wie der Kommandant, und wendete sich an Thuriot: »Um Gottes willen, Herr, zeigen Sie sich, es ist keine Zeit zu verlieren; sie rücken schon vorwärts... Wenn sie Sie nicht sehen, werden sie angreifen.« Thuriot steckte den Kopf durch die Schießscharte; als das Volk ihn lebendig und stolz auf dem Turm stehen sah, brach es in ungeheuren Jubel und Beifall aus.

Thuriot stieg mit dem Kommandanten hinab, schritt wiederum über den Hof und sprach noch einmal zur Besatzung: »Ich werde meinen Bericht erstatten; ich hoffe, daß das Volk sich nicht weigern wird, eine Abteilung Bürgermiliz zu bestimmen, welche die Bastille mit euch bewachen kann.«**

Das Volk wollte in die Bastille eindringen, sobald Thuriot herauskam. Als es sah, daß er fortging, um im Hôtel de Ville Bericht zu erstatten, hielt es ihn für einen Verräter und bedrohte ihn. Die Ungeduld stieg bis zur Wut; die Menge ergriff drei Invaliden und wollte sie in Stücke reißen. Sie bemächtigte sich eines jungen Mädchens, das sie für die Tochter des Kommandanten hielt; etliche wollten es verbrennen, wenn er sich weigerte, sich zu ergeben. Andere entrissen es ihnen. »Was soll aus uns werden«, hieß es,

* Das Verhalten Thuriots wird in der Fortsetzung zu Dussaulx, *Œuvre des sept jours*, S. 408, erzählt. Vergleiche *Procès-verbal des électeurs*, Bd. I, S. 310.

** Dieses stolze, kühne Wort wird von den Belagerten berichtet. Vergleiche ihre Erklärung in der Fortsetzung zu Dussaulx, S. 449.

»wenn die Bastille nicht vor der Nacht genommen ist?« Der dicke Santerre, ein Brauer, den sich der Faubourg zum Befehlshaber gegeben hatte, schlug vor, man solle den Ort in Brand stecken, indem man Nelken- und Lavendelöl hineinschleudere, dessen man am Abend vorher habhaft geworden war und das man mit Phosphor entzünden könne.* Er ließ Pumpen holen.

Ein Stellmacher, ein früherer Soldat, hielt sich nicht auf bei dem Geschwätz, sondern machte sich tapfer ans Werk. Er geht vor, die Hacke in der Hand, steigt auf das Dach eines kleinen Wachhauses an der ersten Zugbrücke, arbeitet gelassen unter einem Hagel von Kugeln, haut die Ketten herunter, läßt die Brücke fallen. Die Menge geht hinüber, ist im Hof. Man feuerte gleichzeitig von den Türmen und den unteren Schießscharten. Die Angreifer fielen zahlreich, sie konnten der Garnison nichts anhaben. Von allen Schüssen, die sie während des ganzen Tages abfeuerten, trafen zwei: Ein einziger der Belagerten wurde getötet.

Der Wahlmännerausschuß, der nun Verwundete im Hôtel de Ville anlangen sah, hätte dem Blutvergießen, das er beklagte, gern Einhalt getan. Dafür gab es nur noch ein Mittel: Die Bastille mußte im Namen der Stadt zur Übergabe aufgefordert und mit Bürgermiliz besetzt werden. Der Vorsteher zögerte sehr; Fauchet beharrte darauf**, andere Wahlmänner drängten. Eine Abordnung wurde entsandt, aber in Feuer und Rauch erkannte man sie nicht einmal; weder die Bastille noch das Volk stellte das Feuer ein. Die Abgeordneten schwebten in der größten Gefahr.

Eine zweite Abordnung, mit dem Prokurator der Stadt an der Spitze, mit einem Trommler und einer Fahne, wurde von der Festung aus bemerkt. Die Soldaten auf den Türmen hißten eine weiße Fahne und legten ihre Waffen nieder. Das Volk hörte auf zu schießen, folgte der Abordnung und betrat den Hof. Hier wurden sie von einer heftigen Salve empfangen, die mehrere Männer neben den Abgeordneten zu Boden streckte. Sehr wahrscheinlich wußten die Schweizer, die mit de Launay unten waren, nichts von den Zeichen der Invaliden.***

Die Wut des Volkes war unbeschreiblich. Schon seit dem Morgen behauptete man, der Kommandant habe die Menge in den Hof gelockt, um von oben auf sie zu schießen; sie hielten sich zum zweitenmal für betrogen und beschlossen, zu sterben oder sich an den Verrätern zu rächen. Denen, die sie zurückhielten, erklärten sie leidenschaftlich: »So werden wenigstens unsere Leichname die Gräben ausfüllen!« Und sie

* Er rühmt sich selbst dieser Dummheit. *Procès-verbal des électeurs*, Bd. I, S. 385.

** Wenn man ihm glauben will, gebührt ihm die Ehre dieser Initiative. Fauchet: »Discours sur la liberté«, gehalten am 6. August 1789 in Saint-Jacques, S. 11.

*** So werden die scheinbar widersprüchlichen Darstellungen der Belagerten und der Abordnung miteinander vereinbar.

gingen hartnäckig, ohne sich entmutigen zu lassen, gegen das Feuer an, gegen diese mörderischen Türme, und meinten, durch ihren Tod könnten sie sie stürzen.

Aber nun kamen in immer größerer Zahl hochherzige Männer, die noch nicht teilgenommen hatten; sie waren empört über den so ungleichen Kampf, der nur ein Morden war. Sie wollten dabeisein. Es war nicht länger möglich, die Französischen Garden zurückzuhalten; alle ergriffen Partei für das Volk. Sie suchten die von der Stadt ernannten Kommandanten auf und nötigten sie, ihnen fünf Kanonen zu geben. Zwei Kolonnen bildeten sich, die eine aus Arbeitern und Bürgern, die andere aus Französischen Garden. Die erste erwählte zum Führer einen jungen Mann von reckenhafter Gestalt und Kraft, Hulin, einen Uhrmacher aus Genf, der Bedienter geworden war, Leibjäger des Marquis de Conflans; das ungarische Kostüm des Leibjägers sah man zweifellos als Uniform an; die Livreen des dienenden Standes führten das Volk in den Kampf für die Freiheit. Der Führer der anderen Kolonne wurde Elie, ein altgedienter Offizier vom Regiment der Königin; er hatte zuerst bürgerliche Kleidung getragen und legte nun seine prächtige Uniform an, gab sich so den Seinen und dem Feind tapfer zu erkennen. Unter seinen Soldaten war einer von bewundernswerter Tapferkeit, Jugendkraft und Lauterkeit, ein Held Frankreichs, Marceau, dem es genügte zu kämpfen, der nichts von der Ehre des Sieges für sich in Anspruch nahm.

Die Dinge hatten keinen Fortschritt gemacht, als sie ankamen. Man hatte drei Wagen Stroh geholt und angezündet, man hatte die Kasernen und Küchen in Brand gesteckt. Und man wußte nicht weiter. Die Verzweiflung des Volkes wurde dem Hôtel de Ville angelastet. Man klagte den Vorsteher an, die Wahlmänner, man drängte sie drohend, die Belagerung der Bastille zu befehlen. Doch man konnte keinen Befehl erwirken.

Die bizarrsten, wunderlichsten Mittel, die Festung zu nehmen, wurden den Wahlmännern vorgeschlagen. Ein Zimmermann riet zu einem Belagerungswerk aus Holz, einem römischen Katapult, um Steine gegen die Mauern zu schleudern. Die Kommandanten der Stadt erklärten, man müsse ordnungsgemäß angreifen, den Laufgraben öffnen. Während dieser langen, unsinnigen Reden brachte und las man ein Billett, das soeben aufgefangen worden war; Besenval schrieb an de Launay, er solle bis zum Äußersten Widerstand leisten.

Um die Zeitnot in diesem gefährlichen Augenblick ermessen, um sich das Entsetzen über die Verzögerungen erklären zu können, muß man wissen, daß jeden Augenblick falscher Alarm entstand. Man vermutete, daß der Hof, der um zwei Uhr von dem gegen Mittag begonnenen Angriff auf die Bastille unterrichtet sein mußte, diesen Moment wählen würde, um seine Schweizer und Deutschen auf Paris zu werfen. Und würden die

Truppen der Militärschule den ganzen Tag untätig bleiben? Das war nicht wahrscheinlich. Wenn Besenval erklärt, er habe sich auf seine Truppen wenig verlassen können, klingt das wie eine Ausrede. Die Schweizer zeigten sich sehr standhaft auf der Bastille, das sieht man an dem Gemetzel; die deutschen Dragoner hatten am 12. mehrmals Feuer gegeben und französische Gardisten getötet; diese hatten Dragoner getötet; der Haß zwischen den Truppen garantierte ihre Treue.

Im Faubourg Saint-Honoré riß man das Pflaster auf, da man jeden Augenblick den Angriff befürchtete. La Villette schwebte in derselben Angst, und tatsächlich wurde es von einem Regiment besetzt, aber zu spät.

Alles Zaudern erschien als Verrat. Das zweideutige Verhalten des Vorstehers machte ihn ebenso verdächtig wie die Wahlmänner. Die empörte Menge merkte, daß sie mit ihnen Zeit verlor. Ein Greis rief: »Freunde, was sollen uns diese Verräter? Gehen wir lieber zur Bastille!« Alles verlief sich; die bestürzten Wahlmänner waren allein... Einer von ihnen geht hinaus, kehrt totenbleich wie ein Gespenst zurück: »Ihr habt nicht mehr zehn Minuten zu leben, wenn ihr bleibt... Die Menge auf dem Grèveplatz kocht vor Wut... Sie kommen schon...« Die Wahlmänner versuchten nicht zu fliehen, und das rettete sie.

Die ganze Wut des Volkes richtete sich gegen den Vorsteher der Kaufmannschaft. Die Abgesandten der Distrikte schleuderten ihm einer nach dem anderen seinen Verrat ins Gesicht. Ein Teil der Wahlmänner, der sich vor dem Volk durch seine Unvorsichtigkeit und seine Lügen kompromittiert sah, wandte sich gegen ihn und klagte ihn an. Andere, der gute alte Dussaulx (der Übersetzer des Juvenal), der unerschrockene Fauchet, versuchten ihn zu verteidigen, ihn, ob schuldig oder unschuldig, vom Tode zu retten. Er wurde vom Volk gezwungen, vom Büro in den großen Saal Saint-Jean zu kommen, man umstellte ihn, und Fauchet setzte sich neben ihn. Der Schrecken des Todes zeichnete sein Gesicht. »Ich sah«, erzählte Dussaulx, »wie er seinen letzten Bissen Brot kaute. Er blieb ihm im Munde stecken, zwei Stunden lang, ohne daß es ihm gelang, ihn zu schlucken.« Von Papieren und Briefen umgeben, von Leuten, die über Geschäfte mit ihm sprechen wollten, unter dem Geschrei derer, die seinen Tod verlangten, gab er sich Mühe, freundlich zu antworten. Die Leute aus dem Palais-Royal und dem Distrikt Saint-Roch waren die erbittertsten; Fauchet lief hin und bat für ihn um Gnade. Der Distrikt war in der Saint-Roch-Kirche versammelt; zweimal stieg Fauchet auf einen Stuhl, bat und weinte, sagte die glühendsten Worte, die sein großes Herz in dieser Not finden konnte; seine Robe, von Kugeln der Bastille durchlöchert*, redete ebenfalls eine beredte Sprache; sie bat um des Volkes willen, der Ehre

* Fauchet: *Bouche de fer*, Nr. XVI, November 1790, Bd. III, S. 244.

dieses großen Tages willen, um die Wiege der Freiheit rein und fleckenlos zu lassen.

Der Vorsteher und die Wahlmänner schwebten in Saal Saint-Jean zwischen Leben und Tod; mehrmals legte man auf sie an. Alle Anwesenden, sagte Dussaulx, waren wie die Wilden: Bisweilen hörten sie zu und sahen ruhig zu; bisweilen drang ein furchtbares Murren wie dumpfer Donner aus der Menge. Mehrere redeten und schrien, aber die meisten waren betäubt von der Neuheit des Schauspiels. Der Lärm, die Stimmen, der Alarm, die aufgefangenen Briefe, die wahren oder falschen Enthüllungen, so viele aufgedeckte Geheimnisse, so viele Menschen, die vor das Tribunal geführt wurden, verwirrten den Geist und die Vernunft; einer der Wahlmänner sagte: »Ist dies nicht das Jüngste Gericht?« Die Betäubung war so sehr angestiegen, daß man alles vergessen hatte, den Vorsteher und die Bastille.*

Es war halb sechs Uhr. Unten auf dem Grèveplatz ertönt Geschrei. Ein großer, zuerst noch ferner Lärm bricht aus, kommt heran und nähert sich mit der Schnelligkeit und dem Getöse des Sturmes... Die Bastille ist genommen!

Plötzlich dringen in den schon überfüllten Saal tausend Menschen ein, und zehntausend drängen hinterher. Das Holzwerk kracht, die Bänke stürzen um, die Schranke wird auf das Büro gestoßen, das Büro auf den Präsidenten.

Alle sind bewaffnet, von sonderbarem Aussehen, die einen beinahe nackt, die anderen in allen Farben bekleidet. Man trug einen lorbeergekrönten Mann auf den Schultern; das war Elie, gefolgt von den Gefangenen und der Beute. An der Spitze, in diesem Getöse, worin man den Donner nicht gehört hätte, schritt feierlich ein andächtiger junger Mann; an seinem Bajonett hing ein verruchtes, dreimal verfluchtes Etwas, das Reglement der Bastille.

Auch die Schlüssel wurden getragen, diese ungestalten, niedrigen, groben Schlüssel, welche die Jahrhunderte und das Leid der Menschen abgenutzt hatten. Zufall oder Vorsehung wollte, daß sie einem Mann übergeben wurden, der sie nur zu gut kannte, einem ehemaligen Gefangenen. Die Nationalversammlung legte sie in ihre Archive, das alte Werkzeug der Tyrannen neben die Gesetze, welche die Tyrannei stürzten. Wir bewahren diese Schlüssel noch heute im Eisenschrank der Nationalarchive auf... Ach! Könnten die Schlüssel aller Bastillen der Welt in einen eisernen Schrank eingeschlossen werden!

Es muß gesagt werden, daß die Bastille nicht genommen wurde, son-

* Das Protokoll berichtet indessen, daß man eine neue Abordnung vorbereitete und daß der Kommandant de La Salle endlich eingreifen wollte.

dern kapitulierte. Ihr schlechtes Gewissen verwirrte sie, machte sie toll und ließ sie den Kopf verlieren.

Die einen waren für die Übergabe, die anderen setzten das Feuer fort, besonders die Schweizer, die fünf Stunden lang ungefährdet, ohne daß man an sie herankam, gemächlich aussuchten, zielten und niederstreckten, wen sie wollten. Sie töteten dreiundachtzig Leute und verwundeten achtundachtzig. Zwanzig der Gefallenen waren arme Familienväter, deren Tod ihre Frauen und Kinder dem Verhungern preisgab.

Die Schändlichkeit dieses gefahrlosen Kampfes, der Schauder, französisches Blut zu vergießen, von dem die Schweizer nicht berührt wurden, ließen zuletzt die Waffen den Händen der Invaliden entsinken. Um vier Uhr baten die Unteroffiziere de Launay, flehten ihn an, dem Morden Einhalt zu tun. Er wußte, was seiner harrte; da es nun einmal in den Tod ging, hatte er für einen Augenblick den Einfall, sich in die Luft sprengen zu lassen: ein schauerlich wilder Gedanke: Er hätte ein Drittel von Paris zerstört. Seine hundertfünfunddreißig Pulverfässer hätten die Bastille in die Luft geschleudert, hätten den ganzen Faubourg, das ganze Marais, das ganze Viertel um das Arsenal unter ihren Trümmern begraben... Er ergriff eine brennende Lunte. Zwei Unteroffiziere verhinderten das Verbrechen, sie kreuzten ihre Bajonette und verwehrten ihm den Zutritt zum Pulver. Dann machte er Miene, sich umzubringen, und ergriff ein Messer, das man ihm entriß.

Er hatte den Kopf verloren und konnte keine Befehle mehr erteilen.*Als die Französischen Garden ihre Geschütze aufgefahren und (wie einige berichten) gefeuert hatten, begriff der Hauptmann der Schweizer, daß es Zeit war, zu verhandeln; er schrieb ein Billett und ließ es an der Mauer herab**, worin er um ehrenvollen Abzug bat. – Verweigert. – Dann um Schonung des Lebens. – Das versprachen Hulin und Elie.

Aber wie das Versprechen erfüllen? Eine seit Jahrhunderten aufgestaute Rache, die durch die von der Bastille begangenen Mordtaten neu gereizt war – wer konnte sie verhindern? Eine Autorität, die eine Stunde alt war, die kaum vom Grèveplatz angelangt war und nur von zwei kleinen Scharen der Vorhut gekannt wurde, war nicht imstande, hunderttausend Mann, die nachdrängten, im Zaum zu halten.

Die Menge war erbittert, blind, betört durch die Gefahr. Indessen tötete sie in der Bastille nur einen einzigen Mann, sie schonte ihre Feinde, die Schweizer, die in ihren Kitteln für Bediente oder Gefangene gehalten

* Schon am Morgen, wie Thuriot bezeugt. (Vergleiche das Protokoll der Wahlmänner.)

** Um es entgegennehmen zu können, legte man eine Planke über den Graben. Der erste, der sich hinaufwagte, fiel; der zweite (Arné? oder Maillard?) hatte mehr Glück und brachte das Billett.

wurden; sie verwundete und mißhandelte ihre Freunde, die Invaliden. Sie hätte am liebsten die Bastille vom Erdboden vertilgt; mit Steinwürfen zertrümmerte sie die beiden Sklaven an der Uhr; sie stieg auf die Türme, um die Kanonen zu beschimpfen; mehrere wollten die Steine auseinanderreißen und machten sich die Hände blutig. Man eilte zu den Verliesen, um die Gefangenen zu befreien; zwei waren wahnsinnig geworden. Einer, erschreckt durch den Lärm, machte sich zur Verteidigung bereit; er war ganz überrascht, als die, die seine Tür sprengten, sich in seine Arme warfen und ihn mit ihren Tränen benetzten. Ein anderer, dessen Bart bis zum Gürtel reichte, fragte, wie es Ludwig XV. gehe; er glaubte, daß er noch regiere. Denen, die nach seinem Namen fragten, antwortete er, er nenne sich Major der Unermeßlichkeit.

Die Sieger waren noch nicht fertig; sie bestanden in der Rue Saint-Antoine einen anderen Kampf. Als sie sich dem Grèveplatz näherten, begegneten sie einer allmählich wachsenden Menge, die, da sie nicht am Kampf teilgenommen hatte, etwas tun wollte – wenigstens die Gefangenen niedermachen. Einer wurde an der Rue des Tournelles getötet, ein anderer auf dem Quai. Frauen folgten mit aufgelöstem Haar, die soeben ihre Gatten unter den Toten erkannt hatten, die sie liegen ließen, um den Mördern nachzueilen; eine von ihnen, schäumend vor Wut, verlangte von jedermann, daß man ihr ein Messer gebe.

De Launay, der in großer Gefahr schwebte, wurde von zwei mutigen und außergewöhnlich starken Männern geführt und geschützt, von Hulin und einem anderen. Der letztere kam mit bis Petit-Antoine, wo er durch einen Wirbel von Menschen fortgerissen wurde. Hulin ließ nicht locker. Seinen Gefangenen von da bis zu dem nahen Grèveplatz zu bringen, war schwerer als die zwölf Arbeiten des Herkules. Da er sich keinen Rat mehr wußte und da er bemerkte, daß man de Launay nur daran erkannte, daß er als einziger ohne Hut war, hatte er den heldenmütigen Gedanken, ihm den seinen aufzusetzen; so erhielt er von nun an die Schläge, die man jenem zugedacht hatte.* Endlich passierte er die Arcade-Saint-Jean; wenn er den Gefangenen auf die Freitreppe und ins Treppenhaus bringen

* Die royalistische Überlieferung, welche die schwere Aufgabe hat, die Leute interessant zu machen, die es am wenigsten sind, hat behauptet, daß de Launay, heroischer noch als Hulin, ihm den Hut wieder aufgesetzt hätte und lieber sterben wollte, als jenen in Gefahr zu bringen. Dieselbe Überlieferung schreibt diese Tat einige Tage später dem Intendanten von Paris, Bertier, zu. Schließlich erzählt man, daß der Major der Bastille, als er auf dem Grèveplatz von einem seiner früheren Gefangenen, den er gütig behandelt hatte, erkannt und verteidigt wurde, jenen von sich geschoben hätte mit den Worten: »Sie werden Ihr Leben verlieren, ohne mich zu retten.« Der letztere, authentische Bericht ist sehr wahrscheinlich die Grundlage der beiden anderen. Die Vergangenheit de Launays und Bertiers enthält nichts, was uns an den Heldenmut ihrer letzten Augen-

konnte, war er gerettet. Das merkte die Menge wohl, und sie unternahm einen erbitterten Angriff. Die Riesenkraft, die Hulin entfaltet hatte, nutzte ihm hier nicht mehr. Wie eine ungeheure Schlange schnürte ihn die wirbelnde Masse wieder und wieder ein, er glitt aus, wurde gestoßen und wieder gestoßen und zu Boden geschleudert. Zweimal erhob er sich. Beim zweitenmal sah er in der Luft, an der Spitze einer Pike, den Kopf de Launays.

Ein anderer Vorfall ereignete sich im Saal Saint-Jean. Dort waren die Gefangenen in großer Lebensgefahr. Besonders erbittert war man gegen drei Invaliden, die man für die Kanoniere der Bastille hielt. Einer war verwundet. Dem Kommandanten de La Salle gelang es unter Aufbietung aller Kräfte, indem er sich auf seine Stellung als Kommandant berief, ihn zu retten; während er ihn hinausführte, wurden die beiden anderen fortgeschleppt und an der Ecke der Vannerie, gegenüber dem Hôtel de Ville, an die Laterne geknüpft.

Die große Aufregung, bei der man Flesselles vergessen zu haben schien, wurde gleichwohl sein Verderben. Seine unversöhnlichen Ankläger aus dem Palais-Royal, die gering an Zahl, aber unzufrieden waren, daß die Menge mit anderen Dingen beschäftigt war, standen dicht beim Büro, bedrohten ihn und forderten ihn auf, ihnen zu folgen... Schließlich gab er nach, sei es, daß eine so lange Erwartung des Todes ihm schlimmer schien als der Tod selbst, sei es, daß er hoffte, im allgemeinen Interesse am großen Ereignis des Tages entweichen zu können. »Gehen wir also zum Palais-Royal, meine Herren«, sagte er. Er war noch nicht am Quai, als ein junger Mann ihm mit einem Pistolenschuß den Kopf zerschmetterte.

Die Volksmenge, die sich im Saal drängte, verlangte kein Blut; er sah betroffen, wie es floß, berichtet ein Augenzeuge. Mit offenem Mund staunte er über das bis zum Wahnsinn merkwürdige Schauspiel. Man sah Waffen aus dem Mittelalter und aus allen anderen Zeiten; alle Jahrhunderte waren vertreten. Elie, der auf einem Tisch stand, den Helm auf dem Kopf und seinen an drei Stellen zerbeulten Säbel in der Hand, glich einem römischen Krieger. Er war ganz von Gefangenen umgeben und bat für sie. Die Französischen Garden forderten als Lohn die Begnadigung der Gefangenen.

In diesem Augenblick führt oder schleppt man vielmehr einen Mann herbei, dem seine Frau folgt; es war der Prinz von Montbarey, ein früherer Minister, der am Schlagbaum verhaftet worden war. Die Frau wird ohnmächtig; ihn legt man über das Büro, zwölf Männer halten ihn

blicke glauben machen könnte. Daß die *Biographie Michaud* in dem nach den Auskünften der Familie redigierten Artikel »De Launay« darüber schweigt, beweist deutlich genug, daß sie selbst nicht an diese Überlieferung glaubte.

fest... Der arme Teufel in seiner sonderbaren Lage erklärte, er sei schon lange nicht mehr Minister, sein Sohn habe sich an der Revolution seiner Heimatprovinz stark beteiligt... Der Kommandant de La Salle trat für ihn ein und setzte sich selbst beträchtlicher Gefahr aus. Indessen beruhigte man sich und ließ den Gefangenen einen Augenblick los. De La Salle, der sehr stark war, trug den Unglücklichen weg... Dieser Gewaltstreich gefiel dem Volk und wurde beifällig aufgenommen...

Im gleichen Augenblick gelang es dem tapferen und vortrefflichen Elie, mit einem Schlag allen Prozessen und Urteilen ein Ende zu machen. Er sah die Kinder der Bedienten aus der Bastille und begann zu rufen: »Gnade für die Kinder! Gnade!«

Da hätte man sehen können, wie die braunen Gesichter, die pulvergeschwärzten Hände von großen Tränen benetzt wurden, die fielen, wie die großen Regentropfen nach dem Sturm fallen... Gerechtigkeit und Rache waren vergessen, der Richterstuhl zerbrochen. Elie hatte die Sieger der Bastille besiegt. Sie ließen die Gefangenen der Nation Treue schwören und nahmen sie mit sich; die Invaliden gingen friedlich in ihr Haus; die Französischen Garden bemächtigten sich der Schweizer, brachten sie in ihren Reihen in Sicherheit, führten sie zu ihren eigenen Kasernen, gaben ihnen Wohnung und Nahrung.

Die Witwen zeigten sich bewundernswürdigerweise ebenso großherzig. Arm und reichlich mit Kindern gesegnet, wollten sie eine kleine Summe, die man unter sie verteilte, nicht allein nehmen; sie wiesen der Witwe eines armen Invaliden, der die Bastille vor der Sprengung gerettet hatte und aus Versehen getötet worden war, einen Teil zu. Die Frau des Belagerten wurde von denen der Belagerer gleichsam adoptiert.

Volksgericht
II, 2

Keine öffentliche Gewalt flößt Vertrauen ein. Die richterliche Gewalt hat das Vertrauen verloren. Der Club breton. Die Advokaten, die Basoche. Danton und Camille Desmoulins. Barbarei der Gesetze und der Strafen. Das Gericht im Palais-Royal. Der Grèveplatz und der Hunger. Tod Foulons und Bertiers, 22. Juli 1789.

Das Königtum bleibt allein. Die Privilegierten wandern aus oder unterwerfen sich; sie erklären, daß sie künftig mit der Nationalversammlung tagen und sich der Majorität unterwerfen wollen; isoliert und ohne Dekkung erscheint das Königtum als das, was es im Grunde schon lange war: ein Nichts.

Dieses Nichts, das war Frankreichs alter Glaube; dieser enttäuschte Glaube weckt nunmehr sein Mißtrauen, seinen Unglauben, macht es außerordentlich unruhig und argwöhnisch. Geglaubt zu haben, geliebt zu haben, seit einem Jahrhundert sich ständig in dieser Liebe getäuscht zu sehen, das machte, daß es an nichts mehr glaubte.

Wo soll jetzt der Glaube sein? Man empfindet bei dieser Frage ein Gefühl des Schreckens und der Verlassenheit, wie Ludwig XVI. selbst in seinem öden Palast... Der Glaube gilt keiner sterblichen Gewalt mehr.

Die gesetzgebende Gewalt selbst, die Versammlung, die Frankreich so teuer war, krankt jetzt daran, daß sie ihre Feinde, fünf- oder sechshundert Adlige und Priester, aufnahm und zu den Ihren zählt. Ein anderes Übel: Ihr Sieg ist zu groß, nun wird sie selbst Autorität, Regierung, König... Und jeder König ist unmöglich.

Der Wahlmännerausschuß, der ebenfalls die Verpflichtung gefühlt hatte, als Regierung zu wirken, ist nach wenigen Tagen machtlos; er fühlt es selbst und bittet die Distrikte, ihm einen Nachfolger zu geben. Beim Kanonendonner der Bastille hatte er gezittert und gezweifelt. Waren diese Leute kleingläubig?... Arglistig? Nein. Das Bürgertum von 1789, das in der Philosophie des großen Jahrhunderts erzogen wurde, war sicher weniger egoistisch als das unsere. Es schwankte und war unsicher, kühn in seinen Prinzipien, furchtsam in ihrer Anwendung; es war zu lange Knecht gewesen!

Es ist der Vorzug der richterlichen Gewalt, wenn sie geschlossen und stark bleibt, daß sie alle anderen ersetzt; sie selbst dagegen wird von keiner ersetzt. Sie war in den furchtbarsten Krisen die Stütze und die Quelle der Kraft unseres alten Frankreich. Im vierzehnten Jahrhundert, im sechzehnten, behauptete sie fest und unwandelbar ihre Stellung, so daß das Vaterland, wenn es in stürmischen Zeiten fast verloren war, im unverletzten Heiligtum der zivilen Justiz sich immer wieder erkennen und finden konnte.

Diese Gewalt ist nun zerbrochen.

Zerbrochen an ihrer Inkonsequenz und ihren Widersprüchen. Knechtisch und kühn zugleich, für den König und gegen den König, für den Papst und gegen den Papst, Verteidiger des Gesetzes und Vorkämpfer des Privilegs, spricht sie von Freiheit und widersetzt sich ein Jahrhundert lang jedem freiheitlichen Fortschritt. Auch sie hat, ebenso wie der König, die Hoffnung des Volkes enttäuscht. Wie groß war die Freude und die Begeisterung, als das Parlament beim Regierungsantritt Ludwigs XVI. aus der Verbannung zurückkehrte! Und als Antwort auf dieses Vertrauen einigt es sich mit den Privilegierten, bringt jede Reform zum Stillstand, sorgt dafür, daß Turgot verjagt wird! – 1787 findet es noch immer Unterstützung beim Volk, und zum Dank verlangt das Parlament, daß die Zusammensetzung der Generalstände nach dem alten Brauch von 1614 geschehe, das heißt, daß sie nutzlos, ohnmächtig und lächerlich sein sollen!

Nein, das Volk kann der richterlichen Gewalt nicht vertrauen.

Wie sonderbar, daß gerade diese Gewalt, die Hüterin der Ordnung und der Gesetze, die Empörung begonnen hat, die überall das Parlament umlauert und sich bei jedem Großen Gerichtstag versucht. Das Wohlwollen der oberen Behörden ermutigt sie. Die jungen Räte, die d'Eprémesnil und Du Port, haben, voller Erinnerungen an die Fronde, nur den Wunsch, Broussel und den Koadjutor nachzuahmen. Die organisierte Basoche besitzt eine Armee von Schreibern; sie hat ihren König, ihr eigenes Gericht, ihre Vorsteher, alte Studenten wie Moreau im Rennes, glänzende Redner und Duellanten wie Barnave in Grenoble. Das feierliche Gebot, daß Schreiber keinen Degen tragen dürfen, macht sie nur um so kriegerischer.

Den ersten Klub eröffnete der Rat Du Port in seinem Haus in der Rue du Chaume im Marais. Er versammelte dort die fortschrittlichsten Parlamentsmitglieder, Abgeordnete und Advokaten, besonders solche, die aus der Bretagne stammten. Später wurde der Klub nach Versailles verlegt und nannte sich *le Club breton*. Dann kehrte er mit der Nationalversammlung nach Paris zurück, änderte den Namen und schlug seinen Sitz im Jakobinerkloster auf.[1]

Mirabeau ging nur einmal zu Du Port; er nannte Du Port, Barnave und Lameth das *Triumgueusat*[2]. Auch Sieyès ging hin, wollte aber später nicht wiederkommen: »Das ist eine Wegelagererpolitik«, sagte er, »Attentate halten sie für Auswege.« An anderer Stelle spricht er sich noch härter über sie aus: »Man kann sie sich vorstellen als einen Trupp boshafter Gassenjungen, die immer etwas tun müssen, die immer dumme Streiche machen, schreien, intrigieren, ohne Maß und Ziel sich aufregen und dann über das Unheil lachen, das sie angestiftet haben. Man kann ihnen die Hauptschuld geben an den Ausschreitungen der Revolution. Es wäre ein Glück für Frankreich, wenn die den ersten Unruhestiftern untergeordneten Agenten, nachdem sie durch die Erblichkeit, die bei langen Revolutionen üblich ist, ihrerseits Führer geworden sind, auf den Geist verzichteten, der sie so lange bewegte!«

Die untergeordneten Agenten, von denen Sieyès spricht, die Nachfolger ihrer Führer (und jenen weit überlegen), waren vor allem zwei Männer, zwei revolutionäre Kräfte, Camille Desmoulins und Danton. Von diesen beiden Männern, dem König des Pamphlets und dem gewaltigen Redner des Palais-Royal – später des Konvents –, zu sprechen, ist hier nicht der Ort. Überdies werden sie uns folgen und nicht loslassen. In ihnen oder nirgends verkörpern sich die Komödie und die Tragödie der Revolution.

Bald werden sie es ihren Lehrmeistern überlassen, Jakobiner zu werden, während sie selbst den Klub der *Cordeliers* gründen.[3] Vorläufig geht noch alles durcheinander; der große Klub der hundert Klubs ist noch das Palais-Royal mit seinen Cafés, seinen Spielhäusern und seinen Freudenmädchen. Dort rief Desmoulins am 12. Juli zu den Waffen. Dort wurde in der Nacht vom 13. auf den 14. das Urteil über Flesselles und de Launay gefällt. Dem Grafen von Artois, den Condés und Polignacs wurden ihre Urteile persönlich zugestellt; sie hatten die erstaunliche Wirkung, die man kaum von mehreren Schlachten erwartet hätte, daß sie Frankreich verließen. Daraus erwuchs eine unheilvolle Vorliebe für die Schreckmittel, die so guten Erfolg gehabt hatten. In Desmoulins' Rede der Laterne des Grèveplatzes steht der Satz: »Wie geraten die Fremden außer sich, wenn sie vor ihr stehen; wie bewundern sie es, daß eine Laterne in zwei Tagen mehr bewirkt hat als alle ihre Helden in hundert Jahren.«*

Desmoulins erneuert mit unversieglicher Laune die alten Späße, die durch das ganze Mittelalter gehen, über den Galgen, den Strang, die Gehenkten usw. Diese grausame, scheußliche Strafe, die den Todeskampf lächerlich macht, war beliebter Gegenstand für die lustigsten Schnurren, die Belustigung des niederen Volkes, die Inspiration der Basoche. Das verkörperte Genie dieser Institution war Camille Desmoulins. Der junge Advokat aus der Picardie, der sehr leichtsinnig mit dem Geld umging und einen noch leichtsinnigeren Charakter besaß, lungerte ohne Beschäftigung im Justizpalast herum, als die Revolution ihn plötzlich zum Plädoyer ins Palais-Royal rief. Er stotterte ein wenig, und das machte ihn nur noch amüsanter. Die Einfälle, denen seine schwere Zunge nicht folgen konnte, schossen wie Pfeile aus seinem Mund. Er überließ sich seiner komischen Laune, ohne lange zu überlegen, ob nicht eine Tragödie daraus folgen würde. Die berühmten Urteile der Basoche, die den alten Justizpalast so sehr ergötzt hatten, waren nicht lustiger als die Urteile des Palais-Royal;** der Unterschied besteht darin, daß letztere oft auf dem Grèveplatz vollstreckt wurden. Nachdenklich stimmt es, daß Desmoulins, dieser geniale Anstifter tödlicher Späße, und Danton, dieser mordbrüllende

* Camille Desmoulins: »Discours de la lanterne aux Parisiens«, S. 2. Indessen deutet er geschickt genug an, daß diese übereilten Urteile nicht ohne Nachteil sind, daß sie hier und da zu Irrtümern führen, usw.

** Vergleiche das Urteil von Duval d'Eprémesnil, das C. Desmoulins in seinen Briefen berichtet.

Stier, vier Jahre später den Tod finden werden, weil sie ein *Komitee der Milde* vorgeschlagen hatten!

Mirabeau, Du Port, die Lameths und viele andere Gemäßigte billigten die Gewalttätigkeiten; manche behaupten, daß sie dazu rieten. Sieyès verlangte 1788 den Tod der Minister. Mirabeau forderte am 14. Juli laut den Kopf Broglies. Er beherbergte Desmoulins bei sich. Er ging gern zwischen Desmoulins und Danton aus; seine Genfer langweilten ihn, die beiden gefielen ihm besser, und er ließ den einen für sich schreiben und den anderen reden.

Ein sehr gemäßigter, sehr kluger Mann mit kaltem Verstand, Target, war eng verbunden mit Desmoulins und billigte das Laternenpamphlet.

Das verlangt eine Erklärung:

Niemand glaubte an eine Gerechtigkeit außer der des Volkes.

Die Juristen besonders verachteten das Gesetz und das damalige Recht, das zu allen Ideen des Jahrhunderts im Widerspruch stand. Sie kannten die Gerichtshöfe und wußten, daß die Revolution keine leidenschaftlicheren Gegner besaß als das Parlament, das Châtelet und die Richter überhaupt.

Ein solcher Richter, das war der Feind. Das Urteil über den Feind dem Feind übertragen, ihn mit der Entscheidung zwischen Revolution und Gegenrevolutionären betrauen, das hieß die letzteren freisprechen, sie stolzer und stärker machen, sie zu den Armeen senden, um den Bürgerkrieg zu beginnen. Konnten sie das? Ja, trotz der Begeisterung in Paris und der Einnahme der Bastille. Sie hatten fremde Truppen, sie hatten alle Offiziere, sie hatten insbesondere ein furchtbares Korps, das damals den militärischen Ruhm Frankreichs bildete, die Marineoffiziere.

Das Volk allein konnte in dieser Krise die mächtigen Übeltäter ergreifen und treffen. »Aber wenn das Volk sich irrt?« Der Einwand bereitete den Freunden der Gewalttätigkeit keine Sorgen. Sie machten Gegeneinwände. »Wie oft«, antworteten sie, »haben sich das Parlament und das Châtelet geirrt?« Sie zitierten die berühmten Justizirrtümer der Fälle Calas und Sirven; sie erinnerten an die furchtbare Denkschrift Dupatys über drei zum Rade verurteilte Männer, diese Denkschrift, die vom Parlament verbrannt wurde, weil es nicht darauf antworten konnte.

Welche Volksurteile, fuhren sie fort, könnten jemals barbarischer sein als die Prozesse der regulären Gerichte noch im Jahre 1789? Prozesse, die geheim geführt werden und sich nur auf Akten gründen, die der Angeklagte nicht zu sehen bekommt; die Akten werden ihm nicht mitgeteilt, die Zeugen ihm nicht gegenübergestellt; eine Ausnahme bildet nur der letzte kurze Augenblick, wo der Angeklagte, der kaum die Nacht seines Verlieses verlassen hat und vom Tageslicht geblendet wird, auf dem Sünderstühlchen sitzt, Antwort gibt oder nicht und zusieht, wie seine Richter in zwei

Minuten über ihn das Urteil fällen...* Barbarische Prozesse, noch barbarischere Urteile. Man wagt nicht, an Damiens zu erinnern, der gevierteilt, mit glühenden Zangen gezwickt und mit geschmolzenem Blei begossen wurde... Noch kurz vor der Revolution verbrannte man in Straßburg einen Mann. Am 11. August 1789 verurteilt das Parlament von Paris, das selbst in den letzten Zügen liegt, einen Mann zum Tod durch das Rad. Solche Strafen, die für den Zuschauer selbst Strafen waren, verstörten die Seelen von Grund auf, erschreckten, machten toll, verwirrten jeden Begriff von Gerechtigkeit und verkehrten die Gerechtigkeit in ihr Gegenteil; der Schuldige, der so sehr litt, erschien nicht mehr schuldig; der Richter war der Schuldige; Gebirge von Verwünschungen häuften sich auf ihn... Die Empfindsamkeit stieg bis zur Wut, das Mitleid wurde grimmig. Die Geschichte weiß von mehreren Beispielen dieser wütenden Empfindsamkeit, in der das Volk oft jede Achtung, jede Furcht verlor und die Schergen der Gerechtigkeit an Stelle des Verbrechers verbrannte und aufs Rad flocht.

Es ist dies wenig bemerkt worden und trägt doch sehr zum Verständnis der Dinge bei: Mehrere unserer Terroristen waren Männer von übertriebener, krankhafter Empfindsamkeit, die das Elend des Volks zutiefst fühlten und deren Mitleid sich in Wut verwandelte.

Dieser bemerkenswerte Umstand trat besonders zutage bei nervösen Männern von schwacher und reizbarer Einbildungskraft, bei den Künstlern aller Art; der Künstler ist ein Mann-Weib**. Das Volk, dessen Nerven stärker sind, folgte ihrer mitreißenden Gewalt; aber niemals gab es in der ersten Zeit selbst den Anstoß. Die Gewalttätigkeiten hatten im Palais-Royal ihren Ursprung, wo die Advokaten, die Künstler und Schriftsteller herrschten.

Selbst unter ihnen trug niemand ungeteilte Verantwortung. Ein Camille Desmoulins spürte den Hasen auf, eröffnete die Jagd; ein Danton hetzte ihn zu Tode... in Worten, wohlgemerkt. Aber es fehlte nicht an stummen Henkern, bleichen, wütenden Männern, die die Sache auf dem Grèveplatz anhängig machten, wo sie von Dantons gemeinerer Art weiterbetrieben wurde. In der elenden Menge, die sie umgab, waren sonderbare Gestalten, die aussahen, als stammten sie aus dem Jenseits; Menschen wie Gespenster, aber vor Hunger außer sich, vom Fasten berauscht, schon keine Menschen mehr... Man behauptete, daß am 20. Juli manche seit

* Vergleiche die wahrhaft beredte Stelle bei Dupaty: *Mémoires pour trois hommes condamnés à la roue*, S. 117 (1786).

** Ich will damit sagen: Er ist durchaus Mann, aber da er die geistigen Eigenschaften beider Geschlechter hat, so ist er fruchtbar; indessen herrscht bei ihm fast immer eine reizbare und cholerische Sensibilität vor.

drei Tagen nichts gegessen hatten. Bisweilen fügten sie sich darein und starben, ohne jemandem etwas Böses zu tun. Die Frauen fügten sich nicht, *sie hatten Kinder.* Sie irrten umher wie Löwinnen. Bei jeder Empörung waren sie am erbittertsten, am wütendsten; sie stießen frenetische Schreie aus, schalten die Männer wegen ihrer Langsamkeit; die Kurzurteile des Grèveplatzes dauerten ihnen noch viel zu lang. Sie waren die ersten beim Aufhängen.*

England kannte in diesem Jahrhundert die Dichtung des Hungers. ** Wer wird seine Geschichte für Frankreich schreiben?... Schreckliche Geschichte des letzten Jahrhunderts, von den Historikern vernachlässigt, die ihr Mitleid denen vorbehielten, die die Hungersnot bewirkten... Ich habe versucht, in die Kreise dieser Hölle hinabzusteigen, geleitet von den immer lauteren Schmerzensschreien. Ich habe gezeigt, wie die Erde immer unfruchtbarer wird, während der Fiskus beschlagnahmt, das Vieh dezimiert, und der Boden ohne Nahrung zu unablässigem Fasten verurteilt ist. Ich habe gezeigt, wie die Steuern immer härter auf dem immer karger werdenden Boden lasteten, während die Adligen, die von den Steuern befreit waren, sich vermehrten. Ich habe nicht deutlich genug gezeigt, wie die Lebensmittel eben durch ihre Knappheit zum Gegenstand eines höchst einträglichen Schachers werden, dessen Profit so groß ist, daß auch der König mittun möchte. Die Welt sieht mit Erstaunen einen König, der mit dem Leben seiner Untertanen Handel treibt, einen König, der mit der Not und dem Tod spekuliert, einen König, der das Volk meuchelt. Die Hungersnot ist nicht länger Folge der Jahreszeiten, ein natürliches Phänomen, Folge von Regen oder Hagel. Sie wird verordnet: Man hungert auf Befehl des Königs.

Hier ist der König das System. Man hatte Hunger unter Ludwig XV., man hat Hunger unter Ludwig XVI.

Die Hungersnot wird zur Wissenschaft, zu einem verwickelten Kunststück der Verwaltung und des Handels. Sie hat ihren Vater und ihre Mutter, den Fiskus und den Wucher. Sie zeugt ein eigenes Geschlecht, ein Bastardgeschlecht von Lieferanten, Bankiers, Finanzleuten, Generalpächtern, Intendanten, Räten und Ministern. Das Volk prägt ein tiefes Wort über das Bündnis der Spekulanten und der Politiker: *Hungersnotpakt.*[4]

Foulon war einerseits Spekulant, Finanzmann, Steuerpächter, andererseits Mitglied des Rates und einziger Richter über die Steuerpächter. Er rechnete sehr darauf, Minister zu werden. Er wäre vor Kummer gestor-

* So hängten sie am 5. Oktober den wackeren Abbé Lefebvre auf, einen der Helden vom 14. Juli; glücklicherweise schnitt man den Strick durch.

** Ebenezer Elliott: *Cornlaws Rhymes* (Manchester, 1834) usw.

ben, wenn ein anderer als er den Staatsbankrott eröffnet hätte. Die Lorbeeren des Abbé Terray ließen ihn nicht schlafen. Er machte den Fehler, allzu laut sein System zu predigen; seine Rede arbeitete gegen ihn und machte ihn unmöglich. Dem Hof gefiel wohl der Gedanke, nicht zu bezahlen, aber er wollte neue Anleihen aufnehmen und konnte die Geldgeber nicht damit locken, daß er den Apostel des Bankrotts ins Ministerium berief.[5]

Man schrieb ihm ein grausames Wort zu: »Wenn sie Hunger haben, mögen sie das Gras abweiden... Geduld! Wenn ich erst Minister bin, sollen sie mir Heu fressen; das tun meine Pferde auch.« Auch das furchtbare Wort: »Man muß Frankreich niedermähen!« soll von ihm stammen.

Foulon hatte einen Schwiegersohn nach seinem Herzen, einen nach dem Urteil der Royalisten fähigen, aber harten Menschen, Bertier, den Intendanten von Paris.* Dieser wußte, daß die Pariser ihn verabscheuten, und er war glücklich über die Gelegenheit, Krieg mit ihnen zu beginnen. Mit dem alten Foulon war er die Seele des Ministeriums der drei Tage. Der Marschall Broglie schloß nichts Gutes daraus, aber er gehorchte.** Foulon und Bertier waren äußerst eifrig. Der letztere war diabolisch geschäftig darin, alles zu sammeln, Truppen und Waffen, und Patronen zu verfertigen. Wenn Paris nicht in Feuer und Blut unterging, so lag es nicht an ihm.

Man wundert sich darüber, daß so reiche, so gut unterrichtete Männer, die zudem eine reife Erfahrung besaßen, sich auf diese Tollheiten einließen. Der Grund ist einfach: Die großen Geldspekulanten haben alle etwas vom Spieler; sie unterliegen den gleichen Versuchungen. Und das aussichtsreichste Geschäft, das sich ihnen jemals bot, war es, den Bankrott auf militärischem Weg herbeizuführen. Freilich war das gewagt. Aber welches große Geschäft ist kein Wagnis? Man verdient an Sturm und Brand; warum nicht an Krieg und Hungersnot? Frisch gewagt ist halb gewonnen.

Der Hungersnot und dem Kriege, ich meine Foulon und Bertier, die Paris in der Hand zu haben glaubten, machte die Einnahme der Bastille einen Strich durch die Rechnung.

Am Abend des 13. versuchte Bertier, Ludwig XVI. frischen Mut einzu-

* Die Familie hat gegen dieses Urteil lebhaften Einspruch erhoben. Die ernsthafte Prüfung ergibt, daß die royalistischen Schriftsteller (Beaulieu usw.) ebenso streng gegen Foulon und Bertier sind wie die revolutionären. Das hat auch Louis Blanc gefunden, der dieselbe Untersuchung anstellte. Wenn die Familie in den Archiven oder anderswo Schriftstücke entdeckt hat, die der allgemeinen Ansicht der Zeitgenossen zuwiderlaufen, so sollte sie sie veröffentlichen.

** Alexandre de Lameth: *Histoire de L'Assemblée constituante*, Bd. I, S. 67.

flößen; wenn es ihm gelang, jenem nur ein Wörtchen zu entlocken, so konnte er noch seine Deutschen auf Paris loslassen.

Ludwig XVI. sagte nichts und tat nichts. Von da an fühlten beide Männer, daß sie verloren waren. Bertier floh nach Norden, begab sich nachts von einem Ort zum anderen; er verbrachte vier Nächte schlaflos, ohne sich irgendwo aufzuhalten, und gelangte doch nur bis Soissons. Foulon versuchte nicht zu fliehen; zuerst ließ er überall verbreiten, er habe kein Ministerium gewollt, dann, er habe einen Schlaganfall erlitten, schließlich, er sei tot. Er veranstaltete sich selbst ein prächtiges Begräbnis (der Tod eines seiner Diener kam ihm sehr gelegen). Hierauf begab er sich in aller Heimlichkeit zu seinem würdigen Freund Sartine, dem früheren Polizeipräfekten.

Er hatte Grund zur Furcht. Die Aufregung war schrecklich. Wir müssen ein wenig zurückgreifen.

Schon im Mai hatte die Hungersnot die Bevölkerung ganzer Ortschaften vertrieben und aufeinander gehetzt. Caen und Rouen, Orléans, Lyon, Nancy hatten Kämpfe zu bestehen um ihr Getreide. Marseille sah eine Bande von achttausend ausgehungerten Menschen vor seinen Toren, die plündern oder sterben mußten; die ganze Stadt griff trotz der Regierung, trotz des Parlaments von Aix zu den Waffen und blieb bewaffnet.

Im Juni ließ der Aufruhr für kurze Zeit nach; ganz Frankreich hielt die Augen auf die Versammlung gerichtet und erwartete ihren Sieg; keine andere Hoffnung auf Rettung bestand mehr. Die schlimmsten Leiden wurden für einen Augenblick weniger fühlbar; ein Gedanke beherrschte alles...

Wer kann sich die Wut, das Entsetzen der getäuschten Hoffnung vorstellen bei der Nachricht von Neckers Entlassung? Necker hatte keine politische Begabung; er war, wie man gesehen hat, ängstlich, eitel und lächerlich. Aber die öffentliche Verpflegung leitete er, das muß man ihm lassen, unermüdlich, erfinderisch, voller Betriebsamkeit und mit immer neuen Hilfsmitteln.* Und was noch mehr ist: Er bewies dabei, daß er ein gutes, mitfühlendes Herz besaß; da niemand mehr dem Staat leihen wollte, borgte er auf seinen Namen und haftete bis zu zwei Millionen, der Hälfte seines Vermögens, mit seinem Kredit. Entlassen, zog er seine Bürgschaft nicht zurück, sondern schrieb den Gläubigern, daß er sie aufrecht hielt. Um es kurz zu sagen: Wenn er auch nicht zu regieren verstand, so ernährte er doch das Volk, ernährte es mit seinem Geld.

Die Worte »Necker« und »Lebensmittel« hatten gleichen Klang im

* Vergleiche Necker: *Œuvres*, Bd. VI, S. 298–324.

Ohr des Volkes. Neckers Entlassung, das bedeutete Hungersnot, hoffnungslose und unabwendbare Hungersnot, so empfand es Frankreich am 12. Juli.

Die Gefängnisse in der Provinz, in Caen und Bordeaux, wurden gestürmt oder ergaben sich fast gleichzeitig mit der Einnahme der Pariser Bastille. In Rennes, in Saint-Malo, in Straßburg verbrüderten sich die Truppen mit dem Volk. In Caen entspann sich ein Kampf zwischen den Soldaten. Ein paar Leute vom Regiment d'Artois trugen patriotische Abzeichen, andere vom Regiment Bourbon nutzten aus, daß jene ohne Waffen waren, und rissen sie ihnen ab. Man glaubte, der Major Belzunce habe sie bezahlt, damit sie ihren Kameraden diesen Schimpf antaten. Belzunce war ein hübscher, geistreicher Offizier, aber unverschämt, gewalttätig und hochmütig. Er erklärte bei jeder Gelegenheit laut seine Verachtung für die Nationalversammlung und für das Volk; er ging bis an die Zähne bewaffnet in der Stadt spazieren, immer in Begleitung eines wild dreinblickenden Bedienten.* Sein Blick war herausfordernd. Das Volk verlor die Geduld, drohte zuerst und belagerte dann die Kaserne; ein Offizier beging die Unvorsichtigkeit, zu schießen; darauf holte die Menge Geschütze; Belzunce lieferte sich selbst aus oder wurde ausgeliefert, um ins Gefängnis gebracht zu werden; doch kam er nicht so weit, er wurde durch Flintenschüsse getötet und sein Leichnam zerrissen; ein Weib aß sein Herz.

Blut floß in Rouen und in Lyon; in Saint-Germain wurde ein Müller enthauptet; ein brotwuchernder Bäcker in Poissy wäre beinahe getötet worden; er wurde nur durch eine Abordnung der Nationalversammlung gerettet, die sich als bewundernswert mutig und menschlich erwies; sie setzte ihr Leben aufs Spiel und konnte den Mann erst mitnehmen, als sie ihn auf den Knien vom Volk erbeten hatte.

Foulon hätte vielleicht diesen Augenblick des Sturms überlebt, wenn er nur von ganz Frankreich gehaßt worden wäre. Sein Unglück wollte, daß er auch von denen gehaßt wurde, die ihn am besten kannten, von seinen Untergebenen und seinen Dienern. Sie verloren ihn nicht aus den Augen und hatten sich von seinem angeblichen Begräbnis nicht narren lassen. Sie folgten dem Toten und fanden ihn wohlauf bei einem Spaziergang im Park des Herrn de Sartine. »Du wolltest uns Heu geben, nun sollst du selbst welches fressen!«

Man hängte ihm einen Heubund auf den Rücken, gab ihm einen Nesselstrauß in die Hand und legte ihm ein Distelhalsband um. Dann führte man ihn zu Fuß nach Paris ins Hôtel de Ville und forderte seine Verurteilung von der einzigen Autorität, die noch bestand, von den Wahlmännern.

Diese hatten nun Gelegenheit zu bedauern, daß sie die Entscheidung des

* *Mémoires de Dumouriez*, Bd. II, S. 53.

Volkes, die eine wirkliche Munizipalgewalt schaffen, ihnen Nachfolger geben und ihrem Königtum ein Ende machen sollte, nicht stärker beschleunigt hatten. Königtum ist das richtige Wort; die Französischen Garden zogen in Versailles, beim König, nur auf Wache, nachdem sie (merkwürdigerweise) von den Wahlmännern in Paris den Befehl bekommen hatten.

Diese ungesetzliche Autorität, die man um alles anrief, die zu allem ohnmächtig war und überdies durch eine zufällige Verbindung zu den ehemaligen Schöffen geschwächt wurde, die als Haupt nur den Ehrenmann Bailly, den neuen Bürgermeister, besaß und als Arm nur La Fayette, den Kommandanten einer gerade erst im Entstehen begriffenen Nationalgarde, sah sich nun einer grausamen Notwendigkeit gegenüber.

Die Wahlmänner erfuhren beinahe gleichzeitig, daß man Bertier in Compiègne verhaftet hatte und daß man Foulon herbeibrachte. Für den ersteren luden sie eine schwere und verwegene Verantwortung auf sich (die Furcht ist manchmal verwegen), sie erklärten nämlich den Leuten aus Compiègne, »es läge keinerlei Grund vor, Herrn Bertier gefangenzuhalten«. Jene erwiderten, dann würde er sicher in Compiègne getötet werden, man könne ihn nur retten, wenn man ihn nach Paris bringe.

Über Foulon entschied man so: Von nun an sollten Angeklagte wie er in die Abbaye gebracht werden, auf deren Tor die Worte stehen sollten: »Gefangene, die den Händen der Nation anvertraut sind«. Diese allgemeine Maßregel, im Interesse eines einzelnen unternommen, sicherte dem Exratsherrn das Urteil durch seine Freunde und Kollegen, die früheren Magistratsmitglieder, die einzigen Richter, die es damals gab.

Das alles war zu durchsichtig; doch wurde es scharf beobachtet von klarsichtigen Leuten, von den Prokuratoren und der Basoche, von den Rentiers, den Feinden des Bankrottministers, schließlich von vielen Menschen, die Staatspapiere besaßen und durch die Baisse ruiniert wurden. Ein Prokurator legte eine Bertier belastende Note vor über dessen Gewehrdepots. Die Basoche behauptete, er besäße noch eines dieser Depots bei der Äbtissin von Montmartre, und setzte durch, daß man dort suchte. Der Grèveplatz war voll von Leuten, deren Anblick dem Volk fremd war, *»die anständig aussahen«*; einige darunter waren sehr gut gekleidet. Die Börse war auf den Grèveplatz gekommen.

Gleichzeitig zeigte man im Hôtel de Ville einen anderen Finanzmann an, Beaumarchais, der in der Bastille Papiere gestohlen hatte. Man befahl ihm, sie zurückzubringen.

Man glaubte, wenigstens die Armen zum Schweigen zu bringen, indem man ihnen den Mund stopfte; man senkte den Brotpreis mittels eines täglichen Opfers von dreißigtausend Francs; der Preis wurde auf 13½ Sous für vier Pfund festgesetzt (20 Sous nach heutigem Geld).

Nichtsdestoweniger lärmte der Grèveplatz weiter. Um zwei Uhr kam Bailly auf den Platz, alle forderten seinen Richtspruch. Er »erklärte die Prinzipien« und machte einigen Eindruck auf die, welche ihn verstehen konnten. Die anderen schrien: »Hängen! Hängen!« Bailly schloß sich aus Vorsicht im Verpflegungsamt ein. Die Garde war zahlreich gewesen, sagt er, aber La Fayette, der auf seinen großen Einfluß baute, beging die Unklugheit, sie zu verringern.

Die Menge befand sich in schrecklicher Besorgnis, Foulon könne das Weite suchen. Man zeigte ihn ihr am Fenster; trotzdem stürmten sie die Türen; man mußte ihn vor dem Büro im Saal Saint-Jean auf einen Stuhl setzen. Dort begann man von neuem, ihnen Vorstellungen zu machen, ihnen »die Prinzipien zu erklären«, daß er im regelrechten Verfahren verurteilt werden müsse. »Sofort verurteilen und hängen!« rief die Menge. Sie ernannte auf der Stelle Richter, unter anderen zwei Pfarrer, welche ablehnten... Doch Platz da! Hier kommt Monsieur de La Fayette! Er spricht und räumt ein, daß Foulon ein »Schurke« ist, meint aber, man müsse seine Helfershelfer in Erfahrung bringen. »Man bringe ihn in die Abbaye!« Die ersten Reihen verstehen ihn und willigen ein, die anderen nicht. »Sie machen sich über die Leute lustig«, sagte ein gutgekleideter Mann, »braucht man Zeit, um einen Mann zu verurteilen, der seit dreißig Jahren verurteilt ist?« Gleichzeitig erhebt sich ein Geschrei, eine neue Menge drängt herein; die einen rufen: »Das ist der Faubourg!«, die anderen: »Das ist das Palais-Royal!« Foulon wird zur Laterne gegenüber geschleppt; man zwingt ihn, die Nation um Vergebung zu bitten. Dann wird er hochgezogen... Zweimal zerreißt der Strick. Man bleibt hartnäkkig und holt einen neuen. Endlich ist er gehenkt, enthauptet, sein Kopf durch Paris getragen.

Unterdessen fuhr Bertier durch die Porte Saint-Martin, mitten im ungeheuersten Tumult, der je gesehen worden ist; von zwanzig Meilen weit her folgte man ihm. Er saß in einem Kabriolett, dessen oberen Teil man zertrümmert hatte, um ihn sehen zu können. Neben ihm saß ein Wahlmann, Etienne de la Rivière, der zwanzigmal bei seiner Verteidigung in Todesgefahr schwebte und ihn mit seinem Körper deckte. Wahnsinnige vollführten einen Tanz vor ihm; andere warfen ihm Schwarzbrot in den Wagen: »Du Räuber, da ist das Brot, das du uns hast essen lassen!« Was die ganze Bevölkerung in der Umgegend von Paris besonders erbitterte, war, daß die von Bertier und Foulon in großer Zahl gesammelte Kavallerie mitten in der Teuerung Unmengen jungen Getreides vernichtet, noch unreif verfüttert hatte. Man schrieb diese Verheerungen den Befehlen des Intendanten zu, dem festen Entschluß, jede Ernte zu verhindern und das Volk verhungern zu lassen.

Um diesen schauerlichen Triumphzug des Todes zu krönen, trug man, wie bei den römischen Triumphzügen, vor Bertier Inschriften zu seinem Ruhm her: »Er hat den König und Frankreich bestohlen.« – »Er hat die Nahrung des Volkes verschlungen.« – »Er war der Sklave der Reichen und der Tyrann der Armen.« – »Er hat das Blut der Witwen und der Waisen getrunken.« – »Er hat den König getäuscht.« – »Er hat sein Vaterland verraten.«*

Man besaß die Grausamkeit, ihm an der Fontaine Maubuée den fahlen Kopf Foulons zu zeigen, der Heu im Mund hatte. Bei diesem Anblick wurden seine Augen trübe, er erbleichte und lächelte.

Im Hôtel de Ville zwang man Bailly, ihn zu verhören. Bertier berief sich auf höhere Befehle, auf die des Ministers. Der Minister war sein Schwiegervater, ein- und dieselbe Person... Und wenn der Saal Saint-Jean ihm ein wenig Gehör schenkte, so wollte der Grèveplatz nichts hören und nichts verstehen; das Geschrei war so furchtbar, daß der Bürgermeister und die Wahlmänner immer verwirrter wurden. Als eine neue Woge Volks durch die Menge selbst brach, war kein Halten mehr. Der Bürgermeister ordnete mit Zustimmung des Ausschusses die Überführung in die Abbaye an und fügte hinzu, die Garde hafte für den Gefangenen. Sie konnte ihn nicht verteidigen, aber er versuchte selbst, sich zu verteidigen, und ergriff ein Gewehr... Da durchbohrten ihn hundert Bajonette; ein Dragoner, der ihm an dem Tod seines Vaters die Schuld gab, riß ihm das Herz aus der Brust und zeigte es im Hôtel de Ville.

Diejenigen, die vom Fenster aus beobachtet hatten, wie geschickt die Rädelsführer auf dem Grèveplatz die Gruppen drängten und reizten, waren der Meinung, die Komplizen Bertiers hätten schlau dafür gesorgt, daß er keine Zeit fände, Enthüllungen zu machen. Er allein vielleicht verfügte über ein gefährliches Wissen. In seiner Brieftasche fand man die Personenbeschreibung vieler Freunde der Freiheit, die zweifellos nichts Gutes zu erwarten gehabt hätten, wenn der Hof gesiegt hätte.

Das mag sein, wie es will: Viele Kameraden des Dragoners erklärten ihm, da er den Leichnam geschändet habe, müsse er sterben, und sie würden sich so lange mit ihm schlagen, bis er getötet wäre. Das geschah noch am gleichen Abend.[6]

* *Histoire de la Révolution de 1789, par deux amis de la liberté* (Kerverseau und Clavelin), Bd. II, S. 130. Vergleiche auch im *Procès-verbal des électeurs* den Bericht von Etienne de la Rivière.

Das Volk holt den König, 5. Oktober 1789
II, 8

Das Volk allein findet ein Mittel: Es zieht aus, um den König zu holen. – Egoistische Stellung der Könige in Versailles. Ludwig XVI. waren in jeder Hinsicht die Hände gebunden. Die Königin wird angefleht, zu handeln. Orgie der Leibgarde am 1. Oktober. Beschimpfung der Nationalkokarde. Erbitterung in Paris. Elend und Leiden der Frauen. Ihr mutiges Mitleid. Sie dringen ins Hôtel de Ville am 5. Oktober. Sie ziehen nach Versailles. Man meldet es der Nationalversammlung. Maillard und die Frauen vor der Versammlung. Robespierre unterstützt Maillard. Die Frauen vor dem König. Unentschlossenheit des Hofes.

Am 5. Oktober zogen acht- oder zehntausend Frauen nach Versailles; viel Volk folgte. Die Nationalgarde zwang La Fayette, sie am gleichen Abend ebenfalls hinzuführen. Am 6. Oktober brachten sie den König mit und zwangen ihn, in Paris zu wohnen.

Diese große Bewegung ist die bedeutendste, die die Revolution nach dem 14. Juli aufweist. Die Oktoberbewegung geschah fast ebenso einmütig wie die andere, wenigstens in dem Sinne, daß diejenigen, die nicht daran teilnahmen, ihren Erfolg wünschten und daß alle sich über die Anwesenheit des Königs in Paris freuten.

Man darf hier nicht das Wirken der Parteien suchen. Gewiß waren sie betriebsam, doch sie taten wenig...

Der wahre Beweggrund für die Frauen und für die Ärmsten der Armen war kein anderer als der Hunger. Es war so weit gekommen, daß man in Versailles einem Reiter sein Roß nahm, es schlachtete und beinahe roh verzehrte.

Für die meisten Männer, sowohl aus dem Volk wie von der Nationalgarde, war der Beweggrund eine Ehrenfrage: der Schimpf, den der Hof der von ganz Frankreich als Zeichen der Revolution angenommenen Pariser Kokarde zugefügt hatte.

Wären die Männer jedoch nach Versailles gezogen, wenn die Frauen nicht vorausgegangen wären? Das ist zweifelhaft. Die Frauen kamen zuerst auf den Gedanken, den König zu holen. Freilich war am 30. August das Palais-Royal mit Saint-Hurugue an der Spitze aufgebrochen, aber nur, um Beschwerden und Drohungen vor die Versammlung zu bringen, die sich über das *Veto* stritt. Hier dagegen ergreift das Volk allein die Initiative; allein bringt es den König in seine Gewalt, wie es allein die Bastille in seine Gewalt gebracht hat.

Die, die am meisten »Volk« im Volke sind, die den sichersten Instinkt, die ursprünglichsten Empfindungen haben, das sind unstreitig die Frauen. Ihre Idee war folgende: »Es ist kein Brot da, holen wir also den König; man wird schon dafür sorgen, daß immer Brot da ist, wenn er bei uns ist. Holen wir *den Bäcker*!«

Naiver Gedanke! Tiefer Gedanke!... Der König soll mit dem Volk leben, seine Leiden mitansehen, selbst darunter leiden, mit ihm eins werden. Die Ehezeremonien haben in mehreren Punkten mit denen der Krönung Ähnlichkeit; der König heiratete das Volk. Wenn das Königtum nicht Tyrannei ist, dann muß es Ehe sein und Gemeinschaft, die Gatten müssen nach dem bescheidenen, aber nachdrücklichen Wort des Mittelalters leben: »*Ein* Topf und *ein* Brot«.*

War es nicht merkwürdig und unnatürlich, geeignet, ihr Herz zu verhärten, daß man die Könige in selbstsüchtiger Einsamkeit hielt, inmitten eines künstlichen Volkes vergoldeter Bettler, das sie das wahre Volk vergessen ließ? Wen kann es wundernehmen, daß diese Könige dem Volk fremd, hart und grausam wurden? Wie hätten sie so hartherzig werden können ohne diese Absonderung durch Versailles? Allein dieser Anblick ist unmoralisch: eine ganze Welt für einen einzigen Menschen!... Nur dort konnte man die Menschlichkeit vergessen, konnte man wie Ludwig XIV. die Vertreibung einer Million Menschen unterzeichnen oder wie Ludwig XV. mit der Hungersnot spekulieren.

Die Einigkeit von Paris hatte die Bastille gestürzt. Um den König und die Nationalversammlung zu erobern, mußte es noch einmal einig sein. Zwischen der Nationalgarde und dem Volk bildete sich allmählich eine Spaltung. Damit sie sich einander wieder näherten und demselben Ziel zustrebten, bedurfte es nichts Geringeren als einer Herausforderung durch den Hof. Keine politische Weisheit hätte es zuwege gebracht; es brauchte dazu eine Dummheit.

Das war die einzige Abhilfe, das einzige Mittel, um aus der unerträglichen Lage, in der man festgefahren war, herauszukommen. Die Partei der Königin hätte diese Dummheit schon lange begangen, wenn sie nicht in der Person Ludwigs XVI. ihr großes Hindernis, ihren Hemmschuh gehabt hätte. Niemand verabscheute es so sehr wie er, aus seinen Gewohnheiten gerissen zu werden. Ihm seine Jagd zu nehmen, die Schmiede und das frühe Zubettgehen, ihm die Ordnung seiner Mahlzeiten und Messezeiten zu stören, ihn aufs Pferd zu setzen und zu einem Ausflug zu veranlassen, ihn zu bewegen, an irgend etwas munteren Anteil zu nehmen, wie wir es von Karl I. auf dem Gemälde van Dycks sehen: Das war nicht eben leicht. Überdies sagte ihm sein gesunder Menschenverstand, daß es nicht ungefährlich für ihn sei, sich gegen die Nationalversammlung zu erklären.

* Vergleiche meine *Origines du droit*, juridische Symbole und Formeln.

Andererseits stimmte ihn eben diese Liebe zur Gewohnheit, zu den Ideen seiner Erziehung und seiner Kindheit noch ungünstiger gegen die Revolution als die Verringerung der königlichen Autorität. Er machte kein Hehl aus seinem Unwillen gegen die Zerstörung der Bastille.* Die Uniform der Nationalgarde, die seine Leute, seine Lakaien in ihrer Eigenschaft als Leutnant, als Offizier trugen, ein Mitglied der königlichen Kapelle, das in Hauptmannsuniform die Messe sang: All das tat seinem Auge weh; er ließ seinen Dienern verbieten, »in seiner Gegenwart in so unpassender Kleidung zu erscheinen«.**

Es war schwierig, den König in die eine oder andere Richtung zu drängen. Bei jeder Entscheidung war er unsicher, in seinen alten Gewohnheiten und seinen erworbenen Ideen dagegen unbeirrbar hartnäckig. Die Königin selbst, die er sehr liebte, hätte nichts erreicht, wenn sie versucht hätte, ihn zu überreden. Noch weniger Wirkung hatte die Furcht auf ihn; er wußte sich als den Gesalbten des Herrn, der unverletzlich und heilig war; was hatte er zu fürchten?

Indessen war die Königin von einem Wirbel von Leidenschaften, Intrigen, eigennützigem Eifer umgeben; da waren die Prälaten, die großen Herren, die ganze Aristokratie, die sie früher so verleumdet hatten und sich ihr nun näherten, sich in ihren Gemächern drängten und sie mit gefalteten Händen beschworen, die Monarchie zu retten. Wenn man jene hörte, so besaß sie allein den Geist und den Mut dazu; sie war die Tochter Maria Theresias und mußte sich bewähren! Es war Zeit!... Hinzu kamen zwei voneinander ganz verschiedene Arten Menschen, die der Königin Mut einflößten: einerseits die tapferen und würdigen Ritter vom Orden Saint-Louis, Offiziere und Provinzadlige, die ihr ihren Degen anboten, anderseits Projekteschmiede und Intriganten, die mit fertigen Plänen zu ihr kamen, deren Ausführung anboten und für alles haften wollten... Versailles war wie belagert von diesen Figaros des Königtums.

Ein heiliger Bund mußte gegründet werden, alle anständigen Leute mußten sich um die Königin scharen. Der König würde von der Begeisterung ihrer Liebe mitgetragen und nicht länger widerstehen... Die revolutionäre Partei kann sich nur *einen* Feldzug gestatten; einmal besiegt, ist es aus mit ihr; die andere Partei hingegen, zu der alle großen Vermögen gehören, kann mehrere Feldzüge aushalten und den Krieg lange Jahre bestreiten... Damit dies zutraf, mußte man lediglich unterstellen, daß die Einigkeit des Volkes den Soldaten nicht wankend machen könnte, daß der letztere sich niemals daran erinnern könnte, daß er selbst auch ein Teil des Volkes war.

* Alexandre de Lameth.
** Campan, Bd. II.

Der Geist der Eifersucht, der sich zwischen der Nationalgarde und dem Volk erhob, machte den Hof zweifellos kühn und ließ ihn glauben, Paris sei ohnmächtig; er wagte eine vorzeitige Kundgebung, die ihm zum Verderben gereichen sollte. Neue Leibgarden langten an, um ihr Vierteljahr abzudienen; sie hatten keinerlei Verbindung mit Paris oder der Versammlung, der neue Geist war ihnen fremd, sie waren gute Royalisten aus der Provinz und brachten ihre Familienvorurteile mit, die väterlichen und mütterlichen Ermahnungen, dem König und nur dem König zu dienen. Obwohl manche unter ihnen der Freiheit freundlich gesinnt waren, hatte niemand aus dem Gardekorps den Eid geleistet, und alle trugen noch immer die weiße Kokarde. Man versuchte, durch sie die Offiziere des Flandrischen Regiments und einiger anderer Korps zu gewinnen. Man veranstaltete ein großes Festmahl, um sie zu versammeln, und ließ auch ein paar Offiziere der Versailler Nationalgarde kommen, die man sich geneigt zu machen hoffte.

Man muß wissen, daß die Stadt Frankreichs, die den Hof am meisten haßte, die war, die ihn aus nächster Nähe beobachten konnte: Versailles. Alles, was nicht Beamter oder Bedienter im Schloß war, dachte revolutionär. Der beständige Anblick des Prunks, der glänzenden Equipagen, dieser ganzen hochmütigen, rücksichtslosen Welt nährte Neid und Haß. Diese Haltung hatte die Bewohner veranlaßt, zum Oberstleutnant ihrer Nationalgarde den Leinenhändler Lecointre zu ernennen, einen zuverlässigen Patrioten, der überdies aber ein gehässiger und gewalttätiger Mensch war.[1] Die Einladung an einige Offiziere schmeichelte diesen weniger, als sie die anderen unzufrieden machte.

Ein Bankett der Leibgarde hätte in der Orangerie oder sonstwo stattfinden können. Der König stellt jedoch seinen prächtigen Theatersaal zur Verfügung, wo man seit dem Besuch des Kaisers Joseph II. keine Feste mehr gefeiert hatte. Die Weine werden königlich verschwendet. Man bringt die Gesundheit des Königs, der Königin und des Dauphins aus; einer schlägt schüchtern und leise vor, auch die Nation leben zu lassen, doch will niemand auf ihn hören. Beim zweiten Gang läßt man die flandrischen Grenadiere, die Schweizer und andere Soldaten hereinkommen. Sie trinken und bewundern, geblendet vom bizarren Widerschein dieses merkwürdigen, einzigartigen Ortes, wo die Logen mit Spiegeln bekleidet sind und das Licht nach allen Richtungen zurückstrahlt.

Die Türen tun sich auf. Der König und die Königin! Man hat den König, der gerade von der Jagd zurückkam, einfach mitgenommen. Die Königin schreitet die Tafeln entlang, schön und noch schöner, weil sie ihr Kind auf dem Arm trägt... All die jungen Leute sind vor Entzücken ganz außer sich.

Man muß zugeben, daß die Königin, die zu anderen Zeiten weniger majestätisch auftrat, niemals die Herzen abwies, die sich ihr weihten; sie hatte es nicht verschmäht, eine Feder aus dem Helmbusch Lauzuns in ihre Frisur zu stecken...*

Man erzählte sich sogar, daß die verwegene Liebeserklärung eines einfachen Leibgardisten ohne Zorn aufgenommen worden sei und daß die Königin, ohne ihn anders zu bestrafen als mit wohlwollender Ironie, seine Beförderung erwirkt habe.

So schön war sie und so unglücklich!... Als sie mit dem König den Saal verließ, spielte die Kapelle das rührende Lied: *»O Richard, o mein König, die Welt läßt dich im Stich!«* Das wühlte alle Herzen auf... Manche rissen sich ihre Kokarde herunter und baten um die der Königin, um die schwarze, österreichische Kokarde, und weihten sich ihrem Dienst, oder die dreifarbige Kokarde wurde umgedreht, so daß sie auf der Rückseite zur weißen Kokarde wurde. Die Musik spielte immer leidenschaftlicher, immer feuriger; sie spielt den Ulanenmarsch, bläst zum Angriff... Alle springen auf, suchen den Feind... Doch kein Feind ist da; zum Ersatz nehmen sie die Logen im Sturm. Sie eilen ins Freie und geraten in den Marmorhof. Perseval, der Adjutant d'Estaings, stürmt den großen Balkon, bemächtigt sich der inneren Wachtposten und ruft: »Sie gehören uns!« Er heftet sich die weiße Kokarde an. Dann steigt ein flandrischer Grenadier ebenfalls hinauf, Perseval nimmt einen Orden von seiner Brust und gibt ihn dem Grenadier. Ein Dragoner will es dem Grenadier gleichtun, doch schwankt er zu sehr, stolpert und möchte sich aus Verzweiflung darüber töten.

Um die Szene zu vervollständigen, kommt ein anderer grölend hinzu, halb betrunken und halb närrisch; er nennt sich selbst einen Spion des Herzogs von Orléans und bringt sich eine kleine Wunde bei; vor Ekel töten ihn seine Kameraden beinahe mit Fußtritten.

Der Rausch dieser tollen Orgie schien den ganzen Hof zu ergreifen. Die Königin gab den Versailler Nationalgarden Fahnen und erklärte, »sie sei entzückt«. Am 3. Oktober findet ein neues Bankett statt; man wagt schon mehr, die Zungen sind gelöst, kühn nennt sich die Gegenrevolution beim Namen; mehrere Nationalgardisten ziehen sich unwillig zurück... Der Rock der Nationalgarde wird beim König nicht mehr empfangen. »Sie haben kein Herz«, sagte ein Offizier zu einem anderen, »daß Sie einen solchen Rock tragen können.« In der Großen Galerie und in den Gemächern lassen die Damen keine dreifarbigen Kokarden mehr passieren; aus ihren Taschentüchern und Bändern machen sie weiße Kokarden und heften sie selbst an. Die jungen Damen erkühnen sich, ihren neuen Rittern

* Was kümmert es mich, ob Lauzun sie angeboten oder die Königin sie erbeten hat? Vergleiche *Mémoires de Campan* und Lauzun *(Revue rétrospective)* usw.

den Eid abzunehmen, und lassen sich die Hand küssen: »Nehmen Sie diese Kokarde und hüten Sie sie wohl, sie allein wird triumphieren.« Wie konnte man dieses Zeichen, diese Erinnerung von schönen Händen zurückweisen? Und doch ist das der Bürgerkrieg, der Tod, morgen schon die Vendée... Diese junge Blonde bei den Tanten des Königs, fast noch ein Kind, sie wird Madame de Lescure heißen und de La Rochejaquelein.*

Den wackeren Nationalgarden aus Versailles wurde es nicht leicht gemacht, sich zu wehren. Einem ihrer Hauptmänner wurde von den Damen eine riesige weiße Kokarde angesteckt. Der Oberst und Leinwandhändler Lecointre war empört darüber: »Diese Kokarden werden verschwinden, und zwar, bevor acht Tage verstrichen sind, sonst ist alles verloren.« Er hatte recht – wer konnte hier die Bedeutung des Abzeichens verkennen? Die drei Farben, das war der 14. Juli und der Sieg von Paris, das war die Revolution selbst. Da eilt ein Ritter vom Saint-Louis-Orden hinter Lecointre her, gegen alle und allen zum Trotz erklärt er sich als Vorkämpfer der weißen Farbe. Er folgt ihm, wartet auf ihn, beleidigt ihn... Dieser leidenschaftliche Verteidiger des Ancien régime war nicht etwa ein Montmorency, sondern nur der Schwiegersohn der Blumenhändlerin der Königin.

Lecointre geht geradewegs zur Versammlung und ersucht den Militärausschuß, den Leibgarden den Eid abzufordern. Anwesende frühere Gardisten erklärten, man werde ihn niemals bekommen. Der Ausschuß tat nichts, denn er befürchtete, es würde zu einem Zusammenstoß und zu Blutvergießen kommen, und gerade diese Vorsicht war schuld daran, daß Blut floß.

Paris empfand lebhaft die Schmach, die seiner Kokarde angetan worden war; man erzählte sich, sie sei unter Schmähungen zerrissen und mit Füßen getreten worden. An dem Tag, als das zweite Bankett stattfand, Samstag, den 3. abends, hielt Danton bei den Cordeliers eine donnernde Rede. Am Sonntag verfuhr man schonungslos mit allen schwarzen oder weißen Kokarden. Zusammenrottungen fanden statt, Volk und Bürger durcheinander, Röcke und Wämser, in den Cafés, an deren Türen, im Palais-Royal, im Faubourg Saint-Antoine, an den Brückenköpfen, auf den Quais. Schauerliche Gerüchte gingen um über den nächsten Krieg, über das Bündnis der Königin und der Prinzen mit den deutschen Fürsten, über die fremden, grünen und roten Uniformen, die man in Paris sah, über die Mehlzufuhr aus Corbeil, die nur noch einmal in je zwei Tagen kam, über die Teuerung, die nur schlimmer werden konnte, über die Voraussage eines rauhen Winters... Es ist keine Zeit zu verlieren, sagte man; wenn

* Sie hielt sich damals in Versailles auf. Man konsultiere den an diesen Stellen wahrheitsgetreuen Roman, den Barante unter ihrem Namen veröffentlicht hat.

man dem Krieg und dem Hunger zuvorkommen will, muß man den König hierherbringen, sonst schaffen sie ihn weg.

Niemand fühlte all das lebhafter als die Frauen. Die Leiden, die aufs äußerste gestiegen waren, hatten Familie und Herd grausam getroffen. Eine Dame rief Alarm, am Samstag, den 3. abends; als sie sah, daß man ihrem Gatten nicht genügend Gehör schenkte, lief sie ins Café de Foy, rief gegen die antinationalen Kokarden auf und machte auf die öffentliche Gefahr aufmerksam. Am Montagmorgen ergriff ein junges Mädchen in den Markthallen eine Trommel, schlug den Generalmarsch und riß alle Frauen des Viertels mit sich fort.

Solche Dinge sieht man nur in Frankreich; unsere Frauen bringen Helden hervor und sind es selbst. Das Land der Jeanne d'Arc, der Jeanne de Montfort, der Jeanne de Hachette kann hundert Heldinnen sein eigen nennen. Eine nahm am Sturm auf die Bastille teil, und später ging sie in den Krieg und wurde Artilleriehauptmann; ihr Gatte war Soldat. Am 18. Juli, als der König nach Paris kam, waren viele Frauen bewaffnet. Die Frauen waren die Vorkämpfer unserer Revolution. Man muß sich nicht darüber wundern; sie trugen die größeren Leiden.

Das große Elend ist grausam; es trifft die Schwachen stärker, es mißhandelt Kinder und Frauen viel mehr als die Männer. Die gehen, kommen, suchen mutig, werden erfinderisch und finden schließlich, wenigstens für die Bedürfnisse des Tages. Die Frauen, die armen Frauen, leben meistens abgeschlossen, sie sitzen zu Hause, stricken und nähen; sie sind kaum imstande, wenn es an allem mangelt, ihren Lebensunterhalt zu suchen. Es ist schmerzhaft zu denken, daß die Frau, das abhängige Wesen, das nur zu zweien leben kann, viel öfter allein steht als der Mann. Er findet überall Gesellschaft und knüpft neue Beziehungen an. Sie ist ohne Familie nichts. Und die Familie überbürdet sie; jede Last ruht auf ihr. Sie bleibt in der kalten, ausgeräumten Wohnung, bei ihren weinenden oder kranken und sterbenden Kindern, die nicht mehr weinen... Ein wenig beachteter Umstand, der schneidendste Schmerz vielleicht für ein Mutterherz, ist die Ungerechtigkeit des Kindes. Gewohnt, in der Mutter die Vorsehung zu erblicken, die für alles Sorge trägt, beschuldigt es sie, hart, grausam, wenn Mangel herrscht; es schreit, gerät außer sich und fügt dem Schmerz einen noch heftigeren Schmerz hinzu.

So steht es um die Mutter. Bedenken wir auch die vielen alleinstehenden Mädchen, traurige Geschöpfe ohne Familie, ohne Unterstützung, die, entweder zu häßlich oder zu tugendhaft, weder Freund noch Liebhaber besitzen und keine der Freuden des Lebens kennen. Wenn ihr kleines Handwerk sie nicht mehr ernähren kann, so wissen sie keinen Ersatz zu schaffen; sie ziehen in eine Bodenkammer und warten ab; bisweilen findet man sie tot, eine Nachbarin bemerkt es zufällig.

Diesen Unglücklichen fehlt sogar die Kraft, sich zu beklagen, ihre Lage zu offenbaren, sich gegen ihr Los zu wehren. Die, welche handeln und sich in Zeiten großer Not regen, das sind die Starken, die vom Elend weniger erschöpft, die eher arm als bedürftig sind. In den meisten Fällen sind die Furchtlosen, die sich dann vordrängen, Frauen mit großem Herzen, die wenig für sich selbst, viel für andere leiden; das Mitleid, das bei den Männern, die das Elend der anderen gelassener sehen, träge, passiv ist, ist bei den Frauen ein sehr aktives, heftiges Empfinden, das bisweilen heroisch wird und sie gebieterisch zu den kühnsten Taten treibt.

Am 5. Oktober gab es eine Menge unglücklicher Geschöpfe, die seit dreißig Stunden nichts gegessen hatten.* Dieses jammervolle Schauspiel brach die Herzen, doch niemand tat etwas dagegen; jeder schloß sich ein und beweinte die Härte der Zeiten. Sonntag, den 4. abends, läuft eine mutige Frau, die es nicht länger mitansehen konnte, vom Quartier Saint-Denis zum Palais-Royal, sie bricht sich Bahn in der lärmenden, schwatzenden Menge und verschafft sich Gehör; sie ist eine gutgekleidete Frau von sechsunddreißig Jahren, ehrbar, aber stark und mutig. Sie verlangt, man solle nach Versailles gehen, sie wird an der Spitze marschieren. Man macht Witze, sie gibt einem der Witzbolde eine Ohrfeige. Am folgenden Tag ist sie unter den ersten, den Säbel in der Hand; sie bemächtigt sich eines Geschützes am Hôtel de Ville, setzt sich auf das Pferd davor und führt es mit angezündeter Lunte nach Versailles.

Unter den untergegangenen Handwerken, die mit dem Ancien régime zu verschwinden schienen, befand sich die Holzschnitzerei. Man arbeitete viel auf diesem Gebiet für Kirchen und für Wohnungen. Viele Frauen schnitzten. Eine von ihnen, Madeleine Chabry, die kein Geschäft mehr machte, hatte sich als Blumenhändlerin in der Nähe des Palais-Royal unter dem Namen Louison niedergelassen; sie war siebzehn Jahre alt, hübsch und geistreich. Man kann getrost wetten, daß nicht der Hunger sie nach Versailles führte. Sie folgte der allgemeinen Begeisterung, ihrem guten Herzen und ihrem Mut. Die Frauen setzten sie an die Spitze und machten sie zu ihrer Wortführerin.

Es gab noch viele andere, die keineswegs der Hunger trieb. Da waren Händlerinnen, Hausmeisterinnen, Dirnen, mitleidig und barmherzig, wie sie es oft sind. Da war eine bedeutende Anzahl Marktweiber; sie waren durchaus royalistisch, aber um so mehr wünschten sie, den König in Paris

* Vergleiche die Aussagen der Zeugen im *Moniteur*, Bd. I, S. 568, Spalte 2. Das ist die wichtigste Quelle. Eine andere sehr wichtige, die reich ist an Einzelheiten und die jedermann abschreibt, ohne sie anzugeben, ist die *Histoire de la Révolution par deux amis de la liberté*, Bd. III.

zu haben. Sie hatten ihn kurze Zeit vorher besucht – den Anlaß erinnere ich nicht – und mit großer Offenherzigkeit, mit einer zum Lachen reizenden, aber rührenden Vertrautheit, die eine treffende Einschätzung der Situation verriet, zu ihm geredet: »Armer Mann!« sagten sie, indem sie den König anblickten. »Lieber Mann! Guter Papa!« Und in ernsterem Ton zur Königin: »Madame, Madame, öffnen Sie Ihr Innerstes! Seien wir offen! Verbergen wir nichts, sagen wir freimütig alles, was wir zu sagen haben!«

Diese Marktweiber gehören nicht zu denen, die sehr unter der Not leiden; ihr Handel mit den lebensnotwendigen Dingen ist weniger dem Zufall ausgesetzt. Aber sie sehen das Elend besser als jeder andere und können es nachfühlen; da sie immer am selben Platz leben, entgehen sie nicht wie wir dem Anblick der Leiden. Niemand ist teilnehmender, niemand den Unglücklichen wohlgesinnter. Unter groben Manieren, unter rohen und heftigen Worten bergen sie oft ein königliches, unendlich gütiges Herz. Wir haben erlebt, wie unsere Picardierinnen, die Marktweiber von Amiens, arme Gemüseverkäuferinnen, den Vater von vier Kindern, den man guillotinieren wollte, retteten; es war bei der Krönung Karls X.; sie ließen ihren Handel und ihre Familie im Stich und gingen nach Reims, brachten den König zum Weinen und entrissen ihm die Begnadigung; bei der Rückkehr veranstalteten sie unter sich eine reichliche Sammlung und schickten den Vater, die Frau und die Kinder, gerettet und mit Wohltaten überhäuft, nach Hause.

Am 5. Oktober, um sieben Uhr, hörten sie die Pauke schlagen und widerstanden nicht. Ein junges Mädchen hatte eine Wachttrommel genommen und schlug den Generalmarsch. Das war am Montag; die Markthallen wurden verlassen, alle zogen ab: »Wir wollen *den Bäcker und die Bäckerin* zurückbringen«, sagten sie, »und wir werden das Vergnügen haben, *unser Mütterchen* Mirabeau zu hören.«

Die Markthallen sind auf dem Marsch, und aus einer anderen Richtung rückt der Faubourg Saint-Antoine an. Unterwegs schleppten die Weiber alle Frauen mit sich, denen sie begegneten, und drohten denen, die nicht mitziehen wollten, die Haare abzuschneiden. Zuerst zogen sie zum Hôtel de Ville. Man hatte einen Bäcker dorthin gebracht, der auf ein zweipfündiges Brot sieben Unzen zu wenig gab. Die Laterne war heruntergelassen. Obgleich der Mann nach eigenem Geständnis schuldig war, ließ ihn die Nationalgarde laufen. Sie senkte das Bajonett vor den vier- oder fünfhundert Frauen, die schon versammelt waren. Im Hintergrund des Platzes stand die Kavallerie der Nationalgarde. Die Frauen gerieten nicht aus der Fassung. Sie bewarfen Kavallerie und Infanterie mit Steinen; diese konnten sich nicht entschließen, auf sie zu schießen. Sie stürmten das Rathaus und drangen in alle Büros ein: Viele waren recht gut angezogen, sie hatten ein weißes Kleid für den großen Tag angelegt. Sie fragten neugierig, wozu jeder Saal diene, und baten die Vertreter der Distrikte, diejenigen gut zu empfangen, die sie mit Gewalt herbeigeschleppt hatten und von denen mehrere schwanger und krank waren – letzteres vielleicht vor Angst. Andere Frauen, halb verhungert, riefen wild nach Brot und Waffen. Die Männer waren Feiglinge, man wollte ihnen zeigen, was Mut war... Alle Leute im Hôtel de Ville waren reif für den Galgen; man mußte ihre Akten, ihre Schriftstücke verbrennen... Und sie machten sich daran, wollten vielleicht das Gebäude selbst anzünden... Ein Mann hielt sie auf, ein Mann von hoher Gestalt, im schwarzen Rock und mit ernstem Gesicht, das noch trauriger war als sein Rock. Sie wollten ihn zuerst töten, im Glauben, er sei ein Beamter, und nannten ihn einen Verräter... Er antwortete, er sei kein Verräter, sondern Gerichtsdiener und einer der Sieger der Bastille. Es war Stanislas Maillard.

Seit dem frühen Morgen hatte er sich im Faubourg Saint-Antoine nützlich gemacht. Die Freiwilligen der Bastille standen unter Hulins Befehl bewaffnet auf dem Platz; die Arbeiter, die die Festung zerstörten, glaubten, daß man sie gegen sie schicke. Maillard warf sich dazwischen und verhütete den Zusammenstoß. Beim Hôtel de Ville hatte er das Glück, den Brand verhindern zu können. Die Frauen versprachen sogar, keine Männer hereinzulassen; sie hatten bewaffnete Wachen vor den Haupteingang gestellt. Um elf Uhr greifen die Männer den Nebeneingang an, der auf die Arcade Saint-Jean hinausging. Mit Brechstangen, Hämmern, Hacken und Piken bewaffnet, schlagen sie das Tor ein und stürmen die Waffenmagazine. Unter ihnen befand sich ein Gardist, der am Morgen die Sturmglocke hatte läuten wollen und den man auf der Stelle verhaftet hatte; er war, sagte er, wie durch ein Wunder entkommen; die Gemäßigten, ebenso wütend wie die anderen, hätten ihn aufgehängt, wären die Frauen nicht gewesen; sein Hals war entblößt, die Schnur hatte man gerade abgenommen... Aus Rache ergriff man einen Mann im Hôtel de Ville, um ihn aufzuhängen; es war der wackere Lefebvre, der am 14. Juli Pulver verteilt hatte; Frauen oder als Frauen verkleidete Männer hängten ihn tatsächlich am kleinen Glockenturm auf; eine oder einer von ihnen schnitt die Schnur ab; er fiel, lediglich betäubt, fünfundzwanzig Fuß tief in einen Saal hinab.

Weder Bailly noch La Fayette waren gekommen. Maillard suchte den Adjutanten und sagte zu ihm, daß es nur ein Mittel gebe, der Sache ein Ende zu machen; er, Maillard, müßte die Frauen nach Versailles führen. Durch diesen Ausflug würde man Zeit gewinnen, um Hilfskräfte zu sammeln. Er geht hinunter, schlägt die Trommel, verschafft sich Gehör... Die düstere, tragische Erscheinung des großen, schwarzen Mannes machte einen guten Eindruck auf dem Grèveplatz; er schien ein kluger Mann zu sein, geeignet, die Sache durchzuführen. Die Frauen, die bereits mit den Geschützen aus dem Hôtel de Ville abziehen, rufen ihn zum Hauptmann aus. Er setzt sich an die Spitze mit acht oder zehn Trommlern; sieben- oder achttausend Frauen folgen, einige hundert bewaffnete Männer und schließlich als Nachhut eine Kompanie Freiwilliger von der Bastille.

Als sie bei den Tuilerien anlangten, wollte Maillard dem Quai folgen, die Frauen dagegen wollten im Triumph unter der Turmuhr hindurch durch den Palast und den Garten ziehen. Maillard, der auf die Form sah, riet ihnen, wohl zu beachten, daß es das Haus des Königs und der Garten des Königs sei; ohne Erlaubnis hindurchzugehen hieße den König beleidigen.* Er näherte sich höflich dem Schweizer und sagte ihm, daß die Frauen lediglich passieren wollten, ohne den geringsten Schaden anzurichten. Der Schweizer zog den Degen und stürzte sich auf Maillard, der den seinen zog... Im selben Moment schlägt eine Pförtnerin mit einem Knüppel zu, der Schweizer fällt, ein Mann setzt ihm das Bajonett auf die Brust. Maillard nimmt ihn fest, entwaffnet kaltblütig die beiden Männer und nimmt die Degen und das Bajonett an sich.

Der Tag rückte voran, der Hunger wurde größer. In Chaillot, in Auteuil, in Sèvres war es nicht leicht, die armen Ausgehungerten am Diebstahl von Lebensmitteln zu hindern. Maillard duldete das nicht. In Sèvres war die Schar völlig erschöpft; es gab dort nicht einmal etwas zu kaufen; alle Häuser waren geschlossen mit Ausnahme eines einzigen, das einem Kranken gehörte, der daheimgeblieben war; Maillard ließ sich gegen Bezahlung einige Krüge Wein von ihm geben. Dann wählte er sieben Leute aus und gab ihnen den Auftrag, die Bäcker von Sèvres mit ihrem gesamten Vorrat herbeizubringen. Es waren gerade acht Brote vorhanden, zweiunddreißig Pfund für achttausend Menschen... Man verteilte sie und schleppte sich weiter. Die Müdigkeit veranlaßte die meisten Frauen dazu, ihre Waffen wegzuwerfen. Maillard erklärte ihnen überdies, daß sie, wenn sie den König und die Nationalversammlung aufsuchen wollten, um sie zu rühren und wohlwollend zu stimmen, nicht in dieser kriegerischen Aufmachung ankommen dürften. Die Geschütze wurden an das Ende des Zuges gebracht und notdürftig versteckt. Der kluge Gerichtsdiener wollte eine *stille Vorführung*, um im Gerichtsstil zu sprechen. Beim Einzug in Versailles gab er, um die friedliche Absicht recht deutlich zu offenbaren, den Frauen ein Zeichen, das Lied von Heinrich IV. zu singen.

Die Leute von Versailles waren begeistert und riefen: »Unsere Pariserinnen sollen leben!« Die ausländischen Zuschauer sahen diese Menge,

* Aussage Maillards, *Moniteur*, Bd. I, S. 571.

die den König um Hilfe bitten wollte, als völlig harmlos an. Ein der Revolution wenig wohlgesinnter Mann, der Genfer Dumont, der im Palais des Petites-Ecuries speiste und vom Fenster aus zusah, sagte selbst: »Das ganze Volk verlangte nur Brot.«

Die Versammlung war an diesem Tage sehr stürmisch gewesen. Der König wollte weder die Erklärung der Menschenrechte noch die Beschlüsse vom 4. August *bestätigen*, sondern antwortete, daß man über die Grundgesetze nur in ihrer Gesamtheit entscheiden könne, daß er jedoch seine *Zustimmung* gebe im Hinblick auf die besorgniserregenden Umstände und unter der ausdrücklichen Bedingung, daß die ausführende Gewalt ihre ganze Macht zurückbekomme.

»Wenn Sie den Brief des Königs annehmen«, sagt Robespierre, »so gibt es keine Verfassung mehr, noch irgendein Recht darauf.« Du Port, Grégoire und andere Abgeordnete sprechen im gleichen Sinne. Pétion erinnert an die Ausschreitung der Leibgarden und klagt sie an. Ein Abgeordneter, der bei ihnen gedient hatte, verlangt, daß man ehrenhalber die Anzeige aufsetze und daß die Schuldigen verfolgt würden. »Ich werde die Anklage verfassen und unterzeichnen«, sagt Mirabeau, »wenn die Versammlung erklärt, daß die Person des Königs *allein* unverletzlich ist.« Das hieß die Königin als die Schuldige bezeichnen. Die ganze Versammlung schreckte davor zurück; der Antrag wurde zurückgezogen; an einem solchen Tage hätte er zu einem Mord geführt.

Mirabeau selbst war in einiger Unruhe wegen seiner Winkelzüge, seiner Rede zum *Veto*. Er nähert sich dem Präsidenten und sagt halblaut zu ihm: »Mounier, Paris ist im Anmarsch gegen uns... Glauben Sie mir, oder glauben Sie mir nicht, vierzigtausend Menschen ziehen gegen uns... Stellen Sie sich unwohl, gehen Sie ins Schloß und überbringen Sie die Nachricht; es ist keine Minute zu verlieren.« – »Paris ist auf dem Marsch?« sagt Mounier ungerührt (er hielt Mirabeau für einen der Anstifter der Bewegung), »um so besser! Um so eher werden wir die Republik haben.«

Die Versammlung beschließt, zum König zu schicken und die unmißverständliche Anerkennung der Erklärung der Menschenrechte zu verlangen. Um drei Uhr verkündet Target, daß eine große Menschenmenge an den Toren der Straße nach Paris zu sehen ist.

Jedermann wußte von dem Ereignis. Nur der König wußte es nicht. Er war wie gewöhnlich morgens zur Jagd gegangen und durchstreifte die Wälder von Meudon. Man suchte ihn, und während man wartete, schlug man den Generalmarsch; die Leibgarden stiegen auf dem Exerzierplatz zu Pferde und nahmen am Gitter Aufstellung; das Flandrische Regiment stellte sich unterhalb von ihnen auf, in der Nähe der Avenue de Sceaux; unterhalb von diesem kamen die Dragoner und hinter dem Gitter die Schweizer. D'Estaing befahl den Truppen im Namen des Gemeinderates von Versailles, sich zusammen mit der Nationalgarde dem Aufruhr zu widersetzen. Der Gemeinderat hatte die Vorsicht so weit getrieben, daß er d'Estaing ermächtigte, *dem König zu folgen*, falls er sich entfernte, unter der sonderbaren Bedingung, ihn sobald als möglich nach Versailles *zurückzubringen*. D'Estaing hielt sich an den letzten Befehl, ging ins Schloß und überließ es der Versailler Nationalgarde zu handeln, wie sie es für richtig befand. Sein Stellvertreter, de Gouvernet, verließ ebenfalls seinen Posten, stellte sich bei den Leibgarden auf und erklärte, er sei lieber bei Leuten, die sich zu schlagen und *mit dem Säbel umzugehen* wüßten. So blieb das Kommando beim Oberstleutnant Lecointre.

Inzwischen langte Maillard vor der Nationalversammlung an. Alle Frauen wollten in das Gebäude hinein. Er hatte die größte Mühe, sie zu überreden, nur fünfzehn der ihren eintreten zu lassen. Sie stellten sich an die Schranke, an ihrer Spitze der Gardist, von dem die Rede war, eine Frau, die auf einer Stange eine Schellentrommel trug, und in der Mitte der hünenhafte Gerichtsdiener im schwarzen, zerrissenen Rock, den Degen in der Hand. Der Soldat ergriff ungestüm das Wort und erklärte der Versammlung, daß er am Morgen, da niemand mehr Brot bei den Bäckern fand, die Sturmglocke habe läuten wollen, daß man ihn beinahe gehängt habe, daß er seine Rettung den Damen verdanke, die ihn begleiteten. »Wir kommen«, sagte er, »um Brot zu verlangen und die Bestrafung der Leibgarden, die die Kokarde beleidigt haben... Wir sind gute Patrioten, wir haben unterwegs die schwarzen Kokarden abgerissen... Ich habe das Vergnügen, eine vor den Augen der Versammlung in Stücke zu reißen.« Und der andere fügte ernst hinzu: »Jedermann täte gut daran, die patriotische Kokarde zu nehmen.« Ein Murmeln erhob sich hier und da.

»Und dennoch sind wir alle Brüder!« sagte die düstere Gestalt.

Maillard spielte auf die Erklärung des Pariser Rates vom Vorabend an: da die dreifarbige Kokarde *als Zeichen der Verbrüderung angenommen* worden sei, dürfe nur der Bürger sie tragen.

Die Frauen wurden ungeduldig und schrien alle miteinander: »Brot! Brot!« Maillard begann darauf, die schreckliche Lage von Paris zu schildern, daß die Versorgung durch die anderen Städte oder die Adligen unterbunden sei. »Sie wollen uns Hungers sterben lassen«, sagte er. »Ein Müller hat zweihundert Francs erhalten, damit er nicht mehr mahle, und das Versprechen, man wolle ihm wöchentlich die gleiche Summe geben.« Rufe aus der Versammlung: »Namen nennen! Namen nennen!« In der Versammlung selbst hatte Grégoire von diesem Gerücht gesprochen; Maillard hatte es unterwegs erfahren.

»Namen nennen!« Einige Frauen riefen auf gut Glück: »Es ist der Erzbischof von Paris!«

In diesem Augenblick, als vieler Menschen Leben nur an einem Haar hing, ergriff Robespierre die Initiative. Als einziger unterstützte er Maillard und sagte, daß der Abbé Grégoire von der Sache gesprochen habe und zweifellos Auskunft geben würde.*

Andere Mitglieder der Versammlung versuchten es mit Schmeicheleien oder Drohungen. Ein geistlicher Abgeordneter, ein Abbé oder Prälat, wollte seine Hand einer der Frauen zum Kuß reichen. Sie empörte sich und rief: »Ich bin nicht dazu da, einem Hund die Pfote zu küssen!« Ein anderer Abgeordneter, Militär und Ritter des Kreuzes vom Saint-Louis-Orden, hörte Maillard sagen, daß die Geistlichkeit das Haupthindernis für die Verfassung bedeute, und er sagte aufgebracht, dafür verdiene er auf der Stelle eine schwere Strafe. Maillard antwortete, ohne zu erschrecken, daß er kein Mitglied der Versammlung beschuldige, daß der Klerus zweifellos von all dem nichts wisse und daß er ihm einen Dienst zu erweisen glaube, wenn er ihn davon unterrichte. Zum zweitenmal unterstützte Robespierre Maillard und beruhigte die Frauen. Die Draußenstehenden wurden ungeduldig und fürchteten für ihren Redner; das Gerücht lief um, er sei tot. Er ging hinaus und zeigte sich kurz.

Dann bat Maillard die Versammlung, die Leibgarde aufzufordern, für die Beleidigung der Kokarde Genugtuung zu leisten. Einige Abgeordnete widersprachen... Maillard beharrte darauf in wenig gemäßigten Ausdrükken. Der Präsident Mounier erinnerte ihn an die der Versammlung geschuldete Achtung und fügte unklug hinzu, daß diejenigen, welche Bürger sein wollten, es ganz nach ihrem Belieben sein könnten... Das war Wasser auf die Mühle Maillards; er erwiderte sofort: »Jedermann muß stolz auf den Namen Bürger sein. Und wenn in dieser hohen Versammlung einer säße, der sich dadurch entehrt fühlte, so müßte er ausgeschlossen werden.« Die Versammlung wurde unruhig und klatschte Beifall: »Ja, wir sind alle Bürger!«

In diesem Augenblick brachte man von der Leibgarde eine dreifarbige Kokarde. Die Frauen riefen: »Es lebe der König! Es leben die Herren Leibgardisten!« Maillard, der sich nicht so leicht zufriedengab, beharrte auf der Notwendigkeit, das Flandrische Regiment zu entlassen.

Mounier, der hoffte, die Menge wegschicken zu können, erklärte, daß die Versammlung nicht versäumt habe, für die Verpflegung zu sorgen, und der König ebensowenig; man würde nach neuen Mitteln suchen, und sie könnten in Frieden gehen.

Maillard rührte sich nicht von der Stelle und erklärte: »Nein, das genügt nicht.«

* Das alles ist vom *Moniteur* entstellt und verstümmelt worden. Später (am Ende des I. Bandes) druckt er zum Glück die Aussagen ab. Vergleiche auch die *Histoire de deux amis de la liberté*, Ferrières usw. usw.

Ein Abgeordneter schlug nun vor, dem König die unglückliche Lage von Paris vorzubringen. Die Versammlung beschloß es, und die Frauen klammerten sich eifrig an diese Hoffnung, fielen den Abgeordneten um den Hals und umarmten den Präsidenten, wie sehr er sich auch wehrte. »Aber wo ist Mirabeau?« riefen sie noch. »Wir möchten gern unseren Grafen Mirabeau sehen!«

Mounier wurde geküßt, umringt, beinahe erstickt und machte sich betrübt auf den Weg mit der Abordnung und einer Menge Frauen, die ihm hartnäckig folgten. »Wir gingen zu Fuß durch den Straßenkot«, berichtet er, »es goß in Strömen. Wir kamen durch eine schlecht gekleidete, lärmende, wunderlich bewaffnete Menge. Leibgardisten bildeten Patrouillen und ritten im Galopp vorbei.« Als diese Wachen Mounier und die Abgeordneten mit ihrem sonderbaren Ehrengeleit erblickten, glaubten sie offenbar, die Anführer des Aufstands vor sich zu haben; sie wollten die Massen zerstreuen und ritten quer hindurch.* Die »Unverletzlichen« liefen, so schnell sie konnten, durch den Straßenkot davon.

Man stelle sich die Wut des Volkes vor, das geglaubt hatte, in ihrer Begleitung rücksichtsvoll behandelt zu werden!...

Zwei Frauen wurden verwundet, nach der Aussage von Zeugen sogar durch Säbelhiebe.** Dennoch tat das Volk noch nichts. Von drei bis acht Uhr abends verhielt es sich geduldig und still, stieß nur hier und da Schreie und höhnische Rufe aus, wenn die verhaßte Uniform der Leibgarde sichtbar wurde. Ein Kind warf Steine.

Man hatte den König gefunden; er war, ohne sich zu beeilen, von Meudon zurückgekehrt.

Mounier wurde endlich erkannt und mit zwölf Frauen vorgelassen. Er sprach zum König von der Not in Paris, zu den Ministern von der Forderung der Versammlung, die eine unumwundene Anerkennung der Erklärung der Menschenrechte und anderer Artikel der Verfassung erwartete. Der König hörte unterdessen die Frauen gütig an. Die junge Louise Chabry war beauftragt worden, das Wort zu führen; aber vor dem König war sie so ergriffen, daß sie kaum das Wort »Brot!« herausbrachte und ohnmächtig zu Boden sank. Der König war sehr gerührt und ließ ihr Hilfe bringen; als sie ihm beim Fortgehen die Hand küssen wollte, umarmte er sie wie ein Vater.

Sie kam als Royalistin zurück mit dem Ruf: »Es lebe der König!« Die Frauen, die auf dem Platz warteten, flüsterten sich wütend zu, man habe

* Vergleiche Mounier, im Anhang des *Exposé justificatif*.

** Wenn, wie man versichert, der König verbot, tätlich vorzugehen, so erfolgte das Verbot erst später, zu spät.

sie bezahlt; es nützte ihr nichts, daß sie ihre Taschen ausleerte und zeigte, daß sie kein Geld besaß; die Frauen legten ihr Strumpfbänder um den Hals, um sie zu erwürgen. Man rettete sie nicht ohne Mühe. Sie mußte ins Schloß zurückgehen und vom König einen schriftlichen Befehl zu erlangen suchen, daß man Getreide herbeischaffte und jedes Hindernis für die Versorgung von Paris beseitigte.

Auf die Forderungen des Präsidenten hatte der König ruhig geantwortet: »Kommen Sie gegen neun Uhr wieder.« Mounier war gleichwohl im Schloß geblieben, an der Tür zum Rat; er beharrte auf einer Antwort und klopfte von Stunde zu Stunde an, bis abends um zehn. Doch nichts wurde entschieden.

Der Minister von Paris, de Saint-Priest, hatte die Neuigkeit sehr spät erfahren (ein Beweis, wie unvorhergesehen und plötzlich der Aufbruch nach Versailles erfolgte). Er schlug vor, die Königin solle nach Rambouillet abreisen, der König solle bleiben, Widerstand leisten und, wenn nötig, kämpfen; die Abreise der Königin hätte das Volk beruhigt und den Kampf überflüssig gemacht.

Necker wollte, daß der König nach Paris ging und sich dem Volk anvertraute, das heißt, sich freimütig und aufrichtig zeigte und sich der Revolution fügte.

Ludwig XVI. faßte keinen Entschluß und vertagte den Staatsrat, um die Königin zu befragen.

Sie wollte gern abreisen, aber mit ihm; sie wollte einen so unzuverlässigen Menschen nicht sich selbst überlassen; mit dem Namen des Königs als Waffe wollte sie den Bürgerkrieg beginnen. Saint-Priest erfuhr gegen sieben Uhr, daß La Fayette, von der Nationalgarde gezwungen, auf Versailles marschiere. »Man muß auf der Stelle abreisen«, riet er. »Der König an der Spitze der Truppen wird unbehelligt ziehen können.« Aber es war unmöglich, diesen zu einem Entschluß zu bewegen. Er glaubte (sehr zu Unrecht), daß die Versammlung nach seiner Abreise den Herzog von Orléans zum König machen würde. Er verschmähte auch die Flucht, er ging mit großen Schritten auf und ab und wiederholte von Zeit zu Zeit: »Ein König, der flieht! Ein König, der flieht!«* Die Königin hingegen beharrte auf der Abreise, und es wurde befohlen, die Kutschen vorzufahren. Es war schon zu spät.[2]

* Vergleiche Necker sowie seine Tochter, Madame de Staël: *Considérations*.

Das neue Prinzip. – Die freiwillige Organisation Frankreichs (Juli 1789 – Juli 1790)
III, 10

Überall kommt die Selbsthilfe dem Gesetz zuvor. Umständlichkeit und Unordnung des Ancien régime. Die neue Ordnung entsteht von selbst. Die Bewegung der Befreiung und des Selbstschutzes schafft die neuen Gewalten. – Innere und äußere Verbände bereiten die Gemeinde- und Departementsordnung vor. Die Versammlung schafft eine Million und dreihunderttausend Departements-, Gemeinde- und Justizbeamte. Erziehung des Volks durch die öffentlichen Ämter.

Ich habe ausführlich vom Widerstand des alten Prinzips berichtet, der Parlamente, des Adels und des Klerus. Nun will ich in wenigen Worten das neue Prinzip darstellen und kurz das erläutern, woran jener Widerstand brach und nichtig wurde. Diese in ihrer unermeßlichen Mannigfaltigkeit wunderbar einfache Sache ist die freiwillige *Organisation Frankreichs*.

Das ist die Geschichte, das Wirkliche, das Dauerhafte. Und das andere ist ein Nichts.

Trotzdem war es nötig, dieses Nichts ausführlich zu erzählen. Das Übel erfordert eine genaue Darstellung, soll es verstanden werden, gerade weil es eine Ausnahme ist, ein Verstoß gegen die Regel. Das Gute und Natürliche hingegen, das von selbst in Gang kommt, ist uns beinahe im voraus bekannt aufgrund seiner Übereinstimmung mit den Gesetzen unserer Natur, durch das ewige Bild des Guten, das wir in uns tragen.

Die Quellen, aus denen wir unsere Geschichte schöpfen, haben von ihr genau das bewahrt, was des Bewahrens am wenigsten würdig ist, das negative Element, das des Zufalls, die einzelne Anekdote, diese oder jene unbedeutende Intrige, diese oder jene Gewalttat.

Die großen nationalen Ereignisse, die *Frankreich* als Ganzes bewirkte, haben sich durch ungeheure, unüberwindliche und eben deshalb keineswegs gewalttätige Kräfte vollzogen. Sie haben die Blicke nicht so sehr auf sich gelenkt, sind fast unbemerkt geblieben.

Alles, was man von diesen umfassenden Vorgängen weiß, das sind die Gesetze, die aus ihnen hervorgehen und ihre Schlußformeln darstellen. Unermüdlich diskutiert man über die Gesetze und hegt eine religiöse Ehrfurcht vor den Phrasen der Versammlungen. Aber die großen sozialen Bewegungen, die diese Gesetze schufen, die ihr Ursprung waren, ihr Daseinsgrund, ihre Voraussetzung, sie werden kaum mit einer teilnahmslosen Zeile ins Gedächtnis gerufen.

Und doch ist gerade dies das wichtigste Geschehen, das alles übrige enthält, in diesem Jahr der Wunder von Juli bis Juli: Dem Gesetz voraus geht überall der Drang des Lebens und der Tat – einer Tat, die, mag sie auch vereinzelte Unruhen im Gefolge haben, doch den Kern der neuen Ordnung in sich faßt und im voraus das Gesetz verwirklicht, das erst entsteht. Die Versammlung glaubt zu führen und wird geführt, sie ist Frankreichs Sekretär; was Frankreich tut, das trägt sie in ihre Register ein, mehr oder weniger genau formuliert sie es und schreibt es auf nach Frankreichs Diktat.

Hier sollten die Schreiber lernen und für einen Augenblick aus ihren Löchern, den Gesetzesblättern, hervorkriechen, aus ihren Gebirgen von Stempelpapier, die ihnen die Natur verborgen haben. Wenn Frankreich sich nur durch ihre Federn und ihr Papier hätte retten können, wäre es hundertmal verloren gewesen.

Ernster, unendlich fesselnder Augenblick, da die Natur sich wiederfindet und dem Verderben entgeht, das das Leben angesichts der Gefahr dem Instinkt folgt, seinem besten Führer, und in ihm sein Heil findet.

Eine Gesellschaft, die in dieser Auferstehungskrisis ergraute, läßt uns am Ursprung der Dinge teilnehmen. Schriftsteller träumten von der Wiege der Nationen; warum träumen? Die Wiege ist da!

Ja, es ist Frankreichs Wiege, die vor unseren Augen liegt... Gott schütze dich! Wiege! er rette und erhalte dich auf den großen, uferlosen Wassern – bebend sehe ich dich auf dem Meer der Zukunft schwimmen!...

Frankreich entsteht und erhebt sich beim Kanonendonner der Bastille. An einem einzigen Tag, ohne Vorbereitungen, ohne sich vorher verständigt zu haben, organisiert sich ganz Frankreich, Städte und Dörfer gleichermaßen.

An jedem Ort der gleiche Vorgang: Man geht zum Gemeindehaus und nimmt im Namen der Nation die Schlüssel und die Gewalt an sich. Die Wähler (1789 war das Wahlrecht allgemein) bilden Ausschüsse wie den in Paris, aus denen bald der Gemeinderat hervorgehen wird.

Die Stadtregierungen (genau wie die Staatsregierung), Schöffen, Notabeln usw. gehen gesenkten Hauptes durch die Hintertür davon und hinterlassen der Gemeinde, die sie verwalteten, zum Andenken Schulden.

In die Finanzbastille, welche die Oligarchie der Notabeln allen Blicken so gut verschlossen zu halten wußte, in die Abgründe der Verwaltung*

* Vergleiche bei Leber die Darstellung der alten, niederträchtigen Gemeindeverwaltung, die Vergütungen, die sich die Schöffen geben ließen, usw. Lyon hatte neunundzwanzig Millionen Schulden! usw.

leuchtet der helle Tag. Die unförmigen Werkzeuge dieser verderbten Regierung, der heillose Wirrwarr der Schriftstücke, die raffinierte Verschleierung im Rechnungswesen, all das wird ans Licht gebracht.

Das erste, wonach die neue Freiheit ruft (die sie den Geist der Unordnung nennen), ist im Gegenteil: Ordnung und Gerechtigkeit.

Ordnung und Licht – Frankreich bittet Gott mit Ajax' Worten: »Laßt meinen Tod den klaren Himmel sehen!«

Das Tyrannischste an der alten Tyrannei war ihre Heimlichkeit. Heimlichkeit des Königs vor dem Volk, der Stadtobrigkeit vor der Stadt, des Eigentümers vor dem Pächter... Was man dem Staat, der Gemeinde, dem Herrn wirklich zu zahlen schuldig war, das konnte niemand wissen. Die meisten bezahlten, was sie nicht einmal lesen konnten. Die tiefe Unwissenheit, in der das Volk vom Klerus, seinem großen Lehrer, gehalten worden war, lieferte es blind und schutzlos dem abscheulichen Geschmeiß der Papierbeschmierer aus. Jedes Jahr war das Stempelpapier zum Entsetzen des Bauern schwärzer von Schrift und Zeichen, die zusätzliche Steuern bedeuteten. Diese geheimnisvollen, unverständlichen Sondersteuern, die man ihm schlecht und recht vorlas, mußte er bezahlen; aber sie lasteten auf seinem Herzen, eine auf der anderen wie gehortete Rache, einzufordernder Schadenersatz. 1789 erklärten viele, daß sie in vierzig Jahren mit diesen Zusatzsteuern weit mehr gezahlt hätten, als die Güter wert waren, auf denen sie saßen.

Auf dem Land wurde das Eigentum nicht verletzt, es sei denn um des Eigentums willen. Der Bauer verstand es auf seine Weise, aber niemals zweifelte er an diesem Recht. Der Landmann weiß, was es heißt, zu erwerben; der Erwerb durch Arbeit, die er selbst tut oder alle Tage tun sieht, flößt ihm Achtung und gleichsam Ehrfurcht vor dem Eigentum ein.

Im Namen des von den Agenten der Herren lange vergewaltigten und verkannten Eigentums pflanzten die Bauern jene Maibäume, an die sie die Abzeichen der feudalen und fiskalen Tyrannei hängten, den Wetterhahn des Schlosses, die Tabellen der ungerecht emporgeschraubten Grundzinsen, die Siebe, mit denen das Getreide zum Vorteil des Herrn ausgesiebt wurde, so daß der schlechte Rest dem Bauern blieb.

Die Ausschüsse vom Juli 1789 (die Keime der Gemeindebehörden von 1790) bedeuteten, besonders für die Städte, die Erhebung der *Freiheit* – und für die Dörfer die des Eigentums, des Eigentums in seiner einfachsten Gestalt, der *Arbeit* des Menschen.

Die Vereinigungen der Dörfer waren Schutzverbände: 1. gegen die Agenten aller Art, 2. gegen die Räuber – zwei Worte, die oft gleichbedeutend waren.

Eine Verschwörung gegen Geldleute, Steuereinnehmer, Verwalter, Sachverwalter, Exekutoren, gegen jenen schauerlichen Spuk, der durch einen unerklärlichen Zauber das Land ausgesogen, das Vieh vernichtet und den Bauern zum Skelett abgemagert hatte.

Ein Bündnis auch gegen die Räuberbanden, die Frankreich unsicher machten, Ausgehungerte ohne Arbeit, Bettler, die Diebe geworden waren und nachts das Getreide – selbst unreif – schnitten und die Hoffnung auf Ernte zerstörten. Wenn die Dörfer nicht zu den Waffen gegriffen hätten, so wäre eine furchtbare Hungersnot eingetreten, ein Jahr wie das Jahr 1000 und andere im Mittelalter. Diese mobilen Banden, die nicht zu packen waren, die überall erwartet wurden und die man vor Schrecken überall wähnte, ließen unsere Landbevölkerung, die nicht so kriegerisch wie heute war, vor Entsetzen erstarren.

Jedes Dorf rüstete. Die Dörfer versprachen sich gegenseitigen Schutz. Sie machten aus, bei Alarm an einem bestimmten Ort zusammenzukommen, der entweder zentral gelegen war oder eine für das Land wichtige Straßenkreuzung oder einen Flußübergang beherrschte.

Ein Beispiel wird die Sache verdeutlichen. Es erinnert in gewisser Hinsicht an die Panik von Saint-Jean-du-Gard, über die ich an anderer Stelle berichtet habe.[1]

Eines Sommertages, früh am Morgen, sahen die Einwohner von Chavignon (Aisne) nicht ohne Furcht auf allen Straßen Bewaffnete. Sie erkannten, daß es glücklicherweise ihre Nachbarn und Freunde waren, die Nationalgarden aller Gemeinden der Umgegend, die auf einen falschen Alarm hin die ganze Nacht marschiert waren, um sie gegen *Räuber* zu schützen. Man hatte einen Kampf erwartet, und statt dessen gab es ein Fest. Die Leute von Chavignon kamen erfreut aus ihren Häusern und mischten sich unter die Freunde. Die Frauen brachten alles, was sie an Lebensmitteln besaßen, Weinfässer wurden geöffnet. Auf dem Platz wurde die Fahne von Chavignon entfaltet, auf der Getreide und Trauben, von einem nackten Schwert durchkreuzt, abgebildet waren; der Wahlspruch drückte die Stimmung des Augenblicks ganz und gar aus: »Fülle und Sicherheit, Freiheit, Treue und Eintracht.« Der Anführer der Nationalgarden hielt eine kurze und sehr ergreifende Rede über den Eifer der Gemeinden, ihren Brüdern zu Hilfe zu eilen: »Beim ersten Wort haben wir unsere weinenden Frauen und Kinder verlassen, unsere Pflüge und Geräte auf den Feldern gelassen... Wir sind gekommen, ohne uns Zeit zu nehmen, uns ordentlich anzukleiden...«

Wie das Kind der Mutter, so berichten die Leute von Chavignon der Nationalversammlung alles in einer Adresse und fügen voller Dankbarkeit dies von Herzen kommende Wort hinzu: »Welch edle Menschen, Ihr Herren, welch edle Menschen, seit Ihr ihnen ein Vaterland gegeben habt!«

Diese spontanen Expeditionen waren wie Familienausflüge; der Pfarrer ging an der Spitze. In Chavignon hatten vier der anwesenden Gemeinden ihren Pfarrer bei sich.

In einigen Gegenden, zum Beispiel in der Haute-Saône, schlossen sich die Pfarrer nicht nur der Bewegung an, sondern machten sich zu deren Mittelpunkt, wurden ihr Haupt und Anführer. Am 27. September 1789 verbrüderten sich die ländlichen Gemeinden in der Umgegend von Luxeuil unter der Leitung des Pfarrers von Saint-Sauveur. Alle Gemeindevorsteher leisteten den Eid in seine Hand.

In Issy-l'Evêque (Haute-Saône) ging es noch merkwürdiger zu. Da jede öffentliche Autorität fehlte und keine Obrigkeit mehr vorhanden war, nahm ein tüchtiger Pfarrer alle Gewalten an sich; er erließ Verordnungen, nahm erledigte Prozesse wieder auf, ließ die Gemeindevorsteher der Umgegend kommen und verkündete vor ihnen die neuen Gesetze, die er der Gegend gegeben hatte; dann schritt er bewaffnet, den Degen in der Hand, zur gleichheitlichen Verteilung von Grund und Boden. Man mußte seinen Eifer zügeln und ihn daran erinnern, daß es noch eine Nationalversammlung gab.[2]

Das ist ein Einzelfall. Im allgemeinen verlief die Bewegung geregelt und geordneter, als man es unter solchen Umständen erwartet hätte. Ohne Gesetz folgte alles einem Gesetz: der Erhaltung und der Wohlfahrt des Ganzen.

Bevor sich die Gemeindeverwaltungen organisieren, regiert sich das Dorf selbst, schützt und verteidigt es sich als bewaffnete Vereinigung der Einwohner.

Bevor das Gesetz Arrondissements und Departements bildet, erwachsen aus den gemeinsamen Aufgaben, besonders denen des Schutzes der Wege, der Beschaffung von Nahrungsmitteln, Vereinigungen zwischen Dörfern und Dörfern, Städten und Städten, große Bündnisse, Föderationen zu wechselseitigem Schutz.

Man möchte beinahe jene Gefahren segnen, wenn man sieht, daß sie die Menschen zwingen, die Absonderung aufzugeben, daß sie sie ihrer Selbstsucht entreißen, sie daran gewöhnen, ihr Leben in dem der anderen zu entdecken, und daß sie in den vom jahrhundertelangen Schlaf abgestumpften Seelen den ersten Funken der Brüderlichkeit wecken.

Das Gesetz ist nur die Feststellung, die Anerkennung, die Krönung von all dem, aber nicht seine Ursache.

Die Bildung der Gemeindeverwaltungen, die Vereinigung sogar nicht kommunaler Funktionen in ihren Händen (Steuererhebung, Polizeigerichtsbarkeit, Verfügung über die bewaffneten Truppen usw.), diese Vereinigung, die man der Versammlung vorgeworfen hat, ist nicht die Folge eines Systems, sondern die bloße Anerkennung einer Tatsache. Angesichts der Auflösung der meisten Gewalten und der willentlichen (oft arglistigen) Untätigkeit derer, die noch bestanden, hatte der Erhaltungstrieb das bewirkt, was er immer bewirkt: Die Betroffenen hatten selbst ihre Angelegenheiten in die Hand genommen. Und wer ist nicht Betroffener in solchen Krisen? Wer kein Eigentum besitzt, *wer gar nichts hat*, wie man zu sagen pflegt, der hat doch etwas, was weit wertvoller ist als jeder Besitz: eine Frau und Kinder, die er schützen muß.

Das neue Gemeindeverwaltungsgesetz schuf *eine Million zweihunderttausend* Gemeindebeamte. Die Organisation der Justiz schuf *hunderttausend* Richter (darunter fünftausend Friedensrichter und achtzigtausend Beisitzer der Friedensrichter). Diese alle wurden aus den *vier Millionen zweihundertneunzigtausend* Urwählern* genommen (die als Eigentümer oder Mieter den Wert von drei Arbeitstagen, ungefähr drei Livres Steuern bezahlten).

Das allgemeine Wahlrecht hatte sechs Millionen Stimmen ergeben; ich werde auf die Beschränkung des Wahlrechts und auf die verschiedenen Prinzipien, die in der Versammlung vorherrschten, zurückkommen.[3]

Hier genügt mir der Hinweis auf die gewaltige Umwälzung, welche die Erschaffung einer Welt von Richtern und Verwaltungsbeamten – *eine Million dreihunderttausend* auf einmal, und alle aus Wahlen hervorgegangen! – im Frühjahr 1790 in Frankreich bewirken mußte.

Man kann sagen, daß Frankreich vor der militärischen Aushebung eine Beamtenaushebung vorgenommen hatte.

Die Aushebung zum Frieden, zur Ordnung, zur Brüderlichkeit. Vorherrschend auf juristischem Gebiet ist das schöne neue Element, das keine frühere Zeit gekannt hatte, die fünftausend Schiedsmänner oder Friedensrichter und ihre achtzigtausend Beisitzer. Und in der Gemeindeorganisation ist es die Abhängigkeit der bewaffneten Truppen von den vom Volk gewählten Behörden.

Die Gemeindegewalt erbte lauter Ruinen. Sie allein stand aufrecht zwischen dem zerstörten Ancien régime und dem neuen Regime ohne Tatkraft. Der König war entwaffnet, die Armee in Auflösung, die Stände und Parlamente vernichtet, der Klerus geschleift, der Adel zerrieben worden, und alles gleichzeitig. Die Versammlung selbst, scheinbar die größte Macht, gab mehr Verordnungen, als daß sie handelte; sie war ein

* Diese Zahl ist für 1791 im *Atlas national de France* angegeben, der für den öffentlichen Unterricht bestimmt und der Versammlung gewidmet war. In einer Rede vom 8. Juni 1790 zählt der Bischof von Autun nur drei Millionen sechshunderttausend Aktivbürger. Diese kleine Zahl wäre noch zu groß, wenn es sich nur um *Eigentümer* handelte, aber es sind auch die dabei, die den Wert von ungefähr drei Livres als *Mieter* bezahlen. Die größere Zahl ist die wahrscheinlichere. Zudem sind beide, die große und die kleine, zweifellos nur geschätzt.

Kopf ohne Arme. Nun besaß sie vierundvierzigtausend Hände in den Gemeindeverwaltungen und verließ sich fast in allem auf die eine Million zweihunderttausend Gemeindebeamten.

Diese riesige Zahl erschwerte das Handeln sehr, aber als Erziehung eines Volkes, als Vorbereitung auf das öffentliche Leben war sie eine bewundernswerte Errungenschaft. Im häufigen Wechsel hätte die Beamtenschaft vielerorts bald die Klasse erschöpft, aus der sie sich rekrutierte (die vier Millionen Eigentümer oder Mieter mit drei Livres Steuern). Man mußte, eine schöne Folge dieses großen Beginnens, eine neue Klasse von Eigentümern schaffen. Die Bauern des Klerus und des Adels, die anfangs als Klienten des Ancien régime nicht wahlberechtigt waren, sollten nun als Erwerber der zum Verkauf gegebenen Güter Eigentümer, Wähler, Gemeindebeamte, Beisitzer der Friedensrichter usw. und als solche die verläßlichsten Stützen der Revolution werden.

Von der neuen Religion – Die grosse Föderationsfeier (14. Juli 1790)

III, 12

Staunen und Ergriffenheit aller Nationen vor den Vorgängen in Frankreich. Föderationsfeier von Lyon (30. Mai 1790). Frankreich verlangt ein allgemeines Bundesfest (Juni). Das Lied der Bundesbrüder. Vorbereitungen auf dem Marsfeld. Die Versammlung hebt den erblichen Adel auf (19. Juni 1790). Sie hat bereits das christliche Prinzip der Vererbung der Verbrechen abgeschafft. Sie empfängt die Abgeordneten des Menschengeschlechts. *Bund der Könige gegen den Bund der Völker. Die große Föderationsfeier ganz Frankreichs in Paris (14. Juli 1790). Friedfertige und kriegerische Begeisterung Frankreichs.*

Dieser Glaube, diese Arglosigkeit, dieser unermeßliche Drang nach Eintracht nach einem Jahrhundert von Zank setzte alle Nationen in höchstes Erstaunen, wie ein wunderbarer Traum. Alle verstummten gerührt.

Bei manchen unserer Föderationsfeste war man auf ein herzbewegendes Symbol der Einigung verfallen: Man feierte Hochzeiten am Altar des Vaterlandes. Die Föderation, diese Ehe Frankreichs mit Frankreich, schien ein prophetisches Symbol der künftigen Ehe der Völker zu sein, der Hochzeit der ganzen Welt.

Noch ein anderes, nicht weniger tiefes Symbol zeigte sich bei diesen Festen. Bisweilen legte man ein kleines Kind auf den Altar, das von allen adoptiert, mit Gaben, Segenswünschen und Tränen begrüßt und als aller Kind betrachtet wurde.

Frankreich ist das Kind auf dem Altar, und die ganze Erde steht daneben. Es ist das gemeinsame Kind der Nationen, in ihm fühlen sich alle einig, alle nehmen von ganzem Herzen teil an seinem künftigen Geschick, umhegen es mit besorgten Gedanken, mit Furcht und Hoffnung... Nicht eine ist unter ihnen, die es ohne Tränen betrachtet.

Wie Italien weinte! Und Polen! Und Irland! (Ach! Schwestern, erinnert euch an diesen Tag!)... Alle unterdrückten Nationen vergaßen ihre Sklaverei beim Anblick dieser jungen Freiheit und sagten zu ihr: »In dir bin ich frei!«*

Zwischen Traum und Entzücken tief befangen stand Deutschland vor dem Wunder. Klopstock betete.[1]

Der Dichter des *Faust* konnte die Rolle des ironischen Zweiflers nicht länger spielen und überraschte sich selbst dabei, daß er dem Glauben sehr nahe war.

Weit oben an den nördlichen Meeren lebte damals ein seltsames und gewaltiges Geschöpf; ein Mensch? Nein, ein System, eine lebendige, spitze und harte Scholastik, ein Fels, eine Klippe, die mit diamantenem Werkzeug aus dem Granit der baltischen See geschnitten war. Jede Religion, jede Philosophie war an sie gebrandet und an ihr zerschellt. Sie stand unerschüttert. Nichts konnte die Außenwelt ihr anhaben. Sie hieß Immanuel Kant; selbst nannte er sich Kritiker. Sechzig Jahre lang trat dies völlig abstrakte, menschenfremde Wesen zur selben Stunde aus dem Haus und machte, immer allein, immer genau den gleichen Spaziergang von genau der gleichen Zeitdauer, ganz wie man bei alten Turmuhren den eisernen Mann hinaustreten, die Stunde schlagen und wieder eintreten sieht. Eines Tages sahen die Königsberger etwas Seltsames (und es war ihnen ein Zeichen gewaltiger Ereignisse): Dieser Planet geriet aus der Bahn, verließ seinen gewöhnlichen Weg... Man folgte ihm, er ging nach Westen, der Straße zu, auf welcher die Post aus Frankreich kommen mußte...

O Menschheit!... Kant aufgeregt, unruhig sehen, auf die Straße rennen wie ein Weib, begierig nach Neuigkeiten – war das nicht ein überraschender, wundergleicher Wandel?... Nein, es war kein Wandel dabei. Dieser große Geist ging seinen Weg. Was er in der Wissenschaft so lange vergeblich gesucht hatte, *die geistige Einheit*, das fand er jetzt bewerkstelligt durch Herz und Instinkt.

Ohne Anweisung schien die Welt sich dieser Einheit zu nähern, ihrem

* Diese Gefühle werden in zahlreichen wahrhaft schwärmerischen Zuschriften von Menschen aller Nationen kundgetan, besonders in der der Freiwilligen von Belfast.

wahren Ziel, nach welchem sie immer strebt... »Ach! Wenn ich eins wäre«, sagt die Welt, »wenn ich endlich meine verstreuten Glieder einen, meine Nationen zusammenschließen könnte!« – »Ach! Wenn ich eins wäre«, sagt der Mensch, »wenn ich aufhören könnte, der zersplitterte Mensch zu sein, der ich bin, und meine geteilten Kräfte sammeln, die Eintracht in mir schaffen könnte!« Ein Volk schien in dieser Stunde der Eile den zur Ohnmacht verdammten Wunsch der Welt und der Menschenseele zu verwirklichen, schien die göttliche Komödie der Einigung und Eintracht zu spielen, die wir nur im Traum erleben.

Stellt euch all die Völker vor, die Gedanken, Herz, Blick und Aufmerksamkeit nach Frankreich wenden. Und in Frankreich selbst – seht ihr all die Wege, schwarz von Menschen, von Wanderern, die von den fernsten Grenzen dem Mittelpunkt zustreben?... Die Vereinigung trachtet nach Einheit.

Wir haben gesehen, wie die Vereinigungen entstanden, wie die Gruppen sich zusammenschlossen und dann einen gemeinsamen Mittelpunkt suchten; jedes kleine Frankreich strebte seinem Paris zu und suchte es zuerst in der Nähe. Ein großer Teil Frankreichs glaubte einen Augenblick lang, es in Lyon zu finden (30. Mai). Es war eine ungeheure Menschenansammlung, so groß, daß sie nur auf den großen Rhône-Ebenen stattfinden konnte. Der ganze Osten, der ganze Süden war vertreten; allein die Abgeordneten der Nationalgarden machten fünfzigtausend Mann aus. Manche waren hundert, zweihundert Meilen weit gekommen. Die Abgeordneten von Saarlouis reichten denen von Marseille die Hand. Die von Korsika beeilten sich vergeblich, sie kamen einen Tag zu spät.*

Aber nicht in Lyon konnte die Hochzeit Frankreichs stattfinden. Dies mußte in Paris geschehen.

Groß war das Erschrecken der Politiker beider Parteien.

Diese undisziplinierten Massen nach Paris bringen, in das Zentrum der Unruhen, hieß das nicht einen furchtbaren Tumult wagen, Plünderung und Metzeleien?... »Und wie wird es dem König ergehen?...« Das fragten sich die entsetzten Royalisten.

»Der König?« sagten die Jakobiner, »der König wird das ganze leichtgläubige Volk aus den Provinzen auf seine Seite bringen. Diese gefährliche Zusammenkunft wird den Geist der Allgemeinheit schwächen, das Mißtrauen einschläfern, den alten Götzendienst neu beleben... Sie wird Frankreich *royalisieren*!«

* Vor mir liegt ein sehr schöner Bericht über diese große Föderationsfeier, den ich zu meinem ausgesprochenen Bedauern hier nicht einfügen kann. Ein Achtzigjähriger hat ihn eigens für mich geschrieben, mit der jünglingshaftesten, ergreifendsten Begeisterung. »...O Flamme, wie groß mußtest du sein, da jetzt noch die Asche brennt?...«

Aber weder die einen noch die anderen konnten an der Sache etwas ändern.

Durch das Beispiel und die Bitten der anderen Städte gedrängt und gezwungen, mußten der Bürgermeister und die Kommune von Paris die Nationalversammlung um ein allgemeines Föderationsfest ersuchen. Und die Versammlung mußte es wohl oder übel bewilligen. Doch bemühte man sich, die Zahl derjenigen, die kommen wollten, zu beschränken. Der Beschluß wurde so spät gefaßt, daß die Leute, die zu Fuß von den fernsten Grenzen kamen, unmöglich rechtzeitig da sein konnten. Zudem sollten die einzelnen Gemeinden die Kosten tragen, was für die ärmsten Gebiete ein unüberwindliches Hindernis sein mochte.

Aber gab es Hindernisse bei einer so großen Bewegung? Jeder steuerte nach Vermögen bei; die zur Reise Auserwählten wurden bekleidet, so gut es ging; manche kamen ohne Uniform. Schrankenlose, bewundernswerte Gastfreundschaft herrschte überall unterwegs; man hielt die Pilger des großen Festes an und stritt sich um sie. Man zwang sie, Rast zu machen, zu übernachten, zu essen oder wenigstens zu trinken beim Vorüberwandern. Keiner war Fremder, keiner Unbekannter, alle waren verwandt. Nationalgarden, Soldaten, Matrosen, alle wanderten zusammen.

Diese Scharen, die durch die Dörfer zogen, boten einen rührenden Anblick. Es waren die Ältesten aus Armee und Marine, die man nach Paris gerufen hatte. Arme Soldaten, völlig gebeugt von den Strapazen des Siebenjährigen Krieges, Unteroffiziere mit weißem Haar, tapfere Offiziere, die sich in langen Jahren unermüdlich hochgedient hatten und einen eisernen Willen besaßen, alte, verbrauchte Lotsen, all diese lebenden Ruinen des Ancien régime, sie hatten unbedingt kommen wollen. Es war *ihr* Tag, es war *ihr* Fest.

Man sah am 14. Juli achtzigjährige Matrosen, die zwölf Stunden hintereinander marschierten; sie hatten ihre Kraft wiedergefunden; so nahe dem Tode fühlten sie, daß sie teilhatten an der Jugend Frankreichs, an der Ewigkeit des Vaterlands.

Und während sie in Scharen durch die Dörfer und Städte zogen, sangen sie aus allen Kräften, mit unbesiegbarer Fröhlichkeit ein Lied, das die Einwohner an den Türen mitsangen. Dieses Lied, national wie kein anderes, in wuchtigen, starken Versen auf immer dieselben Reime (wie die Gebote Gottes und der Kirche), betonte prachtvoll den Schritt des Wanderers, der den Weg kürzer werden sieht, den Fortschritt des Arbeiters, der sein Werk vorankommen sieht. Es ist dem Gang der Revolution treu gefolgt, in immer eiligerem Takt, je stürmischer dieser furchtbare Wanderer ausschritt. Abgekürzt, in einem Rondo der Raserei und des Taumels konzentriert, wurde es zu dem mörderischen *Ça ira!* von 1793. Das von 1790 hatte einen anderen Charakter:

Le peuple en ce jour sans cesse répète:
Ah! ça ira! ça ira! ça ira!
Suivant les maximes de l'Evangile
(Ah! ça ira! ça ira! ça ira!)
Du législateur tout s'accomplira;
Celui qui s'élève, on l'abaissera;
Et qui s'abaisse, on l'élèvera, etc.[2]

Für den Wanderer, der aus den Pyrenäen oder aus der tiefsten Bretagne in der Julisonne langsam nach Paris schritt, war dieses Lied ein Zehrgeld, ein Halt wie die Gesänge der Pilger, die wie Revolutionäre des Mittelalters die Münster zu Chartres und Straßburg bauten. Der Pariser sang es in schnellem Takt, mit heftiger Lebendigkeit, während er den Festplatz vorbereitete und aufwarf. Das Marsfeld war damals vollkommen flach, und man wollte ihm die schöne, großartige Form geben, die es heute hat. Die Stadt Paris hatte einige tausend Faulenzer von Arbeitern angestellt, die Jahre zu einer solchen Arbeit gebraucht hätten. Man merkte die Böswilligkeit. Da half die ganze Bevölkerung. Es war ein erstaunliches Schauspiel. Tag und Nacht arbeiteten Leute jedes Standes und jedes Alters, sogar Kinder, alle, Bürger, Soldaten, Abbés, Mönche, Schauspieler, barmherzige Schwestern, schöne Damen, Marktweiber, alle rührten die Hacke, schoben die Schubkarren und zogen die Karren. Kinder gingen voran und trugen Lichter; Wanderkapellen feuerten die Arbeiter an; diese selbst sangen, während sie die Erde gleichmachten, das Lied der Gleichmachung: »Ah! ça ira! ça ira! ça ira! Celui qui s'élève, on l'abaissera!«

Das Lied, das Werk und die Arbeiter, das war eine und dieselbe Sache, die tätige Gleichheit. Die Reichsten und die Ärmsten waren bei der Arbeit vereint. Und doch gaben die Armen am meisten. Der Wasserträger, der Zimmermann, der Maurer vom Pont Louis XVI., den man damals baute, hatten ihr Tagwerk, schweres Tagwerk in der Julihitze, hinter sich, wenn sie zur Erdarbeit aufs Marsfeld kamen. Und obwohl es Erntezeit war, ließen es sich die Landleute nicht nehmen, zu kommen. Diese müden, erschöpften Menschen arbeiteten zur Erholung noch bei Licht.

Das wahrlich unermeßlich große Werk, das aus einer Ebene ein Tal zwischen zwei Hügeln schuf, wurde – sollte man es glauben? – in einer Woche vollendet! Man begann genau am 7. Juli und war zum 14. Juli fertig.

Hochherzig wie ein heiliger Krieg wurde die Sache betrieben. Die Obrigkeit hoffte, durch ihre absichtsvolle Trägheit das Einigungsfest zu hemmen und zu hindern; es sollte unmöglich werden. Aber Frankreich wollte es, und so geschah es.

Die ersehnten Gäste kamen an und füllten bereits Paris. Die Herbergswirte und die Besitzer der Logierhäuser setzten die kleinsten Preise fest für die Fremden. Doch ließ man sie meist nicht in die Herberge gehen. Die Pariser, die bekanntlich enge Wohnungen haben, schränkten sich noch mehr ein und machten es möglich, die Bundesbrüder bei sich aufzunehmen.

Als die Bretonen ankamen, diese ältesten Söhne der Freiheit, gingen ihnen die Sieger der Bastille bis nach Versailles und Saint-Cyr entgegen. Nach wechselseitigen Beglückwünschungen und Umarmungen zogen sie zusammen in Paris ein.

Ein unerhörtes Gefühl des Friedens und der Eintracht drang in alle Herzen. Man ersehe es aus einer Tatsache, für mich die überzeugendste von allen. Die Journalisten schlossen einen Waffenstillstand. Diese scharfen Lanzenbrecher, diese ruhelosen Wächter der Freiheit, deren fortwährender Streit die Seelen so heftig erregte, wuchsen über sich hinaus; der Wetteifer ohne Haß und Neid, wie ihn das Altertum kannte, begeisterte sie und befreite sie für kurze Zeit von ihrer traurigen Zanksucht. Der wackere, unermüdliche Loustalot der *Révolutions de Paris* und der glänzende, feurige, leichtsinnige Camille sprachen gleichzeitig einen undurchführbaren, aber rührenden und aus dem Herzen kommenden Gedanken aus: *Die Schriftsteller sollten einen Bund schließen;* Konkurrenz und Eifersucht sollten aufhören, die allgemeine Wohlfahrt das einzige Trachten sein.

Selbst die Nationalversammlung schien von dem allgemeinen Enthusiasmus angesteckt. An einem heißen Juniabend fand sie für einen Augenblick ihre Begeisterung von 1789 wieder, ihre junge Schwungkraft vom 4. August. Ein Abgeordneter aus der Franche-Comté sagte, man solle den auswärtigen Bundesbrüdern die Demütigung ersparen, die Provinzen in Ketten zu Ludwigs XIV. Füßen zu sehen, und man müsse die Statuen auf der Place des Victoires fortschaffen. Ein Abgeordneter aus dem Süden benutzte die edle Bewegtheit, die der Vorschlag in der Versammlung hervorrief, und forderte die Abschaffung all jener prunkenden Titel, welche die Gleichheit verletzten, der Bezeichnungen »Graf« und »Marquis«, der Wappen und Livreen. Der Vorschlag, der von Montmorency und La Fayette unterstützt wurde, fand sich nur von Maury (bekanntlich Sohn eines Schusters) bekämpft. Noch in derselben Sitzung schaffte die Versammlung den Erbadel ab (19. Juni 1790). Die meisten, die dafür gestimmt hatten, bedauerten es am Tag darauf. Die Ablegung der Namen, die sich vom Grundbesitz herleiteten, und die Rückkehr zu den fast vergessenen Familiennamen verwirrte alle Welt; La Fayette wurde nur ungern ein *Herr Motier*, Mirabeau war wütend, nur noch *Riquetti* zu heißen.

Diese Änderung war indessen kein Zufall und keine Laune, sondern die natürliche und notwendige Anwendung des Prinzips der Revolution selbst. Dieses Prinzip ist die Gerechtigkeit, welche verlangt, daß jeder im Guten und im Bösen für seine eigenen Taten einsteht. Was eure Vorfahren getan haben, kommt auf die Rechnung der Vorfahren, nicht auf die eure. An euch ist es, das Eure zu tun! Bei diesem System pflanzt sich früheres Verdienst nicht fort, der Adel hört auf. Aber ebensowenig pflanzt sich frühere Missetat fort. Als die Barbarei unserer Gesetze im Februar zwei junge Leute wegen Notenfälschung zum Galgen verurteilte, beschloß die Versammlung bei dieser Gelegenheit, daß die Familien der Verurteilten durch deren Hinrichtung nicht entehrt seien. Das Publikum, von der Jugend und dem Unglück der beiden gerührt, tröstete ihre ehrbaren Eltern durch tausend Beweise der Teilnahme: Mehrere geachtete Bürger hielten um die Hand ihrer Schwester an.

Keine Übertragung des Verdienstes mehr, Abschaffung des Adels. *Keine Übertragung der Schuld mehr;* das Schafott entehrt fürderhin weder die Familie noch die Kinder des Schuldigen.

Der jüdische und christliche Grundsatz ruht auf der gerade entgegengesetzten Idee. Dort ist die Sünde erblich. Das Verdienst ebenfalls; das Verdienst Christi und der Heiligen nützt sogar den Menschen, die es am wenigsten verdienen.

In derselben Sitzung, in der die Versammlung die Abschaffung des Adels beschloß, hatte sie eine merkwürdige Abordnung empfangen, die sich als die Deputation des Menschengeschlechts bezeichnete. Ein Deutscher, Rheinländer, Anarcharsis Cloots (wir kommen auf diese wunderliche Person noch zurück), führte etwa zwanzig Männer aller Nationen an, die in Nationaltracht gekleidet waren, Europäer und Asiaten. Er bat in ihrem Namen, an der Föderationsfeier auf dem Marsfeld teilnehmen zu dürfen, »im Namen der Völker, das heißt der legitimen Herrscher, die überall von den Königen unterdrückt sind«.

Manche waren bewegt, andere lachten. Dennoch hatte die Deputation eine ernste Seite; zu ihr gehörten Leute aus Avignon, Lüttich, Savoyen und Belgien, die damals wirklich Franzosen werden wollten. Es waren Flüchtlinge aus England, Preußen, Holland und Österreich dabei, Feinde ihrer Regierungen, die zur selben Zeit gegen Frankreich konspirierten. Diese Flüchtlinge waren gleichsam ein europäisches Komitee, das sich gegen Europa richtete, ein erster Kern jener Fremdenlegionen, zu denen Carnot später riet.

Dem Bündnis der Völker gegenüber bildete sich ein Bündnis der Könige. Die Königin von Frankreich hatte gewiß Grund, hoffnungsvoll zu sein, als sie sah, wie leicht ihr Bruder Leopold das Bündnis Europas mit Österreich durchgesetzt hatte. Die für gewöhnlich so schwerfällige deutsche Diplomatie hatte Flügel bekommen. Das lag daran, daß die Diplomaten bei der Sache nichts zu sagen hatten. Die Angelegenheit wurde unter den Königen persönlich geregelt, ohne Wissen der Gesandten und Minister. Leopold hatte sich an den König von Preußen direkt gewandt, ihn auf die gemeinsame Gefahr hingewiesen und in Übereinstimmung mit England und Holland in Reichenbach in Preußen einen Kongreß eröffnet.

Düsterer Horizont. Frankreich hatte nur die ohnmächtigen Wünsche der Völker für sich, während es vom Haß und von den Heeren der Könige unmittelbar bedroht war.

Und Frankreich war im Innern wenig sicher. Der Hof machte alle Tage Eroberungen in der Versammlung und handelte nicht allein mehr durch die Rechte, sondern sogar durch die Linke, durch den Klub von 1789, durch Mirabeau, durch Sieyès, durch Bestechungen verschiedener Art, durch Verrat und Einschüchterung. So setzte er im ersten Anlauf eine Zivilliste von fünfundzwanzig Millionen durch und für die Königin ein Leibgedinge von vier Millionen. Er erlangte Repressalien gegen die Presse und durfte es sogar wagen, die Urheber des 5. und 6. Oktober verfolgen zu lassen.

So stand es um Paris, als die Föderierten eintrafen. Es wurde ihnen schwer, ihre beinahe götzendienerische Verehrung für die Versammlung und den König aufrechtzuerhalten. Die meisten kamen, durchdrungen von einem kindlichen Gefühl für den guten *Bürger König*; Vergangenheit und Zukunft, Königtum und Freiheit wurden eins in ihrer Ergriffenheit. Viele wurden in Audienz empfangen, sanken auf die Knie, boten ihren Degen und ihr Herz an... Der König, schüchtern von Natur aus und durch seine doppeldeutige, falsche Lage, fand nur eine knappe Antwort auf diesen jugendlichen, so warmen, so herzlichen Gefühlsüberschwang. Noch weniger wußte die Königin zu sagen; sie war im allgemeinen äußerst frostig gegen die Bundesbrüder, ausgenommen ihre *treuen Lothringer*, ursprünglich Untertanen ihrer eigenen Familie.

Endlich bricht der 14. Juli an, der schöne, heißersehnte Tag, um dessentwillen die wackeren Leute die mühselige Reise gemacht haben. Alles ist bereit. In der Nacht haben viele, Volk und Nationalgarde, auf dem Marsfeld biwakiert aus Besorgnis, das Fest zu versäumen. Der Tag kommt; o weh! es regnet. Den ganzen Tag jagen sich schwere Güsse und Windstöße. »Der Himmel ist aristokratisch«, meinte man und suchte sich trotzdem einen Platz. Eine mutige, hartnäckige Fröhlichkeit schien in tausend tollen Scherzen dem üblen Vorzeichen seine Kraft nehmen zu wollen. Hundertsechzigtausend Personen saßen auf den Anhöhen des Marsfelds, hundertfünfzigtausend mußten stehen; auf dem Feld bewegten sich ungefähr fünfzigtausend Menschen, darunter vierzehntausend Nationalgardisten aus der Provinz, dann Pariser Nationalgarde, die Abgesandten von Armee und Marine usw. Die weiten Amphitheater von Chaillot und Passy waren mit Zuschauern überfüllt. Der Platz war prächtig, riesengroß und wurde rings im fernen Kreis von Montmartre, Saint-Cloud, Meudon und Sèvres beherrscht; dieser Ort schien für die Generalstände der Welt geschaffen.

Und es regnet trotz allem. Man muß lange warten. Die Föderierten, die Pariser Nationalgarden, die seit fünf Uhr auf den Boulevards warten, sind bis auf die Haut durchnäßt, halbverhungert und sind dennoch vergnügt. Aus den Fenstern der Rue Saint-Martin und der Rue Saint-Honoré läßt man für sie Brot, Schinken, Weinflaschen an Stricken herab.

Endlich erreichen sie das Marsfeld, überschreiten auf einer Holzbrücke vor Chaillot den Fluß und ziehen durch einen Triumphbogen ein.

Mitten auf dem Marsfeld erhob sich der Altar des Vaterlandes; vor der Militärschule war die Tribüne errichtet, auf der der König und die Nationalversammlung Platz nehmen sollten.

Bis dahin dauerte es noch lange. Die zuerst Angekommenen begannen wacker zu tanzen, um dem Regen und dem schlechten Wetter zu trotzen. Ihr fröhlicher Reigen entwickelt sich mitten im Schlamm, wird immer größer, unaufhörlich schließen sich neue Ringe an, jeder Ring ist eine Provinz, ein Departement oder mehrere Landkreise. Die Bretagne tanzt mit der Bourgogne, Flandern mit den Pyrenäen... Wir haben schon im Winter 1789 den Beginn dieser Gruppen, dieser wogenden Tänze gesehen. Der große Rundtanz, in den allmählich ganz Frankreich hineingezogen wird, vollendet sich auf dem Marsfeld und erlischt... Die Einheit ist erreicht! [3]

Ade, Zeit der Erwartung, des Strebens, des Sehnens, da alle diesen Tag erträumten und suchten!... Er ist da! Was wünschen wir noch? Warum die Unruhe? Ach! Die Welt lehrt uns die traurige, befremdliche und dennoch wahre Erfahrung, daß die Einigkeit sich allzuoft mindert in der Einheit. Der Wille zur Vereinigung, das war bereits die Einheit der Herzen, vielleicht die beste Einheit.

Aber still! Der König kommt. Er hat mit der Nationalversammlung und der Königin auf einer Tribüne Platz genommen, die alles übrige überragt.

La Fayette auf seinem weißen Pferd reitet an den Fuß des Throns, der Kommandant steigt ab und nimmt die Befehle des Königs entgegen. Zum Altar steigt, von zweihundert Priestern in dreifarbiger Schärpe umgeben, scheinheiliger Miene und hinkenden Schrittes Talleyrand, Bischof von Autun: Wer wäre wohl ein würdigerer Offiziant als er, wenn es sich um Eide handelt?

Zwölfhundert Musikanten spielten, aber man hörte sie kaum. Plötzlich tritt Stille ein: Der Donner von vierzig Geschützen läßt die Erde erbeben. Bei diesem Donnerschlag erhebt sich alles, alles reckt die Hand gen Himmel... O König! O Volk! Seht... Der Himmel hört es, die Sonne durchbricht das Gewölk... Bedenkt eure Eide!

Ach! wie aufrichtig schwört das Volk! Ach! wie leichtgläubig ist es noch!... Warum gewährt ihm der König nicht das Glück, ihn seinen Schwur vor aller Augen am Altar tun zu sehen? Warum schwört er im Verborgenen, im Schatten, halb versteckt? Sire, so recken Sie doch die Hand hoch, daß jeder sie sehen kann![4]

Und Sie, Madame! Tut Ihnen dieses kindliche Volk nicht leid, das so vertrauensvoll und so blind ist, das eben noch so unbekümmert tanzte zwischen seiner traurigen Vergangenheit und seiner furchtbaren Zukunft?... Warum ist dieser verräterische Schimmer in Ihren schönen blauen Augen? Ein Royalist hat ihn bemerkt: »Seht ihr die Zauberin?« sagte der Graf von Virieu... Haben Ihre Augen denn von hier aus Ihren Gesandten in Nizza sehen können, der gerade den Organisator der Metzeleien im Süden empfängt und beglückwünscht? Oder haben Sie in diesen unruhigen Massen von ferne die Armeen Leopolds zu sehen gemeint?

Hören Sie nur!... Dies ist der Friede, aber ein kriegerischer Friede. Die drei Millionen Männer in Waffen, die von diesen hier vertreten sind, haben mehr Soldaten aufzuweisen als alle Könige Europas. Sie bieten den Bruderfrieden an, aber sie sind auch bereit zum Kampf. Schon wollen mehrere Departements, Seine, Charente, Gironde und andere, je sechstausend Mann ausheben, bewaffnen und unterhalten, um sie an die Grenze zu schicken. Bald werden die Marseiller den Aufbruch fordern und den Eid ihrer Ahnherren, der Phokäer, erneuern, die einen Stein ins Meer warfen und schworen, wenn sie nicht Sieger würden, nur dann zurückzukehren, wenn dieser Stein an die Oberfläche stiege.

Widerstreitende Prinzipien in der Versammlung und bei den Jakobinern
IV, 5

Paris gegen Ende 1790. – Cercle social, Bouche de fer. *– Der Club de 89. – Der Jakobinerklub. – Robespierre bei den Jakobinern. Die Anfänge Robespierres. Robespierre als Zehnjähriger verwaist; er wird Stipendiat des Klerus. Seine literarischen Versuche. Er wird Strafrichter in Arras, legt sein Amt nieder. Er plädiert gegen den Bischof. Robespierre als Mitglied der Generalstände. Am 5. Oktober unterstützt er Maillard. Verabredung, ihn lächerlich zu machen. Seine Einsamkeit und seine Armut. Er bricht mit den Lameths. – Unsicheres, rückschrittliches Auftreten der Versammlung. Verringerung der Zahl der* Aktivbürger. *– Doppelzüngiges Verhalten der Lameths und der damaligen Jakobiner. Sie vertrauen ihre Zeitung einem Orléanisten an (November). – Rechtschaffenheit Robespierres. Seine Politik. Im Jahr 1790 stützt er sich auf die einzigen großen Gesellschaften, die damals in Frankreich bestehen: die Jakobiner und die Priester.*

Ende 1790 gab es einen Moment des offenbaren Stillstands, wenig oder keine Bewegung. Nur an den Schlagbäumen drängten sich zahlreiche Wagen, die Landstraßen waren von Emigranten überflutet. Im Tausch kamen viele Fremde nach Paris, um das große Schauspiel zu sehen, Paris zu beobachten.

Unruhiges, ruheloses Innehalten. Man wunderte sich, man erschrak fast, daß sich nichts ereignete. Der hitzige Camille ist untröstlich, daß er nichts zu berichten hat; in der Pause heiratet er und verkündet der Welt dieses Ereignis.

Keine Bewegungen mitten im Krieg (denn so empfand man bereits), das war unnatürlich. In Wirklichkeit geschahen zwei ungeheuer wichtige Ereignisse.

Erstens verriet der König Frankreich an die Könige.

Zweitens bildete sich gegen die kirchlich-aristokratische Verschwörung die jakobinische Verschwörung.

Der augenfälligste Zug jener Zeit ist die Vervielfältigung der Klubs, die ungeheure Gärung, besonders in Paris; an jeder Straßenecke bilden sich aus dem Stegreif Versammlungen. Das strahlende und einförmige Paris der Friedenszeit gibt uns keine Vorstellung vom damaligen Paris. Tauchen wir für einen Augenblick ein in dieses aufgewühlte, lärmende, gewalttätige, schmutzige und dunkle, aber lebendige, von Leidenschaften überschäumende Paris.

Dem ersten Schauplatz der Revolution, dem Palais-Royal, sind wir es schuldig, dort den ersten Besuch zu machen. Ich führe euch hin; ich geleite euch durch die erregte Menge, die lärmenden Gruppen, die Scharen von Frauen, die sich den Freiheiten der Natur geweiht haben. Wir durchschreiten die engen, überfüllten, stickigen Galerien aus Holz, den dunklen Durchgang, in dem wir fünfzehn Stufen hinabsteigen – und wir sind mitten im Zirkus.[1]

Es wird gepredigt! Wer hätte das erwartet – an diesem Ort, in dieser weltlichen, mit hübschen, zwielichtigen Frauen gemischten Versammlung?... Auf den ersten Augenschein könnte man es für eine Erbauungsrede zum Frommen der Dirnen halten... Doch nein, die Versammlung ist viel ernster, ich erkenne zahlreiche Schriftsteller und Akademiker; am Fuß der Rednertribüne steht Monsieur de Condorcet.

Ist der Redner ein Priester? Dem Kleide nach ja; er ist von gefälligem Aussehen, ungefähr vierzig Jahre alt, spricht feurig, bisweilen trocken und dann wieder hastig, ohne jede Salbung; er sieht mutig, aber ein wenig grillenhaft aus. Prediger, Poet oder Prophet: Es ist der Abbé Fauchet. Dieser heilige Paulus spricht zwischen zwei Theklas. Die eine verläßt ihn nie, folgt ihm, ob er will oder nicht, in den Klub, zum Altar – so groß ist ihre Inbrunst; die andere Dame ist eine Holländerin, gutherzig und edlen Geistes, Madame Palm-Aelders, die Sprecherin der Frauen, die ihre Gleichberechtigung predigt. Sie arbeiten eifrig daran. Mademoiselle Kéralio gibt ein Blatt heraus.[2] Bald wird Madame Roland Minister sein und noch mehr.

Es wundert mich wenig, daß dieser Prophet, der so sehr von Frauen umgeben ist, beredt von der Liebe spricht; die Liebe kommt jeden Augenblick in seinen flammenden Worten vor. Es handelt sich glücklicherweise, so merke ich, um die Liebe zur Menschheit. Was will er? Er scheint ein unbekanntes Geheimnis zu erklären und dreitausend Menschen anzuvertrauen. Er spricht im Namen der Natur und hält sich doch für einen Christen. Seltsam vereint er in einer Art Freimaurertum Bacon und Jesus. Bald im Vordertreffen der Revolution, bald Rückschrittler, predigt er heute La Fayette und geht morgen noch weiter als die Demokraten, gründet die menschliche Gesellschaft auf die Pflicht, *jedem ihrer Mitglieder das zum Leben Notwendige zu geben*. Manche glauben, in seiner wirren Lehre das Ackergesetz zu erkennen.

Sein Blatt, das Blatt des *Cercle social pour la fédération des amis de la vérité*,[3] heißt *La Bouche de fer* – ein drohender, fürchterlicher Titel.*

* Unter all seinem Wust von falschem Mystizismus und Freimaurerei enthält das Blatt viele gute und seltsame Dinge. Es verdiente vielleicht, neu gedruckt zu werden als historische Kuriosität.

Dieser immer geöffnete Mund (Rue de l'Ancienne Comédie nahe beim Café Procope) verschlingt Tag und Nacht die anonymen Mitteilungen, die Anklagen, die man hineinwerfen will. Aber seid unbesorgt, die meisten bleiben drinnen liegen. Der *Eiserne Mund* beißt nicht.

Gehen wir hinaus.

In diesen unruhigen Zeiten muß man wachsam und vorsichtig sein. Hier gibt es zuviel Theorien, zuviel Frauen und zuviel Träume. Die Luft bekommt uns nicht. Liebe, Friede, zweifellos ausgezeichnete Dinge, aber... der Krieg hat begonnen. Kann man Menschen und Prinzipien, die sich feindlich sind, einander in die Arme treiben, bevor man sie versöhnt hat?... Und was mein Mißtrauen mehrt, über dem Zirkus liegt der verdächtige *Club de 89*, in prunkvollen, hellerleuchteten Räumen, im ersten Stockwerk des Palais-Royal, der Klub La Fayettes, Baillys, Mirabeaus, Sieyès', derer, die bremsen möchten, bevor sie noch Garantien haben. Jeden Augenblick erschienen diese Abgötter des Volks auf dem Balkon, grüßen königlich die Menge. Die Seele dieses begüterten Klubs ist ein guter Garkoch.

Lieber folge ich im gelben Licht der Straßenlaternen, die in weiten Abständen den Nebel der Rue Saint-Honoré durchdringen, der schwarzen Menschenflut, die dem gleichen Ziel zustrebt, der kleinen Pforte des Jakobinerklosters. Hier holen sich jeden Morgen die Werkzeuge des Aufstands den Befehl von Lameth oder empfangen von Laclos das Geld des Herzogs von Orléans.[4] Zu dieser Stunde ist der Klub geöffnet. Treten wir vorsichtig ein, der Ort ist schlecht beleuchtet... Dennoch findet eine große, wahrhaft ernste, achtunggebietende Versammlung statt. Hier findet die öffentliche Meinung aus allen Gegenden Frankreichs ihr Echo; hier strömen die wahren oder falschen Nachrichten aus den Départements, die gerechten oder ungerechten Anklagen herein. Hier werden die Bescheide erteilt. Hier ist der Großorient, das Zentrum der Logen, die höchste Freimauerei, nicht bei dem harmlosen Fauchet, der nur ihre leere Form vorweist.

Ja, dieses Kirchenschiff ist dämmrig, aber um so feierlicher. Betrachtet die vielen Abgeordneten, wenn ihr sie sehen könnt; es waren schon einmal vierhundert; was ihr heute seht, sind ungefähr zweihundert, darunter wie immer die Hauptführer Du Port, Lameth und die anmaßende, herausfordernde, hochmütige Gestalt des jungen und brillanten Advokaten Barnave. Um die abwesenden Abgeordneten zu ergänzen, hat die Gesellschaft ungefähr tausend Mitglieder zugelassen, alles tätige, ausgezeichnete Leute.

Hier ist niemand aus dem Volk. Die Arbeiter kommen zu anderen Stunden und in einen anderen Saal, unter diesem gelegen. Man hat zu ihrer Unterweisung einen Bruderverein gegründet, wo man ihnen die

Verfassung erklärt. Ebenso beginnt ein Verein von Frauen aus dem Volk sich in dem unteren Saal zu versammeln.*

Die Jakobiner sind eine vornehme, gebildete Gesellschaft. Die Literaten sind hier in der Mehrzahl. La Harpe, Chénier, Chamfort, Andrieux, Sedaine und viele andere; an Künstlern herrscht kein Mangel: David, Vernet, Larive und die Revolution im Theater, der junge Römer Talma. An den Türen, um die Eintrittskarten zu prüfen und die Mitglieder zu erkennen, zwei Kontrolleure, der Sänger Laïs und jener schöne junge Mann, der würdige Schüler der Frau von Genlis, der Sohn des Herzogs von Orléans.

Der dunkle Mann im Büro, der so düster lächelt, ist der Agent des Prinzen selbst, der nur zu berühmte Verfasser der *Liaisons dangereuses*. Welch ein Gegensatz! Auf der Tribüne spricht Herr von Robespierre.[5]

Das ist ein anständiger Mensch, der fest bei seinen Grundsätzen bleibt. Ein sittenstrenger Mensch, ein begabter Mensch. Seine schwache, ein wenig kreischende Stimme, sein mageres, tristes Gesicht, sein unveränderlicher olivfarbener Rock (der einzige Rock, langweilig, sorgfältig gebürstet), all das beweist nur zu sehr, daß Prinzipien nicht reich machen. In der Nationalversammlung wenig beachtet, spielt er die erste Rolle bei den Jakobinern und wird sie immer spielen. Er ist die Gesellschaft selbst, nicht mehr und nicht weniger. Er verkörpert sie vollkommen, hält gleichen Schritt mit ihr, eilt ihr niemals voraus. Wir werden ihm sehr eng und sehr aufmerksam folgen, jede Stufe seiner vorsichtigen Laufbahn festhalten und auch die tiefen Spuren erkennen, welche die Revolution in sein bleiches Gesicht zeichnen wird, die vorzeitigen Runzeln der durchwachten Nächte und die Gedankenfurchen. Man muß ihn schildern, bevor man ihn malt. Er ist zur Gänze künstliches Erzeugnis des Schicksals und der Arbeit und verdankt der Natur wenig; man kann ihn nicht verstehen, wenn man nicht genau die Umstände kennt, die ihn formten, den starken Willen, der ihn formte.

Wenige Menschen begannen unglücklicher. Zuerst Schlag auf Schlag Unglück in Familie und Vermögen; dann von der hohen Geistlichkeit beschützt und unterstützt, von einer Welt vornehmer Herren, die den Ideen des jungen Mannes feindlich war und dem Geist des Jahrhunderts, den er teilte. So entging er dem ersten Unglück nur, um einem viel größeren zu verfallen: der Notwendigkeit, undankbar zu sein.

Die Robespierres waren seit Generationen Notare in Carvin bei Lille gewesen. Das älteste Aktenstück, das ich von ihnen kenne, stammt aus

* Marat vergleicht die Energie dieser Frauen mit dem Geschwätz der jakobinischen Aristokratie (Ausgabe vom 30. Dezember 1790).

dem Jahre 1600.* Man vermutet, sie seien aus Irland gekommen. Ihre Ahnen haben vielleicht zu den zahlreichen irischen Kolonien gehört, die im sechzehnten Jahrhundert die Klöster und Seminare an der Küste bevölkerten und dort von den Jesuiten zu Rednern und Disputierern erzogen wurden. Dort waren unter anderen Burke und O'Connell Schüler.

Im achtzehnten Jahrhundert suchten die Robespierres ein größeres Arbeitsfeld. Ein Zweig blieb in der Nähe von Carvin, der andere ließ sich in Arras nieder, einem bedeutenden geistlichen, politischen und juristischen Zentrum, Sitz von Provinzialständen und höheren Gerichtshöfen, einem Zentrum für Geschäfte und Prozesse. Nirgendwo lasteten Adel und Kirche schwerer. Es gab insbesondere zwei Fürsten oder Könige von Arras, den Bischof und den mächtigen Abt von Saint-Waast, der ungefähr ein Drittel der Stadt besaß. Der Bischof hatte das Herrenrecht behalten, die Richter am Strafgericht zu ernennen. Noch heute wirft sein riesiger Palast einen Schatten über die Hälfte von Arras. Straßen mit Namen, die an lebenslange Rechtshändel gemahnen, säumen feucht und trostlos die Mauern des Palastes: Rue du Conseil, Rue des Rapporteurs usw. In dieser letzteren, der düstersten, der traurigsten, in einem guten, sehr ehrbaren Bürgerhaus lebte, arbeitete, schrieb Tag und Nacht ein Advokat am Rat von Artois, ein fleißiger, ehrenwerter Mann, der 1758 Robespierres Vater wurde.**

Er besaß keinen Reichtum außer der allgemeinen Achtung und seinem häuslichen Glück; als ihn das Unglück traf, seine Frau zu verlieren, war sein Leben zerstört. Er verfiel in unheilbare Schwermut, wurde unfähig zu Geschäften, gab die Praxis auf. Man riet ihm, zu reisen. Das tat er und ließ nichts mehr von sich hören; man hat niemals erfahren, was aus ihm geworden ist.[6]

Vier Kinder blieben verlassen in dem großen, öden Haus. Der Älteste, Maximilien, wurde mit zehn oder elf Jahren das Familienoberhaupt, gewissermaßen der Vormund seines Bruders und seiner beiden Schwestern. Sein Wesen änderte sich mit einem Mal; er wurde, was er seither blieb: erstaunlich ernst; sein Gesicht konnte lächeln – ein gewisses scheinheiliges Lächeln wurde sogar später dessen gewöhnlicher Ausdruck –, aber sein Herz lachte niemals mehr. Noch so jung, mußte er der Vater, der Herr und der Leiter der kleinen Familie sein, sie führen und ermahnen.

Dieser kleine, so erwachsene Mann war der beste Schüler am Gymna-

* Sammlung des Herrn Gentil in Lille.

** Und nicht 1759. Herr Degeorge hatte die Güte, mir aus Arras den kürzlich aufgefundenen Geburtsschein zu schicken.

sium von Arras. Für einen so ausgezeichneten Schüler erlangte man mühelos vom Abt von Saint-Waast eine der Freistellen, über die er im Collège Louis-le-Grand verfügte. Robespierre trennte sich also von seinem Bruder und seinen Schwestern und kam ganz allein nach Paris, ohne andere Empfehlungen als an einen Stiftsherrn von Notre-Dame, den er ins Herz schloß. Aber er hatte kein Glück; der Stiftsherr starb bald. Und fast gleichzeitig erfuhr er, daß eine seiner Schwestern gestorben war, und zwar die jüngste und geliebteste.

In den dicken, unheimlichen Mauern von Louis-le-Grand, die dunkel sind vom Schatten der Jesuiten, in den tiefen Höfen, in die die Sonne nur selten dringt, ging der Verwaiste allein spazieren, abgesondert von den Glücklichen, der lärmenden Jugend. Die anderen, die Eltern besaßen und in den Ferien Familienluft und Weltluft atmeten, wurden weniger rauh von dieser traurigen Erziehung berührt, die den Seelen ihre Blüte nimmt und sie in unfruchtbarem Brand verdorren läßt. Sie drang scharf in die Seele Robespierres.

Als Waise und schutzloser Freischüler mußte er sich durch seine Leistungen schützen, durch Anstrengungen, durch ein ausgezeichnetes Betragen. Von einem Freischüler verlangt man viel mehr als von anderen. Er ist gehalten, Erfolg zu haben. Die guten Plätze, die Preise, die für die anderen eine Auszeichnung bedeuten, sind für den Freischüler gleichsam ein Tribut, eine Bezahlung, die *er* seinen Gönnern entrichtet. Eine demütigende, freudlose, harte Lage, die indessen den Charakter Camille Desmoulins', eines anderen Freischülers des Klerus, nicht sehr geschädigt zu haben scheint. Desmoulins war jünger; Danton war ungefähr gleichaltrig mit Robespierre; er besuchte die gleichen Kurse.[7]

Sieben Jahre, acht Jahre verstrichen so. Dann studierte er die Rechte wie alle, wollte Anwalt werden. Das gelang ihm nicht gut; obgleich er von Natur aus ein gutes Urteil und scharfen Verstand besaß und ein Freund von Abstraktionen war, konnte er sich an die Sophistik der Advokatenschaft, an die Spitzfindigkeiten der Rechtskniffe nicht gewöhnen. Er war mit Rousseau und Mably, den Philosophen seiner Zeit, gebildet worden, und es fiel ihm nicht leicht, von diesen Gipfeln herabzusteigen. Er mußte nach Arras zurückkehren und in der Provinz leben. Als Preisträger von Louis-le-Grand wurde er gut aufgenommen und hatte einigen Erfolg in der Welt und in der akademischen Literatur. Die Akademie der *Rosati*, die Rosen als Dichterpreise verteilte, nahm Robespierre auf. Er machte Verse wie jeder andere. Er bewarb sich bei der Lobrede auf Gresset und bekam einen zweiten Preis; später bei einem ernsteren Gegenstand: der Rückwirkung des Verbrechens, der Brandmarkung der Verwandten des Verbrechers. All das schwach geschrieben, mit einer salbungsvollen Sentimentalität. Aber desungeachtet hatte der junge Autor einen tiefen Eindruck auf eine junge Dame der Gegend gemacht.* Die junge Dame tat den Schwur, niemals einen anderen zu heiraten. Als Robespierre von einer Reise zurückkehrte, war sie verheiratet.

Der Klerus war natürlich stolz auf einen solchen Schützling und blieb ihm sehr geneigt. Er erreichte beim Abt von Saint-Waast, daß sein jüngerer Bruder die Freistelle bekam, die er selbst im Collège Louis-le-Grand gehabt hatte. Der Bischof ernannte ihn zum Mitglied des Strafgerichts. Als aber Robespierre einen Mörder zum Tode verurteilen mußte, griff ihn das, wie seine Schwester versichert, so sehr an, daß er um seine Entlassung ersuchte.

Jedenfalls tat er klug daran, am Vorabend der Revolution den verhaßten Beruf eines von Priestern ernannten Richters des Ancien régime aufzugeben. Er wurde Advokat. Es war sicher besser, seine Ansichten und sein Leben in Einklang zu bringen, von wenig oder von gar nichts zu leben, abzuwarten. Obgleich es ihm sehr schlecht ging, vertrat er, so wird berichtet, mit lobenswerter Gewissenhaftigkeit nicht jede Sache, sondern wählte aus. Er geriet in große Verlegenheit, als er von Bauern gebeten wurde, für sie gegen den Bischof von Arras zu plädieren. Er prüfte ihr Anliegen und fand es berechtigt; wahrscheinlich hätte zu jener Zeit kein anderer Advokat gewagt, es gegen den König der Stadt zu unterstützen. Robespierre hielt die Advokatur für ein Amt; er stellte die Gerechtigkeit höher als Rücksichten, Gefühle, Dankbarkeit und plädierte ohne Zaudern gegen seinen Gönner.

Kein Land war so geeignet, glühende Freunde der Freiheit hervorzubringen, wie das Artois; keines litt schwerer unter der kirchlichen und herrschaftlichen Tyrannei. Der Boden gehörte zur Gänze den weltlichen und geistlichen Herren. Die lächerlichen Provinzialstände waren wie eine Verhöhnung der Gerechtigkeit und der Vernunft. Der dritte Stand war dort lediglich durch etwa zwanzig von den Herren ernannte Gemeindevorsteher vertreten. Die Herren, die La Tour-Maubourgs, d'Estourmels, Lameths, hatten die Verwaltung wie ein Erbgut völlig in ihrer Hand. Eine Verwaltung, die an vorangeschrittener Absurdität ihresgleichen suchen konnte. Ein Lameth gesteht es selbst. Zuerst hatte *jeder* Lehnsmann Stimmrecht; später wurde der Besitz eines Kirchspiels verlangt und vier adlige Vorfahren, dann sieben Vorfahren von Adel; am Vorabend der Revolution schließlich gab man sich nur noch mit zehn adligen Vorfahren zufrieden. Man braucht sich nicht zu wundern, wenn diese über alle

* Um sie handelt es sich nach meiner Meinung in der Unterschrift des ersten Porträts von Robespierre (Sammlung von Monsieur Saint-Aubin): Er wirkt sehr jung, sehr schlaff, sehr fade, mit der einen Hand eine Rose haltend und die andere aufs Herz gelegt. Darunter steht: »Alles für meine Freundin.«

Maßen rückschrittliche Provinz einen strengen Vertreter der neuen Ideen in die Generalstände schickte und wenn dieser Mann, der keine Krümmungen kannte, sondern nur die gerade Linie, eine Art mathematischen Geist in die Revolution brachte, das Winkelmaß, den Zirkel, die Grundwaage.

Er kam von Arras und fand Arras auf den Bänken der Versammlung wieder, das heißt den treuen Haß der Priester gegen ihren Schützling, ihren Abtrünnigen, und die Verachtung der Herren von Artois gegen einen Advokaten, der aus Barmherzigkeit erzogen worden war und nun neben ihnen Platz nahm. Diese unverhüllte Böswilligkeit mußte die außergewöhnliche Schüchternheit des Anfängers noch steigern. Er vertraute Etienne Dumont an, daß er wie Espenlaub zittere, wenn er die Tribüne besteige.[8] Dennoch hatte er Erfolg. Als die Geistlichkeit im Mai 1789 den dritten Stand hinterlistig bat, Mitleid zu haben mit dem armen Volk und seine Arbeit zu beginnen, antwortete Robespierre mit scharfer Heftigkeit, und als er sich durch den Beifall der Versammlung gestützt fühlte, gab er seiner Leidenschaft nach und wurde beredt.

Da er in der Nacht des 4. August[9] abwesend gewesen war und bedauerte, eine so günstige Gelegenheit verfehlt zu haben, nutzte er begierig die gefährlichen Umstände des 5. Oktober. Als Maillard, der Redner der Frauen, eine Ansprache an die Versammlung hielt, verhielten sich alle feindlich oder stumm; nur Robespierre erhob sich und unterstützte Maillard zweimal.

Ein ernstes Beginnen, für sein Schicksal entscheidend, denn es kennzeichnete diesen schüchternen Menschen als äußerst verwegen und gefährlich und zeigte besonders seinen Freunden, daß ein solcher Mann sich nicht binden lassen oder gelehrig den Parteivorschriften folgen würde. Damals kam man allem Anschein nach unter den adligen Jakobinern überein, diesen ehrgeizigen Mann vor der Versammlung lächerlich zu machen und zu demjenigen abzustempeln, der jedermann ohne Unterschied der Partei amüsiert und amüsieren muß. In der Langeweile der großen Versammlungen gibt es immer jemanden (oft ist es nicht der Unverständigste), den man so dem Unterhaltungsbedürfnis aller opfert. In diesen Augenblicken des Spottes kommt man einander näher, lachen die unversöhnlichsten Feinde miteinander und werden für einen Moment einträchtig; es gibt nur noch einen Feind.

Um einen Menschen lächerlich zu machen, gibt es ein bequemes Mittel, nämlich daß *seine Freunde* lächeln, wenn er spricht. Die Menschen sind im allgemeinen so oberflächlich, so leicht mitzureißen, so faule Herdentiere, daß ein Lächeln von seiten der Linken, von Barnave und Lameth, unfehlbar die ganze Versammlung zum Lachen brachte. Ein einziger scheint an diesen Unwürdigkeiten keinen Anteil gehabt zu haben, ein wahrhaft

Starker: Mirabeau. Er antwortete dem schwachen Gegner immer ernsthaft und rücksichtsvoll, achtete in ihm das Bild des Fanatismus, der aufrichtigen Leidenschaft, beharrlichen Arbeit. Nachsichtig und mit der Güte des Genies enthüllte er schließlich den tiefen Dünkel Robespierres, die Ehrfurcht, die jener vor sich selbst, vor seiner Person und seinen Worten hegte. »Er wird es weit bringen«, sagte Mirabeau, »denn er glaubt alles, was er sagt.«

Die Versammlung besaß viele Redner und war zu Recht anspruchsvoll. An den Löwenkopf Mirabeaus gewöhnt, an die freche Selbstgefälligkeit Barnaves, an Cazalès' Hitzigkeit und die unverschämte Zanksucht Maurys, fand sie den Anblick der dürftigen Züge, der Unbeholfenheit und Schüchternheit Robespierres peinlich. Die beständige Anspannung von Muskeln und Stimme, sein eintöniger Vortrag, das Auftreten des Kurzsichtigen – all das machte einen beschwerlichen, ermüdenden Eindruck, dem man sich durch den Spott entzog. Um das Unrecht vollzumachen, ließ man ihm nicht einmal den Trost, sich gedruckt zu sehen. Aus Nachlässigkeit oder vielleicht auf einen Wink der *Freunde* Robespierres verstümmelten die Journalisten seine sorgfältigst ausgearbeiteten Reden aufs grausamste. Sie versteiften sich darauf, seinen Namen nicht zu kennen, und nannten ihn immer: »Ein Mitglied« oder »Herr N.« oder machten drei Sterne.[10]

So verfolgt, ergriff er nur um so begieriger jede Gelegenheit, die Stimme zu erheben, und dieser unverrückbare Entschluß, immer zu sprechen, machte ihn bisweilen wirklich lächerlich. Als zum Beispiel der Amerikaner Paul Jones der Versammlung seinen Glückwunsch aussprach und der Präsident ihm geantwortet hatte, hielt jedermann die Antwort für genügend, nur Robespierre wollte ebenfalls antworten. Murren, Unterbrechungen: Nichts machte ihn irre. Mit Mühe brachte er ein paar unbedeutende, nutzlose Worte hervor, appellierte aber an die Tribünen, forderte die Freiheit der Meinung und schrie, man suche seine Stimme zu ersticken. Da brachte Maury alle Anwesenden zum Lachen durch den Antrag, die Rede des Herrn Robespierre drucken zu lassen.

Robespierre besaß nichts, was ihn diese Demütigungen, die seine Eitelkeit äußerst empfindlich trafen, vergessen machen konnte, weder Familie noch Gesellschaft. Er war allein, er war arm. Er brachte die Kränkungen mit heim in seine Einsamkeit im Marais, in seine armselige Wohnung in der traurigen Rue de Saintonge. Ein kaltes Zimmer, ärmlich, ohne Möbel. Er lebte bescheiden und sehr eingeschränkt von seinem Abgeordnetengehalt; davon schickte er noch ein Viertel nach Arras an seine Schwester; ein anderes Viertel erhielt eine Geliebte, die ihn sehr liebte, ihm aber wenig nutzte; er verschloß oft die Tür vor ihr und behandelte sie nicht gut. Er war sehr mäßig und aß für dreißig Sous;

trotzdem blieb ihm kaum etwas für die Kleidung.* Als die Versammlung beim Tode Franklins Trauer anordnete, war Robespierre in großer Verlegenheit. Er lieh sich einen schwarzen Rock aus Trikot von einem Mann, der viel größer war als er; der Rock schleppte um vier Zoll nach. *»Nihil habet paupertas durius in se quam quod ridiculos homines facit.«* (Juvenal)[11]

Um so mehr versenkte er sich in die Arbeit. Aber dazu blieben ihm nur die Nächte, denn die Tage verbrachte er ganz, mit unentwegter Pünktlichkeit, bei den Jakobinern und in der Versammlung, in ungesunden, stickigen Sälen, in denen sich Mirabeau eine schwere Augenentzündung holte und Robespierre Blutstürze. Wenn ich nach den Unterschieden zwischen seinen Porträts urteilen darf, so muß sich seine Wesensart damals sehr verändert haben. Sein Gesicht, das bis dahin recht jung und milde aussah, scheint nunmehr wie vertrocknet. Äußerste Verschlossenheit, die bis zur Verzerrung geht, wird kennzeichnend. Tatsächlich hatte er nichts, was dem Geist Erholung bringen konnte. Sein einziges Vergnügen war, seine gewiß klaren, aber völlig farblosen Reden zu verbessern und auszufeilen; durch die Arbeit gewöhnte er sich die vulgäre Ungezwungenheit ab und gelangte allmählich zu einem schwerfälligen Stil.

Am meisten nützte es ihm, daß er sich von seiner eigenen Partei entfernte, daß er für sich blieb, mit den Lameths brach und nicht länger die Kette dieser zweifelhaften Freundschaft schleppte. Als Robespierre eines Morgens zum Haus der Lameths kam, konnten oder wollten diese ihn nicht empfangen; er kam nicht wieder.

So war er frei von den Männern der Auswege und wurde der Mann der Grundsätze.

Von da an war seine Stellung einfach und stark. Er wurde das große Hindernis derer, die er verlassen hatte. Diese Partei- und Geschäftsmänner fanden nun bei jedem Versuch eines Handels zwischen Prinzipien und Interessen, zwischen Recht und Umständen eine Schranke, die Robespierre vor ihnen errichtete: das abstrakte, absolute Recht. Ihren unechten, englisch-französischen, sogenannten konstitutionellen Lösungen gegenüber wies er Theorien vor, die nicht eigentlich französisch, sondern allgemein universal waren und dem *Contrat social*, dem legislativen Ideal Rousseaus und Mablys entsprachen.

Sie schmiedeten Ränke, wandten sich hierhin und dorthin; er blieb

* Ich verdanke diese und mehrere andere Einzelheiten dem Werk des Monsieur Villiers (*Souvenirs d'un déporté*, 1802), der den größten Teil des Jahres 1790 mit Robespierre verlebte und ihm oft kostenlos als Sekretär diente. Im übrigen habe ich mich fast überall an die Memoiren von Charlotte de Robespierre gehalten, die im Anhang zu den *Œuvres de Robespierre* (herausgegeben von Laponneraye) abgedruckt sind.

unbewegt. Sie mischten sich in alles, machten Kniffe, handelten, stellten sich auf jede Weise bloß; er bekannte sich nur zu seiner Lehre. Sie erschienen wie Sachwalter, er wie ein Philosoph, ein Priester des Rechts. Er mußte sie auf die Dauer unweigerlich erschöpfen.

Er war ein treuer Wahrer der Prinzipien und trat immer feierlich für sie ein, erklärte sich aber selten über ihre Anwendung und wagte sich nicht auf das heikle Gebiet der Mittel und Wege. Er sagte, *was man tun sollte*, selten, sehr selten, *wie man es tun konnte*. Doch liegt gerade darin die größte Verantwortung des Politikers, strafen ihn die Ereignisse oft Lügen und zeihen ihn des Irrtums.

Überdies war eine solche Versammlung leicht zu fassen. Sie schwankte, schritt vor- und rückwärts, verlor jeden Augenblick das Prinzip der Revolution aus den Augen – ihr eigenes Prinzip, das ihre Existenz bedingte.

Was war das für ein Prinzip? Niemand sprach es wirklich aus, doch alle hatten es im Herzen. Es war das Recht, doch nicht länger *auf Dinge* (auf Güter, auf Lehen), *sondern das Recht der Menschen*, das gleiche Recht menschlicher Seelen – ein zutiefst spiritualistisches Prinzip, ob man es sich eingestand oder nicht. Ihm folgte man bei den ersten Wahlen; alle, Besitzende und Besitzlose, stimmten gleich ab. Die Erklärung der Menschenrechte erkannte die Gleichheit der Menschen an, und alle Welt begriff, daß dies die Gleichheit der Bürgerrechte beinhaltete.

Im Oktober 1789 erkennt die Versammlung das Wahlrecht nur denen zu, die den Wert von drei Arbeitstagen an Steuern bezahlen. So bleiben von sechs Millionen Wählern, die das allgemeine Stimmrecht ergeben hatte, nur 4298000. Die Versammlung fürchtete damals zwei entgegengesetzte Mächte: die Volksaufwiegler in den Städten und die Aristokratie auf dem Lande; sie hatte Bedenken, zweihunderttausend Bettler in Paris abstimmen zu lassen – von den anderen Städten ganz zu schweigen – und eine Million Bauern, die von den Herren abhingen.

Das mochte dem Anschein nach im Jahr 1789 zutreffen, aber weit weniger im Jahr 1791. Die Landbevölkerung, die man für unterwürfig hielt, hatte sich im Gegenteil im allgemeinen revolutionär gezeigt; fast überall hatten die Bauern berechtigte Hoffnungen an die neue Ordnung der Dinge geknüpft, sie hatten sich in Mengen verheiratet und bewiesen schon dadurch, daß sie die Idee der Ordnung und des Friedens nicht von der der Freiheit trennten.

Es lebte ein ungeheurer Glaube in diesem Volk; wie da nicht an es glauben? Man ist sich nicht klar genug darüber, wie viele Fehler und Treulosigkeiten nötig waren, um ihm dieses Gefühl zu rauben. Es glaubte zuerst an alles, an die Ideen, an die Menschen, und bemühte sich immer, aus einer allzu natürlichen Schwäche die Ideen in den Menschen verkörpert zu sehen; die Revolution erschien ihm heute in Mirabeau, morgen in Bailly und La Fayette; selbst unergiebige und langweilige Gestalten wie die Lameths und Barnave flößten ihm Vertrauen ein. Stets getäuscht, wandte es schließlich sein hartnäckiges Glaubensbedürfnis anderen zu.

So hatten sich die Herzen geöffnet, hatte sich der Geist geweitet. Nie war eine Verwandlung schneller vonstatten gegangen. Circe verwandelte Menschen in Tiere; die Revolution hatte genau das Gegenteil bewirkt. Sowenig die Menschen auch vorbereitet waren, der schnelle Instinkt Frankreichs hatte abgeholfen. Eine riesige Menge unwissender Menschen begriff die öffentlichen Angelegenheiten.

Diesen glühenden, intelligenten, energischen Massen, die 1789 gewählt hatten, zu erklären, sie besäßen dieses Recht nicht mehr, den Namen *Aktiv*bürger den Wählern vorzubehalten und die Nichtwähler auf den Rang von *Passiv*bürgern zu erniedrigen, von Bürgern, die keine sind, das erschien wie eine Art Gegenrevolution. Noch sonderbarer war es, den so in ihrer Zahl beschränkten Wählern zu sagen: »Ihr dürft nur Reiche wählen.« Sie konnten nur diejenigen zu Abgeordneten ernennen, die wenigstens den Wert von einer Mark Silber an Steuern bezahlten (54 Livres).

Die Debatten, die sich mehrmals um diesen Gegenstand entspannen, gaben den Konstitutionellen und Nationalökonomen Gelegenheit, ihre groben, materialistischen Lehren vom Recht des Eigentums naiv vorzuführen. Die letzteren verstiegen sich zu der Behauptung, die Eigentümer allein seien Mitglieder der Gesellschaft, *diese gehöre ihnen*!*

Die Frage der Ausübung der politischen Rechte, schon an sich gewichtig, wurde noch gewichtiger, weil die 1300000 Richter, Beisitzer und Verwaltungsbeamte, die von der Versammlung geschaffen waren, nur aus den *Aktiv*bürgern rekrutiert werden sollten. Man ging noch weiter: Man versuchte, auch die Nationalgarde diesen letzteren vorzubehalten, das siegreiche Volk zu entwaffnen, das gerade die Revolution gemacht hatte.

Dies Mißtrauen gegen das Volk, der Materialismus des Bürgertums, der nur im Eigentum die Bürgschaft der Ordnung sieht, gewann immer mehr Boden in der konstituierenden Versammlung. Bei jedem Aufruhr wuchs es. Sieyès, Thouret, Le Chapelier, Rabaut-Saint-Etienne wichen immer weiter zurück und vergaßen, was sie früher getan hatten. Noch merkwürdiger ist, daß jene Leute, die über den Aufstand Bescheid wußten und ihn bisweilen anstifteten, Du Port, Lameth und Barnave, Besorgnis zeigten;

* Unverständige Schüler Quesnays und Turgots, die nicht begriffen, daß ihre Meister nur darum das *Recht* des Bodens übertrieben hatten, um diesen desto sicherer mit der *Pflicht* der Steuerzahlung zu treffen in einer Zeit, wo er ganz in den Händen der Priester und Adligen war.

sie stimmten als Abgeordnete für Gesetze, welche die Leute entwaffneten, die sie als Jakobiner aufgewiegelt hatten. Die Stellung dieser drei Männer wurde im Jahr 1790 äußerst zweideutig und sonderbar. Ihre Volkstümlichkeit hatte den höchsten Grad erreicht durch ihren Kampf gegen Mirabeau in der großen Frage des Rechts der Entscheidung über Krieg und Frieden. Und doch: Unterschieden sich ihre Ansichten wesentlich, grundlegend von den seinigen? Was waren sie wirklich? Royalisten.

Bezeichnenderweise war der einzige Mann auf der Welt, den Mirabeau vom ersten bis zum letzten Augenblick gehaßt hat, derselbe, in dem nach Mirabeaus Meinung die Falschheit der Partei am stärksten zum Ausdruck kam: Alexandre de Lameth.

Wenn Lameth, Du Port und Barnave sich Mirabeau nur um einen Schritt zu nähern schienen, dann verbreiterten sie den Boden für Robespierre, der bei den Jakobinern immer größer wurde. Ihre Stellung in der Vorhut bereitete ihnen größte Sorgen, aber sie wollten sie nicht aufgeben. Sie lavierten, zauderten, benutzten alles, was Ränke und List an Auswegen bieten konnten. Indessen gingen die Dinge so rasch voran, daß man sich sehr beeilen mußte, wenn man das Königtum noch stärken wollte. Charles de Lameth fand Beifall, als er der Exekutive vorwarf, »sie stelle sich tot«. Der Vorwurf war ernst gemeint; die Lameths ahnten, daß diese von ihnen so geschwächte Gewalt sie mit sich hinabreißen würde, und wünschten aufrichtig, ihr ihre Macht wiederzugeben.

Das wurde deutlich bei der Meuterei in Nancy. Sie stimmten mit Mirabeau für Bouillé und La Fayette, gegen die Soldaten, zu deren Erregung und Aufwiegelung die von den Lameths geführte Jakobinergesellschaft nicht wenig beigetragen hatte.[12]

Unter diesem offen oder versteckt rückschrittlichen Einfluß beschloß die Versammlung am 6. September, daß für zwei Jahre keine Urwählerversammlungen stattfinden sollten und daß die von den Urwählern bereits ernannten Wahlmänner für zwei Jahre die mit dem Wahlrecht verbundene Macht ausüben sollten.

Die Lameths bereuten sehr, aus Haß auf Mirabeau für den Antrag gestimmt zu haben, der den Abgeordneten verbot, ins Ministerium einzutreten. Sie zweifelten nicht daran, daß bei den neuen Verhältnissen jeder Wechsel die Gewalt in ihre Hände oder in die ihrer Freunde spielen müßte. So traten sie lebhaft dafür ein, daß man den König bitten solle, die Minister zu entlassen, und zunächst gelang es ihnen durch den Volksaufstand, Necker zu verjagen. Wider alles Erwarten lehnte die Versammlung es ab, die Entlassung der anderen zu verlangen. Camus, Le Chapelier, die Bretonen und zweihundert Abgeordnete der Linken stimmten gegen den Antrag. Man mußte die Sektionen von Paris in Bewegung bringen, die nun nicht mehr die Entlassung der Minister forderten, sondern ein Verfahren gegen sie. Dieser Wunsch wurde der Versammlung durch Danton vorgetragen, und das erste Auftreten dieses Medusenhauptes genügte, um erkennen zu lassen, daß man vor keinem Schreckmittel zurückweichen würde.

Der Hof setzte um diese Zeit seine Hoffnung auf das Überhandnehmen der Mißstände und er legte Wert darauf, vor Europa festzustellen, daß das Königtum nicht mehr bestünde; er hätte es gern gesehen, wenn der König die Versammlung gebeten hätte, selbst die Minister zu wählen. Mirabeau bekam Wind von der Sache und widersetzte sich heftig, denn er fürchtete zweifellos, die Versammlung würde unter ihren gewöhnlichen Führern wählen und zu deren Gunsten den Beschluß aufheben, der den Abgeordneten das Ministerium verbot.

Da sah das Triumvirat ein, daß es den Hof niemals dazu bringen würde, ihm die Macht anzuvertrauen. Die Lameths waren in Versailles erzogen worden und hatten beim König in Gunst gestanden; sie wußten, daß ihre Undankbarkeit sie zum Gegenstand persönlichen Hasses machte. Sie taten einen sehr ernsten Schritt, welcher bewies, wie fern sie in diesem Augenblick Ludwig XVI. und wie nahe sie der Partei Orléans standen.

Am 30. Oktober hatten die Bischöfe ihre *Grundsätzliche Erklärung* veröffentlicht, ein Manifest, das zum Widerstand aufrief und den ganzen der Revolution freundlichen niederen Klerus unter eine Art geistliches Schreckensregime stellte. Zur Rache beschlossen die Jakobiner am 31., es solle ein Blatt geschaffen werden, um in Auszügen den Briefwechsel der Pariser Gesellschaft mit den Gesellschaften in den Departements zu veröffentlichen, eine furchtbare Publikation, die eine gewaltige Menge von Klagen gegen die Priester und die Adligen ans Licht bringen mußte. Ein solches Blatt, das so viele Menschen dem Haß des Volkes (wer weiß? vielleicht sogar dem Tode) ausliefern mußte, war in Wirklichkeit ein schreckliches Richteramt; der Mann, der in diesem ungeheuren Durcheinander die Namen ziehen und wählen würde, die man opfern wollte, wäre gleichsam mit einer sonderbaren und neuen Gewalt bekleidet, die man Diktatur der Verleumdung hätte nennen können.

Die Hauptführer der Jakobiner waren um diese Zeit immer noch Du Port, Barnave und Lameth.[13] Wer war der ernste Zensor, der untadelige, reine Mann, dem sie diese Gewalt anvertrauen ließen...? Wer möchte es glauben? Es war der Verfasser der *Liaisons dangereuses*, der bekannte Agent des Herzogs von Orléans, Choderlos de Laclos. – Er veröffentlichte im Schatten des Palais-Royal, vor der Tür seines Herrn, in der Cour des Fontaines, jede Woche diese Sammlung von Anklagen unter dem wenig zutreffenden Titel: *Journal des Amis de la Constitution;* wenig zutreffend, denn damals brachte es keineswegs die Verhandlungen der Pariser Gesellschaft, sondern schien eher ein Geheimnis daraus zu machen; es veröffentlichte *nur die Briefe, die Paris von den Gesellschaften in der Provinz empfing,* Briefe voller kollektiver und anonymer Anklagen; dazu schrieb Laclos irgendwelche Artikel, zuerst nichtssagende, später einfältig orléanistische, so daß der Orléanismus sieben Monate lang (von November bis Juni) unter der geachteten Deckung der Jakobinergesellschaft in ganz Frankreich verbreitet wurde. Die große volkstümliche Maschine wurde ihrem eigentlichen Gebrauch entfremdet und zum Vorteil des möglichen Königtums verwendet.

Die Führer der Jakobiner hätten diese merkwürdige Übereinkunft zweifellos nicht getroffen, wenn ihnen nicht die Geldunterstützung der Orléanisten für die Bewegung in Paris unentbehrlich gewesen wäre. Der Hof, der alles zu spät bemerkte, begann zu bedauern, diesen gefährlichen Leuten nicht entgegengekommen zu sein. Er wandte sich zuerst an Barnaves wohlbekannte Eitelkeit (Dezember 1790), später an die Lameths. Er bat Barnave um Ratschläge.* Er bat auch Mirabeau darum, Bergasse, alle Welt; und er täuschte alle Welt, denn er hörte, wie wir sehen werden, nur auf Breteuil, der zur Flucht riet, zum Bürgerkrieg und zur Rache.

Die Öffentlichkeit wußte von all diesen häßlichen Intrigen nichts. Aber instinktmäßig fühlte sie sie. Wohin sie sich auch wandte, sie sah nichts Zuverlässiges, keinen Menschen, der Vertrauen einflößte. Von den Tribünen der Versammlung und der Jakobiner aus spähte und suchte sie nach einem ehrlichen, rechtschaffenen Gesicht. Doch selbst die Gesichter ihrer Verteidiger zeugten nur von Intrigen, Dünkelhaftigkeit und Unverschämtheit oder von Verderbtheit.

Nur ein einziges Gesicht flößte Vertrauen ein; auf ihm standen die Worte: »Ich bin ehrlich.«** Auch der Rock sagte es, und die Gebärde sagte es. Die Reden waren nur Moral, Interesse des Volkes, Grundsätze und immer wieder Grundsätze. Der Mann war nicht unterhaltend, die Persönlichkeit war trocken, trübselig, durchaus nicht volkstümlich, sondern eher akademisch, in gewissem Sinne sogar aristokratisch, durch ihre auffallende Sauberkeit und Sorgfalt nämlich und ihr ausgesuchtes Benehmen. Er besaß keine Freundschaften, keinen vertrauten Umgang; selbst die früheren Kameraden aus dem Collège wurden ferngehalten.

Trotz all dieser zur Volkstümlichkeit wenig einladenden Umstände dürstete und hungerte es das Volk so sehr nach dem Recht, daß der Verkünder der Prinzipien, der Mann des absoluten Rechts, der Mann, der

* *Mémoires de Mirabeau*, VIII, 362.

** Robespierres immer trübseliges Gesicht hatte damals noch nicht das spukhafte, unheilvolle Aussehen, das es später annahm. Es ist ein schönes Medaillon vorhanden (von Houdon oder seiner Schule, im Besitz des Monsieur Le Bas), welches, wenn es wahrheitsgetreu ist, Liebe zum Guten anzeigt, Geradheit, doch eine starke, vielleicht ehrgeizige Anspannung.

die Tugend lehrte und dessen ernstes, trübes Gesicht deren Ebenbild schien, zum Favoriten des Volkes wurde. Je scheeler er von der Versammlung angesehen wurde, um so beliebter wurde er auf den Tribünen. Er wandte sich immer mehr an diese andere Versammlung, die von oben auf die Verhandlungen herabsah, sich in Wirklichkeit für die wichtigere hielt, die als Volk, als Souverän das Recht beanspruchte, einzugreifen, und ihre Abgeordneten auszischte.

Mit mehr Grund sollte er bei den Jakobinern Aufmerksamkeit erregen. Vor allem war er dort erstaunlich beharrlich, arbeitsam, sprang immer in die Bresche, sprach immer und über alles. Bei Versammlungen wie bei Frauen wird die Beharrlichkeit immer am wirksamsten bleiben. Viele wurden dessen überdrüssig, langweilten sich, verließen den Klub. Robespierre war manchmal langweilig, langweilte sich selbst aber nie. Die alten Mitglieder gingen, Robespierre blieb; zahlreiche neue kamen und fanden Robespierre schon da. Sie waren noch nicht Abgeordnete, aber begierig, es zu werden, ungeduldig, an den öffentlichen Angelegenheiten teilzunehmen; in ihnen barg sich bereits die künftige Nationalversammlung.

Robespierre besaß weder die politische Kühnheit noch das Gefühl der Stärke, die Autorität verleihen. Ebensowenig besaß er spekulativen Schwung; er hielt sich allzu ängstlich an seine Meister Rousseau und Mably. Schließlich fehlte ihm die mannigfaltige Kenntnis von Menschen und Dingen; er wußte wenig Bescheid in der Geschichte und in der europäischen Welt.

Statt dessen besaß er mehr als alle anderen einen standhaften Willen und war ein gewissenhafter, bewundernswerter Arbeiter, der niemals erschlaffte.

Außerdem hatte dieser Mann, von dem man glaubte, er gehe völlig in Grundsätzen und Abstraktionen auf, von Anfang an ein richtiges Verständnis der Lage. Er wußte genau (was weder Sieyès noch Mirabeau wußte), *wo die wahre Stärke lag*, wo man sie suchen mußte.

Die Starken wollen ihre Stärke zeigen, wollen sie aus sich selbst schaffen. Die Klugen suchen sie dort, wo sie steckt.

Es gab zwei Kräfte in Frankreich, zwei große Gesellschaften: die eine, die selbst außerordentlich revolutionär war, *die Jakobiner* – die andere, die aus der Revolution Nutzen zog und leicht mit ihr versöhnt werden zu können schien, *die niedere Geistlichkeit*, eine Masse von achtzigtausend Priestern.

Das war die allgemeine Ansicht. Man untersuchte nicht, ob die Idee des Christentums in moralischer Hinsicht und ernsthaft mit der der Revolution in Einklang gebracht werden kann.

Robespierre beurteilte die Sache als Politiker; er wollte nicht in der Ergründung des neuen Prinzips die Form einer neuen Verbindung finden.

Er nahm, was vorhanden war, und glaubte, wer die Jakobiner und die Priester für sich habe, sei nahe daran, alles für sich zu haben.

Man konnte den Priester auf eine sehr einfache und sehr wirksame Art an die Revolution binden, indem man ihn verheiratete. Robespierre schlug dies am 30. Mai 1790 vor. Zweimal wurde seine Stimme erstickt. Die ganze Versammlung schien darin einig, ihn nicht verstehen zu wollen. Die Linke wollte es allem Anschein nach nicht Robespierre überlassen, diese wichtige Initiative zu ergreifen. Bemerkenswert und sicher nur dem eifersüchtigen Einfluß der jakobinischen Oberhäupter zuzuschreiben ist der Umstand, daß die Zeitungen sich darin einig waren, die Rede nicht zu drucken*, wie die Versammlung sich darin einig gewesen war, sie nicht anzuhören.

Der Widerhall beim Klerus war dennoch sehr groß. Tausende von Priestern sandten Dankschreiben an Robespierre. In einem Monat erhielt er für tausend Francs Briefe und Verse in allen Sprachen, ganze Dichtungen von 500, 700, 1500 Versen, lateinische, griechische, hebräische.

Robespierre fuhr fort, für den Klerus zu sprechen.** Am 16. Juni 1790 beantragte er, daß die Versammlung für den Lebensunterhalt der siebzig Jahre alten Geistlichen sorgen solle, die weder Pfründen noch Pensionen besaßen. Am 16. September trat er für gewisse geistliche Orden ein, welche die Versammlung zu Unrecht zu den Bettelorden gezählt hatte. Noch sehr spät, am 19. März 1791, als der Krieg mit der Kirche in vollem Gange war, als die niedere Geistlichkeit von den Bischöfen beeinflußt war und sehr wenig Hoffnung ließ, man könne sie mit dem Geist der Revolution versöhnen, erhob Robespierre Einspruch gegen die beantragten strengen Maßnahmen; er erklärte, es sei unsinnig, ein Gesetz gegen die *aufrührerischen Reden der Priester* zu erlassen, und man dürfe niemanden seiner Reden wegen verfolgen.

Er wagte sich weit vor und gab sich eine große Blöße. Einer von der

* Perlet erwähnt sie und ein paar andere; aber in den bedeutendsten Blättern wird sie überhaupt nicht erwähnt, weder in den *Révolutions de Paris* noch in den *Révolutions de France et de Brabant*, noch im *Courrier de Provence*, noch im *Point de Jour*, noch im *Ami du Peuple*, noch im *Moniteur* (noch in der *Histoire parlementaire*, die hier wie anderswo dem *Moniteur* allzu gelehrig folgt, zum Beispiel in dem freiwilligen Irrtum des *Moniteur* über die angebliche Hochherzigkeit des Klerus in der Nacht vom 4. August. Vergleiche Seite 195). – Villiers erzählt, daß Robespierre empfänglich war für die zahlreichen Danksagungen in Versen, die er erhielt. Er speiste mit Villiers und sagte zu ihm: »Man behauptet, es gäbe keine Dichter mehr; Sie sehen, ich kann welche machen.«

** Nur einmal widersetzte er sich ihm, aber bei einer Gelegenheit, wo er ihm unmöglich beistimmen konnte, als nämlich ein geistlicher Abgeordneter beantragte, die Geistlichen sollten von Geistlichen gewählt werden. Sie von der allgemeinen Regel, der Wahl durch das Volk, auszunehmen, das hätte ihre Wiederherstellung als Körperschaft bedeutet.

Linken stichelte ihn mit den Worten: *»Gehen Sie doch zur Rechten über!«* Er spürte den Hieb, hielt inne, überlegte und wurde vorsichtig.

Er hätte sich kompromittiert, wenn er in der damaligen Situation mit seiner Fürsprache für die Priester fortgefahren hätte. Doch durften die Priester wissen und es sich gesagt sein lassen, daß sie in diesem Politiker einen Beschützer finden würden, wenn die Revolution jemals zum Stillstand käme.

Durch ihren ständig wachsenden Korpsgeist, ihren glühenden, schroffen Glauben, ihre strenge, inquisitorische Wißbegierde hatten die Jakobiner etwas vom Priester.

Sie bildeten in gewisser Weise eine revolutionäre Geistlichkeit. Und Robespierre wird nach und nach zum Oberhaupt dieses Klerus.

Er bewies in dieser Rolle eine auffallende Vorsicht, ergriff selten die Initiative, sprach für die Jakobiner und war ihr Organ, eilte ihnen nie voraus.

Man sieht es besonders bei der Frage des Königtums. Die Einstimmigkeit der an die Generalstände gesandten Beschwerdehefte weckte in den Jakobinern den Glauben, Frankreich sei royalistisch. Also war auch Robespierre für einen König; doch sollte der König nicht *Repräsentant* des Volkes sein, wie Mirabeau es wollte, sondern *Delegierter des Volkes*, von ihm *beauftragt* und folglich verantwortlich.

Die Jakobiner waren damals, wie Barnave glaubte – und sind es letztlich fast immer gewesen, selbst im heftigsten Aufruhr der Revolution: eine Gesellschaft des Gleichgewichts.

Robespierre sagte damals vom Cordelier Desmoulins (und mit besserem Grund von den anderen, noch ungestümeren Cordeliers): »Sie gehen zu rasch, sie werden sich den Hals brechen; Paris ist nicht in einem Tag erbaut worden, und man braucht mehr als einen Tag, um es zu zerstören.«

Die Kühnheit und der große Anstoß gehörten den Cordeliers.

Die Cordeliers
IV, 6

Revolutionäre Geschichte des Franziskanerklosters. – Energische Persönlichkeiten im Klub der Cordeliers. Ihr Glaube an das Volk. Ihre Unfähigkeit, sich zu organisieren. – Reizbarkeit Marats. – Die Cordeliers sind noch jung im Jahre 1790. – Rausch dieses Augenblicks. – Wie es im Klub der Cordeliers aussah. – Camille Desmoulins gegen Marat. – Théroigne bei den Cordeliers. – Anacharsis Cloots. – Die beiden Seelen der Cordeliers. – Ein Bild Dantons.

Beinahe gegenüber der Ecole de Médicine, im Hintergrund eines Hofes, steht eine Kapelle von ernster, wuchtiger Bauart. Das ist die Sibyllinische Grotte der Revolution, der Klub der Cordeliers. Dort hatte sie ihr Delirium, ihren Dreifuß, ihr Orakel. Niedrig, doch auf massive Strebepfeiler gestützt, scheint ihr Gewölbe für die Ewigkeit gebaut: Es hat Dantons Stimme gehört, ohne zusammenzustürzen.

Heute ein trauriges chirurgisches Museum, in dem gelehrte Scheußlichkeiten ausgestellt sind, verbirgt der Ort noch weit Schrecklicheres. An seiner Rückseite birgt er dunkle Räume, in denen auf schwarzen Marmortischen die Leichen seziert werden.

Das benachbarte Hospiz und die Kapelle waren ursprünglich das Refektorium der Franziskaner und ihre berühmte Schule, der Hauptsitz der Mystiker, wo sogar deren Rivale, der Jakobiner und Heilige Thomas, Studien machte. Zwischen den beiden Gebäuden erhob sich die Kirche, gewaltiges und düsteres Schiff voller Grabsteine. All das ist heute zerstört. Die unterirdische Kirche, die sich darunter erstreckte, barg eine Zeitlang die Druckerei Marats.

Wunderliches Schicksal des Ortes! Dieser Raum gehörte der Revolution seit dem dreizehnten Jahrhundert, und zwar immer ihrem überspanntesten Geiste. Cordeliers [Franziskaner] und Cordeliers, Bettelmönche und Sansculotten: Der Unterschied ist nicht so groß, wie man glauben mag. Religionsstreit und politischer Streit, die Schule des Mittelalters und der Klub von 1790 sind einander weit mehr in der Form als im Wesen entgegengesetzt.

Betrachtet gut diese Mauern, die erst gestern errichtet zu sein scheinen: Sehen sie nicht ebenso fest aus wie die Gerechtigkeit Gottes? Und in der Tat hat ein großer Akt revolutionärer Gerechtigkeit sie gegründet. Der große Freund der Gerechtigkeit, der heilige Ludwig, bestrafte als erster einen hohen Baron, den Herrn von Coucy, für ein Verbrechen. Von der Geldbuße, die jener bezahlen mußte, baute der Mönchskönig (selbst ein Franziskanermönch) die Schule und die Kirche der Franziskaner.

Dieser wahrhaft prädestinierte Ort sah im Jahre 1357, als König und Adel geschlagen und gefangen waren, den ersten Konvent, der Frankreich rettete. Der Danton des vierzehnten Jahrhunderts, Etienne Marcel, Vorsteher von Paris, ließ dort von den Ständen eine Art von Republik errichten, sandte von dort die allmächtigen Abgeordneten in die Provinzen, um das Aufgebot zu organisieren; und da die Kühnheit Kühnheit zeitigt, bewaffnete er das Volk mit einem Wort, einem denkwürdigen Beschluß, der die Hut des öffentlichen Friedens dem Volk selbst anvertraute: »Wenn die Herren sich befehden, werden die guten Leute auf sie losgehen.«

Sonderbare, erstaunliche Verspätung, daß noch vier Jahrhunderte verstreichen mußten, bis 1789 anbrach!

Der Glaube der alten Franziskaner war im höchsten Grade revolutionär; sie glaubten an die Erleuchtung, an die Inspiration der Einfältigen und Armen. Sie machten aus der Armut die vornehmste christliche Tugend; sie trieben den Ehrgeiz darin auf eine unglaubliche Höhe, ließen sich lieber verbrennen, als daß sie das Geringste an ihrer Bettelmönchskutte änderten. In ihrem Haß gegen das Eigentum waren sie die wahren Sansculotten des Mittelalters; sie übertrafen ihre Nachfolger vom Klub der Cordeliers und die ganze Revolution, Babeuf nicht ausgenommen.

Die Cordeliers der Revolution haben wie die des Mittelalters einen bedingungslosen Glauben an den Instinkt der einfachen Leute; nur nennen sie ihn statt göttliche Erleuchtung Vernunft des Volkes.

Ihr völlig instinktiver, spontaner Geist, der bald inspiriert, bald *besessen* wirkt, trennt sie tief von der berechneten Begeisterung, dem düsteren und kalten Fanatismus, der die Jakobiner kennzeichnet.

In der Zeit, der unser Augenmerk gilt, waren die Cordeliers eine weit volkstümlichere Gesellschaft. Bei ihnen bestand nicht, wie bei den Jakobinern, die Trennung zwischen der Versammlung der Politiker und der brüderlichen Gesellschaft, wohin die Arbeiter kamen. Ebensowenig war bei den Cordeliers eine Spur von *Sabbat*[1] oder einem leitenden Ausschuß. Auch hatte der Klub kein gemeinsames Blatt (der Versuch mißlang). Überhaupt kann man die beiden Gesellschaften nicht miteinander vergleichen. Die Cordeliers waren ein Pariser Klub. Die Jakobiner eine riesige Gesellschaft, die sich über ganz Frankreich ausdehnte. Aber Paris bebte und geriet in Aufruhr, wenn die Cordeliers wütend wurden. War Paris einmal in Bewegung, dann blieb den politischen Revolutionären nichts übrig, als zu folgen.

Sehr ausgeprägt war der Individualismus bei den Cordeliers. Ihre Journalisten, Marat, Desmoulins, Fréron, Robert, Hébert, Fabre d'Eglantine, schrieben jeder, wie er wollte. Danton, der allmächtige Redner, war niemals zum Schreiben zu bringen. Dafür beschränkten Marat und

Desmoulins, von denen der eine stotterte und der andere mit der Zunge anstieß, sich aufs Schreiben und sprachen selten.

Indessen gab es bei aller Verschiedenheit, bei aller Individualität ein sehr starkes Band zwischen ihnen, gleichsam einen gemeinsamen Magneten. Die Cordeliers bildeten eine Art Stamm, sie wohnten alle rings um den Klub: Marat in derselben Straße, beinahe gegenüber, am Türmchen oder in der Nähe, Desmoulins und Fréron zusammen in der Rue de l'Ancienne-Comédie, Danton in der Passage du Commerce, Cloots in der Rue Jacob, Legendre in der Rue des Boucheries-Saint-Germain, usw.

Der ehrbare Schlächter Legendre, einer der Redner des Klubs, war eins der Originale der Revolution. Ungebildet, unwissend, sprach er trotzdem tapfer unter den Gelehrten und Schriftstellern, ohne zu beachten, ob sie lächelten; er war ein beherzter Mann und trotz seiner wütenden Worte in seinen hellen Augenblicken gutmütig. Seine herzzerreißenden Abschiedsworte am Grab Loustalots übertreffen bei weitem alles, was die Journalisten sagten, Desmoulins nicht ausgenommen.

Es war die Originalität der Cordeliers, daß sie immer in Berührung mit dem Volk blieben, bei offenen Türen verhandelten und dauernd mit der Menge in Verbindung standen. Verschiedene unter ihnen, die bisher an die zurückgezogene und seßhafte Lebensweise des Gelehrten und Literaten gewöhnt gewesen waren, schlugen ihren Arbeitstisch auf der Straße auf, arbeiteten mitten in der Menge, schrieben auf einem Eckstein. Sie warfen die Bücher weg und lasen nur noch in dem großen Buch, das vor ihren Augen jeden Tag aus Feuer geschrieben wurde.

Sie glaubten an das Volk, hatten Vertrauen in den Instinkt des Volkes. Sie verwandten viel Geist und viel Herz daran, diesen Glauben zu untermauern, ihn vor sich selbst zu rechtfertigen. Es gibt zum Beispiel nichts Rührenderes, als Desmoulins zu sehen, diesen bezaubernden Geist, wie er sich an den Straßenecken beim Odéon und der Comédie-Française unter die Maurer und Zimmerleute mischt, die abends philosophierten, und mit ihnen über Theologie plaudert, gerade so, wie Voltaire es getan hätte, und, von ihrem Geist entzückt, ausruft: »Das sind Athener!«

Dieser Glaube an das Volk machte, daß die Cordeliers allmächtig waren beim Volk. Sie besaßen die drei revolutionären Mächte, und diese wie drei Eigenschaften des Blitzes: das donnernde, zündende Wort, die scharfe Feder, die unverlöschliche Wut – Danton, Desmoulins, Marat.

Darin beruhte ihre Stärke, aber auch eine Schwäche; die Unmöglichkeit, sich zu organisieren. Sie sahen in jedem Menschen das ganze Volk. Sie verlegten das absolute Recht des Souveräns in eine Stadt, eine Sektion, einen einfachen Klub, einen Bürger. Jeder Mensch hätte ein *Veto* gegen ganz Frankreich besessen. Um das Volk frei zu machen, unterwarfen sie es dem einzelnen.

Marat, so rasend und blind er war, scheint die Gefahr dieses gesetzlosen Geistes gefühlt zu haben. Er schlug schon früh die Diktatur eines Militärtribuns vor und später die Einsetzung von drei Staatsinquisitoren. Er schien die Jakobiner um ihre Organisation zu beneiden. Im Dezember 1790 beantragte er, zweifellos nach dem Vorbild jener Gesellschaft, die Gründung einer Bruderschaft von Aufsehern und Anzeigern, um die Agenten der Regierung zu bespitzeln und zu denunzieren. Dieser Antrag hatte keine Wirkung. Marat betrieb die Inquisition für sich allein. Von allen Seiten schickte man ihm Anzeigen und Klagen, berechtigte und unberechtigte, begründete und unbegründete. Er glaubte alles, druckte alles.

Fabre d'Eglantine hat von der »Empfindsamkeit Marats« gesprochen. Über dieses Wort haben sich die gewundert, die Empfindsamkeit mit Güte verwechseln, die nicht wissen, daß überspannte Empfindsamkeit zur Raserei werden kann. Die Frauen haben Momente, wo ihre Empfindsamkeit grausam wird. Marat war vom Temperament her ein Weib und mehr als ein Weib, sehr nervös und sehr sanguinisch. Sein Arzt, Bourdier, las Marats Blatt, und wenn er es blutdürstiger fand als gewöhnlich – »nach Blut lechzend« –, ging er und ließ Marat zur Ader.*

Der plötzliche und gewaltsame Übergang vom Studium zur revolutionären Bewegung hatte auf sein Gehirn gewirkt und ihn wie betrunken gemacht. Seine Nachdrucker und Abschreiber, die sich seines Namens und Titels bedienten und ihm ihre Ansichten unterschoben, trugen nicht wenig dazu bei, seine Wut zu vermehren. Er überließ es niemandem, sie zu verfolgen, sondern ging selbst auf die Jagd nach ihren Ausrufern, lauerte ihnen an den Straßenecken auf, nahm sie bisweilen nachts fest. Die Polizei ihrerseits suchte Marat, um ihn zu verhaften. Er floh, wohin er konnte. Bei seinem ärmlichen, elenden Leben und seiner erzwungenen Zurückgezogenheit wurde er immer nervöser, immer reizbarer; wenn ihn Unwille und Mitgefühl für das Volk in die heftigste Bewegung brachten, dann erleichterte er seine wütende Empfindsamkeit durch scheußliche Anklagen, Aufforderungen und Ratschläge zu Metzeleien und Morden. Da bei seinem ständig wachsenden Mißtrauen die Zahl der Schuldigen, der notwendigen Opfer in seinem Geist immer größer wurde, so wäre der »Freund des Volkes«[3] schließlich soweit gekommen, das Volk auszulöschen.

Der Natur und dem Leiden gegenüber wurde Marat sehr schwach; er konnte nach seinen eigenen Worten keine Fliege leiden sehen, aber er hätte mit seinem Schreibzeug allein eine Welt zerstört.

Mag er der Revolution durch seine ruhelose Wachsamkeit auch große Dienste geleistet haben: Seine mörderische Sprache und seine gewohnte

* Das hat Bourdier selbst dem berühmten Physiologen Serres erzählt.[2]

Leichtfertigkeit bei Beschuldigungen hatten einen beklagenswerten Einfluß. Seine Uneigennützigkeit und sein Mut gaben seinen Wutausbrüchen Gewicht; er wurde ein unheilvoller Lehrer des Volkes, verfälschte dessen Vernunft, machte es schwach und wütend nach seinem Bilde.

Im übrigen kann man nach diesem merkwürdigen Ausnahmegeschöpf nicht die Cordeliers im ganzen beurteilen. Keiner von ihnen, für sich betrachtet, läßt auf die anderen schließen. Man muß sie vereint sehen bei ihren Abendsitzungen, wenn sie am Grund ihres Ätna kochen und sprudeln. Ich werde versuchen, euch hinzuführen. Vorwärts, laßt euch nicht irre machen. Gebt mir die Hand.

Wir wollen sie an dem Tag überraschen, an dem der Geist der Verwegenheit und Anarchie bei ihnen ausbricht und triumphiert, wo sie gegen die Gesetze der Nationalversammlung ihr Veto einlegen und erklären, daß die Presse »auf ihrem Grund und Boden« unbegrenzt frei ist und bleiben wird und daß sie Marat verteidigen werden.

Halten wir sie in dieser Stunde fest. Die Zeit vergeht schnell, sie werden sich ändern. Noch haben sie etwas von ihrem ursprünglichen Wesen. Nur ein Jahr wird vergehen, und wir erkennen sie nicht mehr. Betrachten wir sie heute. Freilich dürfen wir nicht hoffen, diese Schattenbilder endgültig festzuhalten, sie gehen vorüber, sie verfließen; auch uns, die wir ihrem Schicksal folgen, trägt der reißende Strom hinweg, aufgewühlt, trübe, soeben noch voller Dreck und Blut.

Ich will sie heute sehen. 1790 sind sie noch jung, wenigstens im Vergleich zu den Jahrhunderten, die sich bis 1794 auf sie türmen werden.

Ja, selbst Marat ist jung in diesem Augenblick. Mit seinen fünfundvierzig Jahren, seiner langen, traurigen Laufbahn, verbrannt von Arbeit, Leidenschaften und Nachtwachen, ist er jung vor Rache und Hoffnung.

Dieser Arzt ohne Patienten hält Frankreich für krank; er wird es zur Ader lassen. Dieser verkannte Physiker wird seine Feinde mit dem Blitz zerschmettern.* Der Freund des Volkes hofft, das Volk und sich selbst zu rächen, zwei Mißhandelte, Verachtete... Aber ihr Tag bricht an. Nichts kann Marat aufhalten; er wird fliehen, sich verbergen, seine Feder und Druckpresse von einem Keller zum anderen tragen. Er wird das Tageslicht nicht mehr sehen. In diesem düsteren Leben bleibt eine Frau hartnäckig an seiner Seite, die Frau seines Druckers, die ihren Gatten verlassen hat, um sich zur Genossin dieses außerhalb der Natur, außerhalb des Gesetzes, außerhalb der Sonne stehenden Wesens zu machen. Er ist schmutzig,

* Ich werde diesen Charakter später gründlicher schildern. Hier gebe ich nur den äußeren Marat, Marat als Cordelier, Marat im Jahre 1790. Ich werde in einem der nächsten Kapitel zeigen, wie der wissenschaftliche Terrorist, der Newton, Franklin und Voltaire zu töten meinte, zum politischen Terroristen wurde. Später werde ich über den Würgeengel von 1793 sprechen.

häßlich, arm – sie pflegt ihn; in unterirdischen Gelassen Marats Dienerin zu sein, zieht sie allem anderen vor.[4]

Hochherziger Instinkt der Frauen! Er ist es auch, der um dieselbe Zeit Camille Desmoulins seine reizende, vielbegehrte Lucile verschafft. Er ist arm und in Gefahr, darum will sie ihn. Die Eltern hätten es lieber gesehen, wenn ihre Tochter einen weniger bloßgestellten Namen angenommen hätte; aber gerade die Gefahr reizte Lucile. Alle Morgen las sie Camilles glühende Blätter voller Schwung und Geist, jene satirischen, beredten, von den Zufällen des Tages eingegebenen Blätter, die dennoch von der Unsterblichkeit gezeichnet waren. Leben und Tod mit Camille: Alles begrüßte sie, entriß den Eltern die Einwilligung und verkündete ihm selbst lachend und weinend sein Glück.

Viele andere taten es Lucile gleich. Je ungewisser die Zukunft wurde, je schwerer sich Stürme am Horizont ballten, um so eiliger hatten es die Liebenden, sich zu vereinigen, ihr Schicksal zu verbinden, sich demselben Glück anzuvertrauen, ihr Leben auf die gleiche Karte, auf den gleichen Würfel zu setzen.

Ein bewegter, wirrer Augenblick, in den sich Trunkenheit mischte, wie am Vorabend einer Schlacht, eines faszinierenden, unterhaltsamen, entsetzlichen Schauspiels.

Jedermann in Europa fühlte es. Wenn viele Franzosen abreisten, so kamen dafür viele Ausländer; sie schlossen sich mit ganzem Herzen unserem Tun an und wurden Franzosen für immer. Und selbst wenn sie bei uns sterben sollten, taten sie es lieber, als anderswo zu leben; starben sie hier, konnten sie wenigstens sicher sein, gelebt zu haben.

So blieb der geistreiche und zynische Deutsche Anacharsis Cloots hier, ein (wie sein skythischer Namensvetter[5]) heimatloser Philosoph, der seine hundertfünfzigtausend Livres Rente auf Reisen durch ganz Europa verschleuderte; er setzte sich hier fest und konnte sich erst durch den Tod losmachen. So wurde der Spanier Guzman, ein spanischer Grande, Sansculotte; und um die Luft des Aufruhrs, die ihm ein Genuß war, dauernd um sich zu haben, wohnte er in einer Dachkammer mitten im Faubourg Saint-Antoine.

Doch wohin bin ich geraten? Besinnen wir uns auf die Cordeliers.

Welch ein Andrang! Werden wir eintreten können? Bürger, macht ein wenig Platz; Kameraden, ihr seht doch, daß ich einen Fremden mitbringe... Der Lärm ist ohrenbetäubend; zum Ausgleich sieht man fast nichts; die rauchigen kleinen Lichter sind wohl nur da, damit man erkennt, wie dunkel es ist. Welch ein Dunst lagert über der Menge! Die Luft ist schwer von Stimmen und Geschrei...

Der erste Anblick ist seltsam, unerwartet. Es gibt nichts Gemischteres als diese Menge: gutgekleidete Leute, Arbeiter, Studenten (unter den letzteren beachtet Chaumette), sogar Priester und Mönche; damals kamen manche der früheren Franziskaner an den Ort ihrer Knechtschaft, um die Freiheit zu genießen. Zahllose Schriftsteller sind da. Seht ihr den Autor des *Philinte*, Fabre d'Eglantine? Der andere mit dem dunklen Kopf ist der Republikaner Robert, ein Journalist, der jüngst erst eine Journalistin, Mademoiselle Kéralio, geheiratet hat. Diese vulgäre Gestalt ist der künftige Père Duchesne.[6] Neben ihm der patriotische Druckereibesitzer Momoro, der Gatte der hübschen Frau, die man eines Tages zur Göttin der Vernunft machen wird... Diese arme Vernunft wird, ach! mit Lucile zusammen in den Tod gehen... Oh! wenn alle hier um ihr Schicksal wüßten!

Aber wer führt da hinten den Vorsitz? Mein Gott, das Entsetzen selbst... Eine schreckliche Erscheinung, dieser Danton! Ein Zyklop? ein Gott der Unterwelt?... Das schaurig von Pockennarben entstellte Gesicht mit seinen kleinen, dunklen Augen gleicht einem finsteren Vulkan... Nein, das ist kein Mensch, das ist das Element des Aufruhrs selbst; Rausch und Taumel zeichnen ihn, das Verhängnis... Düsterer Geist, du machst mir Angst! Wirst du Frankreich retten oder verderben?

Seht da, er hat den Mund bewegt. Alle Fensterscheiben haben gezittert.

»Marat hat das Wort!«

Was! das ist Marat? Dieses gelbe Etwas in grünem Rock, mit graugelben, hervorspringenden Augen!... Es ist doch gewiß ein Geschöpf aus der Gattung der Kröten und nicht ein Mensch.* Aus welchem Sumpf kommt dieses abstoßende Geschöpf hierher?

Und doch sind seine Augen eher sanft. Sie glänzen, sind wie durchsichtig, sonderbar unstet, blicken, ohne zu blicken; sie erinnern an einen Visionär, der Scharlatan und Genarrter zugleich ist, der meint, er habe den zweiten Blick; an einen Straßenpropheten, prahlerisch und vor allem leichtgläubig, der alles, besonders seine eigenen Lügen, glaubt, alle die unfreiwilligen Erfindungen, die seine Übertreibungssucht unaufhörlich hervorbringt. Sein Quacksalbertum hat seinen Geist verbildet. Das Crescendo wird schrecklich sein, da er täglich wenigstens ein Wunder finden oder erfinden und von seinem Keller aus verkünden muß, seine zitternden Leser von Verrat zu Verrat, von Entdeckung zu Entdeckung, von Entsetzen zu Entsetzen führen muß.

Er dankt der Versammlung.

Dann erhellt sich sein Gesicht. Ein großer, furchtbarer Verrat! eine neue Verschwörung entdeckt!... Seht, wie glücklich er ist, daß er schaudern

* Das einzige ernst zu nehmende Porträt Marats stammt von Boze. Die von David sind wenig ähnlich. Man kann auch die Totenmaske vergleichen (obgleich sie vielleicht später ein wenig korrigiert wurde) und die Büste, die bei den Cordeliers stand. (Sammlung des Obersten Maurin.)

und andere schaudern machen kann!... Seht, wie das eitle, leichtgläubige Geschöpf sich verwandelt hat!... Seine gelbe Haut glänzt vor Schweiß.

»La Fayette hat im Faubourg Saint-Antoine fünfzehntausend Tabatieren anfertigen lassen, die alle sein Bild tragen... Da steckt etwas dahinter... Ich bitte die werten Bürger, die sich welche verschaffen können, sie entzweizuschlagen. Man wird die Losung der großen Verschwörung darin finden, dessen bin ich mir sicher.«*

Manche lachen. Andere finden, man müsse sich erkundigen, die Sache sei die Mühe wert.

Marat verfinstert sich: »Vor drei Monaten habe ich gesagt, es gäbe sechshundert Schuldige und mit sechshundert Stricken wäre die Sache erledigt. Welch ein Irrtum!... Heute werden wir kaum mit zwanzigtausend auskommen.«

Tosender Beifall.

Marat wurde allmählich ein Götze, ein Fetisch des Volks. Von den zahllosen Anzeigen und unheilvollen Vorhersagen, die sein Blatt füllten, hatten sich ein paar bewahrheitet und ihm den Ruf eines Sehers und Propheten eingetragen. Schon hatten ihm drei Bataillone der Pariser Garde einen kleinen Triumphzug gebracht – der sich indessen verlief – und seine mit Lorbeer bekränzte Büste in den Straßen umhergetragen. Sein Ansehen hatte noch nicht die furchtbare Höhe des Jahres 1793 erreicht. Desmoulins, der vor den Göttern keine größere Ehrfurcht hegte als vor den Königen, spottete bisweilen über den Gott Marat ebenso wie über den Gott La Fayette.

Ohne Rücksicht auf die schrankenlose Begeisterung Legendres, der mit übertrieben weit geöffneten Augen, Ohren und Mund Marats Worte andächtig aufnahm, bewunderte, glaubte; ohne Legendres Wut bei jeder Unterbrechung zu bemerken, sagte der freche kleine Mann vertraulich zum Propheten: »Immer tragisch, Freund Marat, hypertragisch, tragikotatos! Wir könnten dir vorwerfen, wie die Griechen dem Äschylos, daß du ein wenig zu ehrgeizig nach diesem Beinamen strebtest... Doch nein, du hast eine Entschuldigung; du irrst dein Leben lang in den Katakomben umher wie die ersten Christen, das entzündet deine Einbildungskraft... Nun sage uns ganz ernsthaft: Sind diese neunzehntausendvierhundert Köpfe, die du zur Ergänzung den sechshundert von neulich hinzufügst, tatsächlich unentbehrlich? Läßt du nicht einen nach?... Man soll nicht mit

* *Ami du Peuple*, Nr. 319, 23. Dezember 1790. – Die Leichtgläubigkeit Marats kommt überall zum Vorschein. In Nr. 320 weint Ludwig XVI. heiße Tränen über die Dummheiten, zu denen ihn die Österreicherin treibt. In Nr. 321 hat die Königin so viele weiße Kokarden verschenkt, daß das weiße Band um drei Sous die Elle teurer geworden ist; die Sache ist gewiß, Marat weiß sie von einer Tochter der Bertin (der Putzmacherin der Königin), usw., usw.

mehr tun, was man mit weniger tun kann. Ich hätte gedacht, daß drei oder vier helmbuschgezierte Köpfe, die zu Füßen der Freiheit rollten, zur Lösung des Knotens genügen würden.«

Die Anhänger Marats schnauben vor Wut. Aber ein Geräusch an der Tür hindert sie am Antworten, ein erfreutes, beifälliges Murmeln... Eine junge Dame tritt ein und will reden... Wahrhaftig! das ist niemand anders als Mademoiselle Théroigne, die schöne Amazone aus Lüttich! Da ist ihr Überrock aus roter Seide, ihr großer Säbel vom 5. Oktober. Die Begeisterung ist grenzenlos. »Das ist die Königin von Saba«, ruft Desmoulins, »die den Salomo der Distrikte besuchen will.«

Schon hat sie mit leichtem Panthertritt die Versammlung durchschritten und ist auf die Tribüne gestiegen. Ihr hübscher, geistvoller Kopf mit den blitzenden Augen erscheint zwischen den düsteren, apokalyptischen Gesichtern Dantons und Marats.

»Wenn ihr wirklich Salomone seid«, sagte Théroigne, »so müßt ihr es beweisen; ihr müßt den Tempel bauen, den Tempel der Freiheit, den Palast der Nationalversammlung... Und ihr müßt ihn auf dem Platz erbauen, wo die Bastille stand.

Wie! Während die Exekutive den schönsten Palast des Universums bewohnt, den Pavillon de Flore und die Kolonnaden des Louvre, haust die Legislative noch unter Zelten, im Ballhaus, in der Salle des Menus, im Manègesaal..., wie die Taube Noahs, die kein Fleckchen finden konnte, ihren Fuß darauf zu setzen!

Das kann so nicht bleiben. Die Völker müssen, wenn sie die Gebäude betrachten, in denen die beiden Gewalten wohnen, durch den Anblick allein erkennen, wo der wahre Herrscher thront. Was ist ein Herrscher ohne Palast, ein Gott ohne Altar? Woran kann man erkennen, wie er verehrt wird?

Bauen wir diesen Altar. Und alle sollen dazu beitragen, sollen ihr Gold, ihre Edelsteine bringen; hier sind die meinigen. Bauen wir den einzigen, wahren Tempel. Kein anderer ist Gottes würdig als der, in dem die Erklärung der Menschenrechte verkündet wurde. Paris, der Hüter dieses Tempels, wird weniger eine Stadt sein als vielmehr das allen gemeinsame Vaterland, der Wallfahrtsort der Stämme, ihr Jerusalem!«

»Das Jerusalem der Welt!« riefen begeisterte Stimmen. Ein wahrer Taumel hat die ganze Menge ergriffen, eine rauschhafte Freude. Wenn die Franziskanermönche, die sich einst unter den gleichen Gewölben ihrer mystischen Verzückung hingegeben hatten, an diesem Abend zurückgekehrt wären, hätten sie sich in den Anwesenden wiedererkannt und hätten geglaubt, sie seien noch immer zu Hause. Gläubige und Philosophen, Schüler Rousseaus, Diderots, Holbachs, Helvetius', alle weissagten sie unwillkürlich.

Der Deutsche Anacharsis Cloots war Atheist oder hielt sich dafür, wie so viele andere, aus Haß auf die Übelstände, die die Priester bewirkt hatten. (*Tantum religio potuit suadere malorum!*[7]) Aber bei all seinem Zynismus und seinem zur Schau getragenen Unglauben wurde der Mann vom Rhein, Beethovens Landsmann, heftig ergriffen von den Empfindungen der neuen Religion. Die erhabensten Worte, die das große Föderationsfest eingab, stehen in einem Brief, den Cloots an Madame de Beauharnais[8] schrieb. Und keiner fand Sätze von so eigenartiger Schönheit über die künftige Einheit der Welt. Seine Aussprache, seine deutsche Langsamkeit, die lächelnde Heiterkeit eines geistvollen Toren, der sich ein wenig über sich selbst lustig macht, würzten die Begeisterung mit dem Vergnügen.

»Warum hätte die Natur Paris genau zwischen Pol und Äquator gelegt, wenn nicht, damit es die Wiege, der Hauptort der allgemeinen Menschenverbrüderung sein möge? Hier werden sich die Generalstände der Welt versammeln... Ich wage vorauszusagen, daß es nicht mehr so lange dauern wird, wie man annimmt, bis der Tower von London birst wie der von Paris, und dann ist's geschehen um die Tyrannen. Die Kriegsfahne der Franzosen kann unmöglich über London und Paris wehen, ohne alsbald den Erdball zu umrunden... Dann wird es keine Provinzen mehr geben und keine Armeen, weder Besiegte noch Sieger. Dann kann man von Paris nach Peking reisen wie von Bordeaux nach Straßburg; der Ozean, von Fahrzeugen überbrückt, wird seine Küsten verbinden. Orient und Okzident werden sich auf dem Bundesfeld umarmen. Rom war die Hauptstadt der Welt durch den Krieg, Paris wird sie sein durch den Frieden... Ja, je mehr ich nachdenke, um so mehr erfasse ich die Möglichkeit einer einzigen Nation, erfasse ich, wie vorteilhaft es für die universelle Versammlung sein muß, tagend in Paris den Wagen der Menschheit zu lenken. Ihr Nacheiferer des Vitruv, hört das Orakel der Vernunft: Wenn Bürgersinn euren Geist erleuchtet, dann werdet ihr uns einen Tempel bauen können, der alle Vertreter der Welt faßt. Mehr als zehntausend brauchen es nicht zu sein.

Die Menschen werden sein, was sie sein sollen, wenn jeder sagen kann: Die Welt ist mein Vaterland, die Welt gehört mir. Dann wird es keine Emigranten mehr geben. Eine Natur, eine Gesellschaft. Geteilte Kräfte stoßen widereinander; es geht den Nationen wie den Wolken, die notwendigerweise gegeneinanderdonnern.

Tyrannen, eure Throne werden bersten unter euch. Tretet also freiwillig ab. Dann wird man euch Elend und Schafott erlassen. Ihr Usurpatoren der Souveränität, blickt mir ins Auge... Seht ihr nicht, daß euer Urteil an den Wänden der Nationalversammlung geschrieben steht?... Vorwärts, wartet nicht, bis man Szepter und Kronen einschmilzt; kommt einer Revolution zuvor, welche die Könige von den Schlingen der Könige befreit und die Völker von der Rivalität der Völker.«

»Es lebe Anacharsis!« rief Desmoulins. »Helfen wir ihm, die Schleusen des Himmels zu öffnen. Es genügt nicht, daß die Vernunft den Despotismus in Frankreich ertränkt hat; sie muß den Erdball überschwemmen, bis alle Throne der Könige und der Lamas, aus ihren Verankerungen gerissen, in dieser Sintflut schwimmen... Welch eine Bahn von Schweden bis nach Japan!... Der Tower von London wankt... Ein riesiger Jakobinerklub in Irland hat den Aufruhr auf die Tagesordnung der ersten Sitzung gesetzt. Bei diesem Stand der Dinge möchte ich nicht einen Shilling auf die Güter des anglikanischen Klerus setzen. Was Pitt anbelangt, so ist er ein verlorener Mann, wenn er nicht mit der Demission seiner Stellung der Demission seines Kopfes zuvorkommt, die John Bull von ihm verlangen wird... Schon beginnt man, die Inquisitoren am Manzanares aufzuhängen; der Sturm der Freiheit braust mächtig von Frankreich in den Süden; bald wird man sagen können: Es gibt keine Pyrenäen mehr.

Cloots hat mich bei den Haaren genommen wie die Engel den Propheten Habakuk und mich auf die Höhen der Politik getragen. Ich erweitere die Schranke der Revolution bis an die äußersten Enden der Welt...«*

Das ist die Eigenheit der Cordeliers. Voltaire unter den Fanatikern! Denn dieser amüsante Desmoulins ist ein wahrer Sohn Voltaires. Man ist ganz überrascht, ihn in diesem Pandämonium zu sehen. Gesunder Verstand, Vernunft, Gedankenblitze in dieser wunderlichen Versammlung, wo, so könnte man meinen, unsere Propheten aus den Cevennen mit den Illuminaten aus dem Langen Parlament und den wackelköpfigen Quäkern zusammensitzen... Die Cordeliers sind in Wahrheit das Band der Zeiten; ihr Geist ist wie der Diderots skeptisch und gläubig zugleich und erinnert mitten im achtzehnten Jahrhundert an den alten Mystizismus, in dem bisweilen blitzartig die Zukunft aufleuchtet.

Die Zukunft! Wie verworren ist sie noch! Wie spiegelt sie sich trübe und düster, erhaben und schmutzig zugleich im Antlitz Dantons!

Vor mir habe ich ein Porträt dieser furchtbaren, grausam wahrheitsgetreuen Verkörperung unserer Revolution, ein Porträt, das David anfing und später liegenließ, da er den Mut verlor und sich noch nicht fähig fühlte,

* Ich brauche nicht zu sagen, daß ich dieses ganze Kapitel aus den Blättern Marats und Desmoulins' habe; ich habe lediglich verstreute Teile zusammengestellt und kaum ein paar Worte geändert. Nachdem Desmoulins seiner halb ernsthaften, halb komischen Begeisterung für die Ideen Clootsens Ausdruck gegeben hat, fügt er als *utile dulci* hinzu: »Ich wollte schon die Feder niederlegen, da mich die Schwerhörigkeit des undankbaren Volkes entmutigte. Jetzt habe ich wieder Hoffnung und konstituiere mein Blatt in Permanenz... Ich lade meine teuren und geliebten Subskribenten, deren Abonnement erlischt, ein, es zu erneuern, aber nicht in der Rue de Seine, sondern in meiner Wohnung, Rue du Théâtre-Français, wo ich fortfahren werde, einen bisher unbekannten Handelszweig zu pflegen und Revolutionen anzufertigen.«

einen solchen Gegenstand zu malen. Ein gewissenhafter Schüler nahm das Werk wieder auf und malte langsam, ja knechtisch jede Einzelheit, Haar für Haar, Stoppel für Stoppel, tiefte eine nach der anderen die Pockennarben aus, die Spalten, Gebirge und Täler dieses zerklüfteten Gesichts.

Es wirkt wie eine peinliche, mühevolle Entwirrung einer bedeutenden, unklaren, unreinen, gewaltsamen Schöpfung, als wenn die Natur noch tastend suchte, noch nicht genau wüßte, ob sie Menschen oder Scheusale schaffen wollte; weniger vollkommen, aber energischer warf sie damals mit furchtbarer Hand ihre gigantischen Versuche hin.

Aber wie friedlich und harmonisch sind die zwiespältigsten Schöpfungen der Natur im Vergleich zu dem moralischen Zwiespalt, den man hier ahnt!... Ich höre ein dumpfes, gekeuchtes, wildes Zwiegespräch, als würde einer gegen sich selbst kämpfen, abgebrochene Worte, was weiß ich...

Am entsetzlichsten ist, daß er keine Augen hat; wenigstens sieht man sie kaum. Was! Dieser furchtbare Blinde soll Führer der Nationen werden?... Finsternis, Taumel, Verhängnis, völlige Ungewißheit der Zukunft, das liest man hier.

Und dennoch ist dieses Scheusal erhaben. – Dieses Antlitz fast ohne Augen ist wie ein Vulkan ohne Krater – ein Vulkan aus Schlamm oder Feuer –, in dessen verschlossener Schmiede die Kämpfe der Natur grollen. – Wie wird der Ausbruch sein?

Zu jener Zeit drückte ein Feind, von seinen Worten erschreckt, noch auf dem Sterbebett dem Geist, der ihn schlug, seine Ehrerbietung in den ewigen Worten aus: Der Pluto der Beredsamkeit.

Dieses Gesicht ist ein Alp, den man nicht heben kann, ein böser, schwerer Traum, von dem man nicht loskann. Unwillkürlich nimmt man teil an dem sichtbaren Streit widerstrebender Prinzipien; man fühlt die innere Anstrengung, die nicht nur ein Kampf der Leidenschaften ist, sondern auch ein Kampf der Ideen, die Ohnmacht, sie zu versöhnen oder eine durch die andere zu überwinden. Das ist ein Ödipus, der sich zum Opfer gibt, der, besessen von seinem eigenen Rätsel, die furchtbare Sphinx in sich trägt, die ihn verschlingen wird*.

* Dieses Porträt (Sammlung Saint-Albin) stellt meiner Ansicht nach Danton im Jahre 1790 dar, in dem Augenblick, da das Drama sich herausbildet; Danton ist verhältnismäßig jung; erstaunlich ist die Konzentration des Blutes, des Fleisches, des Lebens, der Kraft. Es ist Danton *vorher*. – Eine kleine, prachtvolle Federzeichnung Davids, gefertigt in einer Nachtsitzung des Konvents, gibt Danton *nachher*, Danton gegen Ende 1793; er hat die Augen weit offen, aber wie tief liegen sie in ihren Höhlen! Sein Blick kündet Schrecken, aber sein Herz ist sichtlich zerrissen!... Ob wohl jemand dieses tragische, kleine Bild ansehen kann, ohne Schmerz zu empfinden, ohne unwillkürlich auszurufen: »Der Unmensch! der Unglückliche!«... – Außer diesen beiden ernsten Bildern gibt es

Der 2. September 1792
VII, 5

Vermittelnder Antrag Thuriots. – Zwei Sektionen von achtundvierzig beschlossen das Blutvergießen. – Die Kommune wollte das Massaker und die Diktatur. – Mutige Rede Vergniauds. – Man beantragt bei der Nationalversammlung die Diktatur für das Ministerium. – Die Versammlung mißtraut Danton, der sich dennoch der Kommune nicht anschließt. – Das Überwachungskomitee überliefert vierundzwanzig Gefangene dem Tod. – Massaker in der Abbaye. – Danton folgt der Einladung der Kommune nicht. – Wer die Mörder in der Abbaye waren. – Massaker bei den Karmelitern. – Ohnmacht der Behörden. – Rolands Haus wird gestürmt. – Robespierre deckt eine große Verschwörung auf. – Bemühung der Minister, das Volk zu beruhigen. – Manuel und die Kommissare der Nationalversammlung machen nutzlose Vermittlungsversuche. – Massaker im Châtelet und in der Conciergerie. – Maillard richtet in der Abbaye ein Tribunal ein und rettet dreiundvierzig Personen. – Aufopferung der Damen Cazotte und Sombreuil und Geoffroy-Saint-Hilaires.

Am Sonntag, dem 2. September, bei der Eröffnung der Nationalversammlung morgens um neun Uhr, brachte der Abgeordnete Thuriot, Dantons Freund, einen vermittelnden Antrag ein, der das Unglück, das man kommen sah, verhindern sollte.[1]

Thuriot hatte bei mehr als einer Gelegenheit die Kommune verteidigt, gerechtfertigt. Die aus dem 10. August geborene Kommune schien ihm die Revolution an sich; sie stürzen, das hieß für ihn, den 10. August stürzen. Anderseits hatte er sich heftig den beleidigenden Zumutungen widersetzt, die sich die Kommune gegenüber der Versammlung erlaubte. In dieser Hinsicht scheint sein Auftreten der kühne Ausdruck des zurückhaltenderen Gedanken Dantons gewesen zu sein. Dieser gründete in seinen Reden, seinen Zirkularen die Hoffnung des Vaterlandes auf die Eintracht zwischen Nationalversammlung und Kommune. Wir zweifeln nicht, daß er es ist, der nach einem Ausweg suchte, um das Einvernehmen wiederherzustellen, und ihn der Versammlung durch Thuriot unterbreiten ließ.

Der Vorschlag war dieser: »Den Generalrat der Kommune auf dreihundert Mitglieder zu erhöhen, so daß die *alten*, am 10. August aufgestellten, *beibehalten* und die *neuen aufgenommen* werden konnten, die sofort von den Sektionen in Befolgung des Erlasses der Versammlung zu wählen wären.«

zwei Entwürfe von David, die sein Profil zeigen; aber in ihnen liegt ein solches Mysterium des Leidens und der Abscheu, daß ich noch nicht davon sprechen will. Es kommt früh genug.[9]

Dieser Vorschlag hatte zwei ganz entgegengesetzte Seiten.

Einerseits hatte er die revolutionäre Wirkung, die Vertretung der Stadt Paris auf eine feste Grundlage zu stellen, vor ganz Frankreich die Bedeutung und Autorität der großen Stadt darzutun, die, selber aus allen Elementen Frankreichs gebildet, Haupt und Hirn des Landes ist und so oft die Gedanken eingab, von denen ihm die Rettung kam.

Anderseits hatte der Antrag bei der gegenwärtigen Lage einen praktischen Aspekt, der die Krise entschärfen mußte. Er wußte die Kommune dadurch unschädlich zu machen, daß er sie vergrößerte; er steigerte ihre Mitgliederzahl und milderte ihre Gesinnung; er führte ihr mit den Neugewählten, den Mitgliedern aus den der Nationalversammlung ergebenen Sektionen, ein ganz neues Element zu. Wäre er am Morgen beschlossen worden, so hätte er den Sektionen Mut gemacht, sie aus ihrer Lähmung befreit; die Neugewählten hätten sich sogleich mit dem Erlaß in der Hand zur Kommune begeben, und aller Wahrscheinlichkeit nach wären die Anhänger Marats handlungsunfähig geworden.

Das ist noch nicht alles. Ein Schlußartikel, dafür gedacht, die Kommune vom 10. August zur Selbstbesinnung zu bringen, besagte einfach und ohne Umschweife, daß die Mitglieder des Generalrats nicht unabsetzbar seien, daß *die Sektionen, von denen sie ernannt wurden, stets das Recht hätten, zu widerrufen und sie abzusetzen.* An dieser Stelle schien er von den neuen Mitgliedern zu handeln, doch stellte er deshalb um nichts weniger die Regel auf, das unwandelbare gesetzliche Recht des Volkes, gegen das ersichtlich selbst die alten Mitglieder in der königlichen Stellung, die sie sich geschaffen hatten, keine Auflehnung wagten. Sie hatten also Grund, nachdenklich zu werden; gerade als es schien, sie würden die schreckliche Initiative ergreifen, legte das Gesetz ihnen sozusagen die Hand auf die Schulter und erinnerte sie an den großen Richter – das Volk –, der sie stets aburteilen konnte.

Thuriot würzte den Antrag mit Lobreden auf die Kommune, mit Schmeicheleien; er sprach sie von so manchem Vorwurf frei. Er sagte – zweifellos, um die Mitglieder der Kommune für die Tat zu gewinnen, die er gegen sie im Schilde führte –, *die Erhöhung der Mitgliederzahl gestatte es, aus dem eigenen Kreise die Beamten zu wählen, deren die Exekutivgewalt bedürfen könnte.* Ein unmißverständlicher Aufruf an den Eigennutz; die Kommune sollte zu einer Pflanzschule für Staatsmänner werden, denen die Regierung ehrenvolle oder einträgliche Aufträge anvertrauen würde.

Thuriot erging es wie allen, die zu sehr auf den Scharfsinn der Versammlung rechnen. Sein gründlicher Meister, Danton, hatte ihn für diesen Tag offenbar zu gut vorbereitet, zu sehr zur Heuchelei abgerichtet. Die Versammlung begriff nichts. Thuriot hatte die Kommune so gepriesen, daß die Versammlung den Antrag als der Kommune günstig erachtete; sie dachte, diese bekomme Angst und lasse durch Thuriot ein Versöhnungsangebot unterbreiten. Sie nahm den Antrag sehr kühl auf und merkte nicht, welchen Vorteil es hätte, sogleich abzustimmen. Sie forderte einen Bericht, wartete und vertagte die Sache. Der Bericht kam gegen Mittag und war wenig ermutigend. Die Girondisten, die ihn machten, mißtrauten allem, was von Dantons Freunden kam. Sie hielten ihn für den Mann der Kommune, der er am 10. August gewesen war; sie begriffen nichts von der Behutsamkeit dieses Politikers. Der Plan mißfiel ihnen außerdem, weil er die Bedeutung von Paris noch steigerte, diese bis dahin unorganische Macht regelte und fest begründete und eine gefährliche Körperschaft konstituierte, mit der künftig zu rechnen die ganze Nationalversammlung genötigt war. Sie hätten es ohnehin lieber gesehen, wenn die Kommune ganz neu gegründet worden wäre. Sie bekamen die Versammlung nicht auf ihre Seite, da diese nunmehr die Nützlichkeit des Antrags erkannte und schließlich gegen die Girondisten für den Dantonisten Thuriot stimmte. Das geschah gegen ein Uhr; aber da war es zu spät; der Orkan war entfesselt.

Kehren wir zum Morgen zurück und zur Kommune.

Was wollte sie? Was wollten die paar Mitglieder, die den Generalrat leiteten? Was wollte die Majorität im Überwachungsausschuß? Das Vaterland retten, gewiß, aber mit den Mitteln, die Marat seit drei Jahren empfahl: Blutvergießen und Diktatur.

Ein Blutbad war jedoch nicht so leicht herbeizuführen, wie man hätte denken können – so erregt das Volk auch war, so heftige Reden es auch führte. Des Nachts und am Morgen liefen die rasenden Schwätzer, die seit langem Marats Theorie predigten, in die fast verödeten Sektionsversammlungen, die auf verschwindend geringe Minoritäten zusammengeschmolzen waren, die für alle entschieden. Hier wurden individuelle Haftbefehle, die einem Todesurteil gleichkamen, verlangt und erteilt. Was aber weitere Maßnahmen anbetraf, scheinen die Worte dieser Männer kein großes Echo gefunden zu haben. Nur in zwei Sektionen (der von Luxembourg und der Sektion Poissonnière) fand der Vorschlag auf ein Gefangenenmassaker Aufnahme. *Zwei Sektionen von achtundvierzig* stimmten für das Massaker. Die Sektion Poissonnière faßte folgenden Beschluß:

»Die Sektion beschließt in Anbetracht der dem Vaterland drohenden Gefahr und der teuflischen Machenschaften der Priester, daß alle Priester und verdächtigen Personen in den Gefängnissen von Paris, von Orléans und anderswo zu töten sind.«

Die Diktatur war noch schwieriger zu organisieren als das Blutbad. Kein Mann war vom Volk genügend anerkannt, um sie allein auszuüben. Es bedurfte eines Triumvirats. Marat sagte es selbst.

Der Prophet Marat, den Panis[2] in den Überwachungsausschuß gebracht hatte, pflegte sogar seine Bewunderer gelegentlich zu entsetzen. Seine außerordentliche Heftigkeit schien aber von Robespierre gestützt, genehmigt zu sein, da dieser noch am vergangenen Abend gesagt hatte, man müsse das Handeln dem Volk überlassen. Marat war bereits im Ausschuß, Robespierre kam zur Tagung des Generalrats.

Falls man ein Triumvirat brauchte, so konnte der dritte Triumvir nur Danton sein. Man war sich seiner nicht sicher. Er sang bei jeder Gelegenheit das Lob der Kommune, und sein Freund Thuriot hatte es noch heute getan, während er einen Antrag stellte, der die Kommune entmachten sollte. War er wirklich für die Kommune oder für die Nationalversammlung? Man wußte es nicht recht. Seit dem 29. August kam er nicht mehr ins Hôtel de Ville. Würde er lieber die neue Macht mit Marat und Robespierre teilen oder lieber Justizminister bleiben wollen – allmächtiger Minister infolge der Ohnmacht der Versammlung, der die Früchte des Massakers ernten konnte, ohne sich daran beteiligt zu haben, um schließlich der einzige Mann der Stunde zu sein zwischen der im Blute watenden Kommune und der gedemütigten Gironde? Das war die Frage; und die letztere Vermutung schien nicht so unwahrscheinlich. Danton war ein Politiker der Kühnheit, aber nicht weniger der List.

Wie auch immer: Als die Kommune am 2. September morgens unter dem Vorsitz Huguenins versammelt war, verkündete der Prokurator Manuel, in welcher Gefahr Verdun schwebte, und beantragte, daß noch am nämlichen Abend die Freiwilligen auf dem Marsfeld kampieren und sogleich abmarschieren sollten. Paris wäre so von einer gefährlichen Masse befreit worden, die in Erwartung des Wegzugs herumlungerte, sich berauschte und jeden Augenblick darauf verfallen konnte, statt eines fernen Krieges hier gegen reiche und unbewaffnete Feinde einen einträglichen Feldzug zu beginnen.

Diesem weisen Vorschlag fügte irgendwer einen unendlich gefährlichen hinzu, der ebenfalls angenommen wurde. Man beschloß, »es seien sofort Alarmschüsse abzugeben, die Sturmglocke solle geläutet und der Generalmarsch getrommelt werden«. Eine fürchterliche Panik konnte die Wirkung sein in dieser aufgeregten Stadt, eine mörderische Panik; nichts ist grausamer als die Angst.

Zwei Mitglieder des Gemeinderats wurden beauftragt, die Nationalversammlung von den Anordnungen der Kommune zu unterrichten. Sie wurden von einer ungemein sicheren Rede Vergniauds empfangen, einer kühnen Rede angesichts der drohenden Bluttaten, gewissermaßen vor den gezückten Dolchen. Er beglückwünschte Paris dazu, daß es Mut faßte, daß es endlich die erwartete Energie entfaltete; er riet, dem panischen Schrekken zu widerstehen. Er fragte, warum man so viel rede, so wenig handle:

»Warum sind die Schanzen vor den Wällen der Stadt nicht weiter gediehen? Wo sind die Spaten und Hacken und alle die Werkzeuge, die den Altar der Föderation errichtet und das Marsfeld geebnet haben?... Ihr habt große Begeisterung für die Feste bewiesen; gewiß wird sie für den Kampf nicht geringer sein. Ihr habt die Freiheit besungen, gefeiert; sie muß verteidigt werden. Wir haben keine erzenen Könige mehr zu stürzen, sondern Könige, die von mächtigen Armeen umringt sind. Ich beantrage, daß die Kommune von Paris mit der Exekutivgewalt abstimmt, welche Maßnahmen sie zu ergreifen beabsichtigt. Ich beantrage auch, daß die Nationalversammlung, die im gegenwärtigen Augenblick eher ein großer Militärausschuß ist als eine gesetzgebende Körperschaft, von sofort an jeden Tag zwölf Kommissare ins Lager entsendet, nicht um durch müßige Reden die Bürger zur Arbeit zu ermahnen, sondern um selber Hand anzulegen; denn es ist keine Zeit mehr zum Reden, das Grab unserer Feinde ist zu graben, oder jeder Schritt vorwärts, den sie tun, wird das unsere graben.«

Diese unter den gegebenen Umständen sehr gewagte Rede erhielt nicht nur von der Versammlung, sondern auch von den Tribünen Beifall, von ebender Bevölkerung, deren Untätigkeit sie so streng brandmarkte.

Man merkte es: Der große Redner wollte dem Volkswirbel, der sich so furchtbar um sich selbst drehte, einen geregelten Lauf geben, ihn mit den Abgesandten der Versammlung aus der Stadt hinauslocken, im militärischen Enthusiasmus die Panik und das Entsetzen ersticken.

Er wollte die Kommune den Ministern unterordnen, die Minister der Nationalversammlung. Konnte diese Hierarchie, die zu gewöhnlichen Zeiten im Gesetz und in der Vernunft begründet war, an einem solchen Tag unbeirrt aufrechterhalten werden? Mußte man nicht auf Beratungen, auf Worte verzichten, wenn je eintretendem Fall die verschiedenen Entscheidungen sogleich zu treffen waren, mit Gedankenschnelle? Man konnte die Gewalt nicht in höheren Sphären schweben lassen, fern der Tat, in den weichen, zaudernden Händen einer feierlichen Versammlung, die redete, redete und Zeit verschwendete. Man konnte sie nicht der Kommune überlassen, die, blind und rasend und in Wirklichkeit schon aufgelöst, unter Marats Atem nur noch ein blutiges Chaos war. Der einfache Menschenverstand konnte wissen, daß die Gewalt, ob sie oben oder unten einer der beratenden Körperschaften, der Nationalversammlung oder dem Rat der Kommune überlassen blieb, keine Gewalt mehr war. Sie mußte dort sein, wo sie tatkräftig sein konnte, wo sie überdies durch die Natur der Sache hingehörte, in den Händen der Minister; man mußte sich unter diesen außergewöhnlichen Umständen auf sie verlassen, sie bitten, sie beschwören, stark zu sein; sonst wäre alles verloren.

Unglücklicherweise bestand im Ministerium keine Einmütigkeit, weder

der Anschauung noch des Willens. Es hätte sich verständigen müssen, hätte einmütig die Diktatur fordern, sie unter Aufsicht der Kommissare der Nationalversammlung ausüben müssen.

Das Ministerium hatte zwei Häupter, Roland und Danton.

Danton erschien vor zwei Uhr, um ein letztes Mal die Neigungen der Versammlung zu erforschen.

Er beantragte zu beschließen, »daß wer immer sich weigere, persönlich Dienst zu tun oder seine Waffen abzugeben, mit dem Tode zu bestrafen sei«.

Und Lacroix (der damals sowohl den Girondisten als auch Danton anhing) forderte überdies, »daß man auch jene mit dem Tod bestrafe, die *direkt oder indirekt* die von der Exekutivgewalt verfügten Anordnungen und ergriffenen Maßnahmen, *auf welchem Wege auch immer, behinderten* oder sich ihnen verweigerten«.

Die Versammlung schien einverstanden; statt aber auf der Stelle abzustimmen, zögerte sie, wollte nichts ohne das Gutachten ihrer außerordentlichen Kommission (Vergniaud, Guadet, die Gironde) entscheiden. Sie beauftragte diese Kommission, die schon sehr gut abgefaßten Erlasse neu abzufassen und sie ihr um sechs Uhr abends vorzulegen.

Das war eine Verzögerung von vier Stunden. Sie hat die Freiheit in Europa um vielleicht ein Jahrhundert zurückgedrängt.

Danton wurde damals für seinen schlechten Ruf bestraft, für seine bedauerliche Vergangenheit. Die Versammlung verweigerte ihm die Mittel zur Rettung des Staates. Sie wagte es nicht, einem so verdächtigen Mann eine solche Gewalt anzuvertrauen.

Zwei Dinge ließen ihn scheitern: erstens kam Roland nicht, unterstützte ihn nicht; Danton erschien allein; es schien, als fordere man für ihn allein eine unbegrenzte Machtbefugnis; zweitens lobte er, während er verlangte, daß die Versammlung mit den Ministern zusammen die Bewegung des Volkes lenken solle, die von der Kommune ergriffenen Maßnahmen; er sagte: »Die Sturmglocke, die geläutet werden soll, ist kein Alarmzeichen; es ist der Angriff auf die Feinde des Vaterlands (Beifall). Um sie zu besiegen, meine Herren, brauchen wir Kühnheit und nochmals Kühnheit und wiederum Kühnheit, und Frankreich ist gerettet.«

Die Versammlung sah in Danton nur den Mann der Kommune, und sie hütete sich, ihm die Macht zu verleihen.

Wäre er wirklich gewesen, was die Versammlung annahm, so hätte er sich ins Hôtel de Ville begeben, wo man ihn erwartete; er ging aufs Marsfeld. Eine große Menschenmenge folgte ihm. Dort, auf der riesigen Ebene, unter freiem Himmel, redete er zu einem ganzen Heer, predigte den Kreuzzug, wie Peter von Amiens es getan haben mochte oder der heilige Bernhard. Aus der Ferne donnerte die Kanone, die Sturmglocke läutete, und Dantons machtvolle Stimme, die alles beherrschte, klang wie die Stimme der brodelnden Stadt, die Stimme Frankreichs.

Die Zeit ging hin; es war nach zwei Uhr.

Als Danton das Marsfeld verließ, ging er keineswegs zur Kommune. Er ging nach Hause. Begab er sich zum Ministerrat? Das ist umstritten. Offenkundig wartete er darauf, daß die Gefahr die Nationalversammlung zwinge, die Diktatur dem Ministerium zu übertragen, dem populären Minister, der allein sie ausüben konnte. Er hätte sie lieber von der Nationalversammlung, die von ganz Frankreich anerkannt war, erhalten; er zögerte, von der Kommune von Paris ein Drittel der Diktatur entgegenzunehmen und sie mit Robespierre und Marat zu teilen.

Nachdem der Generalrat der Kommune sich, wie wir sahen, beizeiten für die Proklamation, die Kanone und die Sturmglocke (die sich um zwei Uhr hören ließen) entschieden hatte, vertagte er die Sitzung bis um vier Uhr, und man ging auseinander. Es blieb nur der Überwachungsausschuß da, das heißt Panis, Marat, einige Freunde Marats.

Der Ausschuß konnte früh Kunde haben von den in mehreren Sektionen befürworteten Vorschlägen zum Massaker und von dem Beschluß, den zwei der Sektionen gefaßt hatten. Er handelte daraufhin; er veranlaßte oder gestattete die Verlegung von vierundzwanzig Gefangenen aus der Bürgermeisterei, wo er tagte (der heutigen Polizeipräfektur), zum Abbaye-Gefängnis.[3] Von diesen Gefangenen trugen einige das Gewand, das den heftigsten Haß des Volkes erregte, das Gewand derer, die den Bürgerkrieg im Süden und in der Vendée entfesselt hatten, das geistliche Gewand. Als die Kanone ertönte, drangen bewaffnete Männer in das Gefängnis der Bürgermeisterei; sie sagten zu den Gefangenen, es gehe zur Abbaye. Diese Aufforderung wurde nicht von Volksmassen vorgebracht, sondern von Soldaten, Föderierten aus Marseille oder Avignon, was darauf hindeutet, daß es nicht zufällig geschah, sondern genehmigt war, daß der Ausschuß – zumindest durch eine mündliche Genehmigung – seine Gefangenen dem Tod auslieferte.

Man hätte sie sehr bequem innerhalb des Gefängnisses ermorden können; dann aber hätte man es nicht als eine spontane Volkshandlung darstellen können. Es mußte den Anschein der Zufälligkeit haben; hätte man den Weg zu Fuß gemacht, so wäre der Zufall den Absichten der Mörder schnell genug zu Hilfe gekommen; doch sie verlangten Wagen. Die vierundzwanzig Gefangenen nahmen in sechs Wagen Platz; das schützte sie ein wenig. Die Mörder mußten entweder die Gefangenen durch Beleidigungen so sehr reizen, daß sie die Geduld verloren, sich hinreißen ließen, ihr Leben aufs Spiel setzten und ihr Unglück selbst herbeizuführen schienen, oder das Volk aufstacheln und in Wut gegen die Gefangenen versetzen; das versuchte man zuerst. Der langsame Zug der sechs Wagen hatte den Charakter einer grauenhaften Zurschaustellung. »Da sind sie«, schrien die Mörder, »da sind sie, die Verräter! die Verdun verraten haben, die eure Frauen und Kinder umbringen wollten... Vorwärts, helft uns, tötet sie!«

Das bewirkte nichts. Die Menge ereiferte sich wohl, schimpfte in der Runde, handelte aber nicht. Den ganzen Quai entlang erreichte man nichts, auch nicht beim Überqueren des Pont-Neuf, ebensowenig auf der Rue Dauphine. Man gelangte an den Carrefour Buci nahe am Abbaye-Gefängnis, ohne die Geduld der Gefangenen erschöpft oder das Volk dahin gebracht zu haben, Hand an sie zu legen. Man würde gleich das Gefängnis erreichen; es war keine Zeit zu verlieren; tötete man sie nach ihrer Ankunft, ohne daß es gewissermaßen durch eine Volksdemonstration vorbereitet worden war, würde erkennbar, daß sie auf Befehl und von der Hand der Obrigkeit starben. Am Platz, wo sich das Zelt für die Einschreibungen der Freiwilligen erhob, gab es viel Gedränge, einen großen Auflauf. Hier machten die Mörder sich die allgemeine Verwirrung zunutze und stießen mit Säbel und Piken in die Wagen hinein. Ein Gefangener, der einen Stock bei sich hatte, hieb einem von ihnen mit dem Stock ins Gesicht – aus Selbstverteidigungstrieb oder aus Verachtung für die Elenden, die sich an Wehrlosen vergriffen. So gab er den erwarteten Vorwand. Einige wurden noch in den Wagen umgebracht, die anderen, wie man sehen wird, als sie im Hof der Abbaye ausstiegen. Dieses erste Gemetzel fand nicht im Gefängnishof statt, sondern im Hof der Kirche (der heutigen Rue d'Erfurth), in den man die Wagen einfahren ließ.

Es war gegen drei Uhr. Um vier Uhr trat der Generalrat der Kommune unter dem Vorsitz Huguenins wieder zusammen.

Der Überwachungsausschuß hatte es eilig, seine entsetzliche Initiative vom Generalrat gebilligt, gerechtfertigt zu sehen. Das erreichte er indirekt und sehr geschickt. Er erzielte die Annahme folgenden Antrags: *». . . daß man die wegen... Schulden, Alimenten und anderen Zivilklagen verhafteten Gefangenen in Schutz nehme«*. Nur diese Klasse von Gefangenen beschützen, das hieß die politischen Gefangenen nicht beschützen, sie im Stich lassen, sie dem Tod ausliefern und die Toten als zu Recht getötet erachten.

Ein Meisterstreich wäre es gewesen, auch das Blutvergießen von einer individuellen Autorität unterstützt zu haben, von einer Autorität, die so einflußreich wäre, daß sie jeder Körperschaft überlegen wäre: Man wollte die Ermächtigung Dantons. Die Kommune hatte ihn schon früh brieflich aufgefordert, ins Hôtel de Ville zu kommen, aber er erschien nicht. Es gab ein großes Staunen, als man gegen fünf Uhr den Kriegsminister, den Girondisten Servan, verwirrt und unsicher im Generalrat erscheinen sah, der fragte, was man von ihm wolle. Das Mißverständnis klärte sich auf.

Der für den Justizminister bestimmte Brief war dem Kriegsminister überbracht worden. Der Beamte habe sich in der Adresse geirrt, hieß es. Man darf nicht vergessen, daß der Sekretär der Kommune, Tallien, ein glühender Dantonist war; ohne Zweifel diente er seinem Herrn so, wie dieser es wünschte.* Danton drängte es nicht danach, zwischen Marat und Robespierre die dritte Rolle zu übernehmen. Er zeigte zur Genüge, daß er den Irrtum nicht bedauerte, der in weniger als einer halben Stunde hätte wettgemacht sein können; er hielt sich der Kommune fern, als lägen hundert Meilen zwischen dem Hôtel de Ville und dem Justizministerium. Er kam nicht am Abend des 2. und ebensowenig am 3. September.

In der Abbaye nahm das Blutbad seinen Fortgang. Es ist interessant, festzustellen, wer die Mörder waren.

Die ersten waren, wie wir sahen, Föderierte, Marseiller, Avignoner und andere Leute aus dem Süden, denen sich, will man den Gerüchten Glauben schenken, einige Metzgergesellen anschlossen, einige, die ein rauhes Gewerbe betrieben, junge Burschen vor allem, kräftige Kerle und Tunichtgute, Lehrjungen, die man grausam mit Hieben traktiert und die bei solchen Gelegenheiten das Erlittene dem ersten besten heimzahlen; unter anderen war da ein kleiner Friseurgehilfe, der von eigener Hand mehrere Männer tötete.

Die Untersuchung jedoch, die später gegen die Septembermörder** eingeleitet wurde, erwähnt weder die eine noch die andere dieser beiden Klassen, weder die Soldaten aus dem Süden noch die Leute aus dem Volk, die sich freilich verlaufen hatten und nicht mehr gefunden werden konnten. Sie nennt lediglich Geschäftsleute, die man dingfest machen konnte, alles in allem dreiundfünfzig Personen aus der Nachbarschaft, fast nur Händler aus der Rue Sainte-Marguerite und den Nachbarstraßen. Sie gehören zu allen Berufen – Uhrmacher, Limonadenhändler, Wurstmacher, Obstverkäufer, Seifensieder, Kistenmacher, Bäcker usw. Nur ein einziger Metzgermeister ist darunter. Mehrere Schneider sind darunter, zwei davon Deutsche oder vielleicht Elsässer.

Wenn man der Untersuchung glauben will, so haben sich diese Leute

* Eine sehr vertrauenswürdige Person, die am Abend des 1. September im Cordeliers-Klub war, hat mir berichtet, daß die Sitzung unterbrochen wurde, weil der Präsident Tallien vor die Tür gerufen wurde. Der Betreffende ging hinaus und sah den Mann, der Tallien herausgerufen hatte und der (er versichert, ihn erkannt zu haben) kein anderer war als Danton. Wenn der Justizminister diesen Schritt tat, so deshalb, weil er ohne Brief oder Mittelsmann dem jungen Sekretär der Kommune seine Absichten kundgeben wollte. Im übrigen weiß man, daß Danton *niemals schrieb*.

** Die Kenntnis dieses wichtigen Aktenstücks und einiger anderer erhielt ich dank Herrn Labat, dem Archivar der Polizeipräfektur, dem ich meine Erkenntlichkeit kaum ausdrücken kann.

nicht nur gerühmt, eine beträchtliche Anzahl Gefangene niedergemacht, sondern außerdem an den Leichnamen entsetzliche Greuel verübt zu haben.

Waren diese Kaufleute aus dem Umkreis der Abbaye – Nachbarn der Cordeliers und Marats und gewiß Leser seines Blattes – etwa eine Elite von Marat-Anhängern, welche die Kommune aufwiegelte, um die Nationalgarde in die Massaker zu verstricken, diese mit der Bürgeruniform zu decken und zu verhindern, daß die große Masse der Nationalgarde eingreife, um dem Blutvergießen ein Ende zu machen? Das ist nicht unwahrscheinlich.

Es ist jedoch nicht unbedingt notwendig, zu dieser Mutmaßung zu greifen. Sie erklärten selbst beim Verhör, daß die Gefangenen sie beschimpften, sie täglich hinter den Gittern hervor aufreizten, ihnen mit der Ankunft der Preußen und den Strafen drohten, die ihrer warteten.

Die grausamste Strafe empfand man schon: die völlige Stockung des Handels, die Konkurse, die Schließung der Läden, den Ruin und den Hunger, das Sterben von Paris. Der Arbeiter erträgt oft den Hunger besser als der Ladenbesitzer den Konkurs. Das liegt an vielerlei Gründen, vor allem an einem, dem man Rechnung tragen muß: daß nämlich in Frankreich der Konkurs nicht einfach ein Unglück ist (wie in England und Amerika), sondern ein Ehrverlust. *Faire honneur à ses affaires*[4] ist ein französisches Sprichwort, das nur in Frankreich besteht. Hier wird der Ladenbesitzer, wenn er Konkurs macht, blutrünstig.

Diese Leute hatten drei Jahre gewartet, daß die Revolution ein Ende nehme, hatten eine Zeitlang geglaubt, der König werde ihr, gestützt auf La Fayette, ein Ende machen. Wer hatte ihn daran gehindert, wenn nicht die Hofleute, die Priester, die man in der Abbaye festhielt? »Sie haben sich und uns ins Unglück gestürzt«, sagten die wütenden Händler, »mögen sie sterben!«

Zweifellos trug auch die Panik viel zu ihrer Raserei bei. Die Sturmglokke verwirrte ihnen den Geist; die Kanonenschüsse klangen ihnen wie die Schüsse der Preußen. Ruiniert, verzweifelt, vor Wut und Angst außer sich, stürzten sie sich auf den Feind, auf den wenigstens, dessen sie habhaft werden konnten, der waffenlos und unschwer zu besiegen war, den sie nach Belieben niedermachen konnten, fast ohne aus dem Haus zu gehen.

Die vierundzwanzig Gefangenen waren schnell getötet, und sie brachten die Schlächter auf den Geschmack. Unter den Opfern waren Priester. Man begann nun, die anderen Priester niederzumachen, die sich in der Abbaye befanden, im Kloster untergebracht. Man entsann sich aber, daß die Mehrzahl der Priester sich im Karmelitergefängnis in der Rue de Vaugirard befand; einige liefen hin, verließen die Abbaye.

Im Karmelitergefängnis waren sechzehn Nationalgardisten postiert:

acht waren abwesend; von den acht anwesenden aber war der Sergeant ein Mann von ungewöhnlicher Entschlossenheit*, ein kleiner, untersetzter Rotschopf, sehr stark und blutstrotzend. Das große Tor war geschlossen, und er stellte sich in das kleine, füllte es mit seinen breiten Schultern aus und hielt die Stürmenden auf.

Dieser Haufe war nicht eindrucksvoll; es gab viele Schreier, Burschen und Weiber, aber nur zwanzig bewaffnete Männer; und ihr Führer, ein einäugiger, hinkender Seifensieder, der über einer abscheulichen Hose von gestreiftem Kattun seine Lederschürze trug, besaß als Waffe nur eine an einen Stock genagelte Klinge. Die anderen** sahen auf den ersten Blick wie betrunkene Wasserträger aus. Hinter ihnen kamen die Gaffer, die den ganzen Tag einander bei diesem schönen Schauspiel ablösten. Der Bekannteste war ein Schauspieler, ein lächerlicher Schwätzer und hübscher Junge von absonderlichen Sitten, der für ein Weib gelten konnte. Diesmal spielte er den Tapferen und hielt sich für einen Mann.

Der Rothaarige warf dem Haufen einen verächtlichen Blick zu und erklärte, er werde nicht weichen und niemand werde durchgelassen, sofern ihn nicht der Offizier selbst, der ihn postiert hatte, abberufe. Man holte einen Befehl von der Sektion, den er nicht anerkennen wollte, dann einen Befehl des Bataillonchefs, dem er nicht Folge leistete. Er verließ den Platz nicht eher, als bis man seinen Hauptmann gefunden und hergebracht hatte, einen Malermeister aus der Nachbarstraße, der ihn ablösen ließ.

Die Mörder drangen ein mit dem Ruf: »Wo ist der Erzbischof von Arles?« Dies Wort Arles war bezeichnend. Es genügte, um an den rasendsten gegenrevolutionären Fanatismus zu erinnern, an die unter dem Namen *la Chiffonne* nur zu bekannte Vereinigung, den gefährlichen Herd des Bürgerkriegs für den ganzen Süden.[5] Und wie das Bistum, so der Bischof; der von Arles war der Mann des Widerstands, ein harter Kopf, der sogar im Karmelitergefängnis seine Haftgenossen in dem verstockten, engherzigen Geist bestätigte, der sie in einer ganz nebensächlichen, disziplinarischen Frage den Untergang der Religion erblicken ließ. Er hatte zwei Bischöfe bei sich, vornehme Herren, die durch ihren Namen und ihr Vermögen auf diese armen Priester einwirkten, sie beherrschten, sie in ihrem traurigen Ehrgefühl bestärkten.

Der nächst dem Erzbischof von Arles bekannteste Priester war der

* Dieser furchtlose Mann lebt noch. Es ist der Vater Monsieur Porets, des Philosophieprofessors, eines meiner geschätztesten Freunde. Ich bin glücklich, an dieser Stelle den Mut des ehrwürdigen Greises bezeugen zu können.

** Ich verdanke einige der folgenden Einzelheiten einem anderen Augenzeugen, Monsieur Villiers, dessen Werke, handschriftliche Notizen und bewunderungswürdiges Gedächtnis, das ihn trotz seines hohen Alters von mehr als neunzig Jahren nicht im Stich läßt, mir oft von Hilfe waren.

Beichtvater Ludwigs XVI., Pater Hébert, der am 20. Juni und am 10. August das Gewissen des Königs in Händen hielt, ihn in seinem Widerstand bestärkte und ihm wenige Augenblicke vor dem Blutbad die Absolution erteilte. Diese Priester, die den König und sich selbst vernichteten, handelten sie aufrichtig? Wir glauben es gern.

Ein Schatten haftet jedoch an ihnen und könnte uns zweifeln lassen, ob diese Märtyrer Heilige gewesen sind; das ist, daß sie Ludwig XVI. zu dem unheilvollen Doppelspiel ermutigten, das ihn ohne Unterlaß die Verfassung gegen die Verfassung anführen ließ, sie nach dem Buchstaben einhalten ließ, um ihren Geist um so besser zu vernichten.

Paris brachte ihrem Schicksal äußerste Gleichgültigkeit entgegen. Im Théâtre-Français (Odéon) versammelten sich Freiwillige und Nationalgardisten, die beim Sturmläuten zusammengekommen waren. Dreihundert andere hielten im Jardin du Luxembourg Übungen ab. Hätte Santerre[6] ihnen das geringste Signal gegeben, so wären sie im Karmelitergefängnis, in der Abbaye erschienen und hätten ohne jede Schwierigkeit das Massaker verhindern können. Da sie keinen Befehl erhielten, rührten sie sich nicht vom Platz.

Der Generalrat der Kommune, der um vier Uhr wieder zur Sitzung zusammengetreten war, erhielt, wie man weiß, Nachricht von dem Massaker und ließ sich davon nicht aus der Fassung bringen. Er war in jenem Augenblick die einzige wirkliche Autorität in Paris, und er schickte zur gesetzgebenden Gewalt, zur Nationalversammlung, um anzufragen, was sie zu tun gedenke.

Gleichzeitig, wie um diese scheinbare Menschlichkeit zu widerrufen, ermächtigte er die Sektionen, »die *Auswanderung* auf dem Wasserwege zu verhindern«. Er bezeichnete die verständliche Flucht derer, die man aufs Geratewohl und ohne Aburteilung hinmeuchelte, als *Auswanderung*.

Der Bürgermeister von Paris war seit langem entmachtet. Die Kommune hatte nach und nach alle seine Funktionen an sich gerissen; sie behielt in gewisser Weise ein wachsames Auge auf ihn. Pétion wohnte nicht einmal im Hôtel de Ville, sondern in der Bürgermeisterei (heute wie gesagt die Polizeipräfektur am Quai des Orfèvres), unter den feindseligen, besorgten Blicken des Überwachungsausschusses, der als absoluter Herrscher, umgeben von seinen Agenten, im gleichen Gebäude tagte.

Pétion[7] schrieb am 2. und am 3. September an Santerre, den Kommandanten der Nationalgarde, der keine Antwort gab. Und wie hätte er antworten sollen? Hatte doch Panis, Santerres Schwager, Marat in den Überwachungsausschuß hineingebracht – Marat, das verkörperte Blutbad.

Da die Behörden von Paris nichts ausrichten konnten oder wollten, so blieb zu erfahren, was die Minister vermochten.

Die girondistischen Minister hatten am Abend vorher von Robespierre den Todesstreich empfangen. Die Führer der Nationalversammlung, diese Verräter, diese Freunde des Herzogs von Braunschweig, die ihm den Thron anbieten ließen – wo hatte man sie zu suchen?... Wir wissen nicht, ob Robespierre Roland und die anderen beim Namen nannte, doch ist es gewiß, daß er so deutlich auf sie wies, daß alle Welt sie nannte.

Am 2., am 3. und 4. handelte sich die ganze Debatte in der Kommune um die Frage, ob sie gegen den Minister des Innern einen Vorführungsbefehl erlassen, ihn in die Abbaye abführen lassen solle. Ein derart bezichtigter und verdächtigter Beamter wäre allein dadurch vernichtet gewesen, selbst wenn die Verfassung von 1791 ihm ein Eingreifen gestattet hätte; doch diese Verfassung, die ersonnen war, um die Zentralgewalt zugunsten derjenigen der Gemeinden zu schwächen, gestattete es dem Minister nur, über die Kommune von Paris einzugreifen, die es zu zügeln galt.

Um Roland noch mehr zu lähmen, umringten am 2. September um sechs Uhr während der Gefängnismorde zweihundert Menschen lärmend das Ministerium des Innern und riefen nach Waffen. Was wollte man? Monsieur und Madame Roland isolieren, ihren Freunden Angst einjagen, ihnen zeigen, daß sie sie dem Massaker überantworteten, wenn sie sie unterstützten.

Die zweihundert schimpften über Verrat, schwangen Säbel. Roland war abwesend... Madame Roland entsetzte sich nicht; sie sagte ihnen kühl, daß es im Ministerium des Innern nie Waffen gegeben habe, daß sie das Haus durchsuchen könnten; wenn sie Roland sehen wollten, so müßten sie zum Marineministerium gehen, wo der Ministerrat versammelt sei. Sie wollten nur abziehen, wenn sie einen Sekretariatsbeamten als Geisel mitbekämen*.

Was den Justizminister Danton anlangte, so hat man gesehen, daß er die Aufforderung der Kommune, an ihrer Tagung teilzunehmen, geflissentlich übersah; er bewahrte eine abwartende, zweideutige Haltung zwischen Kommune und Nationalversammlung.[8] Am 2. September erneuerte Robespierre im Generalrat seine Anklagen vom Vortag, präzisierte sie und sagte, es bestehe eine große Verschwörung, *um dem Herzog von*

* Einen Angestellten, sagt Roland selber (Brief vom 13. September), und nicht einen Kammerdiener, wie Madame Roland in ihren Memoiren sagt. Da beide aus dem Gedächtnis schreiben, sind beider Angaben sehr ungenau. Sie glaubt, das Massaker habe um fünf Uhr begonnen. Sie sagt, Danton habe sich am 2. September zum Überwachungsausschuß begeben, um ihn davon abzuhalten, gegen Roland einen Vorführungsbefehl zu erlassen; sie nimmt an, daß er dann Pétion aufsuchte, usw. All das begab sich am 4., als bereits die Reaktion einsetzte, und Pétion, dem gegenüber Danton sich rühmte, lächelte über diese verspätete Einmischung; am 2. hätte er ganz gewiß nicht gelächelt.

Braunschweig den Thron anzutragen. Billaud-Varenne unterstützte ihn. Der Generalrat applaudierte. Alle Welt begriff, daß die Verschwörer die Minister selbst waren, daß die Exekutive Frankreich ausliefern wollte. Das Gerücht verbreitete sich sogleich durch ganz Paris. Man sagte, wiederholte und glaubte, *»daß die Kommune die Exekutive des nationalen Vertrauens ledig erkläre«*. Die wenige moralische Macht, die sich das Ministerium noch bewahrt hatte, war zunichte gemacht.

Eine Sektion (Ile Saint-Louis) hatte jedoch den Mut, sich genau darüber zu unterrichten, was sie davon zu halten habe. Sei es durch eine spontane Regung, sei es, daß die Minister sie dazu drängten – sie ließ bei der Versammlung anfragen, ob es ganz sicher sei, daß die Kommune dergleichen beschlossen habe? Die Versammlung verneinte es, und dieses Nein blieb auf die öffentliche Meinung ohne jede Wirkung. Die Minister waren und blieben entmachtet.

Es scheint immerhin, als hätten sie am Abend versucht, wieder Kraft zu gewinnen; sie brachten Pétion zum Handeln. Der unsichere, unbewegliche Bürgermeister von Paris bekam plötzlich wieder Leben. Er ersuchte die Vorsitzenden aller Sektionen, sich bei ihm zu versammeln, um, so sagte er, einen Bericht des Kriegsministers über die Vorbereitungen zum Abmarsch der Freiwilligen entgegenzunehmen. Als diese Versammlung zusammengetreten war und eine Art Körperschaft bildete, die man dem Generalrat der Kommune entgegenstellen konnte, beantragte und beschloß man eine sehr gewagte Maßnahme, die dahin zielte, die Kommune weitgehend unschädlich zu machen, indem man es ihr an revolutionärem Feuer gleichtat, sie übertraf. Man beschloß, unabhängig von der Löhnung *den Freiwilligen eine Geldsumme zur Unterstützung ihrer Familien zu sichern*, ferner die von der Nationalversammlung aus Paris und den angrenzenden Departements geforderten dreißigtausend Mann auf sechzigtausend zu erhöhen, indem man, was durch freiwillige Einschreibungen nicht erreicht wurde, *durch das Los vervollständigen* ließ, drittens, für die Verwendung der Waffen einen Überwachungsausschuß zu gründen (tatsächlich wurden sie bisher unerhört verschleudert, oft gestohlen und verkauft) und Kugeln zu gießen und sogar das Blei der Särge dafür zu verwenden.

Dieser Vorschlag war dreifach revolutionär. Er tat durch die einfache Macht von Paris drei Dinge, die zu tun nur die Nationalversammlung berechtigt schien: Er prägte eine (dauerhafte und ansehnliche) Steuer; er änderte das Rekrutierungsverfahren und garantierte sichere, berechenbare und zuverlässige Erfolge; er verdoppelte die gesetzlich geforderte Zahl an Männern. Wenn Pétion die Sektionskommissare bei sich versammelte, um eine derart außergesetzliche Maßnahme von ihnen beschließen zu lassen, so war er gewiß vom Ministerrat dazu ermächtigt. Der Kriegsminister war bei der Versammlung anwesend.

Es war die klügste Maßnahme in der gegebenen Lage. Sie konnte die Herzen beruhigen, und sie steigerte den militärischen Einsatz. Was beunruhigte die, die ins Feld zogen? Nicht der Abmarsch selbst, sondern fast in allen Fällen die Hilflosigkeit, die Armut, in der sie ihre Familien zurückließen. Aber das Vaterland war da und würde sie aufnehmen, sie adoptieren; beim herzzerreißenden Abschied würden die untröstliche Gattin, die Kinder den Arm des Vaters nur lassen müssen, um in die guten, mütterlichen Hände Frankreichs zu fallen. Wer wäre da nicht mit heldenhaftem, friedlichem Herzen ausgezogen, mit dem heiteren Mut, mit dem der Mann so gern das Leben, so gern den Tod begrüßt?

Wäre diese Maßnahme am 1. September erfolgt, so hätte sie eine großartige Wirkung gehabt. Am 2. war sie verspätet. Sie wurde erst am 3. bekannt und kaum beachtet.

Am 2. September abends, während man bei Pétion die Mittel erwägt, um das Volk zu beruhigen, gehen im Karmeliter- und im Abbaye-Gefängnis die Morde weiter. Im Karmelitergefängnis hatte man zunächst die Bischöfe und dreiundzwanzig Geistliche getötet, die sich in die kleine Kapelle hinten im Garten geflüchtet hatten. Andere, die durch den ganzen Garten zu entkommen oder über die Mauern zu klettern suchten, wurden verfolgt und unter grausamem Gelächter niedergeschossen. In der Abbaye machte man an die dreißig Schweizer nieder und ebenso viele von des Königs Garden. Es gab keine Möglichkeit zu ihrer Rettung. Manuel, der sehr beliebt war, kam von der Kommune, predigte, ließ nichts unversucht, und er mußte zu seinem Leidwesen sehen, wie wenig es ihm half, daß er die Liebe des Volkes genoß. Es fehlte nicht viel, so hätten die Rasenden gegen ihn die Hand erhoben. Auch die Nationalversammlung hatte einige ihrer volkstümlichsten Mitglieder entsandt: den guten alten Dussaulx, dessen vornehmes, militärisches Gesicht, die schönen weißen Haare dem Volk die Zeit seiner heroischen Lauterkeit ins Gedächtnis rufen konnten, die Einnahme der Bastille; ferner Isnard, den Redner des Krieges mit den feurigen Worten. Ihnen hatte man einen Volkshelden zugesellt, der, derb und fröhlich, wie geschaffen schien, den bösen Leidenschaften zu begegnen, sie vielleicht zu mäßigen, indem er auf sie einging; ich meine den Kapuziner Chabot.

Alles das war vergeblich. Die Menge war taub und blind; sie trank mehr und mehr und begriff immer weniger. Die Nacht kam; die dunklen Höfe der Abbaye wurden noch dunkler. Die Fackeln, die man anzündete, ließen das, was ihr düsteres Leuchten nicht erhellte, noch finsterer erscheinen. Die Abgeordneten waren inmitten dieses entsetzlichen Tumults nirgends in Sicherheit. Chabot bebte an allen Gliedern. Er hat später versichert, er habe die Empfindung gehabt, unter einer Wölbung von zehntausend Säbeln hindurchzugehen. Ein so gewohnheitsmäßiger Lügner er auch war, glaube ich gern, daß er nicht gelogen hat. Die Angst wird ihn geblendet und ihm die Dinge unendlich vervielfacht gezeigt haben. Übrigens genügt es, sich den Ort des Schauspiels anzusehen, die Höfe der Abbaye, den Vorplatz der Kirche, die Rue Sainte-Marguerite, um zu verstehen, daß ein paar hundert Menschen diesen engen, von allen Seiten versperrten Platz vollauf füllen.

Was dem Massaker ein besonderes Grauen zu geben begann, das war ebendiese Beschränktheit des Raums, die den Zuschauer mit der Handlung verschmolz, ihn mit dem Blut und den Toten fast in direkte Berührung brachte, ihn in den magnetischen Wirbel einschloß, der die Mörder davontrug. Die Zuschauer tranken mit den Henkern und wurden zu solchen. Das schauderhaft Phantastische dieser nächtlichen Szene, die Schreie, die düsteren Lichter hatten sie zuerst fasziniert, an Ort und Stelle gebannt. Dann kam der Taumel, der Kopf geriet in Schwindel, Beine und Arme folgten, sie setzten sich in Bewegung, nahmen teil an dem grausigen Sabbat und taten wie die anderen.

Hatten sie erst getötet, so kannten sie sich nicht mehr und wollten immer weiter töten. Wie stumpfsinnig wiederholte ihr Mund ununterbrochen: »Heute muß man ein Ende machen.« Und darunter verstanden sie nicht nur den Tod der Adligen, sondern ein Ende machen mit allem Schlechten, Paris reinigen, nichts entkommen lassen, was gefährlich sein konnte, die Diebe, die Falschmünzer, die Assignatenfälscher töten, die Spieler und die Betrüger, sogar die Freudenmädchen umbringen... Wo würde der Mord auf dieser entsetzlichen Bahn innehalten? Wie sollte man diesem Rasen nach völliger Säuberung Einhalt gebieten? Was würde geschehen, und wer wäre seines Lebens sicher, wenn außer der Branntweintrunkenheit und der Todestrunkenheit noch eine andere in Tätigkeit trat, der Rausch der Gerechtigkeit, einer falschen und rohen Gerechtigkeit, die nichts mehr beurteilen konnte, einer umgekehrten Gerechtigkeit, die einfache Vergehen mit Verbrechen bestrafte?

In dieser furchtbaren Geistesverfassung fanden viele, die Abbaye sei ein zu kleines Betätigungsfeld; sie liefen zum Châtelet.[9] Das Châtelet war kein politisches Gefängnis; es war zur Aufnahme der Diebe bestimmt und der für geringere Vergehen zur Haft Verurteilten. Da diese Gefangenen am Vorabend vernommen hatten, die Gefängnisse sollten bald geleert werden, hofften sie, in der allgemeinen Verwirrung ihre Freiheit zu finden, in der Meinung, beim Nahen des Feindes könnten die Royalisten ihnen doch gut die Tore öffnen; sie hatten am 1. September ihre Vorbereitungen zur Flucht getroffen; einige wanderten durch die Höfe, ihr Bündel unterm Arm. Sie kamen heraus, aber anders, als sie gedacht hatten. Um sieben Uhr abends ergießt sich eine schreckliche Woge von der Abbaye nach dem Châtelet; es beginnt ein unterschiedsloses, wütendes Töten mit Säbel und

Flinte. Nirgends war man mitleidloser. Auf fast zweihundert Gefangene kamen kaum mehr als vierzig Verschonte. Diesen ließ man, so heißt es, das Leben, als sie beschworen, in Wahrheit wohl gestohlen zu haben, aber stets sorgsam darauf bedacht gewesen zu sein, nur die Diebe zu bestehlen, die Reichen und Adligen.

Das Châtelet lag an einem Ende des Pont au Change; am anderen lag die Conciergerie. Dort befanden sich unter anderen Gefangenen acht Schweizer Offiziere. Gerade wurde einer von ihnen, der Major Bachmann, durch den außerordentlichen Gerichtshof abgeurteilt; er allein von allen wurde verschont, für das Schafott aufgespart. Die Ermordung der Schweizer und der anderen Gefangenen geschah ganz in der Nähe der Gerichtssitzung, und diese wurde alle Augenblicke durch Schreie unterbrochen. Nichts war in diesen fürchterlichen Tagen so entsetzlich wie diese Annäherung, diese Vermischung der regulären Justiz mit der summarischen Justiz, der Anblick der auf ihren Sitzen erbebenden Richter, die in unnützen Formalitäten fortfuhren, einen Scheinprozeß führten, während der Angeklagte nur die Wahl hatte, heute ermordet oder morgen guillotiniert zu werden.*

Solange man solchermaßen die Diebe, die Schweizer und die Priester tötete, schlugen die Mörder ohne Zögern zu. Eine erste Schwierigkeit ergab sich, als im Abbaye-Gefängnis einige der noch lebenden Priester erklärten, sie wollten gern sterben, müßten aber vorher beichten können. Das Verlangen erschien gerechtfertigt, man gewährte ihnen einige Stunden.

Es waren jetzt weniger Leute in der Abbaye. Abgesehen von der Abteilung, die schon früh ins Karmelitergefängnis geschickt worden war, waren viele, wie man weiß, im Châtelet tätig. Man versuchte (vermutlich gegen sieben Uhr abends), in der Abbaye ein Tribunal einzurichten, so daß man nicht mehr unterschiedslos tötete und einige Personen verschonte. Dieses Tribunal hatte in der Tat das Glück, eine große Anzahl Menschen zu retten. Stellen wir den Mann vor, der den Gerichtshof einberief und ihm vorstand.

Es gab im Faubourg Saint-Antoine eine seltsame Persönlichkeit, von der wir schon gesprochen haben: den bekannten Gerichtsdiener Maillard. Er war ein düsterer und wilder Fanatiker von äußerst kühlem Auftreten, von seltener und ganz besonderer Entschlossenheit und Kaltblütigkeit. Als bei der Einnahme der Bastille die Zugbrücke zerschmettert war, legte man statt ihrer eine Planke; der erste, der hinüberging, fiel in den dreißig

* Wir berichten das nach der Überlieferung. Es gibt, glaube ich, keine urkundlichen Aufzeichnungen über das Blutgericht in der Conciergerie.[10]

Fuß tiefen Graben und war auf der Stelle tot. Maillard ging als zweiter hinüber, und ohne Zögern, ohne Schwindel erreichte er die andere Seite. Man hat ihn am 5. Oktober wiedergesehen, als er die Frauen anführte und unterwegs weder Plünderung noch Unordnung gestattete; solange er an der Spitze der Menge war, gab es keine Gewalttätigkeit. Es war seine Eigentümlichkeit, selbst in dem stürmischsten Aufruhr die ordnungsgemäßen und sozusagen gesetzlichen Formen zu wahren. Das Volk liebte ihn und fürchtete ihn. Er maß fast sechs Fuß; seine Statur, sein schwarzer, ordentlicher, abgetragener und sauberer Anzug, seine feierliche, mächtige, düstere Erscheinung wirkten auf alle einschüchternd.

Maillard wollte die Morde, daran war nicht zu zweifeln; aber als Mann der Ordnung hielt er gleichermaßen auf zwei Dinge: erstens, daß die Adligen umgebracht wurden; zweitens, daß sie ordentlich, unter gewissen Formalitäten, auf ein wohlbegründetes Urteil des Volkes, des einzigen unfehlbaren Richters hin, umgebracht wurden.

Er ging methodisch genau vor, ließ sich das Register der Gefangenen bringen und rief sie nach dem Register auf, so daß alle der Reihe nach vortraten. Er schuf sich einen Gerichtshof, und er wählte ihn nicht unter den Arbeitern, sondern unter den Kleinbürgern aus der Nachbarschaft, den Familienvätern, den Kleinhändlern. Diese Bürger fanden sich durch Maillards Gnade und mit dem Einverständnis der Menge in dem furchterregenden Volkstribunal wieder, das durch ein Zeichen über Leben oder Tod entschied. Blaß und stumm hielten sie hier in der Nacht und den folgenden Tagen ihre Sitzungen ab, fällten ihr Urteil durch Zeichen, äußerten ihre Meinung durch eine Kopfbewegung. Manche wagten gelegentlich, wenn sie sahen, daß die Menge dem einen oder anderen Gefangenen günstig gesinnt war, ein nachsichtiges Wort.

Vor der Gründung dieses Gerichtshofs war ein einziger Mann verschont worden, Abbé Sicard, der die Taubstummenschule leitete und für den übrigens die Nationalversammlung eintrat. Seit Maillard mit seiner Jury tagte, machte man Unterschiede, es gab Schuldige und Unschuldige; viele Leute entkamen. Maillard befragte die Menge, in Wirklichkeit aber war seine Autorität so groß, daß er sein Urteil diktierte. Es wurde geachtet, wie es auch ausfiel, selbst wenn es ein Freispruch war. Wenn das schwarze Phantom sich erhob, dem Gefangenen die Hand aufs Haupt legte, ihn für unschuldig erklärte, so wagte keiner nein zu sagen. Diese feierlich verkündeten Lossprechungen wurden von den Mördern meistens mit Freudenrufen begrüßt. Manche, von einer eigenartigen Gefühlsreaktion ergriffen, vergossen Tränen und sanken in die Arme dessen, den sie einen Augenblick zuvor noch umbringen wollten. Es war keine geringe Prüfung, den blutigen Händedruck zu empfangen, von diesen empfindsamen Mördern an die Brust gedrückt zu werden. Sie ließen es nicht hierbei bewenden. Sie führten »den braven Mann, den guten Bürger, den guten Patrioten« nach Hause. Sie zeigten ihn voll Glück, voll Begeisterung der Menge, empfahlen ihn dem Mitleid der Bevölkerung. Wenn sie ihn nicht kannten, nichts von ihm zu sagen wußten, half ihnen ihre überreizte Phantasie aus und erfand ihm seine Legende; diese erzählten sie unterwegs, und so merkwürdig es klingen mag: Während sie sie improvisierten und den Passanten glaubhaft machten, begannen sie selber daran zu glauben. »Mitbürger«, sagten sie, »ihr seht diesen Patrioten; also hört, man hatte ihn eingesperrt, weil er von der Nation zu gut gesprochen hatte...« – »Seht den Unglücklichen«, rief ein anderer, »seine Verwandten hatten ihn dem Kerker überantwortet, um sich seines Besitzes zu bemächtigen.« – »Gleichzeitig«, sagt derjenige, dem wir diese Einzelheiten entlehnen, »drängten sich die Vorübergehenden um den Wagen, in dem ich mich befand, umarmten mich durch die Tür...«

Die, die einen Gefangenen heimführten, machten sich ein Gewissen daraus, nichts von ihm zu empfangen, nahmen höchstens ein Glas Wein entgegen von den Freunden oder Verwandten, zu denen sie ihn brachten. Sie sagten, sie seien durch den Anblick einer solchen Freudenszene reichlich belohnt, und weinten oft vor Freude.

Es herrschte, wenigstens zu Beginn dieses entsetzlichen Blutvergießens, eine echte Uneigennützigkeit. Die ansehnlichen Summen in Louisdors, die man in der Abbaye bei den ersten Opfern fand, wurden sofort zur Kommune gebracht. Ebenso war es im Karmelitergefängnis. Der Seifensieder, der hier als erster eingedrungen war und sich zum Anführer gemacht hatte, gab gewissenhaft acht auf alles, was man fortnahm. Ein Augenzeuge, der es mir berichtet hat, sah ihn am Abend mit seiner Bande in die Kirche Saint-Sulpice eintreten; in seinem blutigen Lederschurz trug er einen Haufen Gold und Edelsteine, Bischofsringe von großem Wert. Er übergab alles getreulich vor Zeugen der Obrigkeit.

Noch am nächsten Tag, dem 3. September, gab es einen Beweis dieser bemerkenswerten Uneigennützigkeit. Man meinte, das Abschlachten der Diebe im Châtelet sei eine unvollständige Sache, wenn man nicht die ungefähr sechzig Sträflinge hinzunahm, die im Bernhardinerkloster auf den Abtransport warteten. Man ging hin, um sie niederzumachen, und warf ihre Kleider auf die Straße; man verbot, daran zu rühren. Ein Wasserträger, der vorbeiging, betrachtete sich neugierig einen Anzug am Boden und hob ihn auf, um ihn näher zu besehen; er wurde auf der Stelle getötet.

Diese Zufallsjustiz, die bald aus Wut, bald aus Mitleid, sogar aus Uneigennützigkeit und Ehrgefühl schwankte, traf mehr als einen Republikaner und rettete Royalisten. Im Châtelet konnte d'Eprémesnil sich als Mörder stellen, so groß war die Verwirrung. Noch mehr verblüfft die

Tatsache, daß manche Royalisten einfach deshalb verschont wurden, weil sie sich mutig als Royalisten bekannten, aussagten, daß sie es aus Empfindung und von ganzem Herzen seien, ohne sich eine Tat vorzuwerfen zu haben. Auf die Art entkam ein sehr aristokratischer Journalist, einer der Redakteure der *Actes des Apôtres*, Journiac de Saint-Méard. Er hatte einen seiner Wächter, einen Provenzalen gleich ihm, zu interessieren gewußt, der ihm eine Flasche Wein verschaffte; er leerte sie auf einen Zug und sprach mit einer Sicherheit, die das Tribunal entzückte. Maillard verkündete, die Gerechtigkeit des Volks *bestrafe die Taten und nicht die Gedanken*. Es entließ ihn als freigesprochen.

Man sieht an diesem einen Beispiel die außerordentliche Kühnheit des Richters der Abbaye. Er stellte zuweilen den Gehorsam der Mörder auf eine harte Probe. Manchmal entrüsteten sie sich, erschienen im Gerichtshof, den Säbel in der Hand. Standen sie aber erst vor Maillard, so waren sie eingeschüchtert und machten sich davon.

Im Abbaye-Gefängnis war ein reizendes junges Mädchen, Mademoiselle Cazotte, das sich mit seinem Vater hatte gefangensetzen lassen. Cazotte, der geistvolle Visionär, der Verfasser komischer Opern, war darum nicht weniger überzeugter Adliger; gegen ihn und seine Söhne lagen sehr schwerwiegende schriftliche Beweise vor.* Es war nicht viel Aussicht, ihn zu retten. Maillard gewährte der jungen Dame die Gunst, der Verhandlung und dem Massaker beizuwohnen, frei herumzugehen. Das kühne Mädchen machte sich das zunutze, um die Mörder günstig zu stimmen; es gewann sie, entzückte sie, eroberte ihre Herzen, und als sein Vater erschien, fand sich niemand mehr, der ihn töten wollte.**

* Der Aktenstoß, den wir darüber in den *Archives nationales* besitzen, zeugt von der Unernsthaftigkeit der royalistischen Verschwörer. Einer der Spießgesellen Cazottes schickt ihm, um ihm Mut zu machen, die Prophezeiungen des Nostradamus.

** Eine Aufopferung wie die der Damen Cazotte und Sombreuil war immerhin vom Pflichtgefühl und von der Natur diktiert. Andere, noch spontanere Taten waren in diesem Sinn noch mehr zu bewundern. Der Uhrmacher Monnot rettete den Abbé Sicard unter eigener Lebensgefahr. Geoffroy-Saint-Hilaire begnügte sich nicht damit, für seinen Lehrer Haüy die Freiheit erlangt zu haben, sondern entwarf den kühnen Plan, seine Lehrer, die Professoren aus Navarra, die in Saint-Firmin gefangensaßen, zu befreien. Dieser junge Mann von zwanzig Jahren dringt am 2. September um zwei Uhr mit der Karte und den Abzeichen eines Kommissars in das Gefängnis ein. Die Gefangenen wagten nicht, ihm zu folgen, sei es, daß sie den Erfolg bezweifelten, sei es, daß sie fürchteten, denen zu schaden, die nicht entweichen konnten. Die Nacht kam, und in dieser Schreckensnacht wurde die Menschlichkeit in diesem wahrhaft heldenmütigen Herzen noch stärker. Er nahm eine Leiter, lehnte sie an die Mauer von Saint-Firmin, zwei Schritt von den Wachen entfernt, und wartete in so außerordentlicher Gefahr acht

Das ereignete sich am 4. September. Drei Tage waren es schon, daß Maillard unentwegt zu Gericht saß, verurteilte und freisprach. Er hatte zweiundvierzig Personen gerettet. Die dreiundvierzigste zu retten schien schwierig, unmöglich. Es war Monsieur de Sombreuil, als erklärter Feind der Revolution wohlbekannt. Seine Söhne befanden sich damals im feindlichen Heer, und einer von ihnen schlug sich so ausgezeichnet gegen Frankreich, daß er vom König von Preußen ausgezeichnet worden war. Sombreuils einziger Vorteil war, daß seine Tochter sich mit ihm hatte gefangensetzen lassen.

Als er vor dem Gerichtshof erschien, dieser verstockte Royalist, dieser Schuldige, dieser Aristokrat, und als man dennoch in ihm einen alten Militär gewahrte, der zu anderen Zeiten Frankreich tapfer gedient hatte, tat Maillard sich selbst Gewalt an und sprach ein edles Wort: »Schuldig oder unschuldig, ich glaube, es wäre des Volkes unwürdig, seine Hände in das Blut dieses Greises zu tauchen.«

Mademoiselle de Sombreuil bemächtigte sich kraft dieses Ausspruchs unerschrocken ihres Vaters und führte ihn in den Hof, küßte ihn und umhüllte ihn. Sie war dabei so schön und rührend, daß von allen nur ein Ruf der Bewunderung laut wurde. Einige jedoch machten sich nach so viel vergossenem Blut ein Gewissen aus dem, was sie für die Gerechtigkeit hielten; sie hatten Skrupel, ihrem Herzen zu folgen, dem Mitleid nachzugeben, den Schuldigsten zu schonen. Man hat in der Folge ohne jeden Beweis, aber nicht ohne Wahrscheinlichkeit behauptet, daß sie von Mademoiselle de Sombreuil als Entgelt für das Leben ihres Vaters verlangten, daß sie den Eid auf die Revolution leiste, dem Adel abschwöre und daß sie den Haß gegen die Adligen beweise, indem sie von ihrem Blut trinke.[11]

Es ist nicht unmöglich, daß Mademoiselle de Sombreuil ihren Vater so zurückkaufte. Aber man hätte ihr nicht einmal diesen Handel angeboten noch den Eid, wenn nicht der Richter der Abbaye selber die Großmut des Volkes angerufen hätte und wenn die Parole des Lebens nicht aus dem Munde des Todes erklungen wäre.

Stunden, daß die Gefangenen entwichen. Zwölf Priester wurden von ihm gerettet. Einer von ihnen stürzte und verletzte sich. Geoffroy-Saint-Hilaire nahm ihn in die Arme und trug ihn auf einen benachbarten Bauhof. Und er kehrte wieder zur Leiter zurück; aber der Morgen kam, er wurde von den Wachen bemerkt und erhielt einen Flintenschuß in den Rock. – Ihm, der sich so tapfer für das Menschenleben eingesetzt hatte, gewährte Gott als Gegengabe, in die Mysterien des Lebens einzudringen, seine Wandlungen zu begreifen, wie keiner sonst es verstanden hatte. Sein Heldenmut aus Liebe enthüllte ihm die Natur, er durchdrang sie mit dem Herzen.

Das war der letzte Akt des Massakers. Maillard begab sich aus dem Abbaye-Gefängnis und nahm das Leben von dreiundvierzig Personen, die er gerettet hatte, und den Abscheu der Zukunft mit.*

* Die ganz blutbefleckten[12] Register der Abbaye tragen am Rande den verhaßten Namen, gewöhnlich unter dieser Notiz: *»durch Urteilsspruch des Volkes getötet«* oder *»vom Volke freigesprochen. Maillard«*. Seine Schrift ist sehr schön, sehr groß, monumental, vornehm, gesetzt, die Schrift eines Menschen, der sich ganz in der Gewalt hat, der weder Verwirrung noch Angst kennt, dessen Seele und Gewissen vollkommen ruhig sind. – Maillard erscheint in der ganzen Revolution nicht wieder: Er blieb wie im Blut begraben.[13] – Den schönen Ausspruch, den er zur Rettung Sombreuils tat, kann man nicht in Zweifel ziehen, wir haben ihn in dem Blatt gefunden, das den Männern des September höchst feindlich gesinnt ist, in Brissots Zeitung *Le Patriote français*. – Eine mit der Geschichte der Revolution sehr vertraute Persönlichkeit, die auch die Männer und die Charaktere jener Zeit sehr gut kennt, sagte mir, sie vermute, Maillard sei von Danton abgesandt worden, um ein Mustertribunal zu begründen, das man in anderen Gefängnissen nachahmen könnte, um auf diese Art einen Teil der Gefangenen zu retten. Das mag sein. Immerhin dünkt es mich ebenso wahrscheinlich, daß der unerschrockene Gerichtsdiener aus eigenen Stücken und impulsiv gehandelt hat.

Der Priester, die Frau und die Vendée (August–September 1792)

VIII, 2

Die Frau war die treibende Kraft in der Vendée. – Die Frau wurde im allgemeinen gegenrevolutionär. – Die Frau hindert den Gatten daran, die Nationalgüter zu kaufen. – War der Westen vor 1789 dem Priester, dem Adligen unterworfen? – Der Priester wurde weniger von seiner Haushälterin als von seinem Beichtkind beeinflußt. – Leidenschaftliche Anhänglichkeit der Frauen im Westen für den Priester. – Verzweiflung der Frauen, als das Gesetz den Priester entfernt. – Die Klöster als Herd der Verschwörung. – Die Priester verkünden den Bürgerkrieg (9. Februar 1792). – Wie sie dazu antreiben. – Erscheinungen, Wunder usw. – Die ersten Bluttaten (Juni 1792). – Der Adel begnügt sich damit, Geld zu geben. – Adelsvereinigung La Rouëries. – Ein Brief des Königs ist der Anlaß zum Bürgerkrieg in der Bretagne (Juli 1792). – Große Erhebung der Vendée und erster Kampf bei Châtillon und Bressuire (24.–25. August 1792). – Nantes und das Finistère für die Revolution. – Die Vendée findet wenig Nachahmung in Frankreich. – Der Landmann kauft überall die Nationalgüter. – Womit er sein Gewissen beruhigte. – Nichtigkeit der Feudalrechte.

Die Revolution ist das Licht selbst. Die feierlichen Verhandlungen des Konvents beginnen vor den Augen Europas. Die Tore öffnen sich ganz weit. Freunde, Feinde, alle können kommen, sehen und hören. Das Probestück der Revolution, ihr erstes Gottesurteil, die Schlacht von Jemappes, wird freudig von der jungen Armee Frankreichs gewonnen, beim Singen der *Marseillaise*, im Sonnenschein, im Tageslicht.

Und gleichzeitig beginnt in den Waldungen und Nebeln des Westens der gewaltige Krieg der Finsternis. In den Heidelandschaften des Morbihan, längs der umnebelten Inseln, im schattigen Dickicht des Maine, im feuchten Labyrinth des vendéeischen Bocage erscheinen in zweifelhafter Gestalt die ersten Versuche zum Bürgerkrieg. Ein Haus ist niedergebrannt worden, ein Patriot ermordet, und dort noch einer. Von wem? Keiner wagt es zu sagen. Der Krieg, der in einem Jahr ein großes Heer vor die Mauern von Nantes führen wird, wagt sich bisher nur scheu hervor, zur Dämmerzeit oder in der Nacht.

Dieses Pfeifen, dieser Klageruf – sind das die Stimmen von Eule und Käuzchen? Es klingt wie der Ruf des Totenvogels... Ja, und aus der nahen Hecke blitzt es und fährt ein Schuß hervor.

Das ist ein Krieg von Gespenstern, von Geistern, die sich nicht fassen lassen. Alles ist ungewiß. Die widersprechendsten Gerüchte laufen um. Die Untersuchungen bringen keine Klarheit. Nach einem tragischen

Vorfall kommen die entsandten Kommissare unerwartet im Kirchspiel an, und alles ist friedlich; der Bauer ist bei der Arbeit, die Frau ist im Haus bei ihren Kindern, sitzt da und spinnt, um den Hals ihren großen Rosenkranz. Der Gutsherr? Den findet man bei Tisch. Er lädt die Kommissare ein; sie ziehen geschmeichelt ab. Am nächsten Tag beginnen die Morde und Brandstiftungen von neuem.

Wo können wir nur den flüchtigen Geist des Bürgerkriegs *ergreifen*?

Laßt uns sehen. Ich sehe nichts, bis auf eine Graue Schwester, die demütig, mit gesenktem Kopf, in der Ferne über die Heide trottet.*

Ich sehe nichts. Zwischen zwei Wäldern erblicke ich flüchtig eine Dame zu Pferde, die von einem Bedienten begleitet wird; sie reitet eilig, setzt über die Gräben, verläßt die Straße und nimmt einen Seitenweg. Zweifellos legt sie wenig Wert darauf, daß man ihr begegnet.

Auf derselben Straße wandert eine ehrbare Bäuerin mit dem Korb am Arm, in dem sie Eier oder Früchte trägt. Sie geht schnell, sie will vor Einbruch der Dunkelheit die Stadt erreichen.

Aber Schwester, Dame, Bäuerin, wohin gehen sie? Sie gehen drei Wege und gelangen zum selben Ort. Sie klopfen alle drei an die Tür eines Klosters. Warum auch nicht? Die Dame hat ihre Tochter im Kloster, die dort erzogen wird; die Bäuerin kommt, um zu verkaufen; die Schwester bittet um Obdach für eine Nacht.

Denkt ihr, sie kämen, um die Befehle des Priesters entgegenzunehmen? Er ist heute nicht da. – Nun, gestern war er es. Schließlich mußte er am Samstag den Nonnen die Beichte abnehmen. Als Beichtvater und Leiter lenkt er nicht sie allein, sondern viele andere durch sie; er vertraut diesen inbrünstigen Herzen, diesen unermüdlichen Zungen so manches Geheimnis an, das Verbreitung finden soll, so manches falsche Gerücht, das unter die Leute gebracht werden soll, so manches Zeichen, das in Umlauf kommen soll. Unbeweglich sitzt er in seinem Schlupfwinkel und bewegt durch die unbeweglichen Nonnen die ganze Umgegend.

Frau und Priester, darin ist alles: die Vendée, der Bürgerkrieg.

Und man bedenke: Ohne die Frau hätte der Priester nichts vermocht.

»Ach, ihr Brigantinnen«, sagte eines Abends ein republikanischer Kommandant, der in ein Dorf kam, in dem die Frauen allein übrigblieben, da dieser entsetzliche Krieg so viele Männer vernichtet hatte; *»die Frauen sind die Ursache unseres Unglücks; ohne die Frauen hätte die Republik schon feste Gestalt, und wir säßen ruhig zu Hause*... Vorwärts! Ihr sollt alle umkommen, wir werden euch morgen erschießen. Und übermorgen werden die Briganten kommen und uns töten.« *(Memoiren der Madame de Sapinaud.)*

* All dies ist keineswegs ein Produkt meiner Phantasie, wie man später sehen wird.

Er tötete die Frauen nicht. Aber er hatte tatsächlich das treffende Wort über den Bürgerkrieg gesagt. Er wußte es besser als jeder andere. Dieser republikanische Offizier war ein Priester, der die Soutane abgelegt hatte; er wußte genau, daß jenes Werk der Finsternis durch das innige und tiefe Einverständnis zwischen Frau und Priester zustande gekommen war.

Die Frau bedeutet das Haus; aber sie bedeutet ebenso die Kirche und den Beichtstuhl. Dieses dunkle Gehäuse aus Eichenholz, wo die Frau auf den Knien, unter Tränen und Gebeten, den Funken des Fanatismus empfängt und ihn glühender zurückstrahlt, das ist der wahre Herd des Bürgerkriegs.

Was bedeutet die Frau noch? Das Bett, den allmächtigen Einfluß ehelicher Gewohnheiten, die unüberwindliche Macht der Seufzer und Tränen, die auf das Kopfkissen geweint werden ... Der Gatte schläft, er ist müde. Aber sie schläft nicht. Sie wälzt sich hin und her; schließlich wird er wach. Jedesmal erfolgt ein tiefer Seufzer, zuweilen ein Schluchzen. »Aber was hast du denn diese Nacht?« – »O weh! Der arme König im Tempel! ... Ach, sie haben ihn geschlagen wie unseren Herrn Jesus Christus!« – Und wenn der Gatte gerade wieder einschläft: »Es wird erzählt, daß man die Kirche verkaufen will! Die Kirche und das Pfarrhaus! ... Unglück und Wehe über den, der sie kauft! ...«

So hat die Gegenrevolution in jeder Familie, in jedem Haus einen begeisterten, eifernden, unermüdlichen, ganz unverdächtigen, aufrichtigen, naiv-leidenschaftlichen Prediger, der weinte und litt und dem jedes Wort aus einem gebrochenen Herzen kam oder zu kommen schien ... Eine unermeßliche, wahrhaft unbesiegbare Macht. Wenn die Revolution, durch die Widerstände gezwungen, einen Schlag ausführte, so empfing sie dafür den entsprechenden Gegenschlag: den Rückstoß der Tränen, die Seufzer, das Schluchzen, den Schrei der Frau, die tiefer drangen als Dolche.

Allmählich wurde folgendes Unglück, folgender grausame Zwiespalt deutlich: Die Frau wurde im allgemeinen* zum Hindernis und zum Widerspruch des revolutionären Fortschritts, den der Gatte verlangte.

Diese Tatsache, die ernsteste und erschreckendste jener Zeit, ist zu wenig beachtet worden.

Der Stahl zerschnitt das Leben sehr vieler Männer. Aber hier geht Schlimmeres vor sich: Ein unsichtbarer Stahl zerschneidet das Band der Familie, wirft den Mann auf die eine Seite und die Frau auf die andere.

Dies tragische, jammervolle Geschick vollzog sich um das Jahr 1792.

* Das Wort *allgemein* sagt vielleicht zuviel. Millionen Frauen waren republikanisch und waren heldenhaft. Dennoch ist es nur zu wahr, daß die Mehrzahl gegenrevolutionär wurde.

Sei es aus Liebe zur Vergangenheit, aus der Macht der Gewohnheiten, sei es aus Kleinmut oder allzu verständlichem Mitleid für die Opfer der Revolution, oder sei es schließlich aus Ergebenheit und Abhängigkeit den Priestern gegenüber: Die Frau wurde der Anwalt der Gegenrevolution.

Besonders um das materielle Gebiet der Erwerbung der nationalen Güter drehte sich der moralische Streit zwischen Mann und Frau.

Eine *materielle* Frage? Das kann man bejahen und verneinen.

Es handelte sich hierbei zunächst um die Lebensfrage der Revolution. Da keine Steuern eingingen, hatte sie keine Hilfsquellen außer dem Verkauf der nationalen Güter. Wenn sie diesen Verkauf nicht betätigte, so war sie waffenlos, der Invasion ausgeliefert. Das Gelingen der moralischen Revolution, der Sieg ihrer Ideen, hing von der finanziellen Revolution ab.

Kaufen war eine Tat der Bürgertugend, die unmittelbar der Wohlfahrt des Landes diente; eine Tat des Glaubens und der Hoffnung.

Es hieß erklären, daß man sich entschlossen dem gefährdeten Staatsschiff anvertraute, daß man mit ihm auf festem Boden landen oder zugrunde gehen wollte. Der gute Bürger kaufte, der schlechte Bürger hinderte den Kauf.

Einerseits den Eingang von Steuern, anderseits den Verkauf der nationalen Güter verhindern, der Revolution die Lebensmöglichkeit abschneiden und sie aushungern, das war der einfache, wohlüberlegte Plan der kirchlichen Partei.

Der Adlige brachte den Fremden ins Land, der Priester behinderte die Verteidigung. Der eine erdolchte Frankreich, der andere entwaffnete es.

Wie hielt der Priester den Fortschritt der Revolution auf? Er verlegte sie in die Familie, er reizte die Frau gegen den Mann auf, er verschloß durch sie in jedem Haushalt die Geldbörse für die Bedürfnisse des Staates.

Vierzigtausend Kanzeln, hunderttausend Beichtstühle arbeiteten für dieses Ziel. Eine riesige Maschine von unvorstellbarer Kraft, die ohne Schwierigkeit mit der revolutionären Maschine der Presse und der Klubs wetteiferte und diese zwang, wenn sie siegen wollten, die Schreckensherrschaft zu errichten.

Aber schon in den Jahren 1789, 1790, 1791 und noch 1792 wütete der kirchliche Terror in den Predigten und in der Beichte. Die Frau kam nur noch gesenkten Hauptes, von Entsetzen gebeugt und völlig gebrochen aus der Beichte nach Hause. Sie sah überall nur Hölle und ewige Flammen. Man konnte nichts mehr tun, ohne die ewige Seligkeit zu verlieren. Man konnte nicht mehr den Gesetzen gehorchen, ohne verdammt zu sein. Aber der allertiefste Abgrund, die entsetzlichsten, erbarmungslosesten Qualen, die schärfste Teufelskralle, die waren dem Käufer der Nationalgüter bestimmt... Wie hätte die Frau es gewagt, noch länger mit ihm an einem Tisch zu sitzen? Sein Brot war nur Asche. Wie konnte sie mit einem Verdammten schlafen? Seine Frau zu sein, seine andere Hälfte, Fleisch von seinem Fleisch – hieß das nicht schon jetzt in der Hölle braten und lebend in die Verdammnis eingehen?

Wer kann sagen, auf wie viele Arten der Gatte verfolgt, bestürmt und gequält wurde, damit er nicht kaufe! Niemals hat ein geschickter General, ein verschlagener Anführer, der sich wieder und wieder vor den Wällen einer zu erobernden Festung abmühte, vielfältigere Mittel angewandt. Diese Güter würden nichts eintragen, ein Fluch laste auf ihnen, das habe man schon an dem Schicksal der Käufer gesehen. War Jean, der gekauft hatte, nicht gleich zu Anfang durch Hagel zugrunde gerichtet worden und Jacques durch Überschwemmung? Dem Pierre war es noch schlimmer ergangen, der war vom Dach gefallen. Paul? Sein Kind war gestorben. Der Herr Pfarrer hat sehr richtig gesagt: »So starb die Erstgeburt in Ägypten...«

Meist antwortete der Gatte nichts, drehte sich um und stellte sich schlafend. Er wußte nicht, was er auf diese Flut von Worten erwidern sollte. Die Frau bedrängte ihn durch die Lebhaftigkeit des Gefühls, durch ihre naive, rührende Beredsamkeit, zum mindesten durch ihre Tränen. Er entgegnete gar nichts oder sagte ein Wort, das wir gleich nennen werden. Indessen wurde er dann keineswegs in Ruhe gelassen.

Es fiel ihm nicht leicht, der Revolution feind zu werden, seiner Wohltäterin, seiner Mutter, die sich für ihn einsetzte, für ihn entschied, ihn frei und zum Menschen machte, ihn aus dem Nichts zog. Und wenn er selbst nichts dabei gewonnen hätte, konnte er sich etwa nicht über die allgemeine Befreiung freuen? Konnte er diesen Triumph der Gerechtigkeit verkennen, die Augen verschließen vor dem erhabenen Schauspiel dieser gewaltigen Neuschöpfung: der Wiedergeburt einer ganzen Welt? – In ihm selbst also regte sich der Widerstand. »Nein«, sagte er zu sich, »all das ist gerecht, mögen sie reden, was sie wollen; und ich wäre nicht der Mann, der es nur um des Vorteils willen für gerecht hielte.«

So spielten sich die Dinge in fast ganz Frankreich ab. Der Gatte widerstand; der Mann blieb der Revolution treu.

In der Vendée, in einem großen Teil des Anjou, von Maine und der Bretagne siegte die Frau, die Frau und der Priester, eng vereint.

Nichts hatte darauf hingedeutet.* Die Bauern des Westens waren für das erste, erhabene Aufflackern der Revolution nicht so unempfänglich

* Die Romane über die Vendée (von Madame de La Rochejaquelein und anderen) haben bei verschiedenen royalistischen Geschichtsschreibern, bei Lebouvier-Desmor-

gewesen, wie man meint. Man hatte 1790, bei der Föderation von Mans, die nämlichen Bauern, die später die Chouans[1] wurden, der Freiheit ihre Huldigung darbringen sehen; sie hatten voll Ergriffenheit den Altar des unbekannten Gottes geküßt.

Lassen wir die Idyllen, die man uns über das patriarchalische Leben in den westlichen Landschaften vor der Revolution zurechtgemacht hat. Die verschuldeten Gutsherren waren in der Vendée wie andernorts keineswegs die gutmütigen Schutzherren, als die man sie uns geschildert hat, sie konnten es nicht sein. Ob sie wollten oder nicht, sie lieferten ihre Pächter den Geschäftsleuten aus, denen sie ihre Güter verpfändeten. Das zeigte sich im Jahre 1789, als die Leute von Maulévrier gegen diese räuberischen Krähen zu den Waffen griffen. Der Groll des Landmanns gegen den Sachwalter wandte sich auch gegen die Herren, die Adligen ganz allgemein. Den untauglichsten der vier Ochsen, die er vor den Pflug spannte, den er am meisten schlug, nannte er *Adelsbürschchen*, das heißt Faulenzer.

Dennoch muß man beachten, daß der vendéeische Bauer, der meist Viehzüchter war und für die Verkäufe Geld einnahm, das er nicht recht anzulegen wußte, es oft dem Adligen anvertraute und am Vermögen seines Herrn interessiert sein mußte. Mit wieviel Verzweiflung er diesen Herrn auswandern, dieses Vermögen durch die Gesetze der Revolution beschlagnahmt sah, kann man mühelos erraten.

Im ganzen Westen hielt der Bauer auch zum Priester, und aus einem sehr natürlichen Grund. Der Priester, das war der Bauer selbst, sein Sohn, sein Bruder oder sein Vetter. Der ganze niedere Klerus stammte vom Lande. Dieser Priester hatte Einfluß durch ebendas, was des Bauern Leidenschaft ausmachte; er fesselte ihn *durch die Erde*, ich meine damit, durch die Macht, die der Priester und der Zauberer besitzen, zu segnen oder zu verfluchen, der Erde oder dem Vieh ein gutes oder schlechtes Gedeihen zu bereiten.

Der Zehnt war jedoch eine so schwere, so verhaßte Steuer, vor allem infolge der demütigenden Überwachung, die der Pfarrer bei der Ernte ausübte, daß vor 1789 im Westen wie andernorts Prozesse zwischen den Pfarrern und ihren Pfarrkindern sehr verbreitet waren. Die Revolution,

tiers, Vauban und anderen sehr starken Widerspruch, ja Widerlegung gefunden. Dann erschienen die *Publications de pièces et d'actes*, die nachgewiesen haben, daß in diesen Romanen nicht ein Ereignis, nicht ein Datum richtig war; sie sind in nichts zerfallen, und es blieb nichts von ihnen übrig. – Siehe die Sammlung eines Offiziers der Republik: *Guerres des Vendéens*, 1824, sechs Bände. Er bringt außer den Akten die Notizen und die Berichte Klébers und anderer Generale, deren Wahrhaftigkeit niemals in Zweifel gestellt wurde.

die den Zehnten aufhob, versöhnte sie miteinander; sie entfernte gerade das, was den Einfluß der Geistlichkeit gehemmt hatte, sie gab dem Priester eine moralische Macht, die er vor 1789 durchaus nicht besessen hatte.* Der Bauer konnte sich bei zwei Personen Rat holen: beim Rechtsanwalt

* Keine Zeit war hinsichtlich des religiösen Empfindens so tot wie die, welche der Revolution unmittelbar vorausging. Mein Vater hat mir oft erzählt, daß in seiner Geburtsstadt Laon und in vielen anderen gleich Laon von Geistlichen bevölkerten Städten die öffentliche Meinung ihnen nicht nur gleichgültig gesinnt, sondern geradezu feindlich war. Es wurde schwierig, der geistlichen Gemeinschaft Mitglieder zuzuführen, vor allem Mönche zu bekommen. Im Kloster von Saint-Vandrille, das für tausend Mönche eingerichtet war, gab es nur noch vier. Die Klöster boten alles auf an Liebenswürdigkeit und Schmeicheleien, um Ersatz anzuwerben. Bei Laon gab es ein weitläufiges Kloster der Kartäuser (im Tal Saint-Pierre), das ungemein reich war und, wie man sagte, neunzehn Dorfschaften umfaßte, neunundneunzig Pflugscharen arbeiten ließ. Dieser Mönche waren nur noch zwölf, und die zwölf erloschen, ohne Nachfolger zu finden. Sie versuchten, meinen Vater heranzuziehen, der damals sehr jung war, luden ihn ein, machten Späße mit ihm, bemühten sich, ihn zu unterhalten. Sie konnten es jedoch nicht vor ihm verbergen, daß sie sich tödlich langweilten; all ihre Zuflucht bestand in leeren Vergnügungen; einer von ihnen züchtete Gimpel, ein anderer trieb ein wenig Gärtnerei, ein dritter schnitzte Spielwaren. Der einzige ernste Mann unter ihnen sagte stets zu den Fremden: »Werdet niemals Kartäuser.« Und wegen dieses Verbrechens übergaben seine Vorgesetzten ihn oft der Geißelung. Einmal in der Woche gaben die Kartäuser ein prächtiges Essen, Fastenessen, weil es Vorschrift war. Dann kamen viele Parasiten, vor allem der arme Adel. Die paar Hauptwürdenträger des Hauses kamen und gingen unter dem Vorwand von Geschäften, trieben großen Aufwand, hatten schöne Wagen, speisten außer Hause, machten kleine Reisen, oft mit schönen Damen, die in den Außengebäuden des Klosters nächtigten; keiner nahm Anstoß daran. – Mein Vater kannte diese inneren Zustände zu gut, als daß er versucht gewesen wäre, Kartäuser zu werden. Die Frauenklöster, die er ebenfalls sehr gut kannte, enthüllten ihm noch besser das Unzulängliche des Klosterlebens. Es war der Triumph der Öde und Seichtigkeit; kein frommes Denken, unzählige Klatschereien, weibliche, rastlose, grausame Tyrannen, der Tod durch Nadelstiche. Mein Vater, so jung er war, bekam die Bekenntnisse mehrerer Nonnen zu hören; sie sagten dem verschwiegenen und achtbaren jungen Mann, was sie dem Priester, der alles ihren Priorinnen wiedererzählte, nicht zu sagen wagten. Eine dieser Nonnen, Madame Dangesse, vierzigjährig, von hohen Geistesgaben, aber verschlossenem Charakter, unfähig, sich dem Regiment der Niedrigkeiten, der lockeren Sphäre, der gegenseitigen Denunziation, mit denen man die anderen bedrückte, anzupassen, war der Sündenbock. Bald ließ die Priorin sie mitten im Chor niederknien, bald hieß sie sie, im Refektorium trockenes Brot auf dem Fußboden essen wie ein Hund. Diese launenhaften Strafen, der einzigen wirklich wertvollen Person auferlegt, waren das Vergnügen der Favoritinnen der Äbtissin und würzten ihren Müßiggang. Die grausame Lust, mit der elende und bösartige Kinder ein armes Tier quälen, sie empfanden sie bei den Leiden ihrer unglückseligen Gefährtin, und ihr Gelächter war ein Mittel, die gemeinsame Tyrannin milde zu stimmen. – Da mein Vater fest entschlossen war, niemals Mönch zu werden,

oder beim Priester; von der Zeit an, als dieser nicht mehr den Zehnten erhob, ging man allein ihn um Rat an. Seinen von der Gattin gestützten, wiederholten, Tag und Nacht gepredigten Ratschlägen konnte man sich nicht länger entziehen.

Und warum waren die Ratschläge des Priesters der Revolution so unzweifelhaft abträglich?

Ist die Ursache in dem (unbestreitbaren) Gegensatz der revolutionären Grundsätze zu den Lehren des Christentums zu suchen? Nein, dieser Gegensatz, den wir an anderer Stelle ausgeführt haben (siehe im ersten Band die Einleitung und Buch III, Kapitel IX), machte sich nur geringfügig bemerkbar. Die ursprünglichen Lehren des Christentums waren in Vergessenheit geraten. Die bedeutsame und wichtige Frage, die ihr Sein oder Nichtsein entscheidet (die Frage der Gerechtigkeit und der Gnade), wurde nicht mehr diskutiert. Seltsamer noch – die Geistlichkeit hielt sie für lächerlich und verspottete die Eigensinnigen, die sie immer noch zu erhellen versuchten.

Mochte die Revolution als Lehre den Lehren des Priesters entgegenstehen oder nicht, sie hatte sich ihm zumindest nicht feindlich gezeigt. Sie hatte sich mehr um ihn gekümmert als seine eigenen Vorgesetzten. Indem sie die hohe Geistlichkeit, die großen geistlichen Herren stürzte, hatte sie das Schicksal der niederen Geistlichkeit verbessert. Hatte sie ihm den Zehnten genommen, diese schwankende, verhaßte Abgabe, die ihm Krieg mit den Bauern brachte, so gab sie ihm aus der Staatskasse eine höhere, feste und regelmäßige Besoldung, die ihn entschädigte. Welches waren also die Gründe für die Erbitterung der Landprediger?

Die Autorität des Papstes und der Bischöfe, der Korpsgeist würden zweifellos genügen, um den Widerstand zu erklären. Ans Gehorchen gewöhnt, gehorchten die Priester auch dann noch, als es galt, zwischen ihren geistlichen Tyrannen und der Revolution, die sie frei machte, zu entscheiden. Wäre jedoch der Widerstand nur von oben, von der Autorität diktiert worden, so wäre er passiv, sozusagen untätig gewesen, er hätte

bestand seine Familie darauf, daß er wenigstens Geistlicher werde, in der Annahme, wenn er gute Studien gemacht habe, werde er nicht viel Mühe haben, eine Pfründe zu erlangen. Man stellte ihn dem Abbé de Bourbon vor, Sohn Ludwigs XV. und der Mademoiselle de Romans, der über Pfründen in einer Höhe von einer halben Million Livres verfügte. Dieser junge Prinz von zwanzig Jahren, ein hübscher, liebenswürdiger Mann von Welt, nahm meinen Vater herzlich auf; er plauderte eine Weile mit ihm, fand in ihm einen weltlich gesinnten Menschen ohne alle geistlichen Neigungen und klopfte ihm freundschaftlich auf die Schulter: »Sehr schön, mein Freund, sehr schön. Du gefällst mir; ich mache dich zum Domherrn.« Zum Glück für meinen Vater kam die Revolution dazwischen.

durchaus nicht den tätigen, feurigen, leidenschaftlichen Charakter angenommen, den er besonders im Westen hatte.

Es gab hier eine andere, sehr ernste und bedeutsame Ursache, der man nachgehen muß.

Das ganze Bestreben der Frau ging darauf hinaus, ihren Gatten am Kauf der Nationalgüter zu hindern. In dem Augenblick, da das Gesetz dem Bauern das von ihm ersehnte, seit Jahrhunderten so glühend begehrte Land gewissermaßen auslieferte, warf sich die Frau dazwischen und hielt ihn im Namen Gottes zurück. Wie konnte der Priester angesichts dieser (blinden, aber ehrenwerten) Uneigennützigkeit der Frau aus den materiellen Vorteilen, die ihm die Revolution bot, Nutzen ziehen? Er hätte sicherlich in den Augen seiner Pfarrkinder an Ansehen verloren, hätte ihr Vertrauen eingebüßt, wäre nicht mehr das hohe Ideal gewesen, als das ihn ihr vorurteilsvolles Herz zu betrachten liebte.

Man hat oft von dem Einfluß der Priester auf die Frauen gesprochen, aber zu wenig von dem der Frauen auf die Priester.

Es ist meine Überzeugung, daß sie viel überzeugtere und viel heftigere Fanatiker waren als die Priester selbst, daß ihre heiße Empfänglichkeit, ihr schmerzliches Mitleid für die schuldigen oder unschuldigen Opfer der Revolution, die Erregung, in die sie die tragische Erzählung vom König im Temple, von der Königin, vom kleinen Dauphin, von Madame de Lamballe trieb, daß mit einem Wort die tiefe Rückwirkung des Mitleids und der Natur im Herzen der Frauen die eigentliche Kraft der Gegenrevolution bildete. Sie rissen die, welche ihre Führer zu sein schienen, mit sich fort und beherrschten sie, trieben ihre Beichtväter auf den Weg des Martyriums, ihre Gatten in den Bürgerkrieg.

Das achtzehnte Jahrhundert kannte die Seele des Priesters schlecht. Es wußte wohl, daß die Frau Einfluß auf ihn hatte; aber es glaubte nach der alten Überlieferung der Satiren und Geschichtenbücher, nach den Dorfschwänken, daß die Frau, die den Priester beherrscht, die Haushälterin sei, die unter seinem Dach schläft, die Magd und Mätresse, die Pfarrhausfrau. Darin irrte es sich.

Zweifellos hätte der Priester, wenn die Haushälterin das Weib seines Herzens gewesen wäre und den tiefen Einfluß auf ihn ausgeübt hätte, beglückt die Wohltaten der Revolution angenommen. Als Beamter mit festem und für die Familie ausreichendem Gehalt hätte er bald im natürlichen Fortschritt der neuen Ordnung der Dinge seine wahre Befreiung gefunden und die Möglichkeit erkannt, aus dem Konkubinat eine Ehe zu machen. Die Haushälterin wäre dessen nicht unwürdig gewesen*. Un-

* Sie war und sie ist großenteils ehrbar und sparsam, sie nimmt sich den Haushalt zu Herzen, tut die Pflicht der Gattin und noch mehr. Wir wissen von Haushälterinnen, die

glücklicherweise ist sie, wie groß auch ihr Verdienst sein mag, meistens älter als der Priester oder häßlich und gemein von Gestalt. Wäre sie jung und schön, so könnte sie das Herz des Priesters dennoch nicht halten. Sein Herz, das beachte man wohl, gehört nicht dem Pfarrhaus; es gehört dem Beichtstuhl*. Die Haushälterin ist sein Alltagsleben, seine Prosa, das Beichtkind ist seine Poesie, mit ihm hat er die innigen und tiefen Beziehungen, die des Herzens.

Und diese Beziehungen sind nirgendwo stärker als im Westen.

An unseren Nordgrenzen, in all den Durchzugsgegenden, wo die Truppen kommen und gehen und die den Hauch des Krieges atmen, ist der Soldat, der Offizier das Ideal der Frau. Die Epaulette ist fast unwiderstehlich.

Im Süden und besonders im Westen ist das Ideal der Frau – wenigstens der Bäuerin – der Priester.

Besonders in der Bretagne mußte der Priester gefallen und herrschen. Als Bauernsohn steht er durch seine Herkunft auf der gleichen Stufe wie die Bäuerin, seine Sprache und sein Denken sind das gleiche; vermöge seiner Bildungsteht er über ihr, aber nicht allzusehr. Wäre er gebildeter, vornehmer, als er ist, so genösse er weit weniger Ansehen. Die enge

kein Gehalt annahmen, mehr noch, die ihren Herrn hüteten, ihn dem Übermaß der Tafel- und anderen Freuden fernhielten, ihm bis in die Kirche folgten und am Fuße des Altars darauf achteten, ob er sein heiliges Amt würdig erfüllte.

* Diese Religion, die aus dem Herzen der Frau erwuchs (das war der Reiz ihres Ursprungs), verliert sich in ihrem Verfall völlig im Weibe. Ihre Gelehrten sind unersättlich in der Erforschung der Geheimnisse des Geschlechts. Welchen Stoff hat in diesem selben Jahre (1849) das Konzil von Paris um- und umgewühlt und ergründet? Einen einzigen: die unbefleckte Empfängnis. – Man darf den Priester nicht bei den Wissenschaften oder der Schriftstellerei suchen; er ist im Beichtstuhl, darin hat er sich verloren. Was soll aus einem armen Mann werden, zu dem alle Tage Dutzende von Frauen kommen und ihm die Geheimnisse ihres Herzens und ihres Bettes erzählen? Die heiligen Mysterien der Natur, die den Geist erweitern, betrachtet man sie bei Tageslicht mit dem strengen Auge der Wissenschaft, schwächen und verstören ihn, wenn man sie im Halbdunkel sinnlicher Geständnisse belauert. Die fieberhafte Erregung, der beginnende Genuß, dem man mehr oder weniger ausweicht, der aber immer wieder beginnt, machen den Mann rettungslos unfruchtbar (ich empfehle diesen wichtigen Gegenstand dem Philosophen und dem Arzt). Er kann die kleinen Fähigkeiten zur Intrige und zum Ränkeschmieden behalten, aber die großen männlichen Fähigkeiten, besonders die Erfindungsgabe, entwickeln sich niemals in diesem krankhaften Zustand; sie erfordern ein gesundes, natürliches, rechtmäßiges und ehrliches Leben. Besonders in den letzten hundertfünfzig Jahren, seit das *Sacré-Cœur* unter seinem zweideutigen Schleier dieses verhängnisvolle Spiel so bequem gemacht hat, hat sich der Priester dabei entkräftet und nichts mehr geleistet; er ist in den Wissenschaften Eunuch geblieben.

Nachbarschaft und bisweilen die Familie tragen ebenfalls dazu bei, Beziehungen zwischen ihnen zu schaffen. Sie hat diesen Pfarrer als Kind gekannt; sie hat mit ihm gespielt, sie hat ihn aufwachsen sehen. Er ist wie ein junger Bruder, dem sie gern ihren Kummer anvertraut, besonders den tiefsten Kummer, den es für eine Frau gibt: wie die Ehe nicht immer eine Ehe ist, wie noch die Glücklichste des Trostes bedarf und die Geliebteste der Liebe.

Wenn die Ehe die Vereinigung der Seelen ist, so war der Beichtvater der wahre Gatte. Die geistige Ehe war sehr stark, besonders da, wo sie rein war. Der Priester wurde oft leidenschaftlich geliebt, mit einer Hingabe, einem Feuer, einer Eifersucht, die man wenig verbarg. Diese Gefühle brachen im Juni 1791 mit äußerster Gewalt hervor, als man, nachdem der König von Varennes zurückgebracht worden war, an das Bestehen einer großen Verschwörung im Westen glaubte und mehrere Departementsbehörden es wagten, Priester ins Gefängnis zu setzen. Sie wurden im September wieder freigelassen, als der König den Eid auf die Verfassung schwor. Aber im November wurden alle gemaßregelt, die den Eid verweigerten.[2] Die Nationalversammlung ermächtigte die Behörden, aus jeder Gemeinde, in der religiöse Unruhen ausbrachen, die eidverweigernden Priester zu entfernen.

Diese Maßnahme war nicht nur durch die Gewalttätigkeiten begründet, denen sich die verfassungstreuen Priester überall ausgesetzt sahen, sondern auch durch politische und finanzielle Erfordernisse. Die Losung, die alle jene Priester von ihren kirchlichen Oberen empfangen hatten und der sie treu folgten, war die, wie wir schon sagten, die Revolution auszuhungern. Sie machten die Erhebung der Steuer unmöglich. Diese wurde in der Bretagne ein so gefährliches Unterfangen, daß sich niemand daran wagte. Die Exekutoren, die Gemeindebeamten waren in Lebensgefahr. Die Nationalversammlung war gezwungen, das Dekret vom 27. November zu erlassen, welches die widersetzlichen Priester in die Bezirkshauptstädte schickte, sie von ihrer Gemeinde entfernte, dem Feld ihrer Tätigkeit, dem Herd des Fanatismus und des Aufstands, wo sie das Feuer anfachten. Es versetzte sie in die große Stadt, unter die Augen, unter die mißtrauische Überwachung der patriotischen Gesellschaften.

Es ist unmöglich zu schildern, welchen Spektakel das Dekret hervorrief. Die Frauen erfüllten die Luft mit ihrem Geschrei. Das Gesetz hatte an das Zölibat des Priesters geglaubt; es hatte ihn wie ein alleinstehendes Individuum behandelt, das leichter versetzt werden kann als ein Familienvater. Haftet denn der Priester, der Mann des Geistes, an der Scholle, an den Menschen? Ist nicht er vorzugsweise beweglich wie der Geist, dessen Diener er ist? Alle diese Fragen verneinten sie und klagten sich selbst an. In dem Augenblick, da das Gesetz den Priester aus seinem Land wegnahm, gewahrte man die starken Wurzeln, mit denen er in diesem Lande haftete; sie bluteten und schrien.

»O weh! so weit wird er fortgebracht, in die Kreisstadt geschleppt, zwölf, fünfzehn, zwanzig Meilen vom Dorf!...« Man weinte über diese ferne Verbannung. Bei der ungemeinen Langsamkeit, mit der man früher reiste, als man zwei Tage brauchte, um eine solche Entfernung zu überwinden, war die Trauer größer, als man sich vorstellen kann.* Die Kreisstadt, das war das Ende der Welt. Wenn man eine solche Reise tat, machte man vorher sein Testament, brachte man sein Gewissen ins reine.

Wer könnte die jammervollen Szenen schildern, die sich bei diesen erzwungenen Abreisen abspielten! Das ganze Dorf war versammelt; die Frauen lagen auf den Knien, um noch einmal den Segen zu empfangen, tränennaß und vom Schluchzen erstickt... So manche weinte Tag und Nacht. Wenn der Gatte sich ein wenig darüber wunderte, dann weinte sie beileibe nicht wegen der Verbannung des Pfarrers, sondern weil man die und die Kirche verkaufen, weil man das und das Kloster schließen wollte... Im Frühjahr 1792 entschied die finanzielle Not der Revolution endlich über den Verkauf der Kirchen, die für den Gottesdienst nicht unentbehrlich waren, und über den der Männer- und Frauenklöster. Ein Brief eines emigrierten Bischofs aus Salisbury an die Ursulinen von Landereau wurde abgefangen und bewies unwiderleglich, daß das Zentrum und der Herd aller royalistischen Intrigen in diesen Klöstern lag. Die Nonnen versäumten nichts, um ihrer Vertreibung eine dramatische Wirkung zu geben; sie klammerten sich an die Gitter und wollten nicht hinaus, so daß die Gemeindebeamten, die dem Gesetz gehorchen mußten und für seine Ausführung verantwortlich waren, schließlich ihre Hände gewaltsam von den Gittern losrissen.

Solche Szenen, die erzählt, wiederholt und mit rührenden Einzelheiten ausgeschmückt wurden, verwirrten alle Geister. Die Männer begannen fast ebensosehr in Erregung zu geraten wie die Frauen. Eine erstaunliche und höchst plötzliche Veränderung! Noch im Jahre 1788 lag der Bauer wegen des Zehnten mit der Kirche im Kampf und war stets versucht, gegen sie zu streiten. Wer hatte ihn nur so völlig und so schnell mit dem Priester ausgesöhnt? Die Revolution selbst, durch die Abschaffung des Zehnten. Durch diese mehr edelmütige als politisch kluge Maßregel gab sie dem Priester seinen Einfluß auf dem Land zurück. Wenn der Zehnt fortgedauert hätte, so hätte der Bauer seiner Frau nicht nachgegeben, hätte er nicht die Waffen gegen die Revolution ergriffen.

Die eidverweigernden Priester, die in der Bezirkshauptstadt beisam-

* Mein Vater, der im Oktober 1792 von Laon nach Paris reiste, war drei Tage lang unterwegs und mußte zweimal übernachten.

men waren, wußten um diese Stimmung auf dem Land, den tiefen Schmerz der Frauen, den finsteren Unwillen der Männer. Daraus schöpften sie große Hoffnungen, und sie unternahmen es, dem König davon Mitteilung zu machen. In einer Vielzahl von Briefen, die sie ihm im Frühjahr 1792 schreiben oder schreiben lassen, ermutigen sie ihn, standzuhalten, keine Furcht vor der Revolution zu haben, sie durch den verfassungsgemäßen Einspruch, das *Veto*, unwirksam zu machen. Man predigt ihm den Widerstand in allen Tonarten, mit den verschiedensten Begründungen und unter dem Namen der verschiedensten Persönlichkeiten. Bald sind es Briefe von Bischöfen, in bossuetschen Phrasen geschrieben: »Sire, Sie sind der allerchristlichste König... Denken Sie an Ihre Ahnherren... Wie hätte der heilige Ludwig gehandelt?« Und so weiter. Bald sind die Briefe von Nonnen geschrieben oder in ihrem Namen, Briefe voller Seufzer. Diese klagenden Tauben, die aus ihrem Nest gerissen sind, bitten den König um die Befugnis, darin verbleiben und sterben zu können. Mit anderen Worten: Sie wollen, daß der König die Ausführung der Gesetze über den Verkauf der Kirchengüter zum Stillstand bringt. Die Nonnen aus Rennes gestehen, daß der Gemeinderat ihnen ein anderes Haus anbietet; aber es ist nicht das ihrige, und sie wollen niemals ein anderes.

Die verwegensten und merkwürdigsten Briefe stammen von den Priestern: »Sire, Sie sind ein gottesfürchtiger Mann, wir wissen es wohl. Sie werden tun, was Sie können... Doch damit Sie es wissen, das Volk ist der Revolution überdrüssig. Sein Geist hat sich gewandelt, sein frommer Eifer ist zurückgekehrt; die Sakramente werden heiß begehrt. Den Chansons sind wieder die Choräle gefolgt... Das Volk ist mit uns...«

Ein schrecklicher Brief dieser Art, der den König täuschen*, ihn kühn machen und seinem Sturz zutreiben mußte, ist der von den in Angers vereinigten eidverweigernden Priestern (9. Februar 1792). Er kann als Grundsatzerklärung des Aufstands in der Vendée gelten, er kündigt ihn an und sagt ihn frech voraus. Man redet eine laute und feste Sprache, als habe man den Bauernaufstand als verfügbare Waffe in der Hand. Dieses blutige Blatt scheint von der Hand, von dem Dolche Berniers herzurühren, eines jungen Pfarrers in Angers, der mehr als irgendein anderer den Aufstand der Vendée nährte, ihn mit Verbrechen schändete, ihn in eigenem Interesse ausbeutete und durch seinen Ehrgeiz in Zwiespalt trieb.

»Man behauptet, daß wir die Bevölkerung aufwiegeln?... Aber das Gegenteil ist richtig. Was sollte aus dem Königreich werden, wenn wir das Volk nicht zurückhielten? Ihr Thron würde sich nur noch auf einen Haufen

* Diese Briefe (die im *Nationalarchiv*, Eisenschrank Nr. 37, Akten des Prozesses Ludwigs XVI., aufbewahrt werden) bedeuten einen gewichtigen mildernden Umstand für den schwankenden, ängstlichen Mann, dessen Geist sie foltern mußten.

Leichen und Ruinen stützen ... – Sie wissen, Sire, Sie wissen nur allzu gut, was ein Volk vermag, solange es patriotisch ist. Aber Sie wissen nicht, wozu ein Volk fähig ist, das sich seines Gottesdienstes, seiner Kirchen und Altäre beraubt sieht.«

In diesem verwegenen Brief steht ein erstaunliches Geständnis. Es ist der *letzte Trumpf* des Priesters, sein letzter Ruf vor dem Bürgerkrieg. Er zögert nicht, den geheimen und tiefen Grund seiner Verzweiflung aufzudecken, das heißt, den Schmerz, von denen getrennt zu sein, die er leitet: »*Man wagt, diese Bande*, die die Kirche nicht nur erlaubt, sondern befiehlt, zu *zerreißen*«, usw.

Diese Propheten des Bürgerkriegs waren ihrer Sache sicher, sie liefen geringe Gefahr, sich zu irren, wenn sie voraussagten, was sie selbst ins Werk setzten. Die Frauen der Priester, Haushälterinnen und andere, erhoben sich zuerst und mit mehr als ehelichem Feuereifer gegen die verfassungstreuen Geistlichen. In Saint-Servan, nahe bei Saint-Malo, gab es eine Art Weiberaufstand. Im Elsaß rief die Haushälterin eines Geistlichen als erste dazu auf, über die Priester herzufallen, die den Eid auf die Verfassung geleistet hatten. Die Bretoninnen keiften nicht, sie prügelten; sie drangen in die Kirche, mit ihren Besen bewaffnet, und verprügelten den Priester am Altar. Noch sicherer trafen die Hiebe, welche die Nonnen niedersausen ließen. Die Ursulinen in ihren harmlosen Mädchenschulen bewerkstelligten den Krieg der Chouans. Die *Töchter der Weisheit*, deren Mutterorden in Saint-Laurent, nahe bei Montaigu, stand, schürten das Feuer; diese guten Krankenwärterinnen stachelten die Wut auf in den Kranken, die sie pflegten.

»Laßt sie gewähren«, sagten die Philosophen, die Freunde der Toleranz. »Laßt sie weinen und heulen und ihre alten Choräle singen. Was schadet es? ...« Gewiß; doch betretet des Abends diese Dorfkirche, in die das Volk strömt. Hört ihr die Gesänge? und schaudert es euch nicht? ... Die Litaneien, die Hymnen mit ihren alten Texten werden durch die Betonung zu einer zweiten *Marseillaise*. Und was ist dieses mit Geheul hervorgestoßene *Dies irae* anderes als ein mordlüsternes Gebet, eine Anrufung der ewigen Verdammnis?

»Laßt sie gewähren«, sagte man, »sie singen; sie handeln nicht.« Indessen sah man bereits große Massen in Bewegung geraten. Im Elsaß versammelten sich achttausend Bauern, um zu verhindern, daß Siegel an ein Kirchengut gelegt wurden. Man meinte, die guten Leute hätten in Wirklichkeit keine Waffen außer ihrem Rosenkranz. Aber abends trugen sie andere, wenn der verfassungstreue Pfarrer zu Hause Steine in die Fensterscheiben bekam und manchmal eine Kugel den Fensterladen durchlöcherte.

Nicht mit kleinlichen, ängstlich gehüteten, indirekten Ränken trieb man die Haufen in den Bürgerkrieg. Man wandte frech die gröbsten Mittel an, um die Köpfe zu verwirren, um sie mit Fanatismus zu berauschen; man stachelte sie zu Morden an und peitschte sie auf Irrwege. Die gütige Jungfrau Maria erschien und verlangte, daß man tötete. In Apt bewegte sie sich 1792, wie sie es 1790 in Avignon getan hatte, tat Wunder und erklärte, daß sie nicht mehr in den Händen der Verfassungsfreunde bleiben wolle, und die Eidverweigernden nahmen sie mit um den Preis eines erbitterten Kampfes. Aber die Provence ist zu sonnig; die Jungfrau erschien lieber in der nebligen Vendée, in ihren dichten Dickichten, den undurchdringlichen Hecken. Sie machte sich den alten, örtlichen Aberglauben zunutze; sie zeigte sich an drei verschiedenen Orten und immer in der Nähe einer alten druidischen Eiche. Ihr Lieblingsort war Saint-Laurent, wo die *Töchter der Weisheit* die Wunder und den Aufruf zum Blutvergießen verbreiteten. Die Bettler sekundierten ihnen; sie waren ausgezeichnete Neuigkeitenverbreiter, sehr gute Agenten des Aufruhrs. Sie waren sehr zahlreich, und die meisten waren lebhaft und kräftig. Von dreihunderttausend Seelen, welche die Vendée zählte, lebten fünfzigtausend von Almosen, ohne das Geringste zu tun, besonders von kirchlichen Almosen; sie lebten von der Kirche und wären lieber für sie gestorben, als zu arbeiten.

Man kennt heute die Betreiber, die Anstifter dieses ruchlosen Krieges. Die politischen Beweggründe, der König und der Adel kamen nur in zweiter Linie. Der Priester war fast alles. Wenn man den Vendéer gefragt hätte, was er eigentlich wolle, hätte er nichts anderes erwidert, als daß man ihm seinen Priester wiedergeben, seinen Pfarrer ins Dorf zurückkehren lassen solle. Man höre darüber in einem sehr authentischen Bericht einen Bauern, der republikanische Gefangene bewachte, die getötet werden sollten; er wollte wenigstens ihre Seele retten und bat sie, die Beichte abzulegen. Er sagte zu einem von ihnen, einem geachteten Beamten: »Herr, ich hab' Euch gern; Ihr habt uns so viel Gutes getan, als Ihr nur gekonnt habt. Es tut mir recht leid, Euch hier zu sehen. Ich schere mich nicht um den Adel, ich frage nichts nach dem König. Aber *ich will unsere guten Priester*, und Ihr mögt sie nicht leiden... Beichtet, ich bitte Euch, beichtet; denn, seht, ich habe Erbarmen mit Eurer Seele, und ich muß Euch töten...«

Dies Wort ist deutlich genug: »Wir wollen unsere guten Priester.« Es wurde 1793 gesagt. Kehren wir zu 1792 zurück und betrachten wir das Protokoll einer der ersten Taten dieses traurigen Mordkrieges. Zweifellos sind hundert andere ganz ähnliche aufgenommen worden. Dies hier wurde aufgenommen von zwei Kommissaren der Loire-Inférieure, die am 6. Juni von Nantes in den Bezirk von Saveney entsandt wurden. Die eidverweigernden Priester scheinen den Plan gehabt zu haben, dort einen Aufstandsherd für die Basse-Loire zu gründen, in einer tatsächlich zentralen Lage zwischen den beiden drohenden Kriegen in der Bretagne und der Vendée. Schon war es ihnen gelungen, eine Pfarrgemeinde zu bewaffnen und aufzuwiegeln, und sie versuchten, sieben weitere Gemeinden anzuschließen. Sie stießen auf Widerstand, brannten mehrere Häuser ab, töteten Männer, unter anderen zwei Dragoner. Diese roten Dragoner der Bretagne waren patriotische Freiwillige, die einen bewundernswerten Enthusiasmus und viel Unerschrockenheit bewiesen.

»Um drei Uhr morgens sind wir mit der starken Armee zu den Inseln des Brières hinabgestiegen; die Häuser waren leer, die Bewohner eilten über die Sümpfe davon. Eine Frau von etwa fünfzig Jahren jedoch bot sich unseren Blicken neben der Kirche; sie trug ein Kruzifix auf der Brust und einen Rosenkranz in der Hand. Wir haben sie über die Ursachen der in der Nacht vom Sonntag, dem 3. Juni, begangenen Morde befragt. Sie sagte uns, ›sie wisse nichts darüber, sie sei gewillt, für die Sache Gottes ihr Leben zu lassen‹.

Wir setzten unseren Weg zum Dorf fort, wo zwei Dragoner getötet, drei Häuser niedergebrannt worden waren. Ein gewisser Guy Vinsse wurde uns vorgeführt; wir ersuchten ihn, uns zur Stelle des Mordes hinzuführen; der Platz war mit Torfstaub bedeckt, die Erde umgeschaufelt; wir haben vergeblich nach Blutspuren gesucht. Die verdächtigen Antworten dieses Mannes, eine frische Wunde, die wir an seinem Kopf über dem Ohr bemerkten, veranlaßten uns, ihn festnehmen zu lassen. Von dort begaben wir uns zum Inseldorf, wo zwei abgebrannte Häuser noch rauchten.«

Welche Unterstützung wollte der Adel diesen Volkserhebungen angedeihen lassen, die von den Priestern angezettelt waren? Das war eine große Frage. Der Provinzadel, der unter dem Ancien régime so lange Zeit dem Hofadel geopfert worden war, fürchtete sehr, wenn er sich vorwagte, nur für den Triumph seiner alten Feinde zu arbeiten. Man liebte Koblenz nicht, man kannte die Emigration. Manche hatten sie sich angeschaut und waren zurückgekommen. Wenn sie das Schwert zogen, die Gewalt der Revolution gegen sich lenkten, so würden sie am Ende nur erreichen, die Emigranten mit den feindlichen Heeren zurückzuführen; die Höflinge, der Kreis der Königin und des Grafen von Artois, die Ritter vom Œil-de-Bœuf[3] würden nach Versailles zurückkehren, verlangen, fordern, alles wegnehmen; dem Landadel würde gestattet, nach Hause zurückzukehren, seinen vernichteten Grund und Boden wiederzusehen, sein einförmiges, armes, düsteres, langweiliges Leben wieder aufzunehmen, mit der Messe, der Jagd als einzigem Vergnügen.

Nichts war einleuchtender als diese Schlußfolgerungen, nichts schwieriger, als die Landedelleute davon abzubringen. Die Intriganten, welche die Emigration anführten und die darauf zählten, den Sieg gut auszunutzen, unterließen nichts, um das vernünftige Urteil dieser Adligen zu trüben; sie predigten, besangen den Kreuzzug in allen Melodien; sie riefen die ritterliche Ehre an. Man schrieb den Zögernden anonyme Briefe, man schickte ihnen Schlafmützen. Einer der royalistischen Agenten, Tuffin de la Rouërie, ein sehr unvernünftiger Kopf, eine zweideutige Persönlichkeit, der hundert Rollen gespielt hatte, Offizier, Trappist, amerikanischer Freiwilliger, Revolutionär gewesen war, um schließlich Feind der Revolution zu werden, hatte sich in Koblenz angeboten, die ganze Bretagne aufzuwiegeln, wie er sagte. Es wäre nur nötig, daß man beim Aufstand genau die Formen der alten Provinzialstände beachtete, daß die den drei Ständen entnommenen Aufstandskomitees Stände im kleinen wären. Man würde zunächst kein Eingreifen, keine Taten fordern, lediglich Geld. Dieser letzte Punkt gefiel Calonne, veranlaßte seine Zustimmung. Er ließ den Plan vom Grafen von Artois genehmigen. Am 5. Dezember 1791 erteilten die Brüder des Königs La Rouërie die Vollmacht.

Der Plan war in Wirklichkeit geschickt. Die Edelleute, die nicht emigrieren wollten und wegen ihrer Untätigkeit geplagt, beleidigt wurden, deren royalistisches Gewissen ihnen überdies Vorwürfe machte, erlangten Ruhe, *indem sie der Vereinigung die Einnahmen eines Jahres übergaben.* Zu diesem Preis erhielten sie einen Geleitbrief für sich und ihre Besitzungen, waren sie vor royalistischen Plünderungen sicher. Und anderseits schützte die Gesellschaft sie auch, indem sie ihnen erlaubte, ihnen gebot, sich mit der verfassungsgemäßen Obrigkeit zu vereinigen, sich ihr *eng zu verbinden*, bis es an der Zeit wäre, sie zu verraten.

Eine beträchtliche Anzahl Adliger fand dieses Übereinkommen bequem, unterschrieb, gab Namen und Geld. Sie hatten sich damit ganz allmählich kompromittiert, gebunden, ohne es gewahr zu werden, sich in eben den Krieg gestürzt, den sie vermeiden wollten. Es stand außer Frage, daß am Tag, an dem die Vereinigung entdeckt wurde, die friedlichsten ihrer Mitglieder zu ihrer Verteidigung die Waffen ergreifen mußten, wenn sie nicht verhaftet werden wollten.

Was La Rouërie zur Eile antrieb und ihn nötigen konnte, die Dinge zu überstürzen, war, daß er in Botherel, dem ehemaligen Prokurator und Syndikus der Stände der Bretagne, einen Rivalen hatte, der die Emigranten von Jersey und Guernsey lenkte, ihnen mit der Hoffnung schmeichelte, daß eine englische Flotte sie ausschiffen würde. La Rouërie stellte ihm Koblenz entgegen, die Prinzen, Brüder des Königs. Tatsächlich erhielt er von den Prinzen eine Vollmacht (2. März 1792), die ihm alle Gewalt übertrug und ihn zum Haupt der Royalisten des Westens ernannte, die gebot, daß man ihm gehorche.

Es bestand so wenig Einigkeit unter den Royalisten, daß La Rouërie ein von den Tuilerien her erwartetes, plötzliches Signal zum Bürgerkrieg abwarten wollte, bevor er die Vereinigung ausdehnte. In den ersten Julitagen entlockten die Priester, die den König lenkten, diesem ein Schreiben an die Behörden von Finistère, das die Freilassung der in Brest gefangenen eidverweigernden Priester forderte. Der König glaubte sich damals sehr stark; man redete ihm ein, der Schimpf vom 20. Juni, die Erstürmung seines Palastes, die Kränkung seiner Familie, die rote Mütze auf dem königlichen Haupt hätten einen ungeheuren Umschwung der öffentlichen Meinung zu seinen Gunsten veranlaßt, und er müsse daraus Vorteil ziehen. In der Tat hatten alle Kanzeln, alle Beichtiger, alle geheimen Zusammenkünfte der Gläubigen dieses rührende Ereignis, das ganz geeignet zur Legendenbildung war, unvorstellbar ausgenutzt; in der Vorstellung der Frauen und eines großen Teils der Männer vom Lande hatte der König eine Art neue Weihe erhalten durch einen Schimpf, der an die Leiden unseres Heilands erinnerte. Viele weinten angesichts dieses ergreifenden *Ecce homo* des Königtums.

Das Eingreifen des Königs zugunsten der Geistlichen von Brest bedeutete wenig und viel. Man konnte sagen, es sei nur ein Akt der Barmherzigkeit gewesen, der Menschlichkeit, der den Handelnden nicht blamieren, den man ihm nicht vorwerfen konnte. Und es war unter den gegebenen Umständen (man ersah es aus den Folgen), es war bei dem in der Bretagne angehäuften Zündstoff ein Signal zur Feuersbrunst, ein Funke ins Pulverfaß. In Fouesnant bei Quimper beginnt ein Landmann und Friedensrichter, Alain Nedellec, Beamter des Marquis de Cheffontaine, dessen Besitzungen er verwaltete, nach der Messe (9. Juli) den Bauern vor der Kirche zu predigen; fünfhundert greifen zu den Waffen. Die Agenten Nedellecs durcheilen das Land, drohen, die Häuser derer niederzubrennen, die nicht für Gott und den König mitziehen wollen; der König will es, er hat selber geschrieben, daß er die Freilassung der Priester, ihre Wiedereinsetzung anordne.

Am folgenden Tag, dem 10. Juli, machten sich fünfhundert Nationalgardisten mit einigen Polizeisoldaten und einer Kanone von Quimper nach Fouesnant auf, im Eilschritt durch Gegenden, deren geheime Stimmung ihnen nicht sonderlich vertraut war. Voran schritten die Gemeindebeamten mit der roten Fahne. Sie wurden von mörderischem Feuer empfangen, das dreihundert Bauern in einer Salve auf sie abgaben, warfen die Bande über den Haufen, nahmen den Flecken, setzten sich darin fest und verbrachten die Nacht in der Kirche mit ihren Toten und Verwundeten. Am nächsten Tag kehrten sie nach Quimper zurück, und die ganze Stadt kam ihnen entgegen.

Diese Energie verblüffte die Aufrührer und brachte sie zum Nachdenken. Daß die Edelleute sich fernhielten, verkündete deutlich genug, daß die Dinge noch nicht reif waren. La Rouërie wollte warten; hinsichtlich der Bretagne hatte er recht. In Paris jedoch überstürzten sich die Dinge, die Ereignisse jagten mit Blitzesschnelle einher. Am 10. August schlug der Blitz ein.

Der Gegenschlag ereignete sich nicht in der Bretagne, die tausend widersprechenden Einflüssen ausgesetzt war, sondern in einer Gegend, von der man einen plötzlichen Aufstand weniger erwartet hätte. Die Vendée flammte auf.[4]

Sie flammte mit einer Heftigkeit auf, einem Geist erstaunlicher Einmütigkeit, die sich sehr unterschieden von dem individuellen und vereinzelten Widerstand, wie er den Bretonen, den Chouans eigen war. Vierzig Kirchspiele auf einmal, achttausend Landleute aus der Umgegend von Châtillon griffen am gleichen Tag zu den Waffen (24. August). Wie überall waren es die schurkischen Beamten der Revolution, die sich ihr entgegenstellten. Delouche, Bürgermeister von Bressuire, war das eigentliche Haupt der Revolte. Ein Kommandant der Nationalgarde, ein Edelmann namens de La Châtaigneraie, ließ sich von den Bauern aus seinem Schloß entführen, um ihr General zu werden. Sie stürzten sich zuerst auf Châtillon, zerstörten es, verbrannten die Gemeindepapiere. Von da griffen sie Bressuire an. Durch einen Sturm, der sie für einige Zeit auseinandertrieb, verloren sie den günstigen Augenblick. Die revolutionäre Sturmglocke, die der royalistischen Antwort gab, versammelte in einer Nacht die Nationalgardisten aus dem Umkreis. Es herrschte außerordentliche Hilfsbereitschaft. Die Gardisten entfernter Städte, von Angers bis La Rochelle, setzten sich in Bewegung. Die zuerst Angekommenen, wenig an Zahl, verteidigten Bressuire. Vor den Mauern spielte sich ein Kampf ab, bei dem etwa hundert Bauern das Leben ließen. Fünfhundert wurden gefangen, und die Sieger, die das Land durchstreiften, nahmen, so heißt es, unbarmherzige Rache für die Leute, die sie verloren hatten. Gewiß ist, daß mit den Gefangenen dennoch menschlich umgegangen wurde. Man begnügte sich damit, sie vor das Kriminalgericht von Niort zu führen. Diese Stadt war der Herd eines glühenden Patriotismus. Der Gerichtshof glaubte gegen die irregeleiteten Männer nachsichtig sein zu müssen; er sandte sie heim, in der großmütigen Annahme, nur die Toten seien schuldig.

Die Vendée blieb stumm unter diesem Schlag. Doch man konnte an dieser düsteren Begebenheit erraten, was in ihr kochte. Man konnte nach 1792 das Jahr 1793 vorausahnen. Es war nur allzu gewiß, daß die kleinen und schwach bevölkerten Städte dieser Gegend, so groß ihre Energie auch war, das flache Land nicht bändigen konnten, daß dieses alles mit sich reißen würde, daß heute oder morgen die gesamte Vendée sich wie ein Mann erheben und unter den Fahnen der Kirchspiele gemeinsam marschieren werde, die Priester an der Spitze, als geordneter Zug.

Man konnte aber auch voraussehen, daß dieser große und schreckliche

Aufstand (so groß er auch war, denn die Vendée wurde von den drei benachbarten Departements unterstützt) dennoch für Frankreich nicht ansteckend sein, daß er beizeiten eingekreist, auf eine begrenzte Zone beschränkt sein würde, daß bald und mehr und mehr die Frage sich so darstellen würde: die Vendée auf der einen Seite und Frankreich auf der anderen.

Was zunächst den Erfolg der Vendée unwahrscheinlich, unmöglich erscheinen ließ, das ist, daß sie keineswegs mit der Bretagne im Einvernehmen handelte. Beide waren ganz verschiedener Ansicht. Und die Bretagne für sich genommen war mit sich selber nicht im reinen. Sogar die Priester waren uneins. Der adlige Geistliche, den man ausschließlich *Monsieur l'abbé* nannte, verachtete und tyrannisierte den Landprediger, der gerade am meisten das Volk beeinflussen konnte. Auch unter den Edelleuten gab es wenig Einvernehmen; man hat die abweichenden Vorstellungen von La Rouërie und Botherel gesehen. Im Gegensatz dazu fanden die bretonischen Revolutionäre, wenigstens die vom Finistère, ein gemeinsames Prinzip in den schönen Gesetzen vom August 1792; diese dem Bauern günstigen Gesetze verknüpften ihn wieder mit den Anschauungen der Städte, mit der Revolution. Sie hatten eine große Wirkung und retteten möglicherweise Frankreich, indem sie der Revolution die Hälfte der Bretagne sicherten, die gefährliche Ecke, welche den Westen abschließt. Die übrige Bretagne, Anjou, Maine und die Vendée spürten bei all ihren Erhebungen, daß sie Paris und die Revolution vor sich und im Rücken Brest und das Finistère hatten, also ebenfalls die Revolution.

Der Aufstand in der Vendée war, was man auch gesagt haben mag, künstlich erzeugt und durch geschickte Arbeit schlau vorbereitet. In diesem düsteren, abgelegenen und unwegsamen Erdenwinkel hatte der Priester ein verblüffendes Element des Widerstands gefunden, eine Bevölkerung, die von Natur aus allen zentralen Einflüssen unzugänglich war. Dort, von den Frauen gut unterstützt, hatte er in aller Gemächlichkeit ein seltsames und einzigartiges Kunstwerk erschaffen können: eine Revolution gegen die Revolution, eine Republik gegen die Republik.

Doch dieses sehr künstliche Ereignis stand im Gegensatz zu dem großen natürlichen Ereignis, das Frankreich dem Blick darbot, dem notwendigen Ereignis, das sich legitim aus der Tiefe der Jahrhunderte herleitete, das unüberwindlich nahte, wie der Ozean zu seiner Stunde naht, und das wie der Ozean alles verschlingen konnte.

Der abgeschlossene, in seinem wilden Buschwald kurzsichtige Vendéer sah nichts von der Bewegung, die um ihn herum vorging. Hätte er sie für einen Augenblick wahrgenommen, so wäre er entmutigt worden und hätte nicht losgeschlagen. Man hätte ihn hoch hinaufführen müssen, auf einen Berg, und von da, seinen Blicken weiten Spielraum bietend, ihm dies eindrucksvolle Schauspiel zeigen müssen. Er hätte sich bekreuzigt, hätte geglaubt, das Jüngste Gericht sei nahe, er hätte gesagt: Dieses ist von Gott.

Das Schauspiel, das Frankreich seinen Blicken geboten hätte, war wie ein gewaltiger Wirbelsturm, ein eilender, eifriger Kreislauf von Menschen und Gütern, Sachen und Personen. Die Zollgrenzen zwischen den Provinzen, die Stadtzölle an den Stadttoren, die zahllosen Brückengelder, die Fährengelder – alle diese Grenzen des Ancien régime waren mit einem Schlag verschwunden. Die Zäune sanken, die Mauern stürzten, die alten Burgen taten sich auf. Die Dinge wie die Menschen hatten wieder Bewegung angenommen. Ein machtvolles Wort, das man allenthalben vernahm, beschwor sie, schien ihnen Leben zu geben: *»Im Namen des Gesetzes!«* Von diesem Wort erweckt, bekamen die Liegenschaften Schwingen. Schon flatterten zwei Milliarden der geistlichen Besitzungen in losen Blättern, in Gestalt von Assignaten, davon. Die zertrennten, aufgeteilten Güter boten sich den neuen Bedürfnissen eines gewaltig wachsenden Volkes dar. Überall Käufe und Verkäufe; man kaufte gern, man gab die Assignate leichter, als man Geld hingegeben hätte. Überall Eheschließungen (sie waren zahllos, wenigstens in den ersten Jahren der Revolution), und die Nation gab die Aussteuer. Sie gab die nationalen Güter, häufig für die Ernte des ersten Jahres; ein Haus – man bezahlte es lediglich mit dem Blei der Regentraufen; einen Wald – man bezahlte ihn mit dem ersten Holzschlag. Er sank, der alte Wald, und die zur selben Stunde besäte Lichtung würde der fröhlichen Brut, von der Erde und der Sonne der Revolution geboren, das Korn liefern.

Nie wurde eine große Bewegung mit friedlicherer Seele durchgeführt, frei von Skrupeln und mit beruhigtem Gewissen. Nie fühlten sich Gewalt und Kraft so vom Recht unterstützt. Der Einspruch der Frau hatte auf den Mann keine Wirkung. Er stritt wenig mit ihr. All ihren Reden setzte er nur zwei Worten entgegen. Sieghafte Worte, die für ihn die Frage erledigten.

Das erste diente ihm für die geistlichen Güter, die Besitzungen der Prälaten, der Domherren und Mönche. Das Wort hieß: *Nichtstuer*!

Das zweite diente ihm für die den Herren schuldigen Renten und Rechte, später für die Güter der Emigranten. Das Wort hieß: *feudal*!

»Das ist Feudalbesitz«, sagte er. Dieses allmächtige Wort beruhigte sein Gewissen.

Selbst die Kirchengüter erschienen ihm, nicht ohne Grund, von Lehnsrechten befleckt. Wie sollte man anders darüber urteilen, wenn man im Palast des Bischofs, des Abtes, genau wie im Laienschloß den Bannofen, die Presse, den Pranger, das Halseisen, den Galgen, den ganzen Apparat der alten Rechtsprechung gewahrte? Wenn sie die Feudalrechte nicht wirklich ausübten, so erhoben sie sie in Geld.

Feudal – dieses Wort hatte der Bauer unablässig im Munde und in den Gedanken. Er wußte nichts von seinen Mechanismen noch von seiner Geschichte, aber er erfaßte instinktiv seinen Sinn. Die zwanzig oder dreißig Generationen, die auf der Folter starben, von denen kein Denkmal, keine Überlieferung sprach, hatten dennoch ihren Söhnen ein Testament hinterlassen, das Testament eines Wortes, das, gut behütet, ein unfehlbares Pfand zu dereinstiger Genugtuung sein mußte. Der freie Ackerbauer der alten Zeiten, durch Gewalt oder List seiner Freiheit beraubt, der weder Besitz noch Besitzanspruch hatte, der seinen Boden verloren hatte, seinen Körper, ach! und seine Person – was sage ich, die Seele und die Erinnerung –, er lebte nur in einem Wort...

Dieses Wort, das achthundert Jahre lang mit leiser Stimme geraunt wurde, damit es nicht der Vergessenheit anheimfalle, das Wort, das 1789 lauter als der Donner erdröhnte, das Wort, das im Französischen Gewalt, Tyrannei, Ungerechtigkeit bedeutet, es ist das Wort: *feudal.*

Auf alle Einwürfe, die ihr dem Bauern machen könntet, was ihr ihm auch an Rechtstiteln und Akten vorlegen könntet, er schüttelte den Kopf, er sagte: *feudal.*

Die Verfassunggebende Versammlung bemühte sich bei der Aufhebung der Feudalrechte, eine spitzfindige Unterscheidung zu treffen. Es gibt zwei Arten von Feudalität, sagte man zum Bauern: die *herrschende Feudalität*, die euren Ahnen gewaltsam aufgezwungen wurde; sie werden wir abschaffen; aber es gibt auch die *vertragliche* Feudalität, die aus einem *freiwillig geschlossenen* Vertrag zwischen Grundherren und Bauern hervorgeht; das Joch dieser freiwillig eingegangen Feudallast könnt ihr nur abschütteln, wenn ihr den Grundherrn entschädigt. – Der Bauer ist ein eigensinniger Mensch; er versteifte sich darauf, nichts zu verstehen, sagte kein Wort, ging seiner Wege. Ein Vertrag zwischen dem Starken und dem Schwachen, zwischen dem, der alles, und dem, der nichts war!, ein Vertrag, freiwillig eingegangen von einem Menschen, der nicht frei war, von einem Menschen, der nicht einmal über seine Körper verfügte, der keine Person war, der rechtlich nicht existierte! Solche Dinge mochten geeignet sein, um unter Rechtsgelehrten diskutiert zu werden, aber zwischen vernünftigen Menschen ließen sie sich nur schwerlich aufrechterhalten. Die Strafe, die dem Feudalsystem zuteil wurde, die Sühne für seine Tyrannei bestand darin, daß am Tag des Gerichts alles, was unter ihm geschehen war, tyrannisch erschien, so daß, selbst wenn bisweilen die Freiheit respektiert, die Zustimmung des anderen erlangt worden, freiwillig ein Vertrag geschlossen worden war, sich nun niemand fand, der dies geglaubt hätte. Über alles, was die Feudalität vorbrachte, ob freiwillig geschehen oder nicht, lachte man und sagte: *feudal*, und damit war alles gesagt.

Die Konstituante und ihre Rechtsgelehrten hatten eine sehr wichtige Frage des Altertums und des Rechts leichtsinnig entschieden. Sie hatten vorausgesetzt, daß der Herr ursprünglich allen Boden besessen habe und daß er für diesen Dienst, für jenen Zins diesem oder jenem gnädig von seinem Grundbesitz abgegeben habe. Sie sahen den Ursprung allen Besitzes in der Abtretung von Lehen. Sie leugneten die freien Ursprünge des Besitzes, ließen die Vorfahren unbeachtet. Wer wüßte nicht, daß die Dinge sich ebensooft gerade umgekehrt abgespielt hatten? Daß es im Gegenteil der freie, der schwache, der kleine und arme Grundbesitzer war, der durch tausend Unannehmlichkeiten genötigt wurde, sich, wie man sagte, seinem mächtigen Nachbarn *anzuempfehlen*, seinen eigenen Grund gegen Zins zu übernehmen, dem Herrn den Besitz zu geben, um wenigstens die Nutznießung zu behalten?

»Du bist frei, guter Mann, der Boden auch, und die Familie auch, wir nehmen dir nichts. Nur, beachte es wohl! Die freie Erde inmitten der Lehen hat die sonderbare Eigentümlichkeit, daß sie nichts mehr hervorbringt. Wir nehmen dir nichts. Nur werden deine Nachbarn als gute Nachbarn diesem Boden ihren Besuch abstatten; die Pferde, die Hunde des Herrn werden nach Gefallen darauf herumlaufen; es ist näher zum Wald. Die Pagen des Herrn sind lustig; sie werden deinen Kühen den Schwanz anzünden, ohne Bosheit, nur um zu lachen. Deine Tochter im Feld, sie werden sie nehmen, nicht um ihr Böses anzutun, nur um zu lachen; am nächsten Tag bringen sie sie wieder...« Als alles das ihm zugestoßen war, als er die Leiden des Leibeigenen alle erduldet hatte, da kam dieser freie Mann freiwillig und nicht ohne Tränen und legte seine Hände in die des Herrn... »Gnädiger Herr, ich gebe Euch mein Vertrauen, meine Erde, alles, was ich habe, ich verliere es, biete es Euch an und gebe es hin. Von nun an ist es Euer, und ich habe es von Euch...« Da haben wir einen freien Vertrag aus der guten, alten Feudalzeit.

Das Grauenhafte dieses Vertrages war, daß die so gegebene und unterjochte Erde, statt das Geschick des Eigentümers zu erleichtern, ihn selber ins Joch brachte; dafür, daß er seinen Grund hergegeben hatte, so erkannte er, hatte er *seinen Leib* gegeben und den der Seinen! Lauter Leibeigene!... Dies ist nicht bildlich gesprochen, was man auch anderes gesagt hat! Wir sehen es nur zu gut in den Ländern, in denen heute noch die Leibeigenschaft herrscht*; Frau und Tochter des Leibeigenen bezahlen wörtlich *mit ihrem Leib*, selten an den Herrn, häufiger an den Verwalter,

* Die Leibeigenschaft ist, daran besteht kein Zweifel, eine furchtbare Art des Kommunismus, die Vergewaltigung als Gewohnheit, als Recht. Die Familie ist nicht denkbar.

an die Beamten des Verwalters, an die Diener dieser Beamten; eine Reihe endloser Demütigungen.

Und hier läßt mich etwas innehalten. Wie könnte ich gerecht gegen die Revolution sein, wie das wirkliche Verständnis für sie wecken, wenn ich nicht vorher das Mittelalter schilderte, diese Schreckenszeit von tausend Jahren!... Und doch kann ich es nicht. Man kann das Mittelalter nicht kurz zusammenfassen. Sein Wesentliches ist seine furchtbare Länge, und es kurz fassen heißt gar nichts darüber sagen. Man müßte sie in ihrem unbarmherzig langsamen Verlauf wiedergeben können, die tausend Jahre, die die Menschheit unter dem Regen von Schmerzen verbrachte, der Tropfen für Tropfen fiel und dessen Tropfen ein jeder bis auf die Knochen drangen.

Und selbst wenn ich sie verkürzen würde, um sie darzustellen, würde sie noch immer ein dickes Buch füllen. Wie sollte ich es hier unterbringen, das große Buch im kleinen? Letzteres würde es nicht fassen können; es würde davon gesprengt, verzerrt, zerstört. – Ich werde also ungerecht sein; ich werde nicht sagen, was es zu erfahren gälte; meine Gegner werden in aller Ruhe sagen können, daß die Revolution ein Zufall gewesen sei, eine Laune, daß sie eingebildeten Übeln abgeholfen habe und Leiden, die nicht bestanden.

Wenn ich nicht auseinandergesetzt habe, wie im Mittelalter die Knechtung der Erde den Menschen knechtete, so kann ich nicht verständlich machen, wie die Befreiung des Menschen in der Revolution die Befreiung der Erde mit sich brachte. Denn sie wurde 1789 befreit, auch sie; das mag jeder wissen. Sie wurde damals aus den Händen des Feudalherrn genommen, dessen, der sich der *Mann des Degens* nannte, den Sohn der

Das Los des weißen Leibeigenen ist in dieser Hinsicht unglücklicher als das des Negersklaven. Jener erkennt sehr gut an der Hautfarbe, welche Kinder von seinem Herrn gezeugt wurden. In Rußland und anderen vergleichbaren Ländern ist der Unterschied an nichts zu erkennen: Der unglückselige Vater weiß nicht, welche Kinder die seinen sind. – Ein protestantischer Geistlicher versicherte mir, daß er um das Jahr 1800 im deutschen Teil des Baltikums ein junges Mädchen gesehen habe, das in einer Hundehütte angekettet war, weil es sich geweigert hatte, dem Verwalter, der dem Gut vorstand, das jus primae noctis zu gewähren. – Unsere Lehnsherren des 18. Jahrhunderts bedienten sich dieser Privilegien weit mehr, als es ihre Vorfahren getan hatten; ihre Söhne gingen – aus Libertinage oder aus Dreistigkeit – im ganzen Dorf auf Frauenjagd, und wer die Augen nicht davor verschlossen hätte, wäre verfolgt worden. Und auch der Geschäftsmann verband die Zahlungsaufschübe, die er einräumte, damals wie heute oft genug mit schändlichen Bedingungen, usw. usw. Die Frau mußte alles zahlen. Sie hätte in Wahrheit revolutionärer gesinnt sein müssen als der Mann.

Eroberung, dessen, der in der Erde eine Beute sah, eine Sache für den Gebrauch, den Mißbrauch. Und sie ging über in die Hände des *Mannes der Erde*, dessen, der von sich weiter nichts weiß, als daß er von ihr geboren wurde, daß er *stets mit der Erde verwachsen* war – so gut mit ihr verwachsen, so eng verbunden, daß er sie mehr liebt als seine Familie, daß er mit ihr verheiratet ist (dreimal mehr als mit seiner Frau), und wenn ihr dies bezweifelt, so grabt in ihr, und ihr werdet das Herz des Bauern finden.

Diese Ehe der Erde und des Mannes, der die Erde bebaute, war die Haupttat der Revolution. Die Geschichte, Aufzeichnungen und Memoiren sagen fast nichts darüber. Und diese Tat war doch alles.

Danton sagte es, aber noch schwach: *»Antäus hatte die Erde berührt«*, und sie gab ihm Kraft. – *Berühren*, das heißt zuwenig.

Er war von ganzer Seele und ganzem Herzen in sie eingedrungen, und sie waren ein Wesen. Das Einssein von Mann und Erde, dieses furchtbare Mysterium, das sich in Frankreich vollzog, machte aus dieser Erde eine geheiligte, unangreifbare Erde; wer sie entweihte, dem brachte es sicheren Tod. Die Kriegsfrage war von vornherein entschieden. Frankreich war zu stark für die Welt.

Ludwig XVI. war schuldig
IX, 1

Thema der folgenden Kapitel. – Mildernde Umstände zugunsten Ludwigs XVI. – Lügen des Königs, von den Royalisten festgestellt. – Der König ruft das Ausland an. – Im Jahre 1793 besaß man kein entscheidendes Beweisstück gegen ihn. – Sein politischer Jesuitismus; seine Neigung zu den Lehren der Staatsräson und der öffentlichen Wohlfahrt. – Die königliche Tradition hinsichtlich der Staatsräson und der öffentlichen Wohlfahrt. – Die Könige und Fürsten bildeten eine Familie und verkannten und verrieten unbekümmert das nationale Bewußtsein. – Da jede Nation zu einer Person wird, ist die Vergewaltigung einer Nation das größte Verbrechen.

Bald werden wir vom Drama der Revolution fortgerissen werden, ohne einen Blick zurückwerfen zu können. Vom Prozeß des Königs bis zum Untergang der Girondisten, bis zur Terreur gibt es kein Verweilen mehr.

Und doch ist dieses Drama keineswegs die ganze Revolution.

I. Sie enthält daneben ein Geschehen ungeheuren Ausmaßes, das unabhängig von ersterem verläuft und das man den großen Strom der

Revolution nennen könnte, einen Strom, der gleichmäßig, unveränderlich und unbesiegbar ist wie die Naturkräfte selbst. Es ist dies die innere Bezwingung Frankreichs durch Frankreich, die *Bezwingung des Bodens durch den Arbeiter*, die größte Veränderung, die sich jemals seit den Ackergesetzen der Antike und des Einfalls der Barbaren ereignet hat.

II. Diese beiden Bewegungen machen noch nicht alles aus. Unterhalb der Eroberung des Bodens und des revolutionären Dramas entdecken wir eine Welt des Stillstands, ein unsicheres Gebiet, in das wir auch hinabsteigen müssen, den trüben und zähen Sumpf der *öffentlichen Gleichgültigkeit*. In den Städten insbesondere und vor allem in Paris kann man ihn seit Ende 1792 beobachten. Marat führt im Dezember Klage darüber. In den Sektionen ist nur mehr wenig Verkehr, die Klubs sind beinahe verwaist. Wo sind die Menschenmengen von 1789, die Millionen, die 1790 den Altar der Föderationsfeier umringten? Man weiß es nicht. 1793 ist das Volk nach Hause gegangen; vor Ende des Jahres wird man es dafür bezahlen müssen, daß es in die Sektionen zurückkehrt.

III. In dieser wachsenden Apathie – und um ihr abzuhelfen – entsteht erneut die gefürchtete Maschinerie, die 1792 milder geworden war, die Maschinerie des *Wohlfahrtsausschusses*[1], und sie speist sich aus dem *Jakobinerklub*.

Dies sind die drei gewichtigen Gegenstände, die wir betrachten sollten, bevor wir das Tau kappen und uns dem Strudel überlassen, aus dem es kein Entkommen gibt.

All das vor dem Prozeß des Königs; ohne dieses Vorwissen ist kein rechtes Verständnis des Prozesses möglich. Doch wir wollen die Aufmerksamkeit des Lesers, der sich zweifellos für dieses Problem der Menschlichkeit und des Rechts interessiert, nicht auf die Folter spannen. Wir wollen als erstes und ohne lange zu überlegen unsere Überzeugung von der Schuld Ludwigs XVI. aussprechen, was völlig unabhängig von der Darstellung des Prozesses ist. 1793 war der Prozeß nicht möglich; man besaß keinen entscheidenden Beweis gegen den König. Heute kann man den Prozeß führen; wir halten die Beweise in Händen, unwiderlegbare Beweise.

Ludwig XVI. war schuldig. Um sich davon zu überzeugen, genügt eine Gegenüberstellung seiner eigenen Angaben mit den diesen widersprechenden Angaben, den schwer belastenden Eingeständnissen, die – besonders seit 1815 – die französischen und ausländischen Royalisten, die ergebensten Diener des Königs, gemacht haben.

Indessen sprechen schwerwiegende Umstände mildernd für ihn. Das Verhängnis seiner Abkunft, Erziehung und Umgebung erzeugte wohl eine Art unbelehrbarer Unwissenheit. Es ist sonderbar, daß er trotz seiner zahlreichen Lügen (die wir feststellen werden) keine Selbstvorwürfe kannte und sich für unschuldig hielt. War auch seine Schuld größer, als er selbst glaubte, so war er doch der Milde des Volks nicht unwürdig. Seine Reformanwandlungen, das Ministerium Turgot, der Ruhm seiner Regierung als Marinemacht, Cherbourg und der amerikanische Krieg baten um Gnade für ihn.

Vergleichen wir seine Aussagen und deren Dementis durch die Royalisten.

I. *Ich habe niemals die Absicht gehabt, das Königreich zu verlassen*, sagte er am 26. Juni 1791 in seiner Erklärung vor den Kommissaren der Konstituante. – Am 20. Juni hatte er zu Monsieur de Valory, dem Leibgardisten, den er auf der Reise nach Varennes mitnahm, gesagt: *Morgen werde ich in der Abtei Orval schlafen* – diese Abtei lag außerhalb des Königreichs auf österreichischem Gebiet (veröffentlicht 1823, S. 257 des Bandes *Affaire de Varennes*, Sammlung Barrière). Es ist kein belastenderes Zeugnis denkbar als das des Monsieur de Valory, der auf dieser gefährlichen Reise für den König sein Leben wagte, wie durch ein Wunder unversehrt blieb und 1815 seinen royalistischen Fanatismus als Präsident des Prevotalgerichts des Doubs entfaltete.

II. *Ich unterhalte keinerlei Verbindung mit meinen Brüdern*, sagte der König in derselben Erklärung vom 26. Juni 1791. Und zehn Tage später, am 7. Juli, erklärt Bertrand de Molleville (*Mém.* II., 171), *übertrug der König seine Machtbefugnisse an Monsieur.* – Aus den Erinnerungen Froments, des ersten Organisators der südfranzösischen Vendées, erfahren wir um 1820, daß der König den Deutschen Flachslanden *als ständigen Agenten bei seinen Brüdern* unterhielt.

III. *Ich habe keinerlei Beziehung zu den auswärtigen Mächten, ich habe keinerlei Protest an diese gerichtet* (Erklärung vom 26. Juni 1791). Die *Mémoires d'un homme d'Etat* (I, 103) enthalten wörtlich den Text des Protests, den er am 3. Dezember 1790 an Preußen gerichtet hatte, und sie bezeugen, daß ähnliche Proteste an Spanien und andere Mächte gegangen waren. Mallet du Pan bereiste 1791 eigens die deutschen Höfe mit dem Auftrag, mündlich zu erklären, was man nicht schreiben wollte.

Wir wissen, daß der König an dem Tag, da er feierlich die Verfassung annahm und gewissermaßen die Amnestie der Nation empfing, weinend vor Zorn nach Hause kam, gedemütigt durch die neue Zeremonie, und in seiner Aufregung unmittelbar, *ab irato*, an den Kaiser schrieb (Madame Campan, II. 169). Das wenig verläßliche Zeugnis der Kammerfrau erhält Gewicht, wo es sich um diese auffallende und so pathetische Szene handelt, der sie mit mehreren anderen Personen beiwohnte.

IV. Wenn er jede Verbindung mit den Mächten leugnete, so leugnete er noch viel nachdrücklicher, *deren Armeen zu Hilfe gerufen zu haben.*

Indessen haben sich die Herren de Bouillé genötigt gesehen, in ihren an die Royalisten gerichteten Verteidigungsschriften mit militärischem Freimut offen zu erklären, wie es sich verhalten hatte. Der Vater äußerst sich schon 1797 darüber. Der Sohn (*Mém.*, 1823, S. 41) wird noch deutlicher; er hatte den Auftrag, die Reise nach Varennes vorzubereiten, und verlangte einen schriftlichen Ausweis vom König und von der Königin. »Die Königin sprach in diesem Schriftstück von der Notwendigkeit, *sich der Hilfe der auswärtigen Mächte zu versichern, um die man sich eifrig bemühen werde*... Der Brief des Königs war eigenhändig geschrieben und ausführlich. Er sagte, *man müsse sich fremder Hilfe versichern* und bis dahin Geduld haben.«

Er gab Breteuil jede Vollmacht, um mit dem Ausland zu verhandeln. Das geben alle royalistischen Schriftsteller ohne Umschweife zu.

Im Jahre 1835 hat die *Révue rétrospective* den Brief veröffentlicht, den die Königin am 1. Juni 1791 an den Kaiser, ihren Bruder, schrieb, *um von diesem österreichische Truppenhilfe zu erlangen*, zehntausend Mann für den Anfang; sei der König aber einmal frei, meinte sie, *so würden sie mit Freude sehen*, daß die Mächte ihre Sache unterstützen.

Monsieur Hue, Kammerdiener des Königs, der dem König am 10. August von den Tuilerien in die Nationalversammlung folgte, sah, wie er – im Lokal der Feuillants[2] – einen Edelmann, Aubier, an den König von Preußen abfertigte. – Zu welchem Zweck? Die unmittelbar darauf folgende Invasion der preußischen Armeen gibt eine nur allzu deutliche Erklärung. Während des ganzen Feldzugs, von Longwy bis Verdun, von Verdun bis Valmy, befand sich ein persönlicher Agent Ludwigs XVI., Monsieur de Caraman, in der Nähe des Königs von Preußen (*Mém. d'un homme d'Etat*, I, 418), zweifellos um dem Einfluß der Anführer der Emigranten ein Gegengewicht zu bieten, um dem Unternehmen den Charakter einer von Ludwig XVI. erbetenen, von ihm selbst geleiteten Hilfe zu bewahren.

Während er bei den Feuillants und im Temple gefangensaß, fürchtete er die Emigranten und seine Brüder ebenso sehr wie die Jakobiner. Er traf Vorsichtsmaßnahmen gegen sie bei den Souveränen und wandte sich vorzugsweise an diese um Hilfe. Er war ein eifriger Leser Humes, und die Erinnerung an Karl I. war in ihm lebendig, der umgekommen war, weil er den Bürgerkrieg begonnen hatte; so scheute er diesen Krieg mehr als alles andere. Er dachte, daß die Ausländer, wenn sie in Frankreich eindrangen, um die Ordnung wiederherzustellen, nicht die rasenden Leidenschaften der Emigranten mitbrächten – ihre Rachsucht, ihre Unverschämtheit, ihre Reaktionsgelüste. Sein erster Plan war, die Ausländer ins Land zu bringen, aber in einem Maße, daß er selbst der Herr bleiben konnte; er hätte ein starkes Korps Schweizer herbeigerufen, die fünfundzwanzigtausend Mann, die die alten Kapitulationen erlaubten, außerdem ein Korps Spanier und Piemontesen, dagegen nur zwölftausend Österreicher und wenig oder keine Preußen; er mißtraute Österreich und Preußen noch mehr. Erst im letzten Augenblick, nach dem 10. August, warf er sich dieser letzteren Macht in die Arme.

Man kann getrost behaupten, daß seine Brüder ihn zugrunde richteten. Sie waren unversöhnliche Feinde der Königin, wären allein deshalb zurückgekehrt, um den Stab über sie zu brechen, und sie hätten den König ausgeschaltet und sich als Generalstatthalter der Herrschaft bemächtigt. Ludwig XVI. fürchtete besonders den Grafen von Artois, den Zögling des Schurken Calonne, den Narrenfürsten. Nichts konnte diesem Intrigantenhof angenehmer sein als der Tod Ludwigs XVI. In Koblenz wurde am 21. Januar getanzt (wenn man einem sehr royalistischen Buch Glauben schenken darf).

Der Konvent hatte keine Ahnung von diesem Verhältnis Ludwigs XVI. zu den Emigranten. Er hätte Mitleid mit ihm gehabt, wenn er gewußt hätte, daß der unglückliche Mann zwischen zwei Gefahren schwebte und seine eigene Familie fürchtete.

Ebensowenig wußte der Konvent von den gewichtigen Tatsachen, die Ludwig XVI. belasteten.

Keiner von denen, die die Anklage vor dem Konvent vertraten, weder Gohier noch Valazé, noch Mailhe, noch Rühl, noch Robert Lindet wußte etwas oder konnte nähere Angaben machen. Sie ergehen sich in abschweifenden Allgemeinheiten, tappen im finstern, suchen ihn mit blinden Hieben zu treffen – und er entschlüpft ihnen. Sie werfen ihm drei Arten von Vergehen vor: zum einen Dinge, die durch seine Annahme der Verfassung im September 1791 *amnestiert* waren (Nancy, Varennes, das Marsfeld-Massaker), zum anderen *zweifelhafte* und schwer zu beweisende Dinge (hat er Geld gegeben für ein bestimmtes Dekret? Hat er absichtlich die Organisation der Armee vernachlässigt? Hat er am 10. August den ersten Schuß abgegeben?), und schließlich *Dinge, die nur sehr mittelbar die Anklage begründen konnten* (sie warfen ihm zum Beispiel vor, daß er nur an einem Tag in der Woche Briefe aus Frankreich angenommen habe, während er jeden Tag, sogar wenn Empfänge waren, die Briefe aus dem Ausland las).

Uns, die wir heute die Tatsachen kennen und Klarheit besitzen, uns bleibt ein Punkt dunkel.

Es ist die Frage, wie ein anständig geborener Mensch, der anständig geblieben zu sein glaubte, der bis zum Schluß seine Unschuld beteuerte, mit offenbar ruhigem Gewissen in so vielen Dingen lügen konnte.

Ich spreche nicht einmal von jenen flüchtigen Mätzchen, welche die Politiker unter dem Druck der Umstände ohne Bedenken für zulässig halten und die einen Teil der Komödie des Königtums auszumachen scheinen. Ich meine die täglichen Reden, die wohlberechneten Unterhaltungen, die bis in den Juni 1791 an seinen konstitutionellen Eifer glauben machen mußten, während er gleichzeitig die Erklärung vom 20. Juni vorbereitete, in der er all seine Worte verleugnet und Lügen straft, in der er verflucht, was er gelobt hat, so daß er sich so unmißverständlich wie nur möglich als doppelzüngig, als falsch, als Lügner zu erkennen gibt.

Seine jesuitische Erziehung und die Erlaubnis zu lügen, die seine Priester ihm gewährten, genügen vielleicht nicht als Erklärung. Trotz seiner Abhängigkeit kannte er die Priester und schätzte sie nicht immer; er hätte ihnen nicht gehorcht, wenn er nicht gefunden hätte, daß ihre Ansichten dem entsprachen, was ihm sein königliches Gewissen erlaubte.

Wir kennen den Kern dieses Gewissens durch das Zeugnis des wichtigsten aller Zeugen, des Monsieur de Malesherbes; es war die königliche Tradition, die direkt von Ludwig XIV. herrührte, aber viel älteren Ursprungs war: das Prinzip der *öffentlichen Wohlfahrt* oder der *Staatsräson*. Zur Zeit Philipps des Schönen bediente man sich des ersten Ausdrucks. Aber im 17. Jahrhundert, unter Richelieu, Mazarin, Ludwig XIV., gab man dem zweiten den Vorzug. Von seiner Jugend an war Ludwig XVI. sehr eingenommen für die Idee, daß die öffentliche Wohlfahrt das höchste Gesetz und in ihrem Namen alles erlaubt sei.

Der Kammerdiener Hue erzählt in seinen Memoiren, wie er während der Terreur mit Malesherbes zusammen gefangengesessen habe, wie er diesen in der Nacht aufsuchte und ehrfürchtig seine letzten Worte vernahm. Der berühmte Greis sprach unaufhörlich von Ludwig XVI., von dessen guten Absichten und Tugenden. In einem Punkt jedoch, der Wiedereinsetzung der Protestanten in den vorigen Stand, gesteht er, bei dem König auf große Schwierigkeiten gestoßen zu sein. Ein Gesetz, welches die Protestanten nicht nur von allen Ämtern ausschloß, sondern ihnen noch nicht einmal erlaubte, legal zu leben und zu sterben, erschien dem König zwar tatsächlich hart: »Aber schließlich«, sagte er, »ist es ein Staatsgesetz, ein Gesetz Ludwigs XIV.; wir wollen die alten Grenzsteine nicht verrücken. Mißtrauen wir den Ratschlägen einer blinden Menschenliebe.« – »Sire«, erwiderte Malesherbes, »was Ludwig XIV. damals für nützlich hielt, kann inzwischen schädlich geworden sein; und die Politik kann niemals das Recht aufheben.« – »Wo tut man hier dem Recht Gewalt an?« war die Antwort des Königs. »*Ist nicht das höchste Gesetz die Wohlfahrt des Staates?...*« Dieser traditionelle Grundsatz machte den König unbeugsam. Malesherbes erlangte für die Protestanten nichts als die Aufhebung der gegen sie erlassenen Strafgesetze, und die Rehabilitation der Protestanten wurde zehn Jahre später unter Loménie weniger erlangt als erzwungen, und zwar durch die Revolution selbst, die schon drohend und erschreckend an die Tür klopfte.

Auf dem Lehrsatz der *öffentlichen Wohlfahrt*, den man gegen die Könige geltend machte, war deren eigene Politik gegründet gewesen; er war das große Staatsgeheimnis, *arcanum imperii*, das sich in den königlichen Familien von Geschlecht zu Geschlecht vererbte. Die Jesuiten vertraten ihn für die Könige sogar gegen die Päpste, wenn sich diese den Jesuiten nicht fügten. Ludwig XVI. war durch zwei Kanäle darüber belehrt worden: durch seinen Erzieher La Vauguyon, einen weltgeistlichen Jesuiten, und durch die Tradition Ludwigs XIV., durch die ererbte Ehrfurcht der Familie für das erlauchte Gedächtnis des großen Königs und der großen Zeit.

Dieser unbedenkliche Fürst (ein wahrer Jesuit der Politik) hatte in Übereinstimmung mit dem Verfahren des religiösen Jesuitismus den Königen alles erlaubt, sogar den Meuchelmord. Ein in anderen Beziehungen sehr ehrbares Haus, das fromme Haus Österreich, scheute nicht zurück vor der Ermordung Wallensteins und vor anderen, weniger berühmt gewordenen Morden. Ludwig XIV. verbannte aus Gründen der Staatsräson ebenso sehr wie aus Frömmigkeit sechshunderttausend Franzosen. Wer füllte die zahllosen Bastillen unter Ludwig XV. und hielt sie sechzig Jahre hindurch gefüllt (und das in einer so ruhigen Zeit), was? wenn nicht die Staatsräson.

Um wieviel mehr mußte dieses gewohnte Prinzip im Augenblick der größten Gefahren Ludwig XVI. in seinen eigenen Augen freisprechen von den Meineiden, der Gewohnheitslüge, dem Appell ans Ausland?

Aber derselbe Grundsatz wandte sich gegen seinen Meister, und man bediente sich unbarmherzig monarchischer Argumente, um zu beweisen, daß die Staatsräson den Tod des Monarchen verlangte.

Als die Revolution Königin geworden war und in die Tuilerien eindrang, fand sie dort dieses alte königliche Hausgerät und machte den vollkommensten Gebrauch davon, indem sie es auf den Köpfen der Könige zerbrach, die sich seiner bedient hatten.

Gewiß trug der König geringere Schuld als das Königtum. Indem dieses aus den Souveränen eine Klasse von Ausnahmemenschen machte, die sich nur untereinander verbinden konnten, schuf es aus allen Königen Europas eine einzige Familie. Sie waren Verwandte geworden und fanden es ganz natürlich, als gute Verwandte für oder gegen ihre Völker einander beizustehen. Der König von Frankreich zum Beispiel fühlte sich dem König von Spanien viel näher verwandt als irgendeinem Franzosen (näher selbst als den Familien Orléans und Condé) und hätte ohne Gewissensbisse die Spanier, *seine Vettern*, gegen Frankreich zu Hilfe gerufen.

Im selben Maße, in dem der Nationalgedanke stärker und bestimmter wurde, den Menschen heilig wurde, verloren die Könige, die nur mehr eines Blutes waren und eine besondere Rasse bildeten außerhalb der

Menschheit, den Begriff des Vaterlandes völlig aus ihrem Gesichtskreis. Sie bewegten sich gegen den Strom, dem das Menschengeschlecht folgte; man kann kalten Sinnes das heißblütige Wort Grégoires aussprechen – ja, wörtlich gesprochen, ohne den einzelnen beleidigen zu wollen, galt für die Anständigsten wie für die Unredlichsten, *daß die Könige zu Ungeheuern wurden*.

Eine Eigentümlichkeit der modernen Welt besteht darin, daß sie gleichzeitig die Solidarität der Völker untereinander erhält, vermehrt und die Wesensart jedes einzelnen Volkes verstärkt, seine Nationalität betont, so daß jedes Volk zur völligen Einheit gelangt, zu einer Person wird, *einer Seele*, vor Gott geweiht.

Der Gedanke vom französischen Vaterland, der im 14. Jahrhundert schwach ist und überschattet vom Vorherrschen des Katholizismus, gewinnt an Klarheit; im Hundertjährigen Krieg blitzt er auf und erfährt seine Verklärung in der Jungfrau von Orléans. Während der Religionskriege im 16. Jahrhundert verblaßt er wieder; es gibt Katholiken, es gibt Protestanten? gibt es noch Franzosen? ... Ja, der Nebel verflüchtigt sich, es gibt ein Frankreich, wird ein Frankreich geben; die Nationalität festigt sich mit unvorstellbarer Kraft; die Nation ist nicht länger eine Ansammlung verschiedener Wesen, sie ist ein belebtes Wesen, nein, mehr: eine beseelte Person; ein wunderbares Geheimnis wird offenbar: *die große* Seele Frankreichs.

Die Person ist heilig, unantastbar. Wenn eine Nation die Eigenschaften einer Person annimmt und eine Seele herausbildet, wächst ihre Unantastbarkeit im gleichen Maße. Das Verbrechen an der Persönlichkeit der Nation wird dann zum größten aller Verbrechen.

Dafür hatten die Fürsten und großen Herren, die wie die Könige mit den Familien des Auslands verbunden waren, niemals Verständnis; für sie gab es kein Ausland. Man weiß, mit welcher Leichtfertigkeit die Nemours, die Bourbonen, die Guise und die Condé, die Biron, Montmorency und Turenne den Feind nach Frankreich führten. Trotz der härtesten Lehren wurde ihr Verständnis für das Recht nicht größer. Ludwig XI. bemühte sich darum, Richelieu bemühte sich darum; und die Geschichte, die willige Sklavin der Herren, die sie bezahlten, verleumdete das Gedächtnis dieser rauhen Hofmeister der Aristokratie ... Und doch – wie hättet ihr ohne sie das begreifen können, was das ganze Volk fühlte, wie hättet ihr Individuen und Franzosen werden wollen, ihr unbelehrbaren, feudalen Dickschädel?

Schon zweihundert Jahre waren vergangen, seit die Jungfrau von Orléans gesagt hatte: »Mir blutet das Herz, wenn ich das Blut eines Franzosen fließen sehe.« Und dieses nationale Empfinden war in der französischen Aristokratie so wenig entwickelt, daß es beim ganzen Adel Anstoß und Verblüffung erregte, als Richelieu einen Montmorency hinrichten ließ, der sich mit den Spaniern verbündet hatte und mit der Waffe in der Hand ergriffen worden war, als er gewissenlos das Blut des Bürgerkriegs vergoß.

Haben nicht auch die Nationen ihre Unantastbarkeit? Ist Frankreich nicht auch eine Person, eine lebende Person, ein heiliges Leben, das vom Gesetz zu schützen und zu bewahren ist? Oder soll es eine Sache sein, der gegenüber alles erlaubt ist?

Einen Menschen töten ist ein Verbrechen. Aber was bedeutet es, eine Nation zu töten? Wie soll man diesen Frevel bezeichnen? Es gibt noch etwas Schlimmeres, als sie zu töten: sie erniedrigen, sie der Schändung durch das Ausland aussetzen, es geschehen lassen, daß sie vergewaltigt wird, und ihr die Ehre rauben.

Für eine Nation gibt es wie für eine Frau das, was es um den Einsatz ihres Lebens zu verteidigen gilt.

Nicht die Gelehrten müssen wir hier befragen, nicht die Schriften der Rechtskundigen. Das Buch, das sind unsere Provinzen, die von den Ausländern verwüstet wurden. So manche wird sich nie davon erholen. Die Provence ist in verschiedenen Gegenden heute die Wüste, die vor dreihundert Jahren der Verrat der Bourbonen aus ihr machte. Und auch unsere Gegenden im Osten wissen seit 1815, was es heißt, den Ausländer herbeizurufen. Auch wenn der Egoist aus der Stadt vergessen konnte, so vergißt der Bauer nicht den Tag, als er heimkehrte, um sein Vieh getötet, seinen Speicher verbrannt vorzufinden... Unglück über jene, die uns solches aufzwangen, die dem Kosaken die Tür öffneten, die den barbarischen Herrscher ins Haus des entwaffneten Franzosen setzten, zwischen die weinende Frau und das zitternde Mädchen!

Diejenigen, die mittelbar oder unmittelbar diese Ereignisse herbeiführten, sind für immer dafür verantwortlich. Es ist das einzige Verbrechen, für das es keine Verjährung gibt.

Eine Anzahl rechtschaffener Royalisten, die 1813 blind ihrer berechtigten Ungeduld nachgaben, das unerträglich gewordene Joch des Kaisers zu zerbrechen, sind hart bestraft worden; in ihrem traurigen Erfolg haben sie sich nicht davon freisprechen können, daß sie (wenigstens indirekt) dem Ausland die Wege geöffnet hatten. Dafür hatte ich einen klaren Beweis, den ich hier schildern will. Er hat mich empfinden lassen, daß, auch wenn Erbitterung, Selbsttäuschung und sogar der Trieb zur Freiheit den Menschen bisweilen dazu bringen, das Vaterland zu verletzen, die Gewissensbisse, die Seelenqualen, die sie bei dem Gedanken an das Urteil der Zukunft empfinden, unermeßlich sind.

Als ich den Anfang der *Histoire de France* veröffentlichte, besuchte mich ein Mann von ehrwürdigem Alter und achtbarem Charakter, einer der besten Royalisten, der frühere Minister Monsieur Lainé. Er wollte eine Auskunft in den Archiven holen für eine Gemeinde, die von irgendeiner hochgestellten Persönlichkeit beraubt zu werden drohte – ein Prozeß, wie er bedauerlicherweise damals wie heute nur allzu häufig vorkommt. Diese Frage brachte uns einander näher, und trotz unserer unterschiedlichen Ansichten sprach Lainé von meiner begonnenen Geschichte und ermutigte mich. »Wenn Sie bei 1815 anlangen«, sagte er, »so vergessen Sie nicht, daß wir uns nur darum entschlossen haben, das Lilienbanner in Bordeaux aufzupflanzen, weil einige davon sprachen, die Stadt durch die Engländer besetzen zu lassen und die rote Fahne[3] zu entfalten.« Lainé, der damals krank und dem Ende nahe war, kurzatmig, lang, mager, ein Gespenst (ich sehe ihn noch vor mir), sprach über diesen traurigen Gegenstand mit einer Kraft und einer Wärme, die mich überraschten und rührten; ich fühlte den tiefen Schmerz, den er im Herzen trug, und ich achtete in ihm nicht nur Alter und Talent, sondern auch den Charakter, die hohe Sittlichkeit und das Gewissen.

Der Prozess des Königs. – Versuch der Linken, die Rechte zu terrorisieren. – Saint-Just (13. November 1792)

IX, 5

Die moralische Idee der Revolution. – Moralische Einmütigkeit des revolutionären Frankreichs bis zu den letzten Monaten von 1792. – Die einzigartige und furchtbare Prüfung, die Frankreich damals durchmachte. – Gründe zur Beruhigung. – Der Prozeß wird von der Gironde schlecht begonnen (13. November 1792). – Tödliche Rede Saint-Justs. – Saint-Justs Äußeres. – Sein Vorleben, seine ersten Schritte. – Er wird vor dem gegebenen Alter in den Konvent berufen. – Seine Rede bedroht den Konvent (13. November 1792). – Die Rechte von der Kühnheit der Montagne eingeschüchtert.

Die Föderierten der Departements bleiben in Paris; Frankreich hütet den Konvent. Dieser wird materiell von außen weniger zu fürchten haben. Nur muß er sich moralisch gut in acht nehmen. Man könnte einen Terrorismus der öffentlichen Meinung auf ihn ausüben, wenn er schwankend bliebe, wenn er nicht seinen Sitz und sein Tribunal auf ein unwandelbares Prinzip gründete, das es ihm ermöglicht, die sinnlose Aufwiegelung zu verachten.

In jenem feierlichen Augenblick, da ein Kriminalprozeß, ein Todesurteil beginnt, ist es unumgänglich, daß der Richter, die Hand auf dem Herzen, deutlich sein Gesetz, sein Prinzip und seinen Glauben spürt, die

Idee, die so heilig ist, daß man um ihretwillen verletzen kann, was unverletzlich scheint, das Leben des Menschen.

Da es nur eine Idee des Rechts gibt, haben das gerichtliche Recht und das politische Recht dieselbe Grundlage. Den Grundsatz aufstellen, demzufolge der Angeklagte vielleicht sterben wird, heißt auch, den Grundsatz aufstellen, nach dem die Gesellschaft, die ihn richtet, lebt. Die Revolution, die Ludwig XVI. aburteilte, mußte unwillkürlich auch sich selbst richten, sich Rechenschaft darüber geben, von welcher moralischen Idee sie ihr Leben und ihr Recht herleitete.

Was war Frankreichs moralische Idee?... Alle unsere berühmten Politiker lächeln und schütteln den Kopf bei diesem Wort. Mögen sie bedenken, daß dem glorreichen Gegner der Ideologen zum Verhängnis wurde, daß er keine Idee hatte. Die, die leben, leben dank einer Idee; die anderen sind die Toten.

Die Idee, die das Leben der Revolution enthielt, erstrahlte von 1789 bis 1792 in blendendem Glanz:

Die Idee der Gerechtigkeit.

Und zum erstenmal hatte man gesehen, was das ist, die Gerechtigkeit. Bis dahin hatte man aus dieser erhabenen Tugend ein engherziges, armseliges Tugendchen gemacht. Ehe Frankreich sie der Welt enthüllte, hatte man ihre Größe nicht geahnt.

Eine weitherzige, großmütige, menschliche, liebende und für die arme Menschheit innig eintretende Gerechtigkeit.

Die ganze Erde hatte bis zum September Frankreichs Gerechtigkeit bewundert. Man bewunderte sie, die sie wie in einer Falte ihres Gewandes das bewahrte, was das Beste am mittelalterlichen Recht war. Eine solche Gerechtigkeit, großherzig und sanft, enthielt die Gnade. Sie war die Gnade, doch ohne Willkür, ohne Wankelmut – die Gnade, wie sie der übt, der unwandelbaren Sinnes ist, wie sie Gott übt.

Zum ersten Mal in dieser Welt hatten sich das Recht und die Religion verbunden, waren ineinander ein- und aufgegangen.

Die Verfassungsgebende Versammlung übte ihr Recht, das Recht der rettenden Helden, der Wohltäter der Menschheit, indem sie einen Altar errichtete, den ersten Altar, der der Menschlichkeit errichtet wurde. Sie ordnete an, daß dieser Altar in jeder Gemeinde zu bestehen habe und daß man an ihm das Standesamtsregister zu führen habe, daß man an ihm die drei großen Ereignisse des Menschenlebens feiere: die Geburt, die Heirat und den Tod. Der erste Gläubige, der sein Kind an diesen Altar trug, war Camille Desmoulins. Ach! Den Altar gab es nicht. Er ist nie errichtet worden.

Wenn es ihn gab, dann in den Gesetzen. Man kann sich der Rührung nicht erwehren, wenn man diese menschlichen und großherzigen Gesetze liest, die von der Liebe zu den Menschen zeugen. Man berührt mit Ehrfurcht die Protokolle der großen Diskussionen, die ihnen vorausgingen. Wenn man ihnen einen Vorwurf machen will, so den, daß sie übermäßig vertrauensselig sind, allzusehr an das Edle in der menschlichen Natur glauben und, da sie nun einmal gezwungenermaßen Gesetze sind, bestrafen und verbieten müssen, nur zu weitherzig und milde sind. Sie hoben das Recht auf Begnadigung auf; man versteht vollkommen, warum: In dieser Gesetzgebung las man es in jeder Zeile.

Die Seele des achtzehnten Jahrhunderts, ihre höchste, menschlichste und innigste Begeisterung, die Seele eines Voltaire, Montesquieu und Rousseau, zuweilen auch die Utopie eines Bernardin de Saint-Pierre sind hier spürbar.

Die in so vielen Dingen uneinigen Führer der Revolution sind in zwei wesentlichen Punkten einig: Erstens: Nur was recht ist, ist nützlich; zweitens: Heilig ist vor allem das Menschenleben.

Lest Adrien Du Port, lest Brissot und Condorcet, lest Robespierre (in der Konstituante), die Übereinstimmung ist vollkommen und tief.

»Geben wir dem Menschen Achtung vor dem Menschen.« Dieses große Wort Du Ports ist auch der Gedanke Robespierres in seiner Rede gegen die Todesstrafe. Er verlangt, daß zumindest für eine Verurteilung die Geschworenen einig sein müssen.

Brissot hatte vor 1789 ein Buch veröffentlicht über die *Institutions criminelles*, beeinflußt vom Geiste Beccarias, der Milde der amerikanischen Quäker, denen er einen Besuch abgestattet hatte.

Condorcet geht in seinen letzten Schriften noch weiter. In diesem äußerst humanen Geist vertieft die eigene Gefahr nur die Menschlichkeit, das Mitgefühl, die umfassende Liebe zum Leben; er äußert diesen Wunsch und diese Hoffnung: »Dank dem Fortschritt der Wissenschaften wird der Mensch in Zukunft dahin kommen, den Tod zu überwinden.«

Der Mensch, aber die Tiere? Sie werden immer sterben; ihr Tod ist für das Leben unvermeidlich. Condorcet betrübt sich darüber in den letzten Aufzeichnungen, die er machte. Der Tod wird ein unvermeidliches Weltgesetz bleiben; er ist untröstlich darüber.

»Das Recht«, hat Mirabeau gesagt, »ist der Weltherrscher.«

Robespierre: »Nichts ist gerecht, was nicht ehrenhaft ist; nichts ist von Nutzen, als was gerecht ist.« (16. Mai 1791.)

Und Condorcet (25. Oktober 1791): »Es ist ein Irrtum, wenn man annimmt, die öffentliche Wohlfahrt könne eine Ungerechtigkeit gebieten.«

Die gleiche Sprache noch 1792. – Und da geschieht es, daß an alle die Versuchung herantritt.

Die Gefahr kommt von allen Seiten, die furchtbare Notwendigkeit, die

Bedrohung durch Europa, die Verrätereien im Innern. Man spricht weniger von Gerechtigkeit; jeder sagt bei sich selbst: »Wenn wir gerecht bleiben, gehen wir zweifellos zugrunde... Retten wir heute Frankreich, und morgen werden wir gerecht sein.«

An die Gironde tritt die Versuchung zuerst heran, und sie erliegt ihr als erste.[1]

Das Doppelspiel des Hofes veranlaßt sie zum Doppelspiel. Sie spielt den König aus, der sie ausspielt, tut, als handelte sie in seinem Interesse, und zerschmettert ihn.

Die Ehre ist hiervon betroffen. Die Menschlichkeit noch nicht, die Achtung vor dem Leben. Nun kommt die zweite Versuchung, die feindliche Invasion und die Septembermorde; was werden die Philanthropen sagen? Und es kommt der Prozeß des Königs, die Gelegenheit, die Gerechtigkeit anzuwenden oder umzustoßen. Heißt es untergehen oder gerecht bleiben?

Untergehen? Bedenken wir wohl, daß es nicht um eine persönliche Gefährdung geht und nicht einmal um die des Vaterlandes. Dieses revolutionäre Frankreich fürchtete nicht für sich allein. Als Anwalt und Bewahrer der gemeinsamen Rechte der Menschheit, der die heilige Arche der ewigen Gesetze durch alle Stürme über die Meere trug – konnte es sie da kaltblütig den Wogen überlassen? Sollte man sich darein fügen, daß dieses so lange erwartete und endlich, nach so vielen Jahrhunderten entzündete Licht jetzt schon erlosch und man mit Frankreich in einem gemeinsamen Schiffbruch unterging?... Das Land hatte wohl recht, leben zu wollen, denn sein Tod bedeutete den Tod der Menschlichkeit.

Dies mag man vermuten. Gewiß aber ist, daß das erste Wort eben jenes neuen Gesetzes, welches Frankreich retten wollte, das erste und letzte Wort, das Wort *Gerechtigkeit* war.

Absolute Gerechtigkeit und absolutes Recht, worin die Menschlichkeit enthalten ist, das war das ganze neue Gesetz – nicht mehr und nicht weniger. Zutiefst blinde Gerechtigkeit, was den Eigennutz betrifft. Taube Gerechtigkeit, was die Staatsklugheit betrifft. Unwissende, göttlich unwissende Gerechtigkeit, was die Vernunft der Staatsmänner betrifft.

Ach! nie war ein Volk solchen Prüfungen unterworfen wie Frankreich, nie einer so schrecklichen Versuchung ausgesetzt. Jung, unerfahren zu Beginn seines neuen Lebens, ohne Zeit gehabt zu haben, Herz und Gewissen am unverrückbaren Recht zu stählen, sieht es sich eines Morgens dieser unerhörten Prüfung unterzogen. Was hättet ihr getan, die ihr nun kalt über diese Dinge urteilt? Ist ein einziger unter euch, der das mehr als menschliche, mehr als heldenhafte Vertrauen hätte, zu sagen: »Möge Frankreich untergehen! möge die Menschheit untergehen, da sie sich anschickt, die Ernte der Gerechtigkeit einzubringen!... Es lebe die reine

Gerechtigkeit! Abstrakt oder verwirklicht, was tut es zur Sache. Sie wird unantastbar bleiben und sich stets anderswo eine Welt zu schaffen wissen, in der sie herrschen kann.«

Schreckliches Vertrauen, das übersteigt, was man von der Menschennatur erwarten kann! Den Augenschein verachten, die Wahrscheinlichkeit, die Voraussicht! Die Hand zurückziehen und sehen, ob die Revolution sich selbst zu retten vermöchte, wenn die Politik sie im Stich läßt!... Dieses Vertrauen besaßen unsere Väter nicht. Aber wer hätte es besessen? Sie glaubten, Frankreich zu retten, für sein Heil das ihre hinzugeben, ihre Seele und ihr Leben, ihre Ehre, mehr noch, ihre eigenen Prinzipien.

Sie sahen nicht, was damals niemand sah und was man heute so leicht sehen kann – was ich weiter oben sagte: daß die Revolution, über der die Wogen zusammenschlugen, unter sich eine unermeßlich große, unauslotbar tiefe Grundlage geschaffen hatte. Sie gründete auf zweierlei, auf den Boden und auf das Vertrauen des Volkes.

Wer in einem der Forts auf dem Deich von Cherbourg vom Sturm überrascht wird und über seinem Kopf den furchterregenden Wasserfall sich ergießen sieht, die Wände beben spürt, weiß und sieht nicht mehr, daß er unter den Füßen die feste Grundlage hat, die des Meeres spottet, den unverrückbaren, festen Stein, den Berg aus Granit.

Drei Milliarden Güter, die bereits verkauft, bis ins Unendliche aufgeteilt waren! drei Millionen gezückter Waffen! Das heiße ich die Grundlage, den Granit des Berges – eines lebenden Berges. Die Welt mußte erzittern, wenn er sich bewegte.

Nein, Frankreich hätte nicht barbarisch werden müssen, es hätte der Gottheit der Furcht keine Menschenopfer bringen müssen. Es hätte gerecht bleiben können. Milde? Nein; die Zeit war unendlich unruhig und voller Gefahren. Es hätte einer strengen und starken Gerechtigkeit bedurft, aber einer Gerechtigkeit.

Robespierre sagt in einer seiner Reden vom Januar, daß sein Herz gezögert habe. Ich glaube ihm. Es ist ein Wort, das aus seinem Herzen stammt, das, so scheint es, einer Seele entschlüpft ist, die sich selbst zerfleischte. Ja, man hatte Grund zu zögern, als man fühlte, daß man durch den Tod eines Mannes – auch wenn dieser schuldig war – dem Tod die weite Bahn eröffnete, auf der er nicht mehr Einhalt tun würde.

Ach! Robespierre, genau wie alle Welt, sprach in den ersten Monaten des Jahres 1792 noch von Menschlichkeit! Die Tinte war noch feucht auf den glühenden, aufrichtigen Reden, in denen alle um die Wette die Unantastbarkeit des menschlichen Lebens verkündeten; die Wände wiederholten die Reden, und das Echo hallte noch von ihnen wider.

Um wieviel lebendiger, lauterer und gewichtiger waren diese Worte in den leidenden Herzen, die ihren edelsten Gedanken aus sich herausreißen mußten – die den jähen Schritt von der Menschlichkeit zur Barbarei tun mußten.

Frankreich, voller Güte, voller Liebe, voller Wohlwollen, wurde von einer eisernen Hand ergriffen, entführt – in die kalten Wasser der Toten getaucht.

Die Diskussion begann am 13. November. Und Pétion beantragte, daß man vorerst erörtere, ob der König unantastbar sei oder nicht.

Eine alberne Frage, die der Gironde, der Rechten, den tödlichsten Schlag versetzte, sie geradezu verdächtigte, den Prozeß unterdrücken zu wollen.

Die Unantastbarkeit! Sie war im Blut der Place du Carrousel[2] untergegangen, vergessen und verloren. Wollte Pétion die Augen davor verschließen, wie viele Jahrhunderte in den letzten Monaten vergangen waren? Freilich wußte man, daß es einst eine gewisse Verfassung des Jahres 1791 gegeben hatte, irgendwelche uralten, veralteten Gesetze, die seit langem in den Katakomben der Geschichte zwischen Lykurg und Minos ruhten. Der Unantastbarkeit hingegen entsann man sich überhaupt nicht mehr.

Um dem Girondisten den Garaus zu machen, fehlte nur, daß die Royalisten ihn unterstützten. Gab es Royalisten in der Versammlung?[3] Ein Vendéer trat auf, dreist und trotzdem zitternd; er machte kurzen Prozeß mit Ludwig XVI., sagte, er wolle ihn nicht verteidigen, aber »trotz der Abscheulichkeit seiner Verfehlungen« bleibe der König unantastbar.

Ein ungeschickter und unheilvoller Anfang, der nur erreichte, die Hälfte der Nationalversammlung zu schwächen und bloßzustellen. Gewaltig erhob sich die Entrüstung der Tribünen und des Volkes, und das Blut des 10. August begann zu kochen. Die Gewalttätigen schöpften unberechenbare Kraft daraus. Keine sechzig Leute waren es bei der Montagne[4], die den Tod des Königs wollten; aber von dem Augenblick an, da die unbesonnenen Verfechter der Unantastbarkeit Miene machten, ihn mit dem Schild des Gesetzes zu decken, wurden die sechzig zu Wortführern der allgemeinen Empörung und sahen ein großes Gefolge hinter sich; Mäßigung und Milde wurden unmöglich.

Wer würde den Schwerthieb führen? Die Leiter der Montagne hielten sich zurück, blieben auf ihren Sitzen. Das Schwert der Montagne wurde von Saint-Just geführt.

Es bedurfte eines ganz neuen Mannes, dem kein Präzedenzfall von Philanthropie hinderlich sein konnte, der nie ein Wort der Sanftmut oder Milde gesagt hatte, der nicht einmal die edlen Reden mit angehört hatte, durch die unsere Versammlungen sich kompromittiert, sich allzuweit auf die Frage der Menschlichkeit, der Achtung vor dem Blut des Menschen eingelassen hatten.

Saint-Just erstieg langsam die Tribüne und sagte in einer leidenschaftslosen und grausamen Rede, man müsse den König nicht umständlich richten, sondern ihn ganz einfach töten.

Man muß ihn töten, es gibt keine Gesetze mehr, um ihn zu richten; er selbst hat sie zerstört.

Man muß ihn töten, als Feind; man richtet nur einen Bürger; um den Tyrannen zu richten, müßte man ihn erst zum Bürger machen.

Man muß ihn töten, als Schuldigen, der auf frischer Tat, die Hand im Blute, ertappt wurde. Überdies ist das Königtum ein unsühnbares Verbrechen; ein König steht außerhalb der Natur; zwischen Volk und König gibt es keine natürliche Beziehung.

Man sieht, daß Saint-Just sich wenig darum kümmerte, seine verschiedenen Begründungen in logischen Einklang zu bringen; er entlieh sie unterschiedslos den gegensätzlichsten Systemen. Alles war ihm recht, um damit zu töten.

Er sagte fürchterliche, maßlos heftige, hochfahrend blutrünstige Worte: »Dereinst werden sich die Menschen, frei von unseren Vorurteilen, über die Barbarei eines Jahrhunderts wundern, da man sich ein Gewissen daraus machte, einen Tyrannen zu richten...« Und in gehässigem Hohn: »Man sucht Mitleid zu erwecken; man wird bald Tränen kaufen wie bei den Begräbnissen in Rom...« usw.

Mit dem Tag, da das Mitleid so zum Spott wird, beginnt ein barbarisches Zeitalter.

Saint-Just war von Robespierre und von der Montagne die furchtbare Initiative übertragen worden, den ersten Schlag zu führen. Doch wir glauben annehmen zu können, daß seine Rede nicht verteilt worden war. Er ging an zwei Stellen so weit zu behaupten, selbst das souveräne Volk könne keinen einzigen Bürger dazu verpflichten, dem Tyrannen zu verzeihen, jeder bleibe hier Richter; er erinnerte daran, daß es zur Verurteilung Cäsars keiner anderen Formalitäten als zweiundzwanzig Dolchstöße bedurft hatte, usw. Obgleich er mit dem Rat an die Nationalversammlung schloß, unverzüglich zu richten, war zu befürchten, daß sich durch diese heftigen Worte der eine oder andere berufen fühlen könnte, sich zum Richter und Henker aufzuwerfen. Robespierre selbst fürchtete das, und in seiner Rede (3. Dezember) machte er geltend, daß ein Urteilsspruch notwendig sei und man diesem nicht zuvorkommen dürfe.

Man konnte wohl ahnen, daß dieser junge, sehr junge Mann so sehr ein Schüler Robespierres werden, daß er mit ihm Schritt halten oder ihn in der Gewalttätigkeit übertreffen würde, daß er ihm eines Tages vielleicht ein gefährlicher Konkurrent werden könnte. Und das wäre ohne Thermidor eingetreten.

Die Grausamkeit der Rede setzte in Erstaunen. Trotz der Anleihen bei den Klassikern, die den Schüler verrieten (Ludwig ist ein Catilina, usw.), verspürte niemand Lachlust. Der Vortrag war ungewöhnlich; er verriet einen ungeheuchelten Fanatismus bei dem jungen Mann. Seine langsamen, gemessenen Worte fielen mit eigentümlicher Wucht und hinterließen ein Beben wie das schwere Messer der Guillotine. Durch einen erschrekkenden Gegensatz kamen diese unbarmherzig mitleidlosen Worte aus einem fast weiblich erscheinenden Mund. Wären die starren und harten blauen Augen, die stark gerunzelten Brauen nicht gewesen, so hätte Saint-Just als Frau gelten können. War das die Jungfrau von Tauris? Nein, weder die Augen noch die Haut, obwohl sie weiß und zart war, ließen im Betrachter ein Gefühl der Reinheit aufkommen. Diese Haut, sehr aristokratisch, sonderbar glatt und durchsichtig, schien allzu schön zu sein und ließ bezweifeln, ob er wirklich gesund war. Die mächtige, fest gebundene Halsbinde, die damals nur er trug, veranlaßte seine Feinde – grundlos vielleicht – zu der Äußerung, er verberge dahinter Skrofeln*. Der Hals verschwand geradezu in der Halsbinde, dem steifen und hohen Kragen; ein um so sonderbarerer Eindruck, als seine hohe Gestalt keineswegs diese Verkürzung des Halses erwarten ließ. Er hatte eine sehr niedrige Stirn, der Kopf schien fast eingedrückt**, so daß die Haare, ohne etwa lang zu sein, fast die Augen berührten. Das Seltsamste aber war seine fast automatenhaft steife Haltung, die nur ihm eigentümlich war. Robespierres Steifheit war nichts dagegen. Entsprang sie einer körperlichen Eigentümlichkeit, seinem übermäßigen Stolz, einer berechneten Würde? Was auch immer. Sie wirkte mehr einschüchternd als lächerlich. Man fühlte, daß ein so unbewegliches Wesen auch ein Herz haben mußte, das nicht zu rühren war. So kam es, daß es, als er in seiner Rede vom König zur Gironde überging und, Ludwig XVI. beiseite lassend, sich steif zur Rechten wandte und ihr mit seinen Worten auch seine ganze Person zukehrte, seinen harten und mörderischen Blick, nicht einen gab, der nicht die stählerne Kälte gespürt hätte.

Man muß wissen, wer der junge Mann war, der sich für seinen ersten Auftritt die düstere Rolle ausgesucht hatte, im Namen des Todes, im Namen der Rache des Volks zu sprechen, der weiter ging als die Montagne, weiter als Robespierre und der Versammlung den politischen Mord vorschrieb. Sein Vorleben ließ keineswegs diese Kühnheit vermuten. Es

* Eine übrigens in Reims, wo er lange Zeit wohnte, sehr verbreitete Sache. Kinder und junge Leute von lymphatischer Anlage werden dort leicht von diesem Übel befallen, für das es in jener Stadt seit jeher ein besonderes Hospital gegeben hat.

** Diese Eigentümlichkeit ist auf dem schönen Porträt, das Madame Le Bas besitzt, sehr auffällig, und zuerst glaubte ich, es sei ein Zufall, eine Ungeschicklichkeit des Malers. Aber diese ehrwürdige Dame, die Saint-Just oft gesehen und gut gekannt hat, versicherte mit, daß er tatsächlich so ausgesehen habe.

war noch nicht einen Monat her seit der Veröffentlichung von *Mes passe-temps, ou le nouvel Organt de 1792, par un député de l'Assemblée nationale*, einer Dichtung, die eine Nachahmung war von Voltaires *Pucelle*; sie stammte von Saint-Just.

Das Werk, das nicht ohne Vorzüge ist, was man auch dagegen gesagt haben mag, war 1789 bei seinem ersten Erscheinen eine Totgeburt und ebenso beim zweiten, 1792. Die schreckliche Berühmtheit, die der junge Autor sich damals erwarb, war seinem Buch nicht günstig. Man darf glauben, daß seine Freunde mehr noch als seine Feinde ein Interesse daran hatten, es zu begraben, vergessen zu machen.

Saint-Just war im Nièvre[5], einem der rauhesten Landstriche Frankreichs, geboren, der mehr als einen Mann herben, bitteren Geistes hervorgebracht hat (unter anderen Bèze, Calvins rechte Hand). Sein Vater hatte sich zum Offizier hochgedient – einer jener Militärs des Ancien régime, die, nachdem sie sich mit höchster Willenskraft und Zähigkeit fünfundzwanzig, dreißig Jahre lang emporgerungen haben, auf ihre alten Tage das Ludwigskreuz erhalten und es schließlich zum Adel bringen. Diese gehäufte Energie war in Saint-Just zusammengefaßt, die Anstrengung und die Starrheit. Er war von Geburt an ernst, bitter arbeitsam; das kann man aus seinen Schulheften ersehen, die noch erhalten sind. Das, welches mir vor Augen liegt, verspricht nichts weiter als einen korrekten, etwas schwerfälligen Verstand, der vielleicht zur Gelehrsamkeit berufen sein mochte. Es ist eine umständliche Geschichte des Schlosses von Coucy. Seine Familie hatte im Aisne-Gebiet, in Blérancourt bei Noyon, einigen Besitz und hatte sich dort niedergelassen.

Der zum Studium der Rechte nach Reims gesandte junge Mann fand auf den damals beschämend minderwertigen Schulen nichts als Leere, Langeweile, schlechte Sitten. Von Zeit zu Zeit kehrte er in sein Dorf Blérancourt zurück und führte dort (nach den Versen zu urteilen, die er damals machte) das wenig erbauliche Leben der jungen Landedelleute. Ein anderer wäre darin aufgegangen; Saint-Just machte ein Gedicht daraus*.

* Er glaubte es Voltaire gleichzutun und wußte nicht, daß *La Pucelle* mehr noch eine politische Satire als ein schlüpfriges Gedicht ist, ein Werk, dessen Wert durch die Verwegenheit und die Gefahr gesteigert wurde. Man muß sich die furchtlose Kühnheit dessen vor Augen führen, der von Staat zu Staat gejagt wurde, weder Heimat noch Heim besaß und diese heftigen Angriffe auf die Könige, auf die Mätressen der Könige wagte, wenn man bedenkt, daß Latude dreißig Jahre in einem unterirdischen Kerker verbrachte, weil er sich einen Scherz erlaubt hatte.

L'Organt ist alles in allem kein lockeres, obszönes Gedicht; es enthält nur drei bis vier Seiten einer brutalen Unzüchtigkeit. Überall aber zeigt sich, ermüdend und langweilig, die mühevolle Nachahmung der ungezwungensten Geister, die es je gegeben, des Voltaire und des Ariost. Der Autor scheint auf den Leichtsinn des jungen Adels zu rechnen, und zweifelsohne hofft er, mit seinem Buch bei ihm Zutritt zu finden. Dieses

Der Verfasser war mehr wert als das Werk. Er war zu größeren Dingen bestimmt. Er hatte einen natürlichen Sinn für das Große, eine außerordentliche Willenskraft, eine stolze und mutige Seele. Er verzehrte sich in diesem Dasein voller Nichtigkeiten. Es heißt, er habe in Reims in seinem Schlafzimmer schwarze Tapeten mit weißen Tränen aufgehängt, auch vor den Fenstern, und in dieser Gruft so manche Stunde verbracht, als wähnte er sich bereits tot und in die Antike versetzt. Die heroischen Toten Roms weilten in diesem Raum, in dieser heftigen jungen Seele. Er sagte sich immer wieder: »Die Welt ist verwaist seit den Römern«, und er fieberte darauf, sie zu füllen.

Um aus der Provinz herauszukommen und ans Licht zu treten, hatte er sich zunächst an den berühmten Journalisten der Aisne, an Camille Desmoulins gewandt; dieser, der eine ganz entgegengesetzte Natur war, bereitete dem hochfahrenden Studenten keinen sonderlich freundlichen Empfang; er sah in Saint-Just und seinem Werk nichts als Pathos und Prätention; er ermutigte in ihm weder den Römer noch den Dichter, verspottete beide. So bleibt er also in seiner Einsamkeit, verärgert, unzufrieden und unwillig darüber, daß er noch immer unbekannt ist. Er liest seinen Plutarch, Sylla und Marius. Man überrascht ihn dabei, daß er (à la Tarquinius) Mohnblüten mit einem Stock köpft – Desmoulins vielleicht? Danton?*

Es kam eine sehr schöne Gelegenheit. Saint-Just ergriff sie großherzig.

von berechnendem Zynismus erfüllte Werk zeugt vielleicht weniger von Ausschweifung als von Ehrgeiz. – *L'Organt* von 1792 ist, wie man sagt, nur ein Neudruck unter anderem Titel. Ich habe mir nur die Ausgabe von 1789 beschaffen können.

* Brief Saint-Justs an Daubigny (vom 20. Juli 1792): »Ich bitte Sie, lieber Freund, zum Festtag zu kommen... Seit ich hier bin, hat mich ein republikanisches Fieber ergriffen, das mich zerfleischt und verzehrt. Ich gebe dem Kurier meinen zweiten [Brief] an Ihren Bruder mit. Sie werden mich darin bisweilen edel finden. Es ist ein Unglück, daß ich nicht in Paris bleiben kann. Ich fühle, daß ich mich in unserer Zeit bewähren könnte. Gefährte in der Ehre und der Freiheit, verkünden Sie sie in Ihren Sektionen; möge die Gefahr Sie befeuern. Suchen Sie Desmoulins auf, umarmen Sie ihn an meiner Statt, und sagen Sie ihm, daß er mich niemals wiedersehen wird, daß ich seinen Patriotismus achte, daß ich ihn jedoch verachte, weil ich seine Seele erforscht habe und er fürchtet, ich könnte ihn verraten. Sagen Sie ihm, er solle die gerechte Sache nicht aufgeben, legen Sie es ihm ans Herz, denn er hat noch nicht den Wagemut hochherziger Tugend. Adieu, ich bin über das Unglück erhaben. Ich werde alles ertragen, aber ich werde die Wahrheit nicht verschweigen. Ihr alle seid feige, die ihr mich nicht anerkannt habt. Doch meine Siegespalme wird sich erheben und euch vielleicht verdunkeln... Niederträchtige! Ich soll ein Schurke, ein Spitzbube sein, weil ich euch kein Geld geben kann? Reißt mir das Herz aus dem Leib, und eßt es; ihr werdet erhalten, was ihr nicht besitzt: Größe! – Man fürchtet mich bei der Verwaltung, man beneidet mich, und solange ich nicht vor meinem Land sicher bin, muß ich vorsichtig sein. – O Gott! So muß Brutus fern von Rom verschmachten! Doch mein Entschluß steht fest: Wenn Brutus nicht die anderen tötet, wird er sich selbst töten. – Adieu, kommen Sie. Saint-Just.«[6]

Blérancourt drohte einen Markt zu verlieren, von dem es lebte. Saint-Just schreibt an Robespierre, ohne ihn zu kennen, bittet ihn, den Einspruch des Dorfes zu unterstützen; er bietet sein kleines Besitztum zum Verkauf an, alles, was er hat, als Nationalbesitz.

Wurde das Angebot angenommen? Ich weiß es nicht. Sicher aber ist, daß Robespierre, der die Uneigennützigkeit liebte, den jungen Mann, der sich so vornehm, so rückhaltlos und ohne hinter sich zu blicken hingab, sogleich aufnahm. Er war entzückt, diesen jungen Fanatiker den Männern des Aisne-Departements entgegenstellen zu können – Condorcet, den er verabscheute, Desmoulins, dem er nicht traute. Ohne jeden Zweifel war es seinem allmächtigen Einfluß zu danken, daß Saint-Just in den Konvent gewählt wurde, obgleich er erst vierundzwanzig Jahre war.

Der Vorsitzende des Wahlausschusses, Jean Debry, protestierte vergeblich.

Die Größe der Umstände, wohl auch die Hoheit, welche eine uneigennützige und aufopfernde Tat der Seele verleiht, hatten Saint-Just großes Ansehen gebracht. Wenn seine Dichtung 1792 wieder erscheint, so muß man dafür mehr den Verleger als den Verfasser verantwortlich machen. Er schien jetzt geläutert.

Er kam voll hoher und mannhafter Gedanken. Er lebte in vertrautem Umgang mit Robespierre, teilte seine strenge Lebensführung.

Er hatte auch, das fühlt man nur zu sehr, seinen Haß und sein Mißtrauen übernommen, das Streben eines strengen Zensors, der erbarmungslos die Republik zu reinigen trachtete. Das Programm, das Robespierre selbst bei den Wahlen von Paris ausgegeben hatte und das die Jakobiner angenommen hatten, *den Konvent zu säubern*, war der Gedanke Saint-Justs.

Bei seinem Eintritt in die Versammlung sah er sich nach allen Seiten um, als beschließe er bei sich selbst, wer leben bleiben, wer sterben solle.

Das spürte man bei dieser ersten Rede, in der er, während er den König verfolgte, den Konvent selbst bedrohte, gleichzeitig Ludwig XVI. den Prozeß machte und den Richtern, die Ludwig XVI. zu verurteilen zögerten. Sie waren für ihn bereits Angeklagte, die er in Kategorien einteilte. Er warf ihnen bitter vor, daß sie der Einheit Frankreichs hinderlich seien, die nur durch den Tod des Tyrannen gesichert werden könne.

Die einen, sagte er, hindere die Angst am Handeln, die anderen das Mitleid mit der Monarchie: »Einige fürchten sich vor einer Tat der Tugend, die ein Band der Einheit für die Republik wäre.« Der Mörtel dieser Einheit sollte also das Blut sein. Das, was der Komödiant Collot sich vor den Jakobinern zu sagen erkühnt hatte, wiederholte und beteuerte der junge und ernste Saint-Just, der neben Robespierre saß, im Konvent selbst; das Blut sei das Zeichen, der Beweis, das tödliche *Schibboleth*, an dem allein man die Patrioten erkennen sollte.

Diese Rede hatte auf den Prozeß eine ungeheure Wirkung, eine Wirkung, die selbst Robespierre zweifellos nicht vorausgesehen hatte; sonst hätte er gezögert, dem jungen Schüler Gelegenheit zu geben, die Fahne so weit voraus aufzupflanzen.

Die heftige Brutalität der Idee, die klassisch deklamatorische Form, die pedantische Strenge – alles begeisterte die Tribünen. Sie spürten die Hand eines Gebieters und bebten vor Freude.

Ihre bevorzugten Götzen bisher waren Redner, Prediger, Pädagogen gewesen.

Hier war ein Tyrann.

Die Gironde lächelte, um sich zu beruhigen. Sie tat, als sehe sie nur den jungen Mann, den Schüler. Brissot ging in *le Patriote* so weit, ihn zu loben. »Unter übertriebenen Ideen, die auf die Jugend des Redners hinweisen«, findet er in dem Vortrag »lichtvolle Einzelheiten, eine Begabung, die Frankreich zur Ehre gereichen kann«.

Jung oder nicht, übertreibend oder nicht, er hatte die Macht besessen, für den Prozeß den Ton anzugeben. Er setzte das Leitmotiv fest, und alles stimmte ein in den Ton Saint-Justs. Kaum wagte man ein Wort der Mäßigung. Um den König zu retten, findet der erste Redner, Fauchet, nur den kläglichen und lachhaft heuchlerischen Grund: seine Verbrechen seien so groß, daß der Tod eine allzu milde Strafe wäre; man muß ihn dazu verurteilen ... zu leben.

Die Einheit des Vaterlandes. – Die Erziehung. – Leichenbegängnis Le Peletiers (24. Januar 1793)
X, 1

Der Konvent erscheint nach dem Tode Ludwigs XVI. für kurze Zeit einig. – Ursache der Zersetzung im Jahre 1793. – Das Problem der Einheit war niemals wirklich gestellt worden. – Der eigentliche Charakter des Jahres 1793 ist der Kampf um die Einheit gegen den Föderalismus. – 1789 war alles royalistisch oder föderalistisch. – Das Gesetz hatte alle Macht in die Gemeinden verlegt. – Eine Stadt regiert an Stelle eines Königs. – Brissot 1789 Föderalist, zum Vorteil von Paris. – Condorcet behauptet 1790, Paris sei das Werkzeug der Einheit. – Camille Desmoulins und Marat richten 1791 einen Appell an die Departements gegen Paris. – Die Gironde war durch ihre verhängnisvolle Lage in einen unfreiwilligen Föderalismus geraten. – Die Vorherrschaft von Paris war auch eine Art von Föderalismus. – Man glaubte damals, das Gesetz genüge, um die Einheit herzustellen. – Die gemeinsame Erziehung allein kann die Einheit vorbereiten. – Schöner Erziehungsplan Le Peletiers. – Die neue Gesellschaft hält das Kind für unschuldig und kann es daher nicht mehr leiden lassen. – Leichenbegängnis Le Peletiers (24. Januar 1793).

Der Konvent war in den Tagen nach Ludwigs XVI. Tod bewundernswert gewesen. Man konnte fast glauben, es gebe keine Parteien mehr. Die Einheit der Nation, die so lange durch den König verkörpert gewesen war, kam in ihrer souveränen Versammlung viel deutlicher zum Ausdruck. Denen, die diese Einheit für gefährdet gehalten hätten, konnte sie sagen: »Frankreich ist in mir.«

Alle großen Maßnahmen für die öffentliche Wohlfahrt wurden einstimmig beschlossen.

Einstimmige Annahme fand der Bericht über den 21. Januar[1] an die Departements. Die Girondisten verfaßten ihn, unterzeichneten ihn und betonten die Verantwortlichkeit aller für die vollzogene Handlung: »An diesem Urteil«, sagte der Bericht, »hat jeder von uns teil, wie die ganze Nation daran teil hat.«

Einstimmig wurde ein Kredit von neunhundert Millionen Assignaten bewilligt sowie die Aushebung von dreihunderttausend Mann. Den Gemeinden wurde das Recht zur Untersuchung und *Beschlagnahmung* gegeben, damit Bekleidung und Ausrüstung in acht Tagen beisammen wären. Die nationale Armee ging aus einer Mischung von Freiwilligen und Soldaten, von Begeisterung und Disziplin hervor.

Die Gironde beantragte den Krieg gegen England; er wurde ohne Einschränkungen angenommen (1. Februar).

Danton wollte, daß man mit einer großen Tat beginnen und Belgien an Frankreich angliedern solle. Dies wurde vertagt, bis die Belgier ihre Wünsche kundtäten. Dagegen nahm man die Angliederung der Grafschaft Nizza an, die französisch zu werden verlangte.

Die Anhänger Dantons setzten eine sehr bedeutsame Maßnahme der öffentlichen Wohlfahrt durch, die Entsendung von Abgeordneten mit unbegrenzter Vollmacht. Die erste Mission hatte einen besonderen Zweck: Sie sollte die Festungen überprüfen; ihre Erlasse mußten vom Konvent bestätigt werden. Wenn Danton selbst diese wandernde Diktatur vorgeschlagen hätte, so wäre die Versammlung mißtrauisch geworden; sie wurde von dem jungen Fabre d'Eglantine beantragt.[2]

Diktatur in den wohlorganisierten Ausschüssen, Diktatur in den Missionen: Das war das heroische Heilmittel, das der Konvent gegen die unendlichen Gefahren der Lage anwandte. Hierdurch unterschied er sich völlig von der Verfassunggebenden und der Gesetzgebenden Versammlung, die viel redeten, aber nicht handelten, die das Handeln dem König, das heißt dem Feinde überließen und Frankreich durch ihre schöne Lehre von der Trennung der Gewalten an den Rand des Abgrunds brachten.

Der Konvent ergriff die Macht ganz und gar und machte sie an allen Punkten des Landes fühlbar, gebrauchte sie nicht nur zur Verteidigung der Einheit, sondern vor allem und besonders zu ihrer Aufrechterhaltung.

Frankreichs Feinde sahen zu und warteten. »Frankreich wird untergehen«, sagte Pitt. – »Es wird sich zersetzen«, sagte Burke, »wird zerstükkelt werden oder wenigstens in den kläglichen Zustand einer einfachen Föderation von Provinzen geraten.«[3]

Unsere Feinde schlossen dies aus der französischen Überlieferung, derzufolge Frankreichs Einheit in seinem König bestand. Daher hütete man sich in der alten Monarchie, den König sterben zu lassen. An seinem Grab, in dem Augenblick, da er zur Erde einging, rief man: »Es lebe der König!« Keine Unterbrechung zwischen zwei Regierungen. Eine Zwischenzeit von nur einer Minute hätte alles in Gefahr gebracht; der König war so sehr der Schlußstein des Gewölbes, daß alles ins Wanken geraten mußte, war er nur einen Augenblick nicht vorhanden.

Nun hat man einem König auf dem Madeleine-Friedhof das Grab gegraben. Was wird Frankreich jetzt rufen?

Die Republik? Viele Bretonen fragten: »Wer ist diese Dame?«

Das Vaterland? Viele Leute aus durchaus ehrbaren Kreisen, die noch unter dem Einfluß der Gewohnheiten des Ancien régime standen, lächelten bei diesem Wort wie über eine klassische Erinnerung, eine kalte und leere Vorstellung. Während der langen barbarischen Jahrhunderte war die Welt in jammernswerte Selbstvergessenheit verfallen! Die plumpe

Fiktion des Königtums deuchte sie Wirklichkeit; und das Vaterland, für uns das Lebendigste, war ihnen ein Begriff ohne Inhalt!

»Es gibt keine Autorität mehr, keine Priester, keinen König!« sagten die Toren im Westen: »Gut denn, schlagen wir uns mit *der Nation*.« Sie ahnten nicht einmal, daß sie selbst *die Nation* waren. Unklar verstanden sie darunter die Pariser Regierung. Der König war für sie das lebendige Gesetz gewesen. »Wie der König will, so will das Gesetz«, sagte man unter dem Ancien régime. Und jetzt sagten sie (so schloß man aus den Antworten der ersten, die man gefangennahm): »Wenn der König stirbt, stirbt das Gesetz.«[4]

Drei Ursachen für die Zersetzung:

Zunächst die blinde Wut jener Bauern. Seit Oktober 1792 (einen Monat nach den Ereignissen in Châtillon) überfielen im Morbihan wütende Mengen, die (von ihren Priestern aufgehetzten) Frauen an der Spitze, die Behörden.

Zersetzend wirkte ferner die Gleichgültigkeit, die Schlaffheit, die wachsende Selbstsucht in den Städten; jeder blieb zu Hause; man überließ es ein paar hundert Eiferern, allein in den Sektionen das Wort zu führen.

Die dritte und nicht die geringste Ursache der Zerrüttung war der Eifer der Eifrigen, ihr planloses, willkürliches Vorgehen, das sich keinem Konzept unterordnete, die widersprüchlichen Bemühungen, die kein gemeinsames Ziel hatten und das Ganze auseinanderbrachen. Besonders die entfernten und gefährdeten Departements handelten in ihren dringenden Nöten allein und ohne Absprache. Das Var zum Beispiel erhob seine Steuern für sich und verbrauchte sie, schuf eine Armee für seine Verteidigung, behielt alles, Menschen und Geld; es könne, erklärte es, seine Kräfte nicht zersplittern angesichts des Feindes.

Der Konvent hatte mehr zu tun, als Frankreichs Existenz zu verteidigen; unsere Könige hatten diese oft verteidigt. Seine ganz besondere, unendlich viel schwierigere Aufgabe, die er mit allen Mitteln zu erfüllen suchte, war die Begründung der Einheit.

Die Einheit des Vaterlandes, die Unteilbarkeit der Republik, ist das heilige und geweihte Wort des Jahres 1793.

Die Bedeutung dieses furchtbaren Jahres, das die meisten Menschen nur an Tod und Bürgerkrieg denken läßt, ist keine Negation. Es ist eine positive: die Erforschung des großen Problems, das allein den Frieden begründen kann.

Kein Leben außerhalb der Einheit. Kein Grundsatz ist gewisser. Es handelte sich nicht um eine Frage müßiger Scholastik, sondern um die der Wohlfahrt und des Lebens selbst. Für organische Wesen ist die Spaltung der Untergang. Und je feiner sie organisiert sind, um so mehr ist die Einheit die unumstößliche Bedingung ihrer Existenz. Der Mensch stirbt, wenn er zerteilt wird: Das Reptil, das man zerstückelt, lebt weiter.

Frankreich hatte das barbarische Zeitalter hinter sich und konnte sich nicht mehr zufriedengeben mit der falschen *königlichen Einheit*, hinter der sich solange ein tatsächliches Getrenntsein verborgen hatte. Es konnte nicht länger die schwache *föderative Einheit* der Vereinigten Staaten und der Schweiz gutheißen, die nichts anderes ist als eine einverständliche Zwietracht. Auf die eine oder andere dieser unvollkommenen Formen zurückzugreifen, das hieß entweder untergehen oder auf der Stufenleiter der Wesen hinabsteigen, sinken, in den Zustand der niederen Geschöpfe fallen, welche die Einheit nicht brauchen.

Sobald Frankreich die erhabene Idee der wahrhaften Einheit erkannte (dies ferne Ziel der Menschheit), wurde es begeistert und im Herzen ergriffen von religiösem Gefühl. Wer immer in Worten, in Gedanken oder gar im Traume wagte, an die eine oder andere der beiden Formen der Zwietracht, an Royalismus oder Föderalismus zu erinnern, erschien ihm als ein Gotteslästerer, ein Feind der Menschheit, ein Mörder des Vaterlandes.

Diese edle Einheit zu begründen, war eine schwere Aufgabe, für die es bisher nicht nur keine Lösung gab, sondern die sich noch nie gestellt hatte (wenigstens nicht für ein großes Reich). Die Revolution, die in ihrem rasenden Lauf der Zeit spottete, überraschte die Welt eines Morgens mit dieser unerwarteten Frage. 1789 hatte nicht einer so weit gedacht. 1793 mußten alle eine Antwort darauf geben können. Die Sphinx stellte sich aus freien Stücken vor Frankreich hin, versperrte ihm den Weg und sagte: »Errate oder stirb!«

Wie sollte man darauf antworten? Nichts war vorhanden. Nichts in den Geschehnissen, nichts in den Büchern. Die Frage wurde darum nur um so hartnäckiger erforscht. Unerbittlich sich selbst gegenüber, hielt man sich an sich selbst; man suchte die Antwort auf das Rätsel in den eigenen zerrissenen Eingeweiden, befragte das eigene Blut und gelangte durch die mörderische Beseitigung alles Abweichenden zur Lösung, indem man sich bis zur Selbstaufgabe in die Logik des Todes versenkte.

Wer hätte ihnen Klarheit geben können? Sie hatten nur ein Buch, eine Bibel, Rousseau, den sie immer befragten in ihren großen Schwierigkeiten; aber Rousseau schwankt in diesem Punkte; er ist für die Einheit, wenn es sich um einen kleinen Staat handelt, so in seinem *Contrat social*, Föderalist für einen großen, wie in *Gouvernement de Pologne*.

Es handelte sich um die Frage, wie ein großer, nichtmonarchischer Staat die Einheit erlangen konnte.

Die Erfahrung sagte ihnen darüber nicht mehr als die Bücher. Als Beispiel solcher Einrichtungen zeigte sie ihnen die *Vereinigten Staaten* von

Holland, der Schweiz und Amerikas, drei unvollkommene und schwache Gebilde aus ungleichartigen Teilen: die beiden ersten verfallen und nichtig, das dritte in ständigem Wachstum, ohne Organisation; seine eigentümliche Lage zwischen Meer und Wüste hat es der Organisation bisher enthoben.

Das alte Frankreich selbst hatte viel von der Schwäche und Ungleichartigkeit der Föderativstaaten, trotz der scheinbaren Einheit, die ihm das Königtum verlieh – man bedenke die unendliche Verschiedenheit der Gebräuche, der Maße und Gewichte, die Zollgrenzen zwischen den Provinzen, man bedenke die Provinzen mit Landständen und die zahlreichen Vorrechte. Es war ein grobes Föderativsystem unter einem König, wo alle sozialen Formen: Lehen, Republiken, Fürstentümer, nebeneinander bestanden, in unglaublichem Durcheinander, mit unendlichen Mißständen und einer lächerlichen Zerrissenheit.

In diesem seltsamen Wirrwarr träumte man bisweilen von der Wiederherstellung der Lehensbündnisse: »Ich liebe Frankreich so sehr«, äußerte unter Ludwig XI. der gute Herzog von Bretagne, »daß ich statt eines Königs gern sechs hätte.« Und ebenso erklärten sich die Guise. Ja! Sogar 1789 hatte Mirabeau nach seinem Triumph in Marseille lächelnd gesagt: »Warum nicht Graf von Provence?« – Cazalès und seine Partei bezeichneten unbedenklich die Bretagne als eine mit Frankreich verbündete Nation. – La Fayette, der ganz durchdrungen war von seinem Amerikanismus, scheint nichts anderes gewünscht zu haben als einen schwach geeinten Föderativstaat mit sehr lockerer Zuständigkeit. Für die Konstitutionellen der Zeit sprach Barnave, wenn er sagte: »Frankreich muß wählen zwischen Bundesstaat oder Monarchie.«

Die Konstituante hatte in edler Inkonsequenz, als sie sich für das Königtum aussprach, betont, daß in aller Logik *die Einheit* im Souverän liege, *im Volk*, und nicht im Königtum. Die königliche Macht war nicht länger der geheiligte Hort der Einheit Frankreichs; als Religion bestand sie nicht mehr. War sie keine Religion, so war sie gar nichts. Also galt es, sie zu entfernen wie einen Fremdkörper, der Fieber verursacht, solange er im Fleisch steckt; und das tat die Revolution unglücklicherweise zu langsam.

Als die Konstituante die Aufteilung in Departements vollzog, machte sie von vornherein die Direktorien der Departements (die heutigen Präfekturen) unwirksam und schwach und vereinte alle wirkliche Macht in den Gemeinden. Damit leistete sie der Revolution einen gewaltigen Dienst. Diese Direktorien lagen stets in den Händen der Notablen und waren naturgemäß Brutstätten der Aristokratie. Dagegen wurden die Gemeinden durch die unablässige Tätigkeit der patriotischen Gesellschaften immer demokratischer.

Der König ist seit 1789 nur noch ein Hindernis. Der neue Herrscher, das Volk, ist noch nicht genügend organisiert, um gemeinsam zu handeln, um die Einheit, die in ihm ist, nach außen zu offenbaren. Inzwischen greift eine Gemeinde helfend ein: An Stelle des Königs ist eine Stadt Königin. Die Stadt Paris ist gewissermaßen die Exekutivgewalt Frankreichs; sie bekundet und erhält die Kraft zentraler Einheit, ohne welche Frankreich untergegangen wäre.

Paris hat große Fehler gemacht; ich habe sie wohl im Gedächtnis. Und dennoch würde ich trotz all seiner Fehler am liebsten die Steine seiner Denkmäler und das Pflaster seiner Straßen küssen, wenn ich bedenke, was es für die Freiheiten des Menschengeschlechts geleistet hat...

Und was ich über Paris sage, gilt letzten Endes auch für Frankreich. Was ist denn Paris anderes als ein kleines, zusammengefaßtes Frankreich, eine Vermählung aller unserer Provinzen? Nichts Dümmeres gibt es als den Haß gewisser Provinzler auf Paris; sie hassen sich damit ja selbst. Mögen sie beliebig einen dieser verabscheuten Pariser auf der Straße anhalten, es ist ein Mann aus ihrer Heimat, ein Normanne, ein Dauphinois, ein Provençale. Nicht ein Drittel sind Pariser der Abstammung nach. Der Rest stammt entweder selbst aus der Provinz oder ist Sohn, Enkel von Provinzleuten.

1789 nimmt Paris die Bastille; es organisiert die bewaffnete Macht der Revolution, die Nationalgarde, deren Bekleidung und Ausrüstung die damals so wichtige und bedeutsame Gleichförmigkeit vorbildhaft erhält. Alle großen Föderationen in der Provinz tun es Paris nach; nichts ist ihm fremd in Frankreich. Eine Gemeinde in der Auvergne bittet Paris um Pulver, Paris schickt es. Anderseits verlangt es, hält es für gerecht, daß alle Nachbarn die große Stadt, die für sie kämpft und die die Armee der Freiheit ist, mit Lebensmitteln versorgen. Die Pariser kaufen in der Normandie mit dem Degen in der Hand das royalistische Getreide, das von selbst nicht mehr kommen wollte.

Wie soll Paris organisiert werden? Diese Frage ist entscheidend für Frankreich. Der Royalist Bailly will den Bürgermeister mächtig sehen; der Republikaner Brissot bringt einen anderen Plan vor, der dieses Gemeindekönigtum unwirksam macht.

Zwischen dem König – dem Feind – und der Konstituante, die mit dem Feind unter einer Decke steckt, sucht Brissot einen Stützpunkt in der Bürgerschaft. Er stellt als Grundsatz auf, daß die Bürgerschaft das Recht habe, die Bürgerschaft in allem zu organisieren, was ihre Interessen berührt; er erklärt weiter, die verbündeten Bürgerschaften einer Provinz besäßen sogar das Recht, über das zu wachen, was die Provinz angeht. »Indessen«, sagt er, *»müssen die Grundsätze der Gemeinde- und Provinzialverwaltung denen der nationalen Verfassung völlig entsprechen*. Diese

Übereinstimmung ist das föderale Glied, das die Parteien eines großen Reiches eint.«

Dies kleine Wort *föderal*, das 1789 von den Royalisten aufgegriffen und 1793 von den Jakobinern wieder aufgegriffen wurde, kostete Brissot und die ganze Gironde mit ihm den Kopf.

Royalisten und Jakobiner haben einstimmig gesagt: »Wägt wohl dieses Wort *föderativ*. Ist es nicht offenbar, daß Brissot Frankreich in den Zustand eines Bundes von Provinzen erniedrigen will, wie es die Vereinigten Staaten von Amerika sind? Oder vielmehr, daß er es in Pulver zerstäuben, daß er in Frankreich vierundvierzigtausend kleine Republiken errichten will?«

Das ist durchaus nicht offenbar.

Eine Föderation, deren einzelne Elemente *den Grundsätzen der nationalen Verfassung völlig entsprächen*, wie Brissot es sagt, würde in nichts der amerikanischen Föderation ähneln. Man muß sehr leichtfertig sein und sich blind stellen, um eine Verbindung *gleichartiger* Elemente, um die es sich hier gehandelt hätte, mit einer Verbindung *ungleichartiger* und zwiespältiger Elemente, wie Nordamerika es ist, zu verwechseln.

Aber man muß weiter gehen. Niemals hat Brissot, weder damals noch später, an eine Föderation gedacht.

Sein Plan von 1789 muß einzig unter dem Gesichtspunkt von 1789 beurteilt werden. Wo sollte Brissot gegen den König und gegen eine royalistische Versammlung den Hebel der Republik finden? Allein in Paris und in dem Recht, sich selbst zu organisieren, das er der Bürgerschaft zuerkennt.

Wäre Paris erst so organisiert, müßten die anderen Städte folgen; so versteht er es, und so sagt er es selbst. Wo konnte er außerhalb von Paris die Elemente der republikanischen Kraft finden? Nirgendwo anders als im großen Ereignis jener Zeit, in den Föderationen der Städte, die sich überall bildeten.

Brissots so heftig angegriffenes Wort war 1789 das richtige Wort, das den Umständen und der öffentlichen Wohlfahrt gerecht wurde: Paris durch Paris organisiert, dann unsere großen Föderationen, die sich nach dem Beispiel von Paris organisieren. Dadurch allein konnte ganz Frankreich trotz König und Versammlung, vom selben Wirbel fortgerissen, zur Republik gelangen.

Es war ungerecht, unaufhörlich ein Wort, das ein bestimmtes Datum trug und einem besonderen Umstand entsprach, als die unwandelbare Theorie dessen, der es gesprochen hatte, auszugeben.

Es ist nichts Stärkeres gesagt worden über die Einheit des Vaterlandes und über die Unteilbarkeit der Republik, als was die Redner der Gironde tausendmal gesagt haben. Im übrigen haben sie mehr getan, als die Einheit zu verkünden: Sie sind für sie gestorben. Das kann man wenigstens von den Besten ihrer Partei sagen, vor allem von Vergniaud. Er ist es, der am 20. April, als einige seiner Freunde die Einberufung der Urwählerversammlungen forderten, vor dem ganzen Konvent darlegte, daß diese Einberufung, welche die Gironde gerettet hätte, Frankreich vielleicht zugrunde richten konnte. Dieser umfassende Aufruf ans Volk gleich zu Anfang des Bürgerkrieges, in den Tagen des Einmarsches der Feinde, wäre sehr gefährlich gewesen; er hätte die Auflösung der Nation zur Folge haben können. Die Girondisten erhoben an diesem entscheidenden Tag, der die Meinung der Versammlung entschied, keinen Einwand: Sie erklärten sich durch ihr Schweigen mit den heroischen Worten des großen Redners einverstanden, sie opferten sich, retteten und bestätigten die Einheit, die sie begründet hatten, durch ihren Tod.

Einer von ihnen war es, Rabaut-Saint-Etienne, der am 9. August 1791 die *unteilbare Einheit* Frankreichs hatte proklamieren lassen.

Schon 1790 hatte Condorcet in einer sehr schönen und dieses großen Geistes würdigen Schrift recht gut ausgeführt, daß Paris das mächtige Mittel, das Werkzeug dieser Einheit sei.

Die Vorliebe der Pariser für La Fayette jedoch schürte ein begründetes Mißtrauen. Camille Desmoulins und Marat äußerten 1791 die heftigsten Flüche auf die Pariser; sie überstiegen alles Maß: »Ich zähle auf die Departements« sagte Marat, »nicht auf die blöden Maulaffen.« (27. Juli 1791, Nr. 524.) – »Paris, Paris!« sagte Desmoulins. »Sei auf der Hut, daß nicht dein Mangel an Bürgersinn die Departements von dir abwendet... Du bedarfst ihrer, um zu bestehen, aber sie bedürfen deiner nicht, um frei zu sein!...« (21. Juni 1791, Nr. 83, S. 214.) Er sagt sogar die tollen Worte (nach dem 17. Juli), »daß Paris erleben wird, daß die empörten Departements *Vereinigte Staaten* bilden und Paris seiner Verderbnis überlassen werden«.

Das war 1791. Paris war von seinen großen Anstrengungen ermüdet und schwach geworden. Es hatte den Anschein, als würden die Departements seine Rolle übernehmen; manche brachten wahrhaft unglaubliche Opfer: Bordeaux, Marseille, der Jura hoben Armeen aus und bezahlten sie. Und so ging es das ganze Jahr 1792 hindurch. Die Departements hatten einen ruhmvollen Anteil am 10. August; wenn sie auch Anteil am 2. September hatten, so bemerkte man dies weniger: Man war so ungerecht, nur Paris anzuklagen.

Die schreckliche Krise, in der man sich befand, zwang dazu, an den Lokalpatriotismus zu appellieren, um alle Kräfte zu wecken, die in einzelnen Gegenden schlummerten; so mußte man sich dem Geist anvertrauen, den man zu anderen Zeiten als Föderalismus gewertet hätte. Einer der Männer, die am wenigsten von dem geraden Weg der Revolution abgewichen sind, Cambon, machte diesem Geist große Zugeständnisse. Er übernahm die lokalen Bewegungen und weitete sie aus. In den ernsten Tagen zur Zeit des 27. März 1793[5], als der Verteidigungsausschuß, bestürzt über die Lage, die Minister und die Kommune zu sich berief, erklärte Marat selbst, daß die Souveränität des Volkes in einer solchen Krise nicht unteilbar sei, daß jede Gemeinde Herrin über ihr Gebiet sei und das Volk die Maßnahmen ergreifen könne, die seine Wohlfahrt erfordere. (Memoiren Thibaudeaus.)

Beim Eindringen der Preußen im September 1792 hatte die Gironde vorübergehend erwogen, das gesetzlose und tobende Paris zu verlassen, das schwer zu verteidigen und angesichts des Feindes fast unmöglich zu ernähren war. Einige Abgeordnete aus dem Süden, Barbaroux und andere – gewiß keine Feiglinge –, zeigten Madame Roland auf der Karte die glücklichen Gegenden, die republikanischen Städte, die dem Vaterland schon so viel Treubeweise gegeben hatten. Sollte man nicht die Zentralregierung dorthin verlegen und an der Loire die große Verteidigungslinie beziehen, die schon früher einmal Karl VII. zur Zeit seiner größten Schwäche lange Zeit gegen die Engländer gehalten hatte, als diese den Norden beherrschten?...

Danton sagte *nein* und verschaffte diesem Nein durch seine bewundernswerte Energie Geltung. An diesem Tag erwies es sich, daß der Geist der Revolution nicht bei den Girondisten war; aber was ihre Vaterlandsliebe, ihre Lauterkeit und ihren Mut anbelangt, so wird kein ernsthafter Leser dieser Geschichte ihnen seine Bewunderung und Achtung versagen.

Soviel zum Kern der Dinge. Die Girondisten waren unschuldig; sie wollten bis zum Tod die Einheit, und sie opferten sich für sie.[6]

»So waren also die heftigen Anklagen der Montagne eine Verleumdung?«

Zweifellos wird man sich über meine Antwort wundern.

Nein, die Montagne verleumdete die Gironde nicht.

Die Girondisten waren im Herzen für die Einheit, wurden aber durch die verhängnisvolle Lage zu einem unfreiwilligen Föderalismus verführt.

Die Direktorien der Departements, die Notabeln, die Reichen, alle lauen Gemüter der republikanischen Partei, die verkappten Royalisten – sie alle nannten sich Girondisten. Ihre gemeinsame, äußerst gefährliche Absicht war, den Nerv der Revolution zu entspannen, den zentralen Einfluß zu mindern und den örtlichen, der der ihrige war, zu mehren. Diese Männer waren letztlich die Feinde der Einheit.

Und die eigentlichen Girondisten, etwa zwanzig Advokaten und Schriftsteller, die Begründer der Republik, die Urheber des großen Krieges, die Schöpfer der Gleichheitsmütze, die Schmiede der Piken, sie, deren Werk der 10. August war, die Frankreich zum Widerstand gegen den

Feind aufgerufen hatten – diese Unglücklichen wurden wohl oder übel für die Führer der Reichen gehalten, für die Führer der lauen, der heuchlerischen Patrioten, für die Führer aller derer, welche die alten örtlichen Einflüsse gegen die Einheit des Vaterlandes vertraten.

Es gab nur ein Mittel, sich von diesen letzteren zu trennen: Sie mußten das Eisen schärfen, es den Händen der Montagne entreißen und gegen die falschen Freunde kehren, für das Revolutionstribunal und die Terreur stimmen... Sie haben den Untergang vorgezogen.

Die furchtbare Lage, in der sie sich im April und im Mai 1793 befanden, als die Tribünen sie auszischten, als sie den niedrigsten Schmähungen preisgegeben waren, als man sie mit Kot bewarf und sie anspie, entlockte ihnen Schreie der Wut, unbedachte Appelle an die Rache der Departements... Und damit glaubte man den Föderalismus in ihnen erkannt zu haben; man zweifelte nicht mehr, man wollte ihren Tod, man verlangte ihr Blut.

Die Montagne konnte sie töten, aber sie durfte nicht zulassen, daß man sie beschimpfte. Wurde die Vertretung der Nation in ihnen beleidigt, war sie dann nicht in allen erniedrigt?

Die Wut der Montagne gegen die Föderalisten war so blind und der Tollwut so nahe, daß sie nicht einmal bemerkte, wie sie selbst jeden Augenblick in die politische Ketzerei verfiel, die sie ihren Gegnern vorwarf. Wenn der Föderalismus der Geist der Zerstückelung, der Isolierung, der Ausschließung ist, war es dann nicht Föderalismus, ganz Frankreich durch die Gewalttätigkeit einer einzigen Stadt zu regieren? Was sage ich – sich in dieser Stadt die Herrschaft einer Sektion über das Ganze gefallen zu lassen, wie es so oft geschah? Man hieß es beispielsweise gut, daß sich die Sektion der Cordeliers[7] die Strafregister der Gerichte bringen ließ und die Urteile einsah. Die paar Abgeordneten der Sektionen, die alle Augenblicke dem Konvent die Befehle der Masse überbrachten, waren (wie die Protokolle beweisen) von geringen Minderheiten gewählt. Der Teil, ein kaum wahrnehmbarer Teil, befand dem Ganzen. Man mag einwenden, daß es der patriotische, der wohlgesinnte Teil war. Aber schließlich stand eine solche Regierung des Volkes durch diesen Teil dennoch im krassesten Gegensatz zum Grundsatz der Revolution, welcher die Autorität und die Souveränität des Volkes ist.

Ich klage weder die einen noch die anderen an, sondern die Zeit, das ach! so rasende Tempo unserer Revolution!... Das edle moderne Ideal, die Einheit eines großen Reiches durch das Gesetz allein, ohne die Fiktion des Königtums, war 1789 von der Revolution kaum geahnt worden; seit 1792 sieht sie sich gezwungen, die Verwirklichung dieses Ideals zu erreichen. Wer trägt die Schuld? Die Hast der Menschen? Nein, die der Ereignisse. Das Königtum selbst, das man sonst geschont hätte, trieb durch seinen hartnäckigen Widerstand und sein Einvernehmen mit dem Feind Frankreich zur Republik, stürzte das Land in das große, furchtbare Abenteuer von 1793, in die ruhmvolle Gefahr, eine neue Welt zu suchen: die Welt der Einheit – zum Nutzen der Zukunft.

Einheit! Ewiger Traum der Menschheit! An dem Tag, als man sie zu halten glaubte, als man glaubte, sie in der großen Gesellschaft, die seit 1789 die Geschicke der Menschen leitete, verwirklichen zu können, da verwirrte ein leidenschaftlicher Taumel die Geister! Niemand trank ungestraft von dem großen Gotteskelch, der sich zum erstenmal den Lippen des Menschen bot. Ein wilder Rausch bemächtigte sich dieser Philosophen, dieser Verstandesmenschen, und machte sie schwärmen. Die Einheit des Vaterlandes wurde für sie das einzig wirkliche Leben, neben dem kein Menschenleben zählen durfte. Diesen Glaubenssatz zu erschüttern hieß in ihren Augen das Vaterland selbst ermorden und dreimal den Tod verdienen. Das ist das ganze Geheimnis der Tragödien, von denen wir berichten müssen.

Es ist bezeichnend für jene Zeit, daß sie sich in der Ungeduld ihrer Wünsche einbildeten, die Einheit würde ihnen fertig zufallen, sich ihnen wie ein Wunder aus dem Gesetz darbieten. In ihrem naiven Glauben an die Allmacht des Gesetzes und seine unumschränkte Macht glaubten sie, man brauche die Einheit nur zu beschließen, damit sie bestehe; sie schienen sich keine klaren Gedanken über die notwendigen Voraussetzungen für ihre Verwirklichung zu machen. Während das Gesetz die Einheit von oben bestimmt, muß sie von unten wachsen, aus dem Kern des menschlichen Willens heraus; sie ist die Blüte und die Frucht des nationalen Glaubens.

Diesen Glauben reifen zu lassen, ist zweifellos ein Werk der Zeit, und man kann dem Gesetzgeber keine Vorwürfe machen, weil er nicht in einem Augenblick die Arbeit von Jahrhunderten ausführen kann; aber nichts kann ihn davon entbinden, sich Rechenschaft über seine Voraussetzungen abzulegen und sein eigenes Prinzip zu verstehen. Und das ist betrübend an dieser großen Zeit. Weder die eine noch die andere Partei wußten um die Grundlage oder die religiöse und soziale Tragweite des Werkes, das sie begannen. Das Verhältnis der Revolution zum Christentum war ihnen völlig unbekannt. Sie wußten nicht, daß es sich bei ihrer Aufgabe nicht um jenen unfruchtbaren Wunsch nach Einheit handelt, den schon das Christentum so oft vergeblich wiederholt hat, sondern um die ernsthafte Erforschung der Mittel, welche die Einheit wahrhaft verwirklichen können. Dem Christentum ist diese Erforschung mißlungen; unter seiner Herrschaft, der stärksten, die jemals war, bildeten sich zwei Völker in einem Volk – das kleine Volk oben, das allein dem Weg der sogenannten Kultur gefolgt ist, das aristokratische Literaturen schuf, Racine und Boileau, und das große Volk unten (das heißt ungefähr jedermann), das ohne Pflege sich selbst überlassen war, fast keine Verbindung hatte mit dem anderen Volk, das weder gemeinsame Erziehung noch gemeinsame Sprache kannte, das seine Dialekte behielt und Gebete sagte, ohne sie zu verstehen... Ruchloses, barbarisches Schauspiel, das jeden mit Schmerz und Mitleid erfüllen muß, der den geringsten Funken der göttlichen Seele bewahrt hat!

Dieser trostlosen Spaltung, der das Christentum so wenig Abhilfe tat, ein Ende zu machen, eine Seele mit einem Glauben zu schaffen, der die Sehnsucht und den Willen zum einen Gesetz bedeutete, das ist die soziale Aufgabe der Revolution. Das Gesetz setzt eine dem Grundsatz des Gesetzes gemäße Erziehung voraus, und diese Erziehung erfordert ein festes Prinzip des sozialen und religiösen Glaubens.

Noch bedeckte ein Schleier diese gewichtige Frage für die Menschen von 1793. Entschlossen strebten sie ihrem erhabenen Ideal zu, dem Gesetz als Herrscher der Welt, ohne das große und finstere Gebiet zu erkennen, das sie noch von diesem Ziel trennte, das Gebiet der Zivilisation und Erziehung, die dorthin führen und darauf vorbereiten muß. Ein wenig davon haben sie erfaßt: die Macht der Nationalfeste, des Theaters, des Beisammenlebens der Jugend. Indessen vermochten sie noch nicht, den Unterricht zu entwickeln, der diese nationale Initiation begründen sollte.

Der erste Versuch eines Planes für Erziehung und gemeinsames Leben wird Le Peletier de Saint-Fargeau für immer zur Ehre gereichen. Dieser ehrenhafte Mann war sich in der Erziehungsfrage, die eine Frage des Herzens ist, vermöge seiner gütigen Natur über sich selbst hinausgewachsen. Er war der wahre Vertreter der Revolution in dieser heiligen Sache und nicht unwürdig, für sie zu sterben. Der Royalismus hatte einen guten Griff getan; er hatte die Revolution in dem Herzen getroffen, das ihren edelsten Entschluß, ihren menschlichsten Gedanken in sich trug.[8]

Le Peletier tut in diesem, der Form nach wenig literarischen, der Absicht nach bewunderswerten und durchaus nicht phantastischen Entwurf deutlich dar, daß es sich mehr um Erziehung als um Unterricht handelt; daß man nicht auf Gleichheit hoffen darf, wenn sie nicht auf gemeinsamer nationaler Erziehung beruht. Die Gesellschaft muß diese Erziehung gewähren, aber nicht die Gesellschaft allein (wie es Lykurg vorsieht), sondern *die Gesellschaft unter Beihilfe und Überwachung durch die Eltern,* und immer muß die Erziehung in der Nähe der Familien stattfinden, in der Heimatgemeinde, so daß Vater und Mutter das Kind niemals aus dem Auge verlieren.

Wenn das Kind arm ist, muß es durch die Schule ernährt werden*. Nicht

* Le Peletier will die Kosten auf dreierlei Weise aufbringen: erstens durch die Arbeit der schon arbeitsfähigen Kinder; zweitens durch die Pension, welche von den Kindern

mehr darf die Grausamkeit geschehen, daß ein Kind frierend und hungernd zur Schule kommt und von der Schule zurückgeschickt wird, daß man ihm die Nahrung des Geistes verweigert, weil es die des Leibes nicht besitzt, daß man ihm sagt: »Du bist ein Elender; nun, du sollst es immer bleiben; du vor allem hättest die Schule nötig, aber geh nach Hause, du bist davon ausgeschlossen.«

Ach! Von ganzem Herzen begrüßen wir diese große, edle Hoffnung! Möge das Elend auf Erden, wenn es schon den Mann verfolgen muß, dem Kinde erspart bleiben! Wenn wir elend werden sollen, so werden wir es vielleicht ertragen. Aber die, die nichts begangen haben, als daß sie geboren worden sind, mögen behütet und geschützt werden. Hier oder nirgends muß das Vaterland erscheinen, das *Mutterland*, wie die Griechen sagten, die durch dieses Wort den Gesetzgebern der Zukunft die höchste Aufgabe des Gesetzes zu bezeichnen scheinen; bisweilen mag sie darin bestehen, den Menschen zu bestrafen, aber sie besteht stets darin, die Kindheit zu schützen und das Kind glücklich zu machen, damit es ein besserer Mensch wird.

Unter dem barbarischen Glauben, der die Natur verleumdet, dem das Kind bei seiner Geburt als schuldig an der Sünde gilt, die es nicht begangen hat, kann man es leichter ertragen, das Kind leiden zu sehen; es muß Buße tun. Kann man sich mit der theoretischen Ungeheuerlichkeit abfinden, eine so ersichtlich unschuldige Kreatur für schuldig geboren zu halten, so kann man sich auch mit der barbarischen Praxis abfinden, sie seit der Geburt im Unglück zu sehen, Hunger und Schläge erdulden zu sehen.

Im Mittelalter heißt die Erziehung *castoiement* – Züchtigung. Sie züchtigt den, der sich nichts hat zuschulden kommen lassen; sie züchtigt die Natur, die das Werk Gottes ist, sie züchtigt Gott in seiner rührendsten Schöpfung.

Hört ihr die Schläge, die Schreie, das Weinen dieser armen Unschuldigen?... Das ist die Schule, die Hölle auf Erden!

Dreimal gesegnet sei die Asche des wahrhaft ehrenhaften und guten Mannes, der aus Herzensgüte weiter sah als die Politiker, der die glückliche Befreiung, die große Wohltat der Revolution vor allem darein setzte: daß das Kind weder Hunger noch Kälte leiden sollte, daß es an der frischen Luft erzogen werden, auf den Feldern spielen sollte und so ein glückliches Kind, vom Vaterland geliebt und von der Vorsehung gehegt sein sollte!

Das Leichenbegängnis Le Peletiers hatte ein starkes religiöses Gepräge.

wohlhabender Eltern bezahlt werden muß; drittens durch den Staatszuschuß. – Vergleiche zu diesem äußerst wichtigen Gegenstand das letzte Kapitel meines Buches *Le Peuple*.

Es trug einen rührenden Abglanz seines milden Kindheitsgedankens. Hinter dem Toten, vor dem Konvent, welcher der Feier geschlossen beiwohnte, schritt, in ihren schwarzen Schleier gehüllt, die junge Waise, die Tochter Le Peletiers, die Tochter der Republik, die von Frankreich feierlich an Kindesstatt angenommen worden war. Neben ihr (dieser Einfall war würdig der großen Mutter, der sie jetzt gehörte) gingen andere Kinder, so daß die Adoptierte in den jungen Brüdern und Schwestern, die man ihr an diesem Tag gab, um den Vater zu ersetzen, den Trost und die Umarmung des Vaterlandes fühlte.

Der Leichnam wurde zunächst unbedeckt und blutend auf der Place Vendôme ausgestellt, und der Präsident des Konvents krönte den Kopf des Toten mit einem Kranz von Eichenblättern und Blumen; ein Föderierter aus den Departements verlieh der Trauer und den Tränen Frankreichs über den Märtyrer von Paris Ausdruck.

Der lange Trauerzug zog dann durch die Rue Saint-Honoré. Die Trauer war nicht geheuchelt. Der Konvent, die Kommune und das ganze revolutionäre Frankreich, das gekommen war, spielten diesen Schmerz nicht; die meisten fühlten nur zu sehr, daß sie um sich selbst trauerten. Der Dolch, den man dem Toten beigegeben und neben seine blutende Wunde gelegt hatte, schwebte über allen. Die Ermordung Bassevilles in Rom[9], die soeben bekannt geworden war, lehrte deutlich genug, was die Freunde der Freiheit zu erwarten hatten. Das öffentliche Recht galt nichts mehr; Frankreich stand außerhalb des Völkerrechts. Man sah es später in Rastatt, wo unsere Bevollmächtigten von österreichischen Dragonern niedergemacht wurden. Man sah es in England, wo man einen abscheulichen Krieg gegen uns entfesselte, mit falschem Geld, mit falschen Assignaten, um Frankreich zu ruinieren und zum Bankrott zu treiben, ihm sogar die Ehre abzuschneiden.

Diese Generation war dem Untergang, dem Tod geweiht. Während man in Paris Le Peletiers Leichnam aufbahrte, wurden in London echte oder falsche Reliquien Ludwigs XVI. feilgeboten – seine Haare, Taschentücher, die in sein Blut getaucht worden waren. Das waren die ersten Fahnen des großen Krieges, der fünfundzwanzig Jahre dauern sollte.

Niemand konnte ermessen, welch unendliche Opfer dieser Krieg fordern würde. England ahnte nicht, daß es unter unvorstellbaren Anstrengungen die schreckliche Summe von vierzig Milliarden würde aufbringen müssen. Frankreich wußte nicht, daß es sich zehn Millionen seiner Kinder würde entreißen müssen, um ihre Knochen in ganz Europa zu verstreuen.

Der Konvent, die Kommune wußten zumindest sehr wohl, daß ihnen Le Peletier, dem sie hier folgten, nur um ein geringes vorausging. Alle waren davon überzeugt, daß sie dem Grab zueilten. Wie viele eilten dem Schafott zu! Wie viele den Schlachten! Wie viele dem Meuchelmord im

Bürgerkrieg!... Der eine hatte noch ein Jahr zu leben, der andere zwei Jahre. Dieser Leichenzug war der ihre; sie nahmen an ihrem eigenen Leichenbegängnis teil. Auch für sie waren die Fahnen mit Trauerflor verhüllt, auch für sie schlugen die Trommeln diese düsteren Wirbel, ertönten die tiefen, gedämpften Töne der Trompeten wie eine Totenklage.

Des Untergangs gewiß, waren sie auch dessen gewiß, daß er von Nutzen sein würde? Sie würden Gesetze hinterlassen. Doch was sind die Gesetze ohne die Menschen? Bliebe die Revolution nichts anderes als die Verkündung einer erhabenen Form, die der künftigen Welt vermacht würde, der gegenwärtigen Welt von keinem Nutzen wäre, der die Welt stets zustrebte, ohne sie zu erreichen?... Mehr als einer hegte diese düsteren Gedanken.

So kamen sie vor dem Panthéon an, wo Le Peletiers Bruder die Leichenrede hielt und versprach, das Werk des Toten zu veröffentlichen. Er nannte es seinen Erziehungsplan, und wir wollen es in dankbarer Verehrung die *Revolution der Kindheit* nennen.

Der Konvent umstand den Sarg, den man verlassen mußte, und schwor die Errettung des Vaterlandes. Alle, Montagnards und Girondisten, hielten noch Waffenstillstand in ihrem Haß und versprachen sich Einigkeit und Brüderlichkeit; ich denke, das Wort war aufrichtig in der großen allgemeinen Gefahr. Es wurde damals zum letztenmal gesprochen.

Die Verfassung von 1793
XI, 2

Verdienste dieser Verfassung. – Wie die Verfassung entstand. – Sie führte zur Diktatur. – Angriffe auf sie. – Von der Priesterpartei im Konvent. – Von der Gegenpartei. – Robespierre verletzt die Gegenpartei.

Die Verfassung von 1793, ein Entwurf, der den Bedürfnissen einer politischen Krise entsprang, hat immerhin die Eigenschaft, durch einige ursprüngliche und starke Züge zum Herzen der Menschheit zu sprechen.

Sie entspricht zunächst dem althergebrachten, dem unveränderlichen Herzensbedürfnis. *Sie spricht von Gott.*

Zwar spricht sie von ihm in abstrakten, unbestimmten, zweideutigen Begriffen[1], allein dadurch, daß sie ihn nennt, heiligt sie sich selbst im Gedanken des Volks und wird ein volkstümliches Gesetz. Sie ist nicht länger ein zufälliges Werk von Gelehrten und Philosophen. Sie fußt auf der

Überlieferung, harmoniert mit ihr und mit dem gemeinsamen Denken der Menschheit.

Der zweite auffallende Punkt ist der, daß diese für ein großes Reich geschriebene Verfassung etwas verwirklichen will, was schon in den kleinsten Gesellschaften auf Schwierigkeiten stößt: *die allgemeine und beständige Ausübung der Volkssouveränität.*

Edle Utopie einer einfachen Regierungsform, bei der das Volk sich auf niemanden sonst verläßt, sondern gleich Gott nur das gebietet und dem gehorsam ist, was es selbst gewollt hat.

Der dritte und sehr bedeutsame Punkt, durch den diese Verfassung die vorausgegangenen aufhebt, ist der erstmalig ausgesprochene Gedanke, daß das Gesetz nicht nur ein Werkzeug ist, um über den Menschen zu regieren, sondern daß es sich um ihn kümmert, *sein Leben erhalten will,* daß es nicht den Untergang des Volkes will.

Woran werden wir das Gesetz erkennen? An jenem rührenden Zeichen, das die wahre Mutter von der falschen unterscheidet, als Salomon sein Urteil trifft und ihr das Kind zuspricht. Die wahre Mutter ruft: »Es soll leben!«

»*Die öffentliche Hilfe ist eine heilige Pflicht. Die Gesellschaft schuldet den notleidenden Bürgern den Unterhalt,* sei es, indem sie ihnen Arbeit beschafft, sei es, daß sie denen, die arbeitsunfähig sind, die Existenzmittel sichert.«

Der erste, noch schwache Ausdruck der vornehmsten Pflicht der Brüderlichkeit. Nichtsdestoweniger ist es der Anbeginn eines besseren Zeitalters, das Morgenrot der neuen Welt.

Man gehe auf 1792 zurück, auf den von Condorcet geschriebenen girondistischen Verfassungsentwurf; da gibt es noch nichts dergleichen. Der Verfasser versprach allerdings das Gesetz für *öffentliche Hilfe,* aber ein besonderes Gesetz, als wenn dieses Gesetz, dieses Gebot der Brüderlichkeit, nicht am Anfang der Verfassung seinen Platz haben müßte.

Noch schlimmer, wenn man auf die Konstituante zurückgreift. Hier herrscht ungeteilt die anglo-amerikanische Schule. Die Berichte, die Reden de La Rochefoucaulds und anderer Philanthropen aus der Schule des *laissez faire* und *laissez passer* sind wenig philanthropisch, verglichen mit der Großherzigkeit von 1793, ihrer Liebe zum Volk, den zahllosen Gründungen, die aus diesem fluchbeladenen Jahr eine gewaltige Ära der sozialen Brüderlichkeit machen.

Das sind die drei Hauptpunkte, die der Verfassung von 1793 ihren Charakter geben. Man wünschte nur, daß diese edlen, befruchtenden Dinge wie Gott und die Brüderlichkeit nicht bloß in zwei vereinzelten Artikeln ohne Zusammenhang mit dem Ganzen, als schmückendes Beiwerk, erschienen. Sie müßten im Gegenteil den Beginn und das Herz des

Ganzen bilden; mehr noch, das Blut, das Leben, den Lebenssaft, der alles durchdringt und aus dem ganzen Werk eine lebendig Schöpfung macht.

Es zeigt sich nur zu deutlich das Unglück, daß die Verfasser, die den Umständen schleunigst Rechnung tragen mußten, vor sich auf den Tisch ein untaugliches Verfassungsprojekt legten: das der Gironde. Sie kürzten, verbesserten es. Unfehlbares Mittel, um nichts Gutes zuwege zu bringen. Man hätte es ganz beiseite lassen und in einem Wurf ein aus sich begründetes Werk schaffen müssen.

Immerhin zeugen die oft gelungenen Veränderungen von einem besseren Geist.

Zum Beispiel gefällt es mir, daß die Verfassung von 1793, als vom Besitz die Rede ist, vom Recht des Menschen, sich seiner zu erfreuen, das Wort *Kapitalien,* das man in dem girondistischen Werk liest, durch *die Frucht seiner Arbeit* ersetzt.

Das ist ein sehr schönes Wort. Bei der Aufzählung der Mittel, durch die man das Bürgerrecht erwirbt, fügt das Gesetz hinzu: »Wenn man ein Kind adoptiert, einem Greis den Unterhalt gibt.«

Die girondistische Verfassung verlieh sehr unklug dem Frankreich des Landes denselben Einfluß wie den Städten, das heißt, sie gab den blinden Barbaren, den Hörigen einer altgewohnten Unterwürfigkeit, dem fanatischen Haufen, dem Werkzeug der Priester und Adligen das Mittel in die Hand, sich selbst und die Republik dem Untergang auszuliefern. Die jakobinische Verfassung verteilt den Einfluß im Verhältnis zur Einsicht und gibt den Städten das Übergewicht.

Wie ging dieses Werk so schnell vonstatten?

Alle Volksschichten verlangten danach, wollten es sogleich. Keiner wollte die Anarchie, nicht einmal jene, die sie bewirkten. Alle hungerte und dürstete es nach Gesetzen.

Alle teilten den naiven Glauben jenes Zeitalters, daß die Wahrheit nur zu erscheinen brauche, um siegreich zu sein; sie erwiesen ihren Feinden die Ehre, anzunehmen, angesichts der in der Verfassung klar niedergelegten wahren Freiheit und wahren Gerechtigkeit würden sie ihre Waffen niederlegen, würde alles ein Ende haben: Leidenschaften, Interessen und Parteien.

Diese Ungeduld schien den Verfassern die Aufgabe zu erleichtern. Ein Volk, das es so eilig hatte, Gesetze zu bekommen, würde sie im Vertrauen hinnehmen und den Gesetzgeber wenig plagen.

Andererseits bedeutete die gegebene Situation ernste Schwierigkeiten für die Verfassung. Sie hatte zwei völlig gegensätzlichen Bedingungen gerecht zu werden:

Aus dem 31. Mai[2] geboren, hatte sie sich zu rechtfertigen, indem sie den girondistischen Plan vergessen machte, sich volkstümlicher zeigte. *Sie mußte die Gironde an Demokratie überbieten.*

Und sie mußte gleichzeitig das Entgegengesetzte tun: *eine starke Regierung organisieren.* Frankreich ging zugrunde, weil es keine Regierung hatte.

Man wandte sich an Robespierre. Die Montagne, die ihm die Macht verweigert hatte, legte ihm in Wirklichkeit nun die Verfassung in die Hand.

Sie wurde unter seinem Einfluß geschaffen, von fünf Volksvertretern, die man dem Wohlfahrtsausschuß hinzufügte. Dieser verbrauchte, gebrochene Ausschuß hatte nur noch einen Monat Lebensdauer. Er ließ die Dinge gehen. Die Neuhinzugekommenen waren die beiden Ergebenen Robespierres, Couthon und Saint-Just. Ferner drei nebensächliche Leute, um die Zahl zu vervollständigen: ein sehr oberflächlicher Dantonist, Hérault de Séchelles, der schöne Mann und Hohlkopf, der, ohne es selbst zu wissen, die Revolution vom 2. Juni gemacht hatte; ferner zwei Rechtsgelehrte, keineswegs Politiker, Berlier und Ramel; also drei Stimmen für Couthon und Saint-Just, das heißt für Robespierre.[3]

Man wagte nicht, man vermochte nicht die Diktatur zu fordern, ohne die alles zugrunde gehen mußte. Man versuchte, sie aus der Verfassung selbst abzuleiten, der demokratischsten Verfassung, die es je gab.

Seltsamer Hohn des Schicksals! Robespierre trug im Herzen das Ideal der Demokratie; er wollte weniger die Gewalt als die moralische Autorität, zum Vorteil der Gleichheit. Sein ganzer Ehrgeiz war es tatsächlich sein Leben lang, durch eine siegreiche Formel, in welcher der jakobinische Glaube erschöpfend enthalten wäre, der Diktator der Seelen, der König der Geister zu sein; vor dieser Formel sollten Girondisten, Cordeliers, Frankreich und die ganze Welt auf die Knie sinken... Der Tag kommt, und Robespierre kann die Gesetze diktieren, doch dies zu einem Zeitpunkt, als die Situation keine Gesetze mehr zuläßt. Das große Werk tritt an ihn heran, als die äußerste Not der Lage nicht mehr gestattet, es zu verwirklichen!

Die Gewalt organisieren, das war das notwendige Gebot, und es war von höchster Notwendigkeit. Wie aber es wagen, da am 10. Mai Robespierre selbst, genau einen Monat vor dem 10. Juni, an welchem seine Verfassung vorgelegt wurde, eine äußerst mißtrauische, der Regierungsgewalt feindliche Rede gehalten hatte, die aus dem öffentlichen Leben einen Krieg gegen die Behörden machte?

Der Wagemut Saint-Justs und Couthons war durch nichts zu erschüttern. Die Gewalt, die nicht ausdrücklich konstituiert werden konnte, schufen sie, ohne davon zu reden. Sie nahmen ganz einfach den mittelmäßigen girondistischen Entwurf, den schon Condorcet vorgelegt hatte, und kürzten und entfernten die Bürgschaftsartikel, die der Gewalt gezogenen Schranken. So wurde diese durch Streichungen und durch die Schere geschaffen.

1. *Die allgemeine Zensur* des einzelnen und des Volks über den Mißbrauch der Amtsbefugnis ist in der jakobinischen Verfassung verschwunden;

2. ebenso die *große nationale Prüfungskommission* zur Aburteilung von Verbrechen des Verrats. Die gesetzgebende Körperschaft könne die Minister anklagen, heißt es; allein, vor welchem Gerichtshof? Das wird nicht gesagt.

3. Die in dem Entwurf von 1792 vom Volk ernannten Minister werden in der Verfassung von 1793 durch eine doppelte Wahl ernannt, durch *vom Volk berufene Wahlmänner.*

4. Die Kommissare der Schatzkammer, denen die Finanzbeamten Rechenschaft abzulegen haben, waren in dem girondistischen Entwurf vom Volk zu ernennen; im jakobinischen sind sie *von den Ministern zu ernennen,* und werden nicht mehr von *Mitgliedern der gesetzgebenden Körperschaft* (wie Cambon usw.) überwacht, sondern von Beamten, welche die gesetzgebende Körperschaft ernennt.

Am meisten verwunderten sich die Männer aller Parteien über diese Schöpfung eines *Wahlmännergremiums.*

Jedermann glaubte die Leute der Konstituante dahinter zu erkennen; man fürchtete die Gründung einer neuen Aristokratie.

Vergeblich sagte der Berichterstatter, Hérault de Séchelles, wenn die Exekutive nicht vom Volk ernannt werde, so sei es, *um ihre Bedeutung zu verringern.* Man entgegnete, daß diese durch den Einfluß der Jakobiner mit Leichtigkeit zu einer ständigen Einrichtung gemachten Wahlmännergremien der Exekutive die feste Stütze einer Kaste geben würden. »Die Verfassung von 1791 stützte ihr Königtum auf die Wahlmännergremien der Notabeln. Die Verfassung von 1793 wird ihre Diktatur auf jakobinische Wahlmännergremien stützen, eine sansculotte Aristokratie, die nicht weniger gefährlich sein wird als jene andere.«

Man hätte die Möglichkeit haben müssen, freimütig zu sein, sagen zu dürfen, daß man bei der unaufhörlichen Beweglichkeit der Parteien keinen anderen festen Boden erkenne als die Jakobinergesellschaft, daß gegenwärtig außer ihr alle flohen oder dahinschmolzen.

Damit das Volk diese Auferstehung der Exekutivgewalt schluckt, macht ihm die Verfassung von 1793 ein großes und köstliches Versprechen: *Es soll selbst zu allen Gesetzen seine Stimme abgeben.* Die gesetzgebende Körperschaft bringe sie *nur in Vorschlag.*

Es ist die höchste Ehrenbezeugung, die je dem Volk dargebracht worden ist, das umfangreichste Zugeständnis, das je dem Instinkt der ungebildeten Massen gemacht wurde. Man unterstellt, daß bei den schwierigsten, den ungewöhnlichsten und spitzfindigsten Fragen die schlichte, natürliche Erkenntnis alle wissenschaftlichen Behelfe ersetzen könne.

Kaum hat man dem Volk dieses prachtvolle Geschenk gemacht, als man es ihm schon wieder nimmt. Die Zustimmung zu allen Gesetzen wird illusorisch:

»Wenn innerhalb von vierzig Tagen nach Beantragung des Gesetzes in der Hälfte der Departements nicht von einem Zehntel der Urwählerversammlung Einspruch erhoben worden ist, so wird der Antrag zum Gesetz.«

Also: *Wer nichts sagt, stimmt zu.* Es ist unstreitig, daß bei den Gesetzen zur Regelung schwieriger Fragen (und das sind die meisten Gesetze in einer Gesellschaft wie der unsrigen, von so vielgestalten Interessen) die Massen weder die Zeit noch den Willen, noch die Möglichkeit haben werden, sich ans Studium zu begeben; sie werden das Gesetz nur durch ihr Schweigen machen.

Um die Wahrheit zu sagen, waren die beiden Verfassungen, die girondistische und die jakobinische, entweder kaum anwendbar oder äußerst gefährlich.

Die girondistische ist lediglich ein Werkzeug des Widerstands gegen die Autorität, die noch gar nicht vorhanden ist und die mit einer solchen Verfassung gar nicht beginnen konnte. Sie enthält nichts als Fesseln, Grenzen, Hindernisse aller Art: so sehr, daß ein solches Werkzeug vollkommen festgelegt sein muß und sich nicht rühren kann. Sie ist die konstituierte Lähmung.

Die jakobinische Verfassung führt, so demokratisch sie auch ist, geradewegs zur Diktatur. Das ist ihr Fehler, und das war ihr Verdienst zur Zeit, da sie entstand, in der furchtbaren Krise, für welche die Diktatur das Heilmittel schien.

Sie wurde am 10. verlesen und vom Konvent geduldig angehört. Am Abend aber konnte man schon sehen, daß sie nicht gut aufgenommen wurde, nicht einmal von den Männern des 2. Juni. Gerade innerhalb der jakobinischen Gesellschaft, der diese Verfassung Frankreich anvertraute, brach die heftigste Kritik aus.

Chabot, der Unbesonnene, der Zyniker, der mehr als irgendeiner die Gironde geschmäht hatte, verfuhr mit der Verfassung Robespierres fast ebenso kränkend. Unbekümmert um den Ort und die Personen sagte er roh und dreist, die neue Verfassung sei eine Falle, sie greife die Diktatur wieder auf, sie schaffe eine monströse Exekutivgewalt, unabhängig von der Nationalversammlung, eine riesenhafte und freiheitmordende Gewalt, sie beginne von neuem mit dem Königtum...

Robespierre war überrascht, bestürzt und fand nur die Antwort, er selbst werde beantragen, der Verfassung volksfreundliche Artikel hinzuzufügen.

Chabot aber machte hier nicht halt, nun er einmal in Schwung war. Er fragte, wo die Artikel seien, die wirklich das Glück des Volkes berührten. Ein einziger, der besagte, »die öffentliche Hilfe sei eine heilige Pflicht« – eine schwache und dürftige Ankündigung des Grundsatzes, ohne Mittel und Wege anzugeben. »Ist das alles«, fragte Chabot, »was das siegreiche Volk erwarten durfte?«

Das Schweigen war furchtbar. Chabot selber entsetzte sich, daß man nicht antwortete. Er hielt sich für verloren. Und das noch mehr, als er an den folgenden Tagen sah, wie die *enragés*[4] sich seiner Argumente bemächtigten und sie einer unverschämten Eingabe an den Konvent zugrunde legten. In seiner Verzweiflung, so recht gehabt zu haben, und entschlossen, sich durch irgendeine Feigheit reinzuwaschen, nutzte er die Gelegenheit, daß Condorcet eine anonyme Broschüre gegen die Verfassung geschrieben hatte. Chabot zeigte ihn an, veranlaßte seine Verhaftung und drang auf seinen Tod, im Glauben, sich selbst zu retten.

Auf den Menschen kam es tatsächlich nicht an. Chabot hatte in letzterem Punkt die Wahrheit getroffen. Die Verfassung von 1793 war wie so viele andere eine Maschine ohne Leben, ein Rad ohne Antrieb; es fehlte ihr gerade das, was sie in Bewegung gesetzt hätte.

Vergeblich hatte der Berichterstatter Hérault gesagt, die sozialen Gesetze würden nach der Verfassung kommen, entsprechend dem alten Verfahren, das zuerst einen Mechanismus schafft, ihn aufstellt und dann zusieht, ob er sich bewegen wird. Man muß den Motor schaffen und von ihm den Mechanismus ableiten; dieser hat nur Wert, insoweit er dem anderen gehorchen und ihm folgen kann. Religion, Erziehung, brüderliche Moral, Gesetze des Erbarmens und der Billigkeit, gegenseitige Zuneigung, das ist es, was zunächst organisiert werden, in das Gesetz und in die Herzen gepflanzt werden muß; alles das ist dem politischen Mechanismus vorangesetzt und überlegen.*

* Alle Verfassungen der Neuzeit ohne Ausnahme erfüllen mich mit Langeweile und Trauer. Alle sind in ermüdendem Stil abgefaßt, in schwerfälligem, mechanischem Geist. Es fehlen ihnen nur zwei Dinge, der Mensch und Gott, also alles.

Das Gesetz ist in ihnen so bescheiden, daß es sich auf bestimmte nebensächliche Aspekte der menschlichen Tätigkeit beschränkt, die es mechanisieren zu können glaubt. Allem Großen verweigert es sich. Es beschäftigt sich mit Beiträgen, mit Wahlen. Aber die Seele dessen, der zahlt, die Intelligenz dessen, der wählt, sie sind von keinem Interesse. »Ihr wollt von Moral, von Religion sprechen? Bleibt mir damit vom Leib; das ist Sache der Priester, der Philosophen«, sagt das Gesetz. »Ich befasse mich nur mit meinen Wahlurnen, meinen Wählerverzeichnissen, mit meinem Büro und meiner Kasse.

Chabot war sehr weit gegangen; doch hatte er nicht erwähnt, was die Herzen der meisten Revolutionäre, sogar der Gemäßigten, der Mehrheit der Montagne am stärksten bedrückte.

Zu den Hauptursachen der Isolierung der Girondisten gehörte, wie wir gesehen haben, daß diese im allgemeinen der philosophischen Überlieferung des achtzehnten Jahrhunderts anhingen und damit diejenigen unter den Mitgliedern des Konvents verletzten, die den alten Kult schonen wollten. Die Aufhebung der Sonntagsruhe in den Verwaltungen war ein unverzeihliches Verbrechen.

Der Priester Sieyès im Zentrum, Durand-Maillane und andere auf der Rechten übten trotz ihrer beständigen Stummheit einen ziemlich großen Einfluß auf den Konvent aus. Die Priester waren zahlreich vertreten; es gab vierzehn Bischöfe, von denen die Hälfte in der Montagne saß. Einer dieser montagnardischen Bischöfe war Lehrer Robespierres gewesen. Alle fühlten sich als Amtsbrüder und stimmten geschlossen in Fragen, die ihre Robe betrafen. Die Revolution konnte eine Welt zertrümmern, aber das Band zwischen Priester und Priester vermochte sie nicht zu zertrennen.

Es war Robespierres Scharfblick nicht entgangen, daß es unabhängig von der örtlichen Spaltung der Parteien in rechte Seite, linke Seite und Zentrum gleichsam eine auf alle Bänke der Versammlung verstreute Partei gab, die aller Mitglieder, die mehr oder weniger den religiösen Ideen zugetan waren.

Wenn er diese besonders auf der Rechten ziemlich starke Partei an sich fesselte, konnte er in ihr eine Stütze finden, wenn nötig, sogar gegen die Montagne, gegen diese unbeständige, unbändige Montagne, die ihn am 2. Juni mit dreißig Getreuen allein gelassen hatte. Was wäre, wenn die Montagne eines Tages, von Danton oder irgendeinem anderen Cordelier verführt, wieder fahnenflüchtig würde?... Folglich setzte er sich für die Rechte ein, hütete sie sorgfältig und mehrte sie als künftige Reserve um all jene, die auf der Linken und im Zentrum etwas von der alten Religion erhalten wollten.

In der Diskussion, die unlängst über die Frage geführt worden war, ob man den Namen des *Höchsten Wesens* an den Anfang der Verfassung setzen solle, hatte die Versammlung den Vorschlag vertagt, das heißt auf unbestimmte Zeit verschoben. Robespierre kehrte sich nicht daran, son-

Sollen sich andere der moralischen Autorität, der Frage Gottes annehmen, sollen andere die Seelen bilden, die Herzen in ihre Hände nehmen. Das ist das *Geistige*, die Sache Mariens. Meine Sache ist das *Zeitliche*, die Sache Marthens.« Den Haushalt führen, kehren, den Bratspieß drehen. Armes Gesetz, fühlst du nicht, daß wer den Geist hat, alles hat?

dern schrieb in die erste Zeile seiner Erklärung der Rechte: *Im Angesicht des Höchsten Wesens.**

Durch dieses Wort vor allem wird die Verfassung mit dem Namen Robespierres verbunden. Ohne seinen Einfluß hätte keiner der Verfasser daran gedacht, es in sie zu setzen. Er bekannte sich zu dieser Urkunde und forderte den Haß eines großen Teils der Montagne heraus.

Ein natürliches Ergebnis des Kampfes, den der moderne Geist so lange Zeit in Martern und Scheiterhaufen gegen die Männer Gottes bestanden hat, ist, daß der Name Gottes verdächtig war; er erinnerte die Geister nur an die Tyrannei des Klerus, die man eben erst gebrochen hatte.

Eine Bemerkung wird dies erläutern.

In der Zeit, als Diderot in seiner Enzyklopädie die Fortschritte der Künste schilderte, befand er sich eines Tages bei einem Drechsler und sah ihm bei der Arbeit zu. Einer seiner Freunde kam hinzu, und Diderot, von der niederen Kunst zur Idee der ewigen Kunst übergehend, begann mit außergewöhnlicher Beredsamkeit von der Schöpfung und dem Schöpfer zu sprechen. Indessen wechselte der andere die Farbe. Endlich brach er in Tränen aus. Er warf sich vor Diderot auf die Knie, ergriff seine Hand und schluchzte: »Ach, mein Freund! Lieber Freund! Gnade! Sprechen Sie nicht so... Ich bitte Sie, ich beschwöre Sie... Oh! Nichts mehr von Gott, es gibt keinen Gott mehr!«

Er wollte offenbar sagen: »Keinen Klerus mehr, keine Mönche, keine Inquisition, keine Scheiterhaufen, usw. usw.«

Ein ganz ähnlicher Vorgang geschah zu der Zeit, deren Geschichte hier geschrieben wird. Einer der hitzigen Schüler Diderots kommt eines Abends im Jahr 1793 erschöpft und bleich in die kleine Rue Serpente zu der ihm befreundeten Familie des Buchhändlers Debure. Man fragt erstaunt: »Was haben Sie? Sind Sie etwa denunziert worden?« – »Nein.« – »Also ist einer unserer Freunde in Gefahr?« – Endlich bringt er unter Tränen und mit Mühe die Antwort heraus: »Nichts von alldem... Dieser Schurke Robespierre läßt die Verehrung des *Höchsten Wesens* anordnen!«

Dieser fanatische Atheismus fand sich besonders bei den Cordeliers. Die meisten hielten sich für Atheisten und waren es nicht. Wie ihr Meister Diderot waren sie gläubige Skeptiker. Die einen, wie Danton, empfanden Gott in den schöpferischen Kräften der Natur, im Weib und in der Liebe. Die anderen, wie der arme Cloots, der Redner des Menschengeschlechts, empfanden ihn in der Seele des Volkes, in der Menschheit, in der allgemei-

* Prudhomme, wahrscheinlich durch seinen Freund Chaumette ermutigt, äußerte sich mit mehr Freiheit über diese religiöse Umkehr, als man es von der bereits ängstlich gewordenen Presse erwartet hätte. Er sagt ohne viel Umschweife: »Unsere Gesetzgeber haben da einen Krebsgang angetreten.«

nen Vernunft. Die Einheit des Unergründlichen mochte ihnen entgehen, aber aus Instinkt und Gefühl sahen und erkannten sie mehrere der Antlitze Gottes.

Die Cordeliers waren sehr gemischt. Sie hatten unter sich Männer mit Herz und prachtvollem Feuer wie Desmoulins und Cloots, Intriganten wie Hébert und Ronsin. Aber es waren keine Heuchler unter ihnen.

Sie waren der Meinung, die Revolution dürfe nicht haltmachen vor der Religionsfrage, sondern müsse sie vereinnahmen, in sich aufnehmen, und sie besäße keine Sicherheit, solange sie diese Frage außer acht ließe. Sie umgingen die Religion nicht, indem sie ihr ein paar Worte widmeten. Sie schlugen ihr Symbol vor gegen das des Mittelalters. Da die Jakobiner das letztere durch eine Zweideutigkeit schonten, mußten sie erleben, wie es wiederauferstand, obgleich es tot war, und wie dieser Wiedergänger die Revolution erwürgte.

Auf Zweideutigkeit läßt sich nicht bauen. Nichts war so ungenau, so unklar wie das Wort: *das Höchste Wesen.*

Rousseau, dem es gehört, hatte Erfolg damit gehabt. Robespierre suchte seinen Erfolg damit.

Dieses Wort von zweifelhaftem Sinn ist das, was *Emile* den Gläubigen wie den Philosophen empfahl. Die einen sahen darin den alten Gott und die anderen den neuen.

Alle, die aus Gefühlsgründen und unbekümmert um Logik an der alten Religion festhielten und sie unter ihren Füßen nachgeben spürten, betraten begierig das schwankende Brett, das Rousseau allen hinhielt.

Diese Formulierung gefiel allen, weil sie sehr wenig besagte. *Höchstes!* Was für ein leerer, hohler Begriff (verzeihen Sie mir das Wort, großer Mann). Eine Formulierung, die sich wenig eignet als Bezeichnung für den allmächtigen Erzeuger der Welten, oder sagen wir besser, für die große Mutter, die all-fruchtbare, die unablässig die Welten und die Herzen gebiert. Die Kraft Gottes unerwähnt lassen und nur sagen, daß er *der Höchste* sei, das heißt im Grunde, ihn zu vernichten. Gott handelt, zeugt oder ist nicht. Dieser armselige Name beraubt ihn, setzt ihn ab und verweist ihn da oben irgendwohin, auf den Thron des Nichtstuns, auf welchem der Gott Epikurs saß.

Man darf von Gott nicht sprechen, es sei denn, man spricht deutlich.

So groß ist die furchtbare Kraft dieses Namens, daß, spricht man falsch von ihm, er entsetzlich fruchtbar sein wird an Übeln und Irrtümern.

Was bedeutet *das Höchste Wesen*? Ist es der Gott des Mittelalters, der ungerechte Gott, der die Auserwählten rettet, die, die er liebt und den anderen vorzieht, die Günstlinge der Gnade? oder der Gott der Gerechtigkeit, der Gott der Revolution?... Nehmt euch in acht. Tödlich ist die Zweideutigkeit. Ihr öffnet so der Vergangenheit die Tore. Man muß sich entscheiden. Denn die zwei Bedeutungen ergeben zwei gänzlich verschiedene Politiken. Aus dem gerechten Gott folgt eine gerechte, demokratische, gleichheitliche Gesellschaft. Aus dem Gott der Gnade, der nur seine Auserwählten rettet, werdet ihr nie etwas anderes entstehen sehen als eine Gesellschaft der Erwählten und der Privilegierten.

Dreißig Jahre waren seit Rousseau vergangen. Die Zweideutigkeit war nicht länger zulässig. Man hätte sich ihrer nicht bedienen dürfen. Statt vom *höchsten Wesen* zu sprechen, was nichts als Unentschiedenheit zwischen dem gerechten und dem ungerechten Gott ist, hätte man sich zum einen oder zum anderen Glauben bekennen sollen, entweder in die Vergangenheit zurückweichen, wie es das Empire ohne viel Umschweife getan hat, oder dem revolutionären Weg folgen und sich gegen die willkürliche Theologie der Gnade und des Privilegs wenden und dem Gesetz den Namen des neuen Gottes voranstellen: Gerechtigkeit.

Wäre diese erste Zeile geschrieben und die Religion begründet gewesen, so hätte die Verfassung von 1793 nicht den Sturz tun können, den sie in der zweiten Zeile tut, wo sie der Gesellschaft als Ziel *das Glück* verkündet (das allgemeine Glück).

Die girondistische Verfassung gab der Gesellschaft als Ziel: *die Erhaltung der Rechte*. Und Robespierre selbst sprach von diesem Ziel in seiner ersten Erklärung, die er den Jakobinern vorlegte. Diese Lösung war zweifellos edler als das Glück, aber sie war dennoch unvollständig, mehr negativ als positiv, eher Schutz als Tat, eher bewahrend vor Bösem als Gutes schaffend.

Weder die girondistische Verfassung noch die jakobinische gehen von Gerechtigkeit und Pflicht aus. Daher rührt ihre Unfruchtbarkeit.

Vergleichen wir mit der Verfassung ein sehr wichtiges Gesetz (das vom 22. Juni). Auf Robespierres Antrag *nahm der Konvent von der Zwangsanleihe diejenigen aus, die weniger als zehntausend Francs Rente hatten*, das heißt fast alle Eigentümer. Höhere Erträge erbrachten nur die Vermögen der Emigranten, die, zu Nationalgütern geworden, nicht in Frage kamen, oder die Vermögen der Bankiers; die Bankiers waren meistens Ausländer, sie reisten ab und waren nicht zu fassen. Damals gab es nicht die vielen großen Vermögen, die seither durch Industrie, Handel und Wucher entstanden sind.

Dieser Antrag, tatsächlich alle Welt auszunehmen, war eine geschickte politische Schonung, aber maßlos übertrieben gegenüber dem Besitz. Viele dieser Befreiten, die weniger als zehntausend Francs Rente hatten, waren dennoch sehr wohlhabend. Und es war zu befürchten, daß man, wenn man nur die noch Reicheren heranzog, niemanden finden würde, bei dem man die Milliarde auftreiben konnte.

Und schließlich war nichts geeigneter, um die Bourgeoisie herumzukriegen, sie um die Verfassung zu sammeln und die girondistische Partei, die zum Teil aus den geschonten wohlhabenden Leuten bestand, zu vernichten und aufzulösen.

Fassen wir zusammen:

Durch seine Verfassung, durch dieses dem Eigentum günstige Gesetz, durch die Vertagung des großen Schreckgespenstes (der revolutionären Armee) wurde Robespierre die Hoffnung dreier völlig verschiedener Klassen, die sich bis dahin in ihren Ansichten unterschieden hatten:

1. der Jakobiner, die er zur Macht berief;
2. der Besitzenden, die in ihm ihren Beschützer sahen;
3. der Freunde der Vergangenheit, selbst der Priester, die in seiner

Rede vom Höchsten Wesen, jenem philosophischen Mittelding zwischen dem Christentum und der Revolution, mit gutem Grund die Möglichkeit erblickten, die alten, insgeheim immer noch bestehenden Einrichtungen eines Tages wieder erstehen zu lassen und die neue Schöpfung zu ersticken und zu vereiteln.

Das Fest des 10. August 1793
XII, 7

Die Föderierten vom 10. August 1793. – Eröffnung des Louvre und des Museums der französischen Denkmäler. – Charakterisierung der verschiedenen Parteien. – Größe und Schrecken im Fest des 10. August. – Düstere Wirkung. – Häßliche Zwischenfälle. – Die Gipskolosse.

Das Fest des 10. August war eine große volkstümliche Veranstaltung, eindrucksvoll und schrecklich, gekennzeichnet durch den düsteren Charakter des Augenblicks, der Gefahr, des verzweifelten Widerstands, den man vorbereitete, und der Schreckensgesetze, die man dem Feind entgegensetzte. Es war kaum ein Fest. Die Annahme der Verfassung, diese rührende Tat des in einem Gedanken sich einigenden Frankreich, hatte nur eine nebensächliche Wirkung.

Der Wohlfahrtsausschuß hatte eine verhängnisvolle Nachricht erhalten. Die verbündeten Heere operierten nicht mehr getrennt, sondern marschierten zusammen, und die Aussichten auf Widerstand wurden unendlich gering. Die Nordarmee verdankte ihre Rettung nur einem geschickten

Manöver; sie war seitwärts ausgewichen, hatte aber den Weg nach Paris freigegeben. Paris war ungedeckt; das Fest fand gewissermaßen unter den feindlichen Kanonen statt.

Das Lied des Tages war der *Chant du départ* – nicht mehr die *Marseillaise,* die ergreifend menschliche Hymne der brüderlichen Legionen, sondern ein durchdringendes Trompetensignal, der Schrei des Kriegsschreckens, der über Europa hereinbrach und es zwanzig Jahre lang in Blut tauchte.

Zum erstenmal sah man ein anderes Volk, und man konnte die große Veränderung ermessen, die sich in den Sitten und Zuständen vollzogen hatte. Dem vertrauensvollen Volk der großen *Föderationen,* dem begeisterten Volk des großen Kreuzzuges, des *Ausmarschs von 1792*, ist ein anderes gefolgt. Die neuen Föderierten waren unauffällig, ernst, bescheiden gekleidet, Männer der Arbeit und der Pflicht; sie brachten keinen Schmuck, sondern nur ihre Hingabe, ihre Arme, ihr Leben für die große Sache dar. Das Volk von Paris war nicht weniger ernst, mit Ausnahme des Gesindels, das bei jedem öffentlichen Fest berufen ist, die allgemeine Freude darzustellen.

Das Mißtrauen regierte. Die Föderierten waren nicht wenig überrascht gewesen, als man sie kurz vor Paris durchsuchte. Man fürchtete, sie möchten gefährliche Papiere und föderalistische Zeitungen mitbringen. Wie sehr zu Unrecht! Diesen braven Leuten lag nichts anderes am Herzen als die Einigkeit Frankreichs.

Die Kommune fürchtete für die Sitten und die Börsen der Gäste. Sie hatte den Dirnen bedeutet, nicht auf der Straße zu erscheinen. Man fürchtete noch mehr für die politische Rechtgläubigkeit. Die Kommune bemächtigte sich der Gäste, umgab sie mit brüderlicher Liebe, führte sie zum Konvent, zu den Jakobinern, wohin sie wollten. Im Konvent empfingen sie den Bruderkuß. Die Jakobiner brachten sie während des ganzen Aufenthalts in ihrem eigenen Saal unter und berieten gemeinsam mit ihnen.

Der Konvent hatte keine Kosten gescheut, damit das große Volk, das zu dieser Feier in Paris zusammenströmte, einen unauslöschlichen Eindruck empfing, damit dieses Volk das Vaterland fühlte und dieses Gefühl ganz Frankreich vermittelte.

Er opferte eine Million zweihunderttausend Francs für das Fest.

Er eröffnete zwei große Museen.

Das eine, das man das Museum der Nationen nennen kann, ist das universelle Museum des Louvre, wo jedes Volk durch seine Kunst, durch unsterbliche Gemälde vertreten ist.

Das andere, das den Namen Museum Frankreichs führen könnte, das Museum der französischen Denkmäler, war ein unvergleichlicher Schatz von Skulpturen, die aus Klöstern, Palästen und Kirchen zusammengetragen waren.* Eine ganze Welt historischer Toter hatte bei dem gewaltigen Ruf der Revolution ihre Kapellen verlassen und sich in dies neue Tal Josaphat begeben. Hier waren sie seit kurzem, noch ohne Sockel, oft schlecht aufgestellt, aber keineswegs ungeordnet. Im Gegenteil, zum ersten Mal herrschte unter ihnen eine machtvolle Ordnung, die wahre, die einzige Ordnung, die Ordnung nach Zeitaltern. Die nationale Fortdauer war hier wiedergegeben. Frankreich sah sich endlich selbst in seiner Entwicklung; von Jahrhundert zu Jahrhundert, von Mann zu Mann, von Gruft zu Gruft konnte es seine Gewissensprüfung vollziehen.

»Wer bin ich?« sagte Frankreich. »Was ist mein sozialer und religiöser Grundsatz? ... Welches Leben fließt in meinen Adern?« Dies war noch nicht klar. Jede Partei hätte die Frage verschieden beantwortet. Anders wäre die Lösung der Cordeliers ausgefallen als die der Jakobiner; anders die Robespierres als die Dantons; anders die Clootsens als die Chaumettes, der Kommune von Paris. Dieses entgegengesetzten Einflüsse bekämpften sich sichtbar im Fest. Der Festredner David, Robespierres Mann, hatte dennoch weitgehend die Anregungen der Kommune befolgt. Diese selbst gab die Losungen. Sie verbreitete über das ganze Fest einen Hauch vom Geist der Cordeliers.

Der Einfluß Robespierres ist offenkundig untergeordnet; das *Höchste Wesen* der Verfassung erscheint hier nicht. Und andererseits haben die Cordeliers, vielleicht um der jakobinischen Auffassung entgegenzukommen, ihren Gott verborgen, die *Vernunft*, die sie bald wieder zeigen sollten, und ihren Heiligen, Marat. Merkwürdig! Sie haben gerade erst das angebetete Herz des Volksfreundes in den Gewölben ihres Saales aufge-

* Hier muß ich eine Wunde in meinem Herzen öffnen. Dieses Museum, in das meine Mutter mich in meiner Kindheit, die arm, aber reich an Phantasie war, so viele Male an der Hand geführt hat, ist 1815 zerstört worden. Eine im Ausland entstandene Regierung ließ es sich angelegen sein, dieses Heiligtum der nationalen Kunst zu zerstören. Wie viele Seelen hatten in ihm den historischen Funken empfangen, das Interesse an den großen Erinnerungen, den undeutlichen Wunsch, die Zeitalter zu durchmessen! Noch spüre ich die Empfindung – immer dieselbe und immer gleich lebhaft –, die mein Herz klopfen machte, wenn ich als Kind die düsteren Gewölbe betrat und die bleichen Gesichter betrachtete, wenn ich herumging und suchte – begierig, neugierig, furchtsam –, von Saal zu Saal, von Zeitalter zu Zeitalter. Was suchte ich? Ich weiß es nicht; das Leben von einst wohl, den Geist der Zeit. Ich war mir nicht recht sicher, ob sie nicht doch lebten, die vielen marmornen Schläfer, die auf ihren Gräbern ausgestreckt lagen; und wenn ich die prachtvollen alabastergeschmückten Denkmäler des XVI. Jahrhunderts verließ und in den niedrigen merowingischen Saal ging, wo sich das Kreuz Dagoberts befand, war ich mir nie sicher, ob sich Chilperich und Fredegunde nicht vor meinen Augen auf ihrem Grabmal aufrichten würden.

hängt und lassen nun die Gelegenheit vorübergehen, dem vereinten Frankreich die Reliquie zu zeigen.

Da eine grundsätzliche Einigkeit nicht vorhanden war, hatte das Fest wenigstens eine Art historischer Einigkeit. Es war gleichsam eine Geschichte der Revolution in fünf Akten.

Das Ganze war kalt, gewaltsam, gezwungen und dennoch erhaben.

Die Gefahr, ja selbst die Anstrengung, die man überall spürte, verlieh dem Ganzen wahre Größe.

David war die verkörperte Anstrengung. Darin war er der Ausdruck seiner Zeit.* Ein Künstler, vom großen Orkan aufgerüttelt, ein schroffes, gewalttätiges Genie, das sich selbst zerfleischte, trug David in seiner unruhigen Seele die Kämpfe und Erschütterungen aus, in denen die Terreur aufflackerte.

Dieser Prometheus von 1793 nahm Ton und formte daraus drei Götter, drei riesenhafte Statuen: die Natur auf den Ruinen der Bastille; die Freiheit auf der Place de la Révolution; das Volk als Herkules, wie es die Zwietracht, das heißt den Föderalismus niederwirft, auf der Place des Invalides. Dazu kam ein Triumphbogen auf dem Boulevard des Italiens und schließlich der Altar des Vaterlands auf dem Marsfeld: Das waren die fünf Haltestellen.

* Die Kunst suchte sich selbst, wie jene Zeit sich selbst suchte. Ihre Gewalt schlief noch in drei Kindern: Gros, Prud'hon, Géricault. Der König damals war David. Was die Mühe für die Kraft ist, war David für Géricault. – Als Schüler eines Architekten und nicht eines Malers richtete David seine Blicke zuerst auf Marmorstatuen, auf starre Linien, deren Strenge er beibehielt. Zwei Dinge haßte er zutiefst und lag im Krieg mit ihnen: erstens die Natur, die schlaffe Natur des achtzehnten Jahrhunderts, zweitens die Künste seiner Zeit. Er ließ seine Schüler Ball werfen gegen Bilder von Boucher und Lebrun. Er hätte Watteau guillotinieren lassen, wenn dieser noch gelebt hätte, und forderte, daß man wenigstens die Porte Saint-Denis zerstörte. – Dieses gewalttätige Genie wurde von seiner Natur zu anatomischen Studien getrieben, wie Michelangelo. Aber um den Tod zu fühlen, muß man das Leben fühlen. David ging in der antiken Kunst auf, der Marmor hielt ihn, unglücklicherweise nicht die griechische Bildhauerei, sondern die Antike der Dekadenz. – Merkwürdig! Jedesmal, wenn er sich vergaß, wenn er seiner Hand Freiheit ließ bei irgendeiner Zeichnung oder einem Bild, ohne daran zu denken, daß er David war, so zeigte sich, daß er ein großer Meister war. Das Geheimnis bestand in folgendem: Es steckte ein sehr großer Maler in ihm, aber um ihn gab es eine Schule. Er fühlte sich zu sehr verantwortlich vor dieser gelehrigen Menge. Er war allzusehr Lehrer. Die Zeit der Terreur, die Bewunderung und Freundschaft für Robespierre, sein damaliges Königtum in den Künsten haben sein Genie guillotiniert. Er spürte es undeutlich, und er litt darunter. Dieses Leiden machte ihn grausam. Es befruchtete ihn in gewissem Sinne, und es lähmte ihn. Die von ihm gehaßte Natur rächte sich wie eine von ihrem Gatten mißhandelte Frau; sie liebkoste in einem verborgenen Winkel den kleinsten seiner Schüler und schuf durch einen Kuß Prud'hon.

Rohe, gewaltige Improvisation. Die Steine der Bastille waren noch nicht fortgeschafft. Auf diesem wirren Chaos schuf man einen Springbrunnen. Die Natur, ein Gipskoloß, sprudelte aus hundert Brüsten das Taufwasser der Wiedergeburt in ein Becken. Jeder Stein trug düstere Inschriften, Stimmen der Bastille, Seufzer von Gefangenen, alte Leiden. Der Vorsitzende des Konvents, der schöne Hérault de Séchelles, ein liebenswürdiger Mensch und bei allen Parteien beliebt, kam an der Spitze des Festzugs und schöpfte in einen antiken Kelch das lebendige Wasser, das von den ersten Strahlen des Morgens funkelte. Er führte den Kelch an seine Lippen und reichte ihn den sechsundachtzig Greisen, welche die Fahnen des Departements trugen! Sie sagten: »Mit dem Menschengeschlecht fühlen wir uns wiedergeboren.« Sie tranken, und die Freudenschüsse erdröhnten.

Darauf setzte der Zug seinen Weg fort, die Boulevards entlang; die Jakobiner und die politischen Vereine gingen an der Spitze. Das gefürchtete Banner der großen Gesellschaft, auf dem ein helles Auge in Wolken abgebildet war, zog dahin und schien zu sagen: Die Revolution sieht und hört dich.

Dahinter schritt der Konvent, ohne besondere Tracht, von einem dreifarbigen Band umgeben, das von den Föderierten gehalten wurde. Das Volk schien seine Versammlung gleichsam zu umarmen, zusammenzuhalten und einzuschließen.

Es folgte ein ungeheures Durcheinander aller Behörden, untermischt mit dem Volk: die Kommunen, die Minister, die revolutionären Richter mit schwarzem Federbusch inmitten von Schmieden, von Webern und Handwerkern aller Art. Der Arbeiter trug als Schmuck sein Werkzeug. Die einzigen Gefeierten des Festes waren die Unglücklichen; die Blinden, die Greise und Findelkinder wurden auf Wagen gefahren, die Säuglinge in ihren weißen Wiegen. Zwei Greise, Mann und Frau, wurden von ihren Kindern an der Hand geführt.

Ein Karren war mit Zeptern und Kronen beladen. Eine Urne auf einem Wagen enthielt die Asche der gefallenen Helden. Man sah keine Trauerfarbe; acht weiße Pferde mit roten Federbüschen zogen den Wagen, und helle Fanfarenklänge durchdrangen die Luft. Die Verwandten der Toten gingen dahinter, ohne Tränen, die Stirn mit Blumen bekränzt.

Ein Gegenstand war nicht vorhanden; alle Augen suchten ihn, er hatte im Juli 1792 die Aufmerksamkeit stark gefesselt. Man sah hier nicht mehr jenes mit Trauerflor verhüllte Schwert der Gerechtigkeit, das damals von zypressenbekränzten Männern getragen wurde. Denn im August 1793 war dieses Schwert allerorts. Allerorts spürte man es. Man brauchte es nicht mehr zu zeigen.

Als man auf der Place de la Révolution angekommen war, zu Füßen der

Freiheit, an der Stätte, wo noch am Vortage das Schafott stand, ließ der Vorsitzende den Karren mit den Kronen umstürzen und legte Feuer daran. Dreitausend Vögel wurden freigelassen und flogen zum Himmel. Zwei Tauben flohen in die Kleiderfalten der Freihheitsstatue. Welch sanftes Vorzeichen! In welchem Gegensatz stand es zu der furchtbaren Wirklichkeit!

Beim Invalidendom stürzte der Volk-Herkules den Drachen des Föderalismus von einer Felsspitze hinab und erwürgte ihn. Beim Marsfeld zog der ganze Zug an der Gleichheitsstatue vorbei und stieg auf den heiligen Berg. Dort übergaben die sechsundachtzig Greise dem Vorsitzenden jeder seine Pike; dieser band die Piken zusammen und vollzog die Verbindung der Departements. Er stand auf dem Gipfel; der Altar dampfte von Weihrauch; der Vorsitzende verlas die einstimmige Annahme des neuen Gesetzes. Und die Freudenschüsse dröhnten.

Eine große Stunde! da zum ersten Mal ein Reich auf der Grundlage der Gleichheit errichtet wurde!

Am äußersten Ende des Marsfelds war ein Trauertempel erbaut. Dorthin begab sich der Konvent vom Altar aus und stellte sich unter den Säulen auf; alle entblößten die Häupter und lauschten dem Vorsitzenden, der die edlen Worte sprach: »Teure Asche, heilige Urne, ich küsse euch im Namen des Volkes.«

Die Menge zerstreute sich im ersten Abenddämmer, lagerte sich auf dem gelb werdenden Augustgras, und die Familien verzehrten das spärliche Mahl, das sie mitgebracht hatten. Alle kehrten ordentlich und friedlich zurück in die Mauern von Paris, in die Nacht und den Schlaf. Und doch! Für wie viele Menschen war dies Fest das letzte! Wie wenige aus der Kommune sollten am 10. August 1794 noch leben! Wie viele aus dem Konvent würden bald ihren Platz in jener Totenurne erhalten, die der schöne Mann mit den sanften Worten, Hérault de Séchelles, Dantons unschuldiger Schatten, an sein Herz gedrückt hatte!... Danton, Hérault, Desmoulins, Philippeaux hatten noch acht Monate zu leben; Robespierre und Saint-Just kein Jahr mehr.

Mehr als ein Vorgang verdunkelte das Fest.

Die Freude war nicht gleichmäßig gelassen. Die einen waren ernst und unruhig; die anderen gewaltsam und zynisch lustig – sie zwangen sich zum Lachen. Nirgendwo spürte man die Ungezwungenheit des Volkes.

Es gab einen Festordner der allgemeinen Freude, aber dieser Festordner bewies in gewissen Einzelheiten keine große Achtung vor seinem eigenen Glauben. David hatte auf dem Boulevard des Italiens, in dieser engen Straße, einen kleinen Triumphbogen errichtet für die Frauen des 5. Oktober, die den König und das Königtum von Versailles nach Paris zurückgeholt hatten. Siegreich saßen sie dort auf den erbeuteten Kanonen. Der Maler hatte für diesen dramatischen Effekt schöne Frauen gewählt, zweifellos kühne und freche Modelle verwandt. Damit war alles verdorben. Am 5. Oktober (und das machte die Größe des Tages aus) hatten sich Mütter von ihren weinenden Kindern losgerissen, hatten ihre hungernden Kleinen verlassen und mit Löwenmut mit der Person des Königs den Überfluß nach Paris zurückgebracht. Dieser große Vorgang durfte nicht von Dirnen dargestellt werden.

Wenn bei einer solchen Darstellung die Schönheit allein eine Rolle spielen sollte, wo blieb dann die schöne Théroigne, die furchtlose Lütticherin, die an diesem denkwürdigen Tag das Flandrische Regiment für die Frauen gewann und die Waffe des Königtums zerbrach? . . . Ach! Sie war selbst zerbrochen, gezeichnet und entehrt – im Mai 1793 –, man hatte sie als Irre in die Salpêtrière gebracht! . . . Die angebetete Frau war zum fühllosen Tier geworden! . . . Zwanzig Jahre siechte sie dort dahin, unversöhnlich, tobend über soviel Schmach, über soviel Undank.[1]

Noch jemandem war das Fest keine Feier: dem, der es beschlossen hatte, dem Konvent. Der kluge und erfindungsreiche Festordner hatte in der Vereinigung der Bevollmächtigten des Volkes dessen Verbrüderung symbolisieren wollen; die Versammlung sollte also ohne Abzeichen erscheinen, als Volk unter Volk, und ein von den Abgesandten der Urwählerversammlung gehaltenes dreifarbiges Band sollte sie einschließen. So erschien der Konvent wie am Leitseil. So leicht dieses Band war, es erinnerte nur allzu bitter an die kürzliche Demütigung der Versammlung, an ihre Gefangenschaft vom 2. Juni.[2] Als Ludwig XVI. zur Feier des 14. Juli 1792 geführt wurde, sagte ein Schriftsteller von ihm: »Er sieht aus wie ein Schuldgefangener.« Aber der König war wenigstens nicht gefesselt. Der Konvent hingegen trug seine Fesseln sichtbar; man hatte ihm nicht einmal den Anblick seiner Ketten erspart.

Man war so unklug, die drei nur vorläufig aufgestellten Kolosse auf ihren Plätzen stehen zu lassen. David hatte gar keinen Sinn für das Kolossale, für die einfachen, starken Formen, die diesen großen Dingen zukommen. Diese Statuen waren zwar riesenhaft, aber gleichwohl dürftig und kalt in ihrer klassischen Nüchternheit. Man setzte sie ungeschickterweise im Freien dem Herbstregen aus; sie machten bald einen abscheulichen Eindruck in diesem Klima. Die Freiheit solchermaßen zu Füßen des Schafotts zu zeigen, das war in der Tat ein Verbrechen, ein gegenrevolutionäres Verbrechen. Die Menge begann sie zu hassen, sah nur mehr in ihr einen Moloch, der Menschen verschlang. Ein scheußliches Bild, das von der Seele Besitz ergriff und die Freiheit in den Herzen unserer Väter verleumdete. Während sie bei Wattignies, bei Dünkirchen und Fleurus jung, stark und unüberwindlich blühte, entsetzte sie zu Hause, häßlich und verfallen, die Blicke.

Hinrichtung der Girondisten (13. Oktober bis 8. November 1793)

XIII, 9

Der Sieg rettet Robespierre vor Collot und Philippeaux (19. Oktober). – Der Girondistenprozeß (24.–30. Oktober 1793). – Der Prozeß wird durch eine Verfügung abgebrochen (29. Oktober). – Tod der Girondisten (30. Oktober 1793). – Geringe Wirkung der Hinrichtung. – Tod Madame Rolands (8. November 1793). – Tod Rolands.

Die Schlacht kam später zustande, als man glaubte.[1] In Paris wartete man mit äußerster Besorgnis, aber niemand war besorgter als Robespierre. War sie gewonnen, so würde sie die Geister erfüllen, die Dinge in Lyon geringfügig erscheinen lassen und die gefährliche Wirkung der Verhaftung des Siegers von Lyon ausgleichen. Dubois-Crancé war mit seinen Fahnen unterwegs – als Gefangener.[2]

Keine Nachricht am 13., keine am 14. Robespierre wurde unruhig und suchte eine Gelegenheit, sich von Couthon zu trennen und seine Hände reinzuwaschen von den Vorgängen in Lyon. Um seine Nachsicht gutzumachen, griff er einen Nachsichtigen an, den sehr verdächtigen Julien de Toulouse, der (eine überraschende Wirkung des Bundes) von Hébert und der Kommune die Zustimmung erwirkt hatte zu einem Bericht, welcher die Girondisten von Bordeaux verteidigte. Robespierre erregte sich und sagte: »Nein, ich kann nicht wie Julien Handel treiben mit dem Blut der Patrioten. Die Einnahme von Lyon hat die Hoffnung der guten Bürger nicht erfüllt... so viele Schurken sind noch unbestraft, so viele Verräter entschlüpft! Nein, die Opfer müssen gerächt, die Untergebenen entlarvt und ausgerottet werden, sonst sterbe ich!«

So trat Robespierre den Rückzug an und ließ Couthon im Stich. Auch Hébert wich augenblicklich zurück, und die Kommune verbrannte den Bericht Juliens.

Robespierres Rückzug wäre würdelos gewesen, wenn er nicht sogleich einen neuen Streich geführt hätte.

Am 15. Oktober morgens verschwand ein einflußreicher Jakobiner, ein Freund Héberts und Collots, und niemand wußte eine Angabe über den Fall zu machen.

Collot war so wütend, als er abends zu den Jakobinern kam, daß die Robespierristen ihm erschreckt zuvorkamen und eine Untersuchung forderten. Der entführte Mann war Desfieux, ein früherer Spion des Wohlfahrtsausschusses. Er wohnte bei einem noch verdächtigeren Menschen, dem Österreicher Proli[3], einem Bastard des Fürsten Kaunitz. Sie waren beide verschwunden. Collot speit Feuer und Flamme: Er hütet sich wohl, die Vermutung aufkommen zu lassen, die geheimnisvolle Entführung sei ein Werk des Sicherheitsausschusses. Er will nichts dergleichen wissen, schreit, sucht, weint, brüllt. »Man wird uns alle entführen«, sagt er, »heute den einen, morgen den anderen.« Von dort eilt er zur Kommune und spielt in der großen Versammlung des Generalrats, vor den aufgeregten Tribünen, dasselbe Theater. Man gibt seinem Kummer nach und läßt die Polizei kommen. Aber ach! Diese weiß von nichts; in ihren Registern steht kein Vorführungsbefehl. Dank des langen Instanzenweges entdeckt man schließlich, was Collot bestimmt schon zu Anfang vermutet hatte: daß der Sicherheitsausschuß die Entführung veranlaßt hat.

Daß ein Jakobiner entführt wurde ohne Wissen seiner Gesellschaft, ohne Wissen einer Behörde, ohne Wissen des Wohlfahrtsausschusses, der Kommune, der Gemeindepolizei und der Ausschüsse seiner Sektion! das war etwas Neues und erinnerte an die Inquisition von Venedig. Die ganze Gesellschaft geriet in Bewegung; sie begab sich geschlossen zum Sicherheitsausschuß und entriß ihm Desfieux. Er kehrte am 17. im Triumphzug zu den Jakobinern zurück.[4]

Am gleichen Tag inszenierte Collot dort einen starken Auftritt gegen Couthon und Robespierre, denn er wollte sich rächen. Um sich die Gesellschaft zu versöhnen, mußte Couthon Lyon erneuern. »Nur eins kränkt mich bei den Nachrichten aus Lyon«, sagte Collot boshaft, »Das ist die Lücke, durch welche die Rebellen entwischt sind. Muß man annehmen, daß sie über die Köpfe der Patrioten hinwegspaziert sind? Oder sollten dies etwa vielmehr ihre Reihen *gelockert* haben, um jene ziehen zu lassen? . . .«

Die Gesellschaft war unzufrieden und nahm daher um so lieber einen Vorschlag an, den Robespierre früher hatte zurückweisen lassen, nämlich den, Marat und Chalier[5] gemeinsam mit Rousseau im Panthéon beizusetzen.

Hiernach schien es wahrscheinlich, daß Dubois-Crancé eine freundliche Aufnahme finden würde. Zusammen mit ihm kam Chaliers Freund aus Lyon an, Chalier der Zweite, das Opfer der Girondisten, Gaillard, der während der ganzen Belagerung im Gefängnis gesessen hatte und nun, da er von Couthon nichts erhoffte, von der Versammlung und den Jakobinern Rache fordern wollte.

Dubois-Crancé kam am 19. Oktober mit Gaillard. Und am selben Tag, da Robespierre die furchtbare Anklage der *Mäßigung* befürchten mußte, erschien ein scharfer Bericht Philippeaux' dagegen, daß Robespierre im September Ronsin und den *exagérés* seinen Schutz hatte angedeihen lassen.[6]

Er war von zwei Seiten eingekreist.

Aber am selben 19. Oktober fiel wie vom Himmel die Siegesnachricht. Robespierre war gerettet, die Mühe seiner Feinde vergebens. Dubois-Crancé wurde im Konvent empfangen, konnte jedoch nicht einmal reden. Von Collot wurde er bei den Jakobinern eingeführt; er bewies hier viel Klugheit, rechtfertigte sich, ohne anzuklagen. Er schmeichelte den Jakobinern, indem er ihnen die Lyoner Fahne anbot, die er mit eigener Hand erbeutet hatte. Und trotz alledem blieb die Gesellschaft kalt. Sogar Gaillard, Chaliers Schatten, der lebendige Gaillard in Person, den Collot führte und wie einen Heiligen herumzeigte, er machte wenig Eindruck. Bevor man ihn zu Wort kommen ließ, erledigte man eine ganze Reihe Nichtigkeiten und hielt kalte Reden. Schließlich sprach er mit viel Härte, gegen alle; er sprach trostlos und trocken und verzweifelt kurz. Einen Monat später beging er Selbstmord.

Die Jakobiner bewiesen hier, daß sie politisch dachten und dem Fanatismus viel weniger zugänglich waren, als man hätte glauben mögen.

Couthon kannte sie genau und rechnete auf sie; er zeigte sich viel kaltblütiger als Robespierre. In Lyon hielt er allen Rachedurst nieder. Er hatte es nicht eilig, seine Gerichtshöfe zu bestellen. Als er den vernichtenden Beschluß erhielt, sandte er dem Konvent eine bewundernde und begeisterte Antwort, tat aber nicht das Geringste. Mit Ausnahme von einigen Leuten, bei denen man Waffen gefunden hatte, wurde niemand hingerichtet. Couthon wartete bis zum 25. Oktober, ohne irgendeine Maßnahme gegen die Emigranten zu ergreifen. Wenigstens zwanzigtausend in Todesgefahr befindliche Menschen verließen Lyon. Die Mehrzahl waren arme Arbeiter, die nur zufällig mitgetan hatten.

Der so oft geforderte Tod der Girondisten war das Beruhigungsmittel, das man der Wut der Radikalen zu schulden glaubte, die darüber empört waren, daß die riesige Beute von Lyon dahinschmolz und ihnen zu entgehen drohte.

Die am 2. Juni verhafteten zweiundzwanzig Abgeordneten[7] waren durch Flucht oder Tod auf ein Dutzend zurückgegangen; man ergänzte sie durch Nichtgirondisten, und es gelang, die geweihte Zahl, an die das Volk gewöhnt war, vollständig zu machen.

Fouquier-Tinville hatte zum zehntenmal die Akten verlangt. Wie wir gesehen haben, hatten sich ihrer die Jakobiner bemächtigt. Sie suchten sie mehrere Tage lang in ihren Archiven. Man fand endlich in einer Ecke ein kleines Aktenbündel, so unbedeutend, daß Fouquier es nicht zu zeigen wagte. Kein Aktenstück durfte von den Verteidigern im voraus eingesehen werden. Am Tag der Prozeßeröffnung suchte Fouquier noch immer.

Man war in einiger Besorgnis, wie Paris dieses Menschenopfer aufnehmen würde. Die große Mehrheit der Sektionen war girondistisch, und obgleich sie stumm und bestürzt waren und von ihren revolutionären

Ausschüssen niedergehalten wurden, fürchtete man ein Erwachen. Zu Unrecht; Paris war wie tot. Die Girondisten waren vergessen; die Aufmerksamkeit weilte andernorts. Man mußte die Girondisten aus dem Grab holen, um sie zu töten.

Immerhin hielt man es für nützlich, der Tragödie eine Ablenkung (und zwar in Form einer Burleske) zu schaffen. Frauen aus den Klubs, die rote Mütze auf der Frisur, gekleidet als Männer und bewaffnet, begaben sich in die Markthallen und beschwerten sich darüber, daß die Fischweiber keine Kokarden trugen. Diese letzteren, royalistisch gesinnt, wie man weiß, und sehr übelgelaunt, fielen über die schönen Amazonen her und ließen ihnen, zum großen Vergnügen der Männer, mit ihren robusten Händen eine recht unanständige Züchtigung angedeihen. Dies wurde das Tagesgespräch in Paris. Der Konvent sprach ein Urteil, aber es fiel gegen die Opfer aus; er verbot den Frauen, Versammlungen abzuhalten. Diese große soziale Frage wurde als etwas Nebensächliches erstickt.[8]

Mit einer anderen Sache geschah den Girondisten Unrecht. Man verlegte ihren Prozeß unmittelbar hinter den des Abgeordneten Perrin, der wegen betrügerischer Spekulationen zu Ketten verurteilt worden war und am 19. Oktober auf der Place de la Révolution an den Pranger gestellt wurde. So fanden die Girondisten das Schafott durch einen Dieb besudelt. Die Menge, die nicht feinfühlig war, sah, wie sie zwischen Dieben und Royalisten hingerichtet wurden, und nahm wenig Anteil an ihrem Geschick.

Royalisten und Girondisten wurden geschickt miteinander vermischt.

Die Königin starb am 16. Oktober, die Girondisten am 30., Madame Roland am 8. November und am übernächsten Tag der Royalist Bailly. Der Girondist Girey-Dupré am 21. und wenige Tage darauf der Royalist Barnave. Im Dezember fanden die Hinrichtungen der Girondisten Kersaint und Rabaut statt, und dazwischen eingeschoben wurde die der Du Barry.

Wieviel besser wäre es für die Girondisten gewesen, am 2. Juni auf den Bänken des Konvents zu sterben! Sie wären dann nicht nach der Königin an die Reihe gekommen, in dieser ärgerlichen Vermischung mit den Royalisten, wie ein klägliches Anhängsel an den Prozeß des Königtums. Sie wären für sich allein gestorben, aufrecht und mit ungebrochenem Herzen! Sie hätten keine Schwächung erlitten, ihre Nerven wären nicht durch die lange Haft angegriffen gewesen. Sie hätten nicht versucht, ihr Leben zu verteidigen. Sie wären gestorben wie Charlotte Corday.

Mit Ausnahme dieser Schwäche, Verteidigungsreden zu halten, bewiesen sie viel Standhaftigkeit in ihren Grundsätzen. Sie waren aufrichtige Republikaner, unwandelbar in ihrem Haß gegen die Könige, voll unbeirrbaren Glaubens an die Freiheit der Welt. Zudem waren sie der Philosophie des achtzehnten Jahrhunderts treu; mit Ausnahme von zweien, des Marquis und des Bischofs, Fauchets und Sillerys, waren alle Anhänger der Religion Voltaires oder Condorcets.

Man kann noch heute im Karmelitergefängnis die drei, vier Stuben besichtigen, die von den Girondisten bewohnt wurden. Die Mauern sind mit Inschriften bedeckt. Nicht eine davon ist christlich. Das Wort Gott kommt nur einmal vor. Alle atmen das Fühlen antiken Heldentums, stoischen Geist. Diese stammt von Vergniaud:

Potius mori quam foedari.
(Den Tod! Und nicht das Verbrechen.)

Die schwachen Memoiren Brissots, die in der langen Haft geschrieben wurden, bezeugen den gleichen Geist. Man spürt ein Herz, das sich nur auf Recht und Pflicht stützt, auf das Bewußtsein seiner Unschuld, auf den Glauben an den Fortschritt und das künftige Glück der Menschen. Kaum möchte man glauben, daß der Unglückliche, der im Schatten der Guillotine schreibt, sich nur mit einer Sache beschäftigt, auf die er immer wieder zurückkommt: mit der Sklaverei der Schwarzen! Gleichgültig gegen die eigenen Ketten, fühlt er nur die Ketten des Menschengeschlechts auf sich lasten.

Die drei großen Prozesse des Revolutionstribunals (der Königin, der Girondisten und Dantons) sind von dem gleichen Mann geführt worden, von Herman, dem Vorsitzenden des Tribunals. Er stammte aus Arras, war ein Landsmann und persönlicher Freund Robespierres. Auf den von diesem hinterlassenen Listen von Männern, die zu wichtigen Ämtern gelangen sollten, steht als erster immer Hermans Name. Ein bekannter Gelehrter aus Arras, der hochbetagt noch lebt, hat mir oft von ihm erzählt. Herman war ein gesetzter Mensch, er hatte eine sanfte Stimme und ein finsteres Gesicht; er schielte stark auf einem Auge und schien einäugig zu sein.

Man verfuhr im Prozeß ohne jede Heuchelei. Alle Welt sah sofort, daß es sich lediglich darum handelte, zu töten. Man verzichtete auf alle zu dieser Zeit beim Revolutionstribunal noch gebräuchlichen Formalitäten. Akten wurden nicht mitgeteilt. Die Ankläger (Hébert und Chaumette) waren als Zeugen zugelassen. Keinerlei Verteidigung durch einen Anwalt. Einige der Angeklagten konnten nicht sprechen, was aber sehr nötig war in einem Prozeß, in dem man Leute zusammenbrachte, denen ganz verschiedenartige Verbrechen zur Last gelegt wurden – den einen Taten, den anderen Worte und noch anderen Ansichten.

Besonders abscheulich war, daß man als Belastungszeugen gegen diese zweiundzwanzig von vornherein toten und nur aus Gründen der Form abgeurteilten Männer Leute vorlud, die selbst in Gefahr waren und unter dem Stachel ihrer grausamen Furcht ihr Leben damit zu erkaufen glaubten, daß sie sich zum Henker machten.

Desfieux, eben noch selbst verhaftet und von Collot und der empörten Jakobinergesellschaft mit Gewalt befreit, Desfieux, der bestürzt über seinen Erfolg war und fühlte, daß man ihn wieder fangen würde, warf den ersten Stein auf die Sterbenden. Er ließ sich einfallen, sie anzuklagen, sie hätten einen Brief verfaßt, um ihn, Desfieux, zu vernichten! »Lieber Freund«, sagte Vergniaud zu ihm, »wenn wir ein Interesse daran hatten, jemanden zu vernichten, so warst nicht du es, sondern Robespierre.«

In derselben Situation befand sich Chabot. Er war durchaus nicht grausam, und als Garat Robespierre aufsuchte, um für die Girondisten ein gutes Wort einzulegen, bezeigte Chabot, der gerade anwesend war, Interesse für sie. Aber der Exmönch liebte das Vergnügen, die Wollust, war feige und niedrig, hatte eine Sterbensangst und tat gleichzeitig das, was ihm den Tod eintragen mußte. Er wurde reich und fett und heiratete die Bankierstochter.[9] Und je fetter er wurde, um so größer wurde seine Furcht. Wenn er mit Robespierre zu tun hatte, befiel ihn fast eine Ohnmacht. Er hatte diesen aus Tölpelei an einer empfindlichen Stelle verletzt: in der Verfassungsfrage. Wie konnte er wieder in Gnaden aufgenommen werden? Er verfaßte ein bemerkenswertes Schriftstück, eine lange, sorgsam gewobene Geschichte; das Ganze war erfinderisch, die Einzelheiten waren schlecht gewählt und allzu romanhaft. Er warf den Girondisten die Septembermorde! den Mordversuch im März vor (das heißt, sie des versuchten Mordes an sich selbst beschuldigen!), schließlich den Diebstahl in der Gerätekammer!

Die Girondisten wurden beschuldigt, mit La Fayette, Orléans und Dumouriez[10] befreundet gewesen zu sein. Wären sie nicht abwesend gewesen, so hätten alle drei zweifellos der Wahrheit entsprechend erklärt, daß sie im Gegenteil in der Gironde ihr größtes Hemmnis besessen hatten. Dumouriez bezeugt 1794, sechs Monate nach ihrer Hinrichtung, daß er ihr Todfeind war, und er beweist es durch eine Flut von Schmähungen. In Wirklichkeit war es Brissot gewesen, der durch seine kühne Tat, die Kriegserklärung an England, das von Dumouriez gesponnene Komplott zerstörte und Dumouriez' Glück beschnitt.

Die Kriegserklärung an alle Könige wurde ihnen im Prozeß zur Last gelegt, und das zu Recht. – Sie ist ihr Werk und bleibt es in der Geschichte; sie ist ihr ewiger Ruhmestitel.

Mochten die Girondisten schuldig sein oder nicht, man hätte wenigstens von den zweiundzwanzig diejenigen absondern müssen, die sich irrtümlicherweise unter ihnen befanden und in Wirklichkeit keine Girondisten waren.

Fonfrède und Ducos zum Beispiel, die auf der Rechten saßen, hatten meistens mit der Montagne gestimmt. Ducos wurde am 2. Juni von Marat selbst verteidigt. Diese beiden jungen Abgeordneten waren damals keineswegs in Gefahr, blieben aber hochherzig an ihrem Platz, um für ihre Kollegen eintreten zu können, und erschienen durch die Stellungnahme girondistischer gesinnt, als sie es in Wirklichkeit waren. Alle Mitglieder der Montagne interessierten sich wärmstens für sie.

Zwei weitere Männer konnte man nicht mit der Gironde vermengen. So sehr man ihnen ihre Vergangenheit vorwerfen konnte – es war an Gott, sie zu richten, und nicht an Frankreich, das sie durch ihre Unerschrockenheit, ja, durch ihr Verbrechen um ein Departement bereichert hatten. Frankreich durfte sich nicht an Mainvielle und Duprat vergreifen, die sich für Frankreich zugrunde gerichtet hatten, die sich in ihrem blindwütigen Patriotismus aufgeopfert und entehrt hatten, um Frankreich seine schönste und sicherste Eroberung zu geben: Avignon.[11]

Wer war ihr Freund und Verbündeter in diesem Krieg um Avignon gewesen? Der Bürgermeister von Arles, Antonelle, und gerade er war jetzt Obmann der Geschworenen. Antonelle war als früherer Marquis gezwungen, unversöhnlich zu sein, war überdies herb von Natur und liebte die Terreur aufrichtig; dennoch verwirrte es ihn, als er in der unglücklichen Schar die beiden sah, die in Übereinstimmung mit ihm Frankreich jenen ungeheuren Dienst erwiesen hatten und die, mochte Frankreich sie auch mit Gold und Bürgerkronen überhäufen, dennoch seine Gläubiger blieben.

Schon sieben Tage währte der traurige Prozeß. Und er war viel weniger vorgerückt als am ersten Tag. Es war unmöglich, ihn zu entwirren, ohne den Knoten zu zerhauen. Man mußte buchstäblich den Prozeß guillotinieren, damit man alsdann die Angeklagten guillotinieren konnte.

Am Morgen des 29. Oktober läßt Fouquier-Tinville das Gesetz über die Beschleunigung der Urteile verlesen. Herman fragt, ob die Geschworenen sich für genügend aufgeklärt halten. Antonelle antwortet verneinend.

Indessen, man wollte ein Ende machen. Man eilt zu den Jakobinern. Man setzt es durch, daß diese eine Abordnung senden, um die Versammlung zu dem Beschluß aufzufordern, *daß die Geschworenen sich am dritten Tag als unterrichtet erklären* sollen und die Verhandlung schließen zu lassen. Der Entwurf des Beschlusses ist gefunden worden und trägt Robespierres Handschrift. Sonderbar war, daß ein *Nachsichtiger*, der Dantonist Osselin, die Sache unterstützte. Er war selbst von der Terreur verfolgt und war in Gefahr; er verbarg eine junge Emigrantin in seinem Haus. In seiner Angst glaubte er sich zu decken, wenn er das Messer zückte, um den Girondisten den Garaus zu machen. Er wurde wenige Tage darauf gefangengenommen.

Der Beschluß erforderte Zeit. Um ein paar Stunden hinzubringen, um besonders Gensonné, den Logiker der Gironde, der die Ergebnisse der Verteidigung zusammenfassen wollte, nicht zu Wort kommen zu lassen, befragte Herman diesen und jenen über unwichtige Dinge. Endlich, um acht Uhr abends, kam der Beschluß heraus. Konnte man ihn anwenden in einem Verfahren, das unter anderen Gesetzen eröffnet worden war? Dies zu erörtern vermied man. Die Geschworenen erklären sich plötzlich unterrichtet, ohne neuen Beweis, ohne neue Verhandlung und nach eintägigen Abschweifungen, und geben ihr Urteil bekannt.

Sie sind alle zum Tode verurteilt.

Mehrere der Verurteilten wollten es nicht glauben. Sie stießen Verwünschungen aus. Vergniaud, der auf sein Schicksal vorbereitet war, blieb kaltblütig. Valazé erdolchte sich.

Die Szene war so furchtbar, berichtet Chaumette, der dabei war, daß die Gendarmen buchstäblich vor Entsetzen gelähmt waren. Die Angeklagten verfluchten ihre Richter und hätten sie erstechen können, ohne daß man sie daran gehindert hätte.

Aber der tragischste Zwischenfall geschah in der Zuhörerschaft. Dort befand sich Camille Desmoulins. Der Urteilsspruch entriß ihm einen Schrei:

»Ach, ihr Unglücklichen! Ich bin es, mein Buch ist es, das euch getötet hat!«[12]

Mitternacht war nahe. Der Tote und die Lebenden stiegen vom Gerichtssaal wieder in die Finsternis der Conciergerie hinab.

Mit ernster Stimme sangen sie, während sie die düstere Treppe hinunterschritten, die *Marseillaise*:

Contre nous de la tyrannie
Le *couteau* sanglant est levé.[13]

Die anderen Gefangenen wachten und warteten. Aus dem verabredeten Wort erfuhren sie den Urteilsspruch und daß es um die Gironde geschehen war. Aus allen Verliesen antworteten sie mit Geschrei und Schluchzen.

Die Verurteilten selbst weinten nicht. Ein Freund hatte ein sorgfältig zubereitetes Mahl zum letzten Schmaus geschickt.

Zwei Priester wollten ihnen die Beichte abnehmen. Nur der Bischof und der Marquis, Fauchet und Sillery, nahmen das Anerbieten an.

Wenn man der Aussage eines der Priester (der selbst gesteht, nicht im Raum gewesen zu sein) Glauben schenken soll, so hätten sie die Nacht mit Gesprächen über die Religion verbracht. Um das zu glauben, müßte man diese Zeiten und die Gironde sehr wenig kennen.

Sie sprachen davon, daß Frankreich durch die glorreiche Schlacht gerettet und der Invasion ein Riegel vorgeschoben sei. Mit diesem Gedanken trösteten sie sich über ihr Unglück und ihre Fehler. Zweifellos besaßen sie ein Gefühl für diese Fehler, bereuten sie es, die Einheit gefährdet zu haben. Vergniaud sagt es selbst: »Ich habe diese Dinge nur geschrieben, *weil mich der Schmerz verwirrte.*« Das ist ein edles Geständnis vor dem Tode und von einem Menschen, der das Leben verschmähte und von ihm nichts erwartete.

Als Gründer der Republik und mit dem Anspruch auf die Dankbarkeit der Welt, weil sie den Kreuzzug von 1792 gewollt und die Freiheit für die junge Erde erstrebt hatten, mußten sie ihre Flecken von 1793 abwaschen und durch die Sühne in die Unsterblichkeit eintreten.

Blaß und regnerisch brach der 30. Oktober an, einer jener fahlen Tage, die zwar die Eintönigkeit des Winters haben, nicht aber seine Kraft, seine heilsame Strenge. Zu solchen traurigen, entnervenden Tagen befällt Schwäche die Nerven; viele sinken unter sich selbst. Und man hatte verbieten lassen, den Verurteilten einen stärkenden Trank zu reichen. Der Leichnam Valazés, der schon fahl war, wurde in den Karren gesetzt, auf eine Bank; sein Kopf hing herab; dieser Anblick sollte die Herzen schwächen und Todesangst wecken; an allen holprigen Stellen des Pflasters wurde der Tote kläglich hin- und hergeschüttelt und sah aus, als wolle er sagen: »Das bin ich, und das wirst du bald sein.«

In dem Augenblick, da der aus fünf Karren bestehende Trauerzug die düsteren Arkaden der Conciergerie verließ, begann ein feuriger und starker Chor von einundzwanzig Stimmen, die wie eine einzige klangen und das Lärmen der Menge, das Geschrei bezahlter Schmäher zum Schweigen brachten. Sie sangen die heilige Hymne: »Allons, enfants de la patrie!...«

Dieses siegreiche Vaterland hielt sie aufrecht in seinem unzerstörbaren Leben, seiner Unsterblichkeit. Für sie machte es diesen dunklen Wintertag strahlend, an dem die anderen nichts sahen als Schmutz und Nebel.

Sie gingen, stark in ihrem Glauben, in ihrem einfachen Glauben, der noch nicht beschwert war von den vielen dunklen Fragen, die noch entstehen sollten.

Stark auch in ihrer Unwissenheit über unser künftiges Geschick, über unser Unglück und über unsere Fehler.

Stark in ihrer Freundschaft: Die meisten gingen zu zweien und freuten sich, daß sie gemeinsam starben. Fonfrède und Ducos, das junge, unschuldige Paar, Brüder, da sie zwei Schwestern geheiratet hatten, hätten beide den anderen nicht überleben wollen. Mainvielle und Duprat, das befleckte, dem Verhängnis geweihte Paar, Brüder in der Liebe zur selben Frau, Brüder in der besessenen Liebe zu Frankreich, die sie ins Verbrechen stürzte, leerten den gemeinsamen Erlösungstrank vom Leben, der sie noch einmal vereinen sollte. Wild sangen sie, als sie auf dem traurigen Wagen saßen, als sie auf dem Platz abstiegen und als sie das Schafott betraten; nur der wuchtige Schlag des Eisens konnte ihre Stimmen ersticken.

Der Chor wurde immer schwächer, je öfter die Sichel fiel. Nichts konnte die Überlebenden davon abhalten, weiter zu singen. Immer weniger hörte man sie auf dem riesigen Platz. Als die ernste und heilige Stimme Vergniauds zuletzt allein sang, hätte man glauben können, die ersterbende Stimme der Republik und des Gesetzes zu hören, die tödlich getroffen waren und nicht mehr lange zu leben hatten.

Die Teilnehmer der Gerichtsverhandlungen und die Zuschauer bei der Hinrichtung waren gleichermaßen ergriffen, aber, um es zu gestehen, der Eindruck in Paris war ziemlich schwach. Dieses große und furchtbare Ereignis erschütterte die Gemüter weniger, als es die verhältnismäßig unbedeutende Angelegenheit Custines getan hatte. Solch stoisches Sterben beeindruckte wenig. Die Masse beurteilte diese Tragödien lediglich nach ihrer Wirkung auf das Empfinden. Die Tränen, die der alte General in seinen grauen Bart vergoß, seine innige Frömmigkeit, wie er seinen Beichtvater umarmte, seine interessante Schwiegertochter, die immer um ihn war und ihn mit ihrer Kindesliebe verteidigt hatte, all das ergab ein rührendes Bild von Natürlichkeit und Schwäche, ergreifend und verwirrend zugleich. Die Anteilnahme erreichte den höchsten Grad bei der Hinrichtung des unwürdigsten Opfers, der Madame Du Barry. Ihre Verzweiflung, ihre Schreie, ihre Furcht und ihre Ohnmachten, ihre heftige Lebensgier ließen in allen eine sinnliche Saite erklingen, weckten das instinktive Empfinden: Man erinnerte sich, daß der Tod etwas ist; man begann zu bezweifeln, daß die Guillotine, »diese süße Pein«, nichts sei.

Aus ebendiesem Grund wurde der Tod Madame Rolands kaum bemerkt (8. November). Diese Königin der Gironde wohnte nun auch in der Conciergerie, nahe dem Verlies der Königin, in jenen Gewölben, die kaum von Vergniaud und Brissot verlassen waren und in denen ihre Schatten noch lebten. Wie eine Herrscherin hielt sie dort Einzug, wie eine Heldin; sie hatte wie Vergniaud das Gift, das sie bei sich trug, weggeworfen, denn sie wollte vor aller Augen sterben. Sie glaubte die Republik zu ehren durch ihren Mut vor Gericht und ihre Standhaftigkeit im Tode. Die Leute, die sie in der Conciergerie sahen, sagen, daß sie immer noch schön und voller Reiz war, jung trotz ihrer neununddreißig Jahre: eine ungebrochene, machtvolle Jugendlichkeit, ein Schatz wohlbewahrten Lebens strahlte aus ihren schönen Augen. Ihre Stärke zeigte sich vor allem in ihrer mit Vernunft gepaarten Milde, in der untadeligen Harmonie ihrer Persönlichkeit und ihres Wortes. Im Gefängnis hatte sie sich damit beschäftigt, an Robespierre zu schreiben, nicht um ihn um etwas zu bitten, sondern um ihm Vorhaltungen zu machen. Das tat sie auch vor Gericht, als man ihr den Mund verbot. Der 8. November, an dem sie starb, war ein kalter Novembertag. Die entblößte und düstere Natur entsprach dem Zustand der Herzen; auch die Revolution versank in den Winter, in den Tod der Illusionen. Zwischen den beiden entlaubten Gärten kam Madame Roland bei hereinbrechender Dunkelheit (fünfeinhalb Uhr abends) am Fuß der Kolossalfigur der Freiheit an, die nahe beim Schafott stand, dort, wo heute der Obelisk ist; leichtfüßig stieg sie die Stufen hinauf, wandte sich der Statue zu und sagte mit ernster Milde und ohne Vorwurf: »O Freiheit, wie viele Verbrechen werden in deinem Namen begangen!«

Sie war der Ruhm ihrer Partei und ihres Gatten gewesen und hatte nicht wenig dazu beigetragen, sie zugrunde zu richten. Unwillkürlich ist Roland durch sie für die Zukunft geschmälert worden. Aber sie ließ ihm Gerechtigkeit widerfahren; sie hatte eine tiefe Verehrung für diese begeisterte und strenge, fast antike Seele. Als sie für kurze Zeit den Gedanken hegte, sich zu vergiften, schrieb sie an ihn, um sich bei ihm dafür zu entschuldigen, daß sie ohne seine Zustimmung über ihr Leben hatte verfügen wollen. Sie wußte, daß Roland nur eine Schwäche hatte: seine heftige Liebe zu ihr, die um so tiefer war, als er sie zurückdrängte.

Als man das Urteil über sie fällte, sagte sie: »Roland wird Selbstmord begehen!« Man konnte ihm ihren Tod nicht verbergen. Er lebte zurückgezogen in der Nähe von Rouen, im Hause sehr zuverlässiger Freundinnen; er stahl sich fort, und um seine Spur zu verwischen, wollte er weit weggehen. Aber in dieser Jahreszeit wäre der Greis nicht sehr weit gekommen. Er fand eine schlechte Postkutsche, die im Schritt dahinfuhr; die Wege von 1793 waren nur Schlammlöcher. Erst gegen Abend gelangte er an die Grenzen von Eure. Da alle Polizei fehlte, machten Räuber die Straßen unsicher und griffen die Höfe an. Gendarmen waren hinter ihnen her. Das beunruhigte Roland, und er schob seinen Entschluß nicht länger auf. Er stieg vom Wagen ab, verließ den Weg und folgte einer Allee, die in Windungen zu einem Schloß führte; am Fuß einer Eiche machte er halt, zog seinen Dolchstock und durchbohrte sich. Bei seinem Leichnam fand man ein Blatt mit seinem Namen und mit dem Wort: »Habt Achtung vor den sterblichen Resten eines tugendhaften Mannes.« Die Zukunft hat ihn nicht Lügen gestraft. Er hat die Achtung seiner Gegner mit sich genommen, besonders die Robert Lindets.

Am Morgen fand man ihn, und als die Genehmigung eingetroffen war, grub man ihn außerhalb des Besitztums in einem Winkel der großen Straße nachlässig ein; zwei Fuß Erde warf man auf ihn. An den folgenden Tagen kamen spielende Kinder dorthin und steckten Stöckchen in die Erde, um den Körper aufzuspüren.

Sein Tod wurde von der Öffentlichkeit nicht beachtet. Die Gironde gehört schon zur Antike, liegt in ferner Vergangenheit. Wie kann es auch anders sein? Ihre Besieger, die Jakobiner, sind selbst schon überholt. Die Revolution überflutet sie alle mit ihrem Toben, mit ihrem Elan. Madame Roland stirbt am 8. November, aber schon am Tag vorher taucht eine ungeheure Frage auf, von Girondisten und Jakobinern gleicherweise unverstanden.[13]

Die Revolution war nichts ohne die religiöse Revolution
XIV, 1

Warum die Revolution scheiterte. – Wie sie eine Neuschöpfung hätte werden können. – Ohnmacht der Girondisten und der Jakobiner. – Die Cordeliers Cloots und Chaumette. – Die Register der Kommune. – Bewunderungswürdige Ideen der Menschlichkeit.

Der Gründer der Jakobiner, Adrien Du Port, hat ein geniales Wort gesagt, das er selbst zu wenig befolgte. Denen, die sich eine oberflächliche Revolution nach englischer Art dachten, antwortete er: »Pflüget in die Tiefe.«

Dasselbe hat Saint-Just mit den ernsten und melancholischen Worten gesagt: »Wer Revolutionen nur zur Hälfte durchführt, schaufelt sein eigenes Grab.«

Dieses Wort paßt nicht nur auf alle künstlerischen Revolutionäre, sondern auch auf die beiden Parteien der Vernunft:

Auf die Girondisten, auf Vergniaud, auf Madame Roland.

Auf die Jakobiner, auf Robespierre und auf Saint-Just selbst.

Girondisten und Jakobiner waren gleichermaßen politische Logiker, mehr oder weniger konsequent, mehr oder weniger fortgeschritten. Sie unterscheiden sich wenig in ihren Grundsätzen und stellen auf derselben Linie, von der sie kaum abweichen, nur verschiedene Grade vor; sie bilden gleichsam die Skala der politischen Revolution.

Der Fortgeschrittenste, Saint-Just, wagt weder an die Religion noch an die Erziehung, noch an den Kern der sozialen Lehren zu rühren; kaum erkennt man, was er über das Eigentum denkt.

Ob diese oberflächliche politische Revolution ein wenig über das Ziel hinausschoß oder dahinter zurückblieb, ob sie ein wenig zu schnell oder zu langsam war auf der einzigen *Bahn*, die sie verfolgte – sie mußte in den Abgrund stürzen.

Warum? Weil sie weder von rechts noch von links gehalten wurde, weil sie weder einen festen Grund unter sich noch Träger und natürliche Stützen zur Seite hatte.

Sie zu sichern, fehlte ihr die religiöse Revolution, die soziale Revolution, in denen sie ihren Halt, ihre Kraft und ihre Tiefe gefunden hätte.[1]

Es ist ein Naturgesetz: Das Leben sinkt, wenn es sich nicht mehrt.

Die Revolution vermehrte nicht das Erbe lebenskräftiger Ideen, die ihr von der Philosophie des Jahrhunderts hinterlassen waren. Sie verwirklichte in gewissen Einrichtungen einen Teil dieser Ideen, aber sie fügte wenig hinzu. Fruchtbar in Gesetzen, unfruchtbar in Grundsätzen, befriedigte sie nicht den ewigen Hunger der Menschenseele, die es stets nach Gott verlangt.

Das Gesetz, das ist Handlungsanweisung, das Rad, der Mühlstein. Aber wer dreht das Rad? Und was mahlt diese Mühle? – Werft Korn hinein, den Glauben – sonst dreht sich die Mühle leer, verbraucht sich, schleift sich ab; und eines Tages mahlt sie sich selbst.

Die beiden Vernunftparteien, die Girondisten und die Jakobiner, trugen diesen Dingen wenig Rechnung. Die Gironde kümmerte sich überhaupt nicht um die Frage, die Jakobiner umgingen sie. Sie glaubten Gott mit einem Wort abzuspeisen.

Aller Ingrimm der Parteien täuschte sie nicht über das Ausmaß an Leben, das ihre Lehren enthielten. Inbrünstig und scholastisch waren die einen wie die anderen, und sie verfolgten einander um so unerbittlicher, als es im Grunde wenig Unterschiede zwischen ihnen gab und sie sich der Nuancen, in denen sie sich unterschieden, nur versichern konnten, indem sie zwischen sich das *distinguo* des Todes stellten.

Allein! diese furchtbaren Tragödien, diese Greuel, dies vergossene Blut – all das konnte die unendliche Leere in der Seele der Nation nicht füllen. Alles war ihr gleichermaßen langweilig. – Und sie wartete.

Die beiden Genies der Revolution, Mirabeau, Danton, der große Mann der Revolution, Robespierre, vom Orkan mitgerissen, hatten keine Zeit, zu untersuchen, was eigentlich zu tun war, damit die Revolution ihren Namen verlöre und eine Neuschöpfung würde.

Wollte sie nicht untergehen, so mußte sie dem achtzehnten Jahrhundert nicht nur ein Gesetzbuch geben, sondern es lebendig machen, in *lebende Bejahung verwandeln*, was verneinend in ihm war. – Das will ich erklären:

Sie mußte zeigen, daß ihre Verneinung einer Willkürreligion, welche die Auserwählten begünstigt, die *Bejahung der für alle gleichen Religion der Gerechtigkeit* enthält, mußte zeigen, daß ihre Verneinung des privilegierten Eigentums die *Bejahung des nicht privilegierten, auf alle ausgedehnten Eigentums* enthält.

Dies schuldete die Revolution ihrem erlauchten Vater, dem achtzehnten Jahrhundert: Sie mußte die scholastische Schale, in welcher ihre Lehre enthalten war, zerbrechen und die lebendige Frucht herausholen.

Von diesem Tag an konnte sie leben und sagen: Ich bin. Ihr gehörte das Leben, das Bejahende. Und das Ancien régime, sobald es einsah, hohle Schale zu sein, mußte vergehen.

Die Revolution schob die beiden Fragen auf, in denen die Lebenskraft war. Für kurze Zeit verschloß sie die Kirche, schuf aber nicht den Tempel. Sie gab das Eigentum in andere Hände, ließ es aber als Monopol bestehen; der Privilegierte erlebte seine Wiedergeburt als patriotischer Wucherer, als schwarze Bande, als Spekulant in Assignaten und Nationalgütern.*

Welche Mittel gab es dagegen? Der individuelle Druck, die wachsende Strenge, Mittel, wie sie frühere Regierungen anwandten, wurden immer unwirksamer. Den Baum ausputzen half sehr wenig, wenn man die Wurzel unberührt ließ. Die Wurzel hätte man erneuern müssen durch frischen Saft. Wer konnte diesen Saft geben? Wenn eine herrschende, souveräne Idee erschiene, welche die Geister entzückte und den Menschen emporhob aus dem schweren Lehm, welche sich ein Volk schuf und sich die von ihr geschaffene neue Welt zur Waffe machte, mußte sie die letzten Anstrengungen der alten Welt unschädlich machen.

Das Verhältnis des Menschen zu Gott und des Menschen zur Natur, zur Religion, zum Eigentum mußte sich auf einen neuen starken Glauben gründen, oder die Revolution mußte ihren Untergang gewärtigen.

Die Girondisten taten nichts, vermuteten nicht einmal, daß es etwas zu tun gab.

Die Jakobiner taten nichts als richten, säubern, sieben. Sie zeigten sich sehr wenig fähig zu einer Neuschöpfung.

Die Cordeliers machten Versuche. Allein, da sie in beständigem Aufstand waren, besonders gegen sich selbst, so war das, was sie versuchten, von vornherein nichtig. Die einzige Partei, die bisweilen Mittel erahnt zu haben scheint, um die Revolution zu befruchten, war diejenige, die als verkörperte Anarchie unfruchtbar war.

Als Herd der Anarchie enthielten die Cordeliers die besten und die schlimmsten Elemente der Revolution.

* Auf den letzten Punkt wurde am 5. September durch die Kommune, am 16. Oktober durch Saint-Just deutlich hingewiesen: »Neue Herren, nicht minder grausam, erstehen auf den Ruinen des Feudalismus«, sagte Chaumette. Und Saint-Just sagte schmerzvoll: »Unsere Feinde haben aus unseren Gesetzen Vorteil gezogen!«

Die Mischung erweckte Abscheu, und die Jakobiner zerstörten alles.

Die Gegensätze, die in der Jakobinergesellschaft (einer echten Gesellschaft) gemildert, geschickt aufgelöst erschienen, traten bei den Cordeliers mit grausamer und erschreckender Schärfe hervor.

Der schwarze Engel der Cordeliers steckt in dem Schurken Ronsin, in dem geckenhaften Schelmen Hébert, der sich hinter dem *Père Duchesne* verbirgt, und in dem kleinen Tiger Vincent.

Der weiße Engel der Cordeliers war der unglückliche, unschuldige, friedfertige Anacharsis Cloots, der Redner des Menschengeschlechts, der Rheinländer, Bruder Beethovens, und – ach! – Franzose aus Wahl.

Eine Wunde blutet in mir, und sie wird immer bluten: der Tod jener edlen Fremden, die für uns, durch uns den Tod fanden!

Ach! Frankreich! Was bist du nur, und wie soll ich dich nennen?... So sehr geliebt!... Und wie oft hast du mir das Herz zerrissen!... Mutter, Geliebte, geliebte Rabenmutter!... Daß wir für dich sterben, ist wohlgetan! Magst du uns vernichten, es geschieht um deinetwillen; keinen Seufzer wirst du von uns hören. Doch jene, die so vertrauensvoll kamen und sich in deine Arme warfen, die goldenen, unschuldigen Seelen, die keine Grenzen mehr kannten, die in ihrer blinden Liebe keinen Rhein, keine Alpen mehr kannten, die kein Vaterland mehr kannten als das, welches sie in ihrem teuersten Vaterland empfanden – Frankreich!... Ach! Ihr Schicksal hat in mir einen Abgrund ewiger Trauer eröffnet!*

* Sie fühlten unsere grausame Zwietracht ebenso stark wie wir, vielleicht noch stärker als wir. Uns brachte sie die Wut, ihnen die Verzweiflung.

Wir benahmen uns sehr schlecht gegen Mainz. Custine ging in seiner Brutalität als Soldat und als Grandseigneur soweit, daß er den Vorsitzenden des Mainzer Konvents bedrohte. Von den beiden Abgeordneten aus Mainz wollte Adam Lux am 31. Mai Selbstmord begehen; er glaubte den Untergang der Republik zu sehen und mochte ihn nicht überleben. Er wollte den Tod und bekam ihn (er wurde am 8. November guillotiniert). Der andere, Forster, der Sohn des bekannten Seefahrers, hatte alle Gefahren der gewagtesten Reisen überstanden und kam nach Paris wie in einen Hafen; hier aber starb er an Elend, Schmerz, Einsamkeit, als ob das Meer ihn bei einem Schiffbruch auf eine verlassene Klippe geworfen hätte. Von den Mainzer Patrioten, welche die lange Belagerung überstanden hatten, war der eine, Riffle, ein tapferer Kämpfer für Frankreich in der Vendée und wurde das erste Opfer von Ronsins Verrat. Bei Torfou war er neben Kléber, und die erste vendéeische Kugel traf ihn! Hier starb er, fern von den Seinen, nur Kléber war bei ihm, und der war selbst gestürzt und verwundet in diesem grausamen Kampf, sein Herz blutete, und eine bittere Träne stieg in seiner starken Soldatenseele auf.

Harte Geständnisse für den Historiker!... Aber weiß man, wie Deutschland sprach zu dieser Zeit?

O heiße Liebe zu Frankreich!... Blutiges Wunder, unbegreiflich für diejenigen, die nicht in ihrem Glauben den Schlüssel der Geheimnisse besitzen!... Deutschland, idealistisch und stark, riß sich die Mutterliebe und das Mitleid mit seinen Kindern aus

Zwischen dem Engel der Finsternis und dem des Lichts, dem guten und dem bösen Geist, zwischen Hébert und Cloots stand Chaumette.[2]

Er war der scharfsinnige und geschickte Redner, der feige Sinnenmensch, der selbst an Héberts Seite nie die Kraft besaß, ein Schurke zu sein, sondern ein Herz bewahrte.

Sein guter Geist brachte ihm den Tod: der Einfluß Clootsens. Er wagte eines Tages, menschlich zu sein. Da ging er in den Tod.*

Die Vereinigung dieser beiden so wenig geistesverwandten Männer:

des armen, spekulativen Deutschen, der in den Wolken schwebte,

und des beweglichen Chamäleons, des Geschäftsmannes praktischen Sinnes: Diese erstaunliche Vereinigung verdient es, erklärt zu werden.

Cloots kam wie alle Deutschen vom Pantheismus her, von der Natur und von der Unendlichkeit.

Chaumette ging wie alle Franzosen (und er war von der niederen Art) vom Individualismus aus, vom Besonderen, vom Tage, vom täglichen Erleben, das zu jeder Zeit nur das unendlich Kleine ist.

Eines verband sie, eines, was beide bei den Girondisten gehaßt hatten: der Geist der Dezentralisation.

Die Hochherzigkeit Clootsens, seine glühende Liebe zu Frankreich, wohin er als Kind gebracht wurde, entschädigte ihn für Deutschland. Er war Franzose und betrachtete das Rheinland als ein *künftiges Departement* der französischen Republik. Aus Liebe zu Frankreich war er für die Dezentralisation in Deutschland.

Chaumette war das Gegenteil Er hatte kein fremdes Vaterland zu dezentralisieren; er kannte nur Paris. Er war die Stimme, das wohltönende Organ des mißtönenden Durcheinanders der Kommune. Dieses Chaos war Harmonie in seinem Mund. Sein Leben und seine Stimme gehörten der Gemeinde. Bei all seinen heftigen Ausfällen gegen die Anhänger der Dezentralisation gehörte er selbst zu ihnen, wenn auch nur zugunsten der großen und gefürchteten Kommune, die freilich *das Ganze* enthält.

Das Ganze? Ist das nur Frankreich? Glaubt das nicht. Paris ist die Welt.

Auf diesem Boden also fanden sich der Mann, der die Welt im Herzen trug. Anacharsis, und der Städter Chaumette.

dem Herzen und sagte stoisch von Fichtes Lehrstuhl herab: »Nein, dieses Blut ist kein Blut; dieser Tod ist nicht der Tod! Alles, was Frankreich und die Revolution tun könnten, ist wohlgetan.« So geschah es, daß, während Frankreich sich selbst verwünschte, Deutschland, der große Prophet, ihm im voraus den Segen der Zukunft sandte.

* Chaumette hat dieses Geheimnis enthüllt. Als man ihn bei den Cordeliers fragte, »wie er habe argwöhnen können, daß die revolutionären Ausschüsse *bisweilen fähig seien, ihre persönlichen Feinde anzuklagen und zu verfolgen* und ihre Diktatur zu mißbrauchen«, antwortete er: »Ich habe mich von Anacharsis Cloots überzeugen lassen.« (Archive der Polizei.)

Man hat ein paar Seiten aus den Registern des Generalrats der Kommune gedruckt, die sich auf die großen Tage der Revolution beziehen. Um die Kommune gut kennenzulernen, muß man sie in ruhigeren Zeiten beobachten. Sehen wir, was die Register im November 1793 bringen, wagen wir uns in diese Archive des Verbrechens, dringen wir ein in die Höhle der ruchlosen, der fürchterlichen, der blutdürstigen Kommune, wie die Historiker sie nennen. Ich gebe die Tatsachen ungeordnet, wie sie in den Registern aufeinander folgen *(Archives de la Seine)*.

Ein von seiner Mutter mißhandeltes elfjähriges Mädchen wird vom revolutionären Ausschuß seiner Sektion vorgeführt und bittet um Arbeit. Die Kommune übernimmt es, für seinen Unterhalt zu sorgen (19. Brumaire).

Adoptionen von Kindern kommen jeden Augenblick vor. Ein paarmal findet sich auch die Adoption eines Greises, ein heutzutage seltenes Ereignis, in den Registern der Kommune.

Die Leichname der Hingerichteten, die von ruchlosen Schurken ausgeplündert worden sind, sollen hinfort in Gegenwart eines Polizeikommissars anständig beerdigt werden (17. Brumaire).

In Bicêtre und anderen Hospitälern sollen in Zukunft die Verrückten und die Epileptiker von den Kranken gesondert untergebracht werden (17. Brumaire).

In der Salpêtrière sollen die scheußlichen Zellen verschwinden, in denen die Tobsüchtigen eingeschlossen wurden (21. Brumaire). Die Unterkunft der Geistesgestörten in Bicêtre soll verbessert werden (26. Brumaire).

Mit besonderer Sorgfalt sollen die in der Niederkunft befindlichen Frauen behandelt werden. Man weist ihnen (zum erstenmal!) ein besonderes Haus zu, nämlich das Missionshaus und später den erzbischöflichen Palast. Die Tür des letzteren soll die Inschrift erhalten: Achtung vor den Wöchnerinnen, sie sind die Hoffnung des Vaterlandes.

Auch lese ich, daß die Kommune bei öffentlichen Festen und Versammlungen den schwangeren Frauen und den Greisen besondere Plätze anweisen ließ, um sie vor dem Gewühl der Menge zu schützen.

Der 24. Brumaire verzeichnet einen heftigen Ausfall Chaumettes gegen die Glücksspiele und gegen die Dirnen. Da die Verordnungen der Kommune gegen die letzteren nichts nützen, so zieht man alle die zur Verantwortung, die sie beherbergen: die Eigentümer, Vermieter usw.

Das Theater der Madame Montansier im Palais-Royal soll geschlossen werden; man ist besorgt, die gegenüber befindliche Bibliothèque Nationale könne durch Feuer gefährdet werden (24. Brumaire).

Die Sektion Bonne-Nouvelle verlangt, daß die Bibliothek ihres Arrondissements alle Tage geöffnet bleibt (am gleichen Tag).

Die Kommune richtet im Musée du Louvre eine Nachtwache von zehn Mann ein (3. Nivôse). Sie bittet den Konvent, jede Restauration von Gemälden aufzuschieben und einen Wettbewerb über diesen Gegenstand zu eröffnen (13. Frimaire).

Eine Sektion beantragt, daß man Kinderbücher schreiben läßt. Die Kommune wird diesen Antrag zum Gegenstand einer Eingabe an den Konvent machen (28. Brumaire).

Man wird nach Mitteln suchen, um die Armen, die Siechen und die Greise unterzubringen; die arbeitsfähigen Armen will man im Interesse der Republik und in ihrem eigenen Interesse anstellen (1. Frimaire).

Frauen führen Klage darüber, daß sie keine Nachrichten von ihren im Heere dienenden Kindern erhalten können. Es werden Kommissare ernannt, die den Minister ersuchen sollen, eine Liste der jungen Soldaten, deren Eltern Anspruch auf Unterstützung haben, einzufordern (7. Frimaire). Der Vorsteher der Kommune betont bei dieser Gelegenheit das gute Betragen der Frauen auf den Zuhörertribünen, welche beim Zuhören arbeiten. Sie erhalten ein öffentliches Lob.

Die Quinze-Vingts werden eingerichtet. Die schwachen und älteren Blinden erhalten besondere Wohnung. Man will von der Wohltätigkeitskommission fünfzehn Sous täglich für die nicht bei den Quinze-Vingts untergebrachten Blinden verlangen (16. Frimaire).

Es wird eine Prüfungskommission für die Krankenpfleger ernannt (9. Nivôse). Die Wärter werden vereidigt (14. Nivôse).

Chaumette regt an, daß die Bibliothek der Kommune eine Sammlung der Beschlüsse, Druckschriften, Adressen usw. veranstaltet, die den Geschichtsschreibern als Material dienen könne (29. Frimaire).

Ein Ehemann führt Klage gegen den Generalvikar Bodin, der ihm seine Frau abspenstig macht, und gegen die Polizeiverwaltung, die seine Klage abgewiesen hat. Die Kommune will eine Untersuchung des Falles anordnen (2. Nivôse; 22. Dezember).

Ähnliche Klagen wie diese werden bei den Jakobinern vorgebracht, die ihnen stattgeben und es übernehmen, sie bei den Behörden zu unterstützen. Die politischen Gesellschaften und die Gemeindeverwaltung wurden zu Wächtern der öffentlichen Moral, und das auf sehr wirksame Weise, denn die schlimmste Strafe war tatsächlich die, von den Patrioten ausgeschlossen zu werden. Der sittenlose Mensch galt als der *Aristokratie* verdächtig.

Der Korrespondenzausschuß soll Exemplare aller interessanten Druckschriften an die mit Paris im Briefwechsel stehenden Gemeinden schicken, besonders aber an die *Hospitäler* (2. Nivôse).

Wie viele glückliche und rührende Ideen! Und all dies in zwei Monaten, November und Dezember!... Welche Verwaltung hat in so kurzer Zeit durch so viele Taten soviel Teilnahme für die Menschen gezeigt, soviel Fürsorge für alle Fragen, die die Zivilisation angehen, selbst für Dinge, für die man in diesen unruhigen Zeiten weniger Interesse voraussetzen könnte: für Bibliotheken, Museen und sogar für die Restauration von Gemälden? Weiß Gott! hätte die Obrigkeit unserer zivilisierten Tage in letzterer Hinsicht die Vorstellungen des Vandalen Chaumette weitergeführt, so wären dem Louvre die scheußlichen Veränderungen erspart geblieben, die man heute beklagen muß!

Als Beweis für die Barbarei der Kommune wiederholt man bis zum Übermaß Chaumettes Forderung, man solle in den öffentlichen Gärten und anderen Nationaldomänen Gemüse pflanzen. Der erste Vorschlag dieser Art wurde in Nantes durch einen Girondisten gemacht. Ein gewisser Laënnec wies darauf hin, daß infolge der Emigration ungeheure Gärten und Parks unbebaut waren und daß man sie mit Nährpflanzen bestellen sollte. Diese vernünftige Anregung erfolgte während der in Nantes herrschenden Teuerung (Mai 1793) und wurde während der Teuerung in Paris (September) von Chaumette aufgegriffen. Soweit sie unsere Spazierwege angeht, war sie wohl übertrieben, aber ansonsten war sie sehr klug und geeignet, das Volk zu beruhigen, das damals sehr erregt war.

Ich tue meinen Lesern nicht den Schimpf an, die bewundernswerten Dinge, die sie soeben lasen, zu analysieren; mögen sie sie wieder und wieder lesen, darüber nachdenken und Nutzen daraus ziehen; mögen sie ihre Herzen weiten in der Betrachtung des großen Herzens von 1793, in der Bewunderung der volkstümlichsten Obrigkeit, die wohl jemals war.

Man gestatte mir, bei einer einzelnen Sache zu verweilen, bei etwas sehr Einfachem, das trotz seiner Einfachheit höchst klug und tiefsinnig ist.

Es ist der Beschluß vom 2. Nivôse: die interessanten Druckschriften *besonders an die Hospitäler* zu senden, das heißt, sie den Leuten zu schicken, die am meisten Zeit haben, sie zu lesen, an die müßigen Armen, die vor Langeweile vergehen, an die Kranken und die Siechen, die hier verlassen liegen und oft von ihrer Familie vergessen sind, ihnen zu sagen: »Wenn deine Verwandten dich vergessen, so denkt doch die gute Kommune von Paris an dich, die dir ebenfalls verwandt, die deine Mutter ist. Sie macht dir einen Besuch durch die Schrift, die sie dir schickt. Armer, von der Welt verschmähter Mensch! Die große Stadt, die Leuchte der Welt, deine Stadt will in Verbindung bleiben mit dir, will dich an ihrem Denken teilnehmen lassen.«*

Wer denkt an solche Dinge? Wer das Volk liebt und an ihm sowohl seine Fehler als auch seine Kräfte achtet, die man so wenig zu nutzen versteht;

* Dies für den Kranken, den Alten, den, der in der Menge der Unbekannten wahrlich einsam ist, der am Ende seines Lebens in den weiten Menschenwüsten verloren ist, die

wer das Bedürfnis fühlt, des Volkes Leben zu verschönern und ihm einen Weg in die Zukunft zu öffnen, kurz: wer Gott im Menschen spürt!

Cloots pflegte fromm und demütig zu sagen: »Unser Herr, das Menschengeschlecht!«

Ach! Nach so langen Jahrhunderten, in denen der Mensch tiefer erniedrigt wurde als das Tier, in denen der arme Körper des Menschen täglich unter dem Rad des Wagens falscher Götter zerquetscht wurde – wer könnte da dem edlen Herzen unserer Patrioten von 1793 nicht den großzügigen Irrtum verzeihen, als Tat der Sühne aus dem Menschen einen Gott machen zu wollen, die Symbole zu entfernen, denen man so grausam das Leben geopfert hatte, das Opfer selbst auf den Altar zu stellen, Unglück und Menschheit zu vergöttlichen? Fromme Blasphemien, denen Gott selbst ebenso vergeben hätte wie der Gewalt, die der Ausdruck des Mitleids ist!

man Hospitäler nennt. Wie edel, großherzig und zartfühlend ist es, stets an den zu denken, an den die Welt nicht mehr denkt!

Und wie nützlich und fruchtbar kann solch ein Wissen für den Kranken sein, für den kräftigen Arbeitenden, der sich für kurze Zeit im Hospital befindet! Es ist dies der einzige Zeitpunkt, zu dem er Muße kennt. In seiner Jugend hat er die zwei Gelegenheiten verpaßt, Kultur zu erwerben, die alle verpassen (Schule und Armee). Morgen wird die unablässige, unerbittliche Arbeit ihn wieder ganz beanspruchen. Was sollen eure Abendschulen dem armen Schmied, der zwölf, fünfzehn Stunden lang das Eisen geschmiedet hat? Er schläft im Stehen; wie wollt ihr ihn wachhalten? Nein, der einzige Zeitpunkt ist das Hospital, sind die Tage der Krankheit, der Konvaleszenz. Da oder nie kann der Arbeiter nachdenken. Diese Männer der Kraft und der schweren Arbeit benötigen ein wenig Schwäche, um ganz wach zu sein. Die Blutfülle ihres normalen Zustandes bewirkt eine Art Rausch, Traum. Durch die Krankheit sind sie *geschwächt, mürbe gemacht* und daher eher bildungsfähig. Gibt man ihnen nun Nahrung, füllt man ihre Mußestunden mit patriotischer Lektüre oder solcher, die mit ihrem Gewerbe zu tun hat, so wird ihre Seele aufblühen. Sie beginnen nachzusinnen, sie können die Pause nutzen, um ihr Leben zu überdenken und es besser, klüger, weiser einzurichten. Die Krankheit, die eine väterliche Autorität den Menschen zum Nutzen gereichen läßt, wird etwas einer natürlichen Einwirkung Vergleichbares, was die Arbeit der Menschen nur unterbricht, um ihre Bildung zu ermöglichen. Möge das Vaterland sie als bessere Menschen empfangen, wenn sie das Hospital verlassen, möge es sie in seine Schulen, auf seine Feiern, in seine Museen holen, wenn sie einen Feiertag haben, möge es die Erziehung fortführen, die am Krankenbett von der umsichtigen Kommune begonnen wurde, die sie dort trösten kam.

Der republikanische Kalender – Der neue Kultus (November 1793)
XIV, 2

Zum ersten Mal besaß der Mensch das Maß der Zeit, des Raums und des Gewichts. – Der Anfang des Jahres wird in die Saatzeit verlegt. – Strenge des Rommeschen Kalenders. – Das astronomische Fest von Arras (10. Oktober 1793). – Fabre d'Eglantine erfindet die Namen der Monate und der Tage. – Vernunft, Logos. Platos Wort. – Cloots und Chaumette. – Chaumette betreibt die Gründung des Konservatoriums für Musik. – Gegensatz zwischen Chaumette und Hébert. – Chaumette bekämpft den tyrannischen Föderalismus der Sektionsausschüsse. – Er will die Gehälter der Geistlichen abschaffen. – Er setzt die Gleichheit der Bestattung durch und die Adoption der Kinder der Hingerichteten durch die Nation.

Am 20. September, am Tag vor dem Jahresfest der Republik, verlas Romme[1] im Konvent den Entwurf des republikanischen Kalenders, der am 5. Oktober angenommen wurde. Zum erstenmal in dieser Welt besaß der Mensch das wahre Maß der Zeit.

Er besaß das Maß des Raums und des Gewichts. Die Gleichförmigkeit der Gewichte und Maße, deren unveränderliche Grundform im Maß der Erde gewonnen wurde, machte dem barbarischen Chaos ein Ende, welches Ungenauigkeit und Zufall nicht nur im Handel, sondern auch in der Herstellung der Produkte bewirkt hatte.

Romme konnte das ernste Wort sagen: »Endlich eröffnet die Zeit der Geschichte ein Buch.« Bis dahin konnte sie nicht einmal die Wahrheit datieren.

Auch unter Mühen wäre es nicht leicht, etwas Absurderes als unseren Kalender zu finden. Die Völker des Altertums begannen das Jahr an einem astronomischen oder historischen Datum, zu dieser oder jener Jahreszeit, diesem oder jenem nationalen Gedenktag. Unser 1. Januar hat weder mit dem einen noch mit dem anderen etwas zu tun. Die Namen der Monate haben entweder keinen oder einen falschen Sinn, wie zum Beispiel Oktober für den zehnten Monat. Die Namen der Wochentage erinnern nur an die Albernheiten der Astrologie. Was die Länge des Jahres angeht, so reichte der durch den gregorianischen Irrtum korrigierte julianische Irrtum nur ungefähr an die Wirklichkeit und mußte sich immer fühlbarer machen. Zum erstenmal hielt man sich ernsthaft an den Himmel.

Die Zeitrechnung wurde *historisch und astronomisch* zugleich.

Historisch. An Stelle der durch das bewegliche Osterfest markierten christlichen Zeitrechnung trat die französische, die an einen bestimmten Tag, an ein Ereignis bestimmten Datums gebunden war: *die Gründung der französischen Republik*, die der erste Grundstein der Weltrepublik war.

Übersetzen wir uns die Worte: *die Zeit der Gerechtigkeit, der Wahrheit, der Vernunft*.

Und ferner: der heilige Zeitpunkt, da der Mensch mündig wurde, *die Zeit der Großjährigkeit des Menschen*.

Die Nachfolger Alexanders, denen der ganze Orient folgte und die selbst der ägyptischen Tradition folgten, hatten das Jahr mit der Herbstnachtgleiche beginnen lassen. Indem die Republik diese Zeitrechnung übernahm, eröffnete sie das Jahr, wie es ein ackerbautreibendes Volk tun soll: mit dem Tag nämlich, da die Weinernte den Kreis der Arbeiten beschließt und die Oktobersaat, wenn das Getreide dem Boden anvertraut wird, den neuen Kreislauf beginnt. Ein ernster Tag; eine kurze Weile kreuzt der Mensch die Arme und blickt sinnend auf die Erde, die ihr Kleid ablegt, betrachtet sie, bevor er den Schatz der Zukunft in ihrem Schoß birgt.

Die Französische Revolution, der große Sämann der Welt, legte ihren Samen in die Erde, hatte aber selbst keinen Nutzen davon; die Revolution bereitete die Ernte für uns, für die Kinder ihres Denkens, und mußte sich also dieser Zeitrechnung bedienen. Mag ein Teil ihres Samens auf steinigen Boden gefallen sein, ein anderer von den Vögeln des Himmels gefressen worden sein – was tut's! Der Rest wird Frucht tragen... Sei gesegnet, großer Sämann!

Zum erstenmal also bestand eine Wechselwirkung zwischen Himmel und Erde in den Revolutionen der Zeit. Und da die Welt der Arbeit sich ebenfalls der vernünftigen Maße bediente, welche die Erde selbst darbot, stand der Mensch in innigster Beziehung mit seiner großen Wohnung. Er sah die Vernunft am Himmel und die Vernunft hienieden. An ihm war es, auch in sein eigenes Leben Vernunft zu bringen.

Es war leicht, mit Plato und dem christlichen Platonismus zu sprechen: *Die Weisheit* (der Logos oder das Wort) *ist der Gott der Welt*. Wie sollte man ihren Altar begründen, wenn die zwiespältige Erscheinung ihres Werkes uns nichts Weises zeigte?

Rommes stoisches Genie, sein strenger Glaube an die reine Vernunft tritt in seinem Kalender zutage. Er enthält keinen Heiligennamen, keinen Heldennamen, nichts, was zum Götzendienst einlüde. Als Monatsnamen wählt er die ewigen Ideen: *Gerechtigkeit, Gleichheit* usw. Nur zwei Monate waren nach in ihnen enthaltenen großen Daten benannt: Der Juni hieß *Serment du Jeu de Paume* [Ballhauseid] und der Juli: *La Bastille*.

Im übrigen gab es nur Namen von Zahlen. Die Tage und die Dekaden unterscheiden sich nur durch ihre Nummer.[2] Die Tage folgen sich in ewiger

Gleichheit, gleich in der Pflicht, gleich in der Arbeit. Die Zeit hat das unwandelbare Antlitz der Ewigkeit angenommen.

Trotz dieser außerordentlichen Strenge fand der neue Kalender eine gute Aufnahme. Hunger und Durst nach Wahrheit waren groß. Bei dieser Gelegenheit fand am 10. Oktober in Arras ein gemeinsames Fest aller Departements des Nordens statt, ein astronomisches und mathematisches Fest, bei welchem die Erde den Himmel nachahmte; es kamen nicht weniger als zwanzigtausend Teilnehmer, die in einem endlosen Zug den Verlauf des Jahres darstellten. Und das sechs Tage vor der Schlacht, die Frankreich befreite, in der Nähe des Feindes, während alles in feierlicher Erwartung war!... Vor dem götzendienerischen Belgien und der barbarischen Armee, die uns die falschen Götter zurückbringen sollte, zeigte das republikanische Frankreich seine Reinheit, Stärke und Friedensliebe im heiligen Spiel der Zeit, in der Feier der neuen Zeit, der größten, die der Planet seit Anbeginn erlebt hatte.

Die zwanzigtausend Menschen, nach ihrem Alter in zwölf Gruppen eingeteilt, stellten die Monate dar. Das Jahr schritt vorüber, versinnbildlicht in wechselnden Menschengesichtern, jung und strahlend in Hoffnung, dann reif und ernst, schließlich nach Ruhe verlangend. Die Besieger des Lebens, die Männer über achtzig Jahre, bildeten eine kleine, geweihte Gruppe und sollten die ergänzenden Tage sein, welche das republikanische Jahr beschließen. Der Schalttag, welcher in diesen Kalender jedes vierte Jahr eingeschoben wird, trug das ehrwürdige Antlitz eines Hundertjährigen, der unter einem Baldachin einherging. Hinter diesen auf ihre Stäbe gestützten Alten kamen die ganz kleinen Kinder, wie das neue Jahr dem alten folgt, wie die neuen Generationen den Platz derer einnehmen, die ins Grab sinken.

Das anmutigste Bild des Festes war die Schar der Jungfrauen, die auf ihrer Fahne die in so großer Gefahr zu Herzen gehende Inschrift mit sich führten: »Sie werden siegen; wir erwarten sie.« Waren ihre Liebhaber gemeint? oder ihre Brüder? Das jungfräuliche Banner verriet es nicht.

Alle Handwerke, die dem menschlichen Leben unentbehrlich sind, weihten ihre Werkzeuge durch Berühren des Freiheitsbaums.

Der Hundertjährige nahm die Verfassung und hob sie zum Himmel. Um ihn, am Fuß des Baums, saßen die Greise beim Mahl. Die Jungfrauen und jungen Männer warteten ihnen auf. Das Volk stand im Kreis um sie, umgab in lebendigem Kranz den geweihten Tisch, segnete beide, die Väter und die Kinder.

Konnte dieser strenge Kalender, konnten die unendlich reinen Feste, in denen alles auf Vernunft und Herz und nichts auf die Einbildungskraft abzielte, das Brimborium des alten Almanachs ersetzen, der mit den grellsten abergläubischen Praktiken, mit unglaublichen Festen überladen war, mit wunderlichen Namen, die man sagte, ohne sie zu verstehen – mit *Laetare*, *Oculi* und *Quasimodo*? Der Konvent glaubte, man müsse der Volksseele etwas weniger Abstraktes bieten. Er ließ die wissenschaftliche Basis Rommes bestehen, aber er änderte die Namen. Der erfinderische Fabre d'Eglantine hatte in einer liebenswürdigen Schrift in ruhigen Zeiten, im Jahre 1783 *(Histoire naturelle, dans le cours des saisons)* die Idee des wahren Kalenders gezeigt, wo die Natur selbst in der reizvollen Sprache ihrer Früchte und Blumen, mit ihren wohltuenden mütterlichen Gaben die Jahreszeiten benennt. Die Tage sind nach den Erntefrüchten benannt, so daß das Ganze gleichsam ein Handbuch der Tätigkeit des Landmanns darstellt; dessen Leben verbindet sich Tag für Tag mit dem Leben der Natur. Gab es etwas Geeigneteres für ein ackerbautreibendes Volk, wie Frankreich es damals war? Die Namen der Monate, entweder vom Wetter oder von den Früchten abgeleitet, sind so glücklich gewählt, so ausdrucksvoll und von so melodischem Reiz, daß sie augenblicklich jedem zu Herzen gingen und bis heute nicht vergessen wurden. Sie bilden heute einen Teil unserer Erbschaft, eine jener immer noch lebendigen Schöpfungen, in denen die Revolution weiterbesteht und bestehen wird. Wessen Herz pocht nicht, wenn es diese Namen hört? Wenn auch der unglückliche Fabre keine vier Monate seines Kalenders erlebte – im Pluviôse verhaftet, stirbt er mit Danton im Germinal –, so kann sein im Thermidor allzu grausam gerächter Tod doch nicht verhindern, daß er nicht ewig leben wird, weil er allein die Natur verstanden und den Gesang des Jahres gefunden hat.[3]

Die Tragweite dieser Änderungen war ungeheuer. Sie bedeuteten nichts Geringeres als einen Wechsel der Religion.

Der Almanach ist von ernsterer Bedeutung, als es leichtfertige Geister glauben mögen. Der Kampf der beiden Kalender, des republikanischen und des katholischen, war der Kampf *der Vergangenheit*, der Überlieferung, *mit der ewigen Gegenwart*, der Berechnung und der Natur.

Nichts empörte die Menschen der Vergangenheit mehr. Eines Tages sagte der Bischof Grégoire zornig zu Romme: »Wozu dient dieser Kalender?« Dieser erwiderte kalt: »Den Sonntag zu unterdrücken.« Grégoire versichert, daß alle Anhänger der französischen Nationalkirche lieber das Martyrium erduldet als den Sonntag auf den Décadi verlegt hätten.

Mirabeau, der bisweilen den Propheten spielte, hatte gesagt: »Ihr werdet nicht zum Ziel kommen, wenn ihr die Revolution nicht entchristlicht.«

Das Jahrhundert der Analyse, das achtzehnte Jahrhundert, neigte unaufhaltsam zum Kultus der reinen Vernunft. Der Konvent beschloß am 3. Oktober die Überführung Descartes ins Panthéon. Der Erfinder des großen Zweifels, der den neuen Glauben einführte, ruht dort neben Rousseau und Voltaire, der Vater neben seinen Söhnen.

Das strenge Auge, der brennende Blick des modernen Denkens betrachtet das ungeheure Beieinander von Dogmen, die von den Jahrhunderten aufgehäuft wurden. Und was sieht er darunter? Den Felsen, woran so viele Anschwemmungen sich allmählich abgelagert haben, den Logos oder das platonische Wort, die Idee der lebendigen Vernunft.

Wie eine ehemals fruchtbare Insel des Südmeers, die mit der Zeit von der reichen und sterilen Fruchtbarkeit der Koralle zugedeckt wurde... Reißt den ganzen dürren Luxus hinweg... gebt dem Land die Sonne wieder und den Tau des Himmels, und es wird wieder fruchtbar sein.

Diese notwendige Revolution des achtzehnten Jahrhunderts schenkt uns in der Metaphysik Kant und die reine Vernunft, in der Praxis den religiösen Versuch Rommes und Anacharsis Clootsens, den Kultus der Vernunft.

Ein Kultus der Mathematik, dessen Propheten Newton und Galilei waren. Ein Kultus der Menschenliebe, dessen Väter Descartes und Voltaire sind, die Wohltäter des Menschengeschlechts.

In welcherlei verschiedenem Sinn verstand man das Wort Vernunft?

Manche sahen nur die menschliche Vernunft darin. Von dem kritischen Bedürfnis einer Kampfepoche besessen, suchten sie in der Wahrheit nur eine Verneinung des Irrtums, eine Waffe, um die alte Welt zu zertrümmern.

Andere, besonders gewisse Volksgesellschaften, erklärten, daß sie unter Vernunft die göttliche und schöpferische Vernunft verstünden, mit anderen Worten: das Höchste Wesen.

Wo ist die Grenze zwischen Göttlichem und Menschlichem? Gehören die notwendigen Ideen (Ursache, Substanz, Zeit, Raum, Pflicht), die in uns sind, aber nicht unser Werk sind, und die dennoch unsere Vernunft ausmachen, uns oder Gott?

Die großen Geister, von denen dieser Anstoß ausging, bedienten sich der Formen ihrer Zeit, schwankten von einer Auffassung zur anderen und machten wenig Unterschiede. Unzweifelhaft ist die Vernunft die höchste Erscheinungsform Gottes. Unzweifelhaft tritt sie nirgends klarer hervor als in ihrer beständigen Fleischwerdung: der Menschheit.

Als der arme Cloots das rührende Wort sprach: »Unser Herr, das Menschengeschlecht«, als er die Not dieses unglücklichen Königs der Welt beklagte, war Gott trotz dieser Verhüllung nicht weniger lebendig in ihm.

Der Philosoph Cloots und der Mathematiker Romme hätten nichts ausgerichtet, wenn sie nicht für ihre Ideen einen Mann des praktischen Handelns gewonnen hätten, den scharfsinnigen und unermüdlichen Tribun der Kommune, Anaxagoras Chaumette.

Am 26. September beantragte Chaumette bei der Kommune den Bau eines Hospitals mit dem Namen »Temple de l'Humanité«. Er war aus seiner Heimat zurückgekehrt, dem Nièvre, wohin er seine kranke Mutter begleitet hatte. Dort hatte Fouché mutig den Katholizismus abgeschafft.[4] Fouché aus Nantes, ein Zeuge der ersten Metzeleien in der Vendée, rächte diese im Nièvre und unterstützte mit allen Mitteln die Volksbewegung gegen den Klerus. Chaumette erzählt die Sache in der Kommune wie folgt: »Das Volk hat zu den Priestern gesagt: Ihr versprecht uns Wunder. Nun, wir werden selbst Wunder tun ... Und das Volk hat für die alten Leute und die Notleidenden Feste veranstaltet... Da hättet ihr die Armen, die Blinden, die Lahmen auf den ersten Plätzen sitzen sehen sollen ... Das waren Wunder!«

Chaumette brauchte Lieder für seine Feste. Er setzte die Errichtung der großen Musikschule durch, des Konservatoriums.

Der ehrwürdige Gossec, den die Begeisterung verjüngte, wurde Leiter dieser Schule und erfand die Melodien für den neuen Kult.

Der Verse halber wandte sich Chaumette an Delille, den gefälligen Versemacher. Der Abbé Delille, ein überzeugter Royalist, zornig wie ein Kind, fand Mut in seinem Schmerz, in seiner Trauer um die Königin, deren Lehrer er gewesen war. Freimütig las er Chaumette seinen Dithyrambus auf die *Unsterblichkeit* vor:

Lâches oppresseurs de la terre,
Tremblez, vous êtes immortels![5]

Das bedeutete den geraden Weg zur Guillotine. Chaumette wollte nicht verstehen. »Es ist gut, Abbé«, sagte er, »das kann man bei einer anderen Gelegenheit brauchen.« Er hielt die Sache geheim und rettete ihm das Leben.

Ebenso hatte er den Drucker Tiger gerettet, der ihn am 5. September beleidigte und ihm öffentlich auf dem Quai an die Kehle fuhr, als er sich an der Spitze der Kommune zur Versammlung begab.

Wir haben gesehen, wie erregt Chaumette beim Prozeß gegen Ludwig XVI. war und welche Teilnahme er dem weinenden Hue bewies. Große Teilnahme erfuhr auch die junge Dauphine von ihm. Er ließ Cléry in Freiheit setzen.[6]

Das Verhängnis hatte ihn bei dem furchtbaren Weg, den die Kommune nahm, mit Hébert gleichsam zusammengeschirrt. Dennoch mußte der starke Gegensatz ihrer Charaktere zum Vorschein kommen. Man sah es am 31. Mai; man sah es am 14. August, als er ziemlich lebhaft gegen Hébert und Hanriot auftrat. Gegen Ende August entstand bei den Jakobinern ein Streit über die Frage, ob die Verdächtigen gefangengesetzt oder deportiert werden sollten; Hébert und Robespierre waren für erstere Maßnahme, Chaumette zog die Deportation vor, eine scheinbar viel härtere, in Wirklichkeit viel mildere Strafe in einer Zeit, da das Gefängnis sich so nahe dem Schafott befand.

Chaumette besaß einen sehr schwachen Charakter. Sobald er Gefahr läuft, bei einem Fall von Mäßigung ertappt zu werden (zum Beispiel am 4. und 5. Oktober), tritt er auf der Stelle den Rückzug an und verbirgt sich hinter der Grausamkeit. Am 10. Oktober, dem Tag, als Saint-Just seinen zornentbrannten Bericht vorbrachte, in welchem Chaumettes Partei deutlich bezeichnet war, gab Chaumette der Kommune eine Liste aller Fälle, die verdächtig waren, eine Liste, auf Grund deren ganz Frankreich ins Gefängnis gemußt hätte.

Bei alldem waren Chaumette und der Generalrat, den er allein leitete (denn Hébert war mit seinem Blatt, mit dem Kriegsministerium, mit den Jakobinern beschäftigt), war Chaumette, sage ich, noch die beste Stütze gegen die örtliche Tyrannei der revolutionären Ausschüsse der Sektionen. Wenigstens besaß Chaumette eine Publizität, vor der sich die Ausschüsse fürchten mußten. Diese waren häufig bei der Kommune verklagt worden, und nun wurden sie am 9. Oktober von Léonard Bourdon und am 18. von Lecointre im Konvent beschuldigt, der Grund ihres Vorgehens sei häufig persönliche Feindschaft und sie suchten bisweilen ihre Gläubiger ins Gefängnis zu bringen. Collot d'Herbois selbst, der nicht als gemäßigt gelten kann, beklagte sich am 26. September bei den Jakobinern über *die wahnsinnige Tölpelei* der revolutionären Ausschüsse.

Der Sicherheitsausschuß, der so hoch und fern war und ganz Frankreich zum Gegenstand hatte, bot keine ernstliche Zuflucht gegen diese kleinen Tyrannen. Er schonte sie als seine persönlichen Agenten und schwieg ihren Machtmißbrauch tot. Bei der Kommune dagegen kam alles ans Licht. Am 26. September, am 3. und 26. Oktober hörte sie alle Klagen gegen die Ausschüsse an und unterstützte sie, revidierte bisweilen sogar deren Urteile.

Auf diese Weise politisch zu bremsen, war sehr gefährlich, wenn man der Revolution kein anderes Ventil öffnete, wenn man die politische Mäßigung nicht durch Kühnheit in religiösen Dingen ausglich: Das war die Auffassung mehrerer Abgeordneten. Sie übten die Schreckensherrschaft über die Dinge, nicht über die Personen; sie enthaupteten Bilder, richteten Statuen hin und schickten an den Konvent ganze Karren voll geköpfter Heiliger, welche in die Münze wanderten.

Zum Mittelpunkt seiner Propaganda machte Chaumette die Sektionen Gravilliers und Filles-Dieu (in der Passage du Caire). Sie sind das Hauptviertel der Kleinindustrie, der echt pariserischen Industrie; diese ist hier ungemein tätig und umfaßt zahllose Handwerke. Hier herrscht ein vielfältigerer Geist als im Faubourg Saint-Antoine, wo es nur die Einteilung in Eisenarbeiter, Holzarbeiter usw. gibt. Léonard Bourdon hatte seine Schule der Kinder des Vaterlandes in der Priorei Saint-Martin untergebracht; von dort aus half er Chaumette. Der erste Punkt ihrer sehr gut aufgenommenen Predigt lautete, *man dürfe den Klerus nicht mehr bezahlen*, ein Grundsatz, der bald von allen Sektionen angenommen und als gemeinsamer Wunsch vor den Konvent gebracht wurde.

Der zweite sehr volkstümliche Punkt war ein schöner Beschluß (vom 28. Oktober) über die *Gleichheit der Begräbnisse*. Der Arme wie der Reiche soll mit anständigem Geleit bestattet werden, soll nicht unter einem häßlichen schwarzen Tuch liegen, sondern in einer dreifarbigen Fahne, in der Fahne der Sektion. Die Stadt Paris hat etwas von diesem Gesetz der Gleichheit beibehalten. Arme und Bettler werden in einem mit zwei Pferden bespannten Wagen zu ihrer letzten Bleibe gebracht, begleitet von vier Gerichtsdienern, an deren Spitze ein Begräbniskommissar geht.

Ebenfalls auf der Fahne der Sektion sollte die Kommune die Kinder entgegennehmen, die man ihr brachte, damit sie auf revolutionäre Namen umgetauft würden.

So empfingen unsere heiligen Farben, das geweihte Banner der menschlichen Erneuerung, den Menschen bei der Geburt und hüllten ihn ein im Tode. Als Trost für sein Geschick fand der Mensch an seinem letzten Tag diese gute Aufnahme; er ging dahin, bekleidet von Frankreich, seiner Mutter, umhüllt vom Vaterland.

Dankbar empfand das Volk das Bedürfnis, von der Kommune gesegnet zu werden. Arbeiter, Sieger der Bastille, wollten neu verheiratet werden, denn, so sagten sie, sie hielten keine Ehe für rechtsgültig, die nicht von Chaumettes Hand vollzogen wäre.

Unendlich rührend gestaltete sich eine Adoption; ein invalider Korporal brachte ein Mädchen, die Tochter eines Hingerichteten, der acht Kinder hinterlassen hatte. Dieser brave Mann fragte, ob er sich nicht gegen das Vaterland verginge, wenn er die Tochter eines Schuldigen an Kindesstatt annähme. Chaumette nahm das Kind in seine Arme und setzte es neben sich. »Ein schönes Beispiel«, sagte er, »republikanischer Tugenden!... Schon sehen wir sie erwachen, jene sanften Tugenden, die sich überall in den Heldenmut der Freiheit mischten. Hier ist nicht mehr eine Adoption aus Hochmut wie bei den Patriziern des Altertums, wo ein Scipio einem Paulus-Aemilius aufgepfropft wurde: Hier wird die Unschuld durch die Vernunft der Schande des Vorurteils entrissen. Bürger, schart euch alle um diesen guten, alten Soldaten! Waise durch das Walten des Gesetzes, möge dieses Kind in euren väterlichen Küssen die Adoption durch das Vaterland empfangen.«

Diese Sitzung trug bewundernswerte Frucht. Der Konvent errichtete ein Hospiz für die Kinder des Vaterlandes. So wurden die Kinder der Verurteilten genannt.

Ereignis von großer Bedeutung. Es griff als Prinzip den Glauben des Mittelalters an, dessen Grundlage keine andere ist als die Erblichkeit des Verbrechens.

Diese Morgenröte der Menschlichkeit und der Mäßigung enthüllte den geheimen Zwiespalt zwischen Hébert und Chaumette. Der erstere wollte den schon fürchterlich gespannten Bogen noch weiter spannen. Chaumette wollte entspannen.

Am 4. November brachte die Sektion Luxembourg, die besonders von Hébert und Vincent geleitet wurde, den wahnsinnigen Beschluß heraus, es sollten die Namen all derer veröffentlicht werden, die im Gefängnis gesessen hatten; diese sollten ebenso wie die Unterzeichner der Eingaben der achttausend und der zwanzigtausend[7] als unfähig gelten, ein öffentliches Amt zu bekleiden.

Diese terroristische Bewegung stand den Interessen der religiösen Bewegung, an welcher Chaumette arbeitete, entgegen. Chaumette parierte den Streich und sagte, man werde die berühmte Eingabe der zwanzigtausend hervorsuchen. Am 6. November verschaffte er sich bezahltes Publikum für eine Komödie, in welcher er dem Vorwurf der Mäßigung zuvorkam. Als die Sektion Bonnet-Rouge (Croix-Rouge) zur Vereidigung kam, bot sie die rote Mütze Chaumette an, welcher sie begeistert aufsetzte und alle Welt veranlaßte, sie zu tragen. Rote Mützen lagen für die vielköpfige Versammlung bereit.

Der Augenblick für große Taten schien gekommen.

Der Konvent nahm die Sendungen von Heiligen, Reliquien, von kirchlichem Nachlaß, die ihm Fouché, Dumont, Bô, Rühl usw. zugehen ließen, mit größter Bereitwilligkeit an.

Der Konvent hatte die Zerstörung der Gräber von Saint-Denis beschlossen. Man hatte die Asche der Könige zu der Asche unbekannter Toter geschüttet. Welch grausame Kränkung für letztere, die Überbleibsel Karls IX. oder des ruchlosen Schönlings Heinrich III. neben sich dulden zu müssen.

Der Konvent hatte es durchaus gebilligt, daß der alte Rühl, ein feuriger und strenger Patriot (menschlich im Grunde und durch seine Menschlichkeit kompromittiert), mit eigener Hand das sogenannte Heilige Salbgefäß von Reims zerbrochen hatte.

Folglich konnte man annehmen, daß er die Abschaffung des alten Kults befehlen oder gutheißen würde.

Das Hindernis lag im Persönlichen. Was sollte man mit der konstitutionellen Kirche anfangen? Obwohl sie der Republik den Treueeid geleistet hatte, behielt sie alle ihre antirepublikanischen Dogmen bei. Unduldsam und verfolgungssüchtig wie die anderen Priester hat sie 1795 und 1796 die verheirateten Priester Hungers sterben lassen. Selbst 1793 betrieb sie die

Verfolgung; sie nahm jenen Unglücklichen ihre Stelle, schnitt ihnen den Lebensunterhalt ab. Am 15. Juli, am 1. September und noch einmal am 17. hallte der Konvent wider von den schmerzvollen Klagen der verheirateten Priester, die von ihren Herren, den republikanischen Bischöfen, daran gehindert werden sollten, Menschen zu sein. Die Versammlung war verstimmt, und sie kürzte das Gehalt der Bischöfe auf sechstausend Francs und bedrohte die Verfolger mit der Deportation.

Einen duldsameren Bestandteil der konstitutionellen Kirche bildeten die philosophischen Priester; dazu gehörten Gobel, der Bischof von Paris, ferner Thomas Lindet und Daunou. Sie waren vor allem Moralisten und führten ein ehrbares Leben; sie faßten das Christentum als Vermittler der Moral auf. Indessen litten sie selbst als ehrliche und loyale Menschen unter diesem Zwiespalt und sehnten sich danach, ihn aufgeben zu können. Daunou verließ ihn frühzeitig und freiwillig. Die anderen begingen das Unrecht, den Druck der Ereignisse abzuwarten.

Gobel sah jeden Abend Anacharsis Cloots und Chaumette bei sich. Beide bewiesen ihm, wie sehr sein philosophisches Christentum der Bevölkerung verdächtig, wie ohnmächtig und unnütz es war; sie drängten ihn, den leeren Altar zu verlassen und sein Amt als katholischer Priester niederzulegen.

Am 6. abends gab er nach, und sein Klerus folgte seinem Beispiel. Es wurde beschlossen, daß alle zusammen am nächsten Tag zu Händen der Versammlung ihre Abdankung einreichen sollten.

Robespierres Kampf gegen die Konventskommissare (Februar 1794)

XVI, 3

Kampf Robespierres gegen Tallien und Fouché. – Er dehnt seine Anklagen aus. – Er beunruhigt den Wohlfahrtsausschuß. – Er verkennt die Pflichten der Konventskommissare. – Konnte man das Jahr 1793 gerecht beurteilen? – Wie sich 1793 von 1794 unterscheidet. – Die ungewissen Wege Robespierres.

Was Robespierre am meisten ehrt, ist sein Kampf gegen die Konventskommissare. Und was ihn verurteilt und ihn zugrunde gerichtet hat, ist eben dieser Kampf gegen sie.

Um dieses Rätsel zu erklären, müssen wir sagen, daß Robespierre ganz zu Recht drei oder vier Schurken, die der Versammlung Unehre machten, bis aufs Blut verfolgte, und daß er, weniger zu Recht, mit übertriebener und unvernünftiger Strenge diese Verfolgung auf einige zwanzig Abgeordnete ausdehnte, welche die ihnen von der Gefahr im Jahre 1793 gebotene Diktatur am meisten bloßgestellt hatte;

schließlich daß seine gefährliche, argwöhnische und krankhafte Einbildungskraft in ihrem Mißtrauen die zweihundert von den Missionen heimgekehrten Abgeordneten verdächtigte und zuletzt sogar den Konvent bedrohte. Diese Idee einer völligen Säuberung trieb ihn in verhängnisvoller Weise – mochte er auch noch so wenig nach der Macht streben – dazu, sich gewissermaßen einer richterlichen Diktatur, der Stellung eines Zensors und Oberrichters zu bemächtigen – und zwar nicht nur über politische Vorgänge, sondern auch über die Sitten und das Denken.

Halten wir zunächst die Zeiten auseinander.

Viele Leute, die sich während der Reaktion, vom Strom fortgerissen, im höchsten Grade schuldig machten, waren vor dem Thermidor keineswegs schuldig. Man konnte sie nicht richten wegen zukünftiger Taten.

Und von denen, die in der hier geschilderten Zeit bereits schuldig waren, war der eine wie Chabot ein Schelm, der andere wie Carrier ein wildes Tier, ein toller Hund, ohne doch ein Schurke zu sein. Dieses Wort begreift nicht nur das Verbrechen in sich, sondern auch die bewußte Verderbtheit, die willentliche Korruption von Herzen und Verstand. Es gab wenig Männer im Konvent, denen man diese Eigenschaften zuerkennen muß.

Vielleicht gab es solche nur drei: Rovère, Tallien und Fouché.

Rovère ist, glaube ich, das einzige Mitglied dieser Versammlung, das reich wurde. Wir werden sehen, durch welche Mittel.

Das kann man von Tallien nicht sagen. Dieser große Mann blieb arm, seine Hände blieben leer, wenn auch nicht rein. Wir haben gesehen, wie er sich in Paris, in den Champs-Elysées, von den Almosen seiner Frau, der damaligen Prinzessin von Chimay, durchbrachte.

Tatsache ist, daß Tallien ein Prasser war und sonst nichts, ein Faß ohne Boden. Er mochte noch soviel stehlen: Gegen seine Armut gab es kein Mittel.

Geboren in der Küche eines Finanzpächters in der Touraine und als Sohn des Kochs, besaß er dementsprechende Anlagen; der Schlemmerei und den Mädchen gehörte sein Herz. In einer anderen Zeit wäre er Mönch geworden, ein wahrer Mönch Rabelais'. Er war schön und ein Schönredner, Prediger und Frauenbetörer. Es war sein größtes Vergnügen, überall, wohin er kam, die Kanzel zu besteigen und durcheinander von der Revolution, der Vernunft, Jesus, Marat und allem übrigen zu predigen. Die Frauen waren behext.

Tallien war von Natur durchaus nicht grausam, wurde es aber immer dann, wenn er den kleinsten Vorteil zu gewärtigen hatte. Es ist die Frage, ob er im September selbst handelte oder handeln ließ. In Bordeaux stand er weder über noch unter der allgemeinen Wut. Er schmeichelte dieser, indem er die Guillotine vor seinen Fenstern aufstellen ließ. Diese Guillotine, sagt man, war ihm äußerst einträglich. Alles ist Handel in Bordeaux. Tallien trieb Handel mit dem Leben. Um den echten Haß, der Blut forderte, zu täuschen, mußte er es an Gebärden, Worten und Wut allen zuvortun. Er heulte und brüllte die Terreur, ohne zu befürchten, seine Rolle zu übertreiben. Unterdessen, heißt es, führte seine Geliebte die Kasse. Indessen behauptet man, daß diese bisweilen ein paar Begnadigungen stahl und Leute ohne Entgelt rettete.*

Solche Dinge kamen in Lyon nicht vor. Der Mann in Lyon war nicht wie Tallien das verdorbene Kind der Natur, sondern ihr verfluchter Sohn, ihr Kain. Fouchés enterbtes, obgleich intelligentes Gesicht erschreckte durch seine Teilnahmslosigkeit. Atheistischer Priester, harter Bretone, Pedant, den die Schule ausgedörrt hatte – alle diese Züge standen abstoßend in seinem grausamen Gesicht. *Erfolg haben* war sein ganzes Glaubensbekenntnis. Er war im Grunde ein sehr kalter Mensch und besaß einen schauerlichen Positivismus.** Er war Hébertist geworden, weil er meinte,

* Ein Kind, ein kleines Mädchen, durchbricht die Menge der Sansculotten, die den Kommissar umgibt, dringt bis zu diesem vor und bittet um die Freilassung seiner Mutter. Tallien gerät in furchtbare Wut, schwört, flucht und schlägt das Kind. Die gar nicht zartfühlende Menge findet indessen, daß der Bürger Abgeordneter sich in seinem patriotischen Zorn zu weit treiben lasse. Das Ganze war eine Komödie, um die bereits befohlene Freilassung der Gefangenen unauffällig vornehmen zu können. Dies wurde mir in Bordeaux von einer vertrauenswürdigen Person erzählt.

** Gerechterweise muß man jedoch zugeben, daß ohne ihn und ohne die Pariser, die in die vorläufige Kommission in Lyon und in das Revolutionstribunal eintraten, die in der lokalen Rache sich austobende Wut viel weiter gegangen wäre. Der strengste von den fünf Richtern war ein Mann aus Lyon. Da alle Departements ihre Angeklagten dem Tribunal in Lyon überwiesen, so war es nicht leicht, die Zahl der Verurteilungen auf achtzehnhundert zu beschränken; diese ungeheure Zahl ist immer noch um vieles kleiner als die Zahl derer, die in Nantes getötet wurden. Vor mir liegt ein Urteil des Tribunals (gegen Marie Lolivie, Madame Coibel); es ist gut begründet und verträgt sich durchaus nicht mit dem, was man von der blinden Übereilung der Richter gesagt hat. Was Collot und Fouché anlangt, so rechtfertigten sie sich immer mit der Erklärung: »Wir sprachen kein Urteil; es war ein Tribunal vorhanden, und wir hatten nicht das Recht der Begnadigung.« Fouché folgte dem Fortschritt der öffentlichen Meinung und hielt zuletzt die Leute im Zaum, die das Blutvergießen fortsetzen wollten. Nichts trug so sehr zu dieser Beruhigung bei wie die Menschlichkeit unserer Soldaten. Ein junger Lyoner, der mit den Waffen in der Hand ergriffen wurde, sollte verurteilt werden. Ein republikanischer Dragoner, der ihn niemals gesehen hatte, trat vor, sprach für ihn und erklärte, er kenne ihn als einen Patrioten. Der Lyoner war Monsieur de Gérando, der berühmte hier sei die Vorhut. Er wurde Nachfolger Collots in Lyon, wurde von Robespierre gestürzt, kehrte zurück, um sich gegen ihn zu verschwören, und trug mehr als alle andern zum 9. Thermidor bei. Nichts ehrt Robespierre mehr als der Umstand, daß die hauptsächlichsten Urheber seines Sturzes die beiden übelsten Männer Frankreichs waren, Tallien und Fouché.

Sie hätten ihn nicht gestürzt, wenn er nicht unklugerweise seine Anklagen ausgedehnt, die ehrlichen Leute und die Schurken zugleich erschreckt hätte sowie den ganzen Konvent. Wer war noch sicher vor einem solchen Moralisten, Richter und Säuberer, der selbst Cambon anschwärzen wollte?

Es war ein Widerspruch in ihm. Er war geboren mit der Liebe zum Guten. Unaufhörlich stellte er in seinen Reden das Ideal des Gleichgewichts auf. Aber seine innere Heftigkeit (und die Heftigkeit der revolutionären Idee) warf ihn jeden Augenblick nach rechts oder links. Er auferlegte allen einen unmöglichen mittleren Zustand, den er selbst niemals erhalten konnte.

All dies wird nur allzu deutlich in der düsteren Rede, die er am 5. Februar über diesen Gegenstand hielt. Diese Rede war sehr allgemein gehalten (»Die Demokratie ist die Tugend« usw.), enthielt aber nichtsdestoweniger eine Drohung gegen alle Abgeordneten, die 1793 als Konventskommissare in Mission gewesen waren. Und es waren nicht nur die wilden Vollstrecker der nationalen Rache, Collot und Carrier, die etwas zu befürchten hatten. Es handelte sich um alle, die unter jenen unerhörten Umständen wider ihren Willen den Diktator gespielt hatten.

Nicht zufrieden damit, auf sie hinzuweisen, machte er eine Anzahl von ihnen namhaft in dem Entwurf eines Berichts über Fabre, den er dem Wohlfahrtsausschuß zeigte. Über Merlin äußerte er sich so: »Er ist berühmt durch die Kapitulation von Mainz *und mehr als verdächtig*, dafür einen bestimmten Preis empfangen zu haben.« Beweise fehlten völlig. Gegen Dubois-Crancé erhob er erneut den hundertmal widerlegten Vorwurf, dieser habe *vor Lyon Verrat begangen* und habe die Leute von Lyon gerettet; er verneinte frech die Tatsachen; denn Dubois hatte am 6. Oktober den Befehl niedergelegt, und die Leute entwischten am 8.[1]

Der bestürzte Ausschuß bewunderte zwar den Bericht, bat ihn aber, noch keinen Gebrauch davon zu machen, sondern das schöne Schriftstück noch einmal durchzusehen und es so vollkommen zu machen als möglich.

Es war klar, daß er bei dieser umfangreichen Zertrümmerung des

Philosoph, der Onkel des noch berühmteren jungen Mannes, den wir 1848 verloren haben – Gérando-Téléki, der Autor der schönen Bücher über Ungarn, der Märtyrer der Freiheit.

Konvents auch zu den Ausschüssen gelangen würde. Er besorgte sich Pfänder gegen sie. Man hatte ihm aus Toulon einen sehr doppelsinnigen Brief gebracht, nach welchem der Feind über Staatsgeheimnisse unterrichtet sein sollte. Eifrig benutzte er diese Urkunde und hielt sie dem Wohlfahrtsausschuß vor wie ein blankes Schwert. Seine drohenden Blicke sagten: »Wer von euch ist der Verräter?« Zwei Männer (von der Linken und von der Rechten je einer), Billaud und Hérault, hatten das Schlimmste zu fürchten.

Sein Übelwollen gegen Lindet zeigte sich auf indirekte, aber sehr bedeutsame Weise, als dieser im Konvent wegen seiner Mission in der Normandie angeklagt wurde. Lindet hatte ein Auge zugedrückt bei einer vorübergehenden, unfreiwilligen Verirrung einer ganz kleinen Gemeinde. Scheinbar ganz geringfügig, wurde die Sache in Wirklichkeit bedeutsam. In diese erste kleine Lücke drängte sich bald ein endloser Strom von Anklagen, der neun Departements verschlingen konnte. Die schwere Frage war, ob man den Föderalismus in der Normandie und der Bretagne verfolgen sollte. Lindet unterbreitete sie den Ausschüssen und dem Konvent, die wie er zu glauben schienen, da die Führer bestraft seien, könne man das übrige links liegen lassen und ein Auge zudrücken. Aber obwohl Lindet diese wichtige Entscheidung erlangte, gelang es ihm nicht, Robespierre auch nur zur kleinsten Äußerung in dem einen oder anderen Sinn zu bewegen. Der blieb schweigsam, unbeweglich und behielt durch sein grausames Stillschweigen die Möglichkeit, seinen Kollegen eines Tages sagen zu können: »Ihr habt den Föderalismus für harmlos erklärt.«

Das war ungerecht und undankbar. Man hätte die Männer ehren und beruhigen müssen, die während der furchtbaren Krisis des Sommers 1793, während der Verfinsterung des Wohlfahrtsausschusses, durch ihre Geschicklichkeit oder ihre persönliche Energie das Land gerettet hatten.

Es war hart, mit Lindet auch Philippeaux zu ängstigen, durch dessen großen Einfluß die Gironde im Westen vernichtet worden war. Hart, zu Merlin und Briez, die mit ihren Leibern das schutzlose Frankreich gedeckt hatten, das merkwürdige Wort zu sagen: »Seid ihr tot?« Hart, Dubois-Crancé anzuklagen, der während seiner dreimonatigen Verlassenheit mit unerhörter Mühe allein den ganzen Südosten gegen die Gironde, gegen den Feind, gegen den Untergang behauptet hatte, der die ungeheure Leistung der Belagerung von Lyon vollbrachte und zum Dank dafür als Gefangener heimgebracht wurde.

Die Namen dieser heldenhaften Männer und die so vieler anderer, weniger bekannter, die Frankreich retteten, die Namen Baudot und Lacoste, die uns den Rhein gegeben haben, und der des ehrlichen und tapferen Soubrany, des Besiegers der Spanier, werden mit denen der großen Männer des Ausschusses vereint ewigen Ruhm kennen.

Wie viele andere, welche die Pflicht in weniger glänzende Stellungen brachte, taten es ihnen gleich an Hingabe! Wir können kühn behaupten, daß dreißig Abgeordnete allein durch ihre Missionen die Beisetzung im Panthéon verdient haben. Und was würde sich erst ergeben, wenn man an die inneren Arbeiten der Versammlung denkt und ihre unermüdlichen Kommissionen, an jene menschliche Kraft fast übersteigenden Arbeiten, an die Tage voll heißer Mühe und an die schlaflosen Nächte? Betrachtet man die ungeheure Fülle dessen, was der Konvent tat, so ist man versucht zu glauben, daß die Zeit in diesen Jahren ihre Eigenschaft änderte, daß ihre gewohnten Maßstäbe jede Bedeutung verloren. Die Tage wurden zum mindesten verdoppelt; man kann diese Versammlung nennen: *die Versammlung, die nicht schlief*.

Um den Konvent und besonders die Konventskommissare gerecht zu beurteilen, müßte man die bessere Lage von 1794 mit der Krisis um die Mitte des Jahres 1793 vergleichen. Wie verschieden waren die ersten Missionen von den folgenden! Im Jahre 1794 bestand zwar noch Unordnung, bestanden aber auch gewaltige Kräfte, starke Armeen, eingerichtete Verwaltungen. Die Männer von 1793 fanden nichts vor und schufen alles.

Ihre Lage war gefährlich. Mehrere wurden ermordet, mehrere wurden es beinahe. Fast alle wurden nur durch eine unbedeutende Minderheit unterstützt. Baudot zum Beispiel in Toulouse hatte im Juni 1793 keine vierhundert Männer auf seiner Seite. Dennoch bezähmte er die Stadt.

Ein montagnardischer Abgeordneter, der gestern noch Advokat, Arzt und Journalist war und plötzlich Kriegsmann wurde, kam schüchtern als ein Neuling mit Säbel und Federbusch in eine unbekannte Stadt; er war bestürzt über seine Verlassenheit. Wenn er nicht Furcht einflößen konnte, so war er verloren. Die Republikaner selbst waren Girondisten und verbargen sich. Die Montagnards des Ortes waren in verschwindender Minderzahl und daher um so rücksichtsloser. Sie kannten ihre Gefahr. Der drohende Hereinbruch der *weißen Terreur* steigerte die *rote Terreur*. Sie sahen schon im Geist die Mordtaten von 1795, die Gesellschaft Jéhu[2], die Metzeleien von Marseille, den blutigen Felsen von Tarascon, die vierzehnhundert Familienväter, die innerhalb von acht Tagen in der Umgegend von Angers im eigenen Haus erschossen wurden, die Chouans und die Chauffeurs[3]. Sie sagten zu den Abgeordneten: »Man muß die Verräter heute töten, oder wir sterben morgen selbst.«

Sicher ist, daß selbst die radikalsten unter den Abgeordneten oft große Schwierigkeiten hatten, die Gewalttätigkeit der Leute im Ort zu zügeln.

Nein, man konnte keinen einzigen der Konventskommissare verurteilen. Zwischen ihnen und ihren Feinden wäre der Prozeß gar zu ungleich gewesen. Lequinio zum Beispiel, Hentz und Francastel hatten sich hart an die Gesetze gehalten, aber inmitten der großen Städte, wo jedes Ding vor aller Augen geschieht. Aber wer konnte das Protokoll führen über die vendéeischen Grausamkeiten, für die jene Gesetze die Vergeltung darstellten, über die täglichen Erschießungen, die Charette in den abgelegenen Wäldern vornehmen ließ? Um solche Prozesse zu beginnen, hätte man unter der Erde nach den gebleichten Knochen suchen, hätte man sagen können müssen: »Dies ist ein vendéeischer Mörder, dies ist ein Patriot«, hätte man die Gefahren in Betracht ziehen müssen, die Verzweiflung und das Entsetzen, unter denen diese Taten begangen wurden, hätte man die Volkswut wiedererstehen lassen müssen, von der sie oft diktiert wurden.

Der geschickteste Mensch der Welt, der gerechteste, wenn man will, der fern von Geschäften und Interessen sein Leben mit Reden verbrachte, im Hause Duplay[4], bei den Jakobinern und in der Versammlung, der sich immer auf demselben Fleck drehte und sich nur in der Rue Saint-Honoré von einem Haus zum anderen bewegte – konnte er das Schicksal dieser furchtbaren Reisenden der Revolution beurteilen? das Schicksal von Männern, die eines Tages vom Verhängnis aus allen Gewohnheiten, aus den bekannten Wirklichkeiten hinausgeschleudert wurden, weit weg vom Mittelpunkt und von der Regel, die das Unvorhergesehene an der Kehle packte und sie zwang, das Gesetz mit Füßen zu treten, um das Gesetz zu retten, Verbrechen zu begehen, um das Verbrechen zu fliehen, das Licht der Welt auszulöschen und das einzige Volk untergehen zu lassen, in welchem dieses Licht noch erschien?

Sie waren verlorene Menschen, zum Opfer bestimmt; sie fühlten es wohl. Sie kehrten einer nach dem andern in die Welt der Lebenden zurück, diese unglücklichen Gespenster, mit einer verwirrten Erinnerung an das, was sie selbst getan hatten. Unter einem übermenschlichen Antrieb und mit staunenswertem Schwung waren sie über einen Abgrund gesprungen... Hätte man ihnen vorgeschlagen, mit kaltem Blut von neuem zu beginnen, so wären sie schaudernd zurückgewichen; sie sagten: »Wer hat unsere Taten getan? Wir wissen nichts davon!«*

Diese Unglücklichen fanden bei der Rückkehr das blasse und unerbittliche Antlitz eines Richters, der in jeder Rede als Vorwurf und Drohung das moralische und bürgerliche Gleichgewicht, die feine, scharfe Linie behandelte, der bei Todesstrafe zu folgen sei.

Man denke sich einen Mann, der bei einem fürchterlichen Sturm auf einer gefährlichen Überfahrt von Dover nach Calais einen Faden spannen

* Dies sagte Baudot meinem Freund Edgar Quinet. Jener besuchte als junger Mann den berühmten Greis auf dem Land, in einem großen, verlassenen Haus, beinahe ohne Möbel, und der Mann der vergangenen Tage erzählte ihm bereitwillig von den heroischen Zeiten und vergaß dabei immer nur eines – seinen Anteil an alldem, seinen Beitrag dazu, Frankreich zu retten, das ihn vergessen hatte, das sich selbst vergaß.

und diejenigen Schiffe mit dem Tode bedrohen würde, die diesem Faden nicht folgten.

Wäre er nur ein Politiker gewesen, so wäre die Furcht weniger groß gewesen; man hätte sich noch verständigen können. Aber er war besonders und vor allem Moralist. Seine natürliche Strenge, seine schnelle Auslegung deuteten jede leichtsinnige Handlung, jede Unmoralität, jede Rücksichtslosigkeit als »Verderbnis, Käuflichkeit, Verrat, Einvernehmen mit dem Ausland«. Mehrere Abgeordnete setzten sich freilich durch ihr Betragen selbst ins Unrecht. Da sie ihr Blut verschwendeten, waren sie in allen Dingen Verschwender. Bei einem Diner in Tours hielt sich Bourbotte darüber auf, daß nur sechs Kerzen auf dem Tisch standen. Er fuhr mit vier Pferden. Merlin lebte wie ein General und trug einen Schnurrbart. Robespierre erkannte darin deutlich die künftige Herrschaft der Militärs. Ein anderes Verbrechen Merlins: Er war ein leidenschaftlicher Jäger (benutzte zweifellos die königlichen Hunde); Robespierre schloß daraus, daß er ein fürstliches Vermögen von Mainz mitgebracht haben mußte.

Dieser merkwürdige Moralist, dessen Auge mit einem unangenehm verzerrenden Mikroskop bewaffnet war, stellte Vergehen dieser Art auf gleiche Höhe mit dem Verrat von Toulon oder mit Dumouriez' Verrat. Was man ihm zeigte, sah er auch, nahm leichtgläubig alles auf, was aus den Departements gegen die Abgeordneten einlief, glaubte allen erbitterten Zeugen, die jene für ihre Eintagsdiktatur büßen lassen wollten und Robespierre aufforderten, sie anzuklagen.

Vom 15. Januar bis 13. März kehrten diese Abgeordneten nacheinander zurück; Robespierre erwartete sie mit berechneter Gleichgültigkeit, vertat seine Zeit bei den Jakobinern, spielte den Kranken, denn sie sollten erst alle da sein und auch alle Anklagen der Departements, bevor er den Prozeß eröffnete.

Gefährlicher, ungerechter Prozeß! den er gegen seine Feinde eröffnete und der nach ihm fortgesetzt wurde gegen seine Freunde,* gegen die

* Was waren diese zweihundert Abgeordneten, die Missionen gehabt hatten? Sie waren *der handelnde Konvent*, die Energie des Konvents und die entschiedensten Republikaner. Ich wundere mich nicht, daß Albitte im Prairial die Forderung stellte, man solle ausschließlich ihnen die Macht anvertrauen. Hätte man reinere und mutigere Hände finden können als diejenigen Rommes, Soubranys, Goujons, Baudots, J.-B. Lacostes usw.? Robespierre war sehr hart gegen sie, als er sie (am 6. April und immer) daran hinderte, Rechenschaft abzulegen von ihrem Vermögen vor und nach ihrer Mission, das heißt, ihre rühmliche Armut festzustellen. Selbst die unter ihnen, die im Grunde Robespierristen waren, unterstützte er nur sehr mittelbar gegen ihre Feinde. Als zum Beispiel Le Bon angeklagt war (im Juni), wagte Robespierre nicht, ihn zu verteidigen, sondern ließ ihn bei den Jakobinern durch Couthon verteidigen. Nach dem Thermidor wurde Le Bon ebenso grausam verfolgt, wie Robespierre die Dantonisten verfolgt hatte, und mit ebenso haltlosen Beweisen. Man warf ihm vor, eine Frau vergewaltigt zu haben,

Revolution! Dieser Prozeß brachte im Jahre 1795 *zweihundert* Abgeordnete vor den Konvent auf die Anklagebank und später den ganzen Konvent vor die öffentliche Meinung. Das war der natürliche Niedergang von dem Augenblick an, da man gegen die Vorgänge von 1793 Klage erhoben hatte.

Es ging zu Ende, das furchtbare, heroische, blutige Jahr, an welchem die in tausend Jahren gewachsene Mißwirtschaft zerbrach. Alle Übel kamen ihm von weit her. Der Heldenmut kam aus ihm selbst.

1794 hätte von Dankbarkeit erfüllt sein müssen gegen seinen Vater 1793, der sein Leben und Sein ermöglicht hatte, der in verzweifelter Anstrengung über den Tod triumphiert und die Brücke überschritten hatte, die noch niemand überschritt, und der jenseits des Styx dem Leben neue Erden und neue Himmel öffnete.

Das neue Jahr bricht an, stolz auf die schon gewonnenen Siege, auf die schon vollbrachten großen Schöpfungen, mit einer Million zweihunderttausend Soldaten, mit Kraft, Jugend und Vergeßlichkeit.

Es bricht an, unerbittlich und willentlich unbekümmert um das, was für es geschehen ist. Das Organ seiner Strenge ist jener traurige, bittere

die gar nicht existierte, einen Perlenschmuck gestohlen zu haben, den man versiegelt an seinem Platz wiederfand. Man trug den strengen Befehlen keinerlei Rechnung, die er beim Beginn des Feldzugs von Carnot, Billaud und Barère empfangen hatte; diese zeigten ihm im voraus den zwischen den Österreichern und den für sie in jeder Stadt vorhandenen Verrätern, die tatsächlich Landrecies dem Feind auslieferten, abgekarteten Plan. Le Bon setzte sich in Cambrai fest und brachte von dort aus allein (denn die ganze Stadt war royalistisch) den fortschreitenden Verrat zum Stillstand. Die Gefangenen gestanden, daß durch seine Tätigkeit alles fehlgeschlagen war. Wer war dieser Mann, um eine solch erstaunliche Rolle auszufüllen? Er war ein junger Oratorianer, ein verheirateter Priester, ein Lehrer mit einigem Talent, ein schwacher und sanfter Charakter. Er war zuerst Girondist, dann Robespierrist gewesen. Seine Vereinsamung und die Gefahr, in der er schwebte, verwirrten ihm den Geist. Es hatte viele Geisteskranke in seiner Familie gegeben; er selbst hatte einige Momente merkwürdiger Überspanntheit. Als ihm eines Tages im Theater bei einer Aufführung der *Gracchen* eine Stelle aristokratisch erschien, sprang er auf die Bühne, mit dem Säbel in der Hand, und schlug die Römer in die Flucht, und als die Zuschauer lachten, drohte er, sie alle verhaften zu lassen. – Er war nicht ohne Edelmut; er rettete den damals sehr jungen und gewalttätigen General Foy wider dessen Willen, denn dieser tat alles, um Le Bon zu zwingen, ihn zu vernichten. – Wahrscheinlich überschritt er das Maß bei der gefährlichen Diktatur, die ihm die Gefahr gebot. Aber wie soll man das wissen? Bevor sie ihn verurteilten, bemächtigten sich seine Feinde aller seiner Papiere; *sie ließen ihn durch Emigranten aburteilen*, durch die Leute, die er daran gehindert hatte, mit dem Feind nach Frankreich zu kommen! – Während seiner viermonatigen Diktatur gab er für sich, seine Familie, seine Sekretäre und Beamten, für Bürokraten, Reisen nach Paris usw. neunundzwanzigtausend Francs aus. – Sein Sohn hat seine wirklich Bewunderung heischenden Briefe veröffentlicht. – Durch welches Mißgeschick konnte ein solcher Mann mit Carrier in einem Atem genannt werden?

Mann, bei welchem Natur und Tugend, Gutes und Böses, Eigennutz und Uneigennützigkeit, alles zum Gegenstand der Inquisition wurde. Kein Mensch war im Konvent, keiner in der Republik, der unbesorgt hätte sein können. Kein Patriot konnte in seine Vergangenheit zurückblicken, ohne dort etwas zu finden, was das Auge Robespierres scheuen mußte. Der unentwegteste der Jakobiner, Montaut, sagte: »Von den siebenhundertfünfzig Mitgliedern, die wir haben, können vielleicht zweihundert bleiben.« David selbst hatte im April Angst vor seinem Meister: »Ich glaube«, sagte er, »daß von uns keine zwanzig in der Montagne bleiben werden.«[5]

Aber wer konnte sicher sein, zu diesen zweihundert oder diesen zwanzig zu gehören? Sah man denn deutlich Robespierres Linie?

Die außerordentliche Verschlagenheit seines Verfahrens, das bei der scheinbaren Unveränderlichkeit der Lehren mehr als einer Partei Hoffnung gab, verwirrte und verdunkelte den Weg, auf den er die Revolution führte.

In Lyon zum Bespiel geschah folgendes:

Er hatte durch Couthon einen solchen Eindruck von seiner Mäßigung hinterlassen, daß die Freunde der Milde sich unter seinem Schutz glaubten, als sie im Dezember die von dem Royalisten Fontanes geschriebene Bittschrift gegen Collot einzubringen wagten.

Im März ließ er als zu übertrieben in seinen Maßnahmen Javogues, Collots und Fouchés Freund, zurückrufen.

Fouché hatte die Linderung der Not beschlossen und die Reichen mit sehr großen Abgaben für die Ernährung der Armen belastet. Die Reichen hofften, daß Robespierre sie von Fouché befreien würde.

Als aber anderseits die Radikalen den berüchtigten Erlaß *Lyon ist nicht mehr* buchstäblich ausführen wollten und das Eigentum bedrohten, unterdrückte Fouché sie kräftig. Die Radikalen flehten Robespierre um Hilfe an, der für sie eintrat.

Alle in Lyon, Sieger und Besiegte, wandten sich an ihn, denn sie glaubten Grund zu haben, auf ihn zu hoffen. Er wies niemanden ab.*

* Die Eifersucht der Lyoner auf die nach Lyon gekommenen Pariser war dem wachsenden Einfluß der Robespierristen in dieser Stadt merkwürdig günstig. Der Bürgermeister Bertrand, ein Freund Chaliers, aber Couthon eng verbunden, arbeitete daran, für Couthon und Robespierre die Lyoner aller Parteien zu vereinigen, Gemäßigte und Radikale; man wollte auf diese Weise Fouché, Marino, das Mitglied der Pariser Kommune und andere Pariser vertreiben. Die Robespierristen besaßen Einfluß im Tribunal wie in der Gemeindeverwaltung, wo sie den Hébertisten Gleichgewicht boten. Hierdurch erklärt sich folgende merkwürdige Tatsache. Man führt einen Priester vor das Tribunal. »Glaubst du an Gott?« Wenn er ja sagte, so bestraften ihn die Hébertisten vielleicht als Fanatiker. Er sagte also, er glaube *wenig* an ihn. – »So stirb denn«, sagten die Robespierristen, »du Verruchter, und erkenne ihn.« Einen anderen Priester fragten sie: »Was denkst du von Jesus?« – »Ich habe den Verdacht, daß er die Menschen

Diese Taktik des Führers ließ die Robespierristen in großer Unsicherheit; sie folgten ihm indessen – immer weniger als dem Vertreter eines Prinzips, immer mehr als dem Menschen; sie trieben gleichsam Götzendienst mit seiner Person, das heißt, ihnen selbst unbewußt gerieten sie immer weiter in die Monarchie.

Der Prozess gegen Danton (2. und 3. April 1794)
XVII, 6

Bewunderung der Russen für Robespierre. – Die Robespierristen haben ihre Feinde überlebt. – Sie beherrschen noch immer das Volk. – Die Lebenskraft der Republik wurde im April zerstört. – Beginn des Prozesses (2. April). – Verlegenheit des Staatsanwalts und des Vorsitzenden. – Der einzige Zeuge; sein Zeugnis wird verstümmelt. – Man verweigert dem Angeklagten die notwendige Kenntnis der Akten. – Danton klagt die Ankläger an. – Seine Rede vom 3. wird verstümmelt und entstellt. – Man entzieht ihm das Wort.

Dieser furchterregende Danton wurde von Robespierre tatsächlich eskamotiert.« Dieses Wort stammt von einem unversöhnlichen Girondisten, von Riouffe, der später ein großer Reaktionär und Unterpräfekt während des Kaiserreiches war. Er hat sichtlich seine Freude an diesem Ereignis und verfehlt nicht, die Lüge hinzuzufügen, die Dantonisten seien in ihrem Unglück nur mit sich selbst und nie mit dem Vaterland beschäftigt gewesen.

Noch naiver äußern die Royalisten die Freude, die sie überkam, als sie das unerwartete Wunder sehen und mit Händen greifen konnten: Dantons Ankunft in den Gefängnissen, Danton, von Robespierre getötet, die Republik von der Republik erwürgt. (Vgl. *Mémoires sur les prisons*.)

Dieses Gefühl teilten alle Konterrevolutionäre Europas. Ein sehr intimer Vertrauter der kaiserlichen Familie in Rußland, der Historiker Karamzin, der heimlich nach Paris gesandt worden war – vielleicht um das Bündnis mit Polen zu verhindern –, war von Bewunderung erfüllt für Robespierres Tüchtigkeit. Der Vernichter der Fraktionen besaß seitdem seine ganze Achtung. Und als er nach Petersburg zurückgekehrt war und vom 9. Thermidor erfuhr, vergoß er heiße Tränen.

Wenn die Priester und die Könige in ihrer amtlichen Sprache den Führer

getäuscht haben könnte.« – »Was! Jesus! Der beste Sansculotte Judäas? Schurke, du sollst schleunigst hingerichtet werden!« Der Abbé Guillon, der im allgemeinen den Robespierristen günstig ist, verzeichnet mit diesem Geschehnis einen schlagenden Beweis für ihre erstaunliche Intoleranz.

der Jakobiner verfluchen, so ist das ihre Rolle; es ist ihr Geschäft, sie müssen so sprechen. In ihrem Inneren sieht es ganz anders aus. Der Mann, der Cloots und Chaumette, der die Pariser Kommune tötete und den neuen Altar zerbrach, schuf sich damit einen ewigen Ruhmestitel bei der Geistlichkeit. Und der Mann, der Danton und Desmoulins tötete, die Stimme der Republik und das Leben der Montagne, verdiente allein dafür den Dank der Könige.

Alle Regierungen sind Brüder. *Robespierre war eine Regierung.*

Daraus erfolgte zweierlei:

Die Überlieferung der Regierungen in Europa blieb ihm wohlgesinnt als dem Mann, der die Revolution umgestaltete.

Und die revolutionäre Überlieferung blieb ihm wohlgesinnt als dem Mann, in dem die Regierung der Republik verkörpert war.

Wer tötete die Republik? Ihre Regierung. Die Form vernichtete den Inhalt, sie suchte Ordnung und Ruhe in der Vernichtung der Lebenskräfte. Sie zerbrach zugleich die Freiheit und das Gewissen. Aber gerade das sicherte ihr die wärmsten Verteidiger in der Zukunft. Alle jene, die aus Fanatismus oder Feigheit an diesen Taten beteiligt waren, sind Robespierres gefällige Verteidiger gewesen.

Die Dantonisten einerseits, Cloots, Chaumette und die Kommune von Paris andererseits, sind alle zugleich verschwunden. Ihre Mörder haben überlebt.

Verschiedene, die in ihrem freudlosen Greisentum ob der Nachwelt besorgt wurden, konnten bis fast als Hundertjährige Verleumdungen ersinnen, Schriftsteller beraten, in der Schwärze des Irrtums das Andenken ihrer Opfer einmauern.

Ein Hébertist und ein Robespierrist, Choudieu und Levasseur,[1] zwei achtzigjährige Greise, konnten beide ihren Kampf gegen Philippeaux fortsetzen, die unbestreitbare Wahrheit leugnen, Kléber, die Augenzeugen und die unstreitigen Urkunden Lügen strafen. Über Danton und Desmoulins durften jene Orakel, die man immer befragte, nach Gefallen Lügen verbreiten – ein Barère, der die beiden auslieferte, ein Souberbielle, der den Richtspruch fällte.[2] Und als Gipfel des Ganzen haben die katholizistischen Robespierristen, die Schule von Babel, begeistert darüber, das Gedächtnis der Ungläubigen massakrieren zu können, alles durcheinandergeworfen.

Ich sage nichts über jene, die man als die Familie und den Freundeskreis Robespierres bezeichnen kann. Bei ihnen achte ich das fromme Gedenken. Doch womit versuchen sie ihr Idol zu verteidigen? Durch die fortwährende, grausame Verfolgung der Dantonisten, dadurch, daß sie die *Gerüchte* für Tatsachen nehmen, auf welche hin man sie in den Tod geführt hatte.

Während der ganzen Revolution hat den Robespierristen ein unverändertes Verfahren dazu gedient, ihre Feinde zu vernichten: ein und dieselbe Anklage. Gegen Jacques Roux? Diebstahl. Gegen Hébert? Diebstahl. Und gegen Fabre? Diebstahl. Und Danton? Diebstahl. Vor seinem Untergang war Robespierre bei Cambon angelangt, den er am 8. Thermidor einen *Schurken* hieß.

»Wenn wir keine Schriftstücke vorweisen können, so deshalb, weil sie in einem Dossier zusammengefaßt waren, das Le Bas verwahrte«, sagten die Feinde Dantons, »und dieses Dossier werden die Dantonisten nach dem Thermidor verbrannt haben.« Aber ihr hattet es zum Zeitpunkt des Urteils. Wie kam es dann, daß ihr so diskret wart und es nicht herzeigen wolltet? Ihr habt es gewiß zusammen mit den Beweisen für den Verrat Héraults, zusammen mit der gefälschten Unterschrift von der Hand Fabres d'Eglantine aufbewahrt? Denn der letztgenannte Beweis ist erhalten geblieben, vor kurzem entdeckt worden und wird euch für alle Zeiten belasten.[3]

»Aber jeder weiß, daß sie Orléanisten waren.« Ich weiß, daß Louis-Philippe alles getan hat, um diese Legende zu untermauern. Aus seinem Mund erfuhr ein berühmter Historiker die befremdliche Anekdote, die aus dem Hauptbegründer der Republik einen Beschützer und Propheten des neuen Königtums macht. Ich habe an anderer Stelle nachgewiesen, daß die Danton unterstellte orleanistische Verschwörung vom Datum her nicht möglich ist. In Belgien folgte Danton dem Weg Cambons und keineswegs dem von Dumouriez und der Orléanisten.

Nicht Danton allein ist eskamotiert worden, sondern seine Geschichte und sein Gedächtnis, das der Dantonisten, das der Kommune, das von Cloots und Chaumette, das der montagnardischen Konventskommissare, die für ihre Missionen im Jahr 1793 grausam verfolgt wurden, obwohl sie zwischen Juni und Oktober Frankreich gerettet hatten, während der Ausschuß untätig war. Der ganze Ruhm der Montagne war vom Wohlfahrtsausschuß vereinnahmt worden, der des Ausschusses von Robespierre: Das heißt, daß die Geschichte der Republik beständig in monarchistischem Geist geschrieben wurde, zum Nutzen eines einzelnen.

»Nehmt euch in acht!« sagen sie, »nehmt euch in acht! Wenn ihr an Robespierre rührt, verletzt ihr die Republik!« Ich weiß wohl, daß diese Dinge für euch identisch sind; unter der Republik versteht ihr nur die Diktatur, den Selbstmord der Republik.

Ich habe in diesem Buch dargelegt, daß die kollektive Diktatur der Ausschüsse für einen Augenblick, von Oktober bis Dezember, die einzige Verteidigung, die einzige Rettung war. Dann mußte sie enden. Aber die Diktatur eines einzelnen hatte begonnen; sie bemächtigte sich in den sechs Wochen nach Dantons Tod aller wesentlichen Gewalten und brachte

Frankreich auf einen unaufhaltsamen Weg monarchistischer Reaktion, den Europa begrüßte und den die Konterrevolution nach dem Thermidor fortsetzte.

Der Sturz der Republik datiert für mich nicht vom Thermidor, wo sie nur ihre äußere Form verlor, sondern von März und April, wo sie ihre Lebenskraft verlor, wo der Geist von Paris mit der Kommune verschwand, wo die Montagne sich dem Terror der Rechten beugte, wo die Tribüne, die Presse und das Theater mit einem Schlag vernichtet wurden.[4]

Am 2. April, um elf Uhr, führte man die Angeklagten herein. Der Schrecken, den sie einflößten, zeigte sich in der Maßregel, daß man (etwas ganz Neues) zwei öffentliche Ankläger bestellt hatte. Man hatte nicht genügend Vertrauen zu Fouquier-Tinville, der ein Verwandter Camille Desmoulins' war und durch diesen seine Stelle erhalten hatte. Wie viele der Richter und Geschworenen, dieser subalternen Revolutionäre, war auch Fouquier ein Schutzbefohlener und Geschöpf derer, die er töten sollte. Um ihm zu helfen, ließ man ihn überwachen und gab ihm Fleuriot zum Gehilfen, eine der Nullen Robespierres, der durch diesen bald Bürgermeister von Paris wurde.

Die mörderische Absicht des Prozesses trat schon in der absichtsvollen und hinterlistigen Anordnung auf der Anklagebank zutage. Man hatte Danton und Hérault neben den Ehrlosesten gesetzt, neben Delaunay; Fabre neben Chabot und Lacroix; den untadeligen Philippeaux neben den Wucherer d'Espagnac. Die beiden deutschen Juden Frey, der Spanier Guzman, der Däne Deideriksen waren da, damit bei dem Prozeß der Schein gewahrt blieb und das Stichwort gerechtfertigt war, das lautete: *Verschwörung des Auslands*.[5]

Als Danton zwischen diesen Spitzbuben eintrat, wallten die Herzen der Patrioten auf. Ein Gerichtsschreiber, Fabricius Pâris, vergaß jede Scheu und Furcht, eilte quer durch den Saal zur Anklagebank und warf sich schluchzend Danton an den Hals.

Ganz nahe bei den Sitzen der Richter, bei dem milden und düsteren Herman, war die Luke von Nicolas, dem Drucker des Tribunals, weit geöffnet und aus ihr leuchteten im Halbdunkel gierig und zornig die Augen der Mitglieder des Sicherheitsausschusses; mehrere von ihnen waren gekommen, um ihren Eifer zu beweisen, um zu zeigen, daß sie sich nicht auf Spione verlassen, sondern selbst die Sache überwachen und sehen wollten, wie ihre Leute vorgingen.

Vorzugehen war nicht so einfach, denn Fouquier hatte weder Akten noch Zeugen (mit Ausnahme eines einzigen gegen Fabre). Der Ausschuß gab ihm kein Material, und dabei sagte er: »Handle!«

Was hatte nun der arme Fouquier zu bieten? Seine persönliche Überzeugung? Ich zweifle daran. Noch im selben Monat hatte er heimlich mit zwei Freunden Dantons gespeist. Um den Mangel an Beweisen durch Reichtum an Worten zu ersetzen, ließ er zuerst den langen Redeschwall Amars gegen die Wucherer verlesen und schließlich die wilden Schmähungen Saint-Justs. Zwischen diese beiden groben Geschütze schob er rasch sein eigenes bescheidenes Werk ein, in dem er im Bemühen, etwas Eigenes beizusteuern, nichts zustande gebracht hatte als den Unsinn, »Chabot sei nicht anständiger als Camille Desmoulins«.

Er setzte sich. Und da bemerkte man, daß man zwei Angeklagte vorzuführen vergessen hatte: Lhuillier, den man freisprach (weil man sich seiner bediente, wofür er sich aus Gewissensbissen das Leben nahm), und Westermann, der mit Marceau zusammen die Vendée besiegt hatte.

»Euer Name? Euer Alter? Eure Wohnung?« – »Ich heiße Danton und bin fünfunddreißig Jahre alt. Meine Wohnung wird morgen das Nichts sein; mein Name wird bleiben im Panthéon der Geschichte.«

»Und ich heiße Camille Desmoulins, bin dreiunddreißig Jahre alt, genau wie der Sansculotte Jesus.«

Zum Glück für den Vorsitzenden gab es in Wirklichkeit drei Verhandlungen, die nichts miteinander zu tun hatten, und er konnte diesen gefährlichen Angeklagten aus dem Weg gehen, konnte die Verhandlungen dämpfen und sich mit dem kranken Fabre aufhalten, der in Tücher gehüllt dasaß und sich nur schwer verständlich machen konnte.

Obgleich Fabre seiner Sache sehr sicher war, fürchtete man nichts von ihm. Warum? Weil alles auf dem verhängnisvollen Schriftstück beruhte, das seine Feinde aufbewahrten. Sie konnten von ihrer Luke aus nach Herzenslust lachen, wenn sie den Kranken streiten und sich abmühen sahen, wie Leute lachen, die von einer Brücke aus den Anstrengungen dessen zusehen, der ertränkt werden soll. Auf seine hartnäckigen Forderungen nach Vorlegung dieses Schriftstücks gab Herman immer sanft zur Antwort: »Es ist geprüft worden.«

Fabre führte alles an, was sich in der vor kurzem erfolgten Prüfung und Untersuchung durch die Archive (Februar 1853) als wahr erwiesen hat.

Im übrigen bewies er weniger Geschicklichkeit, als man hätte vermuten sollen. Cambon bestätigte die Fälschung, sagte aber keineswegs, daß sie von Fabre d'Eglantine herrühre. Fabre verärgerte ihn mit der Äußerung, er habe gefunden, daß Cambon der Compagnie viel günstiger gesinnt sei als er selbst. Cambon war aufbrausend und jähzornig; er wurde wütend, ohne zu merken, welchen Dienst er damit der Anklage leistete.

Die Sitzungsberichte, die von Coffinhal (wie wir im Prozeß gegen Hébert sahen) bearbeitet und von Nicolas, dem Vertrauensmann Robespierres, gedruckt wurden, bevor sie an die Zeitungen gingen, sind so angelegt, daß man glauben konnte, Cambon habe alle von Fabre vorgebrachten Tatsachen geleugnet, habe sogar die Beweise geleugnet, das, was durch die glücklicherweise noch vorhandenen Urkunden für immer außer Zweifel gestellt ist. Nein, ein so ehrlicher Mann konnte wohl in Wut geraten, aber niemals konnte er feige und mörderische Lügen sagen, um den Unglücklichen, der schon mit einem Fuß im Grab stand, vollends hinabzustoßen.

Ich glaube gern, daß diese Berichte gefälscht sind, da ich gewiß weiß, daß sie entstellt und verstümmelt worden sind. Als der Vorsitzende sah, daß Cambon gereizt und wütend war über den ungeschickten Angriff Fabres, wagte er ihn zu fragen, was er von Danton und Desmoulins halte, ob er sie nicht als Verschwörer ansehe. Er antwortete schroff: »Ganz und gar nicht. Ich halte alle beide für ausgezeichnete Patrioten, die unablässig der Revolution die wichtigsten Dienste erwiesen haben.« Skrupellos hat der Fälscher diese Worte unterdrückt; die Zeitungen haben es erst sehr viel später gewagt, sie zu bringen. (*Histoire parlementaire*, XXXIV, 403.)

Wenn Fabre die Urkunde nicht sehen durfte, die ihm den Tod einbrachte, so bekam Hérault de Séchelles ebensowenig das berüchtigte Schriftstück von Toulon zu sehen, durch welches Robespierre ihn ihm Wohlfahrtsausschuß erdrosselt hatte. Man wagte nicht einmal, davon zu sprechen.

Warum war Hérault hier? Er wünschte es zu wissen. Man zeigte ihm ein grobes Machwerk der Polizei, eine elende Spionenfarce. Was Philippeaux angeht, so behauptete man, er habe sich an einer Verschwörung beteiligt. Es gab keinen Beweis und keine Erklärung; seine Komplizen wurden acht Tage später vor Gericht gebracht, aber da erklärten dieselben Geschworenen, die zuvor die Verschwörung für gewiß befunden hatten, sie als nicht erwiesen. So abgehärtet sie waren, sahen sie mit Schauder, wie das Blut dieses Gerechten an ihren Händen klebte.

Obgleich man die Zeit vertan und die Stunden, so gut es ging, hingebracht hatte, mußte man schließlich zu Danton kommen, mußte man auch ihn sprechen lassen. Damit bekam alles ein anderes Gesicht. Der Saal verwandelte sich; das Volk bebte; die Fensterscheiben klirrten. Plötzlich stellte man fest, daß Danton der Richter war; alle blickten nach der anderen Richtung, nach den wirklichen Angeklagten hin, den Mitgliedern des Ausschusses, deren erschrecktes Antlitz in der Luke schimpflich sichtbar war wie in einer Guillotine; sie selbst standen nun unerwartet vor Gericht, und sie entflohen einer nach dem anderen.

Danton erklärte in seinem Namen und im Namen Desmoulins' und Philippeaux', sie seien angeklagt, weil sie selbst hätten anklagen wollen, weil sie verlangten, daß die Versammlung eine Kommission ernennen solle, *um ihre Anzeige gegen die Tyrannei der Ausschüsse entgegenzunehmen*, und daß sie sechzehn Mitglieder des Konvents als Zeugen aufriefen. Herman, Fouquier und Fleuriot waren bestürzt über diese Rede und über die Haltung des Volkes; sie schwiegen und schlossen die Sitzung (am Abend des 3. April).

Was ist aus dieser sieghaften Rede Dantons geworden, die die Hörer hinriß und die unwürdigen Richter zerschmetterte? Die Schurkerei der Verstümmler wird hier handgreiflich. Sie haben die Rede weggelassen, das lebendige Wort gestrichen; und was taten sie angesichts dieser klaffenden Lücke? Etwas noch Frecheres, was in allen Zeitungen ins Auge springt (denn alle sind den von Nicolas gedruckten Notizen des Fälschers Coffinhal*gefolgt oder haben sie abgekürzt); *sie haben die Verhandlung vom 2. April mit der vom 3. April zusammengeworfen*, ohne zu sagen, wo die eine endet und die andere beginnt!

Und ruchloserweise werden in dem Bericht über den 3. April gewisse offenbar ironische Worte Dantons als Geständnisse hingestellt.

Nachdem er beispielsweise gesagt hat: »Ich erinnere mich tatsächlich, die Wiederherstellung des Königtums betrieben zu haben usw.«, erklärt er, in seinem Spott fortfahrend, »ich gebe zu, *daß man mir fünfzig Millionen anvertraute*.« Man hat diese Worte aus ihrem Zusammenhang genommen, so daß es aussieht, als habe Danton fünfzig Millionen erhalten, während er durch diesen ironischen Satz nur an die fünfzig Millionen erinnern wollte, die im August dem Wohlfahrtsausschuß anvertraut wurden – damit wollte er auf die geringen Ausgaben für die Befreiung des Landes 1792 unter seinem Ministerium hinweisen im Vergleich zu jenen gewaltigen geheimen Fonds, die dem Ausschuß 1793 anvertraut wurden.

Danton sprach am 3. April fast den ganzen Tag. In dem Bericht umfaßt seine Rede nur sechs kleine Seiten. Coffinhal hat alle Tatsachen und Beweise weggelassen; stehengelassen hat er die Prahlereien und die stolzen Worte, die, wenn sie blitzartig in die Erörterung hineinsausen und sich wie Aufschreie des Herzens und der verletzten Würde losringen, gewiß nicht lächerlich sind, es aber werden, wenn man sie von allem loslöst, worauf sie gestützt sind. Indem dieser barbarische Verstümmler die letzten Worte eines dem Tode so nahen Menschen zusammenstrich, wollte er nichts anderes als einen komischen Kauz aus Danton machen, in Befolgung der am 2. April von Robespierre ausgegebenen Losung: der Götze, der verkommene Götze.

Die ungeheure Menge, die am 3. April die Rechtfertigung Dantons hörte, fand diese so überzeugend, daß sie unter den Augen des Sicherheitsausschusses und vor diesem Tribunal des Todes begeistert Beifall rief.

* Keiner machte je so wenig Umstände wie dieser Auvergnat. Bei dem berüchtigten Mißverständnis, das dem Vater Loizerolles ermöglichte, an Stelle seines Sohnes zu sterben, hatte Coffinhal einen Greis ankommen sehen statt eines jungen Mannes, es aber nicht für der Mühe wert gehalten, die Sache aufzuklären. Er hat seelenruhig die Akten gefälscht, die Vornamen geändert, die Ziffern des Alters überschrieben usw.

Da sagte Herman zu Danton: »Du bist müde, Danton, überlaß das Wort einem anderen; ich gebe es dir wieder, wenn du dich ein wenig ausgeruht hast.«

Hier muß man die Heuchelei des Bearbeiters der an die Zeitungen gegebenen Berichte bewundern: »Seine Stimme war überanstrengt... *Dieser quälende Zustand* wurde von allen Richtern bemerkt; sie ersuchten ihn, eine Pause zu machen, um dann gefaßter und ruhiger wieder zu beginnen.«

Nun war Herman sehr erleichtert. Er wandte sich, wie es ihm paßte, an die verschiedenen Angeklagten, ließ jeden ein paar Worte sprechen, ließ aber keinem die Zeit, seine Rede zu vollenden.

Dadurch bekamen Herman und Fouquier die Möglichkeit, sich zu sammeln. Als ein Angeklagter erneut die Forderung stellte, Mitglieder des Konvents als Zeugen zu befragen, verfielen sie auf die unglaubliche Antwort: »*Da der Konvent euer Ankläger ist*, kann keines seiner Mitglieder für euch aussagen.«

Als Fouquier auf diese lächerliche Begründung hin weiter gedrängt wurde, sagte er: »Ich schreibe an den Konvent, seine Entscheidung wird befolgt werden.«

Das ist alles, was man von der Sitzung vom 3. April weiß.

Prozess und Tod Dantons, Desmoulins', usw. (4.–5. April, 15.-16. Germinal)

XVII, 7

Die Geschworenen sind geteilter Meinung. – Man will den Prozeß ersticken. – Lucile schreibt vergebens an Robespierre. – Man erlangt eine Verfügung gegen die Angeklagten. – Die Nacht vom 4. zum 5. April; die Geschworenen. – Letzte Augenblicke der Angeklagten. – Ihr Ruhm vor der Nachwelt. – Desmoulins auf dem Karren. – Tod Dantons und Desmoulins'.

Der Brief wurde erst am Morgen des folgenden Tages, des 4. April (15. Germinal), geschrieben. So konnte man ihn die ganze Nacht hindurch überlegen und besprechen. Die ersten Worte: »Ein schreckliches Unwetter braut sich seit Beginn der Verhandlung zusammen... Die rasenden Angeklagten... usw.« sind geschickt zusammengestellt, um den Glauben zu erwecken, daß der Ankläger sie während der Verhandlung geschrieben habe, betäubt von Lärm und Geschrei, in äußerster Ermattung, verzweifelt.

Tatsächlich stand die Sache schlecht. Unerwarteterweise waren die Geschworenen uneins. Der Geschworene Naulin, ein Jurist, hatte nach der Anhörung erklärt: »Es ist unmöglich, ihnen die Zeugen zu verweigern.« Vier oder fünf Geschworene teilten stillschweigend die Ansicht Naulins. Beunruhigt begab sich Fouquier in den Ausschuß und wollte Robespierre sprechen. Doch der hatte sich nach Hause zurückgezogen. Als Fouquier das Wort Zeugen aussprach, fuhren ihm Billaud und Saint-Just über den Mund und jagten ihn unter Drohungen weg. Da sich nun Fouquier und Herman in der gefährlichen Lage sahen, ausdrücklich eine Rechtsverletzung fordern zu müssen, glaubten sie sich zu decken, indem sie in dem Brief die Bemerkung machten: »Schreibt uns unser Verhalten vor; die Prozeßordnung *bietet uns kein Mittel, unsere Weigerung zu begründen.*«

Die *zuverlässigsten* Geschworenen waren bei Robespierre gewesen, hatten aber nichts aus ihm herausbekommen.

Es geschah, was immer geschieht, wenn die Könige ein Verbrechen benötigten. Es wird vollbracht, auch ohne sie. Immer findet sich der aufopferungsvolle, der unselige Mann, der sie der Initiative enthebt.

Seit vierundzwanzig Stunden hatten die Dienstbeflissenen Mitleid mit der Verlegenheit der Regierung; sie sannen auf einen Ausweg. Die unlängst neu angestellten Polizeiverwalter, unter anderen der Schuster Wiltcheritz, der später so großen Anteil hatte an den Massenhinrichtungen im Messidor, begaben sich zu den Gefängnissen, machten die Gefangenen unruhig, zischelten, erkundigten sich. Großes Entsetzen bei den Gefangenen. »Soll etwa ein neuer zweiter September stattfinden, um den Prozeß zu ersticken?« Solche Gerüchte gingen auch draußen um. Danton hatte am 3. gesiegt; das war die allgemeine Ansicht; man konnte ihn nur in einem großen Tumult ermorden, wenn man ein wirres Gemetzel unter den Gefangenen anrichtete. Chaumette bekam zweimal täglich Nachrichten von draußen; er gab sie an seine Schicksalsgefährten im Luxembourg weiter, die vor Entsetzen starr wurden. Aber das Gefängnis zerbricht den Mann; keiner hatte Waffen und fast keiner Mut.

Eine Frau gab ihnen Mut. Die junge Madame Desmoulins' irrte, außer sich vor Schmerz, um das Luxembourg. Camille stand an das Gitter gepreßt, folgte ihr mit den Augen und schrieb ihr die erschütterndsten Dinge, die je ein Menschenherz getroffen haben. Auch sie erkannte in diesem furchtbaren Augenblick, daß sie ihren Gatten heiß liebte. Jung und strahlend wie sie war, hatten die Huldigungen des Militärs ihr Vergnügen gemacht, die des Generals Dillon, die Frérons, der auf den eroberten Schanzen von Toulon, den Degen noch in der Faust, ihr Nachricht gab von seinem Sieg. Fréron war in Paris, wagte jedoch nicht, etwas für sie zu tun. Dillon war im Luxembourg, zechte als echter Irländer und spielte mit jedem Karten. Nur einer der Bewunderer Luciles betete sie von Herzen an: Das war ihr Gatte. Luciles Anteil war groß an dem verwegenen Gedanken der letzten, verhängnisvollen Ausgabe.[1] Camille hatte sich für Frankreich und für Lucile ins Verderben gestürzt.

Und sie stürzte sich für ihn ins Verderben.

Am ersten Tag hatte sie Robespierres Herz zu rühren gesucht. Man hatte einst geglaubt, daß Robespierre sie heiraten würde. Sie erinnerte in ihrem Brief daran, daß er ihr Trauzeuge, ihr erster Freund gewesen war, daß Camille nur für seinen Ruhm gearbeitet hatte, und sie fügte dieses Wort hinzu, das Wort einer Frau, die sich jung, reizend und bedauernswert weiß, die ihr Leben als etwas Kostbares fühlt: »Du wirst uns beide töten; ihn treffen, das heißt auch mich töten.«

Keine Antwort.[2] Sie schrieb an ihren Bewunderer Dillon: »Man spricht davon, einen neuen September zu veranstalten... Wäre es eines mutigen Mannes würdig, nicht wenigstens sein Leben zu verteidigen?«

Die Gefangenen wollten sich nicht von einer Frau beschämen lassen und entschlossen sich, zu handeln. Es scheint jedoch, daß sie erst beginnen wollten, wenn Lucile sich unter das Volk geworfen und die Menge aufgewiegelt hätte.

Der wackere Dillon, der ein indiskreter Schwätzer war, spielte gerade Karten mit einem gewissen Laflotte und erzählte ihm bei einem Glas Wein die ganze Geschichte. Laflotte ließ ihn reden und hörte zu. Laflotte war Republikaner; aber er geriet – gefangen, ohne Ausweg, ohne Hoffnung – in eine furchtbare Versuchung. Am Abend (3. April) verriet er nichts und wartete die ganze Nacht, da er vielleicht noch schwankte. Am Morgen gab er seine Seele preis zum Tausch für sein Leben, verkaufte seine Ehre und sagte alles. Seine Aussage wurde sofort zu Saint-Just gebracht, der mit dieser Waffe in Händen nicht länger zögerte, Robespierres Schlag zu führen.

Die ganze Versammlung war in diesen unheilvollen Tagen gewöhnlich wenig zahlreich. Am 5. September und am 21. Dezember waren im Konvent nur zweihundert Mitglieder anwesend gewesen. Am 4. April waren allem Anschein nach besonders in den Morgenstunden ebenfalls wenige gekommen. Die Montagne war tief entmutigt. Sie hatte besonders im Fall Héron und noch am 31. März gesehen, daß beim ersten Wort Robespierres die Rechte und das Zentrum, die Schweigsamen, einstimmig mit der kleinen Gruppe der Robespierristen stimmten. Und genau dasselbe geschah am 4. April.

Die Sitzung begann mit einem lächerlichen und unheimlichen Vorgang. Legendre hatte seiner Furcht und der Furcht »seiner Gattin« auf naive Weise Ausdruck gegeben und sich gewissermaßen unter den Schutz der Versammlung gestellt. Man lächelte; aber die Gesichter wurden bedenklich lang, als der Erzengel des Todes, Saint-Just, mit dem mörderischen Schriftstück auf der Tribüne erschien. Er sagte, die Angeklagten befänden sich in vollem Aufstand, und in der Besorgnis, diese Lüge möge nicht wirksam genug sein, wagte er ein ungewöhnlich einschüchterndes Wort: »*Legt den Abstand fest*, der euch von den Schuldigen trennt.«

»Jeder Angeklagte, der Widerstand leistet oder beleidigend wird, soll von den Verhandlungen ausgeschlossen werden.« So lautete die Mordformel, die sofort angenommen wurde – wie jeder Beschluß, der die Montagne dezimierte.

Während der Abstimmung erschien Philippeaux' Frau schluchzend vor dem Gericht. »Keine Vorrechte!« sagte Robespierre, und er ließ sie zurückweisen im Namen der Gleichheit.

Legendre, den die Furcht überwältigte, machte der Sitzung ein würdiges Ende mit dem Antrag, daß Simon, ein Mitglied seiner Partei, der sich mit Dillon eingelassen hatte, vor das Revolutionstribunal gebracht würde.

Inzwischen zog Herman die Sache in die Länge. Bald verhörte er die Statisten, die Angeklagten zweiten Ranges, bald erwiderte er auf Dantons und Desmoulins' Fragen, daß der Staatsanwalt auf die Aussagen *der vielen Belastungszeugen* verzichte und deshalb auch sie auf ihre Entlastungszeugen verzichten müßten. Mitten in diesem heuchlerischen Geschwätz ging eine Bewegung durch den Saal. Fouquier wurde gerufen und ging hinaus. Drei Mitglieder des Sicherheitsausschusses waren da mit dem Dekret. Voulland übergab es ihm ganz aufgeregt. David sagte: »Nun haben wir sie, sie können uns nicht mehr entwischen.«

Amar, fahl wie eine Leiche, bemühte sich, wütend zu sein. Zwei Vertrauensmänner Robespierres, sein Drucker Nicolas und sein Nachbar, der Papierhändler Arthur, der Führer seiner Sektion und Mitglied der Kommune, gingen und kamen, waren ständig in Bewegung und rieben sich die Hände.

Amar wollte den Tapferen spielen und ließ mit Voulland sein Gesicht an der Luke sehen. Da traf sie ein Blitz aus den Augen Dantons: »Sieh nur«, sagte er zu Desmoulins, »sieh nur diese feigen Mörder; sie sind hinter uns her bis zum Tode.«

Das Dekret wurde am Abend des 4. April verlesen, und nun schien alles zu Ende. Man hatte noch den Rest des Tages, um das Todesurteil zu fällen. Aber die Geschworenen hielten inne. Diese festen und *zuverlässigen* Geschworenen zeigten sich wider Erwarten schwankend. Der Widerstand Naulins war ansteckend gewesen. Dantons die Seelen bis zum Grunde aufwühlenden Worte hatten ihnen (mehr noch als sein ganzer volkstümlicher Ruhm) die Augen darüber geöffnet, wie groß der Mann war, den sie töten wollten. Mit Ausnahme von vielleicht dreien, Renaudin, Trinchard, Topino-Lebrun, wußten die anderen nicht mehr, was sie tun sollten.

Der letztere hat versichert, daß er sich niemals hätte entschließen können, wenn Herman ihm nicht einen Brief gezeigt hätte, der angeblich aus dem Ausland gekommen und an Danton gerichtet gewesen sei.

Souberbielle hat versichert, daß ihm ebenfalls der Mut fehlte. Er habe den Saal verlassen, um ein wenig aufzuatmen, und sei im Gang Topino-Lebrun begegnet, diesem geistvollen Maler und machiavellistischen Republikaner; der habe zu ihm gesagt: »Dies ist kein Prozeß, sondern eine *Maßregel*... wir sind keine Geschworenen mehr, wir sind *Staatsmänner*... Zwei sind unmöglich; einer muß sterben... Willst du Robespierre töten?« – »Nein.« – »Nun, so hast du allein schon darum Danton verurteilt.«

Diese furchtbare Unterredung fand in der Nacht vom 4. auf den 5. April statt. Am Morgen waren sie alle entweder stumpfsinnig vor Ermüdung oder besiegt und bezwungen. Endlich öffneten sich die Türen (am 5. um acht Uhr morgens). Die Geschworenen traten heraus, Trinchard an der Spitze. Einer, der zufällig dastand, als sie vorbeikamen, fuhr entsetzt vor ihnen zurück. Sie sahen nicht wie Menschen aus, sondern wie Werkzeuge der Furien. Trinchard kannte sich nicht mehr. Er fuchtelte mit den Armen und rief wie zu sich selbst: »Die Schurken sollen sterben!«

»Da die Geschworenen ausreichend unterrichtet sind, so sind die Verhandlungen geschlossen«, sagte Herman.

»Geschlossen?« erwiderte Danton. »Wie das? Sie haben noch nicht begonnen! Ihr habt keine Schriftsätze verlesen! keine Zeugen gehört!«

Camille Desmoulins hatte eine heftige Widerlegung der Verleumdungen Saint-Justs geschrieben und mitgebracht. Als er sah, daß man ihn bestimmt nicht anhören würde, zerknitterte er in seiner Wut und Verzweiflung das von heißen Tränen durchnäßte Papier und schleuderte es den Henkern ins Gesicht.

Es gibt eine Vorsehung. Dieses arme Papier, das in die Hände derer fallen mußte, die das größte Interesse an seiner Vernichtung hatten, ist wunderbarerweise erhalten geblieben, ist in die frommen Hände von Luciles Mutter gelangt. Es hat zutage gefördert werden können.

Wer möchte es glauben? Sogar diese Geste eines Angeklagten, den man ungehört in den Tod sandte, ist von seinen Feinden ausgebeutet worden. Sie haben gesagt, diese Geste vom 5. sei Ursache des Beschlusses vom 4. gewesen, man habe den Gerichtshof gegen solche Widersetzlichkeiten und Gewalttätigkeiten schützen müssen, indem man diese unverschämten Tobsüchtigen von den Verhandlungen ausschloß.

Die alberne, schon durch die Daten widerlegte Behauptung wird zudem ausdrücklich von dem Mann entkräftet, der der wichtigste Urheber ihres Todes war. Herman hat vor seinem eigenen Tod erklärt, weder Danton noch Desmoulins, noch sonst einer der Angeklagten habe den Gerichtshof beleidigt.

Und Herman gestand außerdem, daß die Angeklagten das Urteil nie erfahren haben. Inmitten ihres Geschreis, ihrer Wut und ihrer Verzweiflung führte man sie hinweg. Dies trifft buchstäblich zu auf Camille, der sich mit beiden Händen an seiner Bank festklammerte. Und da man ihn gegen die Gesetze, allein durch rohe Gewalt, durch eine Schurkerei ermorden wollte, leistete er den Mördern Widerstand. Man mußte ihn wie einen Stier niederschlagen, um ihn zu fesseln.

Das Urteil war schon am Morgen von Nicolas gedruckt worden, vor der Verurteilung.

Danton war wieder ganz er selbst geworden, sehr ruhig, nur in Sorge um Frankreich. Vermischt mit zynischen, scheinbar unbekümmerten Worten, sagte er sehr eindrucksvolle Dinge, voll Bedeutung und Schmerz.

»Ach! Verd... Bestien! Sie werden rufen: Es lebe die Republik, wenn sie mich auf dem Karren vorbeifahren sehen werden!«

»Jetzt wird alles den Berg hinuntergehen... Wenn ich Couthon meine Beine hinterließe und Robespierre meine Eier, dann würde es vielleicht noch für eine Weile gehen.«[3]

Alle starben mit Haltung. Sogar Chabot zeigte sich würdig im Tod durch eine rührende Anwandlung von Gerechtigkeit und Freundschaft. Er war krank, halb vergiftet (sein Selbstmordversuch war mißlungen) und dachte nicht mehr an sich selbst, sondern an Bazire, den er mitzog: »Daß ich sterbe, dagegen ist nichts zu sagen!« rief er. »Aber du, du armer Bazire! aber du!... Armer Bazire! Was hast du verbrochen?«

Bazire hatte sich wirklich heldenmütig benommen. Sein größter Feind, Hébert, der an seinem Verderben arbeitete, ließ ihm zu Anfang sagen: wenn er sich von Chabot trenne, werde man ihn aus der Angelegenheit heraushalten. So unwert Chabot auch war, Bazire blieb der Freundschaft treu und weigerte sich, den zu vernichten, der ihn vernichtet hatte.

»Armer Bazire, was hast du getan?« Sein ganzes Verbrechen war, daß er ein Herz hatte. Und wer beweist, daß seine Menschlichkeit ihn seine Pflichten verraten hieß? Wenn er an Barnave geschrieben hat: »Es besteht kein Beweisstück gegen Sie«, wenn er eine ausländische Dame entlassen hatte, gegen die man weder Zeugen noch Beweise besaß – sollten solche Taten ausreichen, um seine Hinrichtung zu rechtfertigen?[4]

»Armer Philippeaux, was hast du getan?« Auch das könnte man fragen. Derselbe Karren führte mit dem Opfer der Menschlichkeit auch das heldenmütiger Gerechtigkeit auf den Richtplatz. Philippeaux starb, weil er sich nicht mit dem Verbrechen abfinden konnte, weil er sich weigerte, die Augen zu schließen vor der verräterischen Preisgabe unserer Armee; er allein hatte bei der öffentlichen Gleichgültigkeit ein Herz für unsere Soldaten bewahrt; er war gerecht, weil er mitfühlend war, und er war gerecht bis zum Tod.

Wie recht hat er, wenn er sich in seinen letzten Briefen auf Gott beruft! Wenn er auf die Unsterblichkeit der Seele hofft!... Selbst der oft so leichtfertige Camille besaß diesen Glauben in seinen letzten Stunden (auch seine Briefe beweisen es). Da sie für die Menschheit starben, so fühlten sie tief, daß Gott mit ihnen war. »Danton«, sagt ein Mann, der ihn gut gekannt hat, »vertraute auf den Himmel... Ah, wie recht er damit hatte!... Er hatte sich dem Erbarmen hingegeben wie einem Altar, an dem alles gesühnt werden kann... Er hätte Robespierre gerettet!«

Dantons großer Traum (diese sonderbare Tatsache findet sich in den Registern der Kommune) war, daß das versöhnte Frankreich an einem ungeheuren Tisch Platz nehmen sollte, um ohne Unterschied der Klassen und Parteien das Brot der Brüderlichkeit zu brechen.

Drei Dinge bleiben zum Ruhm der Dantonisten:

Sie haben den Thron gestürzt und die Republik geschaffen.

Sie haben sie retten wollen durch eine Gerechtigkeit, die wirksam sein mußte, weil sie menschlich gewesen wäre.

Sie haben niemanden gehaßt, und untereinander liebten sie sich bis in den Tod. Auf sie paßt die schöne griechische Inschrift: »Unzertrennlich im Krieg und in der Freundschaft.«

Daß die Republik, die ihr Werk war, den heillosen Widersinn begehen konnte, sie zu töten, das haben sie nie verstanden. Als Danton gewarnt wurde, sagte er: »Mich rührt man nicht an; ich bin die Bundeslade.« Diese Überzeugung war bei Camille noch größer. Und um Lucile zu beruhigen, sagte er zu ihr (am 10. August und auch bei anderer Gelegenheit): »Was hast du zu fürchten? Ich bin mit Danton.«

Auf dem Karren sagte er: »Was immer Danton widerfahren mag, ich werde sein Schicksal teilen.«

Kaum mochte er glauben, daß Danton sterben sollte. Unter der Menge waren verzweifelte Freunde, die danach ausspähten, ob nicht die Seele des Volkes erwache. Brune streifte umher wie ein Löwe. »Ich werde sie befreien oder untergehen«, hatte er erklärt. Und Fréron, Camilles geliebter Bruder, der begeisterte Bewunderer der reizenden Lucile, hatte er den Degen von Toulon zerbrochen? Gab es eine schönere Gelegenheit, für Liebe und Freundschaft zu sterben?

Aber Desmoulins zählte am meisten auf das Volk selbst. Der Verfasser des *Vieux Cordelier* fühlte sich geliebt und gepriesen. Er hatte das Bewußtsein, die Stimme des Volkes gewesen zu sein, und sein Glaube an das Volk war unbegrenzt. Er bot auf dem Karren ein höchst ungewöhnliches Schauspiel, war aufgeregt und lebhaft und blieb hartnäckig in dem Glauben, Frankreich könne ihn niemals verlassen. »Volk! Armes Volk!« rief er, »man betrügt dich... man tötet deine Freunde! Wer hat dich zur Bastille gerufen?... Wer gab dir die Kokarde? Ich bin Camille Desmoulins!...«

Obgleich er gefesselt war, machte er so heftige Bewegungen, daß sein Anzug zerriß und seine Brust entblößt wurde, sein armer, noch so lebensvoller Leib, den die Erde bedecken sollte, sein noch von Leben, Wut und Liebe durchpulster Busen... Niemand konnte dieses Schauspiel ertragen... Viele entflohen, denn sie glaubten zu sehen, wie das Vaterland sich das Herz aus dem Leib riß.

Als man die Rue Saint-Honoré erreichte, Robespierres Haus, dessen Türen und Fenster verschlossen waren und das in Grabesstille dalag, verdoppelte das sogenannte Volk sein rasendes Geschrei, das Geschrei feiger Gefügigkeit, ein düsterer Gruß an Cäsar im Namen der Guillotine. Desmoulins wurde augenblicklich ruhig, setzte sich und sagte kalt: »Dieses Haus wird verschwinden...« Vergeblich sucht man es heute; es ist eingekeilt zwischen gewaltigen Mauern, in ewigen Schatten gedrängt.

Man versichert, daß Robespierre, der sich zu Hause eingeschlossen hatte, bei dem wilden Geschrei erbleichte und tief im Herzen die Wahrheit der Worte Dantons fühlte: »Ich nehme Robespierre mit, Robespierre folgt mir!«

Hérault de Séchelles, Camille und Bazire, dieser rührende Freundschaftsbund, hielten auch in ihrer Liebe zu Danton fest zusammen. Für sie war Danton die erhabene Energie und das Leben der Revolution gewesen, das Herz der Republik, die nun mit ihm starb. Sie ließen die Republik nicht zurück, nahmen sie mit sich ins Grab. Es ist ein großer Trost, mit dem Ideal zu sterben, das man hienieden besaß.

Hérault stieg zuerst vom Karren, und mit einer liebevollen und zärtlichen Bewegung wandte er sich, um Danton zu umarmen. Der Henker trennte sie: »Dummkopf!« sagte Danton, »du wirst unsere Köpfe nicht daran hindern, sich im Korb zu küssen.«

Camille betrachtete das blutige Messer: »Ein würdiger Lohn«, sagte er, »für den ersten Apostel der Freiheit!«

Dann nahm er eine Haarlocke, die er in der Hand gehalten hatte, und bat den Henker, dieses letzte Pfand der Liebe der Mutter Luciles zu geben.

Danton starb einfach und königlich. Er betrachtete mitleidig das Volk rechts und links und sprach hoheitsvoll zum Scharfrichter: »Du wirst dem Volk meinen Kopf zeigen; er ist die Mühe wert.«

Der Scharfrichter gehorchte, hob tatsächlich den Kopf in die Höhe, trug ihn rings um das Schafott und zeigte ihn von allen vier Seiten.

Ein Augenblick der Stille folgte... Jeder hielt den Atem an... Dann erhob sich, die grelle Stimme der kleinen bezahlten Schar übertönend, ein ungeheurer Schrei aus tiefstem Herzen...

Wirre Rufe der erleichterten und befreiten Royalisten, die wie Beifall klingen sollten: »So lebe die Republik!«

Und ein aufrichtiger und verzweifelter Schrei der im tiefsten getroffenen Patrioten: »Sie haben Frankreich enthauptet!«

Untergang Chaumettes und der Kommune (12. April 1794)
XVIII, 3

Paris, Schmelztiegel der großen Chemie. – Nichts konnte Chaumettes Kommune ersetzen. – Chaumettes Bedeutung. – Verschwörung der Gefängnisspione. – Lucile Desmoulins' Mut, ihr Tod. – Religiöser Eifer Dumas' und Fouquier-Tinvilles. - Chaumettes Tod.

Wer nicht die Ehre hatte, im heiligen Dreck der Hauptstadt der Welt geboren zu werden, wer die Macht dieses erstaunlichen Schmelztiegels, in dem sich Rassen und Ideen unaufhörlich verschmelzen und verändern, nicht gesehen und gespürt hat, der wird sich kaum einen Begriff von der großen sozialen Chemie machen können. Mag er über die Wissenschaft, über die Intelligenz, mag er gar über das Genie gebieten – er wird sich schwertun, aus den engen Klassifizierungen auszubrechen; der Fluß des Lebens wird ihm nur mit Mühe verständlich sein. Mögen sie ihre Wissenschaft demütigen, mögen sie kommen und sehen, die gelehrten Herren. An diesem zentralen Punkt der Erde, wo sich alle magnetischen Ströme vereinigen, werden sie den geheimnisvollen, unsichtbaren, unfaßlichen Herrscher über die Vermischung der Geister erkunden können.

Nichts ist bezeichnender für die seltene Originalität von Anarchasis Cloots als sein tiefes Gefühl für Paris, seine fügsame Ergebenheit für die Pariser Kommune, in der er den Vorläufer des Menschengeschlechts sah, den glühenden und begeisterten Verkünder, der – ohne zu wissen, was er tut – vor der Revolution hereilt und ihre Fackel trägt.

Hier und nirgends sonst sah er die Revolution – die reine Lehre. Die Zufälligkeiten, die Makel, die jede große soziale Umwälzung begleiten, stießen ihn nicht ab. Naiv und gelehrig, aufmerksam (denn schließlich befand man sich noch im tiefsten Unwissen), hielt er sich eng an den Weg und irrte keinen Deut davon ab. Dies erklärt seine engstirnige Hingabe. Er entschuldigte sich sehr gut dafür in seiner Antwort an Desmoulins: »Folgen wir stets, ohne abzuweichen, der heiligen Sansculotterie.«

Welch rührendes Schauspiel, zu sehen, wie dieser idealistische Geist andächtig den platten Predigten des Apostels der Filles-Dieu zuhört. Der Deutsche hatte sich aus edlem Ansporn von seinem Pantheismus losgesagt, von jeder Scholastik befreit und lernte es, unter der Maske des Schlingels, des Pariser Straßenjungen, sein Denken so weit zu materialisieren, daß es sich seinem lebendigen Gegenstand anglich und den Gedanken aus ihm zutage förderte.

Der Apostel Chaumette war nicht viel als solcher, aber er galt viel als Fetisch von Paris. Dies ist unstreitig. Ein Fetisch wird wie der heilige Gennaro der Neapolitaner entweder angebetet oder verprügelt, aber man diskutiert nicht über ihn, man ersetzt ihn nicht durch einen anderen.

Robespierre ersetzte Chaumette durch einen geistvollen und feurigen Menschen von großem Verdienst, den Südfranzosen Payan. Alles war vergebens. Das Volk tat keinen Schritt mehr ins Hôtel de Ville. Die neue Kommune bezahlte die Bettler vergeblich; sie hatte damit keinen größeren Erfolg. Die Menge nahm ein für allemal einen anderen Weg.

Es fand sich kein Ersatz für die frühere Kommune: Pache, Hébert und Chaumette. Selbst Hébert, der ein Stutzer war (er trug zwei Uhren an der Hose), war beliebt; Paris war es gewohnt, am frühen Morgen das höllische Geschrei seiner Zeitungshändler zu hören: »Er ist verdammt wütend heute morgen, der *Père Duchesne*!« Der Bürgermeister Pache war volkstümlich wegen seines würdevollen Auftretens, seiner offenbaren Ehrlichkeit, seines ruhigen, breiten, schweizerischen Gesichts. Chaumette war beliebt wegen einer gewissen Gemütlichkeit, wegen seiner schlichten, glänzenden, sorgfältig gescheitelten Haare, wegen seiner Plattheiten und seiner Witze. Selten, sehr selten legte er die Schärpe an. Er blieb Volk unter dem Volk. Seine bekannten Steckenpferde, der Kampf gegen das Spiel und gegen die Freudenmädchen, seine Ermahnungen, ein guter Gatte und Vater zu sein, alles wurde sehr gut aufgenommen. Er rührte sich nicht von der Kommune fort, ausgenommen dann, wenn er bei den Filles-Dieu predigte. Unverdrossen lebte er im großen Saal Saint-Jean, inmitten einer lärmenden Menge, die immerzu an- und abströmte. Er war milde, höflich, gefällig, hatte stets eine Antwort, fand stets und unermüdlich die treffenden Worte. Wenn die Sitzung bis in die Essenszeit hinein dauerte, hatten die Anwesenden das Vergnügen zu sehen, wie Anaxagoras ein Stückchen Brot aus der Tasche zog und es bescheiden, aber mit Genuß verzehrte. Der Pariser von ehedem pflegte die Neuankömmlinge zu fragen: »Haben Sie schon das Glockenspiel der Samaritaine auf dem Pont-Neuf gehört?«, und ebenso fragte der Pariser von 1793: »Haben Sie schon Anaxagoras Chaumette gesehen?«

Mit dem Jahr 1794 treten wir in eine düstere Zeit ein, so düster, daß ich mich wundere bei dem Gedanken, es habe noch Sonne in der Nacht von 1793 geben können. Doch sorgte der Vulkan dort für Licht. Man starb, aber man lebte. Eine Seite von Desmoulins oder von Cloots, ein Einfall von Marat erregten die Gemüter. An den Straßenecken gab es noch die

Redner, die Versammlungen: Varlet gab den Hanswurst. Man konnte sagen hören: »Ging da nicht eben Danton vorbei?...« Ach! der Kelch war noch voll.

All das waren Kräfte – ungeordnet, aber es waren Kräfte.

Wo ist der, der sagte: Wollt ihr in den Katakomben unter den Knochen wühlen?... Wolltet ihr dem hungrigen Volk sagen: »Hier ist die Asche der Toten... Iß, Volk, sättige dich... mehr haben wir nicht!«

Diese Zeit ist gekommen. Das Leben, die Kraft, die Substanz, alles, was die Revolution ernährte, ist in den Boden eingegangen.

Um so lebendiger und schrecklicher erwacht und erhebt sich die Konterrevolution. Sie wird ihre Anstrengungen vervielfachen.

Und was wollte man gegen sie unternehmen? Konnte man die Terreur vervielfachen?

Ich habe Chaumette bereits beschrieben. Er war ein kleiner Mann, mit angenehmem und gewöhnlichem Gesicht und schwarzen, lebhaften Augen. Als Sohn eines Schuhmachers aus Nevers war er mit dreizehn Jahren Schiffsjunge geworden, eine Zeitlang Soldat, dann wieder Steuermannsjunge gewesen und nach Paris gekommen, um zu schreiben und sich zum Steuermann der öffentlichen Meinung aufzuschwingen. Damals bezeichnete er sich als Student der Medizin, arbeitete jedoch unter der ausgezeichneten Leitung Loustalots bei Prudhomme. Er besaß gerade das Maß der Menge, war nicht darüber und nicht darunter. Seine abwechslungsreiche Laufbahn mit ihrer Lebensnähe, seine Gewohnheit des Lebens in der Menge gaben ihm eine Sachlichkeit und ein Wohlwollen, wie Hébert sie nie besaß. Ich habe seine Meinungsverschiedenheiten mit Hébert an anderer Stelle ausgeführt. Hébert warf Chaumette vor, daß er die Dirnen zu heftig angreife, und wies darauf hin, daß sie notwendig seien. Chaumette wiederum schloß sich Hébert bei seiner grausamen Verfolgung der beliebten Redner nicht an, seinem Pakt mit Robespierre gegen Jaques Roux und andere. Und weit davon entfernt, wie Hébert die Vernichtung der Vendée zu fordern, wollte er, daß man eine Abordnung revolutionärer Prediger hinschicke (Vgl. *Journal de la Montagne*, 3., 15. und 23. Oktober.)

Chaumette war, wie gesagt, von sehr schwachem Charakter. Im übrigen war er sehr ehrbar, sehr anständig, und ließ sich nicht auf Händel ein wie Hébert. Sein Sohn ist Bauer geworden; sein Enkel, der in Nevers eine Baumschule betrieb und durch seinen Anstand in den Ruin geriet, ist heute Gärtner.

Das Volk fühlte instinktiv, daß Chaumette ein ehrlicher Mann sein mußte, und hörte immer auf ihn. War ein Arbeiter stellungslos, ging er, statt sich auf dem Grèveplatz herumzutreiben, zu Chaumette und ging nicht fort, ohne eine gute Belehrung mitzunehmen. Chaumettes einfaches Gesicht hatte sich den Augen und dem Geist des Volkes fest eingeprägt.

Wir haben gesehen, wie Chaumette, der seit Dezember durch Héberts Verrat sehr niedergeschlagen, den Ausschüssen ganz folgsam und durchaus nicht gefährlich war, durch ein einfaches Schaukelspiel aus der Kommune entfernt wurde. Dieser Hieb nach links sollte den nach rechts geführten Hieb ausgleichen. Bis zuletzt konnte er nicht glauben, daß man ihn mit Hébert auf eine Stufe stellte, hatte er sich doch geweigert, die hébertistische Bewegung durch die Kommune unterstützen zu lassen. Noch weniger konnte er sich vorstellen, daß man ihn als Genossen Dantons und Camille Desmoulins' behandeln könnte. Und doch geschah dies, und so liest man es ausdrücklich im Urteil. Zu seinem eigenen großen Erstaunen starb Chaumette mit der Witwe Héberts und der Witwe Desmoulins'.

Es ist dies die erste der sogenannten *Massenhinrichtungen* und auch die erste der berühmten *Gefängnisverschwörungen*, mörderischer Hirngespinste, die die ausgehende Terreur erfand und in ihrem schauerlichen letzten Monat vervielfältigte, um die immer gierigere Guillotine zu sättigen, die aus Mangel an Nahrung bald ihre eigenen Herren verschlingen sollte.

Hier erschien zum erstenmal die neue Klasse der *Gefängnisspione*, der famosen Gefangenen, die den anderen zuhörten und sie denunzierten. Diese Klasse wurde sehr zahlreich. Der Spion Laflotte, der durch seine Denunziation im Luxembourg das Mittel geliefert hatte, Danton zu töten, gab den Spionen Benoît und Beausire das Beispiel, die hier ihre ersten Versuche machten und später im Messidor berühmt wurden.

Die Angeklagten kannten sich nicht. Sie hatten sich kaum gesehen. Das einzige, was sie einander nähergebracht hatte, war ihre gemeinsame Angst vor einem neuen September gewesen. Der Apostel Chaumette sah hier zum erstenmal den General der Girondisten von Nantes, den fröhlichen Beysser, der immer noch trank und Lieder machte. Die junge Lucile Desmoulins begegnete hier der Frau Héberts, einer ehemaligen Nonne, die zwar mit den Wucherern im trüben gefischt, sich aber nicht an Verschwörungen beteiligt hatte. Der Dantonist Simon, der Hébertist Grammont, Gobel, der Bischof von Paris, alle saßen hier und wußten nicht, weshalb. Der Royalist Dillon mußte hier einem der großen Henker der Royalisten von Lyon Gesellschaft leisten, dem Kommissar Lapallus. Und wie war der hergekommen? Das mußte man abwarten. Dieser scharfsinnig ersonnene Prozeß, ein Sprößling des großen Prozesses (Hébert und Danton), erzeugte durch Lapallus einen anderen, nicht minder ernsten Prozeß, der die Angelegenheiten von Lyon betraf; man begann ihn durch die Guillotinierung Marinos, setzte ihn fort gegen Fouché und hätte ihn schließlich, ohne den 9. Thermidor, gegen Collot weitergeführt.

Vorsitzender war nicht mehr der schielende und hinterlistige Herman.

Es war der gewalttätige Dumas, ein wütender Robespierrist, der während der Sitzung Pistolen vor sich auf den Tisch legte. Er schmähte die Angeklagten und verachtete jede juristische Form so gröblich, daß er einen Geschworenen (Renaudin) als Zeugen auftreten ließ; als dieser sein Zeugnis abgelegt hatte, nahm er seinen Platz auf der Geschworenenbank wieder ein und machte sich so zum Richter über seine eigene Aussage.

Die einzige unter den Angeklagten, die großen Mut bewies, war Lucile Desmoulins. Sie zeigte sich unerschrocken und ihres großen Namens würdig. Sie gab zu, Dillon und den Gefangenen gesagt zu haben, wenn man einen neuen September veranstalte, so sei es ihre Pflicht, ihr Leben zu verteidigen.

Jedem, welcher Richtung er auch angehören mochte, zerriß dieser Tod das Herz. Sie war keine politische Frau, keine Corday, keine Roland; sie war nur eine Frau, sah auf den ersten Blick wie ein junges Mädchen aus, fast wie ein Kind. Was hatte sie getan? Etwa einen Liebhaber retten wollen?... Nein, ihren Gatten, den guten Camille, den Anwalt der Menschheit. Sie starb um ihrer Tugend willen, die unerschrockene, reizende Frau, um der Erfüllung der heiligsten Pflicht willen.

Ihre Mutter, die schöne, gute Madame Duplessis, war entsetzt über dies, was sie niemals hatte vermuten können, und schrieb an Robespierre, der nicht antworten konnte oder es nicht wagte. Er hatte Lucile geliebt, erzählte man, hatte sie heiraten wollen. Wenn er geantwortet hätte, so hätte man geglaubt, er liebe sie noch. Er hätte damit eine Schwäche gezeigt und sich sehr bloßgestellt.[1]

Jedermann verwünschte diese Vorsicht. Alle waren erschüttert; man litt und fühlte sich niedergeschlagen. Im ganzen Volk, ohne Unterschied der Partei (jener Stimmen, die nur Unglück bringen), herrschte nur eine Stimme: »Nein, das ist zuviel!«

Was hatte man angerichtet, als man das Menschenherz so sehr quälte? Man hatte einen grausamen Krieg gegen die Ideen heraufbeschworen, eine fürchterliche, tierische, blinde und entsetzliche Macht geweckt, die wilde Sinnenwut, die gegen die Grundsätze aufmarschiert, die, um Blut zu rächen, Ströme von Blut vergießt und die Nationen töten würde, um Menschen zu retten.

Ohne Beweise, Urkunden und Zeugen (den drei Polizeispione kann man so nicht nennen) wurden sie alle *überführt*, beabsichtigt zu haben, den Konvent umzubringen, die Monarchie wiederherzustellen, die Herrschaft an sich zu reißen usw. Obgleich das Volk vieles gewohnt war, konnte es sein Erstaunen beim Anblick des fürchterlichen Durcheinanders auf den Karren nicht verbergen; man hatte es fertiggebracht, alle Richtungen, alle Meinungen, alle Parteien hineinzumengen.

Der Bischof von Paris saß da, als ernste Mahnung an die Priester, ja nicht revolutionär zu werden. Sie sollten sich gesagt sein lassen, daß sie von der Republik getötet würden, wenn sie Republikaner würden. Wer lachte darüber? Der alte Klerus! Und was die Anhänger der Nationalkirche, die Vereidigten angeht, so glaubten sie gewiß, Robespierre stehe auf ihrer Seite, und sie schöpften große Hoffnung daraus.

Wenn Dumas und Fouquier-Tinville ein wenig von dem Geist und der Geschicklichkeit Hermans gehabt hätten, so hätten sie es vermieden, dem Prozeß auch nur den geringsten religiösen Anstrich zu geben. Ganz im Gegenteil aber waren sie ungeschickte Schmeichler Robespierres und der neuen, von Couthon am 6. angekündigten Bewegung, und sie sprachen daher nach der allerneusten Mode. Sie sprachen oft, laut und fest von Göttlichkeit, Atheismus, Höchstem Wesen usw. Sie machten es Gobel ausdrücklich zum Vorwurf, daß er abgeschworen, Lapallus, daß er die Kirchen von Lyon geplündert, Chaumette, daß er die Kirchen von Paris geschlossen und sich mit Cloots verbündet hatte, »um jede Gottesvorstellung auszulöschen«. Der Gipfel der Ungeschicklichkeit war es, daß der Geschworene Renaudin, der Vertraute Robespierres, bei dieser Gelegenheit plötzlich seine Rolle wechselte und in einem wunderlichen Ausfall seiner Empörung darüber Ausdruck gab, daß Gobel, Cloots und Fabre d'Eglantine »sich über die Schließung der Kirchen gefreut« hätten, wie er gehört haben wollte.

Der Vorsitzende benahm sich unglaublich lächerlich gegen Chaumette. Chaumette, sagte er, schloß die Kirchen und setzte die Dirnen ins Gefängnis. Warum? Damit sich einerseits die verzweifelten Lebemänner an den anständigen Frauen vergingen und damit anderseits die Fanatiker sich mit den Lebemännern zusammentaten, um die Regierung zu stürzen!

Chaumette hätte die Gegner zerschmettern können. Doch er kroch auf dem Bauch und zeigte sich als das, was er war, als armer, ängstlicher und zitternder Schriftsteller; er ging so weit zu sagen, seine Beziehungen zu Anacharsis Cloots seien nur gering gewesen. Er glaubte, wenn er sich von der Freundschaft mit dem großen Ketzer reinwaschen könne, würde er vielleicht Gnade finden vor Robespierre.

Der Ketzer, der Gottlose, der Märtyrer der Freiheit war im Grunde nicht so sehr Chaumette oder Cloots als Paris selbst. Paris war gemeint, wenn man jene traf, die mutige Vorhut des menschlichen Denkens, der freie Geist der Erde, der seinen Verkünder in der großen Kommune besaß. Nach diesem Keulenschlag blieb Paris einen kurzen Augenblick zurück (ein halbes Jahrhundert ist ein Augenblick), wandte sich ab von den religiösen Wegen und den philosophischen Bestrebungen, um später auf dem Umweg über den Sozialismus, der es zweifellos zurückbringen wird, wieder dorthin zurückzukehren.

Trotz seiner Schwäche hat Chaumette einen doppelten Anspruch auf

Ruhm. Niemals ist ein Volksbeamter so unerschöpflich fruchtbar in wohlwollenden und nützlichen Ideen gewesen.*

Und durch die blindwütige Intoleranz seiner Gegner hat er seinen Platz im glorreichen Reigen derer, die ihr Blut für die religiöse Freiheit vergossen. Bruno und Morin (welcher 1664 unter Ludwig XIV. verbrannt wurde!) haben im armen Anaxagoras ihren rechtmäßigen Nachfolger. Die sechshunderttausend Protestanten, die unter dem großen König emigrierten, die fünfzigtausend Jansenisten, die man in die Bastille warf, die noch weit zahlreicheren Märtyrer der Gedankenfreiheit, die eine noch machiavellistischere Intoleranz seither Hungers sterben läßt, sie müssen im Apostel der Vernunft, der die Stimme von Paris war, einen Bruder erkennen.

Lavoisier. – Die grosse Chemie. – Die Sitten im Jahr 1794
XVIII, 6

Konnte man an einem Tag die Übel von tausend Jahren abstellen? – Ermattung, Langeweile, Lebensüberdruß. – Kraft, Tatkraft der Frauen. – Makabre Galanterie. – Schnelle Veränderungen, Ankunft der Chemie. – Man tötet den Erfinder (8. Mai). – Libertinäre Grausamkeit des Ancien régime, die unter der Republik fortgesetzt wird. – Ein vornehmer Lehrer des Verbrechens.

Man vergleiche die folgenden Sätze:

Ein Mitglied der Konstituante sagte die bitteren und skeptischen Worte: »Nun, da wir Gesetze für eine Nation geschaffen haben, müssen wir nur noch eine Nation für diese Gesetze schaffen.«

Und ein Konventsabgeordneter sagte die heroischen Worte: »Wenn wir die Erziehung verabschieden, haben wir genug gelebt.«

Die Erziehung zu verabschieden, war nicht leicht für eine Revolution, die erst angefangen hatte, nur einen Teil ihrer eigenen Prinzipien erkennen konnte und auf die Zeit vertrauen mußte, um sie zur Gänze zu erfahren.

Und es war nicht damit getan, die Erziehung anzuordnen, die Bildung eines neues Volkes; es galt das alte zu verändern.

Tausend Jahre einer gegen die Menschlichkeit gerichteten Erziehung, in der man systematisch die Erniedrigung des Menschen unterrichtet hatte, als

* Wir haben es schon früher gesehen. Ich könnte noch vieles hinzufügen. Die Errichtung der Morgue, die kostenlose Rechtsprechung, die kostenlose ärztliche Beratung für die Armen, usw. Seine Duldsamkeit selbst für die Priester tritt auffallend zutage in den *Révolutions de Paris,* die (im Oktober) das Organ der Kommune geworden waren (Nr. 224).

größte Tugend das Erdulden der Knechtschaft gepredigt hatte, das heißt die Annahme des Zustands der Vertiertheit (für den Mann die Peitsche, für die Frau die Vergewaltigung, denn nichts anderes bedeutet die Leibeigenschaft) – das war das lange und schreckliche Werk, das die Revolution von einem Tag auf den anderen auslöschen sollte.

Sie mußte ein Mittel ersinnen, das stark genug war, um auf den ersten Schlag den Krebs zu heilen, der so viele Jahrhunderte hindurch gewuchert war.

Viele hatten das traurige und bittere Gefühl, daß solche Dinge unheilbar sind.

Manche gerieten auf den Gedanken einer fürchterlichen, allgemeinen, absoluten Säuberung.

Aber hier blieb eine Schwierigkeit. Sollte diese Säuberung sich auf Personen beziehen? War man der Säuberung sicher, wenn man hier einen einzelnen traf und dort einen anderen? Wenn das Böse in allen steckte, mußte man dann nicht in jedem einzelnen Menschen eine Säuberung vornehmen? Keiner, nein, keiner war rein. Alle hatten etwas in sich, was verdammt, ausgesondert, geächtet werden mußte. Robespierre glaubte, nun, da Danton tot sei, sei alles erledigt. Irrtum: In ihm selbst war etwas, was ausgemerzt werden mußte. Ein Priester lebte in Robespierre wie in Saint-Just ein Tyrann. In Robespierres eifernder und kranker Seele bekämpften sich mehrere Seelen; der reine Robespierre mußte den unreinen Robespierre verbannen, mußte den Haß und die Rache in ihm töten und die Heuchelei guillotinieren.

Die meisten machten sich dies nicht klar, empfanden aber undeutlich die Nutzlosigkeit dessen, was geschah. Die Terreur traf im allgemeinen daneben. Das große Opfer an Mühen und Blut war ganz umsonst. Als Folge stellte sich eine große Entmutigung ein, eine düstere Mutlosigkeit, eine Art moralischer Cholera.

Wenn das moralische Gefühl stumpf wird, dann treten zwei Gegensätze zutage. Die einen, entschlossen zu leben um jeden Preis, lassen sich im dicksten Sumpf nieder. Die anderen kommen vor Überdruß und Ekel dem Tod zuvor oder fliehen ihn wenigstens nicht länger.

In Lyon hatte es so begonnen; die allzu häufigen Hinrichtungen hatten die Zuschauer abgestumpft; einer von ihnen sagte bei der Rückkehr: »Wie soll ich es anfangen, guillotiniert zu werden?« Einer der Verurteilten las gerade, als man ihn aufrief, und fuhr damit fort bis zum Schafott; am Fuß der Guillotine legte er das Lesebändchen ins Buch. In Paris entschlüpften fünf Gefangene den Gendarmen; sie hatten nur noch einmal ins Vaudeville gehen wollen. Der eine kam zum Tribunal zurück: »Ich kann die anderen nicht wiederfinden. Können Sie mir sagen, wo unsere Gendarmen sind? Geben Sie mir bitte Auskunft.« Das Stärkste geschah in der

Versammlung; ein Mann hatte die Absicht, Robespierre oder Collot d'Herbois zu töten; er ging in den Konvent, um auf sein Opfer zu warten; Barère hatte das Wort und sprach lang und breit über irgendeine Geschichte aus Madagaskar; der Mann sank in tiefen Schlaf.[1]

Solche Anzeichen bewiesen nur zu deutlich, daß die Terreur ihre Wirksamkeit verlor. Die unnatürliche Anspannung konnte nicht von Bestand sein. Die Natur, die allmächtige, unzähmbare Natur, die nirgendwo kräftiger Wurzel schlägt als auf den Gräbern, erschien siegreich wieder unter tausend unerwarteten Gestalten. Krieg, Terror und Tod, alles, was gegen sie zu sein schien, brachten ihr neue Triumphe. Niemals waren die Frauen so stark. Sie übertrafen sich selbst, hielten alles in Bewegung. Die Härte des Gesetzes machte die Schwäche des Gewährens gleichsam rechtmäßig. Sie sagten kühn, wenn sie dem Gefangenen ihre Gunst schenkten: »Wenn ich heute nicht liebenswürdig bin, ist es morgen zu spät.« Morgens begegnete man jungen, hübschen Leuten ohne Bart, die mit verhängtem Zügel ihr Kabriolett führten; das waren menschenfreundliche Frauen, welche die Machthaber des Tages aufsuchten und sie mit Bitten bestürmten. Von da ging es zu den Gefängnissen; das Mitleid führte sie weit. Ob es Trösterinnen von draußen oder Gefangene drinnen waren, keine wehrte sich. Den letzteren bot die Schwangerschaft eine Möglichkeit, am Leben zu bleiben.[2]

Ein Wort wurde unaufhörlich wiederholt und bei jeder Gelegenheit gebraucht: »*Die Natur!* Der Natur folgen! Überlaßt euch der Natur! usw.« Das Wort *Leben* ersetzte es im Jahre 1795: »Leben wir unser Leben!... Sein Leben versäumen usw.«

Man hatte Angst, es zu versäumen, man ergriff es im Vorbeigehen, man sparte die Krumen davon auf. Man stahl dem Schicksal soviel davon, als man erwischen konnte. Die Menschenwürde war vergessen. In diesem Sinn war die Gefangenschaft eine völlige Befreiung. Würdige Männer, ernste Frauen gaben sich her zu tollen Aufzügen, zu Verspottungen des Todes. Ihre beliebteste Belustigung war die Vorprobe des höchsten Dramas, das Anprobieren der letzten Toilette und das Einüben des Gangs zur Guillotine. Diese schauerlichen Possen ließen gewagte Zurschaustellungen der Schönheit zu; man wollte Bedauern für das erwecken, was der Tod ereilen sollte. Wenn man einem Royalisten Glauben schenken soll, unternahmen vornehme, gesittete Damen auf wackeligen Stühlen diese Übungen. Selbst in der düsteren Conciergerie, in die man nur gebracht wurde, wenn man sterben mußte, sahen die tragischen, geweihten Eisenstäbe, die Zeugen der mannhaften Predigten Madame Rolands, zu gewissen Stunden oft sehr viel weniger ernste Vorgänge; Nacht und Tod wahrten ihr Geheimnis.

Die Assignaten flößten kein Vertrauen ein, und man beschleunigte ihren Umsatz. Ebenso besaß der Mensch keine Sicherheit, länger zu dauern als das Papier; so überstürzten sich die Liebesverhältnisse, wurden gebrochen und erneuerten sich in ungewöhnlich schnellem Wechsel. Das Dasein verdunstete sozusagen. Nichts Festes gab es mehr, alles war flüssig und bald flüchtiges Gas.

Lavoisier hatte gerade seinen großen modernen Gedanken aufgestellt und bewiesen: fest, flüssig und gasförmig, drei Formen der gleichen Substanz.

Was ist der Leib des Menschen und das Leben? Ein festgewordenes Gas.*

Dieser Gedanke war groß, gewaltig, fruchtbar, er machte auf seinem Weg die Unsterblichkeit der Leiber und das Jüngste Gericht zunichte; Lavoisier, sein Entdecker, war die Revolution gegen den Geist des Mittelalters.

Er hatte, ohne sich mit dem lokalen Aberglauben aufzuhalten, das alte Paris von seinen Toten befreit, hatte alle Friedhöfe aufgelöst und in die Katakomben überführt.

Gibt es eine größere Revolution als jene, die den Menschen die Zusammensetzung der Lebewesen erkunden läßt, die ihm zuvor rätselhaft war? Er, der tastete, dringt nun in sie ein; er erfährt ihren Kern, ihr Wesen, steht dem Schöpfer gegenüber... Was sage ich! Er ist selbst Schöpfer und wetteifert mit der Natur!

Diese Wissenschaft wirkte in jenen Tagen ihre ersten Wunder. Ebenso fruchtbar in ihrer Anwendung wie erhaben in ihrem Prinzip, brachte sie unablässig neue Waffen für das Vaterland hervor. Sie gab ihm den Blitz in die Hand. Sie wühlte Frankreich um und fand Dinge, um Europa in Schrecken zu setzen. Es war nicht nur eine Wissenschaft, die Lavoisier erfunden hatte: Er hatte ein Volk erzeugt. Ein gewaltiger Stamm von Chemikern, die *Salpeterschüler*, wie man sie nannte, erfüllten alles mit ihrer Tätigkeit. Überall waren die großen Kessel und die Apparate, in denen der Salpeter geschmolzen wurde. Von überall kamen Abordnun-

* Bei Liebig (*Chemische Briefe*, Brief XXXVI)[3] finde ich die folgende zutreffende Bemerkung, die mir in der Veränderlichkeit des physischen Seins die Beständigkeit meiner Seele und ihre Unabhängigkeit gewährleistet. »Das immaterielle, bewußte, denkende und fühlende Wesen, das das Gehäuse aus kondensierter Luft bewohnt, welches man den Menschen nennt – ist es nur ein Produkt seiner Struktur und inneren Disposition? Viele glauben dies. Doch wenn dem so wäre, müßte der Mensch mit dem Rindvieh und jedem anderen niederen Tier identisch sein, von dem er sich hinsichtlich der Zusammensetzung und Disposition nicht unterscheidet.« Je mehr die Chemie mir beweist, daß ich in materieller Hinsicht dem Tier gleiche, um so mehr veranlaßt sie mich, meine Energien, die denen des Tieres so verschieden und sosehr überlegen sind, einem anderen Prinzip zuzuordnen.

gen, um diese patriotischen Opfergaben der Versammlung darzubringen. Ein großes Fest, das man das Fest der Chemie nennen könnte, wurde in der Schule gegeben. »Ein Ehrensitz, ein Thron wurde gewiß für diesen Erfinder errichtet?« Ja, auf dem verhängnisvollen Karren, auf der Place de la Révolution.[4]

Kein Wort mehr. Dies ist beredt genug. Mit der Großartigkeit der Bewegung sehen wir ihre Brutalität, ihre Blindheit, ihren Taumel.

Nun beginnt die große, entsetzliche Folge von Ereignissen, die durch Urteile, Ächtungen, Schlachten, Hungersnöte, Hospitäler von 1794 bis 1815 in mehr als zwanzig Jahren diese riesige lebendige Masse so vieler Millionen Menschen auflösen, zersetzen, in die ewige Ruhe der Natur zurückführen wird.

Ein wildes, mordlüsternes Gefühl des Vergnügens verbindet sich bei vielen Menschen mit der Zerstörung. Es ist bedrückend und traurig, es zu sagen: Sie zerstören ebenso gern, wie sie erschaffen. Die niedrigen und sterilen Seelen empfinden sich als Gott, wenn sie zerstören.

Und je unfruchtbarer, ärmer und freudloser die Seele ist, um so mehr verlangt sie vom Tod und vom Schmerz ihre Freuden. Die Ergötzungen eines hörigen Volkes ohne moralisches Leben, ohne Inspiration, ohne Vorstellung oder Hoffnung einer Besserung, bestanden in Rad und Galgen. Die Ergötzungen seiner Herren waren Beleidigungen und Prügel, waren Stock und Peitsche.

Was wir in Rußland sehen, wo der Postillon zum Amüsement des Aufsehers von Poststation zu Poststation gepeitscht wird, mag er schnell oder langsam reiten, bietet einen schwachen Abglanz dieses fidelen Mittelalters. *Fideles Frankreich, fideles England*, das ist eine sprichwörtliche Bezeichnung; jedes Land ist damals fidel.

Noch im siebzehnten Jahrhundert gab es viele *fidele* Herren. Krieg, Jagd und Duell waren drei Arten, Blut zu vergießen, unbeschadet des Meuchelmords. Man lese in den Memoiren Fléchiers die ziemlich starken Scherze des Adels in der Auvergne: Man vergnügt sich unter anderem damit, einen Mann einzumauern, um ihn Hungers sterben zu lassen.

Der große Condé hatte bei irgendeinem Blutbad gesagt: »Pah, das ist eben eine Pariser Nacht!« Die Condés waren wilde Jäger und durch die Abschlächtereien, die als große Jagden bezeichnet wurden, zu sehr daran gewöhnt, Blut fließen zu sehen; sie lebten gern in den Wäldern und hatten bei diesem Leben tausend absonderliche Grillen. Der Sohn des großen Condé hielt sich bisweilen für einen Jagdhund und bellte als solcher stundenlang. Sein Enkel (vgl. Saint-Simon) war ein wunderlicher und grausamer Zwerg. Diese Fürsten, die durch das Mißtrauen der Könige aus den Armeen entfernt worden waren, wurden in der wilden Freiheit ihrer abscheulichen Launen wie Könige geduldet. Einer von ihnen, Charolais, beging von Zeit zu Zeit zur Zerstreuung einen Mord. Die schrankenlose Tyrannei dieser großen Häuser über ihre Bedienten und Vasallen währte bis weit ins achtzehnte Jahrhundert. »Diese Leute leben von uns«, sagten sie, »was tut es, wenn sie durch uns sterben?«

Dieses finstere 93 der guten alten Zeit der Monarchie, bedachtsam verdunkelt durch die Gefälligkeit der Könige, *die die Ehre der Familien retteten*, nur beeinträchtigt durch die fortschreitende Ordnung, war jedoch belebt und verstört durch den wachsenden Widerstand der Menschenwürde. Der Schimpf war genußvoller, wenn er nicht mehr Halbvertierten angetan wurde, wie es die Leibeigenen im Mittelalter waren. Das Vergnügen bestand nicht mehr in der Belustigung, sondern in der Zerstörung. Erbärmliche Generationen, letzter Bodensatz einer vergangenen Welt, herzlos, phantasielos und selbst des Verstandes bar, die sich nur noch am Leid ergötzen können und in deren ohnmächtigem Laster ihre Hölle beginnt.

Auf den Schlössern der Condés wurde von einer ihrer Ehrendamen der Größte dieser Gattung geboren. Monsieur de Sade, aus der edlen, durch Petrarcas Laura berühmt gewordenen Familie von Avignon, war ein liebenswürdiger Lebemann; nur brachten ihn seine fürstlichen Liebhabereien mit dem Strafrecht in Konflikt. Beim erstenmal stürzte sich eine Frau, die er geprügelt und gefoltert hatte, zum Fenster hinaus. Für hundert Louisdor konnte er die Sache bereinigen. Ein andermal gibt er Mädchen aus Marseille ein Mahl und vergiftet sie *zum Spaß*. Das Parlament von Aix wird böse; de Sade muß fliehen und entführt unterwegs seine Schwägerin. Da er immer wieder Streiche machte, wurde der König es müde, ihn zu begnadigen, und steckte ihn in die Bastille. Daß ein solcher Mann noch lebte, beweist besser als alles andere die Notwendigkeit, die abscheuliche Willkür der alten Monarchie zu zerstören. Er lebte, doch da die Gerechtigkeit in die Welt zurückkehrte, stand der erste Versuch der Guillotine von Rechts wegen ihm zu.

Er war Gefangener in der Bastille und gebärdete sich als Opfer. Leichtgläubig ließ man jeden Schwindel dieser Art gelten. Er wurde, so heißt es, von Clermont-Tonnerre und den Konstitutionellen gut aufgenommen und auch von den Männern von 1793, so gut, daß er den Vorsitz in seiner Sektion erhielt, der Sektion der Piken oder der Place Vendôme, Robespierres Sektion.

Wie hatte er das fertiggebracht? Dank der Wirren des 2. September. An diesem Tag blieb jedermann zu Hause, er aber meinte nicht ganz zu Unrecht, daß für einen vormaligen Adligen größere Sicherheit im Schoß seiner Sektion bestehe. Er verließ sein Haus in der (damals verlassenen) Rue Neuve-des-Mathurins und ging abends zu den Kapuzinern in der Nähe der Place Vendôme. Robespierres Freunde waren nicht dort; sie hatten sich zu den Jakobinern begeben. Es waren nicht viele Leute da und niemand, der richtig schreiben konnte. De Sade war nur bekannt als jemand, der unter dem Ancien régime im Gefängnis gesessen hatte. Er sah sanft und fein aus, war blond, ein wenig kahl und ergraut. »Wollen Sie den Schriftführer machen?« – »Gern.« Er ergreift die Feder.

Unser Mann rechnete sich sehr richtig aus, daß er sich bei seinem ganzen Vorleben nicht allzusehr in den Vordergrund wagen dürfe. So ergriff er eine zugleich tätige und friedliche Rolle, den Beruf des Menschenfreundes. Die gute Seele verbrachte ihre ganze Zeit in den Hospitälern. Er verfaßte Berichte darüber, die von der Sektion sehr geschätzt wurden.

Als die Rede davon war, eine revolutionäre Armee mit einem täglichen Sold von vierzig Sous einzurichten, ergriff er die Gelegenheit und nahm diese volkstümliche Sache in die Hand; aus Begeisterung darüber ernannte man ihn zum Vorsitzenden der Sektion.

Aber das stellte ihn zu sehr ins Licht.

Als gegen Ende 1793 die Kommune versuchte, ihren neuen Kult durch eine moralische Säuberung zu unterstützen, durch den Kampf gegen die Dirnen, die Libertins, die schamlosen Bücher und das Gesindel aller Art, das sich in Paris verbarg, begann man auch, sich nach diesem Heuchler zu erkundigen; man erklärte ihn für verdächtig und verhaftete ihn. Im Gefängnis spielte er den Kranken und erhielt die Vergünstigung eines Aufenthalts im Krankenhaus, aus dem ihn der 9. Thermidor herausholte.

Inzwischen war er fünfzig Jahre alt, und er lehrte als emeritierter Professor des Verbrechens mit der Autorität des Alters und den feinen Umgangsformen eines Mannes seines Standes, daß der Natur das Gute und das Schlechte gleich viel gilt, daß sie nur eine Abfolge von Morden ist, daß sie es liebt, eine Existenz auszulöschen, um tausend weitere daraus hervorgehen zu lassen, daß die Welt ein einziges großes Verbrechen ist.

Die Gesellschaften enden in diesen Monstrositäten: das Mittelalter in Gilles de Retz, dem berühmten Kindermörder, das Ancien régime im Marquis de Sade, dem Apostel der Meuchelmörder.

Erschreckende Situation einer im Entstehen begriffenen Republik, die sich inmitten der Trümmer einer zerstörten Welt von unten her durch solche schaudererregenden Reptilien unterlaufen sah. Die Vipern und Skorpione wanden sich in ihren Fundamenten.

Differenzen zwischen Robespierre und Saint-Just (16. April)
XIX, 1

Der Gedanke der Säuberung durch die Diktatur. – Saint-Just will die Terreur beschleunigen. – Robespierre möchte Einhalt tun. – Uneinheitliches Dekret vom 16. April. – Saint-Justs Einsamkeit.

Die fürchterliche Fäulnis, diese modrigen Gewölbe, diese hohlen Abgründe, die sich unter der Republik auftaten, bestärkten immer mehr ehrbare Leute in dem Verlangen nach einem großen Läuterer, einem unerbittlichen Zensor und Sittenrichter, der, bewaffnet mit der Diktatur, die Revolution in den Schmelztiegel tat, wie es Saint-Just als erster geäußert hatte.

Saint-Just glaubte, Robespierre sei der rechte Mann: Er sah in ihm den einzigen Mann, der das Zeitalter der Revolution von Anfang an durchlebt hatte, ihre fünf Jahrhunderte in fünf Jahren, den, der sozusagen ihr Gewissen war, ihre personifizierte Beständigkeit, den, dessen Schicksal vom Gewicht dieser langen Zeit gezeichnet war. Je mehr Saint-Just der Meinung war, Frankreich habe sich von seinem Ideal der Republik entfernt, desto unfähiger erschien es ihm für eine Selbstregierung, desto mehr ergab er sich dem Gedanken an einen moralischen Diktator. Ein einziger Mann war zu dieser Rolle befähigt, und dieser Mann war Robespierre.

Nun wird man annehmen, es habe Einigkeit zwischen ihnen geherrscht. Nichts dergleichen trifft zu.

Obgleich Saint-Just sich mit Herz und Verstand Robespierre ergeben hatte, wurde er durch die Macht der Ereignisse unwillkürlich von ihm abgedrängt.

Schon in der Angelegenheit Danton war ihr Verhalten gänzlich verschieden gewesen.

Saint-Just tötete Danton, weil er nicht das geringste Zögern, nicht den leisesten Zweifel kannte. Er glaubte Robespierre, doch weit mehr als dieser war er vom grausamen Glauben an diese unmenschliche Tat durchdrungen. Als das sterbende Gesetz bei den Ausschüssen Einspruch erhob, wer war da auf seinem Posten? wer hieß das Gesetz schweigen? wer war zu dieser Stunde das Gesetz und die Diktatur?

Robespierre hingegen versäumte nichts, um kundzutun, daß man ihn auf diesen Weg gedrängt habe. Er verkündete und wiederholte, daß ein anderer als erster den Gedanken gehegt, das erste Wort gesprochen habe, daß man versucht habe, diesem Wort die Erinnerung an die alten Beziehungen entgegenzustellen, und daß er um des Wohls der Allgemeinheit willen widerstanden habe. Ein jeder war versucht zu glauben, daß Robespierre sich in dieser grausamen Preisgabe des langjährigen Gefährten selbst geopfert, sein eigenes Herz zerrissen habe.

Saint-Just also war es, der die Hauptverantwortung für diese Tat übernommen hatte: Er wußte um ihr Gewicht. Mehr als einmal findet man in seinen Aufzeichnungen voller Todesgedanken, wie deutlich er empfindet, daß nach solchen Dingen der Weg unaufhaltsam ins Grab führt.

Daß er jedoch diese ungeheuerliche Tat begangen hatte, die Republik über die Leiche ihres Vaters hinwegschreiten ließ, das war geschehen, weil diese den Patrioten so teure, so geheiligte Vergangenheit ihm als Hindernis erschien auf dem Weg in die Zukunft, den er die Revolution beschreiten sehen wollte.

Viel mehr als Robespierre mußte folglich ihm daran gelegen sein, voranzuschreiten. Seine Tat gebot es. Vollbrachte er nicht die großen Dinge, für die Danton ihm als Hemmnis erschienen war, so mußte Saint-Just ein Mörder bleiben.

Schon seit seiner frühesten Jugend hatte er gern die Götter des Todes befragt. Die Wunderlichkeit seiner Jugend schilderte ich bereits – wie er sich mitten in einer sehr verderbten Provinzstadt, an einer liederlichen Rechtsschule, inmitten der inneren Heimsuchungen einer schlüpfrigen Phantasie eine Zuflucht geschaffen hatte, ein Zimmer, das schwarz ausgehängt und mit weißen Totenköpfen versehen war und in das er sich zurückzog, um mit den großen Toten der Antike allein zu sein. Dort kam ihm zweifellos der Gedanke, der sein Leben leiten sollte: »Die Welt ist verwaist seit den Römern.«

Eine erschütternde Stelle in seiner Rede vom 16. April, die als Ganzes kalt und verwegen erscheint, als zynisches Moralisieren (»Ehrgeizige, geht für eine Stunde auf den Friedhof«, usw.), diese Stelle läßt uns, die wir den Menschen Saint-Just kennen, vermuten, daß er selbst in der Tat die Toten aufsuchte, um Zwiesprache mit ihnen zu halten, daß er in tiefem Ernst von jenen Rat erbat, die er getötet hatte, und daß er aus ihren Gräbern das revolutionäre Denken schöpfte.

Was sagten ihm Monceau und die Madeleine? Was sagte ihm der König? »Daß es niemals Frieden zwischen der alten und der neuen Welt geben könne.« Und die Girondisten? und die Dantonisten? Das, was er selbst geschrieben hat: »Wer Revolutionen nur zur Hälfte durchführt, schaufelt sein eigenes Grab.«

Das waren seine Überlegungen, von denen er uns nur die Schlußfolgerung mitzuteilen geruht hat.

Wir rekonstruieren die Prämissen.

»Man muß die alte Welt vernichten ... Doch durch ein einschneidenderes Ereignis als den Tod. Der Tod rehabilitiert sie und verleiht ihr neues Leben.«

»Man muß sie durch die Schande vernichten.«

»Recht, Moral und Revolution, die drei sind identisch. Der Konterrevolutionär und der unmoralische Mensch sollen gleichermaßen entehrt ein elendes Leben haben, als Steineklopfer, als Volk von Heloten. Sie ließen das Volk Frondienste tun. Gut, jetzt sind sie an der Reihe!... Die Privilegierten, Adlige und Priester, sollen von Rechts wegen Galeerensträflinge sein.«

Dieses Privileg der Erniedrigung der Privilegierten, diese Errichtung einer sozialen Hölle, einer sichtbaren Verdammung der Feinde der Egalité – das war etwas so Schreckliches, daß es die Terreur außer Kraft gesetzt hätte, die Guillotine wie ein nutzloses Spielzeug zerbrochen hätte und nur dazu gedient hätte, die Aristokraten zu verherrlichen, die Schurken und die Du Barrys zu Märtyrern zu stempeln.

Es war die Frage, ob die öffentliche Meinung diese Entehrung zulassen würde, ob einst geachtete Klassen unvermittelt gedemütigt werden sollten, ob das durch solch ein Schauspiel unablässig angefachte Mitleid nicht heimlich mildernde Umstände geltend machen würde, ob die Unterdrückten von gestern nicht für ihre Unterdrücker Partei ergreifen würden.

Als der Träumer dem Wohlfahrtsausschuß seinen Gedanken vortrug, mit der Sicherheit des Nachtwandlers, der geschlossenen Auges schreitet, stieß er plötzlich gegen eine Wand. Nicht eine Stimme war für ihn.[1]

Hatte er Robespierre die Sache unterbreitet? Ich glaube nicht. Ihre Ideen waren bereits ersichtlich gegensätzlich, ebenso wie ihr Ausgangspunkt. Saint-Just kam von Lykurg her, Robespierre von Jean-Jacques Rousseau. Saint-Just glaubte, die Revolution würde untergehen, wenn sie nicht zu einer radikalen Säuberung schritt, zur Vernichtung ihrer Feinde – der *moralischen* Vernichtung, die allein die wahre und umfassende ist. Robespierre dagegen gedachte den Feind zu spalten, ihn zu Teilen zu gewinnen. Sein Schüler verfolgte die Priester: Er wollte sie beruhigen, nicht nur im allgemeinen durch sein Fest des Höchsten Wesens, sondern durch unmittelbare Maßnahmen, auf die wir alsbald zu sprechen kommen werden.

Noch ein Unterschied. Saint-Just ächtete die Adligen, die Geadelten, alle Privilegierten. Robespierre verlangte, wie man sehen wird, einige Ausnahmen.

Während er schüchtern seine heimlichen Gedanken von Nachsicht enthüllte, gab er gleichzeitig vor, eine unerschütterliche Strenge wahren zu wollen. Er glaubte, den Altar wiederaufrichten zu können, ohne das Schafott zu zertrümmern. Vor Billaud, vor Collot, im Konvent und bei den Jakobinern gefiel er sich darin, den Sumpf des Moderantismus, in dem Danton versunken war, zu streifen, ohne hineinzustürzen.

Ein unendlich schwieriges Unterfangen, bei dem dem moralischen Empfinden nicht weniger Gewalt angetan wurde als im Vorhaben Saint-Justs. Der Mensch glaubt durch die Logik des Herzens unerschütterlich daran, daß der Schöpfer des Lebens auch sein Bewahrer ist, daß Gott die Nachsicht bedeutet.

Die Ausschüsse ahnten wohl, daß Robespierre sich auf dieser schiefen Ebene nicht würde halten können und daß er vielleicht eines Tages sie opfern und mit der öffentlichen Meinung Frieden schließen würde, doch sie zogen seine Richtung vor und bekämpften Saint-Just. In diesem sahen sie etwas noch Schrecklicheres, eine fanatische Tyrannei, die durch ihren guten Glauben und ihre Unerschrockenheit gefährlich war. Sie stellten sich ihm beim ersten Wort entgegen, gestützt auf Robespierres Hilfe.

Zunächst tilgten sie einstimmig (Billaud vielleicht ausgenommen) in der geplanten Verfügung das Wort *Priester.** Nur die Adligen wurden getroffen.

Saint-Just hatte die vollständige Verbannung der Ausländer gefordert. Man begnügte sich mit folgendem: »Den Adligen und den Ausländern ist es untersagt, in Paris oder den Grenzorten zu wohnen.«

Und überdies fügte man den Vorbehalt hinzu, der alles wieder ungültig machen konnte: »Der Ausschuß ist berechtigt, wen er für nützlich hält, in Paris zu behalten.«

Die ganze Nacht stritt man, kürzte, beschnitt. Saint-Just verlor die Geduld, gab alles auf und sagte im Fortgehen: »Ihr tretet für den Feind ein, wohl bekomm's! Sei's drum, die Gegenrevolution wird euch mit sich reißen.«

Am anderen Tag – zweifellos in seiner Abwesenheit – machte jeder bei dem schon ganz veränderten Dekret seinen Zusatz zu den einzelnen Artikeln. Der einzige, der die Fassung Saint-Justs behalten zu haben scheint, ist dieser: »Man wird ein Gesetzbuch schaffen, man wird die Einrichtungen zusammenfassen, die zur Wahrung von Sitte und Freiheit erforderlich sind.«

Die Verfasser der anderen Artikel sind leicht zu erraten. (Robespierre): Die Verschwörer sind von nun an nur in Paris abzuurteilen. (Billaud): Die Müßiggänger, die sich beklagen, nach Guyana zu deportieren. (Lindet): Man wird die Industrie, den Handel, den Bergbau durch Belohnungen und Entschädigungen anfeuern, die Transporte, das Frachtwesen usw. schützen. Man ersieht aus diesem letzten Artikel den ganzen Weg, den die Verfügung durchlaufen hatte, und sie nicht weniger als die ganze Geschichte, die ganze Entfernung von Drakon bis zu Colbert. Saint-Just

* In den Papieren von Robert Lindet finde ich diese Ächtung der *Priester* durch Saint-Just.

verabscheute den Handel und ächtete ihn in besonderem Maße; er sagte, nur ein Volk, das Ackerbau treibe, sei ein gutes Volk, und die Hände des Menschen seien nur für die Landarbeit und die Waffen geschaffen.

So wurde dieses Dekret ein Monstrum, eine ungereimte Vermählung einander feindlichster Geister. Eine so befremdliche Wirrnis, die man zu weniger friedlichen Zeiten auf die überstürzte Hast hätte zurückführen können, kam einem Eingeständnis unauflösbarer Zwietracht gleich. Sie entblößte die innere Zerrissenheit des Ausschusses und wirkte wie eine bittere Satire auf die kollektive Regierung, wie eine Bekräftigung der Worte dessen, der die Regierung durch einen einzelnen und die Errichtung einer Diktatur verlangt hätte.

Sie förderte die Größe Robespierres. Sie vernichtete die drakonischen Utopien Saint-Justs.

Der eine hätte sich in unbekannte Welten vorwagen wollen. Der andere hätte bremsen wollen.

Und das Dekret, das aus diesen unterschiedlichen Bestrebungen hervorging, zeigte zu deutlich, daß die Revolution von nun an weder voranschreiten noch zurückweichen konnte.

So entmutigt Saint-Just auch war, so wenig Hoffnung er für die Zukunft hatte – er lehnte es nicht ab, dieses wunderliche Machwerk dem Konvent vorzulegen. Er war der erwählte und erwartete Berichterstatter; hätte er davon Abstand genommen, so hätte sein Schweigen die innere Uneinigkeit des Ausschusses, ja des Triumvirats[2] verraten, und das hätte die Autorität der Regierung nachhaltig erschüttert. Es war der Beginn des Feldzugs; die riesigen Armeen der Alliierten erschienen am Horizont. Voll wahrer Größe deckte Saint-Just die Lage. Als Eröffnung zum Dekret verlas er den langen Bericht, den er in so gänzlich anderem Geist vorbereitet hatte.

Soviel Sorge er auch darauf verwendet haben mag, aus dem Bericht alles zu tilgen, was die Zwistigkeiten hätte ahnen lassen können, so findet man darin doch etwas sehr Auffallendes und wenig Robespierristisches, eine Lobrede auf Marat. Saint-Just war sich dessen wohl bewußt, daß Robespierre, der diese Erinnerung keineswegs schätzte und äußerst eifersüchtig auf diesen Gott war, jedes gute Wort über ihn als feindseligen Akt betrachtete. Das, was Fabre d'Eglantine vor seiner Verhaftung über ihn gesagt hatte, trug gewiß dazu bei, ihn ihm gegenüber unnachsichtig zu stimmen.

Dies war ein leises Zeichen – nicht der Feindseligkeit, sondern der Emanzipation. Saint-Just, der sich in politischer Hinsicht Robespierre verschrieben hatte und ihn zum Diktator wünschte, war in moralischer Hinsicht allein.

Allein im Konvent, sah er sich im Wohlfahrtsausschuß nicht weniger allein. Seine innere Einsamkeit, die noch tiefer war, seine Geistesabwesenheit, die ihn um Tausende von Jahren entfernte, machten ihm die Gegenwart von Tag zu Tag unerträglicher. Im Geiste trug er seine Totenkammer überall mit sich. Nur bei den Armeen lebte er gern, auf der Landstraße, und auch dort in großer Einsamkeit; er hielt die Generäle durch Respekt und Schrecken von sich fern, denn er haßte in ihnen das Heraufziehen der Macht der Militärs, die Brutalität des Säbels, und fand, man könne sie gar nicht streng genug halten und unterdrücken. Er hatte die Dirnen aus der Armee verjagt; ein Soldat behielt sein Mädchen einen Tag länger bei sich und prahlte damit, und Saint-Just ließ ihn erschießen.

Ungeachtet der Last dieser sonderbaren Rolle als Diktator der Armeen ließ er nicht vom Schreiben ab. Oft kam es vor, daß er mitten unter den zitternden und gebückten Generälen sein Notizbuch hervorzog, das er immer mit sich führte, und man glaubte, er vermerke sodann Todesurteile. Es waren Träume philanthropischer Natur, Wünsche und Vorstellungen für die künftige Republik, auf die er seine Hoffnungen richtete, Gesetze für ein ackerbautreibendes Gemeinwesen, in dem die Gleichheit und die Tugend herrschen sollten.

Sonderbar! Der Verfolger und der Verfolgte, Saint-Just und Condorcet, schrieben zur gleichen Zeit, der eine in seinem Versteck, der andere an der Spitze der Armeen und allmächtig; und beide schrieben Träume auf – sehr verschiedener Natur, aber von einer tiefen Liebe zur Menschheit geprägt.

Diese Notizen Saint-Justs, die eine systematische Hand zu ordnen vorgegeben hat, um sie zu einem Buch zusammenzustellen, hätte man in ihrer zufälligen Abfolge belassen sollen, so wirr sie auch erscheinen mag, so, wie sie ihm in Paris oder auf den Landstraßen einfielen – die eine bei den Armeen, vor dem Feind, die andere in den arbeitsamen Nächten im Ausschuß, wieder eine andere, wenn er in Monceau oder an der Madeleine träumte.

Es gibt darunter Worte von einer solchen Herzenseinsamkeit, einer solchen Sehnsucht nach den künftigen Zeitaltern, daß man wohl versucht ist zu glauben, daß die Gegenwart ihm nichts mehr bedeutet. Lebt die Freundschaft noch? Ja, doch zweifellos nur schwach. Um so mehr wendet er sich der ungeborenen Menschheit mit höchster Zärtlichkeit zu: »Der Mensch, der von der Welt und sich selbst Abschied nehmen muß, wirft seinen Anker in die Zukunft und drückt die Nachwelt, die von den Übeln der Gegenwart nichts weiß, an sein Herz.«

Die Liebe zur Zukunft macht ihn schrecklich für seine Zeit. Als strenger Wächter über die Revolution, der sie den künftigen Generationen bewahren will, scheint er mehr und mehr auf einer kargen Insel abgesondert zu sein, auf einer unzugänglichen und wilden Insel, einem unmöglichen Ideal verschrieben, dem sich die Welt immer mehr verweigert.

Dieser junge Drakon, dieser Lykurg, wird von allen verraten.

Der Geist der Zeit selbst verrät ihn.

Der Ausschuß verrät ihn. Barère macht sechstausend Ausnahmen vom Dekret gegen die Adligen. Carnot beschäftigt sie, sooft er kann, für die Republik.

Sein Meister selbst verrät ihn. Als Saint-Just zur Armee abgereist war, ließ Robespierre die Geadelten von dem Dekret gegen die Adligen ausnehmen.

Le Bas, Robespierres Mann, der Saint-Just zugeteilt war und mit ihm reiste, verließ ihn unterwegs oft, ließ sich die Register der revolutionären Ausschüsse geben und riß die Anzeigen gegen die Priester heraus. Diese herausgerissenen Seiten besitzt die Familie Le Bas heute noch.

Von Robespierre kurz vor dem Fest des Höchsten Wesens zurückgerufen, nahm Saint-Just keinen Anteil daran und kehrte zur Armee zurück.

Friedhöfe der Terreur. – Der Faubourg Saint-Antoine macht Einwendungen
XXI, 1

Taumel und Abstumpfung. – Hitze und Seuchenfurcht. – Die Madeleine. – Monceau. – Hinrichtungen an der Barrière du Trône. – Sainte-Marguerite. – Picpus. – Befürchtungen und Unzufriedenheit des Faubourg. – Man sucht einen anderen Friedhof. – Plan eines Bauwerks zur Verbrennung der Toten. – Die Denunzianten erschrecken und halten ein.

Die Lage wurde unerträglich gespannt. Man konnte das an der Niedergeschlagenheit der Jakobiner erkennen.

Die Zahl der Gefangenen hatte achttausend überschritten. Man hatte zweitausend im sehr engen Bezirk der Quatre-Nations untergebracht. Einige dieser Gefangenen trugen die volkstümlichsten Namen von ganz Frankreich, Florian, Parny; die ruhmreichsten, Hoche und Kellermann; den vaterländisch gesinntesten, Antonelle. Wer konnte sich rühmen, fortgeschrittener gewesen zu sein als der Obmann der Geschworenen von 1793?

Von Aufruhr war nichts zu spüren. Die Mutlosigkeit war ungeheuer. Die Guillotine arbeitete nach eigenem Gutdünken und hielt ihr Mahl. Die Karren dieser Schlächterei führten ihr das Fleisch zu; der Leichenkarren fuhr gefüllt davon. Es war ein gewohnheitsmäßiger Vorgang, eine feste Einrichtung. Jeder schien daran gewöhnt. War es Abstumpfung oder

Taumel? Gewiß ist nur, daß der Mann, der dieses Rad zu drehen schien, Fouquier-Tinville, nicht mehr recht bei Sinnen war. Man versichert, er habe den Gedanken gehabt, die Guillotine im Gerichtssaal selbst aufzustellen. Die Ausschüsse fragten ihn, ob er verrückt geworden sei.

Der Terror steigerte sich nicht mehr; sechzig Köpfe, vierzig oder dreißig, die Wirkung war dieselbe. Aber der Abscheu kam.

Hier berühre ich einen traurigen Gegenstand; die Geschichte verlangt es. Auf dem Höhepunkt der Terreur finde ich – wie auf den Gipfeln der hohen Berge – äußerste Dürre, eine Wüste, in der kein Leben mehr ist. Alles, was ich schreiben werde, ist wortwörtlich der administrativen Dürre der Unterlagen jener Zeit entnommen.* Das Mitgefühl war erloschen oder verstummt; die Sprache war die des Abscheus, des Ekels, der Angst der großen Stadt, die eine Seuche fürchtete. Die Lebenden bekamen Angst und fürchteten, von den Toten geholt zu werden. Das, was man im Namen der Menschlichkeit nicht zu sagen gewagt hätte, brachte man im Namen der Hygiene und der Gesundheit hervor.

Wenn man an die unzähligen Massaker denkt, die zu verschiedenen Zeiten unter der Monarchie stattfanden, ohne daß Paris die gleiche Besorgnis empfunden hätte, wird man sich wundern, daß zwölfhundert Hinrichtungen innerhalb von zwei Monaten die Stadt hinsichtlich der öffentlichen Gesundheit beunruhigen konnten.

Der Faubourg Saint-Antoine, der seit hundertfünfzig Jahren seine Toten und die der benachbarten Viertel auf dem Friedhof Sainte-Marguerite beerdigte (Tausende von Toten jährlich), ohne unter dieser Nachbarschaft zu leiden, erklärte, er könne den vergleichsweise geringen Zuwachs durch die Guillotinierten nicht ertragen.

Die Hitze war sehr stark und verschlimmerte zweifellos die Dinge. Indessen muß man bedenken, daß die Klagen immer dieselben gewesen waren, in jedem Viertel und zu jeder Jahreszeit. Es war ein verbreitetes Merkmal der Phantasie des Volkes. Die Friedhöfe der Hingerichteten erregten das Volk, beunruhigten es, ließen es beständig Seuchen fürchten, selbst zu einer Zeit, da deren sehr begrenzte Zahl die riesige Summe der gewöhnlichen Bestattungen in Paris um eine kaum wahrnehmbare Menge vermehrte.

Die Klagen hatten schon am 7. Februar (19. Pluviôse), mitten im Winter, im Madeleine-Viertel begonnen; dieses Viertel war damals weit weniger bevölkert und hatte reichliche Luftzufuhr. Aber der König lag

* Alle folgenden Auskünfte verdanke ich den Angestellten der *Archives de la Préfecture de la Seine*. Monsieur Albert Aubert hat mir dieses unschätzbare Depot geöffnet, und Monsieur Hardy hat die sehr beträchtliche Arbeit auf sich genommen, ohne die diese bis dahin völlig unbekannten Fragen nicht hätten erörtert werden können.

hier, die Girondisten lagen hier, und das beschäftigte die Phantasie der Leute. Die Nachbarn hielten einander für krank. Auf die wiederholten Klagen hin beschloß die Kommune (14. Pluviôse und 14. Ventôse), den Friedhof zu schließen und die Toten nach Monceau bringen zu lassen. Vom 5. bis 25. März beerdigten die Sektionen dort. Aber die Guillotinierten wurden noch immer auf den Madeleine-Kirchhof gebracht. Hébert und Cloots waren die letzten, die man hier bestattete (am 24.).

Wie wir sahen, benachrichtigte der öffentliche Ankläger am 25. den Scharfrichter davon, daß die Leichen von nun an nach Monceau gebracht werden sollten.[1]

Danton, Desmoulins, Lucile, Chaumette weihten diesen Friedhof ein.

Die Behörde wußte sehr gut, welche Liebe und welcher Fanatismus sich an diese Namen banden. Sie machte eine Zeitlang ein Geheimnis aus den Bestattungen in Monceau. Die Hingerichteten wurden zuerst auf den Madeleine-Friedhof gebracht und erst einige Tage später nach Monceau überführt, zweifellos in der Nacht. Die Umwohner merkten nichts davon; sie meinten, man beerdige die Toten am Ende der Rue Pigalle (damals Friedhof Roch geheißen); auch darüber beklagten sie sich und behaupteten, die Leichen würden eine Seuche hervorrufen.

Als man erfuhr, Monceau sei der neue Friedhof, wurden andere Klagen laut. Die entstehende Gemeinde Batignolles, die so luftig und so dünn bevölkert ist und in der Ebene von Clichy dem Nordwind offen liegt, konnte, so sagte sie, den Leichengeruch nicht mehr ertragen. Tatsächlich füllte sich der kleine, vom Park von Monceau abgetrennte Winkel (19 Klafter von insgesamt 29) immer mehr und war bald überfüllt. Vier große Sektionen von Paris begruben hier ihre Toten (siebentausend in weniger als drei Jahren). Die Guillotinierten machten nicht viel in dieser ungeheuren Zahl aus. Zehn Wochen lang brachte man sie hierher (vom 25. März bis zum 10. Juni), und von dem Tag an, da sie nicht mehr kamen, hörten die Klagen auf; die Nachbarn merkten nichts mehr von der Anwesenheit der Toten.

Am Tag nach der Verkündung des fürchterlichen Gesetzes vom Prairial[2], das die revolutionäre Maschinerie so sehr beschleunigen sollte, beschloß man, die Hinrichtungen nicht mehr auf der Place de la Révolution stattfinden zu lassen, sondern auf der Place Saint-Antoine (auch Place de la Bastille genannt). Schon lange beklagte sich die Rue Saint-Honoré, daß die todbringenden Karren durch sie hindurchfuhren; in solchen Stunden war dieses Viertel, damals das glänzendste und belebteste von Paris, von einer Flut feiler Radaubrüder und Furien der Guillotine überschwemmt, stets von denselben scheußlichen Gestalten, die die Bevölkerung Reißaus nehmen ließen; und selbst nachher hat die Straße einen trüben und unheilvollen Charakter davon bewahrt.

Der Beschluß vom 23. wurde am 24. verbessert. Die Place de la Bastille ist ein belebter Durchgangspunkt, in den die großen Straßen aus dem Osten münden. Der Platz ist ein Handelszentrum für die beiden großen Gewerbe des Faubourg, Eisen und Holz, für die Kunsttischlerei vor allem und die Möbelfabrikation, in der Tausende von Leuten beschäftigt sind. Dieser Platz, auf dem die Bastille stand, auf dem man auf den Trümmern der Bastille am Fest des 10. August die Natur mit den hundert Brüsten aufstellte, auf dem sich der schönste und ergreifendste Vorgang des Jahres 1793 zutrug, die Austeilung des heiligen Wassers an unsere Departements, war für die Revolution weit mehr ein geweihter Ort als der Platz, der die Tuilerien von den Champs-Elysées trennt. Ihn mit dem Blut der Aristokraten zu besudeln, war ein Frevel, der das patriotische Empfinden des Faubourg heftig verletzen mußte.

Dem trug man Rechnung und beschloß, vom nächsten Tag an (25. Prairial, 13. Juni) die Hinrichtungen am anderen Ende des Faubourg, an der Barrière du Trône, stattfinden zu lassen.[3]

Von nun an folgte die düstere Reihe der Karren unentwegt der langen, endlosen Straße. Die wechselnden Dramen, die sie darboten, vollzogen sich vor den Augen der rohen Arbeiter, der Armen, des leidenden und daher aufs höchste gereizten Volkes. Hier lastete das Fieber noch drückender als sonstwo. Doch wurde das tragische Unglück, das ganze Familien und Verwandtschaften traf, die große Jugend der einen oder das Greisenalter der anderen, wurden all diese menschlichen Dinge vielleicht viel stärker in der Arbeiterbevölkerung gefühlt als in der Welt des Vergnügens, bei der zwar die Tränen lockerer sitzen, die aber im Grunde viel eigensüchtiger ist und viel eher dazu neigt, die Augen abzuwenden und sich rasch wieder in Zerstreuungen und Vergessen zu stürzen. Im Faubourg hingegen war man der Ablenkung durch das Vergnügen fern und haftete an diesen Eindrücken. Die Frauen empfanden sie besonders stark, sprachen offen darüber und erinnerten sich oft des Abends zu Hause an sie, sannen über sie nach. Unter harten und wütenden Worten wurden die Herzen allmählich wankend. Daher ihre Unbeweglichkeit am 9. Thermidor. Sie taten nichts, um eine Regierung zu stützen, von der sie vierzig Tage lang mit diesem abstoßenden Schauspiel gefüttert und angeekelt worden waren.

Vielleicht tat auch die Eifersucht etwas dazu. Man hatte den schönen Vierteln von Paris all diese Dinge erspart und sie dem armen Faubourg auferlegt. Ein schöner Lohn für seinen Patriotismus. Er wurde zum Schlachthaus, zum Friedhof der Revolution. Die Verurteilten wurden lebend den Faubourg entlanggeführt und durchquerten ihn wieder als Tote, um mitten im Viertel begraben zu werden, mitten in der Sektion Montreuil, auf dem schon überfüllten Friedhof Sainte-Marguerite. Bereits im Germinal behaupteten die in der Kirche arbeitenden Salpeterschüler, den Gestank der benachbarten Gräber nicht mehr ertragen zu können. Am 26. Prairial berichtete die Polizeiverwaltung, der Faubourg befürchte eine Seuche, wenn man auch noch die Guillotinierten auf diesen Ansteckungsherd brächte. Als bis zum 4. Messidor hundert und einige Hingerichtete dort beerdigt wurden, erreichte die Unruhe und Gereiztheit der Sektion den Höhepunkt. Die Bewohner erklärten, sie könnten den Geruch nicht mehr ertragen.

Es gab ein Mittel dagegen. Man brauchte nur Kalk auf die Leichen zu werfen und die Verwesung zu beschleunigen. Aber da bestand eine Schwierigkeit. Die Hingerichteten lagen auf Sainte-Marguerite durcheinander mit den Toten des Faubourg; man konnte nicht die einen verbrennen, ohne die anderen mitzuverbrennen. Und dem widersetzte sich das Gefühl des Volkes. Die Sansculotten wünschten, daß ihre Toten gemächlich und in Frieden vermoderten.

Es gab noch eine andere Begräbnisstätte im Faubourg, sie lag nicht in der Sektion Montreuil, sondern in der Sektion Quinze-Vingts. Sie gehörte zur Abtei Saint-Antoine. Die Sektion der Quinze-Vingts trug wenig Verlangen nach jener Bereicherung ihres Friedhofs und legte dar, der Friedhof sei wenig geeignet, denn er habe in zehn Fuß Tiefe schon Grundwasser. Man müsse befürchten, die Brunnen in der Nachbarschaft zu verderben. Man hatte bisher nur die wenig zahlreichen Damen der Abtei hier beigesetzt. Aus der Kirche war ein Kornspeicher geworden, und man unterließ nicht, auch die Erwägung geltend zu machen, daß die verpestenden Ausdünstungen das Getreide verderben könnten.

Inzwischen hatte die Kommune eine andere Stelle gewählt, am äußersten Ende des Faubourg, in Picpus, an der Einfriedungsmauer der Stadtgrenze, wo die Hinrichtungen stattfanden. Es war der Garten eines Klosters für Stiftsdamen. Dies Nationalgut war an einen Spekulanten vermietet worden, der es zu einem damals sehr einträglichen, sehr alltäglichen, von vielen Leuten betriebenen Unternehmen ausnutzte. Er machte ein Krankenhaus daraus, das für reiche oder begünstigte Gefangene als Gefängnis diente; es waren Gefangene beiderlei Geschlechts, Herren und vornehme Damen von ehedem. In diesen galanten Gefängnissen herrschte unbegrenzte Freiheit; man lebte dort sehr vergnügt; das ungewisse Schicksal machte die Herzen weich. Der Tod war ein mächtiger und schneller Kuppler.

Das bis dahin in seiner Einsamkeit so stille Haus wurde aufgestört und grausam überrascht, als die Kommune plötzlich »aus Gründen des öffentlichen Nutzens« den halben Garten mit Brettern umgab und Gruben ausheben ließ. Die armen Verdächtigen hatten nun jedesmal ein schreckliches *Memento mori* vor den Augen, wenn der mit Leichen gefüllte Karren ankam. Nachts spielten sich die unheimlichsten Dinge ab. Man zog den

Leichen unter freiem Himmel ihre Kleider aus, um diese zum Waschen zu geben und dann an die Spitäler zu verteilen. Die protokollführenden Beamten baten (Brief vom 21. Messidor), die Kommune möge ihnen wenigstens einen kleinen Bretterschuppen hinstellen, denn der Wind blase immer das Licht aus; sie müßten mit ihren Guillotinierten im Finsteren bleiben, zum Nachteil der öffentlichen Sache, denn in der Dunkelheit konnten die Kleidungsstücke leicht verschwinden.

Vom 4. bis zum 21. Messidor (23. Juni bis 12. Juli) wurde die erste Grube voll. Die Kommune ließ eine zweite und eine dritte ausheben. Die Unzufriedenheit im Faubourg war außerordentlich groß, und das nicht ohne Grund. Da ganze Pfützen von Blut auf dem Platz waren, so wußte man sich nicht anders zu helfen, als indem man ein einen Klafter breites und tiefes Loch grub, worin das Blut abfloß. Da der Boden hart und lehmig war, nahm er nichts auf: Alles geriet in Fäulnis. Scheußliche Dünste breiteten sich weithin aus. Man deckte das Loch mit Brettern zu; aber das verhinderte nicht, daß jeder Wind, aus welcher Richtung auch immer, diesen Übelkeit erregenden Verwesungsgeruch verbreitete.

»Was wird geschehen«, sagte Poyet, der mit der Untersuchung der Sache beauftragte Stadtbaumeister, »wenn sich dieser Ansteckungsherd ausbreitet und sich mit dem vermischt, der sich in den nahe daneben liegenden Gruben selbst bildet?« Er machte den Vorschlag, das Blut in einem Schubkarren mit doppelten Bleiwänden aufzufangen, der jeden Tag nach der Hinrichtung weggefahren werden könnte.

Tatsächlich war die Lage des Faubourg wenig beruhigend. Er lag zwischen drei Friedhöfen, und alle drei waren in erschreckendem Zustand. Da Sainte-Marguerite überfüllt war, hatte man die Toten in Saint-Antoine einscharren müssen, und hier kam auf jede Leichenschicht nur eine vier Zoll dicke Erdschicht. In Picpus, wohin die Guillotinierten kamen, war schon der Anblick unerträglich. Der Lehm nahm nichts an, er widerstrebte jedem Versuch, etwas darin zu verbergen. Alles blieb an der Oberfläche. Die flüssigen Fäulnisstoffe schwammen oben und kochten in der Julisonne. Die Straßenpolizei wagte in ihrem Bericht nicht zu versichern, daß dieser fürchterliche Geruch durch den Kalk vernichtet würde. Man deckte die Gruben mit Brettern zu und warf die Leichname durch Klapptüren hinein. Dann warf man massenhaft Kalk hinterher; aber ungeschickterweise goß man zugleich so viel Wasser darauf, daß alles sich noch verschlimmerte.

Am 29. Messidor überlegte man – soll man es glauben? –, Picpus aufzugeben und die Guillotinierten nach Saint-Antoine zu bringen, das am 27. als überfüllt bezeichnet worden war.

Der Baumeister fand (am 1. Thermidor) ein Gelände außerhalb der Stadtgrenze an der Straße nach Saint-Mandé. Es war eine alte verlassene

Sandgrube, die man Mont-au-Poivre nannte. Nur brauchte man Zeit, um die Sache einzurichten. Man mußte das Gelände zum mindesten mit Brettern schließen und Gruben ausheben. In dem schriftlichen Vorschlag dieser Maßnahmen macht der Baumeister die sonderbare Bemerkung: »Sie ermöglichen es, den schönen Weinstock dort und die Bäume zu erhalten, deren Früchte zu ernten interessant sein würde.«

Es dauerte einige Tage, um alles vorzubereiten. Aber so schnell man auch daranging, die Guillotine arbeitete so schnell, daß der übermäßig gefüllte Friedhof von Picpus mehr und mehr in Gärung kam und schließlich in einen Zustand geriet, der alle Welt in die Flucht trieb und selbst die Totengräber verjagte. Die Kommune wurde am 8. Thermidor benachrichtigt, dachte aber, man könne wohl noch einen oder zwei Tage warten, und ordnete lediglich an, »während der Beerdigungen Thymian, Salbei und Wacholder über den Gruben zu verbrennen.«

Zweifellos durch diese alten Bräuche inspiriert, kam ein Architekt auf den Gedanken, ein Bauwerk zur Verbrennung der Toten vorzuschlagen, das alles vereinfacht hätte. Sein Plan war wahrlich geeignet, die Geister zu beeindrucken. Man stelle sich eine große, runde Säulenhalle ohne Dach vor. Zwischen den einzelnen Pfeilern befinden sich Arkaden, und in diesen stehen Urnen, die die Asche enthalten. In der Mitte des Gebäudes eine große Pyramide, aus deren Spitze und von deren vier Ecken Rauch steigt. Ein riesenhafter chemischer Apparat, der ohne Ekel, ohne Grausen den Zersetzungsprozeß der Natur abzukürzen vermochte, hätte im Bedarfsfall eine ganze Nation des krankhaften, wildbewegten, unreinen Zustands entheben können, den man Leben nennt, und sie durch die reine Flamme in den friedlichen Zustand der ewigen Ruhe versetzt.[4]

Er hatte diesen Gedanken nach der Terreur und machte den Vorschlag im Jahr VII – gewiß aufgrund einer Vorahnung des gewaltigen Zuwachses, der dem Totenreich bevorstand. Was waren die zwölfhundert Guillotinierten dieser zwei Monate (von Prairial bis Thermidor) im Vergleich zu den erstaunlichen Zerstörungen, mit denen das XIX. Jahrhundert einsetzt?*

Kehren wir zurück. Die Haltung des Faubourg, die Beschwerden, der Schauder, der Ekel, die sich der Stadt Paris bemächtigten, waren wohl geeignet, den Behörden den Rücken zu stärken, die nunmehr gern Einhalt geboten hätten.

Die Angst in den Gefängnissen, die Blässe der Gefangenen, die Ohnmacht der Frauen waren so groß, daß selbst die, welche die Listen anfertigten[5], dieses Schauspiel nicht mehr ertrugen. In verwirrten Briefen an Carnot, an Lindet und an Amar erklärten sie, es sei ihnen unmöglich,

* Die Anzahl aller Menschen, die in Paris während der gesamten Revolution guillotiniert wurden, macht ein Vierzigstel der Toten der Schlacht an der Moskwa aus.

ihre fürchterliche Rolle länger zu spielen, sie fühlten ihre Kraft sinken und man möge Mitleid mit ihnen haben.

Anderseits erklärte die auf das Bureau Hermans eifersüchtige Kommission im Louvre, einer jener Gefängnisspione, denen Herman vertraute, sei ein Aristokrat und habe am 10. August auf das Volk geschossen.

Dem Sicherheitsausschuß kamen diese Enthüllungen zupaß; er gewann seine Dreistigkeit wieder. Amar, der sich bis dahin so schwach gezeigt hatte, wagte sogar die Äußerung, »er sei empört über die vertraulichen Mitteilungen, welche die Leiter der Polizei im Luxembourg vermittelten«. Von wem diese vertraulichen Mitteilungen kamen und an wen sie gerichtet waren, wagte er noch nicht zu sagen. Aber jedermann verstand: »Mitteilungen des Spions Boyenval, die durch den Verwalter Wiltcheritz an das Bureau Hermans und Lannes vermittelt werden.«

Man wiederholte oft ein Wort, das Collot d'Herbois entschlüpft war, ein grausiges Wort, das Wort eines Komödianten an tugendhafte Leute, des Mannes der Massenerschießungen an die Partei der Menschenfreunde: »Was soll uns denn noch bleiben, wenn ihr erst die Todesstrafe entsittlicht habt?«

Schritte der zwei Parteien. – Robespierre im Ausschuss (1.–5. Thermidor, 19.–23. Juli 1794)
XXI, 2

Drohende Haltung der Robespierristen. – Die Ausschüsse entmachten das robespierristische Polizeibüro. – Robespierre kehrt in den Ausschuß zurück und klagt Carnot an. – Versuch einer Annäherung. – Welche Köpfe Robespierre verlangte.

Robespierre hatte viel von seiner moralischen Macht verloren; seine materielle Macht jedoch blieb völlig erhalten. Weder er noch seine Gegner wollten handeln. Den mehr oder weniger direkten Denunziationen der Jakobiner gegen die Ausschüsse entsprachen im Konvent die Anspielungen Barères.

Aber wie weit entfernt auch Robespierre sein mochte, es zu Taten kommen zu lassen, die Partei schickte sich an, ihrem Führer vorzugreifen. Diese Partei war wie trunken von der Schlacht bei Fleurus. Das Schießpulver stieg ihr zu Kopf. Wenn Saint-Just das Schwert der Koalition zerbrochen hatte, wie sollten da nicht Hanriot[1] und seine Braven die Feder der Ausschüsse in Paris zerbrechen?

Hanriot trat bedrohlich auf. Man traf ihn überall: in Paris und außerhalb Paris, wie er in Begleitung seiner Schnurrbärtigen sich mit nacktem Degen tummelte, auf der Straße, wenn er nach Charenton oder Alfort zum Essen ging; sie liefen zu vieren nebeneinander, warfen unterwegs alles um, schworen und fluchten und wollten die Feinde Robespierres niedersäbeln.

Ein vernünftigerer Mensch war Payan von der Kommune[2]; da er immerhin ein Hitzkopf und außerdem ein Neuling in der Partei war und vor Fanatismus brannte, so konnte er seine Ungeduld nicht beherrschen. So berief er einmal (Ende Messidor) ohne ausreichenden Grund die vier- oder fünfhundert Mitglieder der revolutionären Ausschüsse in der Kommune zusammen. Der Wohlfahrtsausschuß bewies sich standhafter, als man hätte vermuten sollen; er tat, wie er (4. November) gegen Chaumette getan hatte, und erklärte die Berufung für ungültig.

Um Hanriot zu schwächen, hatte der Ausschuß gut die Hälfte der Kanoniere aus den Sektionen von Paris fortgeschickt. Doch hatte Hanriot immer noch die andere Hälfte, außerdem die Gendarmerie und konnte leicht die Kommune zu dem Befehl veranlassen, den Generalmarsch schlagen zu lassen; er blieb also gefährlich.

Ein anderes äußerst entzündliches militärisches Element war die neue Schöpfung in der Ebene Les Sablons, die junge Kriegsschule. Dreitausend Sansculottenkinder, Jünglinge von sechzehn bis achtzehn Jahren, in halb römischem Gewand, wurden hier im Lager ausgebildet und von David und Le Bas bis zur Weißglut erhitzt. Gewiß nur, um auf diese Schule Einfluß zu gewinnen, war Le Bas in Paris geblieben, statt mit Saint-Just zu reisen. Sein junges und lebendiges Wesen mußte ihm Einfluß verschaffen auf diese ganz jungen Soldaten; es konnte nicht ausbleiben, daß er etwas von seiner glühenden, aufrichtigen und um so ansteckenderen Schwärmerei für Robespierre auf sie übertrug. Man konnte darauf wetten, daß im Falle eines Zusammenstoßes die Nationalgarde sich spalten würde, daß aber die Kriegsschule das Gewicht ihrer Begeisterung und ihrer dreitausend Bajonette in Robespierres Waagschale werfen würde. Merkwürdige Situation! Die Entscheidung des großen Schlages, der die Dinge besiegeln sollte, konnte wie im Juni 1848 in Kinderhänden liegen!

Diesen Kräften gegenüber konnten sich die Ausschüsse nicht einmal auf die Polizei des Sicherheitsausschusses verlassen, deren Leiter Héron ganz zu Robespierres Befehlen stand.

Die gesetzmäßige Befehlsgewalt und die Macht, Beschlüsse herauszubringen, war alles, was die Ausschüsse besaßen. Sie konnten nur auf der Rednertribüne und in der öffentlichen Meinung Komplotte anzetteln.

Sie taten vier Dinge, die von einer wirklich energischen und kühnen Entschlossenheit zeugten:

Erstens: Vadier stellte den Antrag, und die Versammlung beschloß, daß *jeder Landmann und jeder Handwerker* und außerdem alle, *die vor dem Prairialgesetz verhaftet worden waren,* vor Ablauf von zwei Monaten aus dem Gefängnis entlassen werden sollten. Dieses Wort machte deutlich, daß das robespierristische Gesetz das Siegel des Todes war, das jetzt noch die Gefängnisse geschlossen hielt, daß allein dieses ihnen die Inschrift gegeben hatte: »Keine Hoffnung mehr.« Die Terreur trug nun den Namen Robespierres.

Zweitens: Sie erklärten das Bureau Hermans, das heißt die *robespierristische Polizei*, für aufgehoben und *mit der Polizei des Sicherheitsausschusses vereinigt*. Diesen kühnen Streich kann man sich bis heute nicht erklären; aber was über die Haltung von Paris gesagt wurde, erleichtert das Verständnis dafür. Es ist nicht unmöglich, daß Robespierre sogar seine Zustimmung gab.

Drittens: Diese beiden Maßregeln hätten sie in den Geruch der *Nachsicht* gebracht und wären somit ihr Tod gewesen, wenn sie nicht zwei fürchterliche andere Maßregeln damit verbunden hätten. Am 2. Thermidor griffen die beiden vereinigten Ausschüsse *hundertachtunddreißig sehr aristokratische Namen* aus den ihnen vorgelegten Listen aller Verhafteten heraus. Es sind dies die am 4., 5. und 6. Thermidor Hingerichteten. Amar, Louis, Dubarran, Voulland und Rühl unterzeichneten für den Sicherheitsausschuß; Collot und Billaud für den Wohlfahrtsausschuß und außerdem Couthon. Sie sandten die Liste an Robespierre und ließen ihn unterzeichnen.*

Damit waren sie gedeckt. Wenn er sie der Nachsicht anklagte, konnten sie ihre Liste hervorziehen und sagen: Ihre Polizei hat nur Nachlese gehalten und ein paar adlige Köpfe gewählt... Wir haben in ein oder zwei Tagewerken der ganzen Aristokratie mit einem Mal den Kopf abgehauen... Auf wessen Seite ist die Nachsicht?«

Viertens: Als Verteidigungsmaßregel verwahrten sie noch einen schein-

* Die Listen vom Messidor und Thermidor sind im allgemeinen vernichtet worden, zweifellos durch die Ausschüsse, und wahrscheinlich, weil sie nicht die Unterschrift Robespierres trugen. Herman, Robespierres Vertrauensmann, ließ seine Listen im Wohlfahrtsausschuß unterzeichnen, hütete sich aber wohl, sie von seinem Meister unterzeichnen zu lassen. – Es sind nur drei Listen erhalten: I. Die der hundertvierundfünfzig (20. bis 22. Messidor), das wesentlichste Denkmal der von Herman den Gefängnissen unterschobenen Verschwörung; II. die Liste der hundertachtunddreißig (2. Thermidor), die die beiden Ausschüsse von Robespierre mitunterzeichnen ließen; schließlich eine Liste mit zweihundertachtzehn Namen (vom 3. Thermidor), unterzeichnet von Amar, Vadier, E. Lacoste, Voulland, Rühl und Barère, Collot, Billaud, Prieur. Diese beiden Listen mit lauter aristokratischen Namen wurden von den Ausschüssen verwahrt, zweifellos, um im Bedarfsfall zu beweisen, daß man sie zu Unrecht der Schwäche und der Nachsicht bezichtigte. – Das ist das Ergebnis der Nachforschungen, die Monsieur Lejeau so gütig war, für mich in den Archiven anzustellen.

bar gewalttätigen, in Wirklichkeit vielleicht weisen Vorschlag, nämlich, die Gerichtsverhandlungen und Hinrichtungen nicht mehr nur in Paris stattfinden zu lassen, sondern *wandernde Tribunale* zu schaffen. Zweifellos hätte dies das Grauen vermindert. Nichts war so anstößig und verderblich für die Republik wie die Zentralisierung des Todes an der leuchtendsten Stätte Frankreichs, im Mittelpunkt der gesitteten Welt.

So energische Maßnahmen waren eine deutliche Warnung für die robespierristische Partei und drängten diese zur Tat. Daß sie die Tat wollte, und zwar bald, ließ folgender Vorgang erkennen: Eines Tages wollten Wagen mit Schießpulver, das für die Nordarmee bestimmt war, das Zollhaus bei La Villette passieren; da nahm es ein Beamter Hanriots, der Befehlshaber des Postens, auf sich, die Ausfuhr zu verhindern. Warum hielt man dieses Pulver zurück, wenn man es nicht benutzen wollte?

Wo würde der erste Funke zünden? Bei den Jüngsten vielleicht, in der Kriegsschule. Am meisten befürchtete der Ausschuß, man könne den Schülern einreden, er mißtraue ihnen, und diese dadurch allmählich zu Tätlichkeiten drängen.

Er tat etwas sehr Geschicktes. Es sandte die von den abgerückten Kanonieren in Paris zurückgelassenen Kanonen an die Schule und vertraute sie den Schülern an für ihre Übungen. Wir sahen schon mehrmals, daß unsere Soldaten eine besondere Neigung für die Artillerie haben. Bei sechzehnjährigen Soldaten war diese Neigung Liebe, ja Leidenschaft; die Kanonen wurden in Les Sablons freudig aufgenommen und sorglich untergebracht, gehegt, gehütet, geliebkost. Die Sache schmeichelte auch der Eitelkeit der Anstalt; die Schüler wurden also endlich als Männer angesehen, als sichere und vertrauenswürdige Männer. Sie betrachteten sich von nun an als die rechtmäßige Leibwache des Konvents.

Die Klagen, die Couthon bei den Jakobinern über die Unbrauchbarkeit der Schule und über die ihr anvertrauten Kanonen vorbrachte, bewiesen die Verstimmung der Robespierristen über den Vorfall, waren aber nicht geeignet, die Schüler mit diesen zu versöhnen.

All dies geschah am 5. Thermidor. An diesem Tag zeigte der Ausschuß beim Konvent den Vorfall mit dem beschlagnahmten Schießpulver an, sandte die Kanonen an die Schule und erlebte am Abend die Überraschung, daß Robespierre kam.

Was bezweckte Robespierre damit, daß er nach so langer Abwesenheit in die Mitte seiner Feinde zurückkehrte? Wollte er Zeit gewinnen bis zur Rückkehr Saint-Justs, der von der Armee unterwegs war und ohne den er nichts tun wollte?

Ich glaube es nicht. Es lag nicht in seinem Wesen; er wollte nicht die Tat. Er wollte vielmehr noch einmal versuchen, ob er noch jenen mächtigen Zauber über sie besaß, dem sie immer unterlegen waren und den sie noch am Abend des Berichts über die Mutter Gottes[3] verspürt hatten; ob er ihnen ohne Kampf, lediglich durch Einschüchterung, den wichtigsten Kampfpreis entreißen könnte, die Preisgabe einiger Montagnards und folglich die Sprengung des Bündnisses zwischen den Ausschüssen und der Montagne, das die Stärke seiner Feinde ausmachte.

Er kam nicht ungerüstet, denn er hatte eine neue Waffe gegen sie erhalten. Die langersehnte Waffe für einen Angriff auf Carnot und den Ausschuß hatte er nun in der Hand. »Warum hatte man die Armee von Fleurus geschwächt und den Sieg nicht ausgenutzt?« Saint-Just beklagte sich bitter darüber in seinen Briefen. Bei seiner Rückkehr hatte er die Hände voll von Befehlen Carnots, die dazu dienen konnten, diesem den Prozeß zu machen.

Freilich hatte man Küstenplätze genommen, Nieuport zum Beispiel, und in dieser Stadt eine starke englische Garnison gefangen; aber gerade das belastete den Ausschuß schwer. Der Abgeordnete Choudieu, ein so großer Hébertist er auch sein mochte, hatte geglaubt, das Verbot, Engländer lebendig gefangenzunehmen, nicht befolgen zu brauchen. Er hatte jene Garnison gerettet, und der Ausschuß billigte es.

Robespierre hatte nun seinen Text gefunden: Man schont England... man wird schlapp, man läßt sich gehen... man will sich dem Feind angenehm machen, usw. Er weckte die Erinnerung an die Verbrechen Pitts, an den Krieg, den England auf dem ganzen Erdball gegen die Revolution entfesselte; er fragte, ob etwa die Patrioten von den Königen geschont würden, und wurde gerührt, als er von deren Opfern sprach... Die Tränen kamen ihm...*

Zu anderen Zeiten hätte man diese Tränen für Heuchelei genommen; aber damals besaßen selbst die Politiker trotz des vorsätzlichen und bewußten Machiavellismus eine bemerkenswerte Lauterkeit. Der Ausschuß hatte diese Tränen nicht erwartet, und sie rührten ihn; die größten Feinde Robespierres, die seinen Sturz ersehnten, dachten daran, daß in diesem großen Mann trotz seiner Gefährlichkeit die Bürgschaft und der sicherste Schutz für die Revolution beschlossen lag.

Es muß gesagt werden, daß beide Teile, Robespierre und seine Feinde, Frankreich und die Freiheit im Herzen trugen.

Eine plötzliche, nur zu wahre Eingebung kam ihnen: ihr erbitterter Streit würde die Republik zugrunde richten; ohne Robespierre würden

* Carnot selbst hat diese Einzelheiten berichtet (*Revue indép*, X, 525, 25. Juni 1845). Sie werden auf eine sehr feindselige Art dargestellt; man gewinnt den Eindruck, Robespierre habe gerade darüber geweint, daß kein Blut vergossen wurde. Das Datum ist nicht angegeben, aber es ist nur eins möglich. Nach der Einnahme von Nieuport (30. Messidor, 18. Juli), kam Robespierre ein einziges Mal in den Ausschuß (5. Thermidor, 23. Juli).

sich die gesprengten Ausschüsse nicht lange verteidigen können; wären die Ausschüsse zerschmettert, würde die in der Minderheit befindliche Montagne von der Plaine verschluckt werden, und der Konvent selbst mußte der Reaktion erliegen.

Collot d'Herbois, ein lebhafter, leicht erregbarer Mensch, warf sich fast vor Robespierre auf die Knie und bat ihn, Erbarmen zu haben mit dem Vaterland.

Es ist zweifelhaft, ob Robespierre noch die Freiheit besaß, sie zu erhören. Er war ebensosehr ein System wie ein lebendiger Mensch. Es war sein Verhängnis, daß er den großen Säuberungsprozeß, den er begonnen hatte, weiterverfolgen mußte. Wenn ihm sein Haß auch noch den Rückzug erlaubt hätte, so hatte er doch ein so unheilbares Mißtrauen in die Herzen gesät, daß zwischen ihm und vielen Menschen kein anderer Vertrag mehr bestehen konnte als der Tod. Die Konventskommissare von 1793 waren auf ihre Bänke zurückgekehrt, verfolgt von Millionen Anklägern, die Robespierre bedrängten, ihm wohl oder übel ein richterliches Königtum aufzwangen und ihm einen eisernen Thron errichteten, damit er über den Konvent das Urteil fälle.

In selbst, der wie das Frankreich des Ancien régime als Monarchist aufgewachsen war und sich (erst ziemlich spät) zum republikanischen Ideal bekehrt hatte, hatten zudem der Zustand der Sitten, die Verderbnis, die Zwietracht bereits entmutigt. Er zweifelte für die Gegenwart an der kollektiven Regierung, erwartete zum mindesten erst in der Zukunft das Heil von dieser und glaubte, das Land könne nicht gesunden ohne den besonderen Eingriff eines bestimmten Arztes, der die erforderlichen strengen Heilmethoden auch anwenden würde. So wurden seine Freunde durch die Umstände unterstützt, und es war ihnen gelungen, ihn zur Diktatur zu bekehren. Sie erschien ihm als notwendiges Übel. Um diese Diktatur fest zu begründen, mußte man zunächst die bestehenden Diktatoren stürzen, das heißt Carnot, den Diktator des Kriegs, und Cambon, den der Finanzen, und die beiden Ausschüsse.

So war also kein Friede möglich. »Was verlangen Sie?« sagten sie. Darauf wußte er nichts zu antworten; wäre er offen gewesen, so hätte er sagen müssen: »Zunächst eure Köpfe.«

Er konnte ihnen nur die Köpfe nennen, die im Konvent fallen sollten. Wer waren diese? Wenn man der am 9. Thermidor von der Kommune aufgestellten Liste Glauben schenken will, so hätte man (außer fünf Mitgliedern der Ausschüsse) nur die Abgeordneten Léonard Bourdon, Fréron, Tallien, Panis, Dubois-Crancé, Fouché, Javogues und Granet verlangt.

Diese Liste enthält offenkundig nur diejenigen, die man zu bekommen vermutete; die stärksten Namen fehlen darin. Es fehlen Billaud-Varenne,

Robespierres wahrer Nebenbuhler im Terror, Bourdon *der Rote*, sein gefürchteter Zwischenrufer, Lecointre, der die Anklageschrift gegen ihn verfaßt hatte (Robespierre erfuhr es schon am 25. Prairial), Merlin de Thionville, den er wegen seiner Beliebtheit beim Heer so sehr haßte. Die lange Reihe der Dantonisten und Hébertisten hätte von Rechts wegen dazugehört. Auch die der Maratisten; ferner Ruamps, für den entscheidenden Ausruf, mit dem er das Gesetz vom Prairial hemmte; Bentabole wegen seines lebhaften und kühnen Widerspruchs in mehreren sehr ernsthaften Augenblicken; schließlich Sergent (so versichert dieser wenigstens in seinen Notizen), aber warum? Wegen der Kasse der Kommune, über die niemand Rechenschaft ablegen konnte? Wer konnte sich noch für sicher halten, wenn man so harmlose Menschen wie Sergent und Panis bedroht sah, diese längst vergessenen Altertümer aus dem Jahre 1792?

Wenn die Ausschüsse zu der neuen Sprengung der Montagne ihre Einwilligung gaben, wenn sie die Versammlung an Robespierre auslieferten, die ihnen durch ihre Beschlüsse die Mittel gewährt hatte, sich vor Robespierre zu schützen, so gaben sie ihre eigenen Beschirmer preis und damit sich selbst.

Sie bewiesen mehr Standhaftigkeit, als man erwartet hätte. Elie Lacoste brachte schlicht und stark ihren Hauptvorwurf vor, jene denunziatorische Abwesenheit, die den Ausschüssen die Verantwortung für alle revolutionären Maßnahmen aufbürdete. Um wenigstens vor Europa die innere Spaltung der Regierung zu verbergen, versprach Robespierre, Saint-Just solle einen allgemeinen Bericht über die Lage mit den Ausschüssen verabreden.

Beide Teile hatten sich einander genähert und dabei erkannt oder eher gefühlt, daß sie unversöhnlich waren. Wer würde zuerst das Moment finden, die anderen niederzuschlagen?

Das war die einzige Frage.

Die bloße Nachricht, Robespierre sei in den Ausschuß zurückgekehrt, und die Erklärung Barères in der Versammlung, es herrsche nun wieder völlige Einigkeit bei der Regierung, genügte, um die Montagne und besonders die fünf oder sechs Mitglieder, die sich dem Untergang am nächsten glaubten, in Schrecken zu versetzen.

Couthon sagte in seinen Predigten vor den Jakobinern stets: *fünf oder sechs*. Tallien, Fouché, Bourdon, Fréron, Lecointre bestürmten die Ausschüsse: »Werdet ihr uns ausliefern?« fragten sie. »Niemals.« – »Gut, dann laßt uns angreifen.« – »Noch nicht.«

Da sie sahen, daß die Ausschüsse nur immer weiter aufschieben wollten, beschlossen sie, ihre Angelegenheiten selbst zu regeln und den Tyrannen zu ermorden, wenn sie ihn nicht anklagen konnten.

Die Nacht vom 8. auf den 9. Thermidor. – Die Rechte verrät Robespierre
XXI, 4

Robespierre zählt auf das Zentrum und die Rechte. – Er will keinen Aufstand. – Die Kommune bereitet den Aufstand vor. – Die Ausschüsse wagen nicht, etwas zu tun. – Die Montagne reißt die Rechte mit fort gegen Robespierre.

Als Robespierre heimkehrte[1] und Duplay und die Seinigen, die zitternden Damen Duplay, ihrer Unruhe Ausdruck gaben, beschrieb er unumwunden die Lage: »*Ich erwarte nichts mehr von der Montagne*, aber die Mehrheit ist lauter... Die Masse des Konvents wird mich verstehen.«

Die Masse, das waren *die Rechte und das Zentrum*.

Es war ein weiter Weg von diesem Tag zu jenem anderen, da er sich aus dem Schoß der Montagne an das Zentrum wandte mit den Worten: »Die Schlangen des *Marais*...«[2] (25. September 1793). Er hatte kehrtgemacht und suchte neue Unterstützung für ein neues Handeln.

Seine Rede vom 8. Thermidor enthielt die nachdrücklichsten Aufrufe an die Rechte. Nicht nur erinnerte er daran, daß er die dreiundsiebzig[3] gerettet hatte, sondern er sagte sogar, er sei über deren Verhaftung erstaunt gewesen. Zweimal griff er rücksichtslos in die noch blutende Wunde der Montagne, den Tod Dantons, diesen grausamen Schlag, den er mit Hilfe der Rechten und des Zentrums gegen sie geführt hatte.

Die Rechte und das Zentrum hatten keine unmittelbare Beziehung zu Robespierre, fanden sich aber nun durch die stärkste aller Bindungen mit ihm verbunden: die Mitschuld. Wer hatte im November die religiöse Frage unterdrückt, das heißt den Lauf der Revolution gehemmt? Die Rechte zusammen mit Robespierre. Wer erlaubte dem letzteren im Januar, Fabre d'Eglantine zu vernichten? im März die Kommune, im April Desmoulins und Danton unschädlich zu machen? Wer war schuld an dem furchtbaren Beschluß, durch welchen dieser Prozeß abgeschlossen wurde, bevor er begonnen hatte? Das Einverständnis der Rechten. Für sie war das Jahr 1794 eine ununterbrochene Rache für die Gewalttaten der Montagne im Jahr 1793, und Robespierre war fraglos das Werkzeug dieser Rache. Durch seinen Kampf gegen die von den Missionen zurückgekehrten Montagnards glitt er immer mehr auf die Bahn der Rechten. Seine Reden gegen die Nachsichtigen waren ohnmächtige Anstrengungen, um diesem Verhängnis zu entgehen.

Das grobe Wort, das er in der Konstituante zu hören bekam, als er für die Priester sprach: »Gehen Sie zur Rechten über!«, dieses prophetische Wort wurde immer wahrer.

Die Rechte hielt ihn durch den Zwang, und er glaubte sie zu halten durch ihre Dankbarkeit und die Sicherheit, die er ihr gewährte.

In Wirklichkeit dachte die Rechte (wie übrigens ganz Europa), daß er schließlich ein Mann der Ordnung sei, durchaus kein Feind der Priester und folglich ein Mann des Ancien régime. Die ehemaligen Konstitutionellen, die Freunde der Monarchie, waren nicht mehr weit davon entfernt, sich mit der Alleinherrschaft ihres früheren Kollegen abzufinden. Sie nahmen es nicht nur als vollendete Tatsache hin, sondern bezeugten ihm ihre Achtung, ihren willigen Beifall, schmeichelten ihm sogar. Einen Monat vor Thermidor nannte ihn Boissy d'Anglas den Orpheus Frankreichs.*

Bei der letzten Abstimmung freilich hatten die Rechte und das Zentrum geschwankt. Sie waren zuerst für Robespierre gewesen und hatten dann, ohne sich gegen ihn zu wenden, wie es seine Feinde wollten, ohne seine Rede den Ausschüssen zur Prüfung zu überweisen, die ganze Sache *vertagt* und die Versendung in die Departements *widerrufen*.

Das war ein großes Zeichen von Unentschlossenheit!

Robespierre beruhigte sich über dieses unheilvolle Zeichen mit der Überlegung, daß seine Freunde kalt und schwankend, seine Feinde jedoch gespalten und ebenso nahe daran waren, sich untereinander anzugreifen wie ihn. Dies ging aus dem ungestümen Ausfall Frérons hervor, der, während er sich von Robespierre abwandte, bereits den Kampf gegen die Ausschüsse eröffnete. Es war leicht vorauszusehen, daß die Ausschüsse, die erkannten, daß ihr Sturz dem seinigen folgen würde, wenig gegen ihn tun würden. Und so geschah es. Wir werden sehen, daß die Ausschüsse, die Robespierre an den vorhergehenden Tagen so heftig bedrängt hatten, am 9. Thermidor untätig blieben, so sehr, daß man sie des Einverständnisses mit ihm bezichtigte.

Es bestand wenig Wahrscheinlichkeit, daß der Konvent, diese große, ungleichartige und zwiespältige Körperschaft, energischer handelte. Die Montagne würde wie gewöhnlich durch die Rechte gelähmt sein, und bei der Montagne selbst mußten verschiedene, die Besten, die die Republik durch Robespierre bedroht sahen, sie aber dennoch mit seinem Leben verknüpft, in sein Schicksal verflochten wußten, still ausharren, mußten neutral bleiben aus Gewissensbedenken und Hoffnungslosigkeit.

Sollte man durch ein heftiges und gewaltsames Vorgehen die Neutralität dieses Teils der Montagne erschüttern und die Zuverlässigkeit der Rechten beunruhigen und stören? Robespierre war anderer Ansicht. Er kannte

* (*Essai sur les fêtes nationales* von Boissy d'Anglas, 12. Messidor, S. 22, 25, 67.) Diese Broschüre eines geachteten Mannes mußte in Robespierre den Glauben wecken, daß die Rechte völlig mit ihm einverstanden sei.

die Versammlung und glaubte, jeden Dienst von ihr erhalten zu können, vorausgesetzt, daß er nichts an ihrem gewohnten Verfahren zu ändern suchte. Wenn er zunächst Tallien, Fouché und noch ein paar der Übelbeleumdetsten verlangt hätte, so hätte er sie zweifellos bekommen. Saint-Just glaubte wie er, man dürfe die Versammlung nur durch die Versammlung treffen. Obwohl er entschlossen und tatkräftig war, wollte er nicht handeln: Er schloß sich der Auffassung des mehr theoretisch veranlagten Robespierre an. Beide achteten das Gesetz.

Aber es gab keine Möglichkeit mehr, das Spiel aufzuhalten; dic Kommune war losgelassen. Der hitzige Payan hätte die Ausschüsse gesprengt; Coffinhal, der rauhe Auvergnate, ein Mensch der rohen Körperkraft, hätte die Versammlung zum Fenster hinausgeworfen. Sie warteten nur auf ein Zeichen. Die Robespierristen waren reif für ihren 18. Brumaire. Robespierre war es nicht und, so glaube ich, Frankreich ebensowenig. Sie handelten also ohne Robespierre, wider seinen Willen, und waren sein Verderben.

Am Abend, während Robespierre seine Rede bei den Jakobinern verlas und diese durch die Gefahr rührte, in der er schwebte, hatte Hanriot schon die Ermächtigung der Kommune in Händen und ließ durch seine Offiziere unter seiner sorgsam ausgesonderten Nationalgarde den Befehl verteilen, am nächsten Morgen um sieben Uhr zu den Waffen zu greifen.

Nach Verlesung seiner Rede sagte Robespierre: »Es ist mein Testament... Ich hinterlasse euch mein Andenken, ihr werdet es verteidigen... Sollte ich den Giftbecher leeren müssen, so werdet ihr mich ruhig sehen...« – »Ich werde ihn mit dir leeren!« rief David. – »Alle, wir alle!« Dieser Schrei kam allenthalben aus dem Saal, unter Tränen und Schluchzen.

Payan, Coffinhal und die anderen waren da, feurig und unruhig, noch im Ungewissen, ob sie dem Mund ihres Meisters ein Wort entlocken könnten, das ihre unbesonnenen Unternehmungen gutheißen würde. Eine zweifellos von Robespierres Feinden verbreitete Überlieferung läßt ihn den Ausspruch tun: »Nun denn, versucht es weiter. Erlöst den Konvent, *wie ihr es am 2. Juni tatet*. Scheidet die Böswilligen von den Schwachen!« Das soll die Ermächtigung gewesen sein – schwach und indirekt genug –, die die schon losgelassene Partei von ihm für den Aufruhr empfangen hätte.

Collot und Billaud hatten sich unter die Menge gemischt; man erkannte, verhöhnte sie. Collot versuchte vergeblich, sich Gehör zu verschaffen; er riß die Weste auf, um die Quetschung zu zeigen, welche die Hiebe Ladmirals[4] hinterlassen hatten; ironisches Gejohle war die Antwort. Man zückte gegen beide das Messer. Sie flüchteten. Der Aufruhr ergriff die besonnensten Geister. Couthon ging so weit, die Streichung aller Volksvertreter zu verlangen, die gegen den Druck der Rede Robespierres gestimmt hatten. Die Jakobiner ließen sich mitreißen und beschlossen so für die Mehrheit des Konvents die Ächtung.

Es handelte sich darum, herauszubekommen, ob die gefährdetsten Männer wie Tallien, Fréron, Lecointre die durch Frérons Dummheit abgestoßenen Ausschüsse in Bewegung setzen konnten.

Tallien hatte einen doppelten Ansporn. Aus dem Gefängnis der Karmeliter war ein Briefchen seiner Thérèse zu ihm gelangt: »Ich gehe morgen zum Revolutionstribunal; ich sterbe voller Verzweiflung, einem Feigling wie Dir anzugehören.« Tallien kaufte einen Dolch, sei es für Robespierre, sei es für sich selbst.

Lecointre, der sogar in einem so ernsten Augenblick lächerlich war, begab sich schon um halb zehn Uhr abends in kriegerischem Aufzug, zu dem neben anderen Waffen zwei Dolchpistolen in der Tasche gehörten, deren Spitzen herausstachen, an die Tür des Sicherheitsausschusses. Er fand hier nur den unschuldigen und friedfertigen Lavicomterie. »Man bewaffnet die Nationalgarde«, sagte Lecointre. »Wir sind alle verloren, wenn ihr nicht den Bürgermeister und Payan und Hanriot festnehmt.« Der Ausschuß war beim Wohlfahrtsausschuß versammelt, beide hatten sich eingeschlossen. Es war unmöglich, einzudringen.

Um ein Uhr morgens pochte der unermüdliche Lecointre von neuem an. Die Pforte war geschlossen; er schrieb. Fréron traf das gleiche Los. Er traf an der Tür Cambon; er sagte ihm, man müsse nicht nur Hanriot festnehmen, sondern Robespierre in Schrecken setzen, indem man sich direkt gegen sein Haus wende, alle Duplays forthole. Cambon nahm es auf sich, das zu sagen, und erzwang den Zutritt. Das Schauspiel drinnen erstaunte ihn. Saint-Just schrieb, und mitten im Schreiben stritt er mit Billaud. Der endlose Disput hatte um elf Uhr mit einem heftigen Auftritt Collot d'Herbois' begonnen. Saint-Just hatte sich kühl im Ausschuß niedergelassen, um dessen Haltung zu beobachten. Da kam Collot wütend von den Jakobinern, warf die Türen, stürzte sich auf Saint-Just, schüttelte ihn, durchsuchte ihn, im Glauben, Beweise für seine Niedertracht zu finden. Carnot, Barère, Lindet und Billaud standen Saint-Just bei, der ihnen sagte, er verlange nur, daß Collot und Billaud den Ausschuß verließen, und im übrigen werde er ihnen seinen Bericht zeigen, bevor er ihn zum Konvent bringe.

Das war die weitgehend beruhigte Lage, als Cambon ankam.

Er sah, daß man einander immer noch feindlich gesinnt war, aber auch, daß so friedfertige Feinde nicht entschlossen handeln würden. Er ging also, ohne ein Wort zu sagen, wieder weg, davon überzeugt, daß Robespierre und Saint-Just am folgenden Morgen ihren ganzen Einfluß wiedergewinnen würden.

Das war mehr als wahrscheinlich. Die Ausschüsse waren schon soweit, sich bei Saint-Just zu entschuldigen.

Da dieser zu wissen vorgab, daß sie durch Fouché eine Anklageschrift gegen Robespierre vorbereiteten, ließen sie Fouché holen und durch den Ältesten, den braven Rühl, verhören. Fouché leugnete standhaft, und Saint-Just tat, als glaubte er ihm.

Indessen war endlich der Brief Lecointres durchgedrungen, durch den sie die *Gewißheit* erhielten, daß Hanriot, während sie die Zeit vergeudeten, schon am Abend zu den Waffen gerufen hatte.

Sie beschlossen, nicht etwa die Kommune oder Hanriot zu verhaften, sondern sie kommen zu lassen. Hanriot dachte nicht daran, zu kommen. Aber Payan kam frech wie Pétion am 10. August; er zog sich noch leichter als jener aus der Sache bei diesen Königen der Terreur, die so unentschlossen waren wie Ludwig XVI.

Während die Ausschüsse nichts taten, eine so kostbare Geisel entwischen ließen und damit ihre Ohnmacht enthüllten, faltete Saint-Just seinen Bericht zusammen, nahm seinen Hut und ging. Es war fünf Uhr morgens.

Barère erkannte, daß alles verlorenging; er begann Angst zu haben. Er wurde schleunigst wieder Robespierrist und wandte sich freundschaftlich an Couthon mit den Worten: »Wenn man dich angreift, so fürchte nichts; ich werde dich verteidigen.«

Die Montagne war verloren, wenn sie sich nicht selbst rettete. Sie hatte von den Ausschüssen nicht viel zu erwarten.

Aber der Selbsterhaltungstrieb und der feste Lebenswille sind zu scharfsichtige Leidenschaften, als daß man sie leicht blind machen könnte. Die Bedrohtesten nahmen die große Aufgabe des folgenden Tages selbst in die Hand.

Es war ein schweres Werk. Sie mußten sich an die Überlebenden derer wenden, die von ihnen geächtet worden waren, an die Leute, die ohne Robespierre vielleicht weiterhin von ihnen geächtet worden wären, die jedenfalls von ihnen verhöhnt, gedemütigt und zur Heuchelei gezwungen wurden. Und doch gab es keinen Ausweg. Sie mußten hingehen und jene bitten, ihren Beschützer zu vernichten, um ihre Feinde zu retten... Schließlich wollten sie am Leben bleiben.

Es waren noch ein paar Konstitutionelle im Konvent. Der Fortbestand dieser primitiven Ruinen einer früheren Welt, die sich während so vieler Umwälzungen erhalten hatten, war zweifellos ein Wunder; aber sie verdankten dieses Wunder ihrer Klugheit, die ihnen erlaubte, so lange Zeit gegen ihre Partei zu stimmen, und auch der Politik Robespierres.

Die bekanntesten waren Sieyès, ferner ein Greis, der gallikanische Kirchenrechtslehrer Durand-Maillane, schließlich der Advokat Boissy d'Anglas.

Man suchte sie von der Menschlichkeit her zu fassen: »Könnt ihr mit ansehen«, sagte man ihnen, »wie täglich sechzig oder achtzig Köpfe unter das Fallbeil geschoben werden?... Legen wir den schauerlichen Karren still!...«

Darauf antworteten die anderen kalt: »Wer anders hat den Karren losgeschickt als ihr.«

Eine zweite Abordnung legte den Ton auf die Gerechtigkeit. »Von einer ganz geringen Minderheit wird die Republik bedrückt... Zählt doch die Robespierristen. Diese Partei muß dahinschwinden aus Mangel an Menschen. Ihr Urteil sieht man an der Öde, die sich um sie her bildet.« Tatsächlich konnte man schon seit April die Kommune nur dadurch ergänzen, daß man die niedrigsten, ungebildetsten, unbekanntesten Leute hineinwählte. Wie schwierig war es im Prairial, das Tribunal zusammenzustellen! Fouquier-Tinville sagte von den Schreibern, die in seiner Kanzlei saßen: »Sie gehören von Rechts wegen auf die Guillotine; aber wo soll man danach andere finden?«

All dies machte auf die Rechte wenig Eindruck. Sie hatte die Zeit auf ihrer Seite und gewann jeden Tag durch den allgemeinen Überdruß, die Ohnmacht und die Feigheit. Sie brauchte nur die Dinge gehenzulassen. Nachdem Robespierre sie von der Montagne befreit hatte, mußte er als Partei selbst dahinschwinden und sich erschöpfen.

Nachdem sie zum zweitenmal mit ironischer Kälte abgewiesen waren, kamen die Thermidorianer, bebend in ihrer verzweifelten Lebensgier, noch einmal bittend zurück; und diesmal fanden sie Worte, die ihre Feinde in Versuchung brachten: »Ihr seid die Mehrheit. Wer anders soll regieren nach Robespierre als ihr?«

Man muß jedoch sagen, daß die Thermidorianer selbst (mit Ausnahme von Rovère, Tallien und einigen anderen) keine Ahnung hatten, daß diese Leute von der Rechten zum großen Teil heimliche Royalisten waren.

Sie kannten die Umwandlung nicht, die sich in der langen Zeit der Heuchelei bei den an Demütigungen und Herausforderungen gewohnten Männern vollzogen hatte. Deren bedrücktes Herz hatte sich aus der leidvollen Gegenwart in die Vergangenheit zurückgezogen, in die Monarchie, in den Haß gegen die Republik. Unter jenen, die sich an sie wandten und die wie Legendre und sogar Fréron mit ihnen der Reaktion zutrieben, waren die meisten Republikaner (das stellte sich später, im Jahre 1795, heraus), und sie hielten auch die Leute von der Rechten für Republikaner.

Sie baten jene um Hilfe, wie sie Vergniaud darum gebeten hätten; wenn sie Bedenken hatten, so bezogen sich diese auf die Verbindung mit dem, was sie für die Gironde hielten.

Die Rechte begriff zuletzt, daß das ganze Gebäude zusammenstürzen mußte, wenn sie der Montagne half, den Eckstein der Montagne herauszubrechen. Stürzte man bei einer so wenig veränderten Nation, die so lange dem Götzendienst gehuldigt hatte, den Götzen der Republik, so führte man damit unfehlbar den Götzen des Königtums wieder ein.

Robespierre hatte ebenso wenig wie Legendre oder Merlin de Thionville eine Vorstellung von dieser Verderbtheit der Rechten. Er hielt sie für girondistisch, aber letztlich für republikanisch. Er glaubte mit ihr einen stillschweigenden Vertrag zu haben, zum mindesten eine wechselseitige Bürgschaft, und ahnte nicht, daß sie ihm an seinem letzten Tag das Leben verweigern würde, das er ihr erhalten hatte.

Der Tag des 9. Thermidor (27. Juli 1794)
XXI, 5

Geschickte Rede Saint-Justs. – Tallien unterbricht Saint-Just. – Tölpelhaftigkeit der Ankläger. – Man schreit Robespierre nieder. – Barère versucht Robespierre zu retten. – Neutralität der unabhängigen Montagne. – Robespierre wendet sich an die Rechte. – Man verlangt seine Verhaftung. – Er wird verhaftet. – Das Volk will die Hinrichtungen am 9. verhindern.

Trotz dieser Sicherheit und trotz des Wissens um die große moralische Gewalt, die er noch besaß, sowie die materiellen Kräfte, mittels deren er den Konvent so leicht überwältigen lassen konnte, fühlte Robespierre am Morgen des 9., daß dieser Tag entscheidend war. Er hatte sich mit bemerkenswerter Sorgfalt gekleidet und trug den seit dem Fest des Höchsten Wesens so bekannten himmelblauen Rock. Seine Gegner haben die niederträchtige Behauptung aufgestellt, er habe Waffen und Geld, viel Geld bei sich getragen (zweifellos hätten sie es in diesem Falle so gemacht).* Aber ich zweifle, daß er überhaupt Geld zu Hause hatte. Er schuldete seinem Wirt die Pension für mehrere Jahre. Freilich, Waffen

* Das ist das Zeugnis der Madame Le Bas (Mademoiselle Duplay). Man fand bei Robespierre nur eine Assignate von fünfzig Francs und Anweisungen der Konstituante auf die ihm als Abgeordneten zustehenden Tagegelder, die er nicht abgehoben hatte. Der Verkauf seines Mobiliars, der am 15. Pluviôse (3. Februar) stattfand, brachte in Assignaten – die damals um vier Fünftel ihres Betrags entwertet waren – ungefähr vierzigtausend Francs, was einem Geldwert von achttausend Francs entspricht. Diese für ein mehr als einfaches Mobiliar immer noch bedeutende Summe wurde sicherlich nur durch den Wettbewerb der einheimischen und fremden Liebhaber erzielt. Sein Bildnis allein (von David? Sammlung Saint-Albin) brachte die Hälfte der Gesamtsumme. Es stieg bis auf drei- oder viertausend Francs. (Nach einer Mitteilung des Herrn Dugast-Matifeux).

hatte er; die ungeheuren Dienste nämlich, die er der Republik erwiesen hatte, die Energie seines Wortes, seine große Geistesgegenwart, seine vollkommene Geschicklichkeit in der Behandlung der Versammlung. Er zweifelte nicht, daß er diese wieder auf seine Seite ziehen würde.

Wußte er etwas von den militärischen Vorbereitungen? Ohne Zweifel ja. Aber er betrachtete sie als Vorsichtsmaßregel. In der nächsten Nähe des Konvents zeigten sich keine Truppen. Die Versammlung erschien frei; sie konnte mit Würde die von Saint-Just mitgebrachte Versöhnung annehmen.

Die von Saint-Just – bestimmt im Einverständnis mit Robespierre – verfaßte Rede war unendlich geschickt. Wenn die Verlesung nur bis zur zwanzigsten Zeile hätte fortgesetzt werden können, so hätte die klug geweckte Neugier den Wunsch laut werden lassen, sie ganz zu hören, und der besänftigte Konvent hätte das Joch wieder auf sich genommen.

Die Rede stellte außer allen Zweifel, daß der schwärmerischste Geist des Konvents zugleich dessen größter Geschäftsmann und verschmitztester Politiker gewesen wäre. Die Starrheit Saint-Justs war nur äußerlich. So sehr seine Notizen (die man zu Unrecht seine Institutionen heißt) in den Wolken schweben, so gewaltsam rednerisch und tyrannisch beredt seine Konventsreden sein mögen, soviel Geschicklichkeit und List zeigt er in dieser letzten Arbeit. Eine andere Rede, die in seinen Werken fehlt, aber (*Revue rétrosp*. 2. Reihe, 4. Band, S. 425) veröffentlicht worden ist, setzt in Erstaunen durch die großen Kenntnisse des Redners, seine Klarheit, Genauigkeit, seinen prachtvollen praktischen Verstand und seine wirkliche staatsmännische Begabung.

Der Kern der für den 9. Thermidor geschriebenen Rede ist eine sehr geschickte Gegenbeschuldigung, die den Vorwurf der Diktatur gegen Robespierre zurückweist. Vielmehr haben Carnot, Billaud-Varenne und Collot die Abwesenheit Robespierres, Saint-Justs, Saint-Andrés und anderer Ausschußmitglieder benutzt, um eine diktatorische Macht zu gewinnen.

Es ist unglaublich, wie dieser so gewaltsame Geist es sich abringen konnte, Form und Ton zu ändern, seine Stimme zu dämpfen. Mit einer für sein Alter seltenen verblüffenden Kenntnis der Menschennatur beruhigt er die Menge, indem er der Bosheit ihren Anteil gibt, sich selber (er, der so ernst war!) ein wenig lächerlich macht, die große Frage zu einem Kampf der Eigenliebe zwischen sich und Carnot verkleinert, den erzürnten jungen Mann spielt, dem man seine Schlacht von Fleurus abstreiten wollte: »Man hat vom Kampf gesprochen; *andere*, die nichts geredet haben, waren dort; man hat von der Belagerung gesprochen; *andere*, die nichts geredet haben, waren im Graben. Die Schlachten gewinnen, sind die, welche dort sind.« Ebenso über Robespierre. Ein Tyrann der öffentlichen Meinung? Ein Diktator der Beredsamkeit? Heh! Was hindert euch andere zu versuchen, beredt zu sein?

Mit einem erstaunlichen Gefühl für seine Stärke und seine Größe (die Würde des Helden, welcher weiß, daß man seine dargebotene Hand nicht zurückweist) berief er sich in diesem furchtbaren Kampf, in dem es auf Leben und Tod ging... *auf die Freundschaft*!

Was wollte er? Was forderte er? Was alle Welt forderte: *die Milderung der Willkür der Ausschüsse*; insbesondere sollte jede Akte die Unterschrift von sechs Mitgliedern tragen (was mit der Abdankung des Triumvirats gleichbedeutend war). Sehr richtig beurteilte er die Ministerrollen Carnots und Lindets, durch welche diese in die Verwaltung verwiesen und von der Regierung ferngehalten waren. Er tadelte Carnot, Collot und Billaud, aber mit Mäßigung: »Die Mitglieder, die ich anklage, haben wenig Fehler begangen... Ich will keine Beweise bringen gegen sie; ich wünsche, daß sie sich rechtfertigen und daß wir vernünftiger werden.«

Niemand sah eine so gemäßigte Rede voraus. Hätte Saint-Just dem Ausschuß sein Wort gehalten und ihm seinen Bericht vorgelesen, so hätte der unentschlossene und in einer doppelten Gefahr schwebende Ausschuß nachgegeben und sich mit ihm versöhnt; er wäre mit ihm in den Konvent gegangen, hätte die Versammlung durch diese Aussöhnung in Erstaunen gesetzt und hätte Saint-Justs Rede zugehört.

Saint-Just kam allein (es war Mittag). Tallien, Bourdon und ein paar andere, schwankend zwischen Furcht und Mut, standen in den Wandelgängen und bemühten sich um ihre Verbündeten von der Rechten. Beim dritten Absatz, den Saint-Just verlas, trat Tallien ein und schnitt ihm das Wort ab: »Wer sollte nicht weinen über das Vaterland? Gestern hat sich ein Mitglied der Regierung vom Vaterland geschieden und heute ein anderes. Möge der Vorhang zerrissen werden!«

In diesem Augenblick traten Billaud und die Ausschüsse ein; sie waren gerade erst um Mittag durch einen Brief Saint-Justs gewarnt, fanden diesen auf der Tribüne, wütend über die Wortabschneidung, und erhielten den falschen Eindruck, er wolle sie zu Tode hetzen. In dem Verlangen, ihn niederzuschreien, und in dem Glauben, verloren zu sein, wenn er rede, fiel Billaud Tallien ins Wort: »Gestern haben gewisse Leute bei den Jakobinern gesagt, sie wollten den Nationalkonvent umbringen!... Da steht einer bei der Montagne, ich erkenne ihn.«[1]

»Nehmt ihn fest! Nehmt ihn fest!« Von allen Bänken kam der Ruf. Wenn eine durch ihre Gefahr erregte Versammlung so geschickt zu Gewaltsamkeiten aufgehetzt wird, kann sie sehr weit gehen. Ist die Jagd auf Menschen einmal eröffnet, so ist es leicht, sie weiterzutreiben. Dies hier war ein entscheidender Schlag, der vielleicht alles weitere bewirkte.

»Die Versammlung wäre wenig urteilsfähig, wenn sie sich verhehlen wollte, daß sie zwischen zwei Abgründen schwebt. Sie ist verloren, wenn sie schwach ist...«

»Nein, nein!« rufen alle Mitglieder, indem sie sich alle zugleich erheben und ihre Hüte schwenken.

Solche Schauspiele verfehlen niemals ihre Wirkung. In dem gleichen Impuls erheben sich auch die Tribünen und rufen: »Es lebe der Konvent! Es lebe der Wohlfahrtsausschuß!«

Le Bas will sprechen und regt sich auf dabei... Es wird zur Ordnung gerufen. Mehrere schreien: »In die Abbaye mit ihm!«

Die Ankläger waren zu erregt und zu wütend, um geschickt vorzugehen. Billaud sprudelte unter vielen ersichtlich wahren Dingen andere ganz unwahrscheinliche heraus. Er sagte, Robespierre, der über seine Unterdrückung klage, habe den Ausschuß nur darum verlassen, weil er hier Widerstand fand gegen sein Gesetz vom Prairial; er habe eine niederträchtige Spionage gegen die Volksvertreter organisiert und noch am Abend vorher habe sein Vertrauensmann Dumas bei den Jakobinern die Leute streichen lassen, die man opfern wollte. Dies alles stand fest. Aber man zuckte die Achseln, als er sagte, Robespierre begünstige die Betrüger, verfolge die revolutionären Ausschüsse, zwinge die Regierung, den Adligen Stellen zu geben, usw. Und man sah in Tallien nur einen schamlosen Komödianten, als er in melodramatischer Pose einen Dolch zog gegen *den neuen Cromwell, den neuen Catilina,* und als er (Tallien) erklärte, der Tyrann wolle nur mit *»liederlichen und ausschweifenden Menschen«* regieren.

Noch sinnloser waren die ungeschickten Worte Billauds, Hanriot sei der Komplize Héberts gewesen, er, Billaud sei es gewesen, der Danton angeklagt habe, *und Robespierre habe im Gegenteil diesen verteidigt...* Er vergaß, daß damals noch die Montagnards alle Hébertisten oder Dantonisten waren. So wusch er gerade den Angeklagten weiß, den er anschwärzen wollte.

Dieses Wort fiel wie eine Eislawine auf die Montagne. Viele, die sonst gesprochen hätten, hielten nun den Mund und benahmen sich neutral. Merlin de Thionville, Dubois-Crancé, Lecointre und viele andere, alles tödliche Feinde Robespierres, sagten nicht ein Wort gegen diesen. Im Gegenteil, Lecointre sagte, man müsse ihn anhören und dürfe ihn nicht daran hindern, sich zu verteidigen.

Billaud und Tallien, Tallien und Billaud lösten sich ab auf der Tribüne, niemand sonst stieg hinauf. Als Robespierre entgegnen wollte, schrie ihn die große Masse immer wieder mit demselben Ruf nieder: »Fort mit dem Tyrannen!« Die Verbündeten waren übereingekommen, so seinen Untergang herbeizuführen. Der Tod ohne große Worte (dieses Wort schreibt man Sieyès zu) konnte allein eine so ungleichartige Masse zusammenbringen, die so großes Interesse daran hatte, die Verschiedenheit der Beweggründe zu verbergen, aus denen sie gegen den einen auftrat.

Die Verhaftung Dumas', Hanriots und seiner Stellvertreter ist alles, was man zunächst wagte. Damit ergab sich für Robespierre ein sehr schöner Ausweg. Man konnte alles auf den verhaßten Vorsitzenden des Revolutionstribunals und den gemeinen Führer der bewaffneten Macht schieben. Hanriot allein hätte danach alles getan, hätte allein die Nationalgarde zu den Waffen gerufen; die verstohlene Einberufung, ohne den Generalmarsch, war doch sicher ein von Hanriot in einem wenig erleuchteten Augenblick begangener Fehler.

Barère, den die ganze Versammlung auf die Tribüne rief, bemühte sich, der Sache die engsten Grenzen zu ziehen. Er griff niemanden an, nur die Militärbehörde, so daß, wenn Hanriot geopfert und das Kommando unter die Legionsführer verteilt war, alles erledigt sein mußte.

Er wollte sogar den Bürgermeister und die robespierristische Kommune retten, die doch Hanriot erst zu seiner Tat ermächtigt hatten. Er rühmte deren Zuverlässigkeit.

Man sieht, daß seine ganze Sorge war, die Ungeschickten, die Wütenden, die Leute wie Fréron, würden auch die beiden Ausschüsse vernichten, wenn sie auf Robespierre losgingen. Er beharrte darauf, man dürfe »dies Allerheiligste der Regierung« nicht anrühren, diese einzige Bürgschaft für ein einheitliches und starkes Handeln; im übrigen sollten wie gewöhnlich die Zetteleien des Auslands, die Royalisten und Aristokraten an allem schuld gewesen sein.

Diese Darstellung konnte Robespierre retten; sie befreite ihn von Hanriot, dem Trunkenbold und Großmaul, der ein Hemmschuh war für seine Partei. Sie ließ ihm die Kommune, in der seine große Kraft steckte, und den gesetzmäßigen Appell an die Waffen. Sie teilte das Kommando, statt einen der Versammlung ergebenen General an die Spitze zu stellen.

Die Sitzung drohte langweilig zu werden, und die große Sache drohte fehlzuschlagen. Ein Greisengeschwätz Vadiers auf der Tribüne über die Mutter Gottes erregte Gelächter; das war sehr ungeschickt und konnte alles verderben. Wer lacht, ist schon halb entwaffnet. Robespierre stand auf der Tribüne, die Arme auf der Brust gekreuzt, erduldete das Gelächter; er bemühte sich, selbst zu lächeln und Verachtung zu zeigen. Mehrere meinten, er habe durch diese Peinigung seiner Eitelkeit schon genug gebüßt. Aber die, die in Gefahr waren, deren Tod es gewesen wäre, wenn er weitergelebt hätte, taten dem alten Vadier Einhalt. Tallien sagte: »Bringen wir die Unterredung wieder auf ihren wahren Gegenstand...« Robespierre: »Ich werde sie schon dahin bringen.« Rufe und heftiges Murren. Der Vorsitzende, Collot d'Herbois, gab Tallien das Wort.

Dieser ging darauflos. Er wollte besonders die Ungeschicklichkeit

Frérons wiedergutmachen und die Ausschüsse versöhnen; er warf Robespierre vor, diese heldenmütigen Ausschüsse, »die das Vaterland gerettet hatten«, verleumdet zu haben.

Robespierre erbebte vor der Gefahr; er sah, wie der Bund gegen ihn sich wieder schloß, er leugnete, schrie, geriet in Erregung... Seine verzweifelten Blicke waren ein letzter Aufruf an die Montagne... Wie wir bemerkt haben, war eine Gruppe von Montagnards unbeweglich geblieben. Einige, wie Merlin, aus Ritterlichkeit und weil Robespierre ihr persönlicher Feind war; ein paar andere, von der Richtung Rommes, Soubranys, Maures, Baudots, J. B. Lacostes, der unabhängigen Montagne, weil sie Robespierre nur hätten retten können, indem sie ihm die Diktatur gaben. Sie konnten dem von solchen Menschen verfolgten großen Bürger nicht den letzten Hieb versetzen; aber andererseits – wie durften sie ihn stützen, da ein furchtbares Verhängnis ihn der Tyrannei entgegentrieb?

Ihnen stak heute ein schärferer Dolch im Herzen als der vom Prairial.[2] Sie mußten absehen von allem Persönlichen und nur ihre Pflicht tun, sie wandten ihr düsteres Gesicht ab von dem Schuldigen, dem Unglücklichen, der der öffentlichen Freiheit so teuer und so gefährlich war.* Denn die Krisis dauerte noch an... Hätte sich ihm von der Montagne her eine Hand entgegengestreckt, so wäre die Mitte erbleicht und die Rechte zurückgewichen; die feigen Feinde wären in Auflösung geflohen.

Unter dem Eindruck dieses furchtbaren, ach! verdienten Urteils wandte sich Robespierre wütend an die Rechte: »An euch wende ich mich, ihr reinen Männer, und nicht an die Räuber!...«

* Der Mathematiker Romme, einer der Hauptbegründer des Kults der Vernunft, war das Orakel dieses so wenig bekannten, von dem Ruhm der Dantonisten und Robespierristen so sehr verdunkelten Teils der Versammlung. Romme verband mit dem Antlitz eines Sokrates und dessen tiefem Verstand die milde Strenge eines Weisen, eines Helden und eines Märtyrers. Er war am 9. Thermidor abwesend (diese Auskunft verdanke ich seinem Großneffen Monsieur Tailhand, Richter in Riom, der seine kostbare Korrespondenz verwaltet), aber sein Geist war in der Versammlung gegenwärtig. Seine Meinung über Robespierre, der den Kultus der Vernunft erstickte, kann nicht zweifelhaft sein. Sein vertrauter Freund Soubrany, der ein Herz und eine Seele mit ihm war und auch mit ihm starb, beurteilt Robespierre mit außerordentlicher Strenge (vor mir habe ich seine Briefe, die mir Monsieur Doniol, ein ausgezeichneter Schriftsteller in Clermont, zukommen ließ). – Es ist ein großer Ruhm für die Auvergne, daß sie außer Desaix, dem lautersten Menschen in der Armee, auch die lautersten Menschen des Konvents hervorgebracht hat, ich meine die, die heldenhafte Dinge taten, aber jeden Ehrgeiz vermissen ließen: Romme, Soubrany, den Besieger der Spanier, J. B. Lacoste, den Sieger am Rhein. Wir haben gesehen, wie die robespierristische Partei versucht hatte, die Erfolge Lacostes und Baudots zum Vorteil Saint-Justs zu verschweigen und zu verschleiern.

Er forderte das Leben von ihnen zurück, das sie ihm verdankten, das er ihnen gerettet hatte... Und er bekam nichts als Schmach, Geschrei, Spott und Tod.

Da schüttelte er, außer sich, drohend die Faust gegen den Vorsitzenden Collot d'Herbois: »Zum letztenmal, du Anführer einer Mörderbande, das Wort von dir!...«

Wer antwortete ihm? Die Stimme Dantons, ich meine Thuriots, der an Collot d'Herbois' Stelle den Vorsitz übernommen hatte.

Man erinnert sich, daß Thuriot seit Dantons Prozeß plötzlich stumm geworden war, »brustkrank«, und ebenso tot erschienen war wie die Toten vom fünften April. An diesem Tag fand er seine furchtbare Stimme wieder, dröhnend wie am Jüngsten Gericht, und wie aus ehernen Lungen, mit dem gellenden Ton einer erbarmungslos schallenden Glocke fällte er das Urteil über Robespierre.

Dieser hatte nichts mehr zu hoffen, denn er war in die unversöhnlichen Hände der Dantonisten gefallen.

»Das Blut Dantons erstickt ihn!« sagte Garnier von der Aube.

Das war ein Schrei aus dem Grab. Doch Robespierre rührte er nicht. Er richtete sich auf wie die Schlange, auf die man tritt, und stieß das Wort hervor: »Ah, ihr wollt Danton rächen!...« Ein bitteres, feiges Lachen derer, die ihm Danton ausgeliefert hatten, war die Antwort...

Und mitten aus der Montagne ertönten zwei Stimmen, die man noch niemals gehört hatte:

»Verhaftung!«

»Anklage!«

Man fragte sich nach den Namen. Es waren Louchet und Lozeau, unbekannte Leute, treue Jakobiner, durchaus keine Thermidorianer; sie waren Gegner aller Reaktion.

Ihre Worte machten mehr Eindruck als die Reden Talliens. Die ganze Versammlung unterstützte sie.

Der jüngere Robespierre und Le Bas wollen ebenfalls verhaftet werden. Es wird ihnen gewährt.

Robespierre meinte, hier einen Hoffnungsschimmer zu sehen. Er kannte das Herz der Menge. Er versuchte, für seinen Bruder zu sprechen. Konnte er die Versammlung rühren, so war er selbst gerettet.

Aber ein gewalttätiger, von Robespierre unterdrückter Journalist, Charles Duval, rief: »Vorsitzender, soll etwa ein Mann der Herr des Konvents sein?«

Fréron: »Ach, wie schwer ist es, einen Tyrannen niederzuschlagen!«

Da begann Billaud von neuem ein sehr unklares Geschwätz, mit Hilfe dessen sich Robespierre vielleicht hätte herauswinden können. Aber eine Menge von Stimmen rief: »Verhaftung! Verhaftung!«

Thuriot läßt abstimmen. Die Verhaftung wird einstimmig beschlossen.

Die ganze Versammlung erhebt sich: »Es lebe die Freiheit! Es lebe die Republik!«

»Die Republik«, sagt Robespierre, »ist verloren! Die Räuber triumphieren.«

Le Bas: »Ich werde die Schmach dieses Beschlusses nicht teilen, ich will auch verhaftet werden.«

»Ja«, sagt Fréron, »Le Bas, Couthon und Saint-Just. Couthon wollte unsere Leichen als Stufen nehmen, um auf den Thron zu steigen ...«

»Ich auf den Thron steigen!« sagte der Krüppel und wies auf seine kraftlosen Beine.

Indessen erschollen von beiden Seiten mörderische Stimmen.

Von der Rechten rief der Royalist Clausel: »Man soll den Verhaftungsbeschluß ausführen!«

Und der Vorsitzende: »Ich habe es befohlen; die Gerichtsdiener sind schon da ... Aber man verweigert den Gehorsam.«

Von der Linken rief der Jakobiner Louchet: »An die Schranke mit den Angeklagten! Keine Vorrechte! Wenn Mitglieder verhaftet wurden, mußten sie sich an die Schranke stellen!«

Tatsächlich stellten sie sich dahin. Rasender Beifall. Die Versammlung hält sich endlich für frei. Sie hat erlebt, wie ihr Tyrann zu ihrem Niveau herab mußte.

Und in dieser kindischen Freude hob sie bald die Sitzung auf, ohne etwas für ihr Wohl zu tun, ohne daran zu denken, daß die Tyrannei noch zur Gänze bestand, und vertagte sich bis zum Abend.

Es war drei oder vier Uhr. Robespierre war zu den Ausschüssen gebracht worden, wie um dort verhört zu werden. Wir sahen, wie sehr Barère ihn noch geschont hatte. Mit Ausnahme von Billaud, Collot und Elie Lacoste hatte kein Mitglied der Ausschüsse gegen ihn gesprochen. Was hatte er zu befürchten? Wie Marat vor das Revolutionstribunal zu kommen? Dort mußten ihm sein ungeheuer moralischer Einfluß, das Interesse und der Eifer eines Heers von ihm geschaffener und angestellter Beamter, mußten die glühenden, aus ganz Frankreich eintreffenden Kundgebungen der Volksgesellschaften ihm einen noch viel größeren Triumph bereiten, als es der Marats gewesen war. Seine vielfältige Persönlichkeit, die in jeder Angelegenheit zu spüren war, machte eine Notwendigkeit und eine Verhängnis aus ihm, was auch geschehen mochte. Er war gleichsam die Luft geworden, die die Republik atmete. Seine Abwesenheit mußte eine tödliche Erstickung zur Folge haben, und Frankreich mußte kniefällig in sein Gefängnis kommen und ihn flehentlich bitten, es zu verlassen. An ihm wäre es, Richter zu fordern und seine Feinde zu zwingen, den Prozeß zu führen.

Inzwischen hatte sich das erstaunliche Gerücht von der Verhaftung Robespierres in Paris verbreitet, und die Meinung aller war: »Nun ist das Schafott zertrümmert!« So sehr war es ihm in diesem grausigen Messidor gelungen, seinen Namen eins zu machen mit dem der Terreur.

An eben diesem Tag hatte ein tragischer Zwischenfall die Herzen aufgewühlt. Eine angeklagte Mutter, die sich auf dieselbe Bank setzen mußte, auf der ihr junger Sohn am Tag zuvor verurteilt worden war, verfiel in Krämpfe. Die Menge rief laut, man dürfe sie nicht richten.

Das Volk hoffte, daß an diesem Tag keine Hinrichtung stattfinden würde. Das war auch die Meinung des Henkers; er dachte zu feiern. Als daher das Revolutionstribunal wie gewöhnlich eine Massenhinrichtung vorbereitet hatte, als die schweren Karren zur festgesetzten Stunde in den Hof des Palais de Justice rollten, wandte sich der Scharfrichter an Fouquier-Tinville mit der Frage, ob er keinen Befehl zu geben habe?

Fouquier hütete sich, diese so deutliche Frage zu verstehen, und sagte: »Führe das Gesetz aus.«

Man sah also fünfundvierzig Verurteilte aus dem dunklen Bogengang der Conciergerie heraustreten, und der düstere Zug zog noch einmal die Kais entlang und durch die Rue und den Faubourg Saint-Antoine. Es war ein unsagbar schmerzlicher Vorgang; und der Schmerz verbarg sich keineswegs. Viele hoben die Hände zum Himmel; viele schrien um Gnade. Ein paar Entschlossene schließlich fielen den Gäulen in die Zügel und taten die Absicht kund, die Karren zurückzufahren. Aber Hanriot war benachrichtigt; er sprengte in vollem Galopp heran, zerstreute die Menge mit Säbelhieben und sicherte so seiner Partei die letzte Verwünschung, die sich beim Volk in den Worten Luft machte: »Die Nachricht ist zweifellos falsch. Noch sind wir die Herrschaft Robespierres nicht los.«

Und doch war das Revolutionstribunal tot.

Ob Robespierre Sieger blieb oder besiegt wurde: Es war mit ihm zu Ende. So urteilte auch der Vorsitzende Dumas schon am 8. Thermidor. Er meinte, die beiden Parteien würden sich vielleicht versöhnen und zwei Köpfe opfern, den seinen und den Hanriots. Seitdem war er bereit, zu fliehen: Seine Frau und seine Familie sollten in die Schweiz reisen.

Die Nacht vom 9. auf den 10. Thermidor. – Bewegung im Quartier Saint-Martin (Gravilliers, Arcis) gegen Robespierre. – Er weigert sich, zum Aufstand aufzurufen
XXI, 8

Die Kommune wurde am Morgen gestärkt. – Die Rue Saint-Martin wird unruhig. – Léonard Bourdon, Dulac, Merda. – Situation der Kommune. – Robespierre weigert sich, den Aufstand auszurufen.

Die Abgeordneten gingen die ganze Nacht hindurch die Sektionen ab, und so gelang es ihnen, ungefähr achtzehnhundert Mann auf dem Carrousel zusammenzubringen. Man stellte diese allmählich auf dem Quai auf.[1]

Warum handelte man nicht? Weil man auf die Zeit rechnete, auf die Wirkung des *Ausschlusses vom Gesetz*[2], vielleicht, weil man fürchtete, der Faubourg werde, wenn man auf das Hôtel de Ville zu schießen begänne, durch den Kanonendonner aufgeregt werden, endgültig erwachen, seine Neutralität aufgeben und für Robespierre bewaffnet eintreten.

Wenn man bedenkt, wie robespierristisch gesinnt der Faubourg, die Jakobiner und die Patrioten im allgemeinen später erschienen, so ist man zu glauben versucht, daß viele von denen, die am 9. Thermidor untätig blieben, sich schließlich doch zum Eingreifen entschlossen hätten, wenn nicht der Knoten plötzlich durchgehauen worden wäre.

Es war sehr wahrscheinlich, daß das Hôtel de Ville am Morgen viel weniger schwach sein würde als mitten in der Nacht. Ich zweifle an den Berichten von dessen endgültiger Preisgabe. Viele seiner Verteidiger hatten sich aus Langeweile entfernt, weil sie keine Befehle empfingen oder weil sie zu ihren Familien gehen wollten; aber sie wären zurückgekehrt. Wenn es morgens belagert worden wäre, wie es Barras' Absicht war, so hätte das starke Gebäude ein paar Stunden Widerstand geleistet. Vielleicht wäre Paris durch die dröhnende Beschießung aufgerüttelt worden. Wer kann sagen, wohin die Erregung anhänglicher Herzen geführt hätte, wenn die Sturmglocke ertönt wäre und die unheilvolle Stimme der Kanonen Schuß um Schuß den grausamen Fortschritt der Gewalttätigkeiten verkündet hätte, die Schritte zum Tod hin, die der Mann machte, den sie verehrten und der dort verlassen weilte?... War es nicht allzu wahrscheinlich, daß sie, befreit von den Ängsten der Nacht, am Tag ihre eigene Schande nicht ertragen hätten und voller Verzweiflung gekommen wären, um die Belagerer zu überfallen und selbst zu belagern?

Der Knoten wurde durch einen unvorhergesehenen Streich zerhauen, der weder von der einen noch der anderen Partei vorbereitet worden war.

Die Versammlung hatte Léonard Bourdon, Legendre und ein drittes Mitglied abgeschickt, um die Sektionen aufzuwecken. Sie begaben sich zuerst zu den Märkten, zur Halle-au-Blé; von dort gingen die beiden letzteren durch die Rue Saint-Honoré zu den Jakobinern, um den Klub zu schließen; Léonard Bourdon folgte der Rue des Arcis und der Rue Saint-Martin und ging bis nach Hause, zur Sektion der Gravilliers.

Dieses Viertel und das des Arcis (obere und untere Rue Saint-Martin) beherbergt neben dem Kleinhändler eine ungeheure Zahl des revolutionärsten und sozialistischsten Elements, den freien Arbeiter, der Heimarbeit liefert, den kleinen Fabrikanten. Die Macht, die die revolutionären Ausschüsse, welche diese Sektionen leiteten, ständig erneuerte und ernannte, glaubte sie am Zaum zu führen. Sie hatte das Gedenken an ihren Tribun, ihren Apostel, nicht auslöschen können. Die Rue Aumaire, in der Roux gewohnt hatte, die Filles-Dieu, wo Chaumette gepredigt hatte, wurden von ihren Schatten heimgesucht.

Die kleinen Gesellschaften dieser Stadtteile, die von den Jakobinern verfolgt wurden – gab es sie noch im geheimen? Ich glaube ja. Der Wohlfahrtsausschuß hatte immer ein Auge auf sie und fürchtete die Untergründe, die vielleicht seine Rettung und das endgültige Verderben Robespierres bewirkten.

Nur fünfzehn Tage vor dem 9. Thermidor befiehlt der Ausschuß dem Bürgermeister, den Leutnant einer Kompanie der Gravilliers zu verhaften *(Registres du Comité de salut public vom 23. Messidor)*.

Man darf sich nicht wundern, wenn Léonard Bourdon inmitten der allgemeinen Kälte hier die Elemente eines lebendigen und starken Hasses fand, aus dem er Vorteil zu ziehen wußte.

Der Ausschuß dieser Sektion hatte sich zur Kommune begeben. Das war ein weiterer Grund, warum die Sektion sich gegen die Kommune erklärte. Sie brachte ihre Führer und ihren Kommandanten auf die Beine; der letztere sorgte sich wenig darum, mit ins Spiel zu kommen, und rückte ab. Freilich trug er Sorge, keine Patronen mitzunehmen.

Jedenfalls mußte diese Bewegung der Gravilliers und der volkreichen Nebenadern der großen Rue Saint-Martin eine entscheidende Wirkung haben.

Léonard Bourdon und der Kommandant zogen an der Spitze ihrer Kolonne die ganze Straße bis zum Fluß hinab und wagten es, sich dem Hôtel de Ville zu nähern.

Der junge Gendarm Merda war bei ihnen, und er gibt sich in seinem Bericht die wichtigste Rolle bei der Sache; es ist ziemlich unwahrscheinlich, daß ein so junger Mann die geistige Führung gehabt haben sollte.

Was das Zuschlagen anlangt, gewiß! Diesen letzteren Punkt kann man ihm unschwer glauben.

Er hatte ein persönliches Interesse an der Sache. Daß er Hanriot verhaftet hatte, hätte ihn beinahe das Leben gekostet. Wie würde es ihm erst gehen, wenn es ihm nun gelang, Robespierre zu verhaften? Nach der Gefangenschaft und dem Urteil mußte Robespierre stärker sein als je und würde Merda erschießen lassen.

Merda mußte ihn also töten.

So muß seine Überlegung gewesen sein. Und wenn er die Tat nicht ausführen konnte, so mußte ein anderer sie für ihn tun.

Und wer? Zweifellos dieser Dulac, dieser Polizeispion und vertraute Freund Talliens, der hier gerade recht kam.

Dulac hat betont, er sei es gewesen, der mit Beilhieben die (offenen) Türen gesprengt und alles übrige vollbracht habe. Ich glaube ihm gern, daß er auf diese Art den Mörder vorwärts drängte.

Die Stunde war sehr gut gewählt. Die Pariser schlafen nicht gern außerhalb des Hauses; die meisten hatten sich zerstreut, um einen Augenblick auszuruhen. Viele waren durch die *Ausschließung vom Gesetz* erschreckt.

Als die Kolonne der Gravilliers vor Saint-Merry anlangte, begegnete sie Kanonieren, die vom Grèveplatz kamen. Der Grèveplatz blieb einsam und fast verlassen.

Man beschloß, Léonard Bourdon und die Mitte der Kolonne bis zum Pont Nôtre-Dame gehen, die die Vorhut bildenden Gravilliersleute bis zum Grèveplatz vorstoßen und Merda mit den Gendarmen, wenn möglich, ins Hôtel de Ville eindringen zu lassen.

Dort war man sehr uneinig.

Saint-Just, Couthon, Coffinhal, fast alle wollten handeln.

Robespierre wollte warten. Und was man auch gesagt hat: Er hatte gute Gründe dafür. Wechselte er die Rolle, begann er einen Kampf gegen das Gesetz, machte er damit nicht sein ganzes Leben nichtig und strich eigenhändig den Gedanken aus, in dem er gelebt hatte und der seine ganze Stärke war?... Anderseits hatte er Couthon geschrieben, er solle kommen, hatte so viele Freunde in diese Gefahr hineingezogen!... »Es bleibt uns also nichts mehr übrig als zu sterben?« sagte Couthon.

Dieses Wort schien ihn für einen Augenblick schwankend zu machen. Er nahm ein Blatt mit dem Stempel der Kommune, das bereits einen vollständigen Aufruf zur Empörung enthielt, und langsam, mit sicherer Hand, schrieb er drei Buchstaben, die noch heute sichtbar sind: Rob... Aber als er soweit war, erwachte sein Gewissen, und er warf die Feder hin.

»So schreib doch«, rief man ihm zu. – »*Aber in wessen Namen?*«

Durch dieses Wort besiegelte er seinen Untergang. Aber auch seine Rettung in der Geschichte und in der Zukunft.

Er starb als ein großer Bürger.

Der 10. Thermidor (28. Juli). – Überfall auf Robespierre
XXI, 9

Merda verletzt Robespierre. – Man verbreitet das Gerücht, Robespierre habe sich selbst verletzt. – Robespierre wird in den Tuilerien zur Schau gestellt.

Der Mörder stieg die Treppe hinauf.

Es war halb drei Uhr oder etwas später.

Der Generalrat tagte vor verlassenen Tribünen. Er war selbst schuld an dieser Einsamkeit. Payan hatte nicht gezögert, den *Ausschluß vom Gesetz* zu verlesen, und hatte, um die Anwesenden zu reizen und anzufeuern, hinzugefügt, der Beschluß betreffe alle, *die sich bei der Kommune befänden*. Die Tribünen leerten sich sogleich.

In dieser äußersten Gefahr griffen die kühnsten Führer (Saint-Just und Payan vielleicht) zu einem verzweifelten Mittel; sie riefen zu den Waffen, *um den bedrängten Konvent zu befreien*. Auf diese Weise hätte man wohl einen leichtgläubigen Haufen zusammenbekommen, und in der Verwirrung hätte eine kleine Vorhut entschlossener Robespierristen in die Versammlung eindringen, die beiden Ausschüsse überwältigen, den feindlichen Bund überwältigen und alles übrige zur Abstimmung zwingen können. An Stelle Robespierres, der nichts unterzeichnen wollte, hatte Hanriot den Befehl unterzeichnet.*

Es war schon zu spät. Bevor die List Erfolg haben konnte, war der entscheidende Schlag geschehen.

Wenn die Menge sich auch von der Kommune zurückgezogen hatte, so blieben die Treppen und Gänge doch gefüllt mit den besseren Anhängern Robespierres, mit seinen Getreuen, mit den Leuten, die mit ihm sterben wollten.

Die meisten waren nicht bewaffnet; als hartnäckige Fanatiker hielten sie sich für genügend gedeckt und geschützt durch die in ihnen wurzelnde Vorstellung, die Freunde Maximiliens zu sein.

Mit drei oder vier Gendarmen wagte sich Merda auf die Treppe. Seine Begleiter stiegen langsam hinauf mit dem Ruf: »Es lebe Robespierre!« Er war jung und ungezwungen, trug sichtbar nur einen Säbel als Waffe (die Pistolen hatte er im Hemd), und bahnte sich leichter als die anderen einen Weg. »Wer bist du?« – »Ein Geheimbote.« Damit kam er durch. Er durchschritt den Ratssaal und gelangte in einen menschengefüllten Gang;

* Wir kennen diese Tatsache aus dem Protokoll der Sektion *Gardes françaises* (Oratoire). Archive der Polizeipräfektur.

man verweigerte ihm den Durchlaß und schlug ihn; er nahm es hin und ging weiter.

Seine naive und sehr glaubwürdige Erzählung hat nur einen Fehler. Wie konnte er bei der wirren Fülle keineswegs wohlwollender Menschen, die gar nicht daran dachten, ihm den Weg zu zeigen, ohne weiteres, ohne sich zu verirren, vorwärts kommen? Ein Geschickterer, der Ortskenntnis besaß, zweifellos der Vertrauensmann Talliens, hatte ihm unten Auskunft gegeben, hatte ihm den Weg gezeigt und schickte ihn voran.[1]

Er gelangte vor die Tür der Kanzlei und klopfte mehrere Male an. Er kam in einen Raum, in dem etwa fünfzig aufgeregte Menschen waren; nur einer war ruhig, Robespierre. Er saß im Hintergrund auf einem Sessel, den linken Ellenbogen auf die Knie und den Kopf in die linke Hand gestützt.

»Ich springe auf ihn zu«, sagt Merda, »setze ihm die Säbelspitze auf das Herz und sage zu ihm: ›Ergib dich, Verräter!‹ Er hebt den Kopf und antwortet: ›Du bist der Verräter, und ich werde dich erschießen lassen!‹ Bei diesen Worten ergreife ich mit der linken Hand eine meiner Pistolen, und mit einer Bewegung nach rechts feuere ich sie ab. Ich glaubte ihn in die Brust zu treffen, aber die Kugel fährt ihm ins Kinn und zerschmettert ihm die linke Seite der Kinnlade; er sinkt in seinen Sessel zurück. In diesem Augenblick entsteht ein fürchterlicher Lärm um mich her, ich rufe: ›Es lebe die Republik!‹ Meine Grenadiere hören mich und antworten mir; da erreicht die Verwirrung unter den Verschwörern ihren Höhepunkt, sie zerstreuen sich nach allen Seiten, und ich bleibe Herr des Schlachtfelds.

Robespierre liegt vor meinen Füßen, man teilt mir mit, daß Hanriot sich über eine Geheimtreppe rettet. Ich hatte noch eine geladene Pistole und laufe hinter ihm her. Ich erreiche auf der Treppe einen Flüchtling; es war Couthon, den man zu retten suchte. Da der Wind mein Licht verlöscht hat, so schieße ich auf gut Glück. Ich verfehle ihn, verwunde aber seinen Träger am Bein. Ich steige wieder hinab und lasse nach Couthon suchen; man schleppt ihn an den Füßen bis in den Saal des Generalrats; dann lasse ich überall nach dem Unglücklichen suchen, den ich verwundet hatte, aber er war unverzüglich weggeschafft worden.

Robespierre und Couthon werden am Fuß der Tribüne hingelegt. Ich durchsuche Robespierre und nehme ihm Brieftasche und Uhr ab; beides übergebe ich Léonard Bourdon, der soeben anlangt, um mir Glück zu wünschen zu meinem Sieg und der Polizei Befehle zu erteilen.

Die Grenadiere werfen sich auf Robespierre und Couthon, die sie für tot halten, und zerren sie an den Füßen bis zum Quai Pelletier. Hier wollen sie sie ins Wasser werfen; aber dem widersetze ich mich und übergebe die Gefangenen der Obhut einer Kompanie der Gravilliers.«[2]

Robespierre also gerade den Gravilliers übergeben! Das war die Rache für Roux und Chaumette, die Apostel und Märtyrer der Arbeiter von Paris, für den Tribun der Rue Aumaire, den Prediger der Filles-Dieu!

Die klassische Revolution, Gegnerin des Sozialismus und der religiösen Erneuerung, erliegt hier in Robespierre.

Robespierre fiel nach vorn, über den Aufruf, den er nicht hatte unterzeichnen wollen, und befleckte das wichtige Aktenstück, das sein Gedächtnis vor der Nachwelt reinwäscht, mit seinem Blut.

Offenbar wurde er ohnmächtig. Er war nicht tot, sondern verwundet. Tot oder verwundet – in einer solchen Lage ist es fast dasselbe. Der Götzendienst war vernichtet; es hatte sich herausgestellt, daß er ein Mensch, daß er nicht wahrhaft Gott war.

Was wäre indessen gewesen, wenn der Vorgang am hellen Tag geschehen wäre und man gesehen hätte, daß er noch lebte? Seine tatsächliche Lage war nicht hoffnungslos.

So faßte es auch sein Bruder auf. Er zeigte eine bemerkenswerte Geistesgegenwart.

Der Tumult war ungeheuer. Le Bas schoß sich eine Kugel in den Kopf; Coffinhal, außer sich, gab Hanriot an allem die Schuld und warf ihn zum Fenster hinaus. Der jüngere Robespierre zog seine Schuhe aus, stieg aus dem Fenster, auf die Brüstung hinaus, betrachtete kalt den Platz, ging, die Schuhe in der Hand, ein oder zwei Minuten über das Steingesims rings um das Gebäude. Aus dem trostlosen Anblick des Grèveplatzes und aus den gegen die Kommune gerichteten Kanonen entnahm er, daß alles zu Ende war. Da stürzte er sich hinab und blieb zerschmettert auf den Stufen liegen, ohne jedoch tot zu sein.[3]

Der junge und noch wenig verhärtete Mörder war sich seiner Tat nicht allzu sicher. Er wandte sich an die Nationalgarden der Gravilliers, wie um ihnen zu erklären, er sei kein Mörder: »Ich liebe nicht das Blut«, sagte er, »ich hätte gern das Blut der Österreicher vergossen, aber nun dauert es mich nicht, daß ich das der Verräter vergossen habe.«

In ihren amtlichen Berichten möchten Fréron und Barras glauben machen, daß sie dabei waren und daß ihre Anwesenheit entscheidend war. Alles floh vor diesen Kriegshelden.

Sie kamen erst in der Morgendämmerung, zwischen drei und vier Uhr, als man nachsah, ob Robespierre und Couthon noch lebten. Fréron sah Couthon am Geländer des Quais liegen, umgeben von wütenden Männern, die ihn mißhandelten. Aber sie entlockten ihm keine Klage. »Wir wollen ihn in die Seine werfen«, sagten sie schließlich. Aber da ertönte doch eine sanfte Stimme aus der armen, namenlosen, regungslosen und blutigen Masse: »Einen Augenblick, ihr Bürger, ich bin noch nicht tot.«

Es war schon Tag bei diesem scheußlichen Schauspiel. Den Leichnam und die Verwundeten brachte man zum Konvent. Hinter dem Leichnam Le Bas' gingen mit Stricken gefesselt Dumas und Saint-Just; der letztere war stolz, standhaft und ruhig.

Die Sieger waren sich nicht darüber einig, wie sie die Sache darstellen sollten. Viele hatten selbst Abscheu vor dem Geschehenen. Léonard Bourdon stellte Merda dem Konvent vor als einen Mann, »der zwei Verschwörer getötet hat«. Das war ganz und gar unrichtig. Auch nannte er die Namen nicht. Der Gendarm erhielt an diesem ersten Tag große Versprechungen. Aber als er zum Ausschuß ging, empfingen ihn Collot und Billaud sehr schlecht. »Man nimmt es dir sehr übel«, sagte Carnot.

Die Sache verletzte sie in doppelter Hinsicht. Zum einen zeigte sie, daß der Knoten ohne sie – und zwar zufällig – zerhauen worden war. Wenn sie andererseits den Erfolg für sich in Anspruch nahmen und ihn ihrer Voraussicht zuschrieben, dann sicherten sie sich damit den tödlichen Haß der Robespierristen, deren Unterstützung ihnen bald höchst notwendig werden mußte. Es war nicht weit her mit der engen Vereinigung aller republikanischen Parteien gegen die Reaktion, welcher ein solches Ereignis von größtem Vorteil war.

Sie kamen dahin überein, was sie Barère sagen ließen, daß Robespierre sich selbst erschossen habe. Selbstmord und nicht Mord. Ein Chirurg war so gefällig, sich in diesem Sinne zu äußern, und man veranlaßte einen Pförtner des Hôtel de Ville, ihn zu unterstützen.

Um zudem jeden Volksaufstand zu verhindern, schürte man sorgsam die in der Nacht verbreitete Verleumdung, Robespierre habe den kleinen Capet zum König machen wollen.

O Schrecken! Nach Aussage Barères hatte man ein Petschaft mit Lilien bei Robespierre entdeckt. Und in seinen Taschen fand man royalistische Pistolen, auf denen drei Lilien eingraviert waren. Man beachte wohl, daß diese Pistolen, mit denen er sich angeblich angeschossen hatte, noch nicht entladen waren. Der Unglückliche wurde stundenlang in einem Saal der Tuilerien allen Kränkungen ausgesetzt; er lag auf einem großen Tisch und hatte, um das ihm aus dem Mund rinnende Blut aufzuhalten, nur jenes liliengezierte Etui, das man ihm sorgsam als corpus delicti in die Hand gelegt hatte.

»Robespierre ist am 10. Thermidor von einigen Kanonieren und bewaffneten Bürgern auf einem Brett in den Wohlfahrtsausschuß gebracht worden. Er ist auf dem Tisch des Empfangssaals, der vor dem Sitzungssaal des Ausschusses liegt, niedergesetzt worden. Eine Kiste aus Tannenholz, die mit einigen Proben Kommißbrot von der Nordarmee geschickt worden war, wurde unter seinen Kopf gestellt und diente ihm gewissermaßen als Kissen. Er blieb fast eine Stunde lang so unbeweglich, daß man beinahe glaubte, er werde aufhören zu atmen.

Endlich, nach ungefähr einer Stunde, begann er die Augen zu öffnen; das Blut floß reichlich aus der Wunde am linken Unterkiefer; dieser Unterkiefer war zertrümmert und die Wange von einem Schuß durchbohrt; das Hemd war blutgetränkt. Er hatte weder Hut noch Halsbinde; er trug einen himmelblauen Rock, eine Nanking-Kniehose und weiße Baumwollstrümpfe.

Man bemerkte, daß er einen kleinen Beutel aus weißem Leder in Händen hielt, auf welchem die Worte standen: *Dem großen Monarchen* von Lecourt, *Lieferant des Königs und seiner Truppen, Rue Saint-Honoré, bei der Rue des Poulis, Paris*. Er bediente sich dieses Beutels, um das geronnene Blut aufzutupfen, das aus seinem Mund kam. Die ihn umstehenden Bürger beobachteten alle seine Bewegungen; einige darunter gaben ihm sogar weißes Papier (denn Leinen war nicht da), das er zu demselben Zweck benutzte, wobei er sich nur der rechten Hand bediente und sich auf den linken Ellenbogen stützte. Zu zwei oder drei verschiedenen Malen wurde Robespierre von ein paar Bürgern sehr beschimpft, besonders aber von einem Kanonier aus seiner Heimat, der ihm auf Soldatenart seine Arglist und Bosheit vorwarf. Gegen sechs Uhr morgens wurde ein im Hof des Palais-National befindlicher Chirurg herbeigerufen, um ihn zu verbinden. Der steckte ihm vorsichtshalber einen Schlüssel in den Mund; er stellte fest, daß die linke Kinnlade zerschmettert war; er zog ihm zwei oder drei Zähne, verband die Wunde und ließ ein Becken mit Wasser neben ihm aufstellen.

In einem Augenblick, da man es am wenigsten erwartete, setzte er sich aufrecht, zog die Strümpfe hoch, glitt plötzlich vom Tisch herunter und lief zu einem Sessel, um sich zu setzen. Kaum saß er, so bat er um Wasser und weißes Leinen.

Während der ganzen Zeit, die er auf dem Tisch lag, betrachtete er nach wiedererlangtem Bewußtsein mit festen Blicken alle Umstehenden, hauptsächlich die Beamten des Wohlfahrtsausschusses, die er kannte; oft hob er die Augen zur Decke; aber von einigen krampfhaften Bewegungen abgesehen, bemerkte man ständig eine große Unempfindlichkeit an ihm, sogar beim Verbinden der Wunde, was ihm heftige Schmerzen verursachen mußte. Seine immer schon gallige Gesichtsfarbe war in Totenblässe übergegangen.«[4]

Wir wollen hier eine interessante Einzelheit anfügen. Ein hébertistischer Beamter aus Carnots Büro sah, daß der Verwundete sehr litt, aber bei vollem Bewußtsein war, und er bemerkte, daß dieser sich in gewissen Augenblicken mit großer Anstrengung bückte und seine Hände an die Kniekehlen brachte. Der Beamte trat heran, löste ihm die Schnallen seiner Kniebänder und streifte ihm die Strümpfe ein wenig auf die Waden herab. Auf diesen Dienst hin machte Robespierre eine Anstrengung zu sprechen und sagte schließlich mit sanfter Stimme: »Ich danke Ihnen, *Monsieur*.«*

Diese unerwartete Rückkehr zur Sprache der alten Vergangenheit – erfolgte sie instinktiv bei dem Mann, der die Formen jener Zeit bewahrt hatte? Oder glaubte er, daß die Revolution mit ihm endete, die Republik mit ihm starb? Verschwanden die fünf großen Jahre wie ein Traum aus seinem Geist, verflüchtigten sich, lösten sich auf, zerstoben? Man möchte glauben, daß er wie in einer Vorahnung des Sterbenden bitter die nahende Reaktion spürte, den ewigen Stein des Sisyphos, an dem Frankreich sich abmüht, und daß er glaubte, daß man von diesem Tag an das Wort *Citoyen* nicht mehr werde sagen können.

Fortsetzung des 10. Thermidor. – Hinrichtung Robespierres. – Die Reaktion bricht aus
XXI, 10

Freude in den Gefängnissen. – Robespierre im Hôtel-Dieu, in der Conciergerie. – Wahre und falsche Wut der Reaktion. – Tod Robespierres und Saint-Justs. – Reaktion auf ihren Tod.

Robespierre täuschte sich kaum, wenn dies sein Gedanke war. Eine von Anbeginn an heftige, unermeßliche Reaktion hatte zur gleichen Stunde eingesetzt.

Und zwar zuerst in den Gefängnissen.

Während die düsteren und verwirrten Faubourgs unentschieden schwankten, erhoben sich in den Gefängnissen Freudenlieder und Erlösungsschreie. Im Luxembourg, im Plessis, in Saint-Lazare und in La Force hatten die Gefangenen die ganze Nacht befürchtet, niedergemetzelt zu werden. Einer von ihnen, in La Force, sagte: »In dieser Stunde sind wir um hundert Jahre gealtert...« Als gegen sechs Uhr die Nachricht von Robespierres Verhaftung eintraf, von seiner Verwundung, seinem Tod (die Berichte waren verworren), da erhob sich ein rasendes Jubelgeheul. Besonders im Plessis, dem Gefängnis, aus dem die Conciergerie und die Guillotine unmittelbar ihr Futter bezogen. Hier saß der berüchtigte Marquis de Saint-Hurugue gefangen, der Mann des 6. Oktober; er verkündete die Nachricht mit erhobener Stimme, schrie sie zum Fenster hinaus. Die

* Dieser Beamte, der danach in den Archiven des Kriegsministeriums angestellt war, hat den Vorfall dem General Petiet erzählt, von dem ich es weiß.

die Höfe des Gefängnisses beherrschenden Dächer der Nachbarschaft füllten sich mit Männern und Frauen, von denen die Gefangenen begrüßt und beglückwünscht wurden.

Plötzlich von einer solchen Morgenröte verklärt, erschien das Plessis wie verwandelt. Die Männer zertrümmerten die Türen ihrer Abteilung und gingen in die Frauenabteilung hinüber. Alle umarmten sich und weinten. Aber schon konnte man erkennen, wie gewalttätig diese Reaktion der Freude sein würde. Die eingelieferten robespierristischen Gefangenen fanden ihren Terror in den Gefängnissen. Am ersten Tag verwünschte man sie, am zweiten wurde man tätlich gegen sie. Die Royalisten begannen bald mit ihrem Duellantenübermut, und im Süden wurde das Duell bald durch den Mord ergänzt.

Die Conciergerie war abgeschlossener, besser verwahrt gegen den Lärm von draußen. Sie wußte um neun Uhr morgens noch nichts. Hier ging der General Hoche traurig auf einem Flur spazieren. Ein Pförtchen öffnet sich, ein junger Mann von schlanker Gestalt senkt den Kopf, um hindurchgehen zu können, und hebt ihn dann wieder... Hoche erkennt Saint-Just... Diese Erscheinung sagte alles. Der Held wandte sich ab, ersparte dem anderen eine demütigende Begegnung, eine peinliche Erinnerung und ehrte das Unglück seines berühmten Feindes.[1]

Die öffentliche Meinung in Paris hatte sich schon mit solcher Stärke geäußert, daß die unstreitig siegreichen Ausschüsse Robespierre unter dem Vorwand eines Verbandwechsels den nutzlosen und harten Gang zum Hôtel-Dieu tun ließen, wo sich schon die anderen Verletzten befanden. So zeigt man ihn auf den Straßen, inmitten der öffentlichen Freudenkundgebungen, bevor man ihn in die Conciergerie schickte.

Daß er von den durch ihn eingesetzten Richtern und Geschworenen vom Prairial abgeurteilt wurde, daß deren Vorsitzender Dumas am 10. von Fouquier-Tinville, mit dem er noch am 9. gemeinsam Sitzung gehalten hatte, ins Jenseits befördert wurde, das war ungeheuerlich und verletzte die Scham und die öffentliche Moral. Um neun oder zehn Uhr morgens gab Fouquier dem Konvent zu bedenken, um den Beschluß der *Ausschließung vom Gesetz* auszuführen, müsse man die Identität der Personen feststellen, und das könne nur in Gegenwart der Gemeindebeamten geschehen, die selbst außerhalb des Gesetzes gestellt seien. Diese Schwierigkeit und Verzögerung erbitterte Thuriot. Er sagte: »Sie müssen unverzüglich sterben; man muß das Schafott aufschlagen lassen... Wir wollen die Erde von diesem Ungeheuer befreien.« Man verwies das Tribunal an den Sicherheitsausschuß, der sich über die Bedenken lustig machte und sie ignorierte.

Um drei Uhr stellten Fouquier, seine Richter und seine *zuverlässigen* Geschworenen, die von Robespierres Schuld nicht weniger überzeugt waren, als sie es von der seiner Feinde gewesen wären, wenn Robespierre gesiegt hätte, die Identität der Personen fest und sandten sie aufs Schafott.[2]

Von fünf bis sechs Uhr bewegte sich die abscheuliche Schaustellung im düsteren und langsamen Zug der Karren durch die enge Rue Saint-Denis, durch die Rue de la Ferronerie und durch die ganze Rue Saint-Honoré.

Sie war abscheulich in mehr als einem Sinne. Es waren Tote und Sterbende, elende blutige Körper, die man der Freude der Menge preisgab. Um sie aufrecht zu halten, hatte man ihre Beine, Arme, Rümpfe und ihre wackligen Köpfe mit Stricken an den Querhölzern der Karren festgebunden. Die Stöße des rauhen Pflasters von Paris mußten sie bei jedem Schritt dem Tod näher bringen.

Robespierre trug den Kopf in einer schmutzigen, mit geronnenem Blut befleckten Binde, die seine zertrümmerte Kinnlade stützen sollte; er wahrte in dieser grauenhaften Lage, wie sie kein Besiegter je erlebte, unter der ungeheuren Last der Flüche eines ganzen Volkes seine steife, unbeugsame Haltung, seinen trockenen und festen Blick. Sein Verstand war ungetrübt, er überblickte die Lage und unterschied zweifellos, was wahr und was falsch war in den ihn umtobenden Wutausbrüchen.

Die Flut der Reaktion stieg so schnell und so stark, daß die Ausschüsse glaubten, die Wachen an den Gefängnissen verdreifachen zu müssen. Überall auf dem Weg der Verurteilten stürzten angebliche Verwandte der Opfer der Terreur herbei, um Robespierre zu schmähen und bei dem traurigen Aufzug den antiken Rachechor zu spielen. Diese falsche Tragödie um die wahre Tragödie herum, dieses Konzert wohlberechneter Schreie und Wutausbrüche war die Szene der Weißen Terreur.

Die Fenster, die zu den höchsten Preisen vermietet wurden, boten den fürchterlichsten Anblick. Unbekannte Gestalten, die sich seit langer Zeit verborgen hatten, waren ans Licht gekommen. Reiche und Dirnen stellten sich auf den Balkonen zur Schau. Dank des gewaltsamen Rückschlags im öffentlichen Empfinden wagte sich ihre wilde Wut offen zu zeigen. Besonders die Frauen boten ein unerträgliches Schauspiel. Schamlos, halbnackt unter dem Vorwand des Juli, den Busen mit Blumen überladen, auf Samtkissen gestützt und mit halbem Leib auf die Rue Saint-Honoré hinausgelehnt, die Männer hinter sich, schrien sie mit greller Stimme: »In den Tod! Auf die Guillotine!« Kühn legten sie an diesem Tag die großen Toiletten wieder an, und abends gingen sie *zum Souper*. Niemand tat sich mehr Zwang an. De Sade wurde am 10. Thermidor aus der Haft entlassen.

Die Gendarmen am Schafott, die noch am Vortag im Faubourg unter Hanriots Befehl mit Säbelhieben jene zerstreut hatten, die »Gnade!« riefen, suchten sich heute der neuen Macht angenehm zu machen und hielten den Verurteilten die Säbelspitze unter das Kinn, um sie den

Neugierigen zu zeigen: »Der hier ist der berühmte Couthon! Der da Robespierre!«

Nichts blieb ihnen erspart. Als der Zug bei der Himmelfahrtskirche ankam, führten die Begleiter vor dem Hause Duplay eine Szene auf. Furien vollführten einen Rundtanz. Ein Kind wartete schon mit einem Eimer Ochsenblut und bespritzte mit einem Besen das Haus. Robespierre schloß die Augen.

Abends rannten dieselben Bacchantinnen nach Sainte-Pélagie, wo die Mutter Duplay saß, und schrien, sie seien die Witwen der Opfer Robespierres. Sie ließen sich von den erschreckten Gefangenenwärtern die Türen öffnen, erwürgten die alte Frau und hängten sie an einer Gardinenstange auf.

Robespierre hatte alle Bitternis der Welt getrunken. Er erreichte endlich den Hafen, die Place de la Révolution. Festen Schrittes stieg er die Stufen des Schafotts hoch. Alle anderen zeigten sich ebenso ruhig; ihre guten Absichten, ihre glühende Vaterlandsliebe und ihre Aufrichtigkeit machten sie stark. Schon lange war Saint-Just auf den Tod und die Zukunft vorbereitet. Er starb würdig, ernst und schlicht. Niemals wird Frankreich den Verlust einer solchen Hoffnung verwinden; Saint-Just war groß aus eigener Größe, verdankte nichts dem Glück und wäre allein stark genug gewesen, um das Schwert vor dem Gesetz erbeben zu lassen.

Soll ich eine Schandtat erwähnen?

Ein Gehilfe des Henkers (war es derselbe, der Charlotte Corday ohrfeigte?) sah die Wut auf dem Platz, den Rachedurst der Menge gegen Robespierre, und als deren feiger und elender Schmeichler riß er ihm roh die Binde ab, die seine arme, zertrümmerte Kinnlade stützte ...[3] Robespierre stöhnte auf... Einen Augenblick lang sah man, wie er fahl und häßlich wurde, wie sich sein Mund weit öffnete und die Zähne, zerbrochen, herausfielen... Dann ein dumpfer Fall... Dieser große Mann war nicht mehr.

Einundzwanzig Hingerichtete, das war wenig für die Menge. Sie hatte Durst, sie wollte Blut. Am nächsten Tag bewirtete man sie mit dem ganzen Blut der Kommune: siebzig Köpfe auf einmal! Und als Nachspeise zum Bankett zwölf Köpfe am dritten Tag.

Man beachte, daß von diesen hundert Personen die Hälfte Robespierre vollkommen fernstand und in der Kommune nur als Namen vorgekommen waren.

Holen wir Atem, wenden wir den Blick ab. »Jeder Tag hat seine Plage.« Es obliegt uns nicht, zu berichten, was folgte, die blindwütige Reaktion, die die Versammlung forttrug und von der sie sich im Vendémiaire mit Mühe erholte. Scheußlichkeit und Lächerlichkeit ringen darin mit gleicher Kraft. Die Dummheit eines Lecointre, die alberne Wut eines Fréron, die feile Niedertracht eines Tallien verliehen den Feigsten Mut, und es begann eine abscheuliche Komödie einträglicher Morde im Namen der Menschlichkeit, die Rache der *Empfindsamen*, die die Patrioten niedermetzelten und ihr Werk, den Ankauf der Nationalgüter, fortsetzten. Die *schwarze Bande* weinte heiße Tränen um die Verwandten, die sie nie besessen hatte, richtete ihre Konkurrenten zugrunde und mißbrauchte die Verordnungen, um hinter verschlossenen Türen ihre Käufe zu tätigen.[4]

Paris wurde wieder sehr fröhlich. Gewiß herrschte der Hunger, aber der Perron erstrahlte im Licht, das Palais-Royal war voll, die Theater überfüllt. Dann wurden jene *Bälle der Opfer*[5] eröffnet, wo die schamlose Unzucht ihre falsche Trauer durch die Orgien schleifte.

Auf diesem Weg gelangten wir zu der großen Gruft, in die Frankreich fünf Millionen Menschen eingeschlossen hat.

Wenige Tage nach Thermidor wurde ein Mann, der noch lebt und der damals zehn Jahre alt war, von seinen Eltern ins Theater mitgenommen, und nach der Vorstellung bewunderte er die lange Reihe prachtvoller Wagen, die er zum ersten Mal zu Gesicht bekam. Leute in kurzen Jacken sagten mit gezogenem Hut zu den Theaterbesuchern: »Ein Wagen gefällig, *mein Herr*?« Das Kind verstand diese neuen Begriffe nicht recht. Es wollte sie sich erklären lassen, und man sagte ihm nur, daß es durch den Tod Robespierres eine große Veränderung gegeben habe.

SCHLUSS[1]

Es ist beendet, dieses Buch, das beinahe zehn Jahre lang bei Tag und Nacht mein einziger Gedanke war. Ich verlasse es und nehme meinen Weg zu unbekannten Ufern wieder auf.

Die zwei letzten Bände habe ich hier geschrieben, in der Nähe von Nantes, in großer Einsamkeit und der tiefen Sammlung, die mein Gegenstand verlangte. Ohne das Collège de France, ohne die Archive, wo ich so viele Jahre verbracht habe, weit von den unvermeidlichen Zerstreuungen der Stadt Paris, allein mit der Geschichte. Ich habe meine ganze Seele daran gegeben, eine beinahe religiöse Hingabe, und die größte Gewissenhaftigkeit geübt, die je mein Herz der Wahrheit zu öffnen vermochte. Montesquieu sagt einmal, als er von dem Eindruck spricht, den ihm die Aufführung eines Theaterstücks gemacht hat:

»Ich entsinne mich nicht, jemals zuvor stärker den Wunsch verspürt zu haben, ein ehrlicher Mensch zu sein.«

Der Autor dieses Buches kann dasselbe für sich behaupten, von dem Moment an, da er diese Studie aufnahm. Seither war er bemüht, diesem Ziel seine Seele und seine Geschäfte, sein ganzes Leben unterzuordnen. Doch mußte ihm auch der Zufall zu Hilfe kommen.

Dies ist geschehen, kurz nach dem 2. Dezember.[2] Von meinen Pflichten frei, tat ich zwei Dinge: Ich verschloß als erstes in Paris meine Bibliothek, die Bücher, mit denen ich gelebt hatte, und nahm nur die unverzichtbaren Quellen mit. Die Bücher, stumme Zeugen, die uns so lange bei der Arbeit beobachtet haben, nützen bisweilen, schaden oft; selbst ungeöffnet halten sie uns durch ihre Gegenwart, durch ihre bloße äußerliche Gestalt, durch gedankliche Assoziationen, die ich nicht näher benennen kann, unserer geheimen Routine verhaftet, die uns nicht bewußt ist. Diese Bande zerriß ich.

Für mein freiwilliges Exil wählte ich die Hauptstadt unserer Bürgerkriege; ich wollte mein Buch zwischen der Bretagne und der Vendée vollenden.

Doch bevor ich Paris verließ, unternahm ich einen Besuch, den ich eben seiner Bedeutung wegen bisher aufgeschoben hatte, den ich mir für den Tag vorgenommen hatte, an dem er sich in die Harmonie meiner Arbeit eingliedern ließe. Und indem ich meine Bücher verließ, meine Freunde, indem ich meine Gewohnheiten änderte – in diesem Tod mir selbst gegenüber –, wollte ich mir eine Stärkung verschaffen, ein homöopathisches Mittel gegen den Tod. Am Sonntag, dem 9. Mai, gegen zehn Uhr vormittags, suchte ich zum ersten Mal den größten Friedhof der *Terreur* auf.

Ich meine nicht etwa Clamart, wo Mirabeau liegt und Madame Roland, und ich meine nicht die Madeleine, wo neben dem König die Gironde und Charlotte Corday beerdigt wurden; ich meine nicht Picpus, wo André Chénier mit dem Adel Frankreichs ruht, und auch nicht Bourg-la-Reine, wo Condorcet die letzte Ruhe fand. Ich spreche vom Friedhof von Mousseaux.

Es ist der Friedhof Dantons und Robespierres, der von Camille Desmoulins, von Saint-Just, von Anacharsis Cloots, von Lavoisier.

Das Wetter stand im Gegensatz zu so düsteren Erinnerungen – strahlend, mild, blütenvoll, ein warmer Frühlingstag, von sanften Lüften gestreichelt.

Vergeßliche Natur! Aber ist Frankreich weniger vergeßlich? Diese Stätte des Todes, deren Erdboden vom Blut des Vaterlandes getränkt ist, vom Leben der Republik, was hat man aus ihr gemacht? »Eine Schenke vor den Toren der Stadt«, werdet ihr sagen, »einen Ort für Zecher?« Nein, einen zweideutigen Tanzboden: Das sorglose Frankreich tanzt dort auf den Toten!

Dieser Ort, mit jungen Bäumen bepflanzt, ist vom ehemaligen Gemüsegarten abgetrennt, der zum Gut von Mousseaux gehörte. Der Park, der früher im Besitz des Herzogs von Orléans war, angelegt im anglomanen Geschmack des ausgehenden 18. Jahrhunderts, dürftig mit galanter Architektur verziert, mit falschen Ruinen, die zu echten geworden sind, ist hübsch, aber sehr traurig. Er war der letzte Spazierweg von Marie-Antoinette (am 20. Juni), und es heißt, daß Robespierre sich dort an seinen düstersten Tagen im Prairial und im Messidor in fiebriger Erregung erging. Danach gab man dort Feste. Im Juni 1848 war Mousseaux das Zentrum der Nationalwerkstätten, deren plötzliche Auflösung Paris mit Blut überschwemmt hat.[3]

Der Gartenwinkel, von dem hier die Rede ist, wurde 1784 von der Generalfinanzpacht als Grundstück für die neue Pariser Einfriedung erworben, und nachdem er seit Februar 1793 der Stadt gehörte, diente er eine Zeitlang vier Pariser Sektionen als gemeinsamer Friedhof.

Später wurde der Friedhof aufgeschüttet, seine Spuren wurden gelöscht, und der Marquis d'Aligre, einer der reichsten Männer Frankreichs, kaufte das Grundstück, das er, wahrscheinlich ohne von alledem zu wissen, zur Hälfte als Tanzfläche vermietete; der Rest des Grundstücks, der näher an der Stadtmauer liegt, ist in kleine, steinige Gärten aufgeteilt, wo die Pariser sich einbilden, Blumen zu ziehen.

Ich betrachtete diesen Boden, ich fragte ihn um Rechenschaft... Drei Generationen sind in drei Schlägen hier gefallen:

die Pariser Kommune, die innerhalb eines Jahres die Stadt neu schuf; Chaumette, die Stimme der Kommune, und ihre Inspiration, Anacharsis Cloots.

Die Hekatombe der Dantonisten, die große Stimme Frankreichs, der Menschheit; Camille, seine reizende Lucile; Philippeaux, ein Gerechter und ein Heiliger; er selbst zuletzt, jener Mann, der der Donner von 1793 war, vor dem das Ausland zurückwich.

Ich nahm etwas von der Erde in die Hand, und sie erschien mir kalt, stumm, leblos. Barbarische Mächte des Schweigens, was habt ihr aus diesen großen Herzen gemacht, aus diesen machtvollen Stimmen?

Und dort – das ist das Bitterste –, dort liegen jene, die Danton töteten, indem sie sich selbst töteten, jene Männer der unerschütterlichen Utopien, die dennoch heroisch und groß sind, die glaubten, Frankreich und die Zukunft zu retten, indem sie ihre Feinde vernichteten.

»Nachwelt! Nachwelt! ... du bist uns nicht unvertraut!«

Mit diesen zärtlichen Worten beschwor der düstere Mann, der die heftige Leidenschaft der Revolution verkörperte, die Sphinx der Jakobiner, seinen blutigen Weg – er, der uns bereits entgegenging, der uns im Geiste bereits sah und aus unserem künftigen Wohlergehen Trost für seine freudlose Gegenwart schöpfte...

Der schöne, der schreckliche Saint-Just, die Sprache der Terreur, dessen Worte ein jedes wie ein Wort des Schicksals fielen; und doch war er ein Mensch, hatte er ein Herz... Wir waren sein Gedanke, der ihn für die Welt entschädigte in seiner grausamen Einsamkeit.

In dieser ganzen Geschichte, die zehn Jahre lang mein Leben war und meine innere Welt, schuf ich mir unterwegs mit diesen wiedergeborenen, wiedererschaffenen Toten innige Freundschaften, an denen mein Herz hing. Dann, wenn sie die Meinen waren, wenn ich mich bereits seit langem von ihrem Genie genährt hatte, von ihrer bewegenden Vertrautheit, mußte ich sie zerstören, mir aus dem Herzen reißen. Glaubt ihr, es hätte mich nichts gekostet, Mirabeau zu vernichten? Um wieviel mehr liebte ich die Gironde, ihren glorreichen Kreuzzug für die Freiheit des Bodens! Und doch habe ich mich von ihr entfernt, als die Wahrheit es verlangte, habe ich sie darum um nichts weniger gerichtet und verurteilt. Doch mein größter Schmerz war es, Danton zu verlassen. Wer kann ahnen, was es mich gekostet hat, mir zum Schluß seinen moralischen Niedergang, seine Winkelzüge, seine Ängste, seine Doppelzüngigkeit einzugestehen!

So ergeht es uns wohl mit allen irdischen Verlusten und auch mit all unseren Gewohnheiten, die nicht weniger stark sind als unsere Bindungen. Wird man es glauben? Die größte Leere an diesem Tisch aus Fichtenholz, den nun mein Buch verläßt und wo ich allein zurückbleibe, ist die, daß ich dort nicht mehr meinen bleichen Gefährten sehen werde, den treuesten von allen, der mich von 1789 bis zum Thermidor nie verlassen hat; den Mann von großer Willenskraft, fleißig wie ich und arm wie ich, mit dem ich jeden Morgen so viele strenge Diskussionen führte. Die größte Frucht meiner moralischen und physiologischen Studie war eben dieser Disput, war es, ernsthaft Robespierre anatomisch untersucht zu haben.

Was ist die Geschichte? Die Spezifizierung. Je mehr sie spezifiziert, präzisiert, charakterisiert, um so mehr ist sie historisch, ist sie sie selbst. Mein Verdienst, das meines Buches, liegt im beständigen Bemühen, den vagen Verallgemeinerungen zu entkommen und die Persönlichkeit zu erfassen, als solche zu ergründen, ihre Veränderungen zu verfolgen und Tag für Tag aufzuzeichnen.

Nichts war mir zu teuer, um dieses Ziel zu erreichen. Und auch das Glück hat mir gedient. Viele jener, die hier wiedererstanden sind, werden sich nun in alle Zukunft das Leben bewahren, das ihnen die Geschichte schuldete im Tausch für jenes, auf welches sie heroisch verzichteten.

So kehrt der unglückliche Fabre d'Eglantine ins Leben zurück, dem die Ehre geraubt wurde und für den sich keine einzige Stimme erhob, bis hier für immer der unwiderlegbare Beweis seiner Unschuld erbracht wurde.

So der tapfere Meuris, der möglicherweise mehr als jeder andere der

Retter von Nantes, der Retter Frankreichs war.[4] Vergessen lag er in dem unbekannten Grab, in das ihn der Dolch eines Girondisten stürzte. Aus meinen Händen empfing er das bescheidene, aber beständige Denkmal, das ihm das dankbare Gedenken des Vaterlandes sein wird.

ANHANG

NACHWORT

1843 war Michelet in seiner 1830 begonnenen Geschichte Frankreichs erst bei der Regierungszeit Ludwigs XI. angelangt. Er beschloß, nach diesem sechsten Band einen Zeitraum von drei Jahrhunderten zu überspringen und zuerst die Geschichte der Revolution zu schreiben, die – so fühlte er – für das Verständnis der sozialen und politischen Kämpfe seiner Zeit unverzichtbar war und ohne deren Kenntnis der Verfall der alten Monarchie sich nicht begreifen ließ. Seit 1841 hatte er Material für diese Geschichte der Revolution gesammelt; 1843 begann er mit systematischen Vorbereitungen, die auch die nächsten zwei Jahre in Anspruch nahmen und 1846 noch kein Ende absehen ließen. Nach der Lektüre der achtbändigen Memoiren Mirabeaus und der Erinnerungen anderer Revolutionsteilnehmer hatte er die vierzig Bände der *Histoire parlementaire* von Buchez und Roux und den *Moniteur* ausgewertet, dessen Nachdruck 1845 abgeschlossen worden war. Verzweifelt, aber nicht entmutigt, entschied sich Michelet, das Wagnis einzugehen, mit dem Schreiben zu beginnen, ohne das Quellenstudium abgeschlossen zu haben, und von nun an parallel zu schreiben und zu forschen. Am 25. Juli 1846 beschloß er, die Einleitung zu schreiben, und setzte ein Schema auf, verwarf bald darauf die Einleitung, die sich als zu sperrig erwies, und begann am 26. September mit der Schilderung der Wahlen zu den Generalständen. Am 10. Februar 1847 erschien der erste Band der *Histoire de la Révolution française*, am 15. November der zweite Band, im Januar 1849 der dritte Band. Inzwischen hatte Michelet zu seinem Entsetzen festgestellt, daß er den vorgesehenen Gesamtumfang bereits überschritten hatte und seinen Zeitplan niemals einhalten können würde. Und in diesem Jahr konsultierte er zum erstenmal Quellen, die er bisher vernachlässigt hatte – die Archive des Hôtel de Ville und der Polizeipräfektur mit den Akten der Kommune und den Protokollen der einzelnen Pariser Sektionen – und die er nun in seiner Geschichtsschreibung ausführlich würdigte, was deren Umfang noch mehr anschwellen ließ. Im Januar 1850 erschien der vierte Band, im März 1851 der fünfte Band. Am 1. August 1853 war es soweit: Mit der Schilderung des Thermidor konnte Michelet den sechsten und siebten Band der *Geschichte der Französischen Revolution* abschließen.

Schon nach der Veröffentlichung der ersten Bände meldeten sich nicht nur begeisterte Stimmen, sondern auch die ersten Kritiker zu Wort – darunter Louis Blanc, der im Londoner Exil zur gleichen Zeit seine eigene Geschichte der Revolution beendet hatte und Michelet zahlreiche methodische Mängel vorwarf, die er mit akribischer Genauigkeit auflistete. Andere kritisierten seine Parteinahme für die Protagonisten der Revolution, seine antimonarchistische und antiklerikale Haltung oder seine Vorbehalte gegenüber den Jakobinern, insbesondere gegenüber Robespierre. »Das endlose Plädoyer von Monsieur Louis Blanc war kaum beendet, als Monsieur Hamel das seine verfaßte, ebenfalls von erschreckendem Umfang«, schreibt Michelet in seinem Vorwort zur Ausgabe von 1869. »Die Lektüre von Buchez hat mich Jahre gekostet (40 Bände). Die der zwölf Bände von Monsieur Louis Blanc hat mir einen guten Teil von 1868 geraubt. Gerade wagte ich aufzuatmen. Ein Freund kommt mit dem Buch von Monsieur Hamel, das aus drei Bänden besteht, die in sehr kleinem Schriftgrad gesetzt sind. (...) Eine Schule, deren Fruchtbarkeit das Fürchten lehrt. Die Zeit, die es dauert, all das zu lesen! darauf zu antworten! Da ich auf jeder Seite angegriffen werde, habe ich errechnet, daß ich mindestens zehn Jahre dafür brauchen werde. Aber werde ich so lange leben? Ich bezweifle es. Sollte es jedoch der Fall sein, dann werde ich eine solche Kritik der Kritiker leisten, daß es auch sie Jahre kosten wird, sie zu lesen. Glauben sie denn, als einzige über Tinte und Papier zu gebieten? So haben wir als Partei und Gegenpartei, mit Widerrede und Replik einen Gegenstand, um unsere Lebenszeit aufs angenehmste herumzubringen.«

Über die Bedeutung seiner Geschichte der Revolution war Michelet sich nicht im Zweifel. »Von der ersten bis zur letzten Seite hat sie nur einen Helden: das Volk«, hatte er in seinem ersten Schlußwort geschrieben. Er war davon überzeugt, denen eine Stimme verliehen zu haben, die die Geschichtsschreibung seit jeher vergessen hatte, und über die bloße Abfolge von Ereignissen hinaus sichtbar gemacht zu haben, was für ihn das Besondere der Französischen Revolution war: daß sich in ihr eine Entwicklung von Ideen zeigte.

Für Michelet endet die Revolution mit der Thermidor-Verschwörung und der Hinrichtung der Robespierristen. Er sympathisiert nicht mit der Terreur des Jahres II – die Jakobiner mißfallen ihm, er denunziert sie immer wieder als verkappte Mönche und Priester –, aber er hält die Diktatur des Wohlfahrtsausschusses für aus der historischen Situation heraus gerechtfertigt und notwendig: Sie hat die Revolution erhalten, die sonst unter dem Druck der Bedrohung von außen und der inneren Instabilität zerbrochen wäre. So ist es kein Zufall, daß er sich erst achtzehn Jahre nach der Beendigung der *Histoire de la Révolution française* dazu entschließen konnte, die Zeit vom Direktorium bis zum Sturz Bonapartes zu schildern.

Unmittelbar nach dem Abschluß der Geschichte der Revolution machte er sich daran, die Lücke von der Regierungszeit Ludwigs XI. bis zum Ausbruch der Revolution zu füllen; an diesen elf Bänden der siebzehn

Bände seiner Geschichte Frankreichs arbeitete er von 1854 bis 1867. 1871 wandte er sich der ihm verhaßten Restaurationszeit zu. Er war jetzt ein alter Mann. 1872 erschien der erste Band seiner Geschichte des neunzehnten Jahrhunderts, der das qualvolle Ersterben der Ersten Republik zum Inhalt hat, 1873 der zweite Band (von Fructidor bis zum 18. Brumaire) und 1874, einen Monat vor Michelets Tod, der dritte Band, der mit der Niederlage Napoleons bei Waterloo endet. Gegen Ende seines Lebens hatte er über seine Geschichte Frankreichs geschrieben:

„So sind vierzig Jahre vergangen. Wenig ahnte ich das, als ich begann. Ich glaubte, in vier, vielleicht sechs Jahren einen Abriß von ein paar Bänden zu schreiben. Aber Abrisse kann man nur von Dingen machen, die wohlbekannt sind. Und weder ich noch sonst jemand kannte diese Geschichte.

Bereits nach meinen ersten zwei Bänden erahnte ich die unermeßliche Ausdehnung dieser *terra incognita.* Ich sagte mir: ›Ich werde zehn Jahre brauchen‹ ... Nein, es wurden zwanzig, dreißig ... Und der Weg, der vor mir lag, wurde immer länger. Ich beklagte mich nicht darüber. Bei Entdeckungsreisen weitet sich das Herz, wird groß, sieht nur noch das Ziel. Man vergißt sich selbst ganz und gar. So widerfuhr es mir. Indem ich mein Ziel immer leidenschaftlicher verfolgte, verlor ich mich selbst aus dem Auge, absentierte ich mich von mir selbst. Ich habe an der Welt vorbeigelebt und habe die Geschichte für das Leben gehalten.

Nun ist es verstrichen. Ich bedaure nichts. Ich verlange nichts. Ha! was könnte ich verlangen, mein geliebtes Frankreich, mit dem ich gelebt habe und das ich unter so großem Bedauern verlasse! In was für einer Gemeinschaft habe ich mit dir vierzig Jahre (zehn Jahrhunderte) verbracht! Wie viele Stunden voller Leidenschaft, Edelmut, Strenge verbrachten wir miteinander, oft sogar im Winter schon vor Morgengrauen! Wie viele Tage der mühsamen Arbeit und Studien in den Archiven! Ich arbeitete für dich – ich ging, kam, suchte, schrieb. Jeden Tag gab ich alles, was ich geben konnte, vielleicht mehr. Am nächsten Morgen, da ich dich an meinem Tisch fand, wähnte ich mich unverändert, von deinem kraftvollen Leben und deiner ewigen Jugend gestärkt.

Aber wie war es möglich, daß ich, der ich das unerhörte Glück einer solchen Gesellschaft kannte, der ich lange Jahre von deiner große Seele gelebt habe, dies nicht besser zu nutzen verstand? Ach! um dich für all das zu entschädigen, mußte ich diese lange Zeit des Elends, des Schmerzes, der hundertfachen Lähmung und Tödlichkeit auf mich nehmen. Ich habe zuviel Bitternis getrunken. Ich habe zu viele Leiden, zu viele Vipern und zu viele Könige schlucken müssen.

Sei's drum! mein großes Frankreich, sollte es, um dein Leben aufzuspüren, eines Mannes bedurft haben, der sich hingab, der den Styx wieder und wieder überschritt, so tröstet er sich darüber und dankt dir ein letztes Mal. Und sein größter Kummer ist, daß er dir hier Lebewohl sagen muß.«

Eine deutsche Ausgabe der *Histoire de la Révolution française* wurde vor dem Ersten Weltkrieg begonnen; 1914 erschien der erste Band (»Vom Sturm auf die Bastille bis zum Bundesfest « untertitelt). Der Krieg unterbrach die Fortsetzung der Publikation, die erst 1929 und 1930 und von einem anderen Verlag als dem ursprünglichen abgeschlossen wurde. Diese bisher einzige deutschsprachige Ausgabe ist nicht vollständig. Übersetzer und Bearbeiter haben dort, wo sie dem Autor literarisierende Entgleisungen unterstellten, den Text gekürzt – in der Meinung, damit der Wissenschaftlichkeit des Werks zu dienen. Sie haben den zahlreichen Anmerkungen Michelets eigene Fußnoten hinzugefügt (die nicht immer als die ihren erkennbar sind), in denen sie ihn berichtigen und kommentieren; sie haben die Einführung, in der Michelet den Niedergang der Monarchie darlegt, ebenso unterschlagen wie das Kapitel über »Methode und Geist« seiner Revolutionsgeschichte. Am gravierendsten machen sich ihre Eingriffe im letzten Drittel des Werks bemerkbar, in dem die Terreur beschrieben wird – die immer knapperen, atemlosen Kapitel, in denen Michelet die Geschichte plötzlich nach Tagen, ja Stunden schreibt, sind teilweise bis um die Hälfte zusammengestrichen und zu langen Kapiteln zusammengefügt, vermutlich aus dem Wunsch heraus, sie formal an die Teile aus Michelets später verfaßter *Histoire du dixneuvième siècle* anzugleichen, die der *Geschichte der Französischen Revolution* angehängt worden sind, so daß die deutsche Ausgabe nicht mit dem Thermidor endet, sondern bis zum 18. Brumaire reicht.

Die Geschichte der Französischen Revolution, so, wie Michelet sie geschrieben hat (schreiben mußte, da die einzelnen Bände sofort veröffentlicht wurden), bleibt dem Leser vorbehalten, der der französischen Sprache mächtig ist. Vielleicht kann die vorliegende Auswahl, deren einzelne Kapitel nicht gekürzt sind, sondern ergänzt – beziehungsweise zerlegt, wo sie zusammengezogen waren –, dazu anregen, den Stilisten Michelet dem Historiker nicht länger unterzuordnen. Sie wurde in dem Bestreben zusammengestellt, die Veränderungen in Michelets Schreiben zu verdeutlichen – von den breit angelegten Panoramen zu Anfang der Revolution über die hymnischen, rhapsodischen Kapitel, die ihre Höhepunkte feiern, hin zu den abgehackten, fiebrigen Augenblicksimpressionen des Jahres II und dem jähen Schluß.

Die letzten erschienenen Ausgaben der *Histoire de la Révolution française* sind die von Claude Mettra in zehn Bänden herausgegebene (ohne Anmerkungen, aber mit einem ausführlichen Vorwort zu jedem Band) und die zweibändige, von Gérard Walter herausgegebene, die umfangreich annotiert und mit Zeittafel und Kurzbiographien versehen ist. Die entsprechenden Bände der von Paul Viallaneix edierten kritischen Gesamtausgabe der Werke Michelets sind noch in Vorbereitung.

1913 erschien auf deutsch *Die Frauen der Revolution*, ein 1854 entstandenes Nebenprodukt der *Histoire de la Révolution française*, in welchem Michelet einzelne Passagen seiner Revolutionsgeschichte aufgegriffen, erweitert und durch zusätzliche Texte ergänzt hat. Anläßlich der Zweihundertjahrfeier der Französischen Revolution wurde *Die Frauen der Revolution* ebenso neu aufgelegt wie auch *Die Geschichte der Französischen Revolution* – letzteres herausgegeben, kommentiert und mit einem Register versehen von Dr. Jochen Köhler. Auszüge aus der *Histoire de la Révolution française* und aus anderen Bänden von Michelets *Histoire de France* finden sich in *Michelet* von Roland Barthes, 1980 unter gleichem Titel ins Deutsche übersetzt. Hingewiesen sei an dieser Stelle auf die Empfehlung Alfred Andersch', *To the Finland Station* von Edmund Wilson zu lesen; diese Studie, die zuletzt unter dem Titel *Auf dem Weg zum Finnischen Bahnhof* auf deutsch erschien, enthält eine überzeugende Würdigung Michelets und der Einzigartigkeit seiner Geschichtsschreibung.

Nachstehend finden sich die Bücher und Kapitel der französischen Ausgabe der *Histoire de la Révolution française* aufgelistet, um eine Einordnung der einzelnen Kapitel der Auswahl zu erleichtern.

Dem Buch I der französischen Ausgabe ist die Einführung aus zwei Teilen vorangestellt; Buch I besteht aus 7 Kapiteln, Buch II aus 9 Kapiteln, Buch III aus 12 Kapiteln und einem Extrakapitel über Methode und Geist des Werks, Buch IV aus 13 Kapiteln und einem Schlußwort, Buch V aus 11 Kapiteln, Buch VI aus 10 Kapiteln, Buch VII aus 8 Kapiteln, Buch VIII aus 8 Kapiteln, Buch IX aus 13 Kapiteln, Buch X aus 11 Kapiteln, Buch XI aus 6 Kapiteln, Buch XII aus 7 Kapiteln, Buch XIII aus 9 Kapiteln, Buch XIV aus 5 Kapiteln, Buch XV aus 4 Kapiteln, Buch XVI aus 5 Kapiteln, Buch XVII aus 7 Kapiteln, Buch XVIII aus 6 Kapiteln, Buch XIX aus 5 Kapiteln, Buch XX aus 4 Kapiteln und Buch XXI aus 10 Kapiteln und dem Schluß.

M. W.

Anmerkungen

Die Wahlen von 1789

1. Das Ausmaß der Wahlbeteiligung ist nicht nachprüfbar. 1789 betrug die Gesamtbevölkerung Frankreichs zwischen 25 und 28 Millionen; davon entfielen etwa 16 % auf die Städte. 36 % der Bevölkerung waren jünger als 24 Jahre, 24 % älter als 40 Jahre, und der dritte Stand machte etwa 98 % der Gesamtbevölkerung aus.
2. Charles-Joseph Panckoucke, der am Vorabend der Revolution als reichster und berühmtester Verleger Frankreichs galt, veröffentlichte seit November 1789 die *Gazette nationale ou le Moniteur universel*, die 1803 zum amtlichen Organ wurde; zwischen 1840 und 1845 wurde sie nachgedruckt.
3. Das Lehnswesen war gegenüber dem Besteuerungssystem das zweifellos geringere Übel. Neben den Lehnsabgaben wie *cens* und *champart* wurden zahlreiche Steuern erhoben (*taille, capitation, vingtième, aides, gabelle* und weitere), von denen Klerus und Adel fast immer befreit waren.
4. Die Landverteilung im Jahr 1789 sieht in etwa folgendermaßen aus (wobei die Angaben für den Bauernstand je nach Quelle sehr stark schwanken): Bauern 33 % bis 45 %, Adel 25 %, Klerus 20 %, Bürgertum 22 % beziehungsweise 10 %.
5. *Histoire parlementaire de la Révolution française ou Journal des assemblées nationales depuis 1789 jusqu'en 1815*, zwischen 1834 und 1838 von Philippe Joseph Benjamin Buchez und Prosper-Charles Roux in 40 Bänden herausgegeben. Diese Sammlung von Dokumenten bildete neben dem *Moniteur* und – später – den Protokollen der Pariser Kommune, der Polizeipräfektur und der einzelnen Sektionen Michelets Hauptquelle.
6. Auf den Regen und die Überschwemmungen von 1787 folgten 1788 Dürre und Hagelstürme, die eine katastrophale Mißernte zur Folge hatten; die Getreidepreise, die bis Ende der 70er Jahre stabil gewesen waren, stiegen um 100 bis fast 300 %. Die Landbevölkerung, die durch die ertragreichen Jahre der Jahrhundertmitte einen gewissen Kinderreichtum aufwies, sah sich nach einer Reihe schlechter Jahre in einer verzweifelten Situation.
7. Nach der Wahlordnung vom 24. 1. 1789 war jeder wahlberechtigt, der geborener oder naturalisierter Franzose, keine Frau und kein Bediensteter war, älter war als 25 Jahre, einen Wohnsitz hatte und mindestens 6 Livres Kopfsteuer (*capitation*) zahlte.
8. Laut Gérard Walter, dem Herausgeber der zweibändigen Ausgabe der *Histoire de la Révolution* Michelets (Paris, 1952), waren es nicht drei, sondern elf Bezirke (Bd. I, S. 1298).
9. Réveillon beruft sich in seinem *Exposé justificatif* darauf, daß er immer 25 Sous bezahlt habe und trotz Arbeitsmangels niemanden entlassen habe (Michelet, Bd. I, S. 1299).

10. Sieyès war durch Zufall als Abgeordneter des dritten Standes gewählt worden. Der Klerus hatte ihn aufgestellt, aber nicht genug Stimmen für ihn erhalten. Den Pariser Abgeordneten des dritten Standes fehlte noch ein Mitglied, und da vergessen worden war, in den Bestimmungen ausdrücklich aufzuführen, daß die Abgeordneten keinem der zwei anderen Stände entstammen dürften, wurde Sieyès hinzugewählt.

Die Eröffnung der Generalstände

1. Notre-Dame der Gemeinde Versailles ist gemeint.
2. Die Kleiderordnung der drei Stände sah vor: für die Abgeordneten des dritten Standes Rock, Weste und Hose aus schwarzem Tuch, schwarzen Tuch- oder Seidenmantel und Batistkrawatte, für die Abgeordneten des Adels schwarzen Mantel mit Goldaufschlägen, schwarze Hose, weiße Strümpfe, Spitzenkrawatte und Hut mit weißen Federn, für die Abgeordneten des Klerus roten Hut für die Kardinäle, für Erzbischöfe und Bischöfe Chorhemd, Soutane, Mantel, Barett, für den übrigen Klerus Soutane, Mantel, Barett (Instruktionen des Zeremonienmeisters Dreux-Brézé).
3. Albert Soboul (in *Die Große Französische Revolution*, Frankfurt a. M., 1973) nennt den 2. Mai, Gérard Walter den 1. Mai als den Tag, an dem die Generalstände dem König vorgestellt wurden. Die Anordnungen des Zeremonienmeisters verraten die Absicht, den dritten Stand zu demütigen. Der erste Stand – der Klerus – wurde um 11 Uhr vormittags empfangen, der Adel am frühen Nachmittag, und beide wurden in das Kabinett des Königs geführt. Der dritte Stand wurde um 4 Uhr nachmittags durch eine Hintertür hereingelassen und im Schlafgemach des Königs vorgestellt.
4. In den Memoiren des Marquis de Ferrières heißt es: »Das Haus Polignac war der Herd aller Kabalen, ihr Ausgangs- und Endpunkt. Dort zeigte sich der Graf von Artois den Abgeordneten; die unter ihnen, die sich am meisterhaftesten auf die Intrige verstanden, die in die geheimen Mysterien des Abends eingeweiht waren, berieten sich mit ihm. Man wies ihnen den Weg, den sie zu gehen hatten, die Mittel, deren sie sich bedienen sollten.« (Bd. I, S. 33-34, zitiert nach Michelet, Bd. I, S. 1307.)
5. Dies sind die ersten Anzeichen der Grande peur, der Großen Angst, die sich im Verlauf des Sommers über alle Provinzen ausbreitete. Die wirtschaftliche Krise hatte die irrationale Hoffnung geweckt, daß die Einberufung der Generalstände wie ein Allheilmittel wirken würde; die Nachrichten – oftmals entstellt und übertrieben – von den Verzögerungen der Neuordnung, die von Versailles in die Provinzen gelangten, gaben der Vorstellung von einem aristokratischen Komplott Vorschub, das die Teuerung bewirkte und benutzte, um den dritten Stand zu unterdrücken, und Wegelagerer anheuerte; vom aristokratischen Komplott war es nicht weit

bis zur Verschwörung mit dem Ausland, die Räuberbanden von jenseits der Grenzen rekrutierte.

Die Nationalversammlung

1. Gemeint sind die österreichischen Niederlande, das heutige Belgien.
2. Gemeine (französisch: Communes) nannten sich die Abgeordneten des dritten Standes in Anlehnung an das englische Unterhaus.
3. Malouet sagte: »Bleiben wir, was wir sind, die Vertreter des Volkes oder des größeren Teils der Nation.« (*Moniteur*, I, S. 78, zitiert nach Michelet, Bd. I, S. 1312.)
4. Am 11. Brumaire des Jahres II (1. 11. 1793) erließ der Konvent ein Dekret, das das Ballhaus zur nationalen Gedenkstätte erklärte. Nach dem 18. Brumaire im Jahr VIII (9. 11. 1799) wurde die Gedenkstätte geschlossen. Unter der Restauration wurde die Gedenkplakette entfernt und das Gebäude als Lager für Theaterrequisiten benutzt. Unter der Julimonarchie wurde die Plakette wieder angebracht, und die Februarrepublik bescherte dem Ballhaus eine prunkvolle Rehabilitation. Unter dem Zweiten Kaiserreich war es damit vorbei.

Der Ballhauseid

1. Die Anmerkung lautet: »Man trug sich durchaus nicht mit schlechten Absichten gegen den König. Alles war royalistisch, sowohl die Versammlung als auch das Volk. Marat war es noch im Jahre 1791. In einem unveröffentlichten Brief... scheint Robespierre von dem guten Glauben Ludwigs XVI., dessen Besuch in Paris er berichtet (23. Juli 1789), überzeugt zu sein.«
2. Der Eidesverweigerer war Martin d'Auch, Abgeordneter aus Castelnaudary, der sagte, er könne keinen Eid auf Beschlüsse leisten, die nicht vom König genehmigt seien.
3. Barère berichtet in seinen Memoiren (I, S. 256), der Graf von Artois sei zum König geeilt, habe ihn von der Weigerung des dritten Standes, den Saal zu verlassen, unterrichtet und verlangt, die Abgeordneten von der Leibgarde zerstreuen zu lassen. Ludwig XVI., der im Begriff gewesen sei, in die Kutsche zu steigen, habe darauf nur dem Kutscher den Befehl gegeben, ihn zum Schloß zu fahren, während der Graf von Artois insistiert habe: »Geben Sie den Befehl, sonst ist alles verloren.« – »Gehen Sie doch selber hin«, habe der König darauf erwidert und zuletzt die Geduld verloren und gerufen: »Zum Henker mit Ihnen! Zum Schloß! Zum Schloß!« (Nach Michelet, Bd. I, S. 1318.)
4. Am 24. Juni stößt die Mehrzahl des Klerus zur Nationalversammlung, am

25. folgen 47 Adlige unter Führung des Herzogs von Orléans; am 27. Juni erkennt der König die vollendeten Tatsachen an und empfiehlt der Minderheit des Klerus und seinem »getreuen Adel«, sich ebenfalls mit dem dritten Stand zu vereinigen. Mit der Aufhebung der Generalstände untersteht die Autorität des Königs der Nationalversammlung, die sich am 9. Juli zur Verfassunggebenden Versammlung erklärt. Die staatsrechtliche Revolution ist abgeschlossen, der Absolutismus durch die nationale Souveränität abgelöst.

Erstürmung der Bastille, 14. Juli 1789

1. Am 11. Juli entließ der König Necker und weitere reformwillige Minister; gleichzeitig wurden neue Truppen nach Versailles verlegt. Auf diese Nachrichten hin kam es am folgenden Tag in Paris zum Aufruhr, dem sich auch meuternde Einheiten der Französischen Garde anschlossen. Am 13. Juli gründeten die Pariser Wahlmänner – die provisorische Stadtregierung, aus der später die Kommune hervorging – eine Bürgermiliz, die Ausschreitungen verhindern sollte; für ihre Bewaffnung suchte man am 14. Juli zuerst im Hôtel des Invalides nach Waffen.
2. Zu Michelets berühmter Schilderung des Bastillesturms schreibt sein Herausgeber Walter: »Michelets Bericht ist hier ebenfalls ein Akt des Glaubens. Er berichtet das Geschehen nicht, sondern sieht es, nimmt daran teil, erlebt es wie eine Trance... Ein Evangelium diskutiert man nicht. Man verneigt sich davor.« (Bd. I, S. 1328.)
3. Henri Masers de Latude verschwand für zwanzig Jahre in der Bastille, nachdem er ein fiktives Komplott bei Madame de Pompadour angezeigt hatte. Es gelang ihm, eine Denkschrift hinauszuschmuggeln, die Madame Legros, eine Krämerin, dazu bewegte, sich mit unermüdlicher Energie für seine Freilassung einzusetzen und diese tatsächlich zu erreichen. 1793 wurde Latude eine Entschädigung von 60000 Livres zugesprochen.

Volksgericht

1. Der Club breton wurde kurz vor Eröffnung der Generalstände in Versailles von bretonischen Abgeordneten gegründet.
2. Nicht Mirabeau, sondern Sieyès bezeichnete Barnave, Du Port und Alexandre de Lameth 1790 als »Triumvirat«.
3. Im Juli 1790 wurde die patriotische Gesellschaft der Amis des Droits de l'homme et du citoyen gegründet, die unter dem Namen Club des Cordeliers bekannt wurde (sie ging aus den Versammlungen des ehemaligen Distrikts der Cordeliers hervor).

4. Abwandlung von *pacte de famille* (Erbvertrag) zu *pacte de famine*.
5. Madame Du Barry soll im Auftrag Ludwigs XVI. Foulon den Posten des Finanzministers angeboten und ihm gleichzeitig erklärt haben, daß er ein Mittel finden müsse, das Defizit auszugleichen, ohne Reformen vorzunehmen oder neue Steuern zu erheben, worauf Foulon erwidert haben soll, in diesem Fall sehe er keinen anderen Weg als den Bankrott, er bitte den König jedoch, dabei nicht auf ihn zu rechnen. Der Abbé Terray wurde statt seiner zum Minister ernannt.
6. Der Dragoner verdankt seine Existenz einem Irrtum Baillys; ein Koch (er trug einen Dragonerhelm, den er sich angeeignet hatte), der bereits de Launay den Kopf abgeschnitten hatte, »weil er sich von Berufs wegen darauf verstand« (*Moniteur*, III, S. 160), erklärte im Verhör, daß er von einem Soldaten aufgefordert worden sei, das Herz Bertiers den Behörden zu bringen. Bailly schreibt in seinen *Mémoires*: »Ein Dragoner trat ein, der ein Stück blutigen Fleischs trug, und sagte: ›Das ist das Herz Bertiers.‹ Wir haben den Blick abgewendet, und er wurde hinausgeschickt. Dann erfuhren wir, daß man seinen Kopf bringe und sich dieser bereits im Treppenhaus befinde. Wir ließen ausrichten, daß niemand eintreten dürfe, weil die Versammlung sich in einer Beratung befinde.« (Nach Michelet, Bd. I, S. 1350.)

Das Volk holt den König

1. Lecointre war Bataillonschef.
2. Die Kutschen wurden von Nationalgardisten aufgehalten und zurückgeschickt. An eine unbemerkte Flucht war nicht mehr zu denken.

Das neue Prinzip

1. Die Panik von Saint-Jean-de-la-Gardonnenque, die dem Ereignis von Chavignon ähnelt, resultierte aus der Angst der Protestanten vor katholischen Massakern; seit Anfang 1790 war es in Südfrankreich wiederholt zu heftigen Auseinandersetzungen zwischen katholischen Royalisten und protestantischen Patrioten gekommen, die sich verschärften, als die Nationalversammlung sich am 13. 4. 1790 dagegen aussprach, den katholischen Glauben als Staatsreligion anzuerkennen.
2. Der Pfarrer Carrion wurde wegen seiner Übergriffe im August 1790 verhaftet. Die Gemeinde von Issy bat die Nationalversammlung um seine Freilassung, die gewährt wurde.
3. Nach dem Gesetz vom Dezember 1789 waren wahlberechtigt alle »Aktivbürger« – die geborenen oder eingebürgerten Franzosen, die seit mindestens 12 Monaten in ihrem Kreis oder Bezirk wohnten, keine Frauen

oder Dienstboten waren und direkte Steuern im Gegenwert von 3 Arbeitstagen entrichteten (etwa 2 – 3 Livres jährlich). Sie wählten die Wahlmänner, die mindestens Steuern im Wert von 10 Arbeitstagen entrichten mußten (7 – 10 Livres), und diese wählten die Abgeordneten, deren Wählbarkeit von Grundbesitz beliebiger Größe und einer Steuerleistung im Wert von etwa 50 Livres abhing. 1791 wurden die Bestimmungen dahingehend geändert, daß Wahlmänner 15 – 20 Livres Steuern entrichten mußten, während für den Status des Abgeordneten keine Auflagen mehr bestanden.

Von der neuen Religion

1. Er schrieb unter anderem die Ode »Kennet euch selbst« (1789).

Frankreich schuf sich frey. Des Jahrhunderts edelste That hub
  Da sich zu dem Olimpus empor!
Bist du so eng begränzt, daß du sie verkennest, umschwebet
  Diese Dämmerung dir noch den Blick,
Diese Nacht: so durchwandre die Weltannalen, und finde
  Etwas darin, das ihr ferne nur gleicht,
Wenn du kanst. O Schicksal! das sind sie also, das sind sie
  Unsere Brüder die Franken; und wir?
Ach ich frag' umsonst; ihr verstummet, Deutsche! Was zeiget
  Euer Schweigen? bejahrter Geduld
Müden Kummer? oder verkündet es nahe Verwandlung?
  Wie die schwüle Stille den Sturm,
Der vor sich her sie wirbelt, die Donnerwolken, bis Glut sie
  Werden, und werden zerschmetterndes Eis!
Nach dem Wetter, athmen sie kaum die Lüfte, die Bäche
  Rieseln, vom Laube träufelt es sanft,
Frische labet, Gerüch' umduften, die bläuliche Heitre
  Lächelt, das Himmelsgemälde mit ihr;
Alles ist reg', und ist Leben, und freut sich! die Nachtigall flötet
  Hochzeit! liebender singet die Braut!
Knaben umtanzen den Mann, den kein Despot mehr verachtet!
  Mädchen das ruhige, säugende Weib.

Dazu merkt R. Hamel in *Klopstocks Werke, dritter Teil, Oden, Epigramme und geistliche Lieder* (Berlin, Stuttgart, 1883) an: »Am 4. und 27. August 1789 wurden in Frankreich die Menschenrechte verkündet und die Feudalrechte aufgehoben. Des Dichters Stolz auf die Deutschen läßt ihn die Erwartung aussprechen, sie würden nun wenigstens nach dem Beispiel der Franzosen handeln, das reinigende Gewitter nicht fürchten, um nachher seine Segnungen zu genießen.«

2. In etwa: Das Volk wiederholt ohne Unterlaß an diesem Tag: Ah! So wird's gehn! So wird's gehn! So wird's gehn! Den Lehren des Evangeliums folgend (Ah! So wird's gehn! So wird's gehn! So wird's gehn!) Wird der Gesetzgeber alles erfüllen; Wer sich erhöht, den wird man erniedrigen; Und wer sich erniedrigt, den wird man erhöhen, usw. – Diese Fassung aus der Feder des Sängers Ladré ist nicht die ursprüngliche. Das erste *Ça ira* von 1789, das 1792 wieder aufkam, ist das von Michelet als »mörderisches *Ça ira* von 1793« bezeichnete Lied; die erhaltene erste Strophe lautet bekanntermaßen: »Ah! Ça ira, ça ira, ça ira! Les aristocrates à la lanterne! Ah! Ça ira, ça ira, ça ira! Les aristocrates, on les pendra, Et quand on les aura tous pendus, On leur fich'ra la pelle au cul.« (Die Aristokraten an die Laterne! Die Aristokraten hängen wir auf! Und wenn wir sie alle aufgehängt haben, Hauen wir ihnen die Schaufel auf den Hintern.)
3. Ähnlich wie bei den Wahlen und den Generalständen von 1789 setzte ganz Frankreich einen wahren Wunderglauben in die Pariser Föderationsfeier von 1790, die man als Symbol einer tatsächlich erreichten Einheit ansah. Kritische Stimmen wie die Marats – »Um eure Freiheit, eure Ruhe zu garantieren, wollt ihr euch in einer Föderation zusammenschließen. Und eure Feinde, die es nicht wagen, sich dem entgegenzustellen, pflichten euch geschickt bei... Was soll man von einer Föderation halten, die sich auch auf die Bürger erstreckt, denen das Vaterland gleichgültig ist, auf die Feiglinge, die das Vaterland verlassen haben, auf die Verräter, die unablässig gegen das Vaterland konspirieren?« – fanden wenig Gehör.
4. Es wurde übel vermerkt, daß der König weder die von Mirabeau verfaßte Rede hielt noch zur Eidesleistung an den »Altar des Vaterlandes« zu treten bereit war.

Widerstreitende Prinzipien in der Versammlung und bei den Jakobinern

1. Der »Zirkus« war ein schmales, längliches Gebäude in der Mitte des Palais-Royal, das für Tanzveranstaltungen und Aufführungen benutzt wurde. Montags und freitags tagte dort der Cercle social des Abbé Fauchet, der in Anlehnung an den Tagungsort zuerst Cirque de la vérité et de l'amour universel hieß (Zirkus der Wahrheit und der allgemeinen Liebe).
2. *Le Journal de l'Etat et du Citoyen*, 1789 gegründet, war die einzige politische Zeitung, die von einer Frau herausgegeben wurde – von Louise-Félicité Robert, geborene Kéralio, die Mitglied der Akademie von Arras und eine – ausnahmsweise – geachtete Feministin war.
3. *Bouche de fer*: eiserner Mund. In Nachahmung von Fauchets Cercle social, an dessen Sitzungen sie seit 1791 teilnahm, gründete Etta Palm den Cercle patriotique des amies de la vérité (Patriotischer Kreis der Freundinnen der Wahrheit).

4. Siehe hierzu Anmerkung 1 zum nächsten Kapitel »Die Cordeliers«. – Der Herzog von Orléans war ein geschickterer Intrigant, als es ihm Michelet hier unterstellt.
5. Gérard Walter weist darauf hin, daß an dieser Stelle das Duell zwischen Michelet und Robespierre beginnt, das bis zum Thermidor anhalten wird.
6. Bis 1778 scheinen seine Spuren sich nachweisen zu lassen.
7. Danton besuchte nicht das Collège Louis-le-Grand.
8. Korrekter ließe sich sagen, daß Etienne Dumont dies behauptet.
9. Die Nacht des 4. August 1789 war die sogenannte Opfernacht der Privilegierten – auf Antrag des Herzogs von Aiguillon und des Vicomte de Noailles wurden in dieser Nacht Feudalrechte und Privilegien des Adels von der Nationalversammlung aufgehoben.
10. Seine ersten Auftritte hatten wenig Erfolg in der Nationalversammlung, fanden aber ihr Echo in der Presse und in den Pariser Klubs, in denen er bereits gegen Ende 1790 großes Ansehen genoß. – Die Namensverstümmelung durch die Journalisten war nichts Ungewöhnliches (Saint-Just wurde als Sinjeu bezeichnet).
11. S. 118: *Nihil habet paupertas durius in se quam quod ridiculos homines facit* – in etwa: Das Schlimmste an der Armut ist, daß sie den Menschen der Lächerlichkeit preisgibt.
12. Ende August 1790 meuterten in Nancy stationierte Truppen, weil ihnen seit Monaten der Sold vorbehalten worden war. La Fayette schickte den Marquis de Bouillé, der ein Exempel statuieren sollte und mit Billigung La Fayettes eine brutale Strafaktion durchführte.
13. In einem späteren Kapitel (Bd. I, S. 506 f.) schildert Michelet den Unterschied zwischen den Jakobinern der ersten und denen der zweiten Generation: »Alexandre de Lameth erzählt, daß eine patriotische Gesellschaft ihn und seinen Bruder sowie Du Port und Barnave im Juni 1790 zu einem Bankett einlud. Dieses Bankett von zweihundert Personen, Männern und Frauen, war wahrhaft spartanisch – sowohl durch die patriotische Strenge als auch durch die Schlichtheit. Als die Gäste Platz genommen haben, erhebt sich der Vorsitzende und spricht feierlich den ersten Artikel der Erklärung der Menschen- und Bürgerrechte: ›Die Menschen werden frei geboren und bleiben frei, usw.‹ Die Versammlung hörte in religiöser Andacht zu, und andächtig verlief das gesamte Mahl. Eine Miniaturbastille stand auf der Tafel; beim Dessert ziehen die Sieger des Bastillesturms, die sich unter den Gästen befinden, ihre Säbel und zertrümmern die Bastille wortlos; ein Kind mit Freiheitsmütze springt daraus hervor. Die Damen setzen den patriotischen Abgeordneten Bürgerkronen aufs Haupt, und die Mahlzeit endet, wie sie begonnen hatte: Der Vorsitzende spricht als Schlußwort mit demselben feierlichen Ernst den zweiten Artikel der Erklärung der Rechte: ›Das Ziel jeder Gesellschaft usw.‹ [...]

   Die Lameths sahen sich mit Schaudern in einer ganz neuen Welt. Die vornehmen und eleganten Jakobiner von 1789 erkannten die wahren

Jakobiner. – Sie geben es selbst zu: Dieser steinerne Mann, der den Vorsitz führte, diese Gesetzestexte, die als Trinksprüche ausgebracht wurden, die Sammlung, das Schweigen dieser Fanatiker – ›all das schien ihnen erschreckend‹.«

Die Cordeliers

1. Der Sabbat der Jakobiner ist eine Erfindung der royalistischen Propaganda; insbesondere die *Acts des Apôtres* sind erfindungsreich, was die sogenannten »Sabbats jacobites« betrifft: Ein engster Kreis von 10 Jakobinern, der Sabbat, soll von Lameth Geheimbefehle entgegengenommen haben, diese wiederum an jeweils 10 Auserwählte aus Sektionen, Bataillonen usw. weitergegeben haben, welche sie weiterverbreiteten. Publikationen der Royalisten zu diesem Thema hießen *Le Carnaval jacobin, Les Jacobins dévoilés* und *Les Sabbats jacobites.*
2. Im Vorwort von 1869 schreibt Michelet: »Marat war hysterisch; alle Augenblicke ließ man ihn zur Ader. Eines Tages wird man, so vermute ich, eine Pathologie der Terreur aufstellen. Die außergewöhnlichen Situationen führen zu sonderbaren Krankheiten. Unsere Kamisarden von 1700 hatten eine ansteckende Krankheit, *das Wahrsagen*; selbst die Kinder in der Wiege waren Seher. Bei den Männer von 1793 (und nicht von 1794) kam eine Krankheit zum Ausbruch: *die Wut des Mitleids.*« (Bd. II, S. 1020.)
3. Marats Zeitung *L'Ami du peuple* (der Freund des Volkes) erschien seit September 1789.
4. Marats Lebensgefährtin war die Modistin Simone Evrard (die Michelet an anderer Stelle mit ihrer Schwester Catherine verwechselt); die Druckereibesitzerin Mademoiselle Colomb beschränkte ihre Bewunderung auf Marats politische Ansichten.
5. Johann Baptist Cloots, ein kosmopolitischer Baron aus Kleve, schloß sich begeistert der Revolution an und wählte in revolutionärer Manier den Namen des Skythen, der Herodot zufolge eine Ausnahme von der skythischen Ungehobeltheit bildete und von seinen Landsleuten ermordet wurde, als er einen hellenischen Kult einführen wollte. Cloots, der selbsternannte »Sprecher des Menschengeschlechts«, eine der schillerndsten Figuren der Revolution – Wirrkopf und Scharlatan für die einen, sozialrevolutionärer Utopist für die anderen –, beschwerte sich ein Jahr nach der von Michelet auf Seite 106 geschilderten Prozession seiner »Vertreter aller Völker« über das Dekret vom 15. Mai 1791, das Menschen aller Hautfarbe die gleichen Rechte zusprach, und wurde dafür in einem offenen Brief im *Moniteur* von Farbigen heftig angegriffen.
6. An anderer Stelle schreibt Michelet über den Herausgeber des *Père Duchesne* in Zusammenhang mit den revolutionären Journalisten: »Aber hier

ist einer, der sie alle übertreffen wird. Ein Theaterausrufer, Hébert, hat den glücklichen Einfall, in einer Zeitung alles zu versammeln, was es an Niedrigkeiten, an schimpflichen Worten, an Flüchen in allen anderen Zeitungen zusammen gibt. Eine wenig schwierige Aufgabe. Man schreit: Große Wut des *Père Duchesne*! Er ist verd... wütend heute morgen, der *Père Duchesne*! Das Geheimnis dieser Beredsamkeit besteht darin, alle drei Worte ein verd... einzufügen.« (Bd. I, S. 534.) *Le Père Duchesne* erschien seit Ende 1790 und war eine der auflagenstärksten und beliebtesten Zeitungen der Revolutionszeit; sie richtete sich an die einfachen Leute, die Kleinhändler, Handwerker und Soldaten, und war deshalb in ihrer Sprache gehalten. »Auch ich kann Latein«, sagt Hébert, aber »mit denen, die fluchen, muß man fluchen. Alle, die die Offenheit und die Redlichkeit lieben, werden sich nicht an den *bougres* und *foutres* stören, mit denen ich hier und da meine Freuden und Leiden spicke.« – »Homer des Unflats« wurde er von der Literaturgeschichte genannt.

7. *Tantum religio potuit suadere malorum* – etwa: Zu so viel [Üblem] konnte der durch die Priester ausgeübte Gewissenszwang überreden.
8. Marie-Anne-Françoise de Beauharnais, genannt Fanny, die Tante des Offiziers, der auf der Guillotine endete, von Cloots als »Sappho der Gallier« bezeichnet, war Romanautorin und führte einen berühmten Salon.
9. Die düsteren Worte Michelets beziehen sich auf die schmerzliche Aufgabe, im weiteren Verlauf seiner Geschichtsschreibung den Nimbus Dantons zu zerstören.

Der 2. September 1792

1. Im Sommer 1792 war die Stimmung in Paris durch den Krieg mit dem Ausland äußerst gespannt. Föderierte trafen seit Mitte Juli ein; am 1. August wurde das Manifest des Herzogs von Braunschweig bekannt, das Repressalien androhte, falls man der königlichen Familie etwas antäte. Anfang August sprachen sich 47 von 48 der Pariser Sektionen für die Absetzung des Königs – den man der Konspiration mit dem Ausland verdächtigte – und die Wahl eines Nationalkonvents durch alle Staatsbürger aus; sie setzten der Gesetzgebenden Versammlung eine Frist bis zum 9. August, um über das Gesuch zu entscheiden. Am Morgen des 10. August entsandten die Sektionen ihre Vertreter ins Rathaus, wo diese die Gegenverwaltung der Aufständischen, die revolutionäre Kommune, gründeten. Am selben Tag marschierten die Föderierten zusammen mit Aufständischen aus den Faubourgs vor die Tuilerien, wo sich ihnen die Nationalgardisten anschlossen. Der König floh mit seiner Familie in den Manège-Saal; die Gesetzgebende Versammlung mußte zu seinem Schutz seine vorläufige Amtsenthebung beschließen und die Einberufung eines

nach allgemeinem Wahlrecht gewählten Konvents ankündigen. Inzwischen wuchs die Angst vor royalistischen Verschwörungen mit dem Ziel, Paris den Truppen des Auslands auszuliefern; es begannen Gerüchte zu grassieren, denen zufolge alle als verdächtig Inhaftierten sich heimlich bewaffnet hätten und darauf warteten, daß die Föderierten und die auf dem Marsfeld versammelten Pariser Einberufenen abzogen, um die Bevölkerung zu massakrieren – und die Gefängnisse waren voll; seit Ende August waren 3000 Verdächtige festgesetzt worden – darunter zahlreiche Priester, die sich geweigert hatten, den seit dem 17. August vorgeschriebenen Eid auf Freiheit und Gleichheit zu leisten –, und am 2. September befanden sich 2800 Inhaftierte in den Pariser Gefängnissen, von denen kaum 1000 vor dem 10. August in Haft gewesen waren. Eine solche Situation bedurfte nur noch des sprichwörtlichen Funkens.

2. Panis war seit dem 10. August Vorsitzender des Überwachungsausschusses. Tallien wollte ihm nach dem Thermidor die Verantwortung für die Gefängnismassaker anlasten.
3. Billaud-Varenne, der Stellvertreter des Prokurators Manuel, hatte die Verlegung dieser Gefangenen angeordnet.
4. *Faire honneur à ses affaires* – seinen Verpflichtungen nachkommen.
5. Chiffonne hieß der Bürgerkrieg im Süden und Südosten Frankreichs; die Gegenrevolutionäre nannten sich Chiffonnistes und bezeichneten die Revolutionäre als Monnetiers.
6. Der Brauer Santerre war im September 1792 Kommandant der Nationalgarde, der Pariser Bürgermiliz.
7. Seit November 1791 war Jérôme Pétion Nachfolger Baillys als Bürgermeister von Paris; nach dem Girondistenprozeß und seiner Flucht Ende 1793 wurde er durch Jean-Nicolas Pache ersetzt, der nach dem Prozeß gegen Hébert im Frühjahr 1794 von Jean-Baptiste-Edmond Lescot-Fleuriot abgelöst wurde.
8. Danton hat seine Verantwortung an den Septembermassakern nicht abgestritten. Ob er sich allerdings so blumig ausgedrückt hat, wie Louis-Philippe es vierzig Jahre später seinen Kindern schildert, mag dahingestellt sein. – Ende September 1792 wurde Louis-Philippe, damals Herzog von Chartres, für eine Beförderung vorgeschlagen, weil er sich in der Schlacht von Valmy ausgezeichnet hatte; Servan, der Kriegsminister, schlug sie ihm ab, woraufhin ein Unbekannter ihn beiseite winkte und sagte: »Servan ist ein Idiot. Kommen Sie morgen zu mir, ich werde mich darum kümmern.« – »Wer sind Sie?« – »Danton, der Justizminister.« Im Verlauf des Gesprächs am folgenden Tag soll Danton dann die erstaunlichsten Dinge gesagt haben – unter anderem, daß er die Massaker veranlaßt habe, weil die Pariser nichtsnutzige Feiglinge seien und es eines Flusses aus Blut bedurft habe, um sie von den Emigranten zu trennen, daß noch viel Blut fließen werde, Frankreich jedoch zur Monarchie zurückkehren werde, aber zu einer anderen als der des Ancien régime, zu

einer demokratischen Monarchie. (Nach G. Lenotre: *Sous le bonnet rouge*, Paris 1936.)

9. Die Morde im Châtelet und im Karmelitergefängnis wurden von den einzelnen Sektionen unabhängig vom Abbaye-Massaker verübt.
10. Einer der Beisitzer von Maillards Tribunal, Réal, hat in seinen Aufzeichnungen unter dem Titel *Journal de l'opposition* die Ereignisse im Abbaye-Gefängnis geschildert. Michelet kannte sie nicht; Gérard Walter hat sie ausfindig gemacht.
11. Das Glas Blut gehört mit großer Wahrscheinlichkeit ins Reich der Legende, so wie der Dragoner aus dem Kapitel »Volksgericht«. Mademoiselle de Sombreuil, die das Entsetzen jener Nacht nie vergessen konnte, bezeugte in späteren Tagen einen so heftigen Abscheu gegen den Anblick von Rotwein, daß sich vermuten läßt, daß Rotwein sie zu sehr an das Glas roten Weins erinnerte, das sie auf die Revolution leeren mußte; weder sie selbst noch Zeitzeugen, noch der *Moniteur* (der sich ausführlich mit ihr befaßte) erwähnen ein Glas Blut; die Legende entstand erst ein halbes Jahrhundert später.
12. Gérard Walter weist darauf hin, daß die Flecken der Register als Schmutz-, Fett- und Weinflecken identifiziert wurden.
13. Maillard leistete bis ins Jahr 1793 Polizei- und Spitzeldienste und starb 1794 an Schwindsucht.

Der Priester, die Frau und die Vendée

1. Chouans hießen die bäuerlichen Guerillakämpfer der Vendée und der Bretagne nach dem Beinamen eines ihrer Anführer, Jean Cottereau, des berühmtesten der vier Cottereau-Brüder. Der Name ist eine Ableitung von Chat-huant (Waldkauz); warum, das erklärt Michelet zu Beginn des Kapitels.
2. Die im Juli 1790 verabschiedete Zivilkonstitution des Klerus beinhaltete die Neuordnung der Diözesen in Entsprechung zu den neugeschaffenen 83 Departements, die Besoldung der Geistlichkeit durch den Staat und die Wahl der Bischöfe und Pfarrer durch zivile Instanzen an Stelle der bisherigen klerikalen Berufung. Der Widerstand in geistlichen Kreisen gegen diese vom Papst nicht anerkannte Zivilverfassung bewirkte, daß die Nationalversammlung ein Dekret verabschiedete, das alle Geistlichen verpflichtete, einen Eid auf die Verfassung zu leisten; den eidverweigernden Geistlichen wurde ein Ultimatum gestellt, nach dessen Ablauf Inhaftierung und Deportation zur Anwendung kamen.
3. Œil-de-Boeuf hieß der Wartesaal der Hofkavaliere im Schloß von Versailles nach seinem gleichnamigen Rundfenster.
4. Seit der Konfiskation der Kirchengüter und ihrem Verkauf als Nationalgüter (was die wenig vermögenden Bauern oft nicht wahrnehmen

konnten, während das Bürgertum Land erwarb) brachen die Unruhen, die zur Chouannerie und zum Vendéekrieg führten, in den heutigen Departements Deux-Sèvres, Loire-Inférieure, Maine-et-Loire, Sarthe und Vendée aus; sie steigerten sich nach der Einführung der Zivilkonstitution des Klerus und insbesondere nach der Anfang 1793 beschlossenen Aushebung von 300 000 Soldaten.

Ludwig XVI. war schuldig

1. Am 6. April 1793 löste der Nationalkonvent den Verteidigungsausschuß auf und ersetzte ihn durch den Wohlfahrtsausschuß; diesem Gremium von neun jeden Monat neu zu wählenden Konventsmitgliedern oblag es, die Tätigkeit des Exekutivrats zu überwachen und zu beschleunigen und in dringenden Fällen Maßnahmen der allgemeinen Verteidigung anzuordnen und durchzuführen.
2. Im Juli 1791 – einen Monat nach der Flucht der Königsfamilie nach Varennes – spalteten sich die Jakobiner der ersten Stunde, die gemäßigten, royalistisch gebliebenen Jakobiner unter der Führung des alten Triumvirats Barnave, Du Port und Lameth vom Jakobinerklub ab und gründeten im Feuillantinerkloster den Klub der Feuillants.
3. Die rote Fahne war damals ein Signal des Aufruhrs; sie wurde gegen die Aufständischen gehißt.

Der Prozeß des Königs. – Versuch der Linken, die Rechte zu terrorisieren. – Saint-Just (13. November 1792)

1. In der Gesetzgebenden Versammlung hatten zur Linken die Republikaner und Antimonarchisten gesessen, zur Rechten die monarchistischen Feuillants. Im Konvent, in dem die Feuillants nicht vertreten waren, gab es somit anfangs keine Rechte, sondern eine Linke, die aus den späteren Girondisten und Montagnards bestand, und eine Mitte, die Plaine (Ebene) beziehungsweise Marais (Sumpf) genannt wurde. Die Herkunft der Abgeordneten Ducos, Gensonné, Guadet und Vergniaud sorgte für die – Lamartine zugeschriebene – Namensgebung der Gironde im 19. Jahrhundert; die Girondisten (zu ihrer Zeit auch Föderalisten, Brissotins, Rolandistes geheißen) standen den Ministern Clavière, Roland und Lebrun nahe; sie lehnten eine weitere Radikalisierung der Revolution, wie sie die Sansculottenbewegung und die Pariser Kommune forderten, ab und waren bestrebt, die Revolution als solche zu beenden.
2. Gemeint ist der Aufstand vom 10. August 1792 gegen den König.
3. In diesem Punkt sind sich François Furet und Albert Soboul ausnahmsweise einig – es gab keine (vgl. Anmerkung 1 zu diesem Kapitel).

4. Die Montagne (Spitznamen: Robespierrots und Maratistes), die sich aus der radikaleren Linken rekrutierte, verdankte ihren Namen den Sitzplätzen auf den oberen Bänken; die Bezeichnung (Berg oder Bergpartei) findet schon ab Anfang 1793 Anwendung.
5. Damals noch Nivernais.
6. Zu diesem Brief bietet jeder Biograph Saint-Justs eine eigene Lesart. Abgeschickt wurde er nicht; er fand sich in seiner Hinterlassenschaft. Möglicherweise (sehr wahrscheinlich) ist er falsch datiert – 1791 ist dem Inhalt nach einleuchtender als 1792. – Die Vermutung Albert Olliviers (*Saint-Just et la force des choses*, Paris, 1953), daß der Brief Zwistigkeiten mit einer Pariser Freimaurerloge anspreche (was die Wortwahl stellenweise nahelegt), ist gewiß nicht abwegiger als andere Interpretationshilfen.

Die Einheit des Vaterlandes

1. Der Bericht über die Hinrichtung des Königs am 21. Januar.
2. Gérard Walter bemerkt hierzu, daß Fabre d'Eglantine sich 1793 seinem vierzigsten Lebensjahr näherte.
3. »Es ergibt sich auf den ersten Blick, daß dieser Plan [der einer Verfassung] geradezu unmittelbar darauf ausgeht, Frankreich in eine Menge abgesonderter Republiken zu zerschneiden, die ganz unabhängig voneinander existieren und keinen anderen konstitutionellen Berührungspunkt haben werden als den allgemeinen Kongreß ihrer Abgesandten, welchen sie Nationalversammlung nennen«, schreibt Burke in *Betrachtungen über die Französische Revolution* (Zürich, 1986, S. 335) und: »Das ausdrückliche Geständnis eines der Hauptanführer in der Nationalversammlung, ... daß nämlich der neue Plan der Departementsadministration darauf abzielte, Frankreich nicht allein aus einer Monarchie in eine Republik, sondern weiterhin aus einer Republik in eine bloße Föderation zu verwandeln, legt ein neues Gewicht auf meine bisherigen Bemerkungen« (S. 342).
4. *Si veut le roi, si veut la loi* und *si meurt le roi, si meurt la loi*.
5. Anfang März 1793 befand Frankreich sich mit fast allen europäischen Mächten (bis auf die Schweiz und die skandinavischen Staaten) im Krieg, was die soziale und wirtschaftliche Krise rapide steigerte. Sansculottenbewegung und Kommune verlangten radikale Maßnahmen vom Konvent, und der politische Dissens zwischen Gironde und Montagne spitzte sich Ende März zu, als der Konvent gegen den Widerstand der Gironde mit den Stimmen der Montagne und der Plaine Ausnahmebestimmungen beschloß.
6. In seinem Tagebuch notiert Michelet am 29. September 1849 seine Eindrücke bei der Lektüre der Abschiedszeilen der Girondisten Buzot und Pétion: »Gestern, Samstag, stieß ich ... unter einer Vielzahl unbedeutender Autographen auf einen Papierfetzen, der mich bewegte [...]. Es ist ein

Brief von zwanzig Zeilen, den Pétion im Angesicht des Todes an seine Frau richtete. Er schickt ihn ihr für den Fall, daß sie entkommen kann, durch einen Freund in Brest. Das erste Wort, das ich las, lautete: *Ich bin mir nie untreu geworden.* [...] Bei diesem Fetzen fand sich ein Papier, ... eine Verteidigung Buzots und Pétions, von beiden unterzeichnet, doch von Buzot geschrieben, mit klarer, fester Handschrift. Sie beginnt mit den Worten: *Nun, da wir unser Leben beenden* ... Die eindrucksvollste Stelle schien mir diese, wo er die Idee des Föderalismus und der Zerstückelung von sich weist: Es war nie unser Trachten, *uns die erhabene Bewegung der Departements zu eigen zu machen*, ihren Widerstand gegen die Anarchie [...]

Der Anblick dieser Papiere voller Schmutz, voller Schimmel, als wären sie dem Sarg entwichen, ergriff mich fast ebensosehr, als hätte ich die Leichen, von Hunden angefressen, erblickt. Wer vermöchte dieser Erklärung ihrer Unschuld nicht zu glauben, die in einem solchen Augenblick abgefaßt wurde, als die Unglücklichen ihr letztes Asyl verlassen hatten, wie gehetzte Tiere, und ein letztes Mal ohne Murren, ohne Vorwürfe die Vorsehung zum Zeugen anriefen ...?« (*Journal*, Paris, 1962, Bd. II, S. 68f.)

7. Es handelt sich um die Sektion Théâtre-Français.
8. Am Tag vor der Hinrichtung Ludwigs XVI. wurde Le Peletier de Saint-Fargeau in einem Restaurant des Palais-Royal von dem ehemaligen königlichen Leibgardisten Pâris ermordet – als Rache für den »Königsmord«. (Der spätere Gerichtsschreiber des Revolutionstribunals, der ebenfalls Pâris hieß, beantragte nach dem Mord für sich die Namensänderung in Fabricius, die am 5. 2. 1793 genehmigt wurde.)
9. Basseville wurde als diplomatischer Vertreter der Französischen Republik in Rom am 13. Januar 1793 von einer Volksmenge gelyncht.

Die Verfassung von 1793

1. Sie bezeichnet ihn als Etre suprême. »Le peuple Français [...] proclame, en présence de l'Etre suprême, la déclaration suivante des droits de l'homme et du citoyen«, heißt es in der Präambel.
2. Der seit März schwelende Machtkampf zwischen Gironde und Montagne wurde dadurch entschieden, daß die Gironde die Auflösung der Pariser Kommune durchzusetzen versuchte. Guadet klagte am 18. Mai die Kommune vor dem Konvent an und beantragte ihre Amtsenthebung; der Konvent bildete eine Kommission aus zwölf Abgeordneten (zwölf Girondisten), die die Kommunebeamten Hébert, Varlet und Dobsent verhaften ließ. Am 24. Mai forderte die Kommune deren Freilassung; am 28. wurden Varlet und Dobsent aus der Haft entlassen. Am 29. Mai wählten die Vertreter von 33 Sektionen ein Aufstandskomitee, und am 31. Mai fand der Aufstand statt; die Beauftragten von Kommune und Sektionen er-

schienen im Konvent und brachten ihre Forderungen vor: Ausschluß der Girondeführer vom Konvent, Absetzung der Kommission, Verhaftung der Verdächtigen (darunter der 22 sogenannten Appellanten, die für eine Volksbefragung gestimmt hatten, um entscheiden zu lassen, ob die Hinrichtung Ludwigs XVI. vollzogen werden solle), Wahlrecht für die Sansculotten, Festsetzung des Brotpreises. Der Konvent war nur zur Absetzung der Kommission bereit, und am 2. Juni kam es zu einem neuen Aufstand. Diesmal ließ das Aufstandskomitee den Konvent von 80000 Nationalgardisten umstellen und verlangte die sofortige Verhaftung der girondistischen Konventsabgeordneten. Der Konvent versuchte vergeblich zu verhandeln und beschloß die Verhaftung von 29 Girondisten sowie der girondistischen Minister Lebrun und Clavière (Roland war geflohen, man konnte nur seine Frau verhaften).

3. Berlier war bereits Mitglied des Ausschusses. Neu war Mathieu de l'Oise (G. Walter führt dazu den *Moniteur*, Bd. XVI, S. 515, an).
4. Die Enragés nahmen es mit der sozialen Revolution sehr ernst, wie die wenig schmeichelhafte Bezeichnung (Wüteriche) verrät, die ihnen verliehen wurde. Es sind dies in Paris die Anhänger des Expriesters Jacques Roux (deshalb auch Jacqueroutins geheißen), Varlets und der Gründerin der Société des républicaines révolutionnaires, Claire Lacombe, in Lyon die Anhänger Chaliers und Leclercs. Von Februar bis September 1793 beeinflußten sie die Sansculottenbewegung nachhaltig. Ihre Forderungen waren: Gleichheit, Festpreise (Maximum), Unterbindung der Spekulation, Bestrafung der Spekulanten und Wucherer.

Das Fest des 10. August 1793

1. Théroigne de Méricourt, deren extravagante Vorschläge zur Gleichberechtigung bei den weiblichen Sansculotten wenig Anklang fanden, wurde im Mai 1793 von einer Gruppe Jakobinerinnen verprügelt, als sie ihnen eine leidenschaftliche Rede hielt, in der sie für die Girondisten Partei ergriff. Es soll sich nur dem Eingreifen Marats verdanken, daß sie nicht gelyncht wurde. Im Juni 1794 wurde sie verhaftet und auf Verlangen ihres Bruders in einem Irrenhaus interniert.

Hinrichtung der Girondisten (13. Oktober – 8. November 1793)

1. Die Schlacht bei Wattignies, in der die Franzosen die Österreicher zurückwarfen.
2. In Lyon stürzten Gemäßigte und Royalisten am 29. Mai 1793 den montagnardischen Magistrat. Lyon trat in offenen Aufstand gegen die Republik. Am 17. Juli wurde der Lyoner Bürgermeister, der Enragé Chalier, guilloti-

niert (von einem, so heißt es, unerfahrenen Henker, der mit dem Messer nachhelfen mußte). Michelet schreibt in Bd. II, S. 511: »Marat wird am 13. erdolcht, Chalier am 16. guillotiniert. Eine Welt liegt zwischen diesen beiden Schlägen. – Marat, der letzte der alten Revolution, Chalier, der erste der neuen.« – Dubois-Crancé war als Konventskommissar mit der Niederwerfung Lyons beauftragt, die ihm nicht gelang. Couthon, der in gleicher Funktion am 9. Oktober Lyon einnahm, ließ Dubois-Crancé verhaften und nach Paris bringen. Michelets Abneigung gegen die Robespierristen läßt ihn Dubois-Crancé als den wahren Sieger sehen, der von Couthon zu Unrecht verleumdet worden sei.

3. Der Weinhändler Desfieux wohnte nicht nur bei Proli, sondern war als dessen Agent tätig. Proli, der undurchsichtige Geschäfte betrieb, legte keinen Wert darauf, zu sehr ins Licht zu treten.
4. Nicht der Sicherheitsausschuß, sondern Desfieux' eigene Sektion hatte ihn als Verdächtigen verhaften lassen.
5. Le Peletier de Saint-Fargeau, Marat und Chalier waren Gegenstand eines heftigen revolutionären Märtyrerkults.
6. Die Exagérés (Übertreiber), auch Hébertisten, waren die Anhänger Héberts, die mit den Enragés um die Gunst der Sansculotten rivalisierten und nach deren Eliminierung ihr Erbe antraten.
7. Siehe Anmerkung 2 zu »Die Verfassung von 1793«.
8. Forderungen nach Gleichheit der Geschlechter wurden nur von einer Minderheit revolutionärer Frauen gestellt, von Olympe de Gouges, die in ihrer »Erklärung der Rechte der Frau und Bürgerin« die Erklärung der Menschenrechte auf Frauen anwandte, und von Condorcet, der die Gleichberechtigung der Frau aus dem Naturrecht herleitete. Die Gesetzgebung der Ersten Republik verbesserte den rechtlichen Status der Frauen (Verfügungsgewalt über Eigentum, Recht auf Bildung, Scheidungsrecht), aber das Wahlrecht für Frauen wurde nicht erlangt. Im Oktober 1793 wurden die revolutionären Frauenklubs verboten, im Frühjahr 1794 wurde den Frauen die Teilnahme an politischen Zusammenkünften untersagt. Michelet hat recht, wenn er sagt, daß eine »große soziale Frage als etwas Nebensächliches abgetan« wurde.
9. Er heiratete die Schwester, nicht die Tochter von Junius Frey (um, wie von seinen Feinden geargwöhnt, die immensen Bestechungsgelder der Freys auf legalem Weg als Mitgift der Braut einzustecken; diese Heirat besiegelte seinen Untergang).
10. Diese drei Namen waren Ende 1793 keine guten Referenzen. La Fayette war bereits im August 1792 aus Empörung über die Entwicklung der Revolution zu den Preußen übergelaufen, Dumouriez – den Gérard Walter als einen »zynischen Glücksritter« bezeichnet, »mit dem das alte Regime das neue beglückt hatte . . ., der sich mit einer Art von Wollust dem Verrat hingab, dem es eine ganz eigene Befriedigung bereitet haben muß, jene, die ihm ihr Vertrauen schenkten, zu täuschen« (Bd. II, S. 1380) – war

nach langen Intrigen mit dem Feind am 3. April 1793 zu den Österreichern übergelaufen, und Philippe-Egalité, der vormalige Herzog von Orléans, war nach Dumouriez' Verrat verhaftet worden, da er gute Beziehungen zu ihm unterhalten hatte; »er war... ein getreues Produkt des 18. Jahrhunderts, ein hemmungsloser ›Liberaler‹, der mehr politischen Ehrgeiz als Selbsterhaltungstrieb hatte und seine sozialen Fundamente und schließlich sogar seine Existenz mit Vergnügen in die Luft sprengte, nur um den Triumph seiner ›philosophischen‹ Prinzipien voll genießen zu können«, schreibt Friedrich Sieburg (*Im Licht und Schatten der Freiheit*, Stuttgart, 1979[3], S. 99) über den Mann, von dem Robespierre sagte, er sei der einzige gewesen, der sich zu Recht hätte weigern können, für den Tod des Königs zu stimmen.

11. Am 16. Oktober 1791 kam es in Avignon zu einem royalistisch-katholischen Aufstand, in dessen Verlauf der republikanische Kanzleisekretär Lescuyer auf sehr häßliche Weise in einer Kirche ermordet wurde. Die Patrioten, angeführt von dem Advokaten Duprat, dem vormaligen Marquis Rovère de Fontvieille und dem Seidenhändler Mainvielle, rächten sich mit einem scheußlichen Blutbad im Gefängnis La Glacière, bei dem zwischen 60 und 80 Menschen umkamen. Michelet verwechselt Duprat den Älteren, der nicht als Girondist angeklagt war, mit seinem jüngeren Bruder, der zu den Girondisten gehörte, jedoch nicht an dem Massaker von La Glacière beteiligt gewesen war (Mainvielle galt als Liebhaber der Frau Duprats des Jüngeren).
12. In seiner Schrift *Geschichte der Brissotins oder Fragment der geheimen Geschichte der Revolution* hatte Camille Desmoulins im Mai 1973 alle Gerüchte, die über die Girondisten in Umlauf waren, zusammengefaßt.
13. *Le couteau* statt *l'étendard* der Originalfassung.
14. Die Frage, mit der sich das nächste Kapitel befaßt.

Die Revolution war nichts ohne die religiöse Revolution

1. »Die Sache ist in der Tat so, daß eine Revolution, die auf halbem Wege stehenbleibt, notwendig ihrem Untergang entgegengeht. Frankreich war Ende 1793 in der Lage, daß die Revolution in dem Augenblick, wo sie auf dem Wege zu großen sozialen Umgestaltungen ein neues Leben gesucht hatte, zum Stillstand gekommen war: Sie stürzte sich nunmehr in innere Kämpfe und in das ebenso unfruchtbare wie unpolitische Bemühen, ihre Feinde zu vernichten – dabei aber sorgsam über das Eigentum dieser Feinde zu wachen. (Michelet hatte das sehr gut eingesehen, als er die Zeilen voller Traurigkeit schrieb, in denen er an das Wort von Du Port erinnerte)«, schreibt Kropotkin in *Die Große Französische Revolution 1789 – 1793* (Weimar, 1948, 1982, Bd. II, S. 220).
2. Michelets Bild von Cloots und Hébert bleibt unverändert, aber Chaumette

gegenüber macht er einen allmählichen Sinneswandel durch; nach dem 10. August 1792, als die neue Kommune entsteht, bezeichnet er ihn als »elenden Schreiberling« mit der Physiognomie eines Marders, jetzt – Ende 1793 – hält er ihn für einen nicht eigentlich schlechten, aber schwachen Menschen, und bei seiner Hinrichtung im Frühjahr 1974 spricht er ihm einen »Platz im glorreichen Reigen derer« zu, »die ihr Blut für die religiöse Freiheit vergossen«.

Der republikanische Kalender

1. Der Mathematiker Romme, von dem Michelet an anderer Stelle schreibt, »dieser Mathematiker, der trunken und kalt zugleich war, sollte das neue Prinzip unerbittlich anwenden und mittels einer großen Substraktion menschlicher Ziffern seine Unbekannte bestimmen. Der unwandelbare Rechner auf dem Gipfel der Montagne stieg erst am 2. Prairial herab, um sich seinen Zirkel ins Herz zu stoßen« (Bd. I, S. 506–507), unterbreitete am 20. September 1793 im Namen des Comité d'instruction publique dem Konvent den Entwurf zur Rationalisierung der Maße und Gewichte und der Zeitrechnung, der auf dem Dezimalsystem basierte.
2. Der republikanische Kalender behielt die Einteilung in 12 Monate bei; jeder Monat wurde in 3 Dekaden aufgeteilt, die aus je 10 Tagen bestanden, und am Jahresende wurde das Jahr durch 5 (in Schaltjahren durch 6) Feiertage ergänzt. Die einzelnen Tage der Dekaden waren mit Ordnungsnamen versehen: Primidi, Duodi, Tridi, Quartidi, Quintidi, Sextidi, Septidi, Octidi, Nonidi und Dekadi; Ruhetage waren der Quintidi und der Dekadi. Die Ergänzungstage – die Sansculotides – hießen Fest der Tugend, Fest des Geistes, Fest der Arbeit, Fest der Meinung, Fest der Belohnung und Fest der Revolution. Der erste Tag des Jahres war der 22. September (1. Vendémiaire), der zufälligerweise sowohl der Tag der Erklärung der Republik ist als auch das Datum der Tag- und Nachtgleiche.
3. Die lautmalerischen Monatsnamen, die Fabre d'Eglantine prägte, sind: Vendémiaire (Weinlesemonat), Brumaire (Nebelmonat), Frimaire (Reifmonat), Nivôse (Schneemonat), Pluviôse (Regenmonat), Ventôse (Windmonat), Germinal (Keimmonat), Floréal (Blütenmonat), Prairial (Wiesenmonat), Messidor (Erntemonat), Thermidor (Hitzemonat) und Fructidor (Fruchtmonat). Um die Märtyrernomenklatur des Gregorianischen Kalenders durch Bezeichnungen zu ersetzen, die den Bauern vertraut waren, den Kindern Belehrung sein sollten und eine Anwendung des neuen Kalenders durch andere Völker nicht verhinderten, entschied sich der Konvent gegen die Vorschläge Rommes (Monat der Bastille usw.) und für die bäuerlichen Begriffe, die Fabre vorschlug: Jeder Dekadi wurde nach einem landwirtschaftlichen Gegenstand benannt, jeder Quintidi nach einem Haustier, die übrigen Tage (mit Ausnahme der Sansculotides) nach Pflanzen.

4. Von Fouché stammen die Worte »Der Tod ist ein ewiger Schlaf«, die an den Friedhofseingängen angebracht wurden.
5. Etwa: Feige Bedrücker der Erde, zittert, ihr seid unsterblich!
6. Cléry war Kammerdiener der königlichen Familie.
7. Die Eingabe der achttausend war eine von 8000 Pariser Bürgern unterzeichnete Petition, die die Aufhebung des Lagers der 20 000 Föderierten vor den Mauern der Stadt verlangte, das am 8. Juni 1792 beschlossen worden war (siehe Anmerkung 1 des Kapitels »Der 2. September 1792«). Die Eingabe der zwanzigtausend fand im Juli 1792 statt; in ihr wurde das Eindringen in die königlichen Gemächer am 20. Juni verurteilt, und sie war von 20 000 wohlhabenden Pariser Bürgern unterzeichnet.

Robespierres Kampf gegen die Konventskommissare (Februar 1794)

1. Siehe Anmerkung 2 des Kapitels »Das Fest des 10. August 1793«.
2. Die »weiße Terreur« setzte unmittelbar nach den Thermidor-Ereignissen ein; am heftigsten war sie im Südosten Frankreichs und in Lyon. Eine zweite Welle dieses konterrevolutionären Terrors fand ab Januar 1795 statt, nach der Rückkehr der Emigranten. Die Organisationen, die sich Jehu- oder Sonnenorden nannten (Compagnons de Jéhu, Compagnons du Soleil; die Sonne war seit Ludwig XIV. ein Königssymbol), trugen weiße Kreuze und eine weiße Feder am Hut und hatten sich zum Ziel gesetzt, alle Republikaner auszurotten.
3. Die Chauffeurs, Räuber- und Mörderbanden des Bürgerkriegs, hießen so, weil sie die Füße ihrer gefesselten Opfer ins Feuer hielten.
4. Robespierre wohnte seit Mitte 1791 als Untermieter im Haus des Schreinermeisters Duplay, eines Jakobiners. Eléonore Duplay, genannt Cornélia, galt als Robespierres Verlobte.
5. David meint es zweifellos nicht so wörtlich, wie Michelet dies auffaßt, sondern im Sinne von »keine zwanzig *wahren* Montagnards«.

Der Prozeß gegen Danton (2. und 3. April 1794)

1. Choudieu und Levasseur entgingen den Thermidor-Hinrichtungen, da sie als Konventskommissare abwesend waren.
2. Die Erinnerungen Barères sind unter dem Vorbehalt zu betrachten, daß ihr Verfasser im Lauf seiner langen Karriere sehr oft das Lager gewechselt hat und seine Haltungen von ehedem mit dem Geist der Zeit, für die er schreibt, in Einklang zu bringen bemüht ist, aber sie sind ausnahmsweise nicht apokryph, sondern von Barère geschrieben.
3. Am 24. August 1793 war ein Dekret erlassen worden, das die Auflösung

aller Aktiengesellschaften anordnete; eingebracht worden war es von Delaunay, Julien de Toulouse, Chabot, Bazire und Fabre d'Eglantine (die zusammen mit ihren Freunden aus der Finanzwelt auf das Fallen der Aktienkurse der Compagnie des Indes spekulieren wollten). Am 8. Oktober legte Delaunay einen Entwurf zur Liquidation der Compagnie des Indes durch die Gesellschaft selbst vor, dem Fabre die Zusatzbestimmung anfügte, daß die Liquidation durch den Staat zu erfolgen habe; der tatsächlich veröffentlichte Erlaß war jedoch der der ersten Fassung. Ob Fabre d'Eglantines Unterschrift gefälscht war und von wem, ändert nichts daran, daß er zu den Spekulanten gehörte, die die Affäre um die Compagnie des Indes inszeniert hatten.

4. Seit Ende November 1793 griffen die Dantonisten die Exagérés an, vor allem Cloots und Hébert, und warfen ihnen vor, der Konterrevolution in die Hände zu arbeiten. Die Exagérés und die Cordeliers wehrten sich, indem sie immer strengere revolutionäre Maßnahmen verlangten, was die Regierung zunehmend in eine Zwangslage brachte, aus der sie sich nur befreien zu können glaubte, indem sie die Exagérés eliminierte, die sie am 24. März guillotinieren ließ. – Mit der Ausschaltung der von den Sansculotten getragenen ultrarevolutionären Richtung schaufelten sich die Robespierristen ihr eigenes Grab; der Prozeß gegen die Hébertisten und der gegen Chaumette war weit mehr als der gegen die Dantonisten die Grundlage, die Thermidor ermöglichte und erklärt, warum die Sektionen sich dem Aufstand der Kommune am Abend des 9. Thermidor nicht anschlossen.
5. Fabre d'Eglantine denunzierte am 12. Oktober 1793 die sogenannte Verschwörung des Auslands – Desfieux, Proli, Pereira, Guzman und andere sollten sich verschworen haben, um die Republik durch ultrarevolutionäre Maßnahmen wie die Entchristianisierung zu Fall zu bringen. Damit versuchte er sich selbst aus der Schußlinie zu bringen, aber am 14. November denunzierte Chabot, der es nun seinerseits als geraten sehen ließ, seinen Hals aus der Schlinge zu ziehen, die Affäre um die Compagnie des Indes. Die Ausschüsse, die allmählich überall Intrigen witterten, machten kurzen Prozeß und ließen am 17. November alle festnehmen, Denunzierte wie Denunzianten.

Prozeß und Tod Dantons, Desmoulins' usw. (4. – 5. April, 15. – 16. Germinal)

1. Die siebte Nummer des *Vieux Cordelier*, die beschlagnahmt wurde; in dieser Ausgabe griff Desmoulins den Wohlfahrtsausschuß an und forderte seine Neubesetzung.
2. Der Brief wurde nicht abgeschickt; Robespierre kannte ihn nicht.
3. Dem Girondisten Riouffe, der in der Conciergerie inhaftiert war, verdankt

die Nachwelt die Aufzeichnung der berühmten Aussprüche Dantons in der Haft. (*Mémoires d'un détenu.*)

4. Gérard Walter schreibt (Bd. II, S. 1137), daß es sich bei dieser Dame um Etta Palm zu handeln scheine, und zitiert eine Polizeinotiz über Bazire, die Albert Mathiez in den Pariser Nationalarchiven entdeckt hat: »Aus der Untersuchung der Papiere Bazires glaubt man in ihm einen schwachen, leichtfertigen, Einzelheiten gegenüber nachlässigen Charakter entdeckt zu haben – mit Ausnahme der Fälle, in denen Frauen ihn um etwas baten, denn er war diesem Geschlecht so zugeneigt, daß er ihm nichts abzuschlagen vermochte, und es kam sogar vor, daß er seine Pflicht vergaß und Gesuchen stattgab, die gesetzwidrig waren.«

Untergang Chaumettes und der Kommune (12. April 1794)

1. Von Adèle Duplessis, der Schwester Luciles, heißt es, Robespierre habe sie heiraten wollen.

Lavoisier. – Die große Chemie. – Die Sitten im Jahr 1794

1. Henri Ladmiral, der seit Ende 1793 keine Beschäftigung mehr hatte, machte Robespierre dafür verantwortlich und beschloß, ihn zu ermorden. Nach dem verfehlten Attentat auf Robespierre (er war auf der Tribüne eingeschlafen und erst erwacht, als alle gegangen waren) überfiel er Collot d'Herbois, den er verwundete.
2. Schwangeren wurde ein Aufschub gewährt, allerdings nur, wenn die Schwangerschaft bestätigt wurde. Zum Tod Olympe de Gouges' schreibt Michelet (Bd. II, S. 120): »Man sagte ihr, daß schwangeren Frauen ein Aufschub der Hinrichtung eingeräumt wurde. Es heißt, daraufhin habe sie schwanger werden wollen. Ein Freund soll ihr unter Tränen den traurigen Dienst geleistet haben, dessen Nutzlosigkeit vorauszusehen war. Die Hebammen und Ärzte, die das Tribunal konsultierte, waren grausam genug zu sagen, daß eine mögliche Schwangerschaft zu wenig vorangeschritten sei, um sich feststellen zu lassen.«
3. Eine Stelle dieses Inhalts gibt es in Brief XXXVI nicht; thematisch ähnliche Aussagen finden sich in den ersten Artikeln der unter dem Titel *Chemische Briefe* erschienenen Sammlung (Leipzig und Heidelberg, 1859).
4. Lavoisier wurde als ehemaliger Generalpächter am 8. Mai 1794 zusammen mit 27 anderen Generalpächtern guillotiniert.

Differenzen zwischen Robespierre und Saint-Just (16. April)

1. Barère schreibt in seinen Erinnerungen (*Mémoires*, Paris, 1872, Bd. II, S. 170): »Saint-Just war von so großer Kaltblütigkeit, daß er eines Abends dem Ausschuß eine sonderbare Maßnahme vorschlug, um den Kampf der Revolution gegen die verdächtigen und verhafteten Adligen umgehend zu beenden. [Es folgen Saint-Justs Vorschläge zum Frondienst.] Nun – als Saint-Just fertig war, herrschte unter uns allen nur empörtes Schweigen, dem der einstimmige Ruf nach der Tagesordnung folgte.«
2. Das Triumvirat Couthon, Robespierre, Saint-Just.

Friedhöfe der Terreur. – Der Faubourg Saint-Antoine macht Einwendungen

1. Der Friedhof von Monceau oder Mousseaux oder des Errancis wird von Michelet im Kapitel »Schluß« näher erläutert.
2. Die Prairial-Gesetze hoben das Recht Angeklagter auf Verteidigung und Verhör auf, ließen moralische Kriterien für die Urteilsfindung zu und beschränkten das Urteil durch das Tribunal auf Freispruch oder Todesurteil.
3. Die Barrière du Trône hieß damals im Volksmund Barrière du Trône renversé (des gestürzten Throns).
4. Bei dieser Beschreibung handelt es sich möglicherweise um eine Verwechslung des Projekts Pierre Girauds aus dem Jahr VII zu einer Vitrifizierungsanlage (die Vitrifizierung war ein chemisches Verfahren, das die Gebeine der Toten in eine glasartige Substanz verwandeln sollte) mit dem Krematoriumsentwurf von Jacques Molinos aus dem gleichen Jahr für den geplanten Friedhof von Montmartre, den Giraud als Plagiat seiner Arbeit denunzierte. (Näheres dazu in *The Architecture of Death* von Richard Etlin, 1984.)
5. Die Gefängnisspione stellten die Listen zusammen.

Schritte der zwei Parteien. – Robespierre im Ausschuß (1. – 5.Thermidor, 19. – 23. Juli 1794)

1. Hanriot war seit Ende 1793 Kommandant der Pariser Bürgermiliz, Nachfolger des Brauers Santerre.
2. Payan war Chaumettes Nachfolger als Prokurator der Kommune.
3. Catherine Théot wurde 1779 in die Bastille gesteckt, weil sie sich als neue Jungfrau beziehungsweise neue Eva bezeichnete. 1782 kam sie frei und empfing seither ihren Zirkel von Gläubigen in ihrer Wohnung. Sie hatte den Untergang der Bastille und des Königtums vorausgesagt und sich

danach auf das Verkünden der Herrschaft der Armen und der Ankunft eines neuen Messias verlegt. Robespierres Feinde im Konvent streuten das Gerücht aus, sie habe ihn als den Messias bezeichnet und stehe mit ihm im Einvernehmen. Vadiers Bericht vor dem Konvent war eine abenteuerliche Mischung aus Vorwürfen des Royalismus, der schwarzen Magie und spiritistischer Praktiken gegen die selbsternannte »Mutter Gottes« und ihre leichtgläubigen Anhänger, die allesamt als Agenten des Auslands dargestellt wurden, und erregte viel Gelächter, aber er bewirkte das, was er bewirken sollte: Man verstand, daß Robespierre mit seinem Kult des Höchsten Wesens der Messias der Konterrevolution war.

Die Nacht vom 8. auf den 9. Thermidor. – Die Rechte verrät Robespierre

1. Am Abend des 8. Thermidor, nachdem Robespierre im Konvent heftige Vorwürfe gegen einzelne Konventsmitglieder erhoben und deren Köpfe gefordert hatte, ohne Namen zu nennen, so daß sich alle bedroht fühlen mußten, die sich irgend etwas vorzuwerfen hatten.
2. Siehe Anmerkung 1 des Kapitels »Der Prozeß des Königs«.
3. Gemeint sind die 73 Girondisten, die auf Einschreiten Robespierres nicht verfolgt worden waren.
4. Siehe Anmerkung 1 des Kapitels »Lavoisier«.

Der Tag des 9. Thermidor (27. Juli 1794)

1. Erstaunlicherweise hat Saint-Just keinen Versuch gemacht, das Wort wieder zu ergreifen, sondern blieb schweigend vor der Tribüne stehen.
2. In den ersten Germinaltagen des Jahres III (Anfang 1795) kam es zu einem Volksaufstand gegen die Aufhebung des Maximums und die Unterdrükkungsmaßnahmen der thermidorianischen Reaktion, der von der Nationalgarde zerstreut wurde. Die Unruhen flackerten immer wieder auf und führten am 1. Prairial (20. Mai) zu einem neuen Aufstand, der bis zum 4. Prairial währte, bevor er niedergeschlagen werden konnte. Die Militärkommission, die an die Stelle des Revolutionstribunals getreten war, verurteilte die Anführer der Aufständischen und die Konventsabgeordneten der Montagne, die sich am 1. Prairial für die Aufständischen verwendet hatten, zum Tode; die Abgeordneten erdolchten sich im Gefängnis – Duquesnoy, Goujon und Romme waren sofort tot, Bourbotte, Duroy und Soubrany waren nur schwer verletzt und wurden guillotiniert.

Die Nacht vom 9. auf den 10. Thermidor. – Bewegung im Quartier Saint-Martin (Gravilliers, Arcis) gegen Robespierre. – Er weigert sich, zum Aufstand aufzurufen

1. Am Nachmittag des 9. Thermidor rief die Kommune auf die Nachricht von der Verhaftung der Robespierristen hin zum Aufstand auf und ließ die Sturmglocken läuten, aber nur 16 von 48 Sektionen schickten Abteilungen auf den Grèveplatz, während andere Abteilungen unter Führung der Verschwörer aus dem Konvent Aufstellung auf dem Quai nahmen. Das geringe Engagement der Sektionen für die Kommune war die Folge der Zerschlagung der hébertistischen Kommuneleitung im Frühjahr.
2. Die Kommune ließ die verhafteten Abgeordneten aus den Gefängnissen, in die sie geführt worden waren, befreien und ins Hôtel de Ville bringen. Das ermöglichte dem Konvent, sie als vogelfrei zu erklären. Die Nachricht davon ließ viele der auf dem Grèveplatz und im Hôtel de Ville zusammengekommenen Anhänger der Aufständischen (zu Recht, wie die Hinrichtungen vom 11. und 12. Thermidor bezeugen) befürchten, ebenfalls als vogelfrei zu gelten.

Der 10. Thermidor (28. Juli). – Überfall auf Robespierre

1. Léonard Bourdon führte Merda ins Hôtel de Ville und zeigte ihm den Weg nach oben.
2. Zitiert nach: *Le précis historique des événements qui se sont passés dans la soirée du 9 thermidor, adressé au ministre de la Guerre... par C.-A. Méda*, Moskau, 1825 (obwohl September 1802 datiert. – Der Bericht Merdas widerspricht dem seines Kollegen Dulac über dieselben Ereignisse in mehr als einem Punkt; dasselbe läßt sich von den zahlreichen Augenzeugenberichten Dritter sagen).
3. Hanriot wurde im Hof gefunden, wo er auf einen Haufen Unrat gefallen war; er war verletzt, aber nicht so schwer, wie er es hätte sein müssen, wenn Coffinhal ihn im zweiten Stock aus dem Fenster geworfen hätte. Robespierres Bruder fiel auf zwei Bürger, die er mitriß und die seinen Sturz milderten. Coffinhal konnte fliehen und wurde erst zehn Tage später verraten (die Meinung, er habe Hanriot zum Fenster hinausgeworfen, bildete sich wohl aufgrund der Flüche und Verwünschungen, die er im Gefängnis gegen Hanriot äußerte).
4. Zitiert nach: *Faits recueillis aux derniers instants de Robespierre et de sa faction, du 9 au 10 thermidor* (Bibliothèque Nationale, 8° Lb^{41}. 1149).

Fortsetzung des 10. Thermidor. Hinrichtung Robespierres. – Die Reaktion bricht aus

1. Hoche war im Karmelitergefängnis inhaftiert, nicht in der Conciergerie.
2. In *La Conjuration du Neuf Thermidor* führt Gérard Walter den Bericht eines Schweizer Journalisten über die Thermidor-Ereignisse an, der – erstaunlich objektiv – diesen Umstand betont (Paris, 1974, S. 424 ff.). »...Ich bin der bescheidene Diener der Ereignisse, sagte der Engländer Lockard. Und das ist die Devise und die Losung der ehrbaren Leute, die wir soeben beschrieben haben. Solange ein Mann aufrecht steht, beugen sie sich ehrerbietig vor ihm. Sehen sie ihn am Boden, schlagen sie wie wild auf ihn ein. Dieses Vorgehen ist nicht das großzügigste, das sich denken läßt, aber fraglos das sicherste.

   Robespierre ist ein Verräter, nichts ist offenbarer, und die Ereignisse haben dies zweifelsfrei erwiesen; aber es steht um nichts weniger außer Zweifel, daß er noch heute der tugendhafteste aller Sterblichen wäre, hätte er nicht das Ungeschick besessen, den kürzeren zu ziehen. [...]

   Es steht außer Frage, daß Robespierre eine tatsächliche Tyrannei ausübte und daß er selbst nicht ahnte, daß er ein Tyrann war. In der Gewißheit seiner lauteren Grundsätze und seiner ungetrübten Uneigennützigkeit nahm er sich nicht genügend vor sich selbst in acht, und das hat seinen Untergang bewirkt. Der lächerlich übertriebene Eifer seiner Parteigänger hat ihn zuletzt davon überzeugt, daß er und die Republik ein und dasselbe seien: gewohnt, eins mit ihr zu sein, wütete er gegen seine eigenen Feinde, als wären sie die des öffentlichen Wohls. Vermittels dieser befremdlichen Illusion ist es ihm gelungen, in den eigenen Augen die Vielzahl von Handlungen zu rechtfertigen, ja, zu legalisieren, deren kalte und überlegte Grausamkeit man ihm auf ewig zu Recht vorwerfen wird.[...]

   Der Konvent trug den Sieg davon, und diesen Sieg nutzte er als erstes, um die konspirative Kommune zu säubern, das heißt, sie massenweise guillotinieren zu lassen. Am 31. Mai hatte die Kommune den Konvent guillotiniert, am 29. Juli guillotinierte der Konvent die Kommune. So waren sie also quitt. [...]

   Man weiß nicht, ob man lachen oder vor Mitleid weinen soll angesichts des allgemeinen Konzerts lauthals vorgebrachter Verwünschungen, die bezahlte Schreier dem Kadaver eines Mannes angedeihen lassen, dem sie auf ihre Weise und ohne sich dessen gewahr zu sein, die schönste Lobrede halten, indem sie ihn zerreißen. Der erbärmlichste Schuft glaubt sich heute auszuzeichnen, wenn er ihn mit Füßen tritt. Das ähnelt allzusehr dem Tun des wackeren Moron, der, als er den Bären tot wußte, aus vollem Halse zu schreien begann: *Wartet, wartet, ich komme und werde ihn mit hundert Schlägen niederstrecken.* Ich kenne so manchen dieser Elenden, den ein bloßer Blick des lebenden Robespierre auf der Stelle in sein Element zurückpraktiziert hätte: in den Schmutz.«

3. Er riß auch Hanriot das verletzte Auge heraus.
4. »Holen wir Atem, wenden wir den Blick ab« – was Michelet in seinem Schmerz und Widerwillen nicht schildern will und was zu beschreiben er erst achtzehn Jahre später das Herz haben wird, analysiert Marx im »18. Brumaire des Louis Napoleon« (Karl Marx, Friedrich Engels: *Werke*, Band 8, Berlin, DDR, 1973, S. 115 f.): »Camille Desmoulins, Danton, Robespierre, St-Just, Napoleon, die Heroen, wie die Parteien und die Masse der alten französischen Revolution, vollbrachten in dem römischen Kostüme und mit römischen Phrasen die Aufgabe ihrer Zeit, die Entfesselung und Herstellung der modernen *bürgerlichen* Gesellschaft. Die einen schlugen den feudalen Boden in Stücke und mähten die feudalen Köpfe ab, die darauf gewachsen waren. Der andere schuf im Innern von Frankreich die Bedingungen, worunter erst die freie Konkurrenz entwickelt, das parzellierte Grundeigentum ausgebeutet, die entfesselte industrielle Produktivkraft der Nation verwandt werden konnte, und jenseits der französischen Grenzen fegte er überall die feudalen Gestaltungen weg, soweit es nötig war, um der bürgerlichen Gesellschaft in Frankreich eine entsprechende, zeitgemäße Umgebung auf dem europäischen Kontinent zu verschaffen. Die neue Gesellschaftsformation einmal hergestellt, verschwanden die vorsündflutlichen Kolosse und mit ihnen das wieder auferstandene Römertum – die Brutusse, Gracchusse, Publicolas, die Tribunen, die Senatoren und Cäsar selbst. Die bürgerliche Gesellschaft in ihrer nüchternen Wirklichkeit hatte sich ihre wahren Dolmetscher und Sprachführer erzeugt in den Says, Cousins, Royer-Collards, Benjamin Constants und Guizots, ihre wirklichen Heerführer saßen hinter dem Kontortisch, und der Speckkopf Ludwigs XVIII. war ihr politisches Haupt. Ganz absorbiert in die Produktion des Reichtums und in den friedlichen Kampf der Konkurrenz begriff sie nicht mehr, daß die Gespenster der Römerzeit ihre Wiege gehütet hatten. Aber unheroisch, wie die bürgerliche Gesellschaft ist, hatte es jedoch des Heroismus bedurft, der Aufopferung, des Schrekkens, des Bürgerkriegs und der Völkerschlachten, um sie auf die Welt zu setzen. Und ihre Gladiatoren fanden in den klassisch strengen Überlieferungen der römischen Republik die Ideale und die Kunstformen, die Selbsttäuschungen, deren sie bedurften, um den bürgerlich beschränkten Inhalt ihrer Kämpfe sich selbst zu verbergen und ihre Leidenschaft auf der Höhe der großen geschichtlichen Tragödie zu halten. So hatten auf einer andern Entwicklungsstufe, ein Jahrhundert früher, Cromwell und das englische Volk dem Alten Testament Sprache, Leidenschaften und Illusionen für ihre bürgerliche Revolution entlehnt. Als das wirkliche Ziel erreicht, als die bürgerliche Umgestaltung der englischen Gesellschaft vollbracht war, verdrängte Locke den Habakuk.«
5. Zu den Bällen der Opfer hatte nur Zugang, wer einen Angehörigen auf dem Schafott verloren hatte.

Schluß

1. Diese Seiten, die stellenweise wortgleich mit Michelets Tagebucheintragung vom Mai 1852 sind, wurden von seiner Witwe posthum in der *Revue bleue* im Jahre 1888 veröffentlicht. Gérard Walter hat sie unter Verzicht auf den von Madame Michelet gewählten Titel »Les Tombes de la Révolution« am Ende der zweibändigen Ausgabe von 1952 abgedruckt. Michelets ursprünglicher Schluß lautet wie folgt:

   »Der Schluß dieses Buches ist ein eigenes Buch.

   Ihn hier auf wenige Seiten zusammendrängen hieße ihn unklar, unfruchtbar machen. Er soll gesondert veröffentlicht werden, in freier Form, die es erlauben wird, über die Vergangenheit die Zukunft zu erahnen.

   Wenn ich mich hier von meiner großen Arbeit verabschiede, die mir zehn Jahre meines Lebens hindurch ein treuer Gefährte war, muß ich ihr, muß ich meinen Lesern sagen, was ich selbst von ihr halte, wenn ich sie kühlen Blicks betrachte.

   Jede Geschichte der Revolution bis auf den heutigen Tag war letztlich monarchistisch. (Die eine für Ludwig XVI., die andere für Robespierre.) Diese ist die erste republikanische, die die Götzenbilder und Götter gestürzt hat. Von der ersten bis zur letzten Seite hat sie nur einen Helden: das Volk.

   Die tiefe und umfassende Gerechtigkeit, die hier zum erstenmal aufscheint – hat sie die eine oder andere partielle Ungerechtigkeit mit sich gebracht? Das mag sein. Hat der Autor bei seiner allzu genauen Anatomie der Personen und Charaktere nicht zu oft die Größe der heroischen Männer geschmälert, die in den Jahren 1793 und 1794 durch ihre unbezwingbare Persönlichkeit die hinfällige Revolution aufrecht erhielten? Er muß es fürchten; und dies macht fraglos sein Bedauern aus – soll ich sagen, seine Gewissensbisse? Er wird dieses Thema wieder aufnehmen und in einer breiteren Würdigung der Ereignisse diesen großen Männern zukommen lassen, was ihnen zusteht.

   Egregias animas quae sanguine nobis
   Hanc patriam peperere suo.

   (Edle Herzen! die uns mit ihrem Blut
   das Vaterland schufen!)

   1. August 1853.«

2. Michelet war seiner Ämter enthoben worden, weil er sich geweigert hatte, den Eid auf Napoleon III. zu leisten.
3. Die Nationalwerkstätten waren nach der Februarrevolution 1848 durch ein Dekret geschaffen worden. Die danach gewählte bürgerlich-gemäßigt orientierte Nationalversammlung beschloß ihre Auflösung, was zum Juni-Aufstand führte, der von General Cavaignac blutig niedergeschlagen wurde.

4. Meuris zeichnete sich als Kommandant des 3. Bataillons der Loire-Inférieure bei der Belagerung von Nantes im Juni 1793 während des Vendéekrieges aus; am 14. Juli wurde er in einem Duell über einen nichtigen Streit getötet.

Für die Anmerkungen wurden die im folgenden aufgeführten Publikationen zu Rate gezogen:

Roland Barthes: *Michelet.* Frankfurt a. M., 1980.

Louis Barthou: *Mirabeau.* München, o. J.

Edmund Burke: *Betrachtungen über die Französische Revolution* und *Gedanken über die französischen Angelegenheiten.* Zürich, 1986.

Thomas Carlyle: *The French Revolution.* London, 1837.

Eugene Newton Curtis: *Saint-Just, Colleague of Robespierre.* New York, 1935.

Ernest Daudet: *Histoire des conspirations royalistes du Midi sous la Révolution.* Paris, 1885.

Christopher Dawson: *The Gods of Revolution.* London, 1972.

Richard Etlin: *The Architecture of Death.* Cambridge, Mass., 1984.

Georg Forster: *Werke,* Bd. II. Berlin (DDR) und Weimar, 1979.

François Furet und Mona Ozouf (Hrsg.): *Dictionnaire critique de la Révolution française.* Paris, 1988.

François Furet und Denis Richet: *Die Französische Revolution.* Frankfurt a. M., 1968 (von den Autoren gekürzte Ausgabe).

Horst Günther (Hrsg.): *Die Französische Revolution.* Frankfurt a. M., 1985, 1989.

Hedwig Hintze: *Staatseinheit und Föderalismus im alten Frankreich und in der Revolution.* Stuttgart, 1929, Frankfurt a. M., 1989.

Kurt Holzapfel (Hrsg., unter Mitwirkung von Walter Markov): *Die Große Französische Revolution 1789 – 1795.* Berlin (DDR), 1989.

Egon Erwin Kisch: *Geschichten aus sieben Ghettos.* Berlin (DDR) und Weimar, 1967.

Henning Krauß (Hrsg.): *Literatur der Französischen Revolution.* Stuttgart, 1988.

Pjotr Alexejewitsch Kropotkin: *Die Große Französische Revolution.* Leipzig und Weimar, 1948, 1982.

G. Lenotre (= Théodore Gosselin): *La Compagnie de Jéhu.* Paris, 1961.

G. Lenotre (= Théodore Gosselin): *Sous le bonnet rouge.* Paris, 1936.

Walter Markov: *Weltgeschichte im Revolutionsquadrat.* Vaduz, 1979.

Karl Marx, Friedrich Engels: *Werke,* Bd. 8. Berlin (DDR), 1973.

Albert Mathiez: *La Révolution française.* Paris, 1959.

Jules Michelet: *Die Frauen der Revolution.* München, 1913, Frankfurt a. M., 1984, 1989.

Jules Michelet: *Geschichte der Französischen Revolution.* Wien, Hamburg, Zürich, 1929/30, Frankfurt a. M., 1989.
Jules Michelet: *Histoire de la Révolution française.* Paris, 1952, 1977.
Jules Michelet: *Un inédit de Jules Michelet.* Aix-en-Provence, 1973.
Jules Michelet: *Journal.* (Bd. I): Paris, 1959, (Bd. II): Paris, 1962.
J. B. Morton: *Camille Desmoulins.* London, 1959.
Albert Ollivier: *Saint-Just et la force des choses.* Paris, 1954, 1980.
Pierre Pluchon: *Toussaint Louverture.* Paris, 1989.
Rolf Reichardt (Hrsg.): *Ploetz – Die Französische Revolution.* Freiburg und Würzburg, 1988.
Jean Robiquet: *La vie quotidienne au temps de la Révolution.* Paris, 1950.
Ernst Schulin: *Die Französische Revolution.* München, 1989.
Friedrich Sieburg: *Im Licht und Schatten der Freiheit.* Stuttgart, 1979[3].
Albert Soboul: *Die Große Französische Revolution.* Frankfurt a. M., 1988[5].
Société des études romantiques (Hrsg.): »Michelet cent ans après« in : *Romantisme,* 10. Grenoble, 1975.
Georges Soria: *Grande Histoire de la Révolution française.* Paris, 1988.
Staatliche Kunsthalle Berlin (Hrsg.): *Zweihundert Jahre Französische Revolution.* Berlin, 1989.
Jean Starobinski: *1789 – Die Embleme der Vernunft.* München, o. J.
Jean Starobinski: *1798 – Die Erfindung der Freiheit.* Frankfurt a. M., 1988.
Gérard Walter: *La Conjuration du Neuf Thermidor.* Paris, 1974.
Gérard Walter: Marat. *Paris, 1933.*
Gérard Walter: *Robespierre.* Paris, 1961.
Edmund Wilson: *Auf dem Weg zum Finnischen Bahnhof.* Frankfurt a. M., 1974.

ZEITTAFEL

1788

Juli	Stürme vernichten große Teile der Ernte in Ost- und Nordfrankreich. – Versammlung von Vizille: erste Forderung nach Einberufung der Generalstände.
August	Beschluß des Staatsrats über Einberufung der Generalstände (8. 8.).
Dezember	Staatsrat genehmigt Verdoppelung der Mandate des dritten Standes. – Außergewöhnlich strenger Winter.

1789

Januar	Flugschrift Emmanuel Sièyes': »Qu' est-ce que le tiers état?« – Beginn der Wahlen zu den Generalständen.
April	Arbeiterunruhen gegen den Tapetenfabrikanten Réveillon (28. 4.).
Mai	Eröffnung der Generalstände in Versailles (5. 5.). – Erlaubnis, über die Sitzungen zu berichten (19. 5.).
Juni	Tod des Dauphin (4. 6.). – Der dritte Stand erklärt sich zur Nationalversammlung (17. 6.). – Ballhauseid (20. 6.). – Vereinigung der drei Stände (27. 6.).
Juli	Entlassung Neckers (11. 7.). – Aufstände in Paris (12. 7.), Bildung der Bürgergarde (13. 7.). – Bastillesturm (14. 7.). – Ernennung Baillys zum Bürgermeister von Paris und La Fayettes zum Kommandanten der Pariser Garde (15. 7.). – Rückruf Neckers (16. 7.). – Emigration des Grafen von Artois (17. 7.). – Ermordung Foulons und Bertiers (22. 7.). – Beginn der Grande peur, Bauernunruhen und Munizipalaufstände.
August	»Opfernacht der Privilegierten«: Abschaffung der Feudalrechte und Privilegien (4.–5. 8.). – Die Nationalversammlung erklärt die Religionsfreiheit (23. 8.) und die Pressefreiheit (24. 8.); sie verabschiedet die Erklärung der Menschen- und Bürgerrechte (26. 8.).
September	Das aufschiebende Veto wird angenommen (11. 9.). – Marat veröffentlicht die erste Ausgabe des *Ami du peuple* (12. 9.).
Oktober	Bankett der Leibgarden in Versailles (1. 10.). – Marktfrauen

	und Nationalgardisten ziehen nach Versailles (5. 10.). Hof und Nationalversammlung begeben sich nach Paris (6. 10.). – Der Arzt Guillotin schlägt eine neue Art der Todesstrafe vor (10. 10.).
November	Verstaatlichung der Kirchengüter erklärt (2. 11.). – Erste Sitzung der Verfassunggebenden Nationalversammlung im Manège-Saal (9. 11.). – Panckoucke veröffentlicht die erste Ausgabe der *Gazette nationale ou le Moniteur universel* (24. 11.). – Beginn der Föderationen in der Provinz.
Dezember	Gesetz über die Ausgabe von Assignaten (19. 12.).

1790

Januar	Dekret über die Neueinteilung Frankreichs in 83 Departements (15. 1). – Dekret über die Gleichheit der Strafen (21. 1.). – Die Juden erhalten Bürgerrechte (28. 1.)
Februar	Verbot der Orden, Aufhebung der Klöster (13. 2.).
März	Die Kolonien werden zum Bestandteil des französischen Reichs erklärt (8. 3.). – Aufhebung aller Feudalrechte (15. 3.), Abschaffung der geheimen Siegelbriefe (16. 3.).
April	Gründung des Klubs der Cordeliers (27. 4.).
Mai	Dekret über einheitliche Maße und Gewichte (8. 5.). – Dekret über den Verkauf der Nationalgüter (9. 5.). – Gründung der Société de 1789 (12. 5.).
Juni	Einteilung der Stadt Paris in 48 Sektionen (4. 6.). – Abschaffung des Adels (19. 6.).
Juli	Zivilverfassung des Klerus (12. 7.). – Förderationsfeier in Paris (14. 7.).
August	Meuterei in der Garnison von Nancy (16. 8.); Niederwerfung der Meuterei (31. 8.).
September	Entlassung Neckers (4. 9.). – Abschaffung der Parlamentsgerichtshöfe (6. 9.).
Oktober	Dekret über die Ersetzung des Lilienbanners durch die Trikolore (21. 10.). Mulattenaufstand auf Santo Domingo (Haiti) (29. 10.).
November	Erstes Massaker auf Santo Domingo (25. 11.). – Dekret über Eid des Klerus auf die Verfassung (27. 11.). – Erste Ausgabe von Héberts *Père Duchesne*.
Dezember	Bauernerhebungen. – Der König stimmt der Zivilverfassung des Klerus zu (26. 12.). – Dekret über die Urheberschaft an Erfindungen und Entdeckungen (31. 12.).

1791

Januar	Bauernunruhen.
Februar	Der Prinz von Condé bildet eine Emigrantenarmee (23. 2.).
März	Abschaffung der Zünfte (2. 3.).
April	Tod Mirabeaus (2. 4.).
Juni	Gesetz gegen Arbeiterzusammenschlüsse und Streiks (Loi Le Chapelier) (14. 6.). – Fluchtversuch der königlichen Familie (20.–21. 6.). – Die Nationalversammlung suspendiert den König von seinem Amt (25. 6.).
Juli	Spaltung des Jakobinerklubs, Gründung des Klubs der Feuillants (16. 7.). – Blutige Auflösung einer antimonarchischen Kundgebung auf dem Marsfeld durch die Nationalgarde (17. 7.).
August	Beginn des großen Sklavenaufstands auf Santo Domingo (21. 8.). – Deklaration von Pillnitz (27. 8.).
September	Verabschiedung der Verfassung (3. 9.). – Eid des Königs auf die Verfassung (14. 9.). – Anschluß Avignons an Frankreich (12. 9.). – Die Juden erhalten die volle Gleichberechtigung (27. 9.).
Oktober	Erste Sitzung der Gesetzgebenden Nationalversammlung (1. 10.). – Die Titel Sire und Majesté werden abgeschafft (5. 10.). – Massaker im Gefängnis La Glacière in Avignon (16. 10.).
November	Pétion wird zum Bürgermeister von Paris gewählt (14. 11.). – Dekret gegen die eidverweigernden Priester (29. 11.).
Dezember	Der König verweigert seine Zustimmung zum Dekret vom 29. 11. (19. 12.).

1792

Januar	Unruhen in Paris und auf dem Land wegen Versorgungsengpässen und Teuerung.
Februar	Österreich und Preußen schließen ein militärisches Bündnis gegen Frankreich (6. 2.). – Die Nationalversammlung verfügt die Beschlagnahme des Besitzes der Emigranten (9. 2.). Schwere Bauernunruhen.
März	Dumouriez wird zum Außenminister berufen (15. 3.). – Chappe widmet der Nationalversammlung die Erfindung des Telegraphen (22. 3.). – Roland und Clavière werden zum Innen- und Finanzminister berufen (23. 3.). – Die Natio-

nalversammlung verkündet die Gleichberechtigung der freien Mulatten und Neger in den Kolonien (28. 3.).

April — Dekret gegen religiöse Kongregationen und Verbot geistlicher Kleidung (6. 4.). – Frankreich erklärt Österreich den Krieg (20. 4.). – Erste Verwendung der Guillotine (25. 4.). – Sturz der »Chiffonnisten« in Arles durch Nationalgardisten.

Juni — Aushebung zwanzigtausend Föderierter, die vor den Mauern von Paris ihr Lager beziehen sollen (8. 6.), Eingabe von achttausend Pariser Bürgern gegen dieses Lager (10. 6.). – Entlassung der girondistischen Minister durch den König (12. 6.). – Massendemonstration gegen Ludwig XVI. in den Tuilerien (20. 6.).

Juli — Manifest des Herzogs von Braunschweig (25. 7.), in dem er den Franzosen Vergeltungsmaßnahmen androht, falls sie gegen ihren König vorgehen.

August — Pétion fordert im Namen von 47 Sektionen die Absetzung des Königs (3. 8.). – Tuileriensturm; Dekret der Nationalversammlung, das zur Bildung eines Nationalkonvents auffordert und den König als von seinen Funktionen suspendiert erklärt (10. 8.). – Danton wird zum Justizminister ernannt (11. 8.). – Die königliche Familie wird im Temple interniert (13. 8.). – La Fayette geht zu den Preußen über (19. 8.). – Eroberung Longwys durch die alliierten Truppen (23. 8.).

September — Verdun ergibt sich den Preußen (1. 9.). – Septembermassaker in den Gefängnissen von Paris (2.– 6. 9.). – Dekret, das den Transport der Kunstgegenstände aus den ehemals königlichen Häusern und nationalen Gebäuden in den Louvre anordnet (19. 9.). – Schlacht von Valmy; Dekret über die Ehescheidung (20. 9.). – Auflösung der Legislative, erste Sitzung des Nationalkonvents; Abschaffung des Königtums (21. 9.). Beginn des Jahres I der Französischen Republik (22. 9.).

Oktober — Eroberung von Worms, Speyer, Mainz und Frankfurt durch die Franzosen (4.– 23. 10.), Gründung des Mainzer Jakobinerklubs (23. 10.).

November — Sieg über die Österreicher bei Jemappes (6. 11.). – Erste Rede Saint-Justs im Konvent (13. 11.). – Anschluß Savoyens an Frankreich (27. 11.).

Dezember — Eröffnung des Prozesses gegen Ludwig XVI. vor dem Konvent (11. 12.).

1793

Januar Der Konvent spricht das Todesurteil aus (17. 1.). – Hinrichtung Ludwigs XVI. (21. 1.). – Leichenbegängnis Le Peletiers (24. 1.). – Manifest von Hamm, in dem der Graf von Provence sich zum Regenten für Ludwig XVII. erklärt (28. 1.). – Anschluß Nizzas an Frankreich (31. 1.).

Februar Kriegserklärung Frankreichs an England und die Niederlande (1. 2.). – Anschluß Monacos an Frankreich (14. 2.). Dekret des Konvents über die Aushebung von 300000 Freiwilligen (24. 2.).

März Einrichtung des Revolutionstribunals, Einsetzung der Konventskommissare (9. 3.). – Erste Massaker der Vendée in Machecoul (11. 3.). – Niederlage der Franzosen bei Neerwinden (18. 3.). – Der Konvent führt die revolutionären Ausschüsse ein (21. 3.). – England und Rußland schließen ein Bündnis gegen Frankreich (25. 3.).

April Das Tragen der revolutionären Kokarde wird Pflicht (3. 4.). – Dumouriez geht zu den Österreichern über (3. 4.); der Herzog von Orléans wird verhaftet. – Der Konvent ermächtigt das Revolutionstribunal, alle Komplotte zu verfolgen, die bei ihm angezeigt werden (5. 4.). – Der Verteidigungsausschuß wird durch den Wohlfahrtsausschuß abgelöst (6.4.)

Mai Erlaß des Konvents über Höchstpreise (Maximum) für Getreide (4. 5.). – Der Konvent hält die erste Sitzung im Maschinensaal der Tuilerien ab; die Société des Citoyennes républicaines révolutionnaires wird gegründet (10. 5.). – Lyon revoltiert (29. 5.). – Aufstände der Pariser Sansculotten (31. 5.), die zum Ausschluß der girondistischen Abgeordneten aus dem Konvent führen.

Juni Verhaftung von 22 Girondisten (2. 6.). – Marseille, Nîmes und Bordeaux revoltieren gegen den Konvent. – Verabschiedung der Verfassung von 1793 (24. 6.).

Juli Danton scheidet aus dem Wohlfahrtsausschuß aus (10. 7.). – Ermordung Marats (13. 7.). – Guillotinierung Chaliers in Lyon (16. 7.). – Hinrichtung Charlotte Cordays (17. 7.). – Dekret des Konvents, daß die Erlasse der Konventskommissare als provisorische Gesetze zu gelten haben; Rückeroberung von Mainz durch die Preußen (23. 7.). – Einführung der Todesstrafe für Schieber und Schwarzhändler (26. 7.).

Juli Robespierre wird in den Wohlfahrtsausschuß gewählt (27. 7.).

August	Einführung des metrischen Systems; Dekret zur Zerstörung der Königsgräber in Saint-Denis (1. 8.). – Die republikanische Armee belagert Lyon (8. 8.). – Fest des 10. August (10. 8.). – Einführung der allgemeinen Wehrpflicht: 2 Millionen Franzosen zwischen 18 und 25 Jahren werden einberufen (23. 8.). – Die republikanische Armee erobert Marseille (25. 8.). – Toulon liefert sich den Engländern aus (27. 8.). – Herman wird Präsident des Revolutionstribunals (28. 8.).
September	Sansculottenunruhen (4.–5. 9.). – Der Konvent beschließt die Terreur und bildet die Revolutionsarmee (5. 9.). – Schlacht von Hondschoote (6.– 8. 9.), Sieg der Franzosen. – Gesetz über die »Verdächtigen« (17. 9.).
Vendémiaire	Beginn des Jahres II der Republik (22. 9.). – Einführung des Maximums für Preise und Löhne (29. 9.).
Oktober	Einführung des republikanischen Kalenders (5. 10. An diesem Datum tritt die Kalenderführung in Kraft; datiert wird rückwirkend vom Jahr I an). – Rückeroberung Lyons (9. 10.). – Der Konvent erklärt die provisorische Regierung Frankreichs bis zum Frieden als revolutionär (10. 10.). – Hinrichtung Marie-Antoinettes; Sieg der Franzosen bei Wattignies (16. 10.).
Brumaire	1. Brumaire (22. 10.). – Hinrichtung der Girondisten (31. 10.). – Verbot der Frauenklubs.
November	Beginn der Dechristianisierung. – Dekret zur Gleichberechtigung unehelicher Kinder (2. 11.). – Hinrichtung von Olympe de Gouges (4. 11.). – Hinrichtung des Herzogs von Orléans (7. 11.). – Abdankung des Bischofs von Paris, Gobel, vor dem Konvent; Hinrichtung Madame Rolands (8. 11.). – Fest der Vernunft (10. 11.). – Hinrichtung Baillys (11. 11.).
Frimaire	1. Frimaire (21. 11.). – Hinrichtung Barnaves (29. 11.).
Dezember	Gesetz über die Revolutionsregierung vom 14. Frimaire (4. 12.). – Hinrichtung Rabaut-Saint-Etiennes und Kersaints; erste Nummer des *Vieux Cordelier* (5. 12.). – Hinrichtung Madame Du Barrys (8. 12.). – Zweite Nummer des *Vieux Cordelier* (10. 12.). – Dritte Nummer (15. 12.). – Rückeroberung Toulons (19. 12.).
Nivôse	1. Nivôse (21.12.). – Einführung der allgemeinen Schulpflicht (25. 12.). – Hinrichtung des Straßburger Bürgermeisters Dietrich und des ehemaligen Außenministers Lebrun (28. 12.).

1794

Januar	Marseille wird Ville-sans-Nom (16. 1.).
Pluviôse	1. Pluviôse (20.1.) – Der Jahrestag des Todes Ludwigs XVI. wird auf der Place de la Révolution gefeiert (21. 1.).
Februar	Abschaffung der Sklaverei in den Kolonien (4. 2.). – Bonaparte wird zum General befördert (6. 2.). – Der Konvent gestattet Marseille, seinen Namen wieder anzunehmen (12. 2.).
Ventôse	1. Ventôse (19. 2.)
März	Die Cordeliers verhängen die Erklärung der Menschenrechte mit Trauerflor; Carrier ruft zum Aufstand auf (4. 3.). – Nächtliche Verhaftung der Hébertisten (13. 3.).
Germinal	1. Germinal (21. 3.). – Hinrichtung der Hébertisten (24. 3.). – Condorcet begeht Selbstmord (28. 3.). – Nächtliche Verhaftung der Dantonisten (30. 3.).
April	Danton, Desmoulins, Fabre d'Eglantine, Hérault de Séchelles, Lacroix, Chabot, Bazire, Delaunay, Philippeaux und der Abbé d'Espagnac hingerichtet (5. 4.). – Hinrichtung von General Westermann (6. 4.). – Hinrichtung von Lucile Desmoulins, der Witwe Héberts, des ehemaligen Bischofs Gobel und Chaumettes (13. 4.).
Floréal	1. Floréal (20. 4.). – Hinrichtung Malesherbes', d'Eprémesnils, Le Chapeliers und Thourets (22. 4.).
Mai	Robespierre verfügt ein Dekret, daß das französische Volk die Existenz des Höchsten Wesens und die Unsterblichkeit der Seele anerkennt. (7. 5.). – Hinrichtung Lavoisiers und 27 ehemaliger Steuerpächter (8. 5.). – Hinrichtung Madame Elisabeths (10. 5.).
Prairial	1. Prairial (20. 5.). – Ladmiral verfehlt Robespierre und schießt statt dessen auf Collot d'Herbois (22. 5.). – Cécile Renault versucht Robespierre aufzulauern (23. 5.). – Rapport Grégoires über die Erhaltung der botanischen Gärten (30. 5.).
Juni	Gründung der Ecole de Mars (1. 6.). – Fest des Höchsten Wesens (8. 6.). – Gesetz vom 22. Prairial: Beginn der Grande Terreur (10. 6.). – Verlegung der Guillotine an die Barrière du Trône (12. 6.). – Bericht Vadiers über Catherine Théot, die sogenannte Mutter Gottes (15. 6.). – Erste Schlacht von Fleurus (16. 6.).
Messidor	1. Messidor (19. 6.). – Hinrichtung von Barbaroux in Bordeaux (25. 6.). – Sieg der Franzosen in der zweiten Schlacht

	von Fleurus (26. 6.), Rückeroberung der österreichischen Niederlande.
Juli	Kapitulation Nieuports (18. 7.).
Thermidor	1. Thermidor (19. 7.). – Dekret über die ausschließliche Verwendung der französischen Sprache in öffentlichen Angelegenheiten (20. 7.). – Hinrichtung André Chéniers (25. 7.). – Hinrichtung Robespierres und der Robespierristen (28. 7.).

Für die freundliche Genehmigung zum Abdruck des Abrisses von Michelets Leben und Werk, verfaßt von Gérard Walter für die Ausgabe der *Histoire de la Révolution française* von 1952, danken wir den Editions Gallimard, Paris. Für die freundliche Genehmigung zur Verwendung der deutschen Übersetzung danken wir dem Athenäum-Verlag, Frankfurt am Main.

CHRONOLOGISCHER ABRISS

Die folgenden Seiten nehmen nicht in Anspruch, eine Gesamtschau von Michelets Leben und Werk zu geben. Sie wollen ihn nur als Autor der *Histoire de la Révolution française* einordnen. Daher ergibt sich eine Unterteilung der vorliegenden Übersicht in drei Abschnitte: VOR, WÄHREND und NACH diesem Werk.

VORHER

1798 21. August: Geburt von Jules Michelet.

1810 Wird zu Melot in Pension gegeben.

1812 Kommt ins Lycée Charlemagne.

1817 15. Mai: Legt die Reifeprüfung ab.

1818 8. Juli: Licence.

1819 Doktor der Philosophie aufgrund der französischen Dissertation *Examen des Vies des hommes illustres de Plutarque* und der lateinischen Dissertation *De percipienda infinitate secundum Lockium.*

1821 13. Oktober: Gymnasiallehrer zur Vertretung am Lycée Charlemagne.

1822 Wird am neuen Collège Sainte-Barbe (dem späteren Collège Rollin) mit dem Geschichtsunterricht betraut.

1824 Eheschließung mit Pauline Rousseau.

1825 Veröffentlicht ein *Tableau chronologique de l'histoire moderne (1453–1789).*

1827 3. Februar: Wird als Philosophie- und Geschichtsprofessor an die École préparatoire berufen, die 1826 gegründet wurde, um die 1822 aufgelöste École normale zu ersetzen; veröffentlicht ein *Précis de l'histoire moderne* und eine Übersetzung der Geschichtsphilosphie von G.-B. Vico.

1831 Veröffentlicht eine *Histoire romaine* in zwei Bänden und eine

Introduction à l'histoire universelle. Wird Leiter der historischen Sektion des Nationalarchivs.

1833 Veröffentlicht die ersten beiden Bände seiner *Histoire de France* (vom Jahr 1 bis 1270) und *Précis de l'Histoire de France jusqu'à la Révolution.*

1834 9. Januar: Antrittvorlesung an der Sorbonne, an die er als Nachfolger von Guizot berufen wurde.

1835 Veröffentlicht eine Übersetzung von Schriften Luthers und *Ausgewählte Werke* von Vico.

1836 Legt dem Minister für das Unterrichtswesen ein Gutachten über die Bibliotheken und Archive Südwestfrankreichs vor.

1837 Veröffentlicht *Origines du droit français, cherchées dans les symboles et formules du droit universel* und Band III seiner *Histoire de France (1270–1380).*

1838 23. April: Lehrstuhl am Collège de France.

1839 Tod seiner ersten Frau.

1840 5. Mai: Lernt Mme Dumesnil kennen. Veröffentlicht Band IV seiner *Histoire de France* (1380–1422). Eine Ausgabe der *Œeuvres de M. Michelet* beginnt in Brüssel zu erscheinen.

1841 Veröffentlicht in Zusammenarbeit mit Quinet *Des Jésuites* und beendet am 4. Dezember den Band VI der *Histoire de France* (Ludwig XI. und Karl der Kühne), der am 7. Dezember im Buchhandel erscheint.

1845 Veröffentlicht *Du prêtre, de la femme, de la famille.* Eine amerikanische Übersetzung der ersten Bände der *Histoire de France* erscheint in New York.

1846 Tod von Michelets Vater. Veröffentlicht *Le Peuple.*

WÄHREND

1847 10. Februar: Veröffentlichung von Band I der *Histoire de la Révolution française* (Bücher I und II). Februar–März: Vorlesung am Collège de France über »Mirabeau und den Geist der Revolution«. Juli: Reise nach Holland. August: Aufenthalt in der Normandie. 13. Oktober: erster Brief von Athénaïs Mialaret an Michelet. 15. November: Auslieferung von Band II (Bücher III und IV). Dezember: Vorlesung am Collège de France über »Die soziale Erneuerung und die Revolution«.

1848 2. Januar: Michelets Vorlesung am Collège de France wird auf Anordnung der Regierung ausgesetzt. 24. Februar: Die Revolution bricht aus. 6. März: Er nimmt seine Vorlesung wieder auf. 21. Juli: Beginn der Niederschrift von Band III der *Histoire de la Révolution française*. 8. November: Athénaïs Mialaret besucht Michelet.

1849 19. Januar: Vollendet Band III. 25. Januar: Beginnt am Collège de France seine Vorlesung über »Die Liebe und die Erziehung«; sie ist Athénaïs Mialaret gewidmet. 10. Februar: Band III (Bücher V und VI). 5. März: Zieht vom Quartier Latin in das Quartier des Ternes um. 12. März: Heiratet Athénaïs Mialaret. August: Reise nach Belgien und in die Ardennen. 27. Dezember: Beginnt am Collège de France seine Vorlesungen über »Die Volksbildung und die Frau«.

1850 22. Januar: Band IV der *Histoire de la Révolution française* ist abgeschlossen (Bücher VII und VIII) und wird am 10. Februar ausgeliefert. 10 März: Niederschrift von Band V. 2. Juli: Geburt von Michelets Sohn. 24. August: Das Kind stirbt. September: Aufenthalt in Fontainebleau. 26. Dezember: Nimmt seine Vorlesung am Collège de France wieder auf (dasselbe Thema wie im Jahr zuvor).

1851 Februar: Der Verwalter des Collège de France meldet dem Minister die gegen Louis-Napoleon Bonaparte gerichteten Kundgebungen, die in Michelets Vorlesungen stattfinden. 11. März: Erscheint vor dem Gremium seiner Kollegen. 13. März: Seine Vorlesung wird ausgesetzt. 18. April: Band V der *Histoire de la Révolution française* ist fertiggestellt (Bücher IX und X) und wird unmittelbar darauf ausgeliefert. 20. März: Kundgebung der Studenten gegen die Aussetzung von Michelets Vorlesung. 8. April: Auf Anweisung des Ministers wird die Zahlung seines Gehalts eingestellt. 17. Juni: Begegnung mit Herzen. Juli: Reisen nach Bordeaux und Arcachon. 24. Oktober: Lehnt die ihm vorgeschlagene Halbierung des Gehalts ab.

1852 25. März: Beginnt die Niederschrift von Band VI. 11. April: Wird seines Amtes am Collège de France offiziell enthoben. 12. Mai: Verläßt das Quartier des Ternes und läßt sich in Batignolles nieder. 3. Juni: Weigert sich, den Beamteneid abzulegen. 9. Juni: Gibt seine Stellung am Nationalarchiv auf. 12. Juni: Abreise nach Nantes. 2. Juli: Setzt die Niederschrift von Band VI fort.

Danach

1854 Veröffentlicht *Les Femmes de la Révolution.*
1855 Veröffentlicht die Bände VII und VIII der *Histoire de France* (Renaissance und Reformation).
1856 Veröffentlichung der Bände IX und X (Religionskriege, Heilige Liga und Heinrich IV.).
1857 Veröffentlichung von Band XI (Heinrich IV. und Richelieu).
1858 Veröffentlichung von Band XII (Richelieu und die Fronde).
1860 Veröffentlichung von Band XIII (Ludwig XIV. und die Aufhebung des Edikts von Nantes).
1862 Veröffentlichung von *La Mer.*
1862 Band XIV der *Histoire de France* (Ludwig XIV. und der Herzog von Burgund) erscheint. Veröffentlichung von *La Sorcière.*
1863 Herausgabe von Band XV der *Histoire de France* (die Regentschaft Philipps von Orléans).
1864 Veröffentlicht unter dem Titel *Bible de l'humanité* einen geschichtsphilosphischen Essay über die Religionen.
1866 Band XVI der *Histoire de France* (Ludwig XV., 1724–1757) erscheint.
1867 Band XVII der *Historie de France* (Ludwig XV. und Ludwig XVI.).
1868 Veröffentlicht *La Montagne.*
1871 Protestiert in der Broschüre *La France devant l'Europe* gegen die Annektierung des Elsaß und Lothringens durch Deutschland.
1872 Bringt Band I der *Histoire du dix-neuvième siècle* heraus.
1874 9. Februar: Tod Michelets in Hyères.

Gérard Walter

Personenregister

Das Register ist aufgeteilt in ein Register von Personen aus der Zeit vor der Französischen Revolution und eines von Revolutionsteilnehmern. Kursiv gesetzte Seitenzahlen beziehen sich auf die Anmerkungen.